北京 统计年鉴

Beijing Statistical Yearbook

2005

（京）新登字 041 号

图书在版编目（CIP）数据

北京统计年鉴. 2005/北京市统计局编. —北京：中国统计出版社，2005. 6

ISBN 7-5037-4652-1

Ⅰ. 北… Ⅱ. 北… Ⅲ. 统计资料-北京市-2005-年鉴 Ⅳ. C832.1-54

中国版本图书馆CIP数据核字（2005） 第052388号

北京统计年鉴 Beijing Statistical Yearbook 2005

北京统计年鉴——2005

作　　者 / 北京市统计局
责任编辑 / 蔡启新
E-mail / yearbook@stats.gov.cn
责任校对 / 夏沁芳
封面设计 / 北京新景再现广告有限公司
彩页设计 / 陆智昌　王墨雯/一石文化
出版发行 / 中国统计出版社
通信地址 / 北京市西城区三里河月坛南街75号　中国统计出版社
邮　　编 / 100826
电　　话 / (010) 63262295
印　　刷 / 北京鑫正大印刷有限公司
经　　销 / 新华书店
开　　本 / 880毫米×1230毫米　1/16
字　　数 / 165万字
印　　张 / 31印张　　彩插/1.5印张
印　　数 / 0001-2400册
版　　别 / 2005年9月第 1 版
版　　次 / 2005年9月第 1 次印刷
书　　号 / ISBN 7-5037-4652-1/F・2052
定　　价 / 280.00元

北京接过奥运会旗

2004年8月29日，第二十八届夏季奥运会闭幕式于当晚21点15分在雅典奥林匹克主体育场隆重举行。图为在闭幕式的旗帜交接仪式上，北京市市长王岐山挥舞奥运会会旗。

国务院关于北京城市总体规划（2004年–2020年）的批复

国家首都

中华人民共和国外交部

中华人民共和国海关

全国妇联、中华人民共和国交通部

中国人民银行

功能区面积分布图

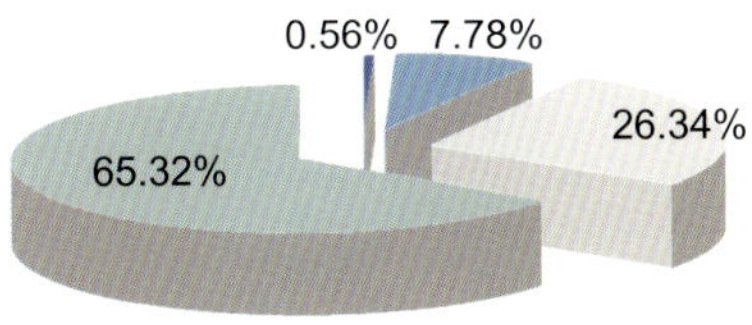

首都功能核心区
东城区 | 西城区 | 崇文区 | 宣武区

城市功能拓展区
朝阳区 | 丰台区 | 石景山区 | 海淀区

城市发展新区
通州区 | 顺义区 | 昌平区 | 大兴区

生态涵养发展区
门头沟区 | 房山区 | 怀柔区 | 平谷区 | 密云县 | 延庆县

人口密度及功能区分布图

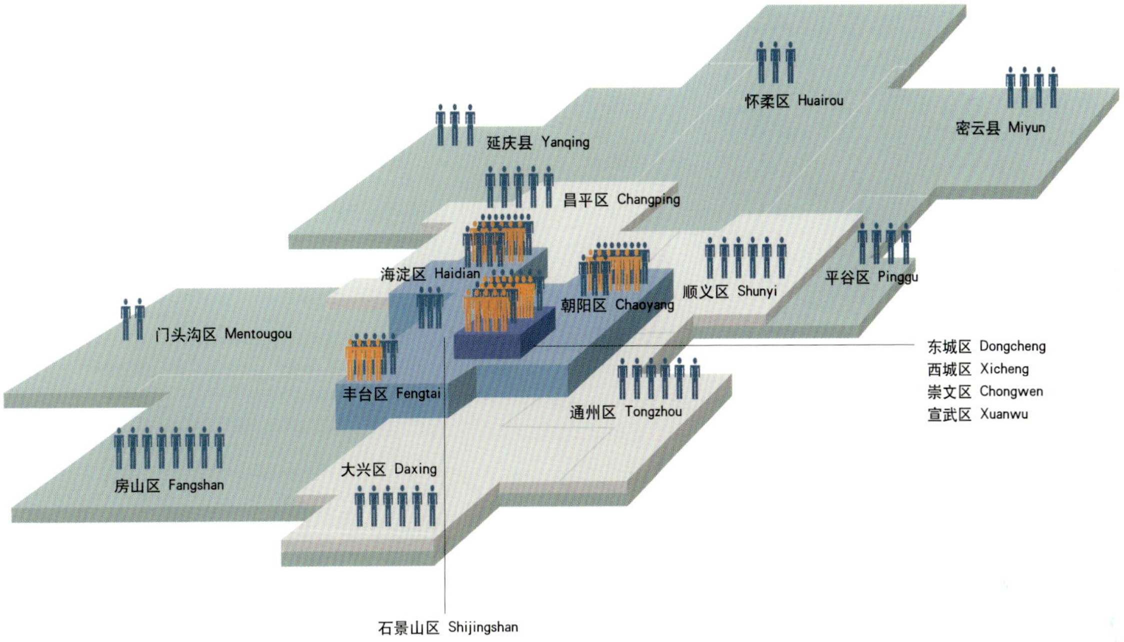

人口密度 (户籍统计)
Population Density (Registered Statistics)

地区 Region	户籍人口 (单位：万人) Registered Population (10000 persons)	人口密度 (单位：人/平方公里) Population Density (person/sq. km)
东城区 Dongcheng	62.2	24563
西城区 Xicheng	77.1	24370
崇文区 Chongwen	36.9	22350
宣武区 Xuanwu	53.5	27991
朝阳区 Chaoyang	165.7	3641
丰台区 Fengtai	93.2	3046
石景山区 Shijingshan	34.5	3967
海淀区 Haidian	184.1	4275
门头沟区 Mentougou	23.7	164
房山区 Fangshan	75.2	378
通州区 Tongzhou	62.0	684
顺义区 Shunyi	55.4	543
昌平区 Changping	46.9	349
大兴区 Daxing	55.8	538
平谷区 Pinggu	39.4	415
怀柔区 Huairou	27.2	128
密云县 Miyun	42.6	191
延庆县 Yanqing	27.5	138

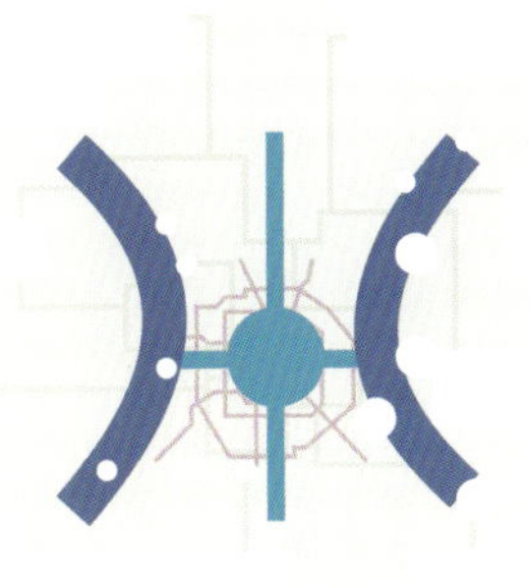

北京市“两轴两带”规划示意图

地区生产总值 （单位：亿元）

Gross Domestic Product (100 million yuan)

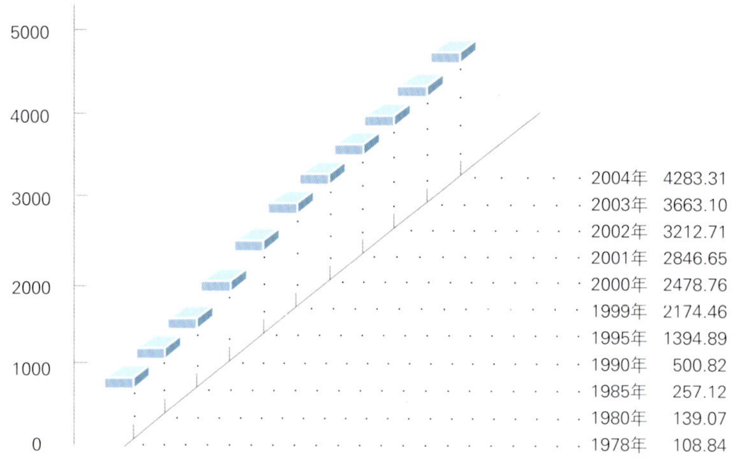

地区生产总值产业构成 （单位：%）

Industry Composition of Gross Domestic Product (%)

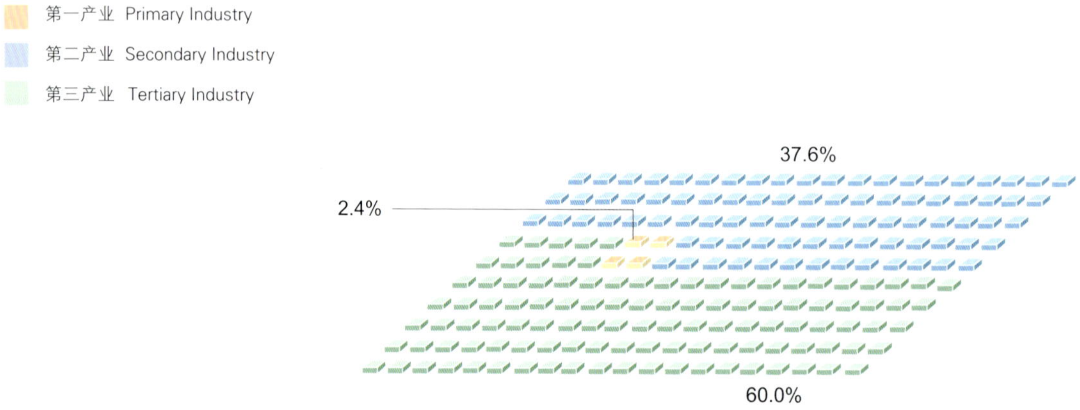

全社会固定资产投资 (单位：亿元)

Total Investment in Fixed Assets (100 million yuan)

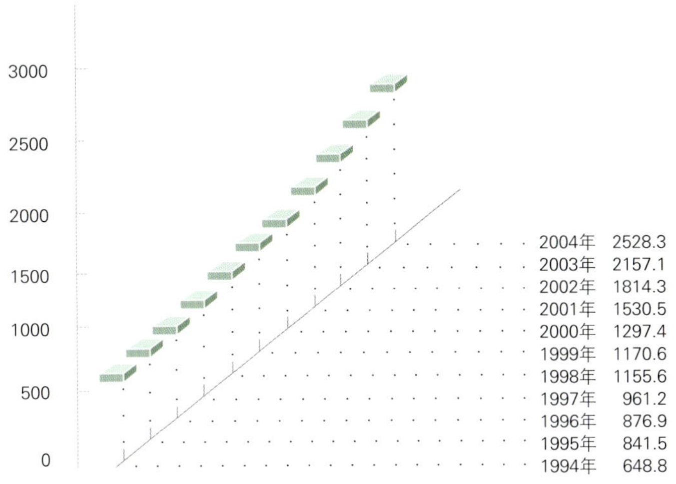

地方财政收入与支出 (单位：亿元)

Local Financial Revenue and Expenditure (100 million yuan)

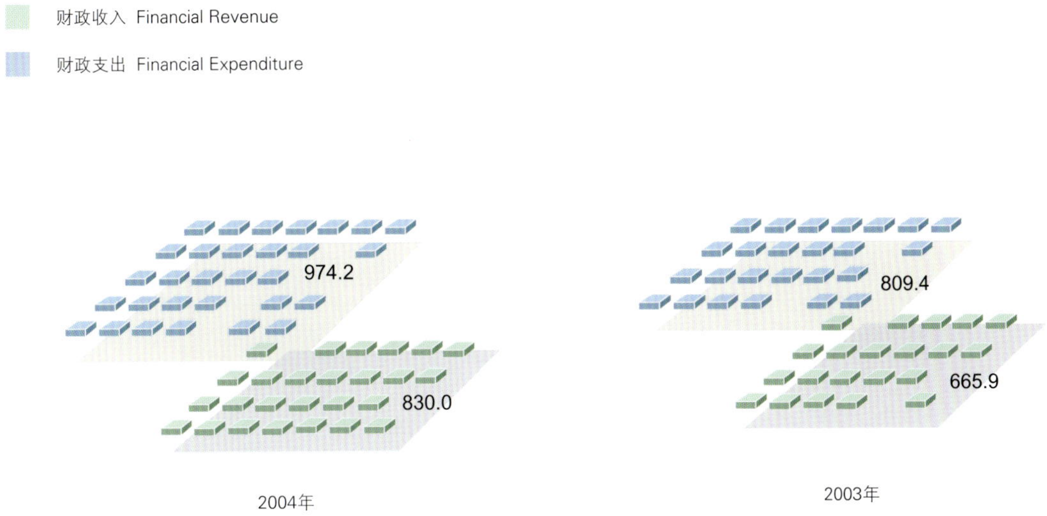

国际城市

社会消费品零售额　(单位：亿元)

Total Retail Sales of Consumer Goods　(100 million yuan)

工业总产值 (当年价格)　(单位：亿元)

Gross Output Value of Industry (at current prices)　(100 million yuan)

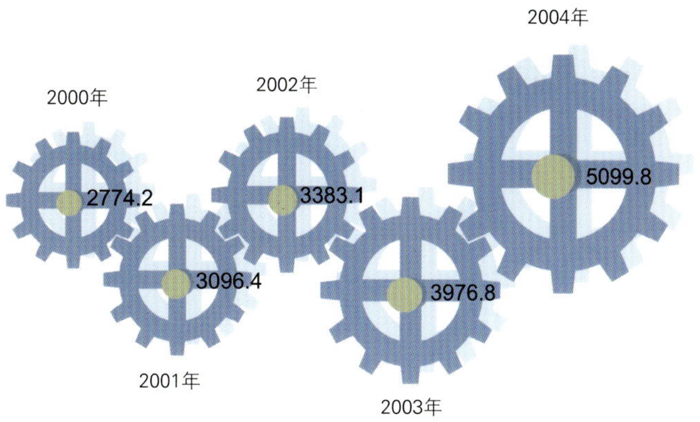

高新技术产业工业总产值构成　(按领域分)　(单位：%)

Composition of Gross Output Value of High-Grade Technological-Industry (by freld)　(%)

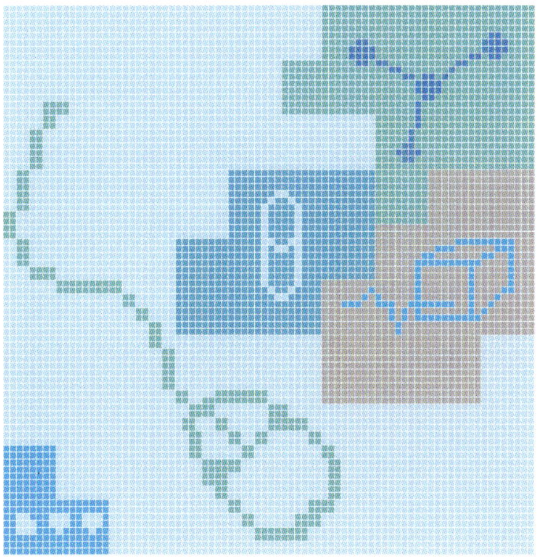

电子与信息 Electronics and Information　64.6%

生物及医药制品 Biological and Pharmaceutical Products　8.8%

光机电一体化 Organic Whole of Light, Machine and Electricity　12.6%

新材料 New Materials　10.7%

其他 Others　3.3%

旅游业情况 Statistics for Tourism

接待海外旅游人数 (单位：万人次)
Foreign Tourists (10000 person. time)

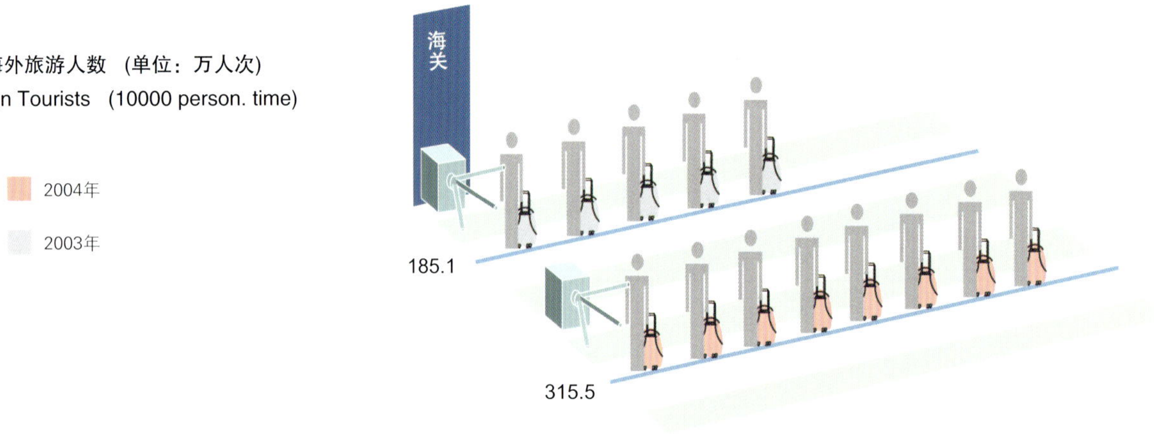

接待国内旅游人数 (单位：亿人次)
Domestic Tourists (100 million person. time)

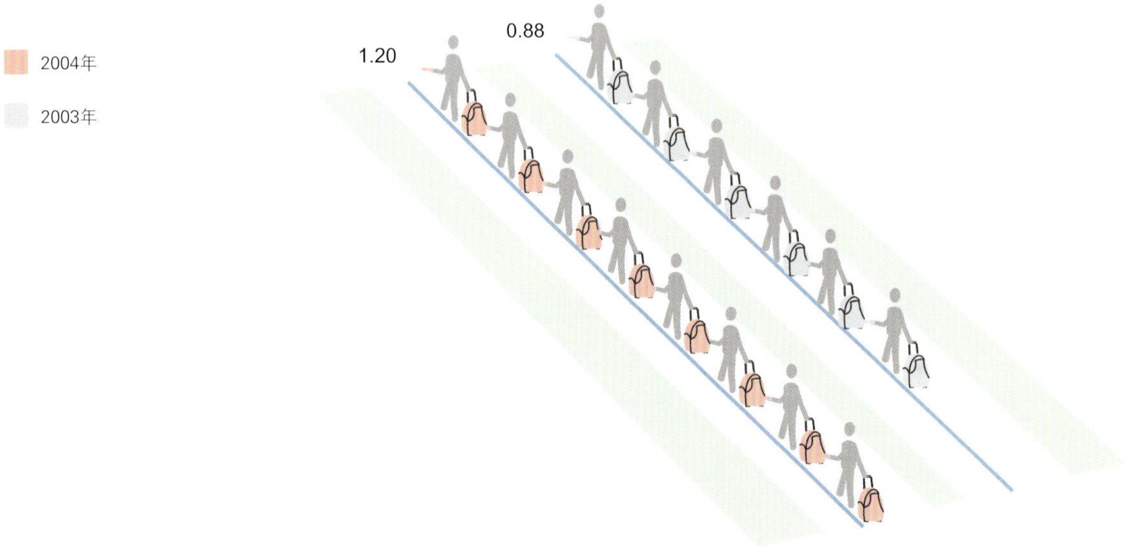

国内旅游收入 (单位：亿元)
Domestic Tourism Receipts (100 million yuan)

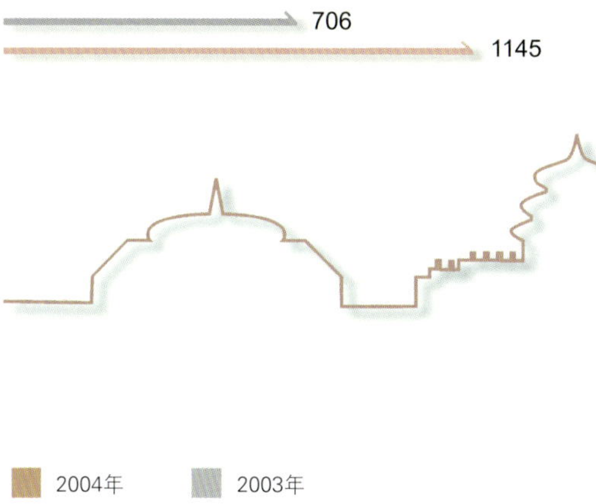

旅游外汇收入 (单位：亿美元)
Foreign Exchange Earning From International Tourism (USD 100 million)

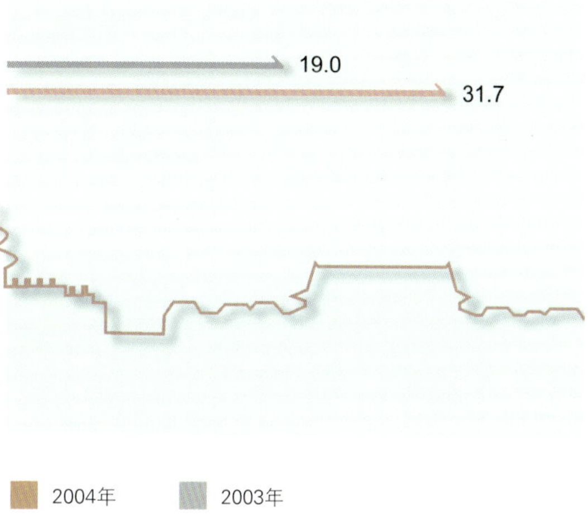

外商投资企业合同外资金额及实际利用外资情况 （单位：万美元）

Statistics for Foreign Capital of Contracts and Amount of Foreign Capital Actually Used of Foreign Founded Enterprises (USD 100000)

合同外资金额 Foreign Capital of Contracts

实际利用外资金额 Amount of Foreign Capital Actually Used

	合同外资金额 Foreign Capital of Contracts	实际利用外资金额 Amount of Foreign Capital Actually Used
日本 Japan	124420	78666
香港 HongKong, China	114297	43606
韩国 Korea	63974	33583
美国 United States	54188	11596
德国 Germany	20798	8602
法国 France	15728	6433
新加坡 Singapore	11110	4826
中国台湾 Taiwan, China	7506	1780
加拿大 Canada	3217	1197

进出口贸易总额 (地方) (单位：亿美元)

Total Value of Imports and Exports at Customs (local) (USD 100 million)

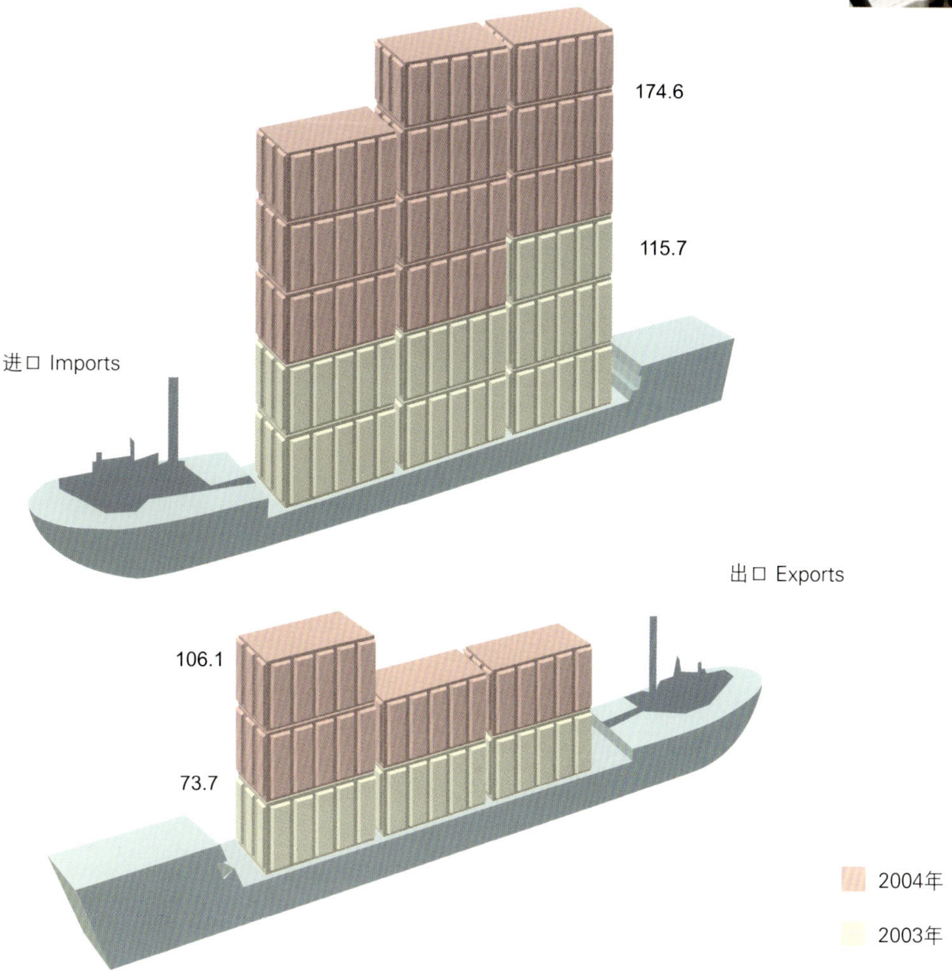

历史文化名城

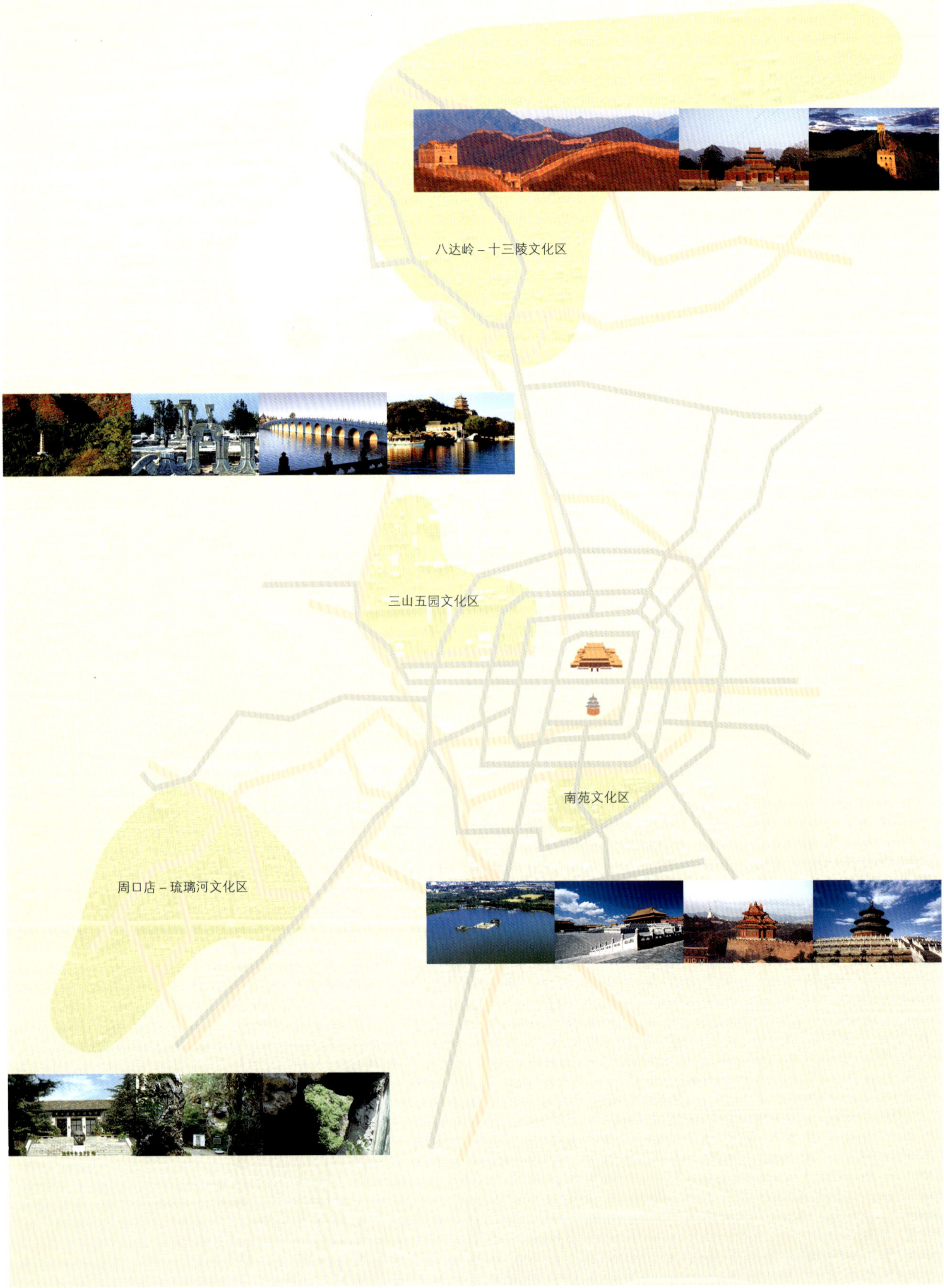

报纸杂志出版情况
Newspapers and Magazines Publication
报纸 Newspaper 253种 (kind)
杂志 Magazines 2470种 (kind)

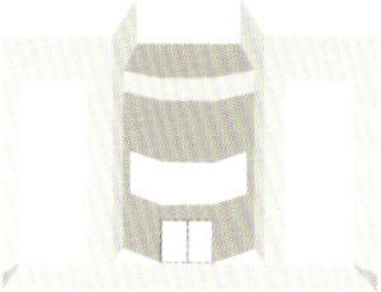

公共图书馆
Public Libraries
26个 (unit)

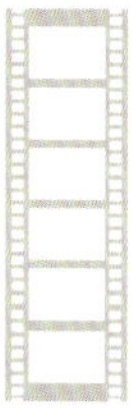

电影摄制情况
Film production
59部 (film)

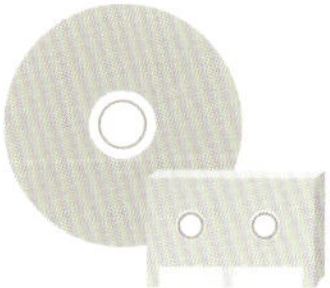

音像制品出版情况
Publication of Audio and Video Products
光盘类 9590种 (kind)

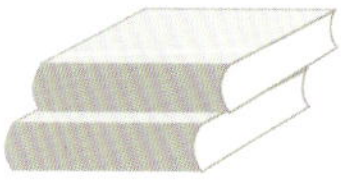

图书出版情况
Books Publication
98312种 (kind)

宜居城市

气象 Meteorology

日照时数 (单位：时)	Hours of Sunshine (hour)	2515.4
降水量 (单位：毫米)	Precipitation (mm)	483.3
雨日数 (单位：日)	Days of rain (day)	94
平均气压 (单位：百帕)	Average Pressure (100 Pa)	1012.7
平均风速 (单位：米/秒)	Average Wind Speed (mile/second)	2.5
大风日数 (单位：日)	Days of Strong Wind (day)	12
平均气温 (单位：℃)	Average Tem-perature (℃)	13.5

空气污染指数检测情况
Minitoring Statistics for Air Pollution Index

空气质量达到及好于二级的天数 (单位：天)

Days of Air Quality Equal To or Above Grade II (day)

229

可吸入颗粒物年日均值 (单位：毫克/立方米)

Annual Average of Daily PM10 Particulate Matters (mg/m^3)

0.149

北京市环境保护基本情况
Basic Statistics for Environment Protaction

自然保护区数 (单位：个) Number of Nature Reserves (unit)

18

自然保护区面积 (单位：万公顷) Are of Nature Reserves (10000 hectares)

12.9

工业废水排放达标率 (单位：%)

Compliance Rate of Industrial Wastewater Discharge (%)

98.6

在岗职工人数、平均工资 、 城镇登记失业率
Staff and Workers, Average Wage, Rate of Registeration Unemployment

在岗职工人数 （单位：万人）
Staff and Workers
(10000 persons)

就业
失业

平均工资 （单位：元）
Average Wage (yuan)

2004年 446.4

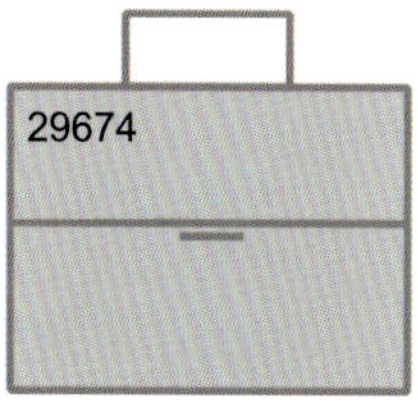

2004年

城镇登记失业率 （单位：%）
Rate of Registeration Unemployment (%)
2004年 1.30%

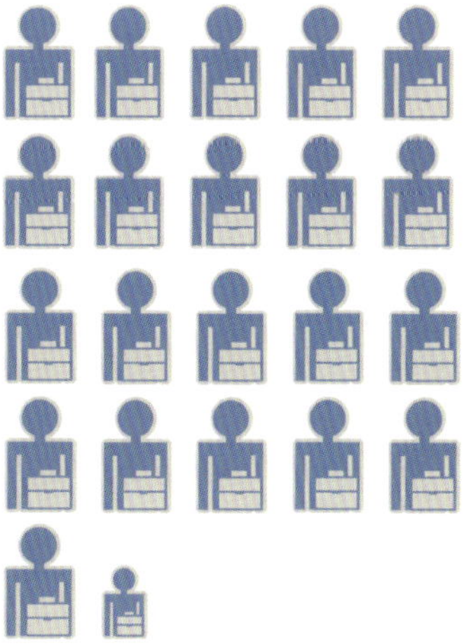

2003年 436.3

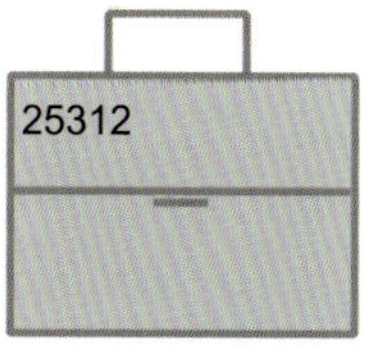

2003年

城镇登记失业率 （单位：%）
Rate of Registeration Unemployment (%)
2003年 1.43%

全市食品卫生监督检查合格情况 （单位：%）
Statistics for Food Sanitation Back-Check Qualified Rate (%)

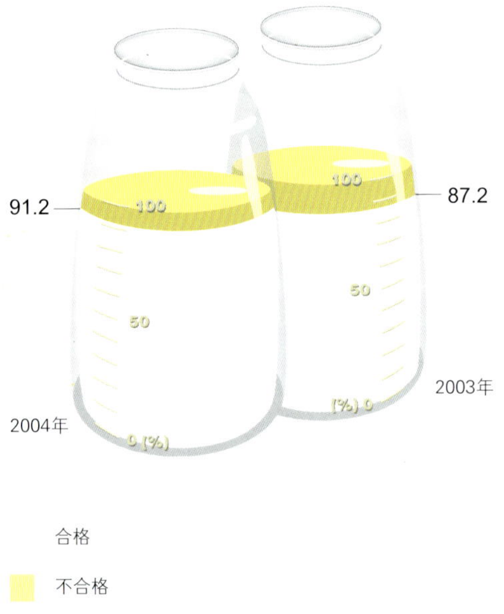

离婚登记情况 （单位：对）
Registered Divorces (couple)

火灾 （单位：起）
Fire (case)

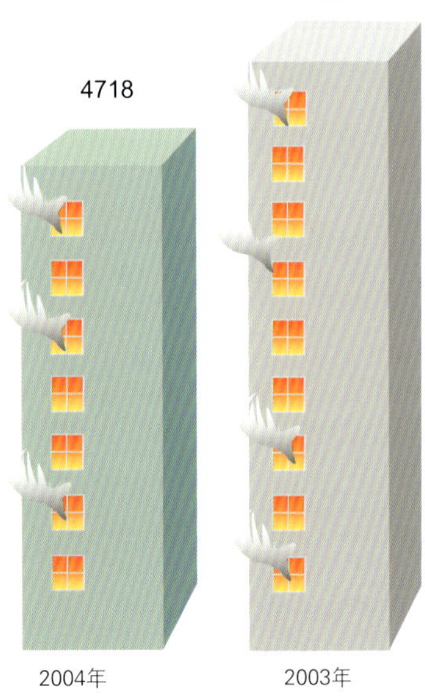

死亡 （单位：人）
Deaths (person)

交通事故 (单位：起)
Statistics for Traffic Accidents (case)

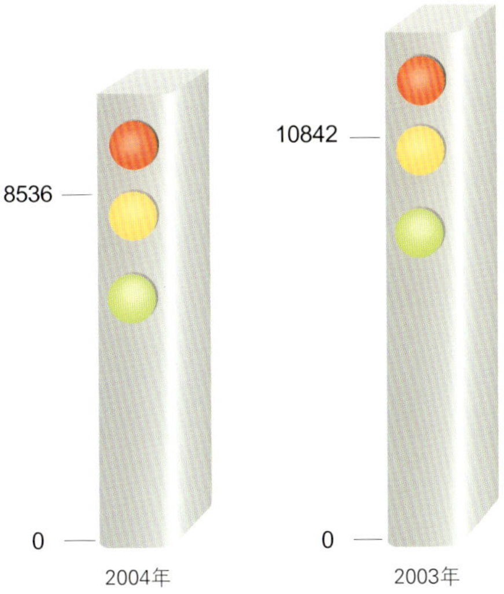

案件情况 (单位：起)
Cases (case)

法院权属、侵权纠纷及其他民事案 (判决)
Case of Disputes of Right, Infringement of Right and Other Civil Affairs Accepted and Settled by Courts (Judgement)
15806

法院刑事案件 (判决发生法律效力)
Statistics for Criminal Cases (Judgment With Legal Force)
14843

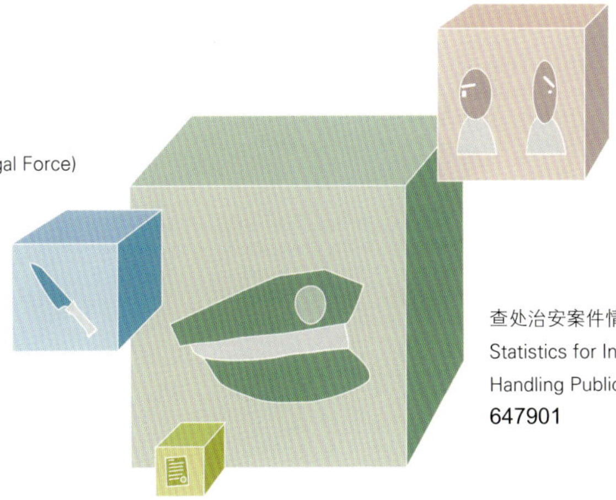

查处治安案件情况
Statistics for Investigating and Handling Public Order Cases
647901

法院行政案件 (判决)
Statistics for Administrative Case (Judgment)
1352

居民人均收入 （单位：元）
Annual Per Capita Income (yuan)

城市居民人均可支配收入
Annual Per Capita Disposable Income of City Residents

农民人均纯收入
Annual Per Capita Disposable Income of Rural Residents

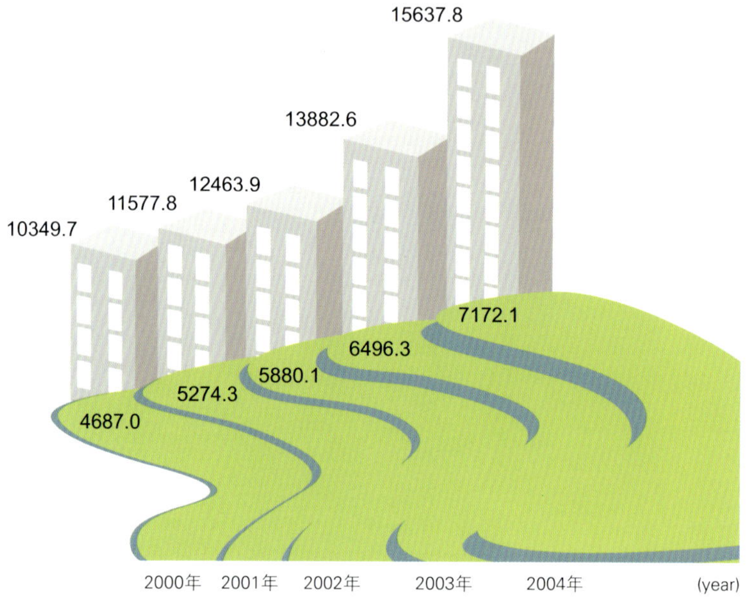

城镇社区老年之家 （单位：个）
The Elderly Welfare Units of Urban Community (unit)

2004年 1524

2003年 1481

企业景气指数 （单位：%）

Prosperity Index on Enterprises （%）

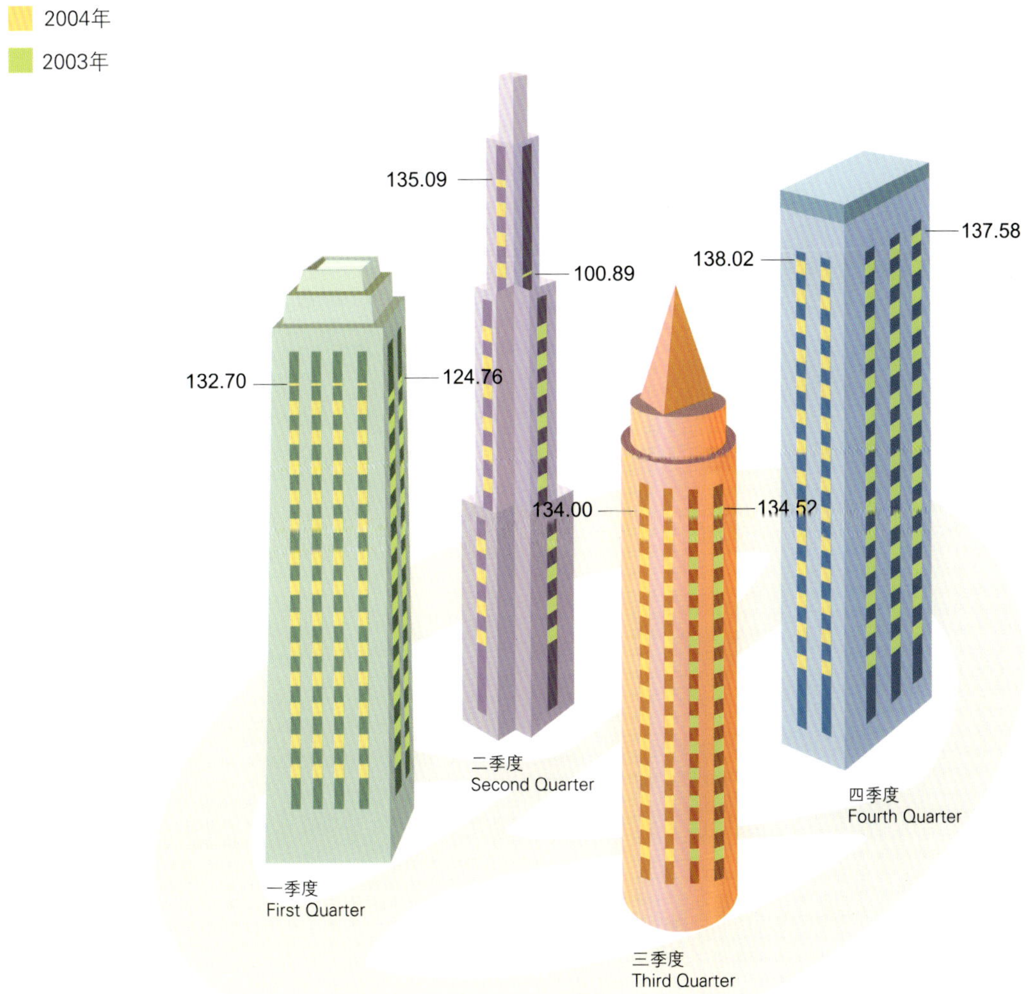

幸福的北京人

Happy people of Beijing

城市人均住房使用面积 (平方米)
Per Capita Gross Living Space in Cities (sq.m)
19.09

人均地区生产总值 (元)
Per Capita Gross Domestic Products (yuan)
37058

城镇居民储蓄存款余额 (亿元)
Saving Deposits of Urban Residents
(100 million yuan)
5692.8

平均每千人拥有医院床位 (张)
Number of Hospital Beds Per 1000 Population (unit)
6.54

农户储蓄存款余额 (亿元)
Saving Deposits of Rural Residents
(100 million yuan)
429.6

平均每千人拥有职业医师 (人)
Number of Doctors Per 1000 Population (person)
4.25

北京一日
A Day in Beijing

新建住宅竣工面积
Floor Space Completed of New Residential Buildings (10000 sq.m)
7.1

生产汽车 (辆)
Daily Production of Automobile (unit)
1475.9

地区生产总值 (万元)
Gross Domeslic Product (10000 yuan)
117351.0

登记结婚对数 (对)
Registered Marriage (couple)
346.4

出生人口 (人)
Birth Population (person)
246.4

城乡居民储蓄存款 (万元)
Balance of Saving Deposits (100 million yuan)
167735.6

旅游外汇收入 (万美元)
Foreign Exchange Earning from International Tourism (USD 10000)
868.5

接待入境旅游人数 (人次)
Foreign Tourists Received (person.time)
8643.7

社会消费品零售额 (万元)
Retail Sales of Consumer Goods (10000 yuan)
60049.7

2004年是北京市在各个领域全面进步的一年，特别是市政府提出节俭办奥运的思路，以及城市总体修编工作的启动。回望2004年，我们为北京取得的成就而骄傲，也期待着在市政府的领导下，2005年的北京更加辉煌。

2004 is the year in which Beijing has been got overall progress in each field, especially the thinking of "thrifty Olympic Games" is put forward by municipal government, and the start-up of the whole programming modification on the city. Looking back to 2004, we are proud of the achievement in Beijing and expecting the more resplendence in 2005.

编 辑 说 明

1.《北京统计年鉴》是一部按年连续出版的大型统计资料书。本书通过大量的统计数据，真实地记录了北京市一年来社会经济和科技方面的发展变化情况，是国内外各界人士了解北京、认识北京的重要资料工具书。

2.《北京统计年鉴—2005》为中英文对照版，每个细目都针对主要指标制作了统计图并编排了指标解释。随书配有统计年鉴电子版，具备数据加工、制图和快速查询的功能。

3．年鉴正文分为两部分---文章和统计图表。第一部分登载了《北京市 2004 年国民经济和社会发展统计公报》，第二部分统计图表分综合，国民经济核算，人口，劳动力和工资，固定资产投资及房地产业，物价，人民生活，城市公用事业，农业及农村经济，工业，建筑业，批发零售贸易业和餐饮业，对外经济贸易，旅游，金融、保险，教育、文化，科技，卫生、体育，社会福利、政法及其他，服务业，企业及企业集团资料，各类开发区资料 22 个细目。在附录部分中还分列了北京市自改革开放以来的主要指标及历史数据等。

4．北京市经济普查数据预计于 2005 年 9 月份向全社会公布，为确保年鉴出版时间，在《北京统计年鉴—2005》中：国民经济核算、人口、劳动力和工资、固定资产投资及房地产业、工业、建筑业、批发零售贸易业和餐饮业、对外经济贸易、旅游、金融、服务业，共十一个章节的资料使用了年度初步统计数据，其余章节的资料与往年相同，来源于年度统计报表，部分来自抽样调查。北京市统计局将专门出版普查资料以参读者，由此带给您的不便，请予以谅解。

5．各表分组数相加与总计数略有差额，因四舍五入之故。

6．本年鉴使用的符号说明：“…”表示数据不足该表最小单位数；“空格”表示该项指标数据不详或没有数据；“#”表示其中部分项目。

目 录
CONTENTS

文章选编
ARTICLES

统计图表
STATISTICAL GRAPH AND CHART

一、综合
GENERAL SURVEY

二、国民经济核算
NATIONAL ACCOUNTS

六、物价

PRICE INDEX

七、人民生活

PEOPLES LIVELIHOOD

十、工业

INDUSTRY

十一、建筑业

CONSTRUCTION

二十、服务业

SERVICE

二十一、企业及企业集团资料

STATISTICS FOR ENTERPRISE AND ENTERPRISES GROUP

二十二、各类开发区资料

STATISTICS FOR VARIOUS DEVELOPMENT ZONES

附录：历史资料

APPENDIX：HISTORICAL STATISTICS

文章选编

ARTICLES

北京市统计局2004年
国民经济和社会发展统计公报

2005年1月21日

2004年，全市人民在市委、市政府的正确领导下，以邓小平理论和“三个代表”重要思想为指导，认真贯彻党的十六大、十六届三中和四中全会精神及中央对北京市工作的一系列重要指示，全面贯彻科学发展观，坚决落实宏观调控措施，紧紧围绕“新北京、新奥运”战略构想，以创新体制、调整结构、优化环境、全面发展为主题，加快推进各项改革，大力发展首都经济，切实加强城市建设和管理，实现了首都经济和社会发展的预期目标。全市经济继续保持平稳较快的发展态势，经济活力明显增强，运行质量进一步提高。科技、教育、文化、卫生、体育等各项社会事业全面进步，人民生活水平继续提高。

一、综合经济

经济总量：全市经济持续快速增长。初步测算，全年实现地区生产总值4283.3亿元，按可比价格计算，比上年增长13.2%，增幅提高2.5个百分点，为1995年以来最高增速。其中，第一产业实现增加值102.9亿元，增长1.9%，增幅下降1.4个百分点；第二产业实现增加值1610.4亿元，增长16.7%，增幅提高4.8个百分点；第三产业实现增加值2570亿元，增长11.6%，增幅提高1.3个百分点。产业结构继续优化，非农产业比重进一步上升，二、三产业比重达到97.6%，比上年提高0.2个百分点，其中第二产业比重上升1.8个百分点。

全年经济运行趋势

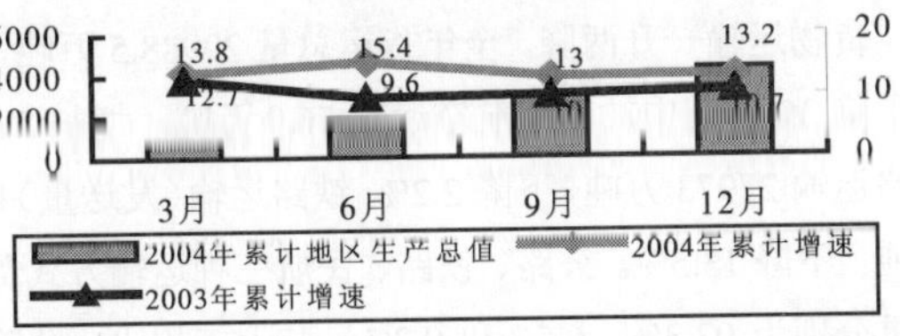

财政收支：地方财政收入增势良好。全年完成地方财政收入744.5亿元，比上年增长29.7%。其中，增值税68.9亿元，增长21.9%；营业税333.2亿元，增长26.3%；企业所得税121.7亿元，增长29.9%；个人所得税73.3亿元，增长28.2%。全年地方财政支出898.9亿元，增长22.3%；地方财政支出剔除中央追加支出后，为862.6亿元，增长23.4%。其中，基本建设支出72.9亿元，增长1.3%；科教文卫事业费213.6亿元，增长21.6%；农林水支出33.2亿元，增长26.8%；社会保障补助支出22.5亿元，增长75.5%；城市维护费40.1亿元，增长11%。

价格水平：价格总水平有所上涨。居民消费价格指数为101%，高于上年0.8个百分点。其中，食品类价格上涨4.8%，影响总指数上升1.4个百分点；娱乐教育文化用品及服务类价格上涨1.5%，居住类价格上涨1.4%，烟酒及用品类价格上涨1.2%。除此以外，交通和通信类价格下降4.3%，家庭设备用品及维修服务类价格下降3.1%，衣着类价格下降1.1%，医疗保健及个人用品类价格下降0.8%。

生产领域价格涨幅较高。工业品出厂价格指数为103%，比上年提高1.5个百分点；其中生产资料价格上涨3.7%，生活资料价格上涨0.6%。原材料、燃料及动力购进价格指数为114.2%，比上年提高9.5个百分点；其中黑色金属材料类、农副产品类、有色金属材料和电线类、燃料动力类价格上涨幅度较大，分别为24.5%、22.3%、20.9%和20%。

月度三类价格指数情况

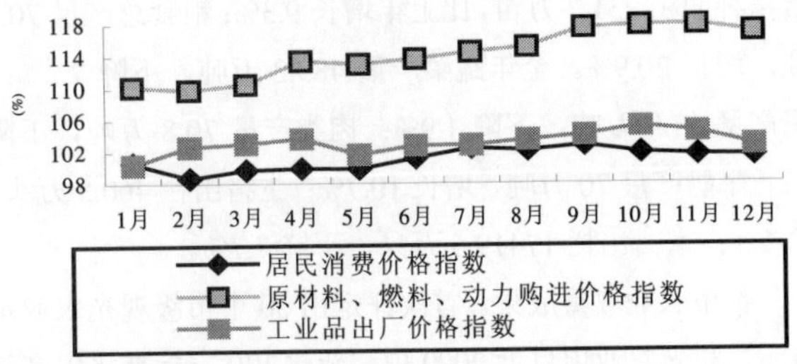

投资：投资增势趋于平稳。2004年年初，全市固定资产投资增速偏高，通过坚决贯彻落实中央宏观调控措施，投资增速逐步放缓。全年全社会固定资产投资2528.3亿元，比上年增长17.2%，增幅下降1.7个百分点。其中，基本建设投资631.4亿元，增长22.7%；更新改造投资175.3亿元，下降18.9%；房地产开发投资1473.3亿元，增长22.5%。

全社会固定资产投资额及增速

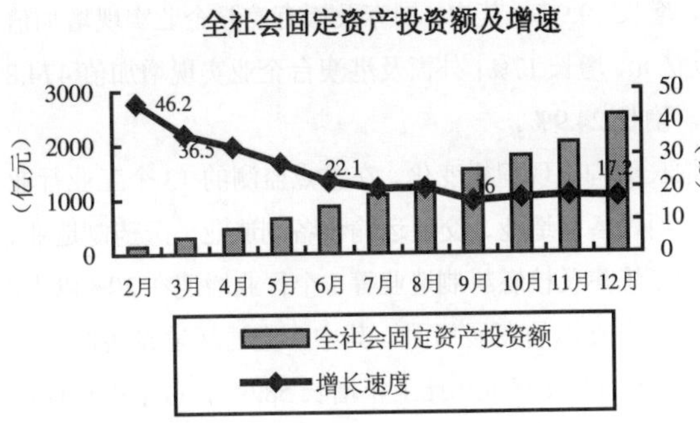

投融资体制改革继续深化。非国有单位投资成为带动全市投资增长的主要力量。全年全社会非国有单位完成投资1773亿元，增长26.3%，占全社会固定资产投资的比重达到70.1%，比上年提高5个百分点。其中非国有内资单位完成投资1369.7亿元，增长22.5%，占全社会固定资产投资的比重为54.2%，比上年提高2.4个百分点。基础设施建设和运营市场全面开放。截止到2004年底，京承高速二期、卢沟桥污水处理厂、高安屯生活垃圾焚烧厂、亦庄路东新区燃气等16个项目实现市场化融资56亿元。全年基础设施投资447.4亿元，比上年增长7.1%，占全社会固定资产投资的比重为17.7%。

重大工程建设进展顺利。我市确定的66项重大工程累计完成投资724.8亿元，占全社会固定资产投资的比重为28.7%。截止到年底，已有31个子项目交付使用。

二、主要产业

农业：农业生产保持稳定。全年完成农业总产值254亿元，比上年增长6.8%（按现价计算）。其中，种植业产值105.4亿元，增长3%；养殖业产值148.6亿元，增长9.6%。2004年以来，我市认真贯彻中央一号文件，采取了一系列扶持农业生产的重要措施。全面取消农业税，减轻农民负担8000多万元；对63.2万户种植小麦和玉米的农户实施直接补贴，兑付直补资金1.1亿元。在这些政策措施的积极作用下，全市粮食生产扭转了连续13年下滑的局面，出现恢复性增长。全年粮食播种面积231.7万亩，比上年增长9.3%；粮食总产量70.2万吨，增长20.9%。全年蔬菜产量489.2万吨，下降7.2%；鲜蛋产量15.9万吨，下降1.9%；肉类产量70.8万吨，下降3.8%；牛奶产量70万吨，增长10.7%；生猪出栏460.5万头，下降2%；家禽出栏17419.5万只，下降7.7%。

都市农业取得成果。首次评定出30个市级观光农业示范园，观光农业项目近2000项。新建120家标准化生产基地，累计达到800家，通过安全食品认证达标的生产单位超过60%。全市有235家绿色、安全农产品物流配送中心。

工业：工业生产快速增长。全年完成工业增加值1290.2亿元，比上年增长19.3%，增幅提高7.1个百分点。工业对全市经济增长的贡献率为43.4%，提高10个百分点。全市规模以上工业企业（即全部国有工业企业及年产品销售收入500万元及以上的非国有工业企业）实现增加值1259.5亿元，增长19.9%。其中，国有及国有控股企业实现增加值652.9亿元，增长17%；外商及港澳台企业实现增加值474.8亿元，增长24.9%。

增长结构出现积极变化。在重点监测的13个工业行业中，专用设备制造业、交通运输设备制造业、医药制造业、石油加工炼焦及核燃料制造业等7个行业增速在20%以上，形成了多点支撑的发展局面。其中，交通运输设备制造业实现增加值123.1亿元，比上年增长58.6%；占全市规模以上工业增加值的比重为9.8%，对规模以上工业增长的贡献率为22.8%。全年汽车产量53.9万辆，比上年增长55.2%；其中轿车产量18.2万辆，增长1.5倍。

高新技术产品制造业较快增长。全年高新技术产业实现增加值377.7亿元，比上年增长17.7%（按现价计算），增幅提高10.6个百分点。其中电子与信息增长14%，生物医药增长18%，新材料增长40.2%，光机电一体化增长22.6%；占高新技术产业增加值的比重分别为64.7%、8.8%、10.7%和12.6%。程控交换机、移动电话机和微型电子计算机等主要高新技术产品产量分别比上年增长63.9%、16.5%和15.9%。高新技术产业增加值占全市规模以上工业增加值的比重为30%。

高新技术产业增加值构成

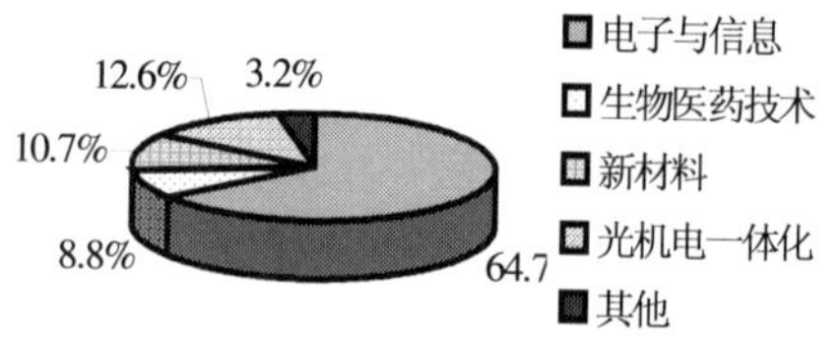

工业经济效益大幅提高。全年规模以上工业企业经济效益综合指数169.3%，比上年提高18.4个百分点。实现利润310.8亿元，增长32%；利税总额522.5亿元，增长23.9%。

建筑业：建筑业生产平稳增长。全年建筑业实现增加值320.2亿元，比上年增长6.2%。建筑业总产值达到1505.8亿元，增长15.2%；房屋施工面积13073.6万平方米，增长7.5%；竣工面积4526.3万平方米，增长0.9%。建筑企业效益有所提高。全年实现工程结算收入1542.5亿元，增长16%；实现工程结算利润131.5亿元，增长16.4%。按施工产值计算，全员劳动生产率14.9万元/人，增长14.6%。

交通运输、仓储和邮政业：全年交通运输、仓储和邮政业实现增加值144.9亿元，比上年增长7%。

货物运输一升两降。全年货运总量29988.5万吨，比上年下降3%。其中，民用航空运输56.9万吨，增长20.3%；公路运输27973万吨，下降2.2%；铁路运输（发送量）1958.6万吨，下降13.5%。公路、铁路、民航三种运输方式货运量比重分别为93.3%、6.5%和0.2%；与上年相比，公路货运比重上升0.8个百分点，铁路货运比重下降0.8个百分点，民航货运比重基本持平。

旅客运输全面增长。全年旅客运输量48681.5万人，比上年增长48%。其中，公路运输41552万人，增长52.3%；铁路运输（发送量）5436.8万人，增长24.9%；民用航空运输1692.7万人，增长35.9%。公路、铁路、民航三种运输方式客运量比重分别为85.3%、11.2%和3.5%；与上年相比，公路客运比重上升2.4个百分点，铁路客运比重下降2.1个百分点，民航客运比重下降0.3个百分点。

邮政业务基本稳定。全年完成邮政业务总量31.1亿元，与上年基本持平。全年订销报纸10.1亿份，下降7.8%；订销杂志3881万份，下降3.4%；收寄函件7.7亿份，下降7.9%；收寄特快专递1500万件，增长26.2%。年末邮政储蓄余额达到318.6亿元，年净增35.8亿元。

信息传输、计算机服务和软件业：全年信息传输、计算机服务和软件业实现增加值317.8亿元，比上年增长10.8%。

信息传输业快速增长。全市固定电话用户达847.4万户，比上年增长23.9%。局用交换机容量达1110万门，增长11.9%。固定电话主线普及率达到57.5线/百人，增长21%。全市移动电话用户达到1335.9万户，增长20.5%。移动电话普及率达到90.6部/百人，增长17.6%。

批发零售业：全年批发零售业实现增加值263.7亿元，比上年增长6.8%。

消费品市场稳中见旺。全年实现社会消费品零售额2191.8亿元，增长14.4%。其中，吃类商品零售额610.8亿元，增长22.7%；穿类商品零售额242.1亿元，增长15%；用类商品零售额1224.6亿元，增长8.2%。居民消费结构稳步升级，汽车、家居、通讯类商品消费快速增长。全年销售机动车44.7万辆，比上年增长9.8%。其中，新车30.4万辆，增长3.9%；旧车14.3万辆，增长24.8%。在限额以上商业企业零售额中，与住宅消费相关的建筑及装潢材料类商品零售额增长1倍，家具类商品零售额增长11.8%，家用电器和音像器材类商品零售额增长18.8%；通讯器材类商品零售额增长41%。

新型业态进一步发展。年末全市连锁商业企业达到152个，实现零售额635.2亿元，分别增长4.1%和32.6%。连锁商业零售额占社会消费品零售额的比重达到29%。商业布局逐步改善。年末，郊区乡镇连锁超市、便利店达到443家，比上年末增长1.5倍。

限额以上批发零售企业经营状况良好。全年实现销售收入5028.8亿元，比上年增长24%。其中，批发业4122.4亿元，零售业906.3亿元，分别增长30%和2.6%。全年实现利润167.4亿元，增长1.1倍；实现利税218.8亿元，增长70.5%。

金融保险业：全年金融保险业实现增加值598.6亿元，比上年增长5.4%。

信贷投放明显收缩。根据宏观调控的要求，金融机构严格控制信贷规模。年末，全市中资金融机构各项人民币贷款余额12600.2亿元，比年初增加1457亿元，新增贷款比上年减少646.2亿元。其中，短期贷款余额4721.6亿元，比年初增加420.4亿元，少增309.4亿元；中长期贷款余额6414.7亿元，比年初增加919.8亿元，少增244.6亿元；票据融资756.5亿元，比年初减少11亿元，少增161.1亿元。中资金融机构人民币存款余额21625.9亿元，比年初增加3327.4亿元，多增398亿元。其中企业存款余额12310.1亿元，比年初增加2080.1亿元，多增656.5亿元；居民储蓄存款余额6122.3亿元，比年初增加828.8亿元，少增75亿元。

保险市场平缓发展。年末，全市有各类保险公司30家，比上年增加10家；保险中介机构184家，增加84家。全年保费收入278.9亿元，比上年下降1.3%。其中，财产险保费收入65.9亿元，增长26.9%；人身险保费收入213亿元，下降7.6%。全年各类保险赔款给付支出54.3亿元，比上年增长13.1%；其中产、寿险分别为33.2亿元和21.1亿元，分别比上年增长22%和1.3%。

资本市场稳步发展。全年证券市场各类证券成交额18512.9亿元，比上年下降20.8%；其中股票成交额7247.7亿元，增长43.8%；国债成交额671.7亿元，下降42.8%；基金成交额78.9亿元，下降28.5%。年末上市企业（A股）达到82家；其中，当年上市企业（A股）6家，筹集资金16.7亿元。

房地产业：房地产业保持较快发展。全年房地产业实现增加值228.4亿元，比上年增长15.7%。全年完成房地产开发投资1473.3亿元，比上年增长22.5%；商品房开复工面积9931.3万平方米，增长9.5%；竣工面积3067万平方米，增长18.2%。

商品房市场需求活跃。全年商品房销售面积2472万平方米，增长30.4%；其中，商品住宅销售面积2285.8万平方米，增长29.1%。全年商品房销售额1249.1亿元，增长39.1%；其中商品住宅销售额1085.1亿元，增长37.5%。商品房价格有所上升。全年商品房平均售价为每平方米5053元，比上年提高316元；其中，商品住宅平均售价4747元，提高291元。存量房交易量进一步扩大。全年存量房成交面积708.3万平方米，成交金额217.7亿元，分别比上年增长81.6%和78.2%。

旅游业：旅游市场恢复正常。全年接待海外游客315.5万人次，比上年增长70.4%，比2002年增长1.6%。旅游外汇收入31.7亿美元，增长66.8%。接待国内旅游者1.2亿人次，比上年增长36.8%；旅游收入1145亿元，增长62.2%。年末，全市共有星级饭店613家，客房数达到9.1万间。客房出租率64.7%，比上年末上升13个百分点。

三、对外开放

进出口：对外贸易强劲增长。据海关统计，全年进出口总值946.6亿美元，比上年增长38.2%。其中，出口205.7亿美元，增长21.8%；进口740.8亿美元，增长43.5%。地方企业进出口总值为280.7亿美元，增长48.3%。其中，出口106.1亿美元，增长44%；进口174.6亿美元，增长51%。出口产品结构继续优化。机电产品出口71.2亿美元，增长46.9%；高新技术产品出口51.7亿美元，增长51.7%；占地方出口的比重分别达到67.1%和48.8%，分别比上年提高1.3个和2.5个百分点。出口市场保持多元化。在主要出口市场中，对亚洲出口49.3亿美元，增长51.7%；对欧洲出口30.4亿美元，增长29.2%；对北美洲出口16.4亿美元，增长42.2%。基础产品进口大幅增加,在地方进口商品中，矿物燃料、润滑油及相关原料增长1.2倍，动植物油、脂及蜡增长1.1倍。

累计地方企业出口额及增速

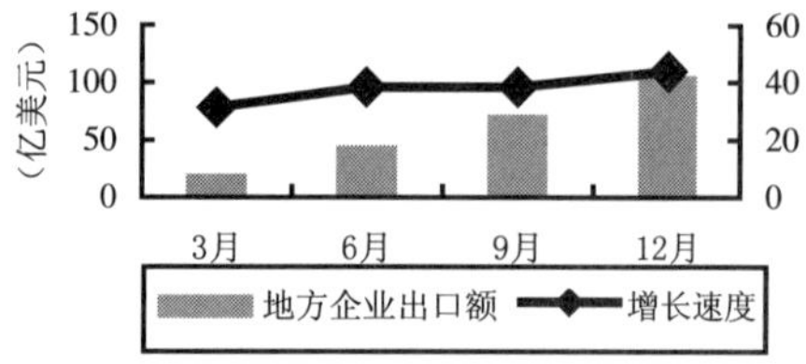

经济技术合作：对外经济技术合作保持良好势头。全年新签对外承包工程和劳务合作合同额8.1亿美元，完成营业额6亿美元，分别比上年增长68.8%和70.8%。年末在外人数2552人，比上年末增长22%。

利用外资：外资流入继续加快。全年新批外资项目1806项，比上年增长33%；合同外资金额62.6亿美元，增长92%。实际利用外资30.8亿美元，增长43%。从外资的产业投向看，主要集中在第三产业。全年第三产业吸收合同外资金额38.7亿美元，占全市合同外资金额的比重为61.8%。投入较多的行业有租赁和商务服务业、房地产业、计算机服务和软件业。其中，租赁和商务服务业合同外资金额达到21.5亿美元，增长1.7倍。年末，在京的跨国公司地区总部、投资性公司和研发中心分别达到7家、139家和189家。

累计实际利用外资额及增速

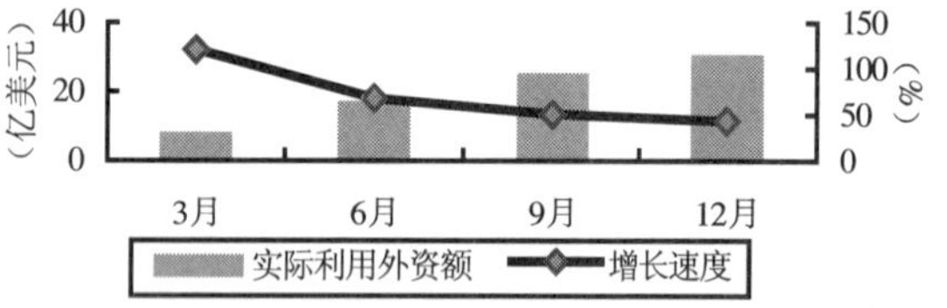

开发区：开发区建设和发展进入新阶段。年末，全市27个开发区累计入区企业29752家，其中投产企业24416家，分别比上年末增加5353家和4368家。全年各类开发区实现总收入4876.2亿元，比上年增长25%；实现工业总产值2796亿元，增长37.2%（按现价计算）；实现利润287.4亿元，增长20.9%；应缴税金209亿元，增长13.2%。

中关村科技园区继续保持快速发展。全年新认定高新技术企业4268家，比上年增长3.1%。年末，高新技术企业总数达20364家，比上年末增长24.9%。全年实现总收入3625.2亿元，比上年增长25.6%；实现增加值760.9亿元，增长25.1%（按现价计算），占全市生产总值的比重为17.8%；实缴税金133.6亿元，增长11.2%。

四、城市建设与管理

危旧房改造和经济适用房：危旧房改造和经济适用房建设稳步推进。全年完成危旧房改造投资203.1亿元，与上年基本持平；拆除房屋72万平方米，下降61%，其中拆除危房29.9万平方米，下降57.3%；动迁居民2.4万户，下降54.3%。全年经济适用房投资98亿元，比上年增长6.3%；施工面积890万平方米，竣工面积308.8万平方米，分别下降1.4%和15%；销售面积306.3万平方米，下降4.3%；实现销售额90.4亿元，下降0.8%。

城市交通：交通设施建设继续加快。全年完成交通运输投资148.8亿元，比上年增长15.2%，占城市基础设施投资的比重达到33.3%。轨道交通项目进展顺利，地铁四、五、十号线（含奥运支线）全面开工，在建规模达到86.3公里。公路建设稳步推进,全年新改建公路953公里；其中，在建高速公路100公里，六环路黄村至良乡段24公里已建成通车。城市道路建设进一步加强，首体南路、圆清路、五塔寺路、白云路、马家堡西路等工程建成通车，道路通行能力不断提高。6座交通枢纽建设按计划进行，其中，动物园交通枢纽已经启用，进入试运行阶段；六里桥综合客运枢纽基本具备试运营条件；马驹桥一级货运枢纽年底已报竣工。

城市公交体系逐步完善，服务效率进一步提高。年末，全市公共电汽车（含小公共，下同）线路达到599条，公共电汽车运营里程17206公里；轨道交通运营里程达到114公里，与上年末持平。全市共有公共电汽车运营车辆2万辆，比上年增加1204辆；客运出租车运营车辆5.2万辆，减少1.1万辆。全年城市公共交通共运送乘客51.2亿人次（不含出租车），比上年增长17.9%；其中公共电汽车运送乘客45.2亿人次，增长16.6%；轨道交通运送乘客6.1亿人次，增长28.4%。全年出租汽车客运量达到5.9亿人次，比上年增长13.5%。

年末全市汽车保有量187.1万辆，比上年末增加19.4万辆；其中轿车保有量109.6万辆。私人汽车保有量达到129.8万辆，比上年末增加18.2万辆；其中轿车保有量80.3万辆。

公用事业：公用事业综合服务水平不断提高。全年自来水售水量6.3亿立方米，比上年增长5.7%；其中生活用水5.4亿立方米，增长8%。张坊、平谷、怀柔等应急水源工程先后建成通水，为保证首都供水发挥了重要作用。在全国电力供应普遍较为紧张的形势下，我市通过采取一系列调配应急措施，夏季用电高峰日均削减负荷约30万千瓦，避免了大面积停电及非事故拉路。全年售电量451.7亿千瓦时，比上年增长8.9%；其中，城乡居民生活用电80.2亿千瓦时，增长13.8%。全年煤气销售量达1.8亿立方米，比上年下降23.1%；天然气销售量达23.3亿立方米，增长22.3%；

液化石油气销售量达 12.6 万吨，下降 13.7%。年末，全市燃气家庭用户达到 385.3 万户，其中天然气家庭用户 252.8 万户，占全市家庭燃气总户数的 65%，比上年提高 2 个百分点。城市热力管网供热面积达到 8777 万平方米，比上年增长 11.8%。

五、社会事业

科学技术：科技人员队伍稳步壮大，科技经费投入持续增加。年末，全市开展科技活动的单位 4000 家，拥有科技活动人员 29 万人，其中科学家和工程师（指具有中高级技术职称人员与无中高级技术职称的大学本科及以上学历人员）25 万人，占科技活动人员总数的 86.2%。全市科技活动经费支出总额 510 亿元，比上年增长 10.6%，其中 R&D（研究与试验发展）经费支出 300 亿元，增长 17.1%，R&D 经费支出相当于全市生产总值的 7%。

《中关村科技园区条例》、《关于进一步促进高新技术产业发展的若干规定》等一系列地方政策法规出台，北京的创新、创业条件得到明显改善。创业孵化体系建设成效显著，年末，全市孵化器总数 66 家，入孵企业约 2300 家，总孵化面积 80 多万平方米，建立大学科技园 14 家。创新服务体系初步建立。年末，全市共有科技中介机构 5000 多家，相关行业协会 150 余家，各类专业服务中心 500 多家。专利成果喜人。全年申请专利 18402 件，比上年增长 8.2%；授权专利 9005 件，增长 9.2%。技术交易日趋活跃。全年成交技术合同 35549 项，合同成交总金额 425 亿元，分别比上年增长 10.5%和 60.1%；其中技术交易额 387.5 亿元，增长 71%。北京产权交易所累计挂牌项目 2976 个，挂牌总金额 300 亿元；其中高新技术项目成交 749 个，成交金额 77.5 亿元。

首都“二四八”重大创新工程继续深化。一批重大科研项目如 30 米 35kV/2kA 高温超导电缆研发及产业化示范、电动汽车的研制开发、官厅水库流域水质改善关键技术研究等取得重大进展。

教育：教育事业持续健康发展。高等教育体系继续完善。年末，全市共有普通高等院校 77 所，比上年增加 4 所；其中，本科院校 27 所。全年共招收本专科学生 14.7 万人，增长 2.7%；本专科在校生达到 50 万人，增长 9%；毕业学生 9.96 万人，增长 18.9%。全市共有 48 所普通高校和 115 个科研机构培养研究生，全年招收研究生 5.6 万人，增长 17.9%；在学研究生达到 14.4 万人，增长 19.8%；毕业研究生 2.95 万人，增长 31.4%。建立北京地区高校毕业生就业工作联席会制度，北京高校毕业生就业率达到 89.43%。大学生公寓和高教园区建设步伐加快。60 万平方米大学生公寓竣工并交付使用。

高中阶段教育协调发展。普通高中招生 9.4 万人，在校生 27.5 万人。中等职业学校招生 7.7 万人，在校生 25.7 万人；其中，普通中专招生 3.3 万人，职业高中招生 2.6 万人，技工学校招生 1.8 万人。

基础教育进一步调整优化。颁布实施《北京中小学办学条件标准》，调整了 137 所规模小、办学效益不高的中小学，其中小学 112 所，初中 25 所。农村义务教育条件改善。全年市、区县两级投入 6000 多万元，全面完成了半山区和农村平原地区 113 所办学困难学校的改造任务。在延庆等 9 个区县投入 5000 多万元建设教育骨干光纤网，建成 600 所校园网。为郊区 200 所中小学设立医务室并配套相应设备，提高了卫生防病和健康教育的水平。全市普通小学 1504 所，在校生 51.6 万人；初中 422 所，在校生 38.7 万人。

民办教育健康发展。年末，全市共有 79 所民办高校，在校学生 22 万人；93 所民办普通中学，在校学生 3.6 万人；12 所民办小学，在校学生 0.5 万人。

文化：文化事业欣欣向荣。演出市场硕果累累。大型京剧交响剧诗《梅兰芳》、大型奇幻儿童剧《迷宫》、大型情景魔术晚会《魔法传奇》、科普木偶剧《南极精灵》及评剧《刘巧儿新传》等精品剧目都取得了良好的社会经济效益。全市共有各类电影放映单位 172 个，其中电影院 62 个；放映场次 18 万场，观众达到 814.4 万人次，票款收入 1.85 亿元。继续实施农村电影“2131 工程”（即到 21 世纪初实现每村每月放映一场电影），解决京郊农民看电影难的问题，为农村观众放映故事片 5.3 万场次，观众达到 1656.6 万人次。北京电视台动画频道开播，电视节目达到 10 套。全市广播电视综合覆盖率达 99.5%，有线电视入户率为 62.1%。广播电视“村村通”工程顺利推进。年内实现了让 90 个自然村的农村居民看上电视的目标。移动数字电视在公交系统试播成功，已有 48 条线路的 1700 辆公交车安装了移动数字电视。出版发行业经过改组改造，集约化程度不断提高。北京市属出版单位出版报纸 51 种，与上年持平；出版杂志 168 种，下降 4.5%；出版图书 4713 种，增长 36.1%。共有 17 种出版物在国家各类评选中获奖，其中图书 4 种、期刊 5 种、电子出版物 2 种、音像制品 5 种。

文物保护工作取得可喜成绩。“人文奥运”文物保护计划进展顺利，年内安排项目 30 项，已全面启动，其中 16 项已完工。自 2003 年开始，对全市 6 处世界文化遗产进行全面修缮，并对其保护现状和管理情况进行了深入调研。积极做好城市建设中的文物保护工作，配合危旧房改造、城市重点整治工程、奥运大型场馆建设完成了相关文物保护和考古勘探发掘工作，并出土了一批珍贵文物。年末，全市拥有市级文物保护单位 264 处。全市境内注册登记的博物馆达到 127 个，博物馆馆藏文物 226 万件，固定展览 200 多项，临时推出展览 400 多项，参观人数达 2500 万人次。

卫生：公共卫生建设与疾病控制工作取得较好成效。截至年底，北京紧急医疗救援中心已成立，10 个远郊区县紧急医疗救援分中心全部建成，完成了32个远郊区县乡镇急救点的建设，市疾病预防控制中心防病业务楼已动工建设。医疗机构网络直报建设全面完成。针对“4.22”非典疫情和禽流感疫情，迅速启动相关预案并及时采取一系列措施，取得了防治疫情的决定性胜利。

农村卫生保健不断加强。全市农村地区新型农村合作医疗政策覆盖率区县级达到100%，乡镇级达到87%，村级达到90%。全市共有230万农民参加了新型农村合作医疗制度，参合率达到64%。13个郊区县均已开始为就医农民实施报销，年内已为25万人次提供报销服务。农村改水改厕取得新的进展，全市完成农村改水项目共计3661个，受益人口达到338.6万人；改造农村粪便无害化处理户厕32533座。

体育：扩充全民健身设施，积极开展群众体育活动。当年配建1229个全民健身工程，总面积82.6万平方米，总投资1.17亿元，其中市体育彩票公益金投入达4200万元。截至年底，全市所有街道、乡镇和有条件的社区居委会、55%的行政村均配建了全民健身工程。全民健身晨、晚练辅导站累计4437个；年内开展全市各类群众体育活动共计3240项次，参加活动人数达到532.7万人次。举办了国际长跑节、万人太极拳表演、全国城市体育舞蹈公开赛、庆申奥成功长跑活动等；举办了第10届全民健身周活动，吸引了206万市民参与；举办全民健身大课堂近百场，万余人受益。

竞技体育取得突破性进展。全市共有专业体育运动员近千人，共获得国际和全国性比赛奖牌125枚，其中金牌49枚，银牌45枚。在第28届奥运会上，我市运动员获得5枚金牌、1枚银牌、1枚铜牌的优异成绩，其中金牌数位居各省市之首。

六、人口、就业与保障、居民生活

人口：人口继续保持增长。年末，全市常住人口(在京居住半年以上人口)1492.7万人，比上年末增加36.3万人，增长2.5%，增幅提高0.2个百分点。全市人口出生率为6.1‰，比上年增加1个千分点；死亡率5.4‰，增加0.2个千分点；自然增长率0.7‰，增加0.8个千分点。据公安部门统计，2004年末，全市户籍人口1162.9万人，比上年末增长1.2%。

就业和社会保障：就业工作进一步加强，就业形势保持稳定。年末实有城镇登记失业人员6.46万人，比上年末减少0.5万人；城镇登记失业率1.3%，下降0.13个百分点；全年安排17.43万失业人员实现就业，失业人员就业率达到68.64%，提高0.56个百分点。其中，“4050”失业人员再就业率为69.8%。农村富余劳动力就业工作稳步推进。通过劳务输出、技能培训等措施，5.5万名农村富余劳动力实现了就业。岗位开发工作成效显著。全年共开发社区就业岗位14.32万个，比上年增长7.27%，安置失业人员10.63万人。全市社区公益性就业组织已发展到197家，累计安置就业特困人员1.3万人。其中，当年新增社区公益性就业组织47家，新安置就业特困人员4861人。

社会保障体系建设积极推进。各项基金扩面征缴取得积极成效，参保人数不断增加。全市养老、医疗、失业、工伤保险参保人数分别达到460万人、484万人、308万人和259万人，分别比上年净增11.5万人、47.9万人、1.4万人和16.1万人。各项社会保险基金收缴率均达到98%以上。出台了外地农民工参加工伤保险和医疗保险办法。大力推进农村养老保险制度改革，确立了个人账户与待遇调整机制相结合的制度模式以及个人缴费、集体补助、政府补贴相结合的筹资方式，并在大兴、通州进行了试点，全市参加农村养老保险人数达到36.8万人。城市居民保障标准有所提高，失业保险金提高到347—446元，职工最低工资提高到545元，退休人员基本养老金最低标准提高到402—510元。全市共有16.1万城镇居民得到政府最低生活保障，比上年增加0.3万人；享受农村低保的农民7.5万人，比上年增加0.8万人。

社会福利事业不断发展。全市各类收养性社会福利单位323家，床位2.9万张，收养各类人员1.7万人。城镇建立各种社区服务设施0.2万处，其中综合性社区服务中心168个。全年销售社会福利彩票15.5亿元，直接接收社会捐赠款0.26亿元。

居民生活：城乡居民收入较快增长。全年城市居民人均可支配收入15637.8元，比上年增长12.6%，扣除价格因素，实际增长11.5%。人均消费支出为12200.4元， 比上年增长9.7%，扣除价格因素，实际增长8.6%。由于粮油及相关副食品价格上涨，城市居民恩格尔系数为32.2%，比上年上升0.5个百分点。农民人均纯收入7172元，比上年增长10.4%，扣除价格因素，实际增长9.2%；其中，生产性收入6141元，增长11.2%。农民人均生活消费支出4886元，比上年增长5%，扣除价格因素，实际增长3.9%。农村居民恩格尔系数为32.6%，比上年上升0.9个百分点。居住环境有较大改善。全年竣工住宅2344万平方米，增长12.6%。城镇居民人均住房使用面积有望达到19平方米，比上年增加0.3平方米。农村居民人均生活用房面积34.2平方米，比上年增加0.3平方米。

七、资源与环境

土地资源：根据国务院和国家有关部门的要求，我市认真开展了土地利用现状和使用情况的调查、核查工作，开展了全市基本农田的核查工作，基本查清了耕地和基本农田情况、建设项目批准用地和违法用地情况。根据核查结果，加大了基本农田保护力度，全市自上而下签定了基本农田责任状，350.4万亩基本农田全部落实到地块，其中农作物用地254.9万亩。基本完成了治理整顿土地市场秩序的阶段性工作任务。清理整顿各类开发区用地，全市470个开发区减少到28个，核减规划面积46768公顷，核减率为53.4%；截止到年底，已退回土地14626.2公顷，复耕土地11735.6公顷。进一步加大对土地违法问题的查处力度，依法处置闲置土地，查处违法土地行为为2411件，责令退还土地1500.7公顷，复耕土地449.9公顷，收回闲置土地174.8公顷。规范控制建设用地协议出让范围，全面推行经营性土地使用权出让的招标、拍卖、挂牌制度。全年全市征占地及农用地转用项目用地7286.6公顷，比上年增长12.1%。72宗经营性项目土地使用权入市成交，成交土地面积438.5公顷，分别比上年增长46.7%和1倍。

水资源：降水情况好于上年。全年降水539毫米，比上年增长19%，是多年平均降水量的92%。但水资源形势仍然严峻。年末，全市平原区地下水平均埋深19.04米，比上年末下降0.71米，地下水储量累计减少3.6亿立方米。正式组建水务局，开始建立水资源统一管理体制。加强水资源的统一调度，采取严格措施对水资源进行合理配置使用。全年向密云、官厅两大水库调水2.41亿立方米，其中从外省调水9400万立方米。在保障城乡用水安全的前提下，密云水库蓄水量达到8.5亿立方米，比上年增加1.29亿立方米；官厅水库蓄水量2.3亿立方米，增加1699万立方米。南水北调北京段工程进展顺利，永定河倒虹吸主体工程建设基本完成。强化节水管理，全面建设节水型社会。制定了节约用水管理办法和分阶段工作方案。综合水价由上年的4.01元提高到5.04元。全年农业新增节水灌溉面积20万亩；工业和生活完成节水技改措施51项。

生态环境：城市环境综合整治工作加强。全年拆除违法建设和临时建筑75.3万平方米，城市市容不断改善。大气污染防治工作继续推进。控制大气污染第十阶段措施继续实施，严格控制燃煤污染排放，完成燃煤锅炉改造1037台，对重型汽油车和摩托车新车实行第一阶段排放标准，加强机动车排放检测监管。全年空气质量达到二级和好于二级的天数为229天，比上年增加5天，占全年总天数的62.5%。水环境治理力度加大。开展了水源三、四厂防护区内的污染源调查，加强了对密云、怀柔水库的水质保护；启动了永定河、潮白河砂石坑生态恢复及整治工程。污水处理系统逐步完善。卢沟桥污水处理厂和清河污水处理厂二期建成，城近郊区污水处理厂达到8座，污水日处理能力达到188万立方米/日。城近郊区污水处理率达到58%，比上年提高2个百分点。再生水利用取得新进展，新建再生水利用管线52.7公里，污水再生利用率达到25%。积极推动其他环境污染防治工作。完成五环路内28个暴露垃圾堆的治理任务；全年清除各类施工渣土3259.5万吨；全市第一个医疗废弃物集中处理厂竣工。按照北京市生活垃圾治理白皮书确定的目标和任务，城近郊区生活垃圾无害化处理率达到93.8%（按产生量计算），远郊区县达到33%。完成首都机场及周边地区噪声功能区划，对四环路两侧部分道路进行了交通噪声治理工程。

绿化美化步伐加快。全年共完成绿化造林40.48万亩，植树4230万株；全市林木覆盖率达到49.5%，比上年提高2个百分点。三道绿色生态屏障建设取得新进展。其中，绿化隔离地区新增绿化面积4.76万亩，平原绿色生态屏障建设新增绿化面积4.02万亩，山区绿色生态屏障建设新增绿化面积31.7万亩。野生动物保护及自然保护区建设得到加强。启动了密云水库湿地、汉石桥湿地建设工作，保护区面积占全市总面积的8%。城市园林绿化水平进一步提高。城市楔形绿地建设进入前期准备阶段。城近郊区新增绿地面积848公顷，其中新增大型绿地20余处，共117公顷。城近郊区绿化覆盖率达到41.8%，比上年提高0.7个百分点。人均公共绿地面积达到10平方米，增加0.4平方米。

附1　公报注释：

1．本公报数据为初步统计数。

2．本公报中增加值为现价，除注明外，增长速度均按可比价计算。

3．社会消费品零售额中不含居民住宅销售额。

4．“二四八工程”是首都二四八重大创新工程的简称。指建立两大体系、建设四个基地、实施八项高新技术产业化示范项目。两大体系即首都创业孵化体系和首都经济创新服务体系。四个基地即北京软件产业基地、北京北方微电子基地、北京生物医药基地和北京新材料基地。八个高新技术产业化示范工程即数字北京工程、高清晰度数字电视产业化工程、大直径半导体硅芯片及大规模集成电路产业化工程、能源结构调整及清洁燃烧技术产业化工程、现代医药生物技术产品产业化工程、绿色食品及良种工程、水资源可持续利用工程和北京保护臭氧层工程。

5．恩格尔系数是指居民食品消费支出占全部消费支出的比重。

附 2　2004 年经济发展统计表:

社会消费品零售额

指标名称	单位	2004 年	2004 年为 2003 年%
社会消费品零售额	亿元	2191.8	114.4
按商品用途分			
吃的商品	亿元	610.8	122.7
穿的商品	亿元	242.1	115.0
用的商品	亿元	1224.6	108.2
烧的商品	亿元	114.4	149.3
按行业分			
#批发、零售贸易业	亿元	1778.7	110.4
餐饮业	亿元	190.2	156.6

主要农副产品产量

指标名称	单位	2004 年	2004 年为 2003 年%
粮食总产量	万吨	70.2	120.9
蔬菜总产量	万吨	489.2	92.8
肉类总产量	万吨	70.8	96.2
鲜蛋总产量	万吨	15.9	98.1
牛奶总产量	万吨	70	110.7
水产品总产量	万吨	6.5	91.5
出栏猪	万头	460.5	98.0

主要工业产品产量

指标名称	单位	2004 年	2004 年为 2003 年%
钢材	万吨	851.0	108.6
发电量	亿千瓦时	202.2	107.1
液化石油气	万吨	43.0	111.9
化肥（折纯）	万吨	3.6	146.8
水泥	万吨	1126.7	121.6
乙烯	万吨	98.2	110.6
汽车	万辆	53.9	155.2
彩色显像管	万只	1042.5	117.4
显示器	万部	499.9	120.6
移动通信设备	万部（信道）	422.9	77.3
微型计算机	万部	503.6	115.9
移动电话机	万部	3852.0	116.5
程控交换机	万线	3211.1	163.9
饮料酒	万千升	148.5	113.4
乳制品	吨	353323.3	125.5

各种运输方式运量（北京地区）

指标名称	单位	2004年	2004年为2003年%
货物运输量	万吨	29988.5	97
铁路(发送量)	万吨	1958.6	86.5
公路	万吨	27973	97.8
民航	万吨	56.9	120.3
旅客运输量	万人	48681.5	148
铁路(发送量)	万人	5436.8	124.9
公路	万人	41552	152.3
民航	万人	1692.7	135.9

居民消费价格指数(以上年为100)

单位：%

指标名称	2004年	2003年
居民消费价格指数	101.0	100.2
#服务项目	101.8	100.7
食品	104.8	103.2
烟酒及用品	101.2	100.2
衣着	98.9	97.1
家庭设备用品及维修服务	96.9	97.7
医疗保健和个人用品	99.2	100.1
交通和通讯	95.7	97.8
娱乐教育文化用品及服务	101.5	98.3
居住	101.4	101.6

统计图表

STATISTICAL GRAPH AND CHART

一、综合

GENERAL SURVEY

地方财政收支　（单位：亿元）
Local Financial Revenue and Expenditure (100 million yuan)

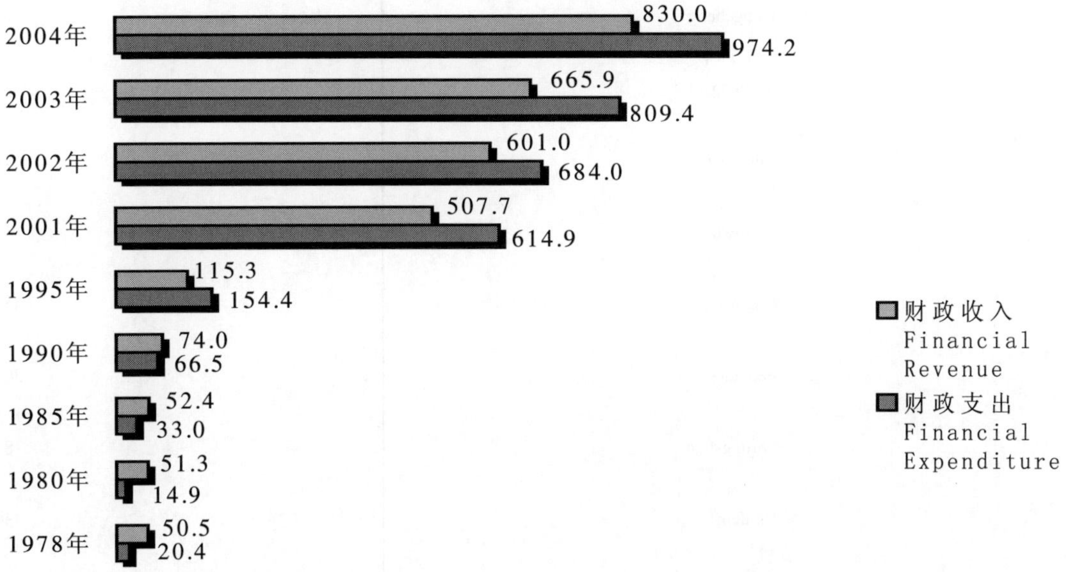

行政区划　（单位：个）
Administrative Divisions(number)

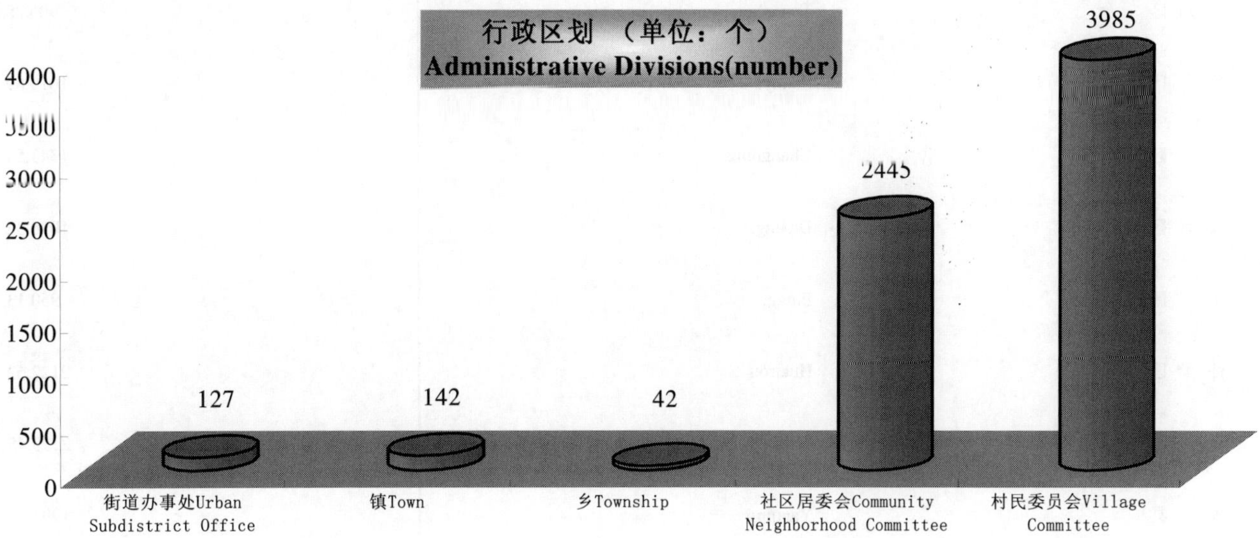

1-1 土 地 面 积
LAND AREA

项 目	Item	土地面积 (平方公里) Land Area (sq.km)
全市	**Total**	**16410.54**
东 城 区	Dongcheng	25.34
西 城 区	Xicheng	31.62
崇 文 区	Chongwen	16.52
宣 武 区	Xuanwu	18.91
朝 阳 区	Chaoyang	455.08
丰 台 区	Fengtai	305.80
石景山区	Shijingshan	84.32
海 淀 区	Haidian	430.73
门头沟区	Mentougou	1450.70
房 山 区	Fangshan	1989.54
通 州 区	Tongzhou	906.28
顺 义 区	Shunyi	1019.89
昌 平 区	Changping	1343.54
大 兴 区	Daxing	1036.32
平 谷 区	Pinggu	950.13
怀 柔 区	Huairou	2122.62
密 云 县	Miyun	2229.45
延 庆 县	Yanqing	1993.75

资料来源：北京市国土资源管理局。

Sources: Beijing Land and Resources Bureau.

1-2 气　　象(2004年)
METEOROLOGY(2004)

月 份 Month	降水量 (毫米) Precipitation (mm)	平均气温(℃) Average Temperature (℃)	日照时数(小时) Hours of Sunshine (hour)	平均风速(米/秒) Average Wind Speed (mile/second)	平均气压(百帕) Average Pressure (100 pa)	大风日数(天) Days of Strong Wind (day)	雨日数（日） Daysof rain (day)
全 年 Total	**483.3**	**13.5**	**2515.4**	**2.5**	**1012.7**	**12**	**94**
1	0.7	-2.4	194.7	2.4	1023.7	0	0
2	8.8	2.9	213.5	3.2	1016.7	5	3
3	0.1	7.8	243.6	3.1	1015.1	2	3
4	37.0	16.2	248.2	3	1008.7	0	7
5	39.1	20.4	253.3	2.9	1004.2	1	12
6	69.6	24.9	202.0	2.6	1004.0	3	18
7	182.0	25.9	203.2	2.2	1000.3	1	19
8	50.7	24.8	187.4	2	1004.7	0	15
9	74.2	21.1	198.9	2.2	1010.8	0	9
10	9.9	13.9	[illegible]	2	[illegible]	0	4
11	8.0	6.4	201.4	2.3	1020.4	0	2
12	3.2	-0.5	144.0	2.5	1024.8	0	2

附：1．无霜期 189 天

2．年极端最高气温 38.8℃，出现日期 6 月 11 日。

3．年极端最低气温-13.2℃，出现日期 1 月 21 日。

资料来源：北京市气象局。

Appendix：a) Annual frost-free period is 189 days.

b) Annual utmost highest air temperature is38.8℃,on the 11th of June.

c) Annual utmost lowest air temperature is-13.2℃,on the 21th of December.

Sources: Beijing Neteorological Bureau.

1-3 行 政 区 划(2004年)
ADMINISTRATIVE DIVISIONS(2004)

单位：个 (number)

地 区	Region	街道办事处 Urban Subdistrict Office	镇 Town	乡 Township	社区居委会 Community Neighborhood Committee	村民委员会 Village Committee
全 市	**Total**	**127**	**142**	**42**	**2445**	**3985**
东城区	Dongcheng	10			137	
西城区	Xicheng	7			195	
崇文区	Chongwen	7			79	
宣武区	Xuanwu	8			110	
朝阳区	Chaoyang	21		21	348	165
丰台区	Fengtai	16	2	3	243	71
石景山区	Shijingshan	9			128	
海淀区	Haidian	23	5	2	581	88
门头沟区	Mentougou	4	9		125	177
房山区	Fangshan	6	14	6	107	461
通州区	Tongzhou	4	10	1	38	480
顺义区	Shunyi	3	19		45	425
昌平区	Changping	2	15		87	309
大兴区	Daxing	3	14		72	536
平谷区	Pinggu	2	14	2	36	271
怀柔区	Huairou	2	12	2	26	287
密云县	Miyun		17	1	65	339
延庆县	Yanqing		11	4	23	376

资料来源：北京市民政局。

Sources: Beijing Civil Affairs Bureau.

1-4 全市私营个体经济基本情况
STATISTICS FOR INDIVIDUAL AND PRIVATE ECONOMY

单位：万元 (10000 yuan)

项目 Item	私营 Private 2004	2003	2004年为2003年% 2004 as % of 2003	个体 Individuals 2004	2003	2004年为2003年% 2004 as % of 2003
工商登记注册 * Registered in Department of Industry and Commerce						
户数 (户) Number of Households (household)	224659	186805	120.3	526741	446851	117.9
从业人员 (人) Employed Persons (person)	2156412	568334	379.4	692670	588340	117.7
注册资本 Registered Capital	28413275	23395283	121.4	675232	516219	130.8
地税税收 Taxes to Local Tax Department						
入库税收合计 Taxes Put into National Treasury	748369	561223	133.3	58044	67812	85.6
# 营业税 Business Tax	444097	308622	143.9	19957	19480	102.4
国税税收 Taxes to National Tax Department						
纳税总金额 Total Taxes Paid	270547	172306	157.0	43003	41039	104.8
# 增值税 Increased Value Tax	258984	166043	156.0	31553	30969	101.9
单位代码发放 Institution Code Sent out						
户数 (户) Number of Households (household)	38728	27234	142.2			
固定资产投资完成额 Investment in Fixed Assets Completed	40366	33320	121.1			

注：1．私营工商登记注册从业人员2004年含自然人有限公司雇工人数,不含投资者人数。2003年私营个体从业人员不含雇工人数。

2．由于统计口径原因，反映个体经济地方入库税收情况应使用营业税指标

3．固定资产投资完成额为私营个体合计数,且不含房地产投资数。

4．*为时点累计数。

Note: a) Employed persons registered in department of industry and commerce include those of natural persons limited company company hire labour and exclude investor of 2004. Employed persons registered in department of industry and commerce exclude hire labour of 2003.

b) Business tax reflect taxes put into national treasury of individual.

c) Investment in fixed assets completed is total data of private,individual economy and exclude investment in real estate.

d) Data with * indicates the accumulative one at the year-end.

1-5 个体工商业户数及人数
OUTLETS AND PERSONNEL OF SELF-EMPLOYMENT BUSINESS

单位：户、人 (unit,person)

项目	Item		2004 全市 Total	2004 城镇 Urban	2004 农村 Rural	2003 全市 Total	2003 城镇 Urban	2003 农村 Rural
总户数	**Total Outlets**		**526741**	**338229**	**188512**	**446851**	**276502**	**170349**
总人数	**Total Persons**		**692670**	**443117**	**249553**	**588340**	**364498**	**223842**
农林牧渔业								
Farming,Forestry,Animal	户数	(Unit)	4044	1668	2376	3172	1233	1939
Husbandry and Fishery	人数	(Person)	7998	3144	4854	6155	2407	3748
采矿业	户数	(Unit)	81	16	65	134	25	109
Mining	人数	(Person)	413	82	331	593	28	565
制造业	户数	(Unit)	20217	9096	11121	19237	9581	9656
Industry	人数	(Person)	44780	20574	24206	40075	18993	21082
建筑业	户数	(Unit)	588	305	283	616	339	277
Construction	人数	(Person)	1691	784	907	1776	880	896
交通运输、仓储业	户数	(Unit)	11123	7489	3634	12561	8827	3734
Transportation,storage	人数	(Person)	13491	9091	4400	13983	9776	4207
商业	户数	(Unit)	354500	220703	133797	273438	172852	100586
Commerce	人数	(Person)	430669	278882	151787	337737	210310	127427
饮食业	户数	(Unit)	26328	20175	6153	66914	32447	34467
Catering	人数	(Person)	51953	40719	11234	97510	57129	40381
社会服务业	户数	(Unit)	51687	42981	8706	67259	49273	17986
Services	人数	(Person)	61427	51062	10365	85491	62204	23287
其他行业	户数	(Unit)	58173	35796	22377	3520	1925	1595
Others	人数	(Person)	80248	38779	41469	5020	2771	2249

资料来源：北京市工商行政管理局。

Sources: Beijing Administration For Industry & Commerce.

1-6 北 京 一 日
A DAY IN BEIJING

项目		Item		2004	2003
每天创造的财富		**Daily Production**			
地区生产总值	(万元)	Gross Domestic Product	(10000 yuan)	117351.0	100358.9
第一产业		Primary Industry		2887.4	2693.2
第二产业		Secondary Industry		44119.7	35941.4
# 工业		Industry		35346.8	28274.8
建筑业		Consumption		8772.9	7666.6
第三产业		Tertiary Industry		70343.8	61724.4
# 交通运输仓储和邮电通信业		Transport,Storage, Post & Telecommunication Services		3969.3	3643.6
地方财政收入	(万元)	Local Financial Revenue	(10000 yuan)	22740.7	18245.0
地方财政支出	(万元)	Local Financial Expenditure	(10000 yuan)	26689.7	22175.0
发电量	(万千瓦时)	Electricity	(10000 kwh)	4127.0	3975.9
汽车	(辆)	Motor Lehick	(unit)	1475.9	950.8
移动电话机	(部)	Mobile Telephong	(unit)	105533.8	91356.9
每天消费量		**Daily National Consumption**			
最终消费	(万元)	Final Consumption Expenditure	(10000 yuan)	62042.5	53914.2
居民消费	(万元)	Household Consumption	(10000 yuan)	37102.2	33130.7
农业居民	(万元)	Agricultural	(10000 yuan)	4716.4	4470.7
非农业居民	(万元)	Non-Agricultural	(10000 yuan)	32385.8	28660.0
政府消费	(万元)	Government Consumption	(10000 yuan)	24940.3	20783.6
社会消费品零售额	(万元)	Retail Sales of Consumer Goods	(10000 yuan)	60049.7	52512.8
居民生活用自来水	(万元)	for Living Use Tap Water	(10000 tons)	111.0	85.0
每天其他活动		**Other Daily Activities**			
新建住宅竣工面积	(万平方米)	Floor Space of New Residence Completed	(10000 sq.m)	7.1	6.4
地方企业海关出口额	(万美元)	Exports of Local Enterprises	(USD 10000)	2906.6	2018.1
旅游外汇收入	(万美元)	Foreign Exchange Earning from Tourism	(USD 10000)	868.5	520.5
接待入境旅游人数	(人次)	Foreign Tourists Received	(person.time)	8643.7	5071.9
城乡居民储蓄存款	(万元)	Balance of Saving Deposits	(100 million yuan)	167735.6	145028.3
市内公共交通客运量	(万人次)	Urban Passenger Traffic	(10000 person.times)	1407.9	1169.0
每天人口变动和婚姻		**Daily Population Changes and Marriages**			
出生人口	(人)	Birth Population	(person)	246.4	201.2
死亡人口	(人)	Death Population	(person)	218.2	205.1
登记结婚对数	(对)	Marriage Registered	(couple)	346.4	256.2
离婚对数	(对)	Registered Divorces	(couple)	57.6	27.8

1-7 国民经济和社会发展总量与速度指标

项目		Item		1990
人口与就业		**Population and Employment**		
人口	（万人）	**Population**	**(10000 persons)**	
年末全市常住人口		Year-end Total Population		1086.0
年末户籍人口		Year-end Permanent Residents Registered		1032.2
就业	（万人）	**Employment**	**(10000 persons)**	
在岗职工人数		Fully Employed Staff and Workers		454.9
城镇登记失业人数		Urban Registeration Unemployment		1.67
城镇登记失业率	（%）	Rate of Urban Registeration Unemployment	(%)	0.30
宏观经济		**Macroeconomic Indicator**		
国民经济核算		**National Accounts**		
地区生产总值	（亿元）	Gross Domestic Product	(100 million yuan)	500.8
第一产业		Primary industry		43.9
第二产业		Secondary Industry		262.4
第三产业		Tertiary Industry		194.6
人均地区生产总值	（元）	Per Capita Gross Domestic Products	(yuan)	4878
工农业总产值（现价）	（亿元）	**Gross Output Value of Industry and Agriculture (at current prices)**	**(100 million yuan)**	
固定资产投资		**Investment in Fixed Assets**		
全社会固定资产投资	（亿元）	Total Investment in Fixed Assets	(100 million yuan)	179.2
# 房地产开发投资		Real Estate Development		22.5
# 国有单位		State-Owned Units		154.2
财政		**Public Finance**		
地方财政收入	（亿元）	Local Financial Revenue	(100 million yuan)	74.0
# 一般预算		General Budgetary Financial Revenue		
地方财政支出	（亿元）	Local Financial Expenditures	(100 million yuan)	66.5
# 一般预算		General Budgetary Financial Expenditures		
物价		**Price Indices**		
居民消费价格指数	（%）	Consumer Price Index	(%)	105.4
商品零售价格指数	（%）	Retail Price Index	(%)	104.1
工业品出厂价格指数	（%）	Industrial Products Producer Price Indices	(%)	107.9
在岗职工工资		**Wages of Fully Employed Staff and Workers**		
工资总额	（亿元）	Total Wages	(100 million yuan)	118.9
平均工资	（元）	Average Wage	(yuan)	2653
利用外资		**Amount of Foreign Capital Used**		
合同利用外商直接投资	（亿美元）	Foreign Capital	(USD 100 million)	1.2
实际利用外商直接投资	（亿美元）	Auctual Foreign Investment	(USD 100 million)	2.8
产业		**Industry**		
农村经济		**Rural Economy**		
耕地面积	（万公顷）	Cultivated Areas	(10000 hectare)	41.3
平均每个农村人口占有耕地面积	（公顷）	Cultivated Area Per Rural Person	(hecfare)	
农业总产值(现价)	（亿元）	Gross Output Value of Farming,Forestry,Animal Husbandry and Fishery(at current prices)	(100 million yuan)	70.2
主要农副产品产量		Yield of Farm and Sideline Prodncts		
粮食产量	（万吨）	Yield of Grain	(10000 ton)	264.6
蔬菜	（万吨）	Vegetable	(10000 ton)	356.1
鲜蛋	（万吨）	Fresh Eggs	(10000 ton)	25.8
牛奶	（万吨）	Cow Milk	(10000 ton)	21.7
肉类	（万吨）	Meat	(10000 ton)	26.8
工业		**Industry**		
工业增加值(生产法， 规模以上)	（亿元）	Added Value of Industry (with production method,in scale)	(100 million yuan)	
工业总产值(现价， 规模以上)	（亿元）	Gross Output Value (at 1990 constant prices,in scale, 100 million yuan)	(100 million yuan)	646.4
# 高新技术产业		High-Grade Technological Industry		
轻工业		Light Industry		270.8
重工业		Heavy Industry		375.6

注：1．地区生产总值绝对值按现价计算，发展速度按可比价格计算。
2．从 2001 年开始,有关职工的指标调整为在岗职工的指标

PRINCIPAL AGGREGATE INDICATORS ON NATIONAL ECONOMIC AND SOCIAL DEVELOPMENT AND THEIR RELATED INDICES AND GROWTH RATES

总量指标 Aggregate Data				速度指标(%) Indices(%)			
				指数(2004 年比以下各年) Index (2004 as Percentage of the Following Years)			
1995	2000	2003	2004	1990	1995	2000	2003
1251.1	1363.6	1456.4	1492.7	137.4	119.3	109.5	102.5
1070.3	1107.5	1148.8	1162.9	112.7	108.7	105.0	101.2
470.9	434.2	436.3	446.4	98.1	94.8	102.8	102.3
2.19	3.32	6.96	6.46	386.8	295.0	194.6	92.8
0.46	0.75	1.43	1.30				
1394.9	2478.8	3663.1	4283.3	432.2	247.3	153.8	113.2
81.4	90.0	98.3	105.4	126.8	122.5	115.5	101.9
615.2	943.5	1311.9	1610.4	413.5	246.1	155.0	116.7
698.3	1445.3	2252.94	2567.6	516.5	262.2	155.5	111.6
13085	22460	32061	37058	387.4	228.1	146.9	111.9
	2902.6	**4259.3**	**5353.7**			**184.4**	**125.7**
841.5	1297.4	2157.1	2528.3	1410.9	300.5	194.9	117.2
352.8	522.1	1202.5	1473.3	6548.0	417.6	282.2	122.5
514.2	765.8	745.1	755.5	489.9	146.9	98.7	101.4
115.3	398.4	665.9	830.0				128.3
	345.0	592.5	744.5			215.8	129.7
154.4	490.3	809.4	974.2	1464.5	630.9	198.7	120.4
	443.0	734.8	898.3			202.8	122.3
117.3	103.5	100.2	101.0				
112.6	98.9	98.2	99.2				
107.3	102.5	101.5	103.0				
382.0	695.5	1098.9	1315.1	1106.1	344.3	189.1	119.7
8144	15726	25312	29674	1118.5	364.4	188.7	117.2
27.4	43.3	32.7	62.6	5215.0	228.4	144.5	191.4
14.0	24.6	21.5	30.8	1101.3	220.3	125.3	143.6
39.9	32.9	26.0	23.6	57.2	59.0	71.9	90.9
		0.07	0.07				
164.4	195.2	237.9	254.0	361.8	154.5	130.1	106.8
259.8	144.2	58.0	70.2	26.5	27.0	48.7	121.0
397.3	489.1	527.3	489.2	137.4	123.1	100.0	92.8
28.5	16.0	16.2	15.9	61.6	55.7	99.3	98.2
20.6	30.3	63.3	70.0	322.8	340.0	231.2	110.7
37.9	56.3	73.7	70.8	264.3	186.9	125.8	96.2
	745.2	1012.5	1259.5			169.0	124.4
1490.8	2707.4	3810.4	4880.9	755.1	327.4	180.3	128.1
	867.6	1520.9	1750.1			201.7	115.1
471.4	685.2	808.4	923.4	341.0	195.9	134.8	114.2
1019.4	2022.2	3002.0	3957.4	1053.7	388.2	195.7	131.8

Note:a) Gross Domestic Product was calculated at curent prices,while the related indices are calculated at comparble prices.

b) From 2001,related indicators of “statf and workers ”have been changed to those of “fully employed statf and workers” .

1-7 续表 1 continued

项　目		Item		1990
工业企业主要经济指标		Main Indicators for Industrial Enterprises		
资产总计	(亿元)	Total Assets	(100 million yuan)	498.3
负债总额	(亿元)	Total Liabilities	(100 million yuan)	
产品销售收入	(亿元)	Sales Revenue	(100 million yuan)	610.5
利润总额	(亿元)	Total Profits	(100 million yuan)	48.9
建筑业		**Construction**		
建筑业总产值	(亿元)	Gross Output Value	(100 million yuan)	94.7
商业		**Commerce**		
社会消费品零售额	(亿元)	Total Retail Sales of Consumer Goods	(100 millionyuan)	307.7
批发零售贸易业		Wholesale and Retail		247.7
餐饮业		Catering		19.3
其他		Others		40.7
对外经济贸易和旅游		**Foreign Economy,Trade and Tourism**		
海关进出口总额	(亿美元)	Total Value of Imports and Export at Customs	(USD100million)	
进口额		Total Imports		
出口额		Total Exports		
地方企业进出口总额	(亿美元)	Total Import and Export of Local Enterprises	(USD100million)	21.5
进口额		Total Imports		10.3
出口额		Total Exports		11.2
接待海外旅游人数	(万人次)	Number of International Tourists	(10000 person.times)	100.1
旅游外汇收入	(亿美元)	Foreign Exchange Earning From International Tourism	(USD100million)	6.6
金融保险		**Banking and Insurance**		
金融机构存款余额	(亿元)	Adding Deposits of Financial Institutions	(100 million yuan)	
金融机构贷款余额	(亿元)	Adding Loans of Financial Institutions	(100 million yuan)	
城乡居民储蓄存款余额	(亿元)	Saving Deposits of Urban and Rural Residents	(100 million yuan)	226.6
城镇	(亿元)	Urban	(100 million yuan)	188.0
农村	(亿元)	Rural	(100 million yuan)	38.6
保险费收入	(亿元)	Premiums Income	(100 million yuan)	5.2

1-7 续表 2 continued

总量指标 Aggregate Data				速度指标(%) Indices(%)			
				指数（2004 年比以下各年）Index(2004 as Percentage of the Following Years)			
1995	2000	2003	2004	1990	1995	2000	2003
2582.6	4612.7	5178.0	6082.4	1220.6	235.5	131.9	117.5
1528.8	2676.4	2751.2	3138.9		205.3	117.3	114.1
1590.4	2821.4	3885.7	5110.8	837.2	321.4	181.1	131.5
85.3	127.1	235.3	310.8	635.7	364.4	244.6	132.1
370.7	727.5	1306.7	1505.7	1589.9	406.2	207.0	115.2
827.0	1443.3	1916.7	2191.8	712.3	265.0	151.9	114.4
584.9	1025.5	1611.2	1778.7	718.1	304.1	173.4	110.4
63.0	86.4	121.4	190.2	985.5	301.9	220.2	156.7
179.1	331.4	184.1	222.9	547.8	124.5	67.3	121.1
370.3	496.2	684.6	946.6		255.6	190.8	138.3
267.8	376.5	516.1	740.8		276.6	196.8	143.5
102.5	119.7	168.5	205.7		200.7	171.9	122.1
53.1	116.5	189.3	280.7	1305.5	528.6	240.9	148.3
30.4	70.2	115.6	174.6	1695.1	574.3	248.7	151.0
22.7	46.3	73.7	106.1	947.2	467.4	[illegible]	[illegible]
206.9	282.1	185.1	315.5	315.2	152.5	111.8	170.4
21.8	27.7	19.0	31.7	480.3	145.4	114.4	166.8
	11526.0	20476.0	23781.3			245.0	116.1
	6407.9	12057.8	13577.4			228.4	112.7
1254.0	2923.2	5293.5	6122.3	2701.6	488.2	209.4	115.7
1111.5	2663.3	4926.5	5692.8	3027.6	512.2	213.7	115.6
142.5	259.9	367.1	429.6	1113.1	301.5	165.3	117.0
26.3	88.9	278.1	272.4	5238.5	1035.7	306.4	98.0

1-7 续表 3 continued

项目		Item		1990
教育、文化、科技、卫生		**Education,Culture,Science and Technology and Health Care**		
教育		**Education**		
在校学生数	(万人)	Students Enrollment	(10000 persons)	168.7
# 研究生		Postgraduates		
普通高等学校本专科		Regular Higher Schools Undergraduate Course and Technological Academy		
中等专业学校		Specialized Secondary Schools		5.7
普通中学		Regular Secondary School		40.9
小学		Primary Schools		99.6
文化		**Culture**		
出版数量		Publications		
图书	(万册.张)	Number of Books Published	(10000 copies)	59372.0
杂志	(万册)	Number of Magazines Issued	(10000 copies)	58981.0
报纸	(万份)	Number of Newspapers Issued	(10000 copies)	680000.0
公共图书馆藏书	(万册)	Collection of Public Libraries	(10000 copies)	2205.4
艺术剧团国内演出场次	(场)	Times of Domestic Performance of Art Troup	(time)	7527
科技		**Science and Technology**		
专业技术人员	(万人)	Professional Technical Personnel by Sectors of National Economy	(10000 persons)	91.9
研究与发展经费支出	(亿元)	Expenditures on Research and Development	(100 Million yuan)	
卫生		**Health**		
卫生机构病床数	(万张)	Health Care Institutions Beds	(10000 units)	5.9
卫生技术人员数	(万人)	Medical Technical Personnel	(10000 persons)	11.2
# 执业医师	(万人)	Certified Doctors	(10000 persons)	5.1
注册护师(士)	(万人)	Registered Nurses	(10000 persons)	3.5
生活与环境		**People'livelihood and Environment**		
婚姻		**Marriages and Divorces**		
结婚登记总数	(万对)	Register Number of Marriages	(10000 couples)	9.3
离婚数	(万对)	Number of Divorces	(10000 couples)	1.5
居住		**Housing**		
城市人均住房使用面积	(平方米)	Per Capita Using Space in Cities	(sq.m)	11.2
农村人均居住面积	(平方米)	Per Capita Living Space of Rural Residents	(sq.m)	20.6
生活		**People'livelihood**		
城市居民人均可支配收入	(元)	Per Capita Annual Disposable Income of Urban Residents	(yuan)	1787.1
农村居民人均纯收入	(元)	Per Capita Discretionary Income of Rural Residents	(yuan)	1297.1
市政建设		**City Construction**		
用电量	(亿千瓦时)	Electricity Consumption	(100 million kwh)	150.5
自来水销售量	(亿吨)	Sales of Tap Water	(100 million tons)	5.3
居民燃气用户	(万户)	Households of Access to Gas	(10000 households)	176.1
城市公共交通客运量	(亿人次)	Passengers Carried of City Public Transport	(100 million person.times)	33.5
城市大型立交桥	(座)	Large Flyovers	(unit)	33
环境		**Environment**		
城市绿化覆盖率	(%)	Coverage Rate of Urban Green Area	(%)	28.0
污水处理率	(%)	Dispose Rate of Sewage(City Proper and Near Suburb)	(%)	7.3
空气质量二级及好于二级的天数	(天)	the Number of Days in Which the Air Pollution Index Was at and Better than Grade Ⅱ	(day)	

注：从 2001 年开始，有关职工的指标调整为在岗职工的指标。

1-7 续表 4 continued

总量指标 Aggregate Data				速度指标(%) Indices(%)			
				指数（2004 年比以下各年） Index(2004 as Percentage of the Following Years)			
1995	2000	2003	2004	1990	1995	2000	2003
203.2	201.7	230.1	229.2	135.8	112.8	113.6	99.6
		12.0	14.4				120.2
		45.1	50.0				110.9
7.6	11.9	11.7	11.4	199.5	149.6	95.54	97.2
62.8	69.1	70.4	66.1	161.7	105.3	95.7	93.9
100.7	74.3	54.7	51.6	51.81	51.25	69.45	94.4
83340.5	91006.0	138209.0	152181.0	256.3	182.6	167.2	110.1
63848.1	79124.0	81772.0	79718.0	135.2	124.9	100.8	97.5
729292.0	686740.0	724451.0	703991.0	103.5	96.53	102.5	97.2
2629.0	3020.0	3355.2	3450.6	156.5	131.3	114.3	102.8
6728	7610	8797	8731	116.0	129.8	114.7	99.2
112.7	119.2	147.0	143.2	155.8	127.0	120.1	97.4
		256.3	332.6				129.8
6.7	7.1	7.4	7.7	130.8	115.2	108.7	104.3
11.6	11.6	11.2	11.7	104.1	100.6	100.6	104.1
5.4	5.2	4.8	4.9	96.26	90.91	94.41	102.3
3.7	4.0	4.0	4.2	118.7	112.3	103.9	103.9
8.5	8.0	9.4	12.6	136.0	148.7	158.0	135.2
2.0	2.7	1.0	2.1	140.1	105.1	77.83	207.2
13.3	16.8	18.7	19.1	170.4	143.5	113.6	102.2
24.7	28.9	34.0	34.2	165.9	138.3	118.4	100.8
5868.4	10349.7	13882.6	15637.8	875.0	266.5	151.1	112.6
3208.5	4687.0	6496.3	7172.1	552.9	223.5	153	110.4
222.6	331.8	414.1	451.7	300.2	202.9	136.1	109.1
6.8	7.5	7.2	8.3	156.6	122.0	110.6	115.9
219.8	291.9	406.0	438.6	249.1	199.5	150.3	108.0
37.2	40.7	42.7	51.4	153.4	138.1	126.3	120.4
84	149	368	271	821.2	322.6	181.9	73.6
32.7	36.5	40.9	41.91				
19.4	39.4	50.1	53.9				
	177	224	229			129.4	102.2

Note: From 2001,related Indicators of “staff and workers” have been changed to those of “fully employed staff and workers” .

1-8 国民经济和社会发展结构指标
STRUCTURAL INDICATORS ON NATIONAL ECONOMIC AND SOCIAL DEVELOPMENT

单位：% (%)

项目	Item	1990	1995	2000	2003	2004
人口与就业	**Population and Employment**					
人口	**Population**					
城乡结构	Urban and Rural Structure					
城镇	Urban	62.0	65.1	77.6	79.1	79.5
乡村	Rural	38.0	34.9	22.4	20.9	20.5
性别结构	Sexual Structure					
男	Male	50.0	50.1	52.1	52.3	52.2
女	Female	50.0	49.9	47.9	47.7	47.8
就业	**Employment**					
就业结构	Group by Industrial Structure					
第一产业	Primary Industry	14.5	10.6	11.8	8.9	7.2
第二产业	Secondary Industry	44.9	40.7	33.6	32.1	27.3
第三产业	Tertiary Industry	40.6	48.7	54.6	59.0	65.5
宏观经济	**Macroeconomy Indicator**					
国民经济核算	**National Accounting**					
地区生产总值	Gross Domestic Product					
第一产业	Primary Industry	8.8	5.8	3.6	2.7	2.4
第二产业	Secondary Industry	52.4	44.1	38.1	35.8	37.6
第三产业	Tertiary Industry	38.8	50.1	58.3	61.5	60.0
投资	**Investment**					
全社会固定资产投资	Structure of Total Investment in Fixed Assets					
基本建设	Capital Construction	49.6	31.5	34.5	23.9	25.0
更新改造	Innovation	26.1	18.7	14.3	10.0	6.9
房地产开发	Real Estate Development	12.6	41.9	40.2	55.7	58.3
其他投资	Other Investment	11.7	7.9	11.0	10.4	9.8
资金来源结构	Structure of Funded Sources					
# 国家预算内资金	State Budgetary Appropriation	26.3	14.5	16.2	9.8	11.5
国内贷款	Domestic Loans	16.7	13.8	20.5	21.0	22.9
利用外资	Foreign Investment	11.2	9.6	2.2	2.4	7.1
自筹和其他投资	Fundraising and Others Investment	45.8	62.1	57.0	63.8	58.5
财政	**Public Finance**					
一般预算财政收入主要税种	General Budgetary Financial Revenue Items					
增值税	Increased Value Tax		23.6	13.3	12.7	9.3
营业税	Business Tax		55.9	43.2	44.5	44.8
企业所得税	Enterprise Income Tax			17.9	15.8	16.3
个人所得税	Private Income Tax			16.3	9.7	9.9

1-8 续表 1 continued

单位：%　　　　(%)

项目	Item	1990	1995	2000	2003	2004
产　业	**Industrial**					
农业	**Agriculture**					
农林牧渔业产值结构	Gross Output Value of Agriculture(at current prices)					
农业	Farming		52.9	46.6	37.3	36.5
林业	Forestry		1.6	2.8	5.7	5.0
牧业	Animal Husbandry		41.8	46.4	52.7	54.6
渔业	Fishery		3.7	4.2	4.3	3.9
工业	**Industry**					
工业总产值经济类型	Registration Status of Gross Output Value of Industry					
国有企业	State-Owned	72.1	58.9	29.1	13.5	12.6
集体企业	Collective Owned	19.8	13.7	9.7	3.5	2.9
港澳台商投资企业	Hongkong,Macao and Taiwan	1.1	6.6	12.8	11.0	9.4
外商投资企业	Foreign Funded Enterprises	7.0	17.8	30.3	29.8	32.7
建筑业	**Construction**					
建筑业总产值结构	Stucture of Gross Output Value of Construction Industry					
国有企业	State-owned Enterprise	68.7	69.1	44.8	32.1	29.6
集体企业	Collective-owned Enterprises	31.3	26.4	21.7	9.0	8.6
港澳台商投资企业	Enterprise with Funds from HongKong,Macao&		1.4	1.4	0.9	1.2
外商投资企业	Foreign Funded Enterprise		1.2	2.0	1.9	1.7
商业	**Commerce**					
社会消费品零售总额构成	Composition of Retail Sales of Consumer Goods					
城镇	Urban	84.2	90.3	85.3	84.8	84.7
农村	Rural	15.8	9.7	14.7	15.2	15.3
对外经济贸易	**Foreign Economy,Trade**					
出口商品结构	Structure of Exports					
初级产品	Primary Goods	11.6	9.5	6.0	8.5	7.1
工业制成品	Manufactured Goods	88.4	90.5	94.0	90.9	90.8
进口商品结构	Structure of Imports					
初级产品	Primary Goods	6.5	16.5	5.4	9.2	12.2
工业制成品	Manufactured Goods	93.5	83.5	94.6	90.6	87.7
国际旅游	**International Tourism**					
接待海外旅游人数结构	Structure of Tourists					
外国人	Foreigners	63.7	80.5	84.4	82.5	85.0
港澳台同胞	HongKong,Macao and Taiwan Chinese	36.3	19.5	15.6	17.5	15.0

1-8 续表 2 continued

单位：% (%)

项目 Item		1990	1995	2000	2003	2004
教育、科技、文化、卫生	**Education, Science,Culture,Health Care**					
教育	**Education**					
在校学生结构	Structure of Student Enrollment					
大学生	College and University Students	8.3	9.0	14.0	24.8	28.1
中学生	Secondary School Students	32.5	41.0	48.7	42.5	40.1
小学生	Primary School Students	59.0	49.6	36.8	23.8	22.5
科技	**Science and Technology**					
科技经费筹集额结构	Structure of Funding for Scientific and Technological Outlay					
# 政府资金	Government Fund				44.0	42.2
企业资金	Enterprises Fund				36.0	42.6
金融机构贷款	Loans from Banks				3.1	2.1
科技经费内部支出结构	Structure of Intrnal Expenditures on Scientific and Technological Activities					
# 人员劳务费	Service Fees				25.6	26.0
固定资产购建	Purchases of Fixed Assets				17.5	18.3
卫生	**Health Care**					
卫生技术人员结构	Doctors by Types					
# 执业医师	Certified Doctors	47.5	50.2	44.6	42.7	42.1
注册护士	Registered Nurses	19.0	27.2	34.5	35.6	35.6
医院床位结构	Hospital Beds by Area					
市	District		81.2	81.4	97.6	97.7
县	County		18.8	18.6	2.4	2.3
生活、环境	**People's Livelihood and Environment**					
生活	**People's Livelihood**					
城镇居民消费结构	Consumption Structure of Urban Residents					
食品类	Food	54.2	48.6	36.3	31.7	32.2
衣着类	Clothing	14.7	15.1	8.9	8.2	8.7
用品及其他	Articles for Daily Use and Others		31.8	47.9	51.5	50.4
居住	Residence		4.5	6.9	8.6	8.7
农村居民消费结构	Consumption Structure of Rural Residents					
食品类	Food	50.4	51.8	36.7	31.7	32.6
衣着类	Clothing	9.3	10.8	7.6	7.1	7.4
用品及其他	Articles for Daily Use and Others	25.8	27.7	40	41.4	42.9
居住	Residence	14.5	9.7	15.7	19.8	17.1
环境	**Environment**					
空气质量二级及好于二级的天数	the Number of Days in Which the Air Pollution Index Was at and Better than Grade Ⅱ			48.4	61.4	62.7

1-9 国民经济和社会发展比例和效益指标
INDICATORS ON PROPORTIONS AND EFFICIENCY IN NATIONAL ECONOMIC AND SOCIAL DEVELOPMENT

指标		Item		2004	2003
人口与就业		**Population and Employment**			
人口		**Population**			
出生率	(‰)	Birth Rate	(‰)	6.1	5.1
死亡率	(‰)	Death Rate	(‰)	5.4	5.2
自然增长率	(‰)	Natural Growth Rate	(‰)	0.7	-0.1
就业		**Employment**			
城镇登记失业率	(%)	Unemployment Rate in Urban Areas	(%)	1.30	1.43
宏观经济		**Macroeconomy Indicator**			
国民经济核算		**National Accounting**			
产业结构	(%)	Industry Structure	(%)	100.0	100.0
第一产业		Primary Industry		2.4	2.7
第二产业		Secondary Industry		37.6	35.8
第三产业		Tertiary Industry		60.0	61.5
全社会劳动生产率	(元/人)	Overall Labor Productivity	(yuan/person)	55008	52993
第一产业		Primary Industry		16962	14673
第二产业		Secondary Industry		70237	56904
第三产业		Tertiary Industry		52693	57028
固定资产投资		**Investment in Fixed Assets**			
全社会固定资产投资相当于地区生产总值比例	(%)	Proportion of Investment in fixed Assets to GDP	(%)	59.0	58.9
基本建设固定资产投资交付使用率	(%)	Rate of Fixed Assets Completed in Capital Construction and Put into Use	(%)	52.7	69.7
财政		**Public Finance**			
地方财政收入相当于地区生产总值比例	(%)	Proportion of Government Revenue to GDP	(%)	19.4	18.2
地方财政支出相当于地区生产总值比例	(%)	Proportion of Government Expenditures to GDP	(%)	22.7	22.1
利用外资		**Utilization of Foreign Capital**			
实际利用外资额相当于签订利用外资额比例	(%)	Proportion of Foreign Capital Actually Used to Total Amount of Foreign Capital for Utilization by Signed Contracts or Agreements	(%)	49.3	65.6
产业		**Industries**			
工业		**Industry**			
综合效益指数	(%)	Aggregate Index of Industrial Economic Deficiency	(%)		158.80
总资产贡献率	(%)	Raio of Total Assets to Industrial Output Value	(%)	9.85	9.42
资产保值增值率	(%)	Changing Rate of Net Assets	(%)		118.84

1-9 续表 1 continued

指标 Item				2004	2003
资产负债率	(%)	Assets Liabilities Ratio	(%)	51.61	53.13
流动资产周转率	(次)	Turnover Rate of Circulating Assets	(time)	1.8	1.69
成本费用利润率	(%)	Ratio of Profits to Industrial Cost	(%)	6.41	6.34
全员劳动生产率	(元/人)	Overall Labor Productivity	(yuan/person)	126044	100439
产品销售率	(%)	Proportion of Products Sold	(%)	97.77	97.86
建筑业		**Construction**			
全员劳动生产率	(元/人)	Overall Labor Productivity	(yuan/person)	148984	130075
产值竣工率	(%)	Ratio of Output Value Completed to Total		62.3	74.4
面积竣工率	(%)	Ratio of Follr Space of Building Completed		34.6	36.9
单位工程优良品率	(%)	Rate of High Quality Project		15.7	19.6
竣工面积优良品率	(%)	Rate of High Quality of Floor Space Completed		38.0	43.2
教育、科技、文化、卫生		**Education,Science and Technology,Culture and Health Care**			
教育		**Education**			
学龄儿童入学率	(%)	Enrollment Rate of Children at School-age	(%)	99.92	99.95
小学升学率	(%)	Rate of Graduates of Primary Schools Entering Junior Secondary Schools	(%)	100.35	100.00
初中升学率	(%)	Rate of Graduates of junior Secondary Schools Entering Senior Secondary Schools	(%)	99.8	97.79
科技		**Science and Technology**			
研究与试验发展经费支出相当于地区生产总值比例	(%)	R&D Expenditures as Percentage of GDP	(%)	7.1	6.4
文化		**Culture**			
每万人拥有公共图书馆	(个)	Number of Public Libraries per 10000 Persons	(unit)	0.02	0.02
卫生		**Health Care**			
婴儿死亡率	(‰)	Death Rate of Infant	(‰)	4.61	5.89
孕产妇死亡率	(1/10万)	Death Rate of Gravid and Puerperal	(1/100000)	15.19	15.60
平均每千人拥有医生	(人)	Number of Doctors Per 1000 Persons	(person)	4.25	4.21
平均每千人拥有医院床位	(张)	Number of Beds Per 1000 Persons	(unit)	6.54	5.89
市政、环境		**City Construction and Environment**			
市政建设与环境		**City Construction and Environment**			
人均公共绿地面积	(平方米)	Public Green Areas	(sq.m)	11.45	11.40
城市人均住房使用面积	(平方米)	Per Capita Using Space in Cities	(sq.m)	19.09	18.67
农村人均居住面积	(平方米)	Per Capita Living Space of Rural Residents	(sq.m)	34.21	33.95

1-10 地方财政收入
LOCAL FINANCIAL REVENUE

项　　目 Item		绝对数（万元） Value(10000 yuan)		2004 年为 2003 年% 2004 as % of 2003	构　成（%） Composition(%)	
		2004	2003		2004	2003
总　计	**Total**	**8300347**	**6659427**	**128.3**	**100.0**	**100.0**
一般预算财政收入	**General Budgetary Financial Revenue**	**7444874**	**5925388**	**129.7**	**89.7**	**89.0**
# 增值税	Increased Value Tax	688797	752553	121.9	8.3	11.3
营业税	Business Tax	3331645	2636946	126.3	40.1	39.6
个人所得税	Private Income Tax	733357	572106	128.2	8.8	8.6
城市维护建设税	City Maintenance Tax	347203	288542	120.3	4.2	4.3
固定资产投资方向调节税	Adjusting Tax of Investment in Fixed Assets	312	631	49.4	…	…
农牧业税和耕地占用税类	Tax for Farming and Animal Husbandry and Cultivated Land Occupation	18403	24104	76.3	0.2	0.4
企业所得税	Enterprise Income Tax	1216973	937007	129.9	14.7	14.1
国有资产经营收益	Business Income of State-owned Assets	9035	6992	129.2	0.1	0.1
国有企业计划亏损补贴类	Losing Subsidies of Planning of State-owned Enterprises	-506057	-510546	99.1	-6.1	-7.7
企业所得税退税	Returned Tax of Income Tax of Enterprises					
罚没收入、行政性收费	Forfeit and Administrative Fee	348309	283417	122.9	4.2	4.3
基金预算收入合计	**Total Fund Budgetary Income**	**855473**	**734039**	**116.5**	**10.3**	**11.0**

注：发展速度按可比口径计算。
资料来源：北京市财政局。
Note: The related indices are calculated at comparable prices.
Sources: Beijing Finance Bureau.

1-11 地方财政支出
LOCAL FINANCIAL EXPENDITURE

项　　目 Item		绝对数（万元） Value(10000 yuan)		2004 年为 2003 年% 2004 as % of 2003	构　成（%） Composition(%)	
		2004	2003		2004	2003
总　计	**Total**	**9741724**	**8093859**	**120.4**	**100.0**	**100.0**
一般预算财政支出	**General Budgetary Financial Expenditure**	**8982756**	**7348043**	**122.3**	**92.2**	**90.8**
# 基本建设支出	Capital Construction	739446	719875	102.7	7.6	8.9
企业挖潜改造资金	Innovation Funds of Enterprises	428314	458741	93.4	4.4	5.7
科技三项费用	Science and Technology Promotion	78547	63736	123.2	0.8	0.8
农林水支出	Agriculture, Forestry, Water Conservancy	333335	261821	127.3	3.4	3.2
城市维护费	City Maintenance	404388	361534	111.9	4.2	4.5
工业交通等部门的事业费	Fees of Industrial and Transportation Departments	61856	41309	149.7	0.6	0.5
文体广播事业费	Fees of Culture and Radio	202481	164145	123.4	2.1	2.0
教育事业费	Fees of Education	1213881	988222	122.8	12.5	12.2
卫生经费	Funds of Health	540662	496358	108.9	5.5	6.1
科学事业费	Fees of Science	132556	107629	123.2	1.4	1.3
行政管理费	Government Administration	533379	390900	136.4	5.5	4.8
公检法司支出	Public Security Agency, Procuratorial Agency and Court of Justice	677822	562899	120.4	7.0	7.0
抚恤和社会福利救济费	Pensions and Relief Funds for Social Welfare	266954	228318	116.9	2.7	2.8
政策性补贴支出	Policy Subsidies	45178	44901	100.6	0.5	0.6
基金支出合计	**Funds Expenditure**	**758968**	**745816**	**101.8**	**7.8**	**9.2**

资料来源：北京市财政局。
Sources: Beijing Finance Bureau.

主要统计指标解释

法人单位 指具备（1）依法成立、有自己的名称、组织机构和场所、能够独立承担民事责任；（2）独立拥有和使用（或授权使用）资产、承担负债、有权与其它单位签订合同；（3）会计上独立核算、能够编制资产负债表。法人单位包括企业法人、事业单位法人、机关法人、社会团体法人和其他法人。

单产业法人 指只在一个地点，主要从事一种生产经营活动的法人单位。

多产业法人 指坐落于两个及两个以上地点、或主要从事两种及两种以上生产经营活动的，按照单位划分规定可以划分为两个或两个以上产业活动单位的法人单位。

产业活动单位 是法人单位的附属单位。产业活动单位应具备下列条件：（1）在一个场所从事一种或主要从事一种社会经济活动；（2）相对独立组织生产经营和业务活动；（3）能够掌握收入和支出等业务核算资料。

登记注册类型 以在工商行政管理机关登记注册的各类企业为划分对象。行政机关、事业单位和社会团体及其他经济组织参照执行。

国有企业 指企业全部资产归国家所有，并按国家有关法律规定登记注册的非公司制的经济组织。不包括有限责任公司中的国有独资公司。

集体企业 指企业资产归集体所有，并按国家有关法律规定登记注册的经济组织。

股份合作企业 以合作制为基础，由企业职工共同出资入股，吸收一定比例的社会资产投资组建，实行自主经营、自负盈亏，共同劳动，民主管理，按劳分配与按股分红相结合的一种集体经济组织。

联营企业 指两个及两个以上相同或不同所有制的企业法人或事业单位法人，按自愿、平等、互利的原则，共同投资组成的经济组织。包括国有联营、集体联营、国有与集体联营和其他联营企业。

有限责任公司 指根据国家有关法律规定登记注册，由两个以上，五十个以下的股东共同出资，公司以其全部资产对其债务承担责任的经济组织。包括国有独资公司以及其他有限责任公司。

股份有限公司 指根据国家有关法律规定登记注册，其全部注册资本由等额股份构成并通过发行股票筹集资本的经济组织。

私营企业 指由自然人投资设立或由自然人控股，以雇佣劳动为基础的盈利性经济组织。包括按照有关法律、条例规定登记注册的私营独资企业、私营合伙企业、私营有限责任公司和私营股份有限公司。

其他企业 指上述单位之外的其他内资经济组织。

港、澳、台商投资企业 指港澳台地区投资者依照中华人民共和国有关涉外经济的法律、法规，以合资、合作、独资、股份有限公司的形式在内地设立的企业。凡其中港澳台股本占公司注册资本比例小于25%的，属于内资企业中的股份有限公司。

外商投资企业 指外国企业或外国人依照中华人民共和国有关涉外经济的法律、法规，以合资、合作、独资、股份有限公司的形式在中国内地投资设立的企业。凡其中外资股本占公司注册资本比例小于25%的，属于内资企业中的股份有限公司。

一般预算财政收入 是通过一定的形式和程序，由各级财政部门组织并纳入预算管理的各项收入，也就是会计制度改革以前所称的“预算收入”。

基金预算收入 是按规定收取，转入或通过当年财政安排，由财政管理并具有指定用途的政府性基金预算收入等。

一般预算财政支出 是各级财政部门对集中的一般预算收入有计划地分配和使用而安排的支出。

基金预算支出 是各级财政部门用基金预算收入安排的支出。

《国民经济行业分类与代码》GB/T 4754-2002 版与原GB/T 4754-1994 版的主要框架结构变化：

增加的门类：a)信息传输、计算机服务和软件业；b)租凭和商务服务业；c)住宿和餐饮业；d)水利、环境和公共设施管理业；e)教育；f)国际组织。

名称或范围进行调整的门类：a)农、林、牧、渔业；b)采矿业；c)制造业；d)交通运输、仓储和邮政业；e)批发和零售业；f)金融业；g)科学研究、技术服务和地质勘查业；h)居民服务和其他服务业；i)卫生、社会保障和社会福利业；j)文化、体育和娱乐业；k)公共管理和社会组织。

取消的门类：a)地质勘查业、水利管理业；b)其他行业。

二、国民经济核算

NATIONAL ACCOUTS

地区生产总值 （单位：亿元）
Gross Domestic Product (100 million yuan)

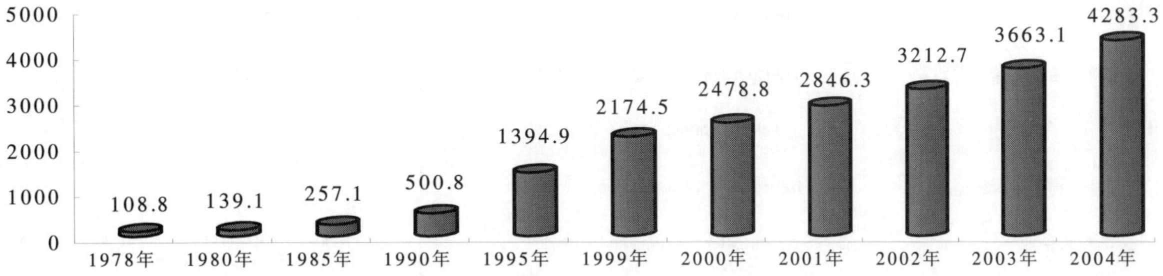

地区生产总值产业构成
Industry Composition of Gross Domestic Product

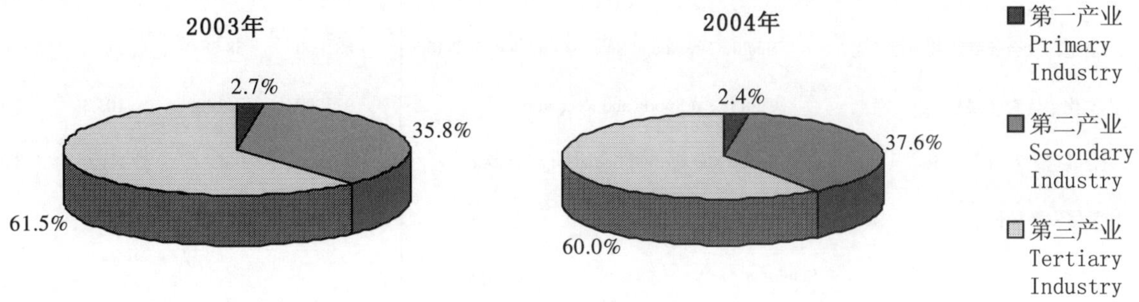

2-1 地区生产总值
GROSS DOMESTIC PRODUCT

单位：万元 (10000 yuan)

项目	Item	2004	2003	2004年为2003年% 2004 as % of 2003	构成(%) Composition(%) 2004	2003
地区生产总值	**Gross Domestic Product**	**42833100**	**36631000**	**113.2**	**100.0**	**100.0**
第一产业	**Primary Industry**	**1053900**	**983000**	**101.9**	**2.4**	**2.7**
第二产业	**Secondary Industry**	**16103700**	**13118600**	**116.7**	**37.6**	**35.8**
工　业	Industry	12901600	10320300	119.3	30.1	28.2
建筑业	Construction	3202100	2798300	106.2	7.5	7.6
第三产业	**Tertiary Industry**	**25675500**	**22529400**	**111.6**	**60.0**	**61.5**
交通运输、仓储和邮政业	Transportation,Storage, Posts and Telecommunications	1448800	1329900	107.0	3.4	3.6
信息传输、计算机服务和软件业	Information Transmission, Computer Servecis and Software	3177600	2854400	110.8	7.4	7.8
批发和零售业	Wholesale Trade and Retail Trade	2637300	2488600	106.8	6.1	6.8
住宿和餐饮业	Stay Place and Catering	923300	697300	132.4	2.2	1.9
金融业	Finance	5985700	5373200	105.4	14.0	14.7
房地产业	Real Estate Trade	2284400	1905500	115.7	5.3	5.2
租赁和商务服务业	Tenancy and Commercial Servecis	1650700	1264500	126.7	3.9	3.5
科学研究、技术服务和地质勘察业	Scientific Studies,Technical Servecis and Geological Prospecting	2141200	2001100	106.6	5.0	5.5
水利、环境和公共设施管理业	Water，Environment and Municipal Engineering Conservancy	274600	247200	131.1	0.6	0.7
居民服务和其他服务业	Resident Services and Other Services	436600	384500	112.2	1.0	1.0
教育	Education	1793800	1518900	118.1	4.2	4.1
卫生、社会保障和社会福利业	Health Care,Social Security and Social Welfare	681000	587900	115.3	1.6	1.6
文化、体育和娱乐业	Culture,Art,Sports and Recreation	973200	911200	105.3	2.3	2.5
公共管理和社会组织	Public Manage and Social Organization	1267300	965200	130.6	3.0	2.6
人均地区生产总值（元）	**Per Capita Gross Domestic Products (yuan)**	**37058**	**32061**	**111.9**		

注：发展速度按可比口径计算。

Note: The related indices are calculated at comparable prices.

2-2 按支出法计算的地区生产总值
GROSS DOMESTIC PRODUCT BY EXPENDITURE APPROACH

单位：万元 (10000 yuan)

项目	Item	2004	2003	2004为2003% 2004as% of 2003
支出法地区生产总值	**Gross Domestic Product by Expenditure Approach**	**42833100**	**36631000**	**113.2**
最终消费	Final Consumption Expenditure	22645500	19678700	113.8
居民消费	Household Consumption	13542300	12092700	111.1
农业居民	Agricultural	1721500	1631800	104.0
非农业居民	Non-Agricultural	11820800	10460900	112.2
政府消费	Government Consumption	9103200	7586000	118.1
资本形成总额	Gross Capital Formation	27078700	22939300	112.9
固定资产形成总额	Completed Fixed Assets	26008000	22115600	112.4
存货增加	Changes in Inventories	1070700	823700	126.1
货物和服务净出口	Net Export of Goods and Services	-6891100	-5987000	113.7

注：发展速度按可比口径计算。

Note: The related indices are calculated at comparable prices.

2-3 居民消费水平
HOUSEHOLD CONSUMPTION

单位：元 (yuan)

项目	Item	2004	2003
全市居民消费水平	**All Households**	**12405**	**10584**
农业居民	Agricultural	5498	5041
非农业居民	Non-Agricultural	14971	12775
农业居民与非农业居民对比 (以农业居民为100)	**Ratio of Consumption of Agricultural to Non-Agricultural(Agricultural=100)**	**1:2.7**	**1: 2.5**

2-4 最 终 消 费

FINAL CONSUMPTION EXPENDITURE

单位：万元 (10000 yuan)

项目	Item	2004	2003
最终消费	**Final Consumption Expenditure**	**22645500**	**19678700**
居民消费	**Household Consumption**	**13542300**	**12092700**
农业居民	Agricultural	1721500	1631800
自给性消费	Self-sufficiency	25100	24600
商品性消费	Commodity	852700	903700
文化生活及服务性消费	Culture and Services	576900	441800
住房及水电消费	Residence,Water and Electricity	266800	261700
# 住房消费	Residence	132000	121400
非农业居民	Non-Agricultural	11820800	10460900
商品性消费	Commodity	6149100	5569200
文化生活及服务性消费	Culture and Services	4514100	3860100
住房及水电消费	Residence,Water and Electricity	1157600	1031600
# 住房消费	Residence	701400	670400
政府消费	**Government Consumption**	**9103200**	**7586000**

2-5 主要社会经济效益指标

MAJOR ECONOMIC EFFICIENCY INDICATORS

项目	Item	2004	2003
社会劳动生产率(当年价格)（元/人）	**Overall Labor Productivity (at current prices) (yuan/person)**	**55008**	**52993**
第一产业	Primary Industry	16962	14673
第二产业	Secondary Industry	70237	56904
第三产业	Tertiary Industry	52693	57028
资本形成率（投资率）(%)	**Rate of Capital Formation (%)**	**63.2**	**62.6**
消费率 (%)	**Consumption Rate (%)**	**52.9**	**53.7**
三次产业贡献率 (%)	**Contributing Rate of the Three Industries (%)**	**100.0**	**100.0**
第一产业	Primary Industry	0.4	0.9
第二产业	Secondary Industry	46.7	41.1
第三产业	Tertiary Industry	52.9	58.0
三次产业拉动率 (%)	**Pulling Rate of the Three Industries (%)**	**13.2**	**10.7**
第一产业	Primary Industry		0.1
第二产业	Secondary Industry	6.2	4.4
第三产业	Tertiary Industry	7.0	6.2

2-6 2003 年 国 民 经 济 总 体 账 户

OVERALL ACCOUNT OF NATIONAL ECONOMY OF 2003

2-6-1 生 产 账 户（2003年）

PRODUCTION ACCOUNT(2003)

单位：亿元 (100 million yuan)

劳动者报酬	Compensation for Labors	1537.0	总产出	Total Output	12781.3
工资及工资性收入	Wages and Related Income	1330.4	减:中间消耗	Subtract：Intermediate Consumption	9118.2
单位社会保险付款	Employer's Contribution of Social Securities	206.6			
生产税净额	Net Taxes on Production	442.4			
生产税	Production Taxes	572.2			
减：生产补贴	Subtract：Production Subsidies	129.9			
亏损补贴	Losing Subsidies	106.5			
价格补贴	Price Subsidies	23.4			
固定资产折旧	Depreciation of Fixed Assets	573.1			
营业盈余	Earnings Surplus	1110.7			
增加值分配	**Distribution of Value Added**	**3663.1**	**增加值**	**Value Added**	**3663.1**

2-6-2 收入分配及支出账户(2003年)

INCOME DISTRIBUTION AND EXPENDITURE ACCOUNT(2003)

单位：亿元 (100 million yuan)

财产收入支付	Payment for Property Income	897.6	营业盈余	Earnings Surplus	1110.7
利息支出	Interest	252.0	固定资产折旧	Depreciation of Fixed Asset	573.1
红利支出	Dividend	65.3	财产收入	Property Income	1004.8
土地租金支出	Land Rental		利息收入	Interest	251.2
其他支出	Others	580.4	红利收入	Dividend	259.3
经常转移支出	Payment for Current Transfer	802.9	土地租金收入	Land Rental	
收入税支出	Income Taxes	184.8	其他收入	Others	494.3
财政经常性拨款支出	Fiscal Current Allocation		劳动者报酬	Compensation for Labors	1537.0
社会保险付款支出	Payment to Social Security	206.6	工资及工资性收入	Wages and Related Income	1330.4
社会补助支出	Allowance	36.0	单位社会保险付款	Employer's Contribution of Social Securities	206.6
其他经常转移支出	Others	375.6			
可支配总收入	Total Disposable Income	3863.9	生产税净额	Net Taxes on Production	442.4
最终消费	Final Consumption Expenditure	1967.9	生产税	Production Tax	572.2
居民消费	Household Consumption	1209.3	减：生产补贴	Subtract:Production Subsidies	129.9
政府消费	Government Consumption	758.6	亏损补贴	Losing Subsidies	106.5
总储蓄	Savings	1896.0	价格补贴	Price Subsidies	23.4
			经常转移收入	Current Transfer Income	896.5
			收入税收入	Income Tax	184.8
			财政经常性拨款收入	Fiscal Current Allocation	
			社会保险付款收入	Social Security Payment	206.6
			社会补助收入	Allowance	36.0
			其他经常转移收入	Others	469.1
支出和总储蓄	**Expenditure and Savings**	**5564.4**	**收　入**	**Income**	**5564.4**

2-6-3 资 本 账 户(2003年)
CAPITAL ACCOUNT(2003)

单位：亿元 (100 million yuan)

资本形成额	Capital Investment	2293.9	总储蓄	Total Savings	1896.0
固定资本形成总额	Gross Fixed Capital Formation	2211.6	资本转移收入净额	Capital Transfer,Net	
存货增加	Changes in Inventories	82.4	资本转移收入	Capital Transfer Income	146.7
其他非金融资产获得减处置	Minus Items from Other Non-financial Capital		投资性补助收入	Investment Allowance	146.7
			其他资本转移收入	Others	
资金余缺	Surplus or Shortage of Capital	-397.9	减：资本转移支出	Subtract：Capital Transfer Expenditure	146.7
统计误差	Statistical Discrepancy		投资性补助支出	Investment Allowance	146.7
			其他资本转移支出	Others	
资本运用	**Capital Utilization**	**1896.0**	**资本筹集**	**Capital Source**	**1896.0**

2-6-4 金 融 账 户(2003年)
FINANCIAL ACCOUNT(2003)

单位：亿元 (100 million yuan)

国内金融交易	Domestic Financial Transaction	12747.2	国内金融交易	Domestic Financial Transaction	13034.7
通货	Currency in Circulation	115.8	通货	Currency in Circulation	
存款	Deposits	2962.9	存款	Deposits	2994.5
短期存款	Short-term	1137.9	短期存款	Short-term	1137.9
长期存款	Long-term	1825.0	长期存款	Long-term	1856.6
贷款	Loans	2782.6	贷款	Loans	2782.6
短期贷款	Short-term	993.6	短期贷款	Short-term	993.6
长期贷款	Long-term	1789.0	长期贷款	Long-term	1789.0
证券(不含股票)	Securities(excluding stock)	488.0	证券(不含股票)	Securities(excluding stock)	488.0
短期证券	Short-term		短期证券	Short-term	
长期证券	Long-term	488.0	长期证券	Long-term	488.0
股票及其他股权	Stock and Other Stock Ownership	766.4	股票及其他股权	Stock and Other Stock Ownership	1651.7
保险准备金	Reserves for Insurance Business		保险准备金	Reserves for Insurance Business	
其他金融资产	Other Financial Capital	5631.5	其他负债	Other Liabilities	5117.8
国际资本往来	International Capital Flow	-161.8	国际资本往来	International Capital Flow	-51.4
短期资本	Short-term	-54.0	短期资本	Short-term	-0.7
长期资本	Long-term	-107.8	长期资本	Long-term	-50.6
国际储备资产	Assets in International Reserves		资金余缺	Surplus or Shortage of Capital	-397.9
			国际收支误差与遗漏	Error and Omission of International Revenue and Expenditure	
金融资产净增额	**Net Increase of Financial Capital**	**12585.3**	**负债净增额与资金余缺**	**Net Increase of Liability and Surplus or Shortage of Capital**	**12585.3**

2-6-5 期末资产负债账户(2003年)
YEAR-END BALANCE ACCOUNT(2003)

单位：亿元 (100 million yuan)

非金融资产	Non-financial Capital	22180.7	负债	Liabilities	36002.1
固定资产	Fixed Assets	15827.3	国内金融负债	Domestic Financial Liabilities	32991.4
存货	Inventories	5043.4	通货	Currency in Circulation	
其他非金融资产	Others	1310.0	存款	Deposits	19847.8
金融资产	Financial Capital	42289.5	短期存款	Short-term	9782.4
国内金融资产	Domestic Financial Capital	42090.7	长期存款	Long-term	10065.5
通货	Currency in Circulation	344.7	贷款	Loans	8158.6
存款	Deposits	15018.4	短期贷款	Short-term	3569.8
短期存款	Short-term	6538.5	长期贷款	Long-term	4588.7
长期存款	Long-term	8480.0	证券(不含股票)	Securities(excluding stock)	435.7
贷款	Loans	11935.3	短期证券	Short-term	283.2
短期贷款	Short-term	5153.5	长期证券	Long-term	152.5
长期贷款	Long-term	6781.9	股票及其他股权	Stock and Other Stock Ownership	3656.3
证券(不含股票)	Securities(excluding stock)	3384.4	保险准备金	Reserves for Insurance Business	201.4
短期证券	Short-term	2199.9	其他负债	Others	691.6
长期证券	Long-term	1184.5	国外金融负债	Foreign Financial Liabilities	3010.7
股票及其他股权	Stock and Other Stock Ownership	10271.6	短期负债	Short-term	1118.4
保险准备金	Reserves for Insurance Business	201.4	长期负债	Long-term	1892.3
其他金融资产	Others	934.8	资产负债差额	Balance of Assets and Liabilities	28468.1
国外金融资产	Foreign Financial Capital	198.8			
短期资本	Short-term Capital	77.3			
长期资本	Long-term Capital	121.5			
储备资产	Reserves		负债与资产负债	**Liabilities and Balance of Capital and**	
资产	**Capital**	**64470.2**	差额	**Liabilities**	**64470.2**

主要统计指标解释

地区收入总值 指一个地区所有常住单位在一定时期内收入初次分配的最终结果。一地区常住单位从事生产活动所创造的增加值在初次分配中主要分配给该地区的常住单位，但也有一部分以生产税及进口税（扣除生产和进口补贴）、劳动者报酬和财产收入等形式分配给非常住单位；同时，地区外生产所创造的增加值也有一部分以生产税及进口税（扣除生产和进口补贴）、劳动者报酬和财产收入等形式分配给该地区的常住单位，从而产生了地区收入总值的概念。它等于地区生产总值加上来自地区外的净要素收入。与地区生产总值不同，地区收入总值是个收入概念，而地区生产总值是个生产概念。

地区生产总值 是按市场价格计算的地区生产总值的简称。它是一个地区所有常住单位在一定时期内生产活动的最终成果。地区生产总值有三种表现形式，即价值形态、收入形态和产品形态。从价值形态看，它是所有常住单位在一定时期内所生产的全部货物和服务价值超过同期投入的全部非固定资产货物和服务价值的差额，即所有常住单位的增加值之和；从收入形态看，它是所有常住单位在一定时期内所创造并分配给常住单位和非常住单位的初次分配收入之和；从产品形态看，它是最终使用的货物和服务减去进口货物和服务。在实际核算中，地区生产总值的三种表现形态表现为三种计算方法，即生产法、收入法和支出法。三种方法分别从不同的方面反映地区生产总值及其构成。

三次产业 根据社会生产活动历史发展的顺序对产业结构的划分，产品直接取自自然界的部门称为第一产业，对初级产品进行再加工的部门成为第二产业。为生产和消费提供各种服务的部门称为第三产业。它是世界上通用的产业结构分类，但各国的划分不尽一致。我国2003年前的三次产业划分是：

第一产业：农、林、牧、渔业（包括农业、林业、畜牧业和渔业）。

第二产业：工业（包括采掘工业、制造业、电力、煤气及水的生产及供应业）和建筑业。

第三产业：除第一、第二产业以外的其他各业。

2003年后的三次产业划分是：

第一产业：农、林、牧、渔业（包括农业、林业、畜牧业、渔业和农、林、牧、渔服务业）。

第二产业：工业（包括采矿业、制造业、电力、燃气及水的生产及供应业）和建筑业。

第三产业：除第一、第二产业以外的其他各业。

支出法地区生产总值 指一个地区所有常住单位在一定时期内用于最终消费、资本形成总额，以及货物和服务的净出口总额，它反映本期生产的地区生产总值的使用构成。

最终消费 指常住单位在一定时期内对于货物和服务的全部最终消费支出，也就是常住单位为满足物质、文化和精神生活的需要，从本地区经济领土和地区外购买的货物和服务的支出。它不包括非常住单位在本地区经济领土内的消费支出。最终消费分为居民消费和政府消费。

（一）居民消费：指常住住户在一定时期内对于货物和服务的全部最终消费支出。居民关于货物的最终消费支出在货物的所有权发生变化时记录，关于服务的最终支出在服务提供的时候记录。居民消费支出按市场价格计算，即按居民支付的购买者价格计算，货物的购买价格是购买者取得交货所支付的价格，它包括购买者支付的运输和商业费用。居民支出除了直接以货币形式购买的货物和服务的消费支出外，还包括以其他方式获得的货物和服务的消费支出，即所谓的虚拟消费支出。居民虚拟消费支出包括如下几种类型：单位以实物报酬及实物转移的形式提供给劳动者的货物和服务；住户生产并由本住户消费了的货物和服务，其中自有住房服务；金融机构提供的金融媒介服务；保险公司提供的保险服务。

（二）政府消费 指政府部门为全社会提供的公共服务的消费支出和免费或以较低的价格向居民住户提供的货物和服务的净支出，前者等于政府服务的产出价值减去政府单位所获得的经营收入的价值，政府服务的产出价值等于它的经常性业务支出加上固定资产折旧；后者等于政府部门向居民住户提供的货物和服务的市场价值减去向居民住户收取的价值。

资本形成总额 指常住单位在一定时期内获得减去处置的固定资产和存货的净值，包括固定资产形成总额和存货增加两项。

（一）固定资产形成总额 指常住单位在一定时期内购置、转入和自产自用的固定资产价值，扣除固定资产的销售和转出后的价值 。可分为有形固定资产形成总额和无形固定资产形成总额。有形固定资产形成总额包括一定时期内完成的建筑工程、安装工程和设备工器具购置

（减处置）价值，以及土地改良、新增役、种、奶、毛、娱乐用牲畜和新增经济林木价值。无形固定资产形成总额包括矿藏的勘探、计算机软件、娱乐和文学艺术品原件等获得价值。

（二）存货增加　指常住单位在一定时期内存货实物量变动的市场价值即期末价值减期初价值的差额。存货增加可以是正值，也可以是负值，正值表示存货上升，负值表示存货下降。它包括生产单位购进的原材料、燃料和储备物资等存货，以及生产单位生产的产成品、在制品和半成品等存货等。

货物和服务净出口　指货物和服务出口减货物和服务进口的差额。出口包括常住单位向非常住单位出售或无偿转让的各种货物和服务的价值；进口包括常住单位从非常住单位购买或无偿得到的各种货物和服务的价值。由于服务活动的提供与使用同时发生，因此服务的进出口业务并不发生出入境现象，一般把常住单位从地区外得到的服务作为进口，非常住单位从本地区得到的服务作为出口。货物的出口和进口都按离岸价格计算。

净出口　指出口与进口的差额。出口包括常住单位向非常住单位出售或无偿转让的各种货物和服务的总值；进口包括常住单位从非常住单位购买或无偿得到的各种货物和服务的总值。由于服务活动提供与使用同时发生，因此服务的进出口业务并不发生出入境现象，应把常住单位从地区外得到的服务作为进口，反之，非常住单位从本地区得到的服务作为出口。

劳动者报酬　劳动者报酬是指劳动者因从事生产活动所获得的全部报酬。它包括劳动者获得的各种形式工资、奖金和津贴，既包括货币形式的，也包括实物形式的，它还包括劳动者所享受的公费医疗和医药卫生费、上下班交通补贴和单位支付的社会保险费等。单位支付的社会保险费，就是单位直接支付给负责社会保险的政府单位（一般指劳动部门）的社会保险金或为本单位职工离退休、发生死亡、伤残、医疗保险等而支付的保险费。对于个体经济来说，其所有者所获得的劳动报酬和经营利润不易区分，这两部分统一作为劳动者报酬处理。

生产税净额　指生产税减生产补贴后的差额。生产税指政府对生产单位生产、销售和从事经营活动以及因从事生产活动使用某些生产要素，如固定资产、土地、劳动力所征收的各种税、附加费和规费。具体包括销售税金及附加、增值税、管理费中开支的各种税、应交纳的养路费、排污费和水电费附加、烟酒专卖上缴政府的专项收入等。生产补贴与生产税相反，是政府对生产单位的单方面收入转移，因此视为负生产税处理，包括政策亏损补贴、粮食系统价格补贴、外贸企业出口退税收入等。

固定资产折旧　指一定时期内为弥补固定资产损耗按照核定的固定资产折旧率提取的固定资产折旧，或按国民经济核算统一规定的折旧率虚拟计算的固定资产折旧。它反映了固定资产在当期生产中的转移价值。各种类型企业和企业化管理的事业单位的固定资产折旧指实际计提并计入成本费用中的折旧费；不计提折旧的单位，如政府机关、非企业化管理的事业单位和居民住房的固定资产折旧则是按照统一规定的折旧率和固定资产原值计算的虚拟折旧。原则上，固定资产折旧应按固定资产的重置价值来计算，但是我国目前尚不具备对全社会固定资产进行重估价的基础，所以暂时只能采用上述方法来计算。

营业盈余　指常住单位创造的增加值扣除劳动者报酬、生产税净额和固定资产折旧后的余额。它相当于企业的经营利润加上生产补贴，但要扣除从利润中开支的工资和福利以及从税后利润中提取的公益金等。

三、人口

POPULATION

户籍人口　　　（单位：万人）
Permanent Residents (10000 persons)

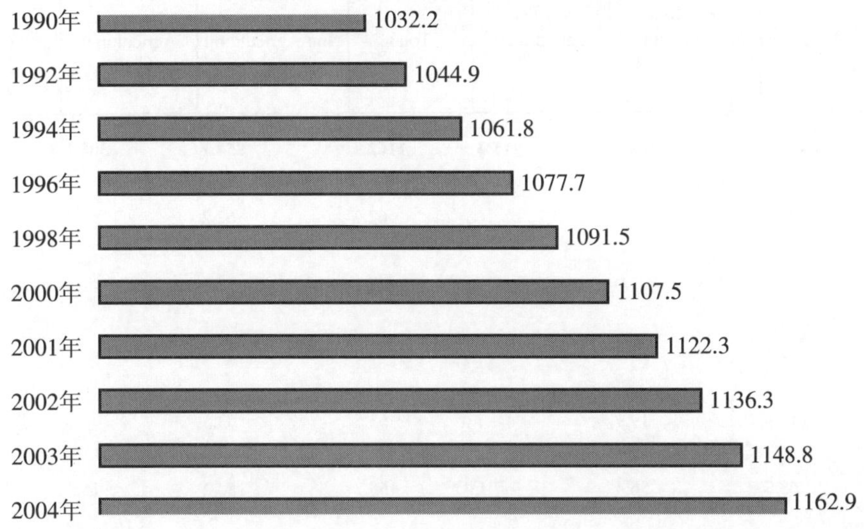

人口自然增长率　（单位：‰）
Natural Growth Rate of Population (‰)

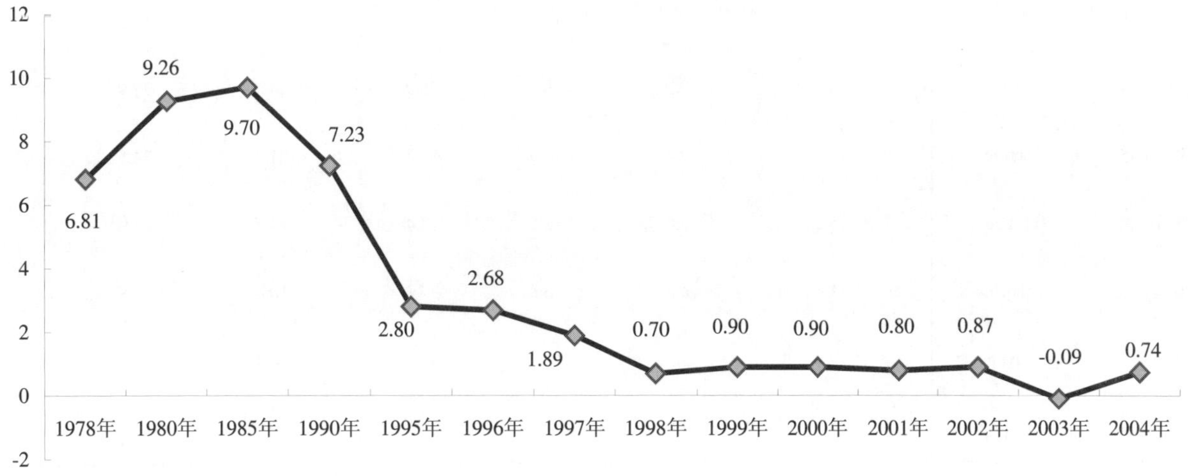

3-1 户数及人口数(户籍统计)(2004年)
HOUSEHOLD AND POPULATION(REGISTERED STATISTICS)(2004)

地区 Region		户籍人口 Permanent Residents 户数(万户) Households(10000 households) 合计 Total	非农业户 Non-Agricultural	农业户 Agricultural	人口数(万人) Residents(10000 persons) 合计 Total	非农业户 Non-Agricultural	农业户 Agricultural	暂住人口(万人) Temporary Residents (10000 persons)
全　　市	**Total**	**439.8**	**322.6**	**117.2**	**1162.9**	**854.7**	**308.2**	**341.5**
东城区	Dongcheng	22.4	22.4		62.2	62.2		10.4
西城区	Xicheng	27.0	27.0	…	77.1	77.1	…	8.3
崇文区	Chongwen	13.7	13.7	…	36.9	36.9	…	6.3
宣武区	Xuanwu	19.9	19.9	…	53.5	53.5	…	8.4
朝阳区	Chaoyang	63.5	56.4	7.1	165.7	150.2	15.5	91.0
丰台区	Fengtai	37.0	31.1	5.9	93.2	79.5	13.7	32.7
石景山区	Shijingshan	12.4	12.4		34.5	34.5		15.1
海淀区	Haidian	58.5	53.5	5.0	184.1	172.9	11.2	63.7
门头沟区	Mentougou	10.3	7.2	3.1	23.7	16.9	6.8	4.1
房山区	Fangshan	30.0	14.5	15.5	75.2	33.0	42.2	10.6
通州区	Tongzhou	27.5	13.1	14.4	62.0	25.4	36.6	17.0
顺义区	Shunyi	22.7	9.7	13.0	55.4	18.9	36.5	16.4
昌平区	Changping	18.8	9.9	8.9	46.9	24.0	22.9	28.5
大兴区	Daxing	20.3	9.4	10.9	55.8	21.3	34.5	17.3
平谷区	Pinggu	15.1	6.6	8.5	39.4	14.5	24.9	2.5
怀柔区	Huairou	11.6	4.8	6.8	27.2	10.4	16.8	4.8
密云县	Miyun	17.4	6.5	10.9	42.6	14.4	28.2	3.0
延庆县	Yanqing	11.7	4.5	7.2	27.5	9.1	18.4	1.4

资料来来源：北京市公安局。

Soures: Beijing Municipal Public Security Bureau.

3-2 人　口　密　度(户籍统计)(2004年)
POPULATION DENSITY(REGISTERED STATISTICS)(2004)

地　区	Region	户籍人口(万人) Permanent Population (10000 persons)	土地面积(平方公里) Land Area (sq.km)	人口密度(人/平方公里) Population Density (person/sq.km)
全　市	**Total**	**1162.9**	**16410.54**	**708**
市中心最稠密街道	The Densest Streets			
天坛街道	Tiantan Street	6.2	1.30	47556
大栅栏街道	Dashanlan Street	5.6	1.27	44230
椿树街道	Chunshu Street	3.8	1.09	35178
前门街道	Qianmen Street	4.4	1.09	40065
广安门内街道	Guanganmennei Street	8.7	2.43	35735
东 城 区	Dongcheng	62.2	25.34	24563
西 城 区	Xicheng	77.1	31.62	24370
崇 文 区	Chongwen	36.9	16.52	22350
宣 武 区	Xuanwu	53.5	18.91	27991
朝 阳 区	Chaoyang	165.7	455.08	3641
丰 台 区	Fengtai	93.2	305.80	3046
石景山区	Shijingshan	34.5	84.32	3967
海 淀 区	Haidian	184.1	430.73	4275
门头沟区	Mentougou	23.7	1450.70	164
房 山 区	Fangshan	75.2	1989.54	378
通 州 区	Tongzhou	62.0	906.28	684
顺 义 区	Shunyi	55.4	1019.89	543
昌 平 区	Changping	46.9	1343.54	349
大 兴 区	Daxing	55.8	1036.32	538
平 谷 区	Pinggu	39.4	950.13	415
怀 柔 区	Huairou	27.2	2122.62	128
密 云 县	Miyun	42.6	2229.45	191
延 庆 县	Yanqing	27.5	1993.75	138

资料来来源：北京市公安局。

Soures: Beijing Municipal Public Security Bureau.

3-3 户籍人口性别构成及性别比(户籍统计)(2004年)

SEX COMPOSITION AND SEX RATIO OF PERMANENT RESIDENTS (REGISTERED STATISTICS)(2004)

地区	Region	户籍人口(万人) Permanent Population(10000 persons) 合计 Total	男 Male	女 Female	性别比(女=100) Sex Ratio (female=100)
全市	**Total**	**1162.9**	**587.2**	**575.7**	**102.0**
东城区	Dongcheng	62.2	30.8	31.4	98.3
西城区	Xicheng	77.1	38.5	38.6	99.7
崇文区	Chongwen	36.9	18.4	18.5	99.7
宣武区	Xuanwu	53.5	26.9	26.6	100.7
朝阳区	Chaoyang	165.7	84.0	81.7	102.7
丰台区	Fengtai	93.2	47.4	45.8	103.7
石景山区	Shijingshan	34.5	18.1	16.4	109.9
海淀区	Haidian	184.1	94.5	89.6	105.6
门头沟区	Mentougou	23.7	12.3	11.4	107.9
房山区	Fangshan	75.2	37.8	37.4	101.0
通州区	Tongzhou	62.0	30.7	31.3	98.2
顺义区	Shunyi	55.4	27.4	28.0	97.6
昌平区	Changping	46.9	23.6	23.3	101.5
大兴区	Daxing	55.8	28.0	27.8	100.5
平谷区	Pinggu	39.4	19.8	19.6	100.6
怀柔区	Huairou	27.2	13.7	13.5	101.7
密云县	Miyun	42.6	21.4	21.2	101.2
延庆县	Yanqing	27.5	13.9	13.6	102.7

资料来来源：北京市公安局。
Soures: Beijing Municipal Public Security Bureau.

3-4 户籍人口变动(户籍统计)

POPULATION CHANGE(REGISTERED STATISTICS)

单位：人 (person)

项目	Item	2004	2003
自然变动	**Natural Change**		
自然增加	Natural Increase	3644	-12973
非农业人口	Non-agricultural Population	9501	-3187
农业人口	Agricultural Population	-5857	-9786
出生	Birth	65811	44936
非农业人口	Non-agricultural Population	46177	27604
农业人口	Agricultural Population	19634	17332
死亡	Death	62167	57909
非农业人口	Non-agricultural Population	36676	30791
农业人口	Agricultural Population	25491	27118
机械变动	**Non-natural Change**		
机械增加	Non-natural Increase	146474	141100
非农业人口	Non-agricultural Population	136216	136289
农业人口	Agricultural Population	10258	4811
市外迁入	Move in from outside	189703	174865
非农业人口	Non-agricultural Population	178142	168482
农业人口	Agricultural Population	11561	6383
迁往市外	Move out	43229	33765
非农业人口	Non-agricultural Population	41926	32193
农业人口	Agricultural Population	1303	1572

资料来来源：北京市公安局。
Soures: Beijing Municipal Public Security Bureau.

3-5 户籍人口自然变动情况(户籍统计)
NATURAL CHANGE OF REGISTERED POPULATION(REGISTERED STATISTICS)

单位：人 (person)

地　区	Region	出生人数 Number of Birth		死亡人数 Number of Death		自然增加人数 Number of Natural Growth	
		2004	2003	2004	2003	2004	2003
全　市	**Total**	**65811**	**44936**	**62167**	**57909**	**3644**	**-12973**
东城区	Dongcheng	2736	1722	3442	2749	-706	-1027
西城区	Xicheng	3605	2181	3591	3310	14	-1129
崇文区	Chongwen	1294	983	2204	1622	-910	-639
宣武区	Xuanwu	2153	1218	3741	2713	-1588	-1495
朝阳区	Chaoyang	9194	5354	7594	6985	1600	-1631
丰台区	Fengtai	5090	2824	5004	3878	86	-1054
石景山区	Shijingshan	1575	822	1869	1529	-294	-707
海淀区	Haidian	9956	5858	6106	5445	3850	413
门头沟区	Mentougou	1535	1083	1951	1805	-416	-722
房山区	Fangshan	5036	4297	4553	4440	483	-143
通州区	Tongzhou	3789	3035	4305	4404	-516	-1369
顺义区	Shunyi	3240	2691	3624	3690	-384	-999
昌平区	Changping	3362	1831	2608	2495	754	-664
大兴区	Daxing	3992	3737	2739	3415	1253	322
平谷区	Pinggu	2094	1936	2437	3534	-343	-1598
怀柔区	Huairou	2193	1647	1582	1670	611	-23
密云县	Miyun	3092	2253	3117	2263	-25	-10
延庆县	Yanqing	1875	1464	1700	1962	175	-498

资料来源：北京市公安局。

Soures: Beijing Municipal Public Security Bureau.

3–6 常住人口自然变动情况(2004年)
ACTUAL NATURAL CHANGE OF POPULATION(2004)

项目		Item		常住人口 Permanent Population
自然变动人数	(人)	**Natural Change of Population**	**(person)**	
出生人数		Number of Birth		89948
死亡人数		Number of Death		79626
自然增加人数		Natural Increase of Population		10322
自然变动率	(‰)	**Natural Growth Rate**	(‰)	
出生率		Birth Rate		6.1
死亡率		Death Rate		5.4
自然增长率		Natural Growth Rate		0.7

注：本表“常住人口”栏中数字为2004年人口变动情况抽样调查推算数字。

Note：Data in column“Permanent Residents” are estimated through sample survey on population change in 2004

3-7 家 庭 户 规 模(人口变动情况抽样调查资料)(2004年)
FAMILY SIZE(SAMPLE SURVEY ON POPULATION CHANGE)(2004)

地 区 Region		家庭总户数(户) Total Number of Households (household)	家庭户规模所占比重(%) Percentage of Various Sized Family(%)				
			一人户 One Person	二人户 Two Persons	三人户 Three Persons	四人户 Four Persons	五人及以上户 Five Persons and above
全 市	**Total**	**14756**	**13.3**	**26.3**	**39.5**	**13.0**	**7.9**
东 城 区	Dongcheng	817	13.3	32.1	39.2	8.9	6.5
西 城 区	Xicheng	717	15.3	27.3	41.0	10.1	6.3
崇 文 区	Chongwen	246	9.8	26.4	41.5	13.0	9.3
宣 武 区	Xuanwu	597	13.7	27.8	43.9	9.2	5.4
朝 阳 区	Chaoyang	2647	9.6	23.4	44.7	13.3	9.0
丰 台 区	Fengtai	1701	14.7	27.0	42.9	10.3	5.1
石景山区	Shijingshan	563	12.1	29.8	37.5	13.1	7.5
海 淀 区	Haidian	2216	18.1	28.8	39.0	8.9	5.2
门头沟区	Mentougou	301	8.0	22.9	43.8	16.3	9.0
房 山 区	Fangshan	777	24.6	25.1	32.2	12.7	5.4
通 州 区	Tongzhou	557	14.7	32.5	36.1	12.6	4.1
顺 义 区	Shunyi	719	10.4	26.9	37.7	16.1	8.9
昌 平 区	Changping	675	14.5	24.9	39.0	13.6	8.0
大 兴 区	Daxing	747	6.4	23.7	31.9	22.1	15.9
平 谷 区	Pinggu	222	9.4	28.8	34.7	14.9	12.2
怀 柔 区	Huairou	659	10.8	19.4	25.2	25.2	19.4
密 云 县	Miyun	394	8.4	18.8	48.7	17.0	7.1
延 庆 县	Yanqing	201	10.9	26.4	38.3	15.4	9.0

3-8 年 龄 组 人 口 数(人口变动情况抽样调查资料)
POPULATION GROUPED BY AGE(SAMPLE SURVEY ON POPULATION CHANGE)

项 目 Item		2004年被抽样人口 Sample Data of 2004		2003年人口抽样调查各年龄组占总人口比重(%) Percentage of Each Groupe in Total of 2003 (%)
		抽样人口数(人) Number of Persons Sampled (person)	年龄组人口占总人口比重(%) Percentage (%)	
总 计	**Total**	**45659**	**100.0**	**100.0**
# 法定婚龄 男(22岁及以上)	Legal Marry Age: Male (age 22 and above)	18070	39.6	40.8
女(20岁及以上)	Female (age 20 and above)	18284	40.0	40.1
育龄妇女(15-49岁)	Women of Child-bearing Age (age15-49)	13812	30.3	29.3
不满周岁婴儿(0岁)	Below Age 1	280	0.6	0.5
学龄前儿童(1-6岁)	Age 1-6	1415	3.1	3.5
小学学龄组(7-12岁)	Age 7-12	1935	4.2	4.2
初中学龄组(13-15岁)	Age 13-15	1529	3.4	3.5
劳动年龄组	Of Labor Age	32484	71.1	70.4
男(16-59岁)	Male(age 16-59)	17321	37.9	38.2
女(16-54岁)	Female(age 16-54)	15163	33.2	32.2
超过劳动年龄组	Over Labor Age	8016	17.6	17.9
男(60岁及以上)	Male(age 60 and above)	3367	7.4	7.2
女(55岁及以上)	Female(age 55 and above)	4649	10.2	10.7

3-9 人口年龄构成（人口变动情况抽样调查资料)(2004年)
AGE COMPOSITION OF POPULATION(SAMPLE SURVEY ON POPULATION CHANGE)(2004)

年 龄 组 Age Group	抽样人口数(人) Number of Persons Sampled (person)			占抽样人口数的比重(%) Percentage(%)		
	合 计 Total	男 Male	女 Female	合 计 Total	男 Male	女 Female
总 计 Total	**45659**	**23387**	**22272**	**100.0**	**51.2**	**48.8**
0-4	1180	622	558	2.6	1.4	1.2
5-9	1429	738	691	3.1	1.6	1.5
10-14	1937	1011	926	4.2	2.2	2.0
15-19	3758	1945	1813	8.2	4.2	4.0
20-24	4609	2409	2200	10.1	5.3	4.8
25-29	3651	1906	1745	8.0	4.2	3.8
30-34	4080	2117	1963	8.9	4.6	4.3
35-39	4017	2135	1882	8.8	4.7	4.1
40-44	4658	2430	2228	10.2	5.3	4.9
45-49	4056	2075	1981	8.9	4.5	4.4
50-54	3226	1590	1636	7.1	3.5	3.6
55-59	2114	1042	1072	4.7	2.3	2.4
60-64	1865	856	1009	4.1	1.9	2.2
65-69	1975	956	1019	4.3	2.1	2.2
70-74	1532	806	726	3.4	1.8	1.6
75-79	913	464	449	2.0	1.0	1.0
80-84	432	197	235	0.9	0.4	0.5
85-89	168	65	103	0.4	0.2	0.2
90岁及以上 90 and above	59	23	36	0.1	…	0.1

3-10 计划生育状况
FAMILY PLANNING

项目		Item		2004	2003	2004年比2003年增、减 Increase or Decrease
全　市		Total				
计划内生育	(人)	Within Plan	(person)	68939	66852	2087
计划生育率	(%)	Family Planning Rate	(%)	98.0	98.3	-0.3
已婚育龄妇女人数	(人)	Number of Women of Childbearing Age	(person)	2159163	2205348	-46185
实际采取节育措施人数	(人)	Number of Women Controlled Birth	(person)	1898203	1946534	-48331
独生子女领证率	(%)	Acceptance Rate of Only-child Certificate	(%)	67.6	68.4	-0.8
城　市		Urban Area				
计划生育率	(%)	Family Planning Rate	(%)	98.9	98.9	
已婚育龄妇女人数	(人)	Number of Women of Childbearing Age	(person)	1392156	1412306	-20150
实际采取节育措施人数	(人)	Number of Women Controlled Birth	(person)	1210240	1227536	-17296
独生子女领证率	(%)	Acceptance Rate of Only-child Certificate	(%)	76.5	79.4	-2.9
农　村		Rural Area				
计划生育率	(%)	Family Planning Rate	(%)	96.4	97.3	-0.9
已婚育龄妇女人数	(人)	Number of Women of Childbearing Age	(person)	767007	793042	-26035
实际采取节育措施人数	(人)	Number of Women Controlled Birth	(person)	687963	718998	-31035
独生子女领证率	(%)	Acceptance Rate of Only-child Certificate	(%)	51.5	48.7	2.8

资料来源：北京市人口和计划生育委员会。

Source：Beijing Municipal Commission of Population and Family Planning.

3-11五次人口普查人口基本情况
BASIC STATISTICS ON POPULATION CENSUS IN 1953,1964,1982,1990 AND 2000

指标		Item		1953	1964	1982	1990	2000
总人口	（万人）	**Total Population**	**(10000 persons)**	**276.8**	**759.7**	**923.1**	**1081.9**	**1356.9**
男		Male		159.8	391.1	467.1	559.3	707.4
女		Female		117.0	368.6	456.0	522.6	649.5
性别比(女=100)	(%)	Sex Ratio(Female=100)	(%)	136.5	106.1	102.4	107.0	108.9
家庭户规模	（人/户）	**Average Family Size**	**(person/household)**			**3.7**	**3.2**	**2.9**
各年龄组人口	**(%)**	**Population by Age Group**	**(%)**					
0-14		Age 0-14		30.1	41.5	22.4	20.2	13.6
15-64		Age15-64		66.6	54.4	72.0	73.5	78.0
65岁及以上		Age 65 and Over		3.3	4.1	5.6	6.3	8.4
民族人口	**(万人,%)**	**Nationality Population**	**(10000 persons,%)**					
汉族		Han Nationality		260.0	731.2	890.8	1040.5	1298.4
占总人口比重		Percentage to Total Population		93.9	96.2	96.5	96.2	95.7
少数民族		Minority Nationalities		16.8	28.5	32.3	41.4	58.5
占总人口比重		Percentage to Total Population		6.1	3.8	3.5	3.8	4.3
每十万人口拥有的各种		**Population with Various Education**						
受教育程度人口	（人）	**Attainment Per 100000 Population**	**(person)**					
大专及以上		Junior College and Above			4359	4866	9300	16839
高中和中专		Senior Secondary/Secondary Technical School			4513	17646	18978	23165
初中		Junior Secondary School			11760	29006	30331	34380
小学		Primary School			31883	26197	22579	16963
文盲人口及文盲率		**Illiterate Population and Illiterate Rate**						
文盲人口	（万人）	Illiterate Population	(10000 persons)		168.9	114.7	94.3	57.8
文盲率	(%)	Illiterate Rate	(%)		34.2	16.0	10.9	4.9
城乡人口	（万人）	**Population by Residence**	**(10000 persons)**					
城镇人口		Urban Population		205.8	425.8	597.0	794.5	1052.2
乡村人口		Rural Population		71.0	333.9	326.1	287.4	304.7

注：1964年人口普查的文盲、半文盲人数为12周岁及以上人口，1982年、1990年、2000年人口普查的文盲、半文盲人数为15周岁及以上人口。

Note：Data of illiterate population was age 12 and above at 1964, other years was age 15 and above.

主要统计指标解释

人口数 指一定时点、一定地区范围内有生命的个人的总和。年度统计的年末人口数是指每年12月31日24时的人口数。

户籍人口 指根据户籍登记情况统计的人口，以派出所办理的户籍登记和监狱管理局、劳教工作管理局掌握的服刑人员的情况为基础进行汇总而成。

暂住人口 指不具有本市常住户口，来自北京市行政区划以外的省、直辖市、自治区，在京暂住三日以上，并向公安机关申报暂住登记以及领取暂住证件的人员。

常住人口 指在某地区实际居住半年以上的人口。

出生率 指在一定时期内（通常为一年）出生人数与同期平均人数(或期中之数)的比率，一般用千分率表示。计算公式：

$$出生率=\frac{年出生人数}{年平均人数}\times1000‰$$

出生人数是指活产，即脱离母体时（不管怀孕月数），有过呼吸或其他生命现象的活婴儿总和。

年平均人数是年初、年底人口数的平均数，也可用年中人口数代替。

死亡率 指在一定时期内（通常为一年）一定地区的死亡人数与同期平均人数（或期中人数）之比，一般用千分率表示。计算公式：

$$死亡率=\frac{年死亡人数}{年平均人数}\times1000‰$$

人口自然增长率 指在一定时期内（通常为一年）人口自然增加数（出生人数减死亡人数）与该时期内平均人数（或期中人数）之比，一般用千分率表示。计算公式：

$$人口自然增长率=\frac{本年出生人数-本年死亡人数}{年平均人数}\times1000‰$$

人口自然增长率=人口出生率-人口死亡率

YEARBOOK

四、劳动力和工资

LABOR FORCE AND WAGE

STATISTICAL

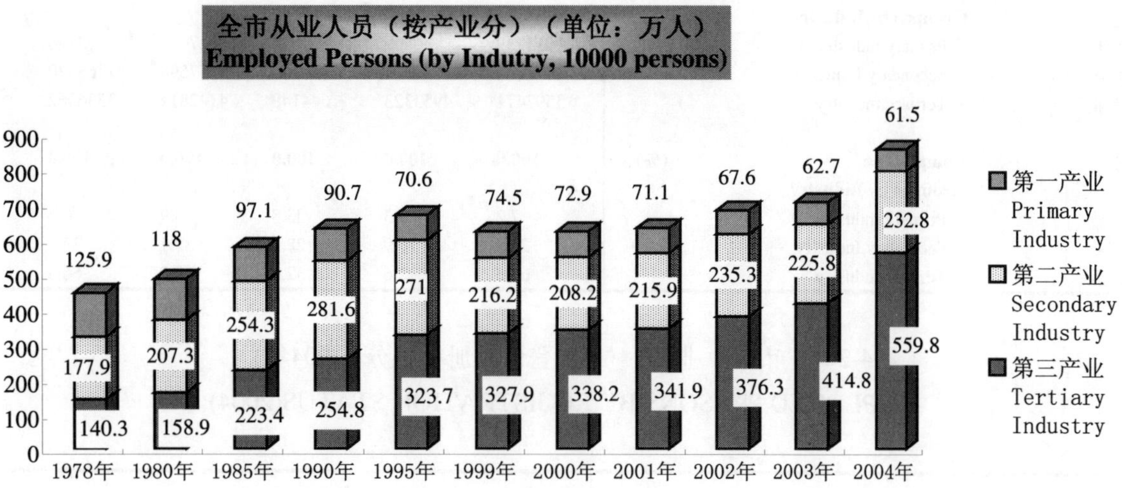
全市从业人员（按产业分）（单位：万人）
Employed Persons (by Indutry, 10000 persons)
900
800
700
600
500
400
300
200
100
0
125.9
177.9
140.3
118
207.3
158.9
97.1
254.3
223.4
90.7
281.6
254.8
70.6
271
323.7
74.5
216.2
327.9
72.9
208.2
338.2
71.1
215.9
341.9
67.6
235.3
376.3
62.7
225.8
414.8
61.5
232.8
559.8
1978年
1980年
1985年
1990年
1995年
1999年
2000年
2001年
2002年
2003年
2004年
第一产业
Primary Industry
第二产业
Secondary Industry
第三产业
Tertiary Industry

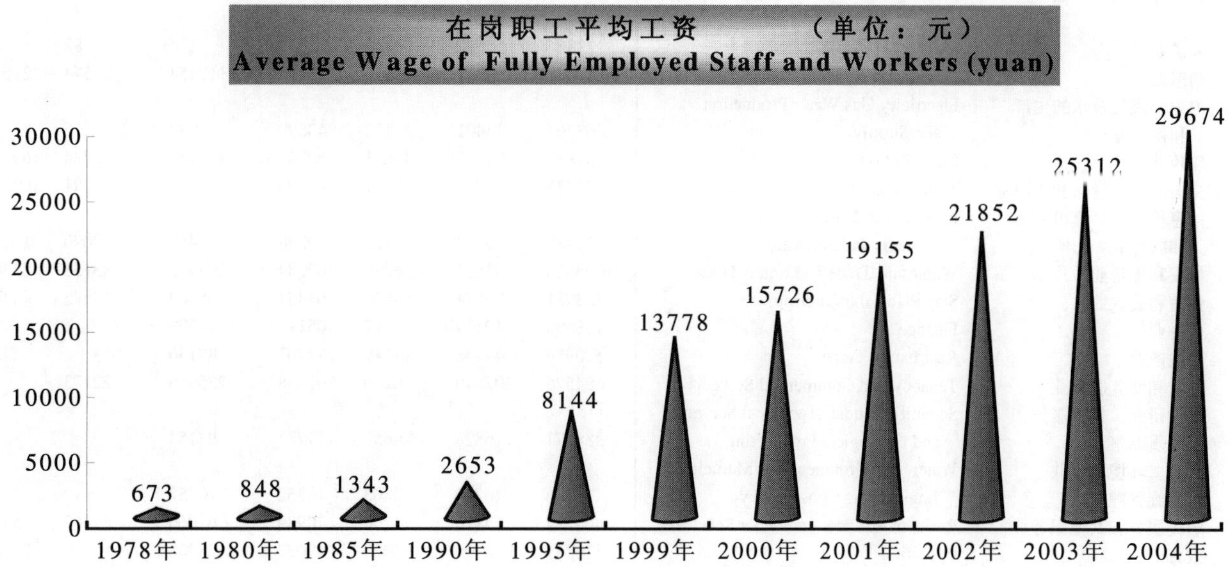
在岗职工平均工资 （单位：元）
Average Wage of Fully Employed Staff and Workers (yuan)
30000
25000
20000
15000
10000
5000
0
673
848
1343
2653
8144
13778
15726
19155
21852
25312
29674
1978年
1980年
1985年
1990年
1995年
1999年
2000年
2001年
2002年
2003年
2004年

4-1 全 市 从 业 人 员(按产业分)
EMPLOYED PERSONS BY INDUSTRY AND DEPARTMENT (GROUP BY INDUSTRY)

项目 Item	2004			2003		
	合计 Total	城市 Urban	农村 Rural	合计 Total	城市 Urban	农村 Rural
人数 (人) Number of Persons (person)	**8540654**	**6826736**	**1713918**	**7032831**	**5336838**	**1695993**
按产业分 Grouped by Industry						
第一产业 Primary Industry	615239	36209	579030	627419	32146	595273
第二产业 Secondary Industry	2327944	1837204	490740	2257598	1768330	489268
第三产业 Tertiary Industry	5597471	4953323	644148	4147814	3536362	611452
构成 (%) Composition (%)	**100.0**	**100.0**	**100.0**	**100.0**	**100.0**	**100.0**
按产业分 Grouped by Industry						
第一产业 Primary Industry	7.2	0.5	33.8	8.9	0.6	35.1
第二产业 Secondary Industry	27.3	26.9	28.6	32.1	33.1	28.8
第三产业 Tertiary Industry	65.5	72.6	37.6	59.0	66.3	36.1

4-2 全 市 从 业 人 员(按登记注册类型分)(2004年)
EMPLOYED PERSONS BY REGISTRATION STATUS(2004)

单位：人 (person)

行业 Sector	合计 Total	国有经济 State-owned	集体经济 Collective Owned	其他经济 Others	城镇私营劳动者 Urban Private	城镇个体劳动者 Urban Individuals	农村劳动者 Rural Labors
总计 Total	**8540654**	**1994570**	**281976**	**2751749**	**1342168**	**456273**	**1713918**
按产业分 Grouped by Industry							
第一产业 Primary Industry	615239	9468	3895	16410	3292	3144	579030
第二产业 Secondary Industry	2327944	283747	126431	1137593	267988	21445	490740
第三产业 Tertiary Industry	5597471	1701355	151650	1597746	1070888	431684	644148
按行业分 Grouped by Sector							
农、林、牧、渔业 Farming,Forestry,Animal Husbandry and Fishery	615239	9468	3895	16410	3292	3144	579030
采矿业 Mining	21864	3672	2267	15669	174	82	
制造业 Manufacturing	1510483	159541	73821	817474	117454	20574	321619
电力、燃气及水的生产和供应业 Electricity,Gas,Water Production and Supply	63764	18401	722	43699	937	5	
建筑业 Construction	731833	102133	49621	260751	149423	784	169121
交通运输、仓储和邮政业 Transportation,Storage and Post	552038	146552	8761	205593	19900	9091	162141
信息传输、计算机服务和软件业 Information Transmission,Computer Servecis and Software	372487	30187	1123	149238	172455	9090	10394
批发和零售业 Wholesale Trade and Retail Trade	1095528	83534	36286	302284	262965	283158	127301
住宿和餐饮业 Stay Place and Catering	433931	72674	16636	164451	66567	47875	65728
金融业 Finance	158690	49179	17	105196	4298		
房地产业 Real Estate Trade	320959	44548	11149	172767	87136		5359
租赁和商务服务业 Tenancy and Commercial Servecis	684576	207540	26270	192938	235655	22173	
科学研究、技术服务和地质勘察业 Scientific Studies,Technical Servecis and Geological Prospecting	388371	176828	6657	111733	93153		
水利、环境和公共设施管理业 Water，Environment and Municipal Engineering Conservancy	79146	46739	2403	19252	10752		
居民服务和其他服务业 Resident Services and Other Services	444337	23116	15256	70989	61960	57062	215954
教育 Education	416345	310899	10920	49037	23208		22281
卫生、社会保障和社会福利业 Health Care,Social Security and Social Welfare	185579	129093	11767	14482	4960	521	24756
文化、体育和娱乐业 Culture,Art,Sports and Recreation	175634	98537	2435	33978	27736	2714	10234
公共管理和社会组织 Public Manage and Social Organization	289850	281929	1970	5808	143		
国际组织 International Organization							

4-3 城镇单位从业人员年末人数(2004年)

YEAR-END EMPLOYED PERSONS IN URBAN UNITS(2004)

单位：人 (person)

项目	Item	从业人员 Employed Persons	在岗职工 Fully Employed Staff and Workers at their Posts	聘用留用的离退休人员 Retired and VCSR Engaged and Kept on	聘用的外籍及港澳台方人员 Personnel of Foreign,Hong-kong,Macao and Taiwan	其他从业人员 Other Employed Persons
总计	**Total**	**5028295**	**4463777**	**156087**	**14753**	**393678**
按登记注册类型分	**Grouped by Registration Status**					
内资经济	Domestic Investment Economy	4394547	3918843	141553	3461	330690
国有经济	State-owned	1994570	1836559	52018	1551	104442
集体经济	Collective-owned	281976	248364	14805	33	18774
股份合作企业	Share Holding	280656	248872	13748	151	17885
联营经济	Joint-owned	34744	31242	1922	30	1550
有限责任公司	Limited-Liability Corporations	1345128	1176817	44397	1093	122821
股份有限公司	Share Holding Corporations Ltd.	378955	315961	6047	144	56803
其他经济	Others	78518	61028	8616	459	8415
港、澳、台商投资经济	Hongkong,Macao and Taiwan Funded	183348	160207	6063	2493	14585
外商投资经济	Foreign Funded	450400	384727	8471	8799	48403
按隶属关系分	**Grouped by Administrative Relationship**					
# 中央	Central	1294843	1146532	35513	2265	110533
地方	Local	2119314	1928247	58172	2186	130709
按行业分	**Grouped by Sector**					
农、林、牧、渔业	Farming,Forestry,Animal Husbandry and Fishery	29773	28521	234	39	979
# 农业	Agriculture	8933	8422	74	13	424
采矿业	Mining	21608	19138	44	44	2382
制造业	Manufacturing	1050836	980024	25955	2860	41997
电力、燃气及水的生产和供应业	Electricity,Gas,Water Production and Supply	62822	61093	479	5	1245
建筑业	Construction	412505	369972	9080	818	32635
交通运输、仓储和邮政业	Transportation,Storage and Post	360906	313897	2085	190	44734
# 铁路运输业	Railway Transport	72813	54528	38		18247
道路运输业	Road Transport	27088	24037	592	69	2390
城市公共交通业	Urban Public Traffic	160975	151732	603	6	8634
邮政业	Post	35316	25769	282	39	9226
信息传输、计算机服务和软件业	Information Transmission,Computer Servecis and Software	180548	162713	2634	1564	13637
# 计算机服务业	Computer Servecis	53755	49171	1033	572	2979
批发和零售业	Wholesale Trade and Retail Trade	422104	372022	16854	1877	31351
批发业	Wholesale Trade	183686	160387	7405	1524	14370
零售业	Retail Trade	238418	211635	9449	353	16981
住宿和餐饮业	Stay Place and Catering	253761	212867	8230	759	31905
住宿业	Stay Place	140250	121201	5129	336	13584
餐饮业	Catering	113511	91666	3101	423	18321
金融业	Finance	154393	100695	774	221	52703
房地产业	Real Estate Trade	228464	191083	13296	723	23362
租赁和商务服务业	Tenancy and Commercial Servecis	426748	385982	11215	2184	27367
租赁业	Tenancy	9486	8424	379	20	663
商务服务业	Commercial Servecis	417262	377558	10836	2164	26704
科学研究、技术服务和地质勘察业	Scientific Studies,Technical Servecis and Geological Prospecting	295218	244650	23361	1043	26164
水利、环境和公共设施管理业	Water，Environment and Municipal Engineering Conservancy	68394	64028	1797	50	2519
居民服务和其他服务业	Resident Services and Other Services	109361	92729	5615	176	10841
# 居民服务业	Resident Services	35107	28409	1361	85	5252
教育	Education	370856	329681	15974	1582	23619
卫生、社会保障和社会福利业	Health Care,Social Security and Social Welfare	155342	146435	5208	152	3547
# 卫生	Health	146468	138098	4927	152	3291
文化、体育和娱乐业	Culture,Art,Sports and Recreation	134950	121105	4451	387	9007
# 文化艺术业	Culture and Arts	26365	23985	967	54	1359
体育	Sports	9951	8236	272	43	1400
公共管理和社会组织	Public Manage and Social Organization	289707	267143	8801	79	13684
国际组织	International Organization					

注：城镇单位从业人员年末人数与报国家统计局劳动工资年报口径一致，不含城镇个体、私营独资、私营合伙、私营股份公司、农村从业人员。

Note:Data in this table is in accordance to the annual bulletin of labors and wages reported to state statistical bureau, not include urban individuals, private funded, private cooperative,private share holding corporations limited and rural employees.

4-4 城镇单位从业人员人数增减情况
CHANGES IN NUMBER OF URBAN EMPOLYED PERSONS

单位：人 (person)

项目 Item		2004			2003		
		合计 Total	# 中央单位 Central	# 地方单位 Local	合计 Total	# 中央单位 Central	# 地方单位 Local
增加人数	**Number of Persons Increased**	**1018627**	**182050**	**372399**	**881348**	**156676**	**387890**
从农村招收	Recruited from Rural Area	273535	30001	110361	275319	32150	107900
从城镇招收	Recruited from Urban Area	173699	25202	44118	113279	13150	33935
录用的退伍军人	Employment of Demobilized Soldiers	8799	1781	3177	5720	1176	2765
录用大中专技校毕业生	Employment of Graduate	131988	34536	45066	101011	27287	56075
调入人数	Job Changes	167767	32856	62838	144449	36299	58317
# 市外调入	from Outside Beijing	32760	6833	9857	19909	5261	4317
其他	Others	262839	57674	106839	241570	46614	128898
减少人数	**Number of Persons Decreased**	**822513**	**138604**	**365476**	**829018**	**150254**	**409761**
离休退休退职	Retire and Quit	86428	20061	50589	83823	18960	53859
开除除名辞退	be Discharged	46568	7569	11323	43616	8636	13488
终止解除合同	Contract Expiration	325539	44550	137334	307391	35562	165280
离开本单位仍保留劳动关系	Leave Unit and Stiu Keep the Relation Of Working	7858	1758	4730	30577	5111	23621
死亡	Death	3219	932	1920			
调出人数	Job Changes	120759	29687	49999	135057	35467	59625
# 调往市外	to Outside Beijing	8585	2622	2509	9870	1736	3276
其他	Others	232142	34047	109581	228554	46518	93888

4-5 在岗职工人数
NUMBER OF FULLY EMPLOYED STAFF AND WORKERS

单位：人 (person)

项目	Item	2004	2003	2004年为2003年% 2004 as % of 2003
总计	**Total**	**4463777**	**4363391**	**102.3**
按登记注册类型分	**Grouped by Registration Status**			
内资经济	Domestic Investment Economy	3918843	3936474	99.6
国有经济	State-owned	1836559	1975663	93.0
集体经济	Collective-owned	248364	261090	95.1
股份合作企业	Share Holding	248872	137372	181.2
联营经济	Joint-owned	31242	34940	89.4
有限责任公司	Limited-Liability Corporations	1176817	883364	133.2
股份有限公司	Share Holding Corporations Ltd.	315961	266787	118.4
其他经济	Others	61028	377258	16.2
港、澳、台商投资经济	Hongkong,Macao and Taiwan Funded	160207	149584	107.1
外商投资经济	Foreign Funded	384727	277333	138.7
按隶属关系分	**Grouped by Administrative Relationship**			
# 中央	Central	1146532	1066823	107.5
地方	Local	1928247	2183682	88.3
按行业分	**Grouped by Sector**			
农、林、牧、渔业	Farming,Forestry,Animal Husbandry and Fishery	28521	27709	102.9
# 农业	Agriculture	8422	5235	160.9
采矿业	Mining	19138	24368	78.5
制造业	Manufacturing	980024	952371	102.9
电力、燃气及水的生产和供应业	Electricity,Gas,Water Production and Supply	61093	37219	164.1
建筑业	Construction	369972	590163	62.7
交通运输、仓储和邮政业	Transportation,Storage and Post	313897	284472	110.3
# 铁路运输业	Railway Transport	54528	50683	107.6
道路运输业	Road Transport	24037	22089	108.8
城市公共交通业	Urban Public Traffic	151732	152131	99.7
邮政业	Post	25769	18954	136.0
信息传输、计算机服务和软件业	Information Transmission,Computer Servecis and Software	162713	156261	104.1
# 计算机服务业	Computer Servecis	49171	39794	123.6
批发和零售业	Wholesale Trade and Retail Trade	372022	320616	116.0
批发业	Wholesale Trade	160387	134141	119.6
零售业	Retail Trade	211635	186475	113.5
住宿和餐饮业	Stay Place and Catering	212867	178505	119.2
住宿业	Stay Place	121201	103005	117.7
餐饮业	Catering	91666	75500	121.4
金融业	Finance	100694	82565	122.0
房地产业	Real Estate Trade	191083	150396	127.1
租赁和商务服务业	Tenancy and Commercial Servecis	385982	332751	116.0
租赁业	Tenancy	8424	5531	152.3
商务服务业	Commercial Servecis	377558	327220	115.4
科学研究、技术服务和地质勘察业	Scientific Studies,Technical Servecis and Geological Prospecting	244650	297016	82.4
水利、环境和公共设施管理业	Water，Environment and Municipal Engineering Conservancy	64028	57773	110.8
居民服务和其他服务业	Resident Services and Other Services	92729	77547	119.6
# 居民服务业	Resident Services	28409	25796	110.1
教育	Education	329681	301363	109.4
卫生、社会保障和社会福利业	Health Care,Social Security and Social Welfare	146435	130626	112.1
# 卫生	Health	138098	123719	111.6
文化、体育和娱乐业	Culture,Art,Sports and Recreation	121105	105514	114.8
# 文化艺术业	Culture and Arts	23985	24775	96.8
体育	Sports	8236	7759	106.1
公共管理和社会组织	Public Manage and Social Organization	267143	256156	104.3
国际组织	International Organization			

4-6 国民经济各行业在岗职工人数(按隶属关系、登记注册类型分)

单位：人

行业	Sector	全市 Total	#中央 Central	#地方 Local
总计	**Total**	**4463777**	**1146532**	**1928247**
农、林、牧、渔业	**Farming,Forestry,Animal Husbandry and Fishery**	**28521**	**650**	**15484**
#农、林、牧、渔服务业	FFAF Services	5384	96	4441
采矿业	**Mining**	**19138**	**875**	**16442**
煤炭开采和洗选业	Coal Mining and Dressing	12311	867	11346
石油和天然气开采业	Petroleum and Natural Gas Extraction	66		
黑色金属矿采选业	Ferrous Metals Mining and Dressing	3240		3200
有色金属矿采选业	Nonferrous Metals Mining and Dressing	33		20
非金属矿采选业	Nonmetal Minerals Mining and Dressing	3421	8	1818
其他采矿业	Other Minerals Mining	67		58
制造业	**Manufacturing**	**980024**	**127593**	**440095**
农副食品加工业	Farm and Sideline Prodncts Processing	20444	164	10715
食品制造业	Food Making	34705	1148	11376
饮料制造业	Beverage Making	23154	194	17348
烟草制造业	Tobacco Processing	824	798	16
纺织业	Textile	34005	333	19982
纺织服装、鞋、帽制造业	Garments,shoes and chapeau	67672	1121	27439
皮革、毛皮、羽毛(绒)及其制品业	Leather,Furs,Feather(Down) and Related Products	5275	1	2405
木材加工及竹、藤、棕、草制品业	Timber Processing,Bamboo,Cane, Palm Fiber and Straw Products	5383	310	1751
家具制造业	Furniture Manufacturing	13860	378	3803
造纸及纸制品业	Papermaking and Paper Products	11853	26	4271
印刷业和记录媒介的复制	Printing and Record Medium Reproduction	45585	16360	11610
文教体育用品制造业	Stationery,Education and Sports Goods	8731	35	4508
石油加工、炼焦及核燃料加工业	Petroleum Processing,Coking and Nuclear Elding	11786	6017	4437
化学原料及化学制品制造业	Raw Chemical Materials and Chemical Products	51726	16526	16628
医药制造业	Medical and Pharmaceutical Products	32993	2997	12388
化学纤维制造业	Chemical Fiber	596	28	130
橡胶制品业	Rubber Products	6866	553	3604
塑料制品业	Plastic Products	21476	1546	6556
非金属矿物制品业	Nonmetal Mineral Products	66188	3881	32303
黑色金属冶炼及压延加工业	Smelting and Processing of Ferrous Metals	61792	17	60649

NUMBER OF FULLY EMPLOYED STAFF AND WORKERS BY SECTOR (BY ADMINISTRATIVE RELATIONSHIP AND REGISTRATION STATUS)

(person)

国有经济 State-Owned	# 中 央 Central	# 地 方 Local	集体经济 Collective-Owned	其他经济 Others
1836559	**843616**	**954815**	**248364**	**2378854**
9266	**252**	**8506**	**3694**	**15561**
3477	47	3300	1026	881
3662	**837**	**2825**	**2259**	**13217**
880	829	51	863	10568
				66
2649		2649	591	
			20	13
133	8	125	718	2570
			67	
149912	**71774**	**71822**	**67847**	**762265**
3042	32	2292	544	16858
1873	22	1818	1381	31451
8436	88	8294	580	14138
814	798	16		10
3208	7	3185	3482	27315
1950	131	1763	6243	59479
265		265	996	4014
792	296	494	619	3972
341	61	234	1066	12453
[illegible]	[illegible]	[illegible]	2222	8808
18891	14587	3711	5299	21395
377	24	352	679	7675
5290	1190	4100	120	6376
3897	659	2938	2963	44866
4073	1339	2294	979	27941
42	28		53	501
872	79	245	428	5566
1596	685	906	2554	17326
8662	1734	4967	7518	50008
2528	4	2524	653	58611

4-6 续表 1 continued

单位：人

行业	Sector	全市 Total	# 中央 Central	# 地方 Local
有色金属冶炼及压延加工业	Smelting and Processing of Nonferrous Metals	5849	728	1706
金属制品业	Metal Products	46589	2078	17182
通用设备制造业	Universal Equipment	60426	5436	25645
专用设备制造业	Equipment for Special Purpose	55851	14042	19089
交通运输设备制造业	Transportation Equipment	112724	33427	59003
电气机械及器材制造业	Electric Equipment and Machinery	42931	1395	18376
通信设备、计算机及其他电子设备制造业	Telecommunications Equipment, Computer and Others	89147	8862	34423
仪器仪表及文化、办公用机械制造业	Instruments,Meters,Cultural and Office Machinery	26509	4687	9124
工艺品及其他制造业	Art Products and Other Manufacturing	14221	4384	3308
废弃资源和废旧材料回收加工业	Recovery and Processing of Reclaimed Materials	863	121	320
电力、燃气及水的生产和供应业	**Electricity,Gas,Water Production and Supply**	**61093**	**31618**	**26753**
电力、热力的生产和供应业	Electricity and Hot Power Production and Supply	47649	31599	14323
煤气生产和供应业	Gas Production and Supply	6960		6527
水的生产和供应业	Water Production and Supply	6484	19	5903
建筑业	**Construction**	**369972**	**89763**	**176232**
房屋和土木工程建筑业	Building and Civil Engineering	283448	71752	150722
建筑安装业	Construction	47411	14993	14011
建筑装饰业	Fitting and Decoration	30506	2345	8431
其他建筑业	Others	8607	673	3068
交通运输、仓储和邮政业	**Transportation,Storage and Post**	**313897**	**120092**	**129339**
铁路运输业	Railway Transport	54528	54402	73
道路运输业	Road Transport	24037	3314	9207
城市公共交通业	Urban Public Traffic	151732	3742	110440
水上运输业	Waterway Transport			
航空运输业	Air Transport	32487	29288	433
管道运输业	Pipeline Transport	122		
装卸搬运和其他运输服务业	Load and Unload,Other Transportation Services	15023	4599	3236
仓储业	Storage	10199	1717	5858
邮政业	Post	25769	23030	92
信息传输、计算机服务和软件业	**Information Transmission,Computer Servecis and Software**	**162713**	**39317**	**17913**
电信和其他信息传输服务业	Telecommunications and Other Information Transmission	45544	23029	3517
计算机服务业	Computer Servecis	49171	10812	7349
软件业	Software	67998	5476	7047
批发和零售业	**Wholesale Trade and Retail Trade**	**372022**	**50945**	**125219**
批发业	Wholesale Trade	160387	36664	39122
零售业	Retail Trade	211635	14281	86097
住宿和餐饮业	**Stay Place and Catering**	**212867**	**44111**	**67616**
住宿业	Stay Place	121201	40778	45260
餐饮业	Catering	91666	3333	22356

4-6 续表 2 continued

(person)

国有经济 State-Owned	# 中 央 Central	# 地 方 Local	集体经济 Collective-Owned	其他经济 Others
1117	252	865	432	4300
2896	904	1807	7464	36229
12000	2678	8906	7430	40996
15366	10428	4803	2074	38411
31647	25147	6038	4633	76444
2861	786	1937	3388	36682
5909	4037	1864	1309	81929
5672	1817	3833	1177	19660
4526	3852	555	1312	8383
146	102	44	249	468
17580	**9912**	**7651**	**678**	**42835**
14116	9912	4204	433	33100
1853		1853	10	5097
1611		1594	235	4638
91251	**61412**	**28659**	**45483**	**233238**
72389	48482	23551	32894	178165
15306	11352	3749	7080	25025
2535	1149	876	4478	23493
1021	429	483	1031	6555
134288	**76334**	**57522**	**8095**	**171514**
51819	51798	21	146	2563
3618	1693	1864	2732	17687
52519	1802	50648	2577	96636
408	408			32079
				122
3485	2593	786	1495	10043
5996	1604	4196	1145	3058
16443	16436	7		9326
27134	**25333**	**1043**	**943**	**134636**
17628	17142	351	359	27557
6912	6225	422	383	41876
2594	1966	270	201	65203
75088	**29175**	**40500**	**31172**	**265762**
41175	23518	14858	11923	107289
33913	5657	25642	19249	158473
64553	**29369**	**27348**	**14688**	**133626**
57374	28477	22319	7925	55902
7179	892	5029	6763	77724

4-6 续表 3 continued

单位：人

行业	Sector	全市 Total	# 中央 Central	# 地方 Local
金融业	**Finance**	**100694**	**72549**	**9075**
银行业	Banking	67539	54283	2663
证券业	Negotiable Securities	7814	2644	3314
保险业	Insurance	13878	5450	2554
其他金融活动	Other Finance	11463	10172	544
房地产业	**Real Estate Trade**	**191083**	**22649**	**69529**
租赁和商务服务业	**Tenancy and Commercial Servecis**	**385982**	**116900**	**163292**
租赁业	Tenancy	8424	826	2509
商务服务业	Commercial Servecis	377558	116074	160783
科学研究、技术服务和地质勘察业	**Scientific Studies,Technical Servecis and Geological Prospecting**	**244650**	**151240**	**38727**
研究与试验发展	Research and Experimental Development	97862	82576	8398
专业技术服务业	Professional Technical Servecis	104807	51917	22922
科技交流和推广服务业	Scientific and Technological Exchange and Popularizing	37354	14058	5980
地质勘察业	Geological Prospecting	4627	2689	1427
水利、环境和公共设施管理业	**Water，Environment and Municipal Engineering Conservancy**	**64028**	**1442**	**56233**
水利管理业	Water Conservancy	7182	512	6448
环境管理业	Environment Conservancy	25845	511	22228
公共设施管理业	Municipal Engineering Conservancy	31001	419	27557
居民服务和其他服务业	**Resident Services and Other Services**	**92729**	**9525**	**32023**
居民服务业	Resident Services	28409	548	10857
其他服务业	Other Services	64320	8977	21166
教育	**Education**	**329681**	**89352**	**218807**
卫生、社会保障和社会福利业	**Health Care,Social Security and Social Welfare**	**146435**	**36466**	**99822**
卫生	Health	138098	36012	92428
社会保障业	Social Security	2647	226	2384
社会福利业	Social Welfare	5690	228	5010
文化、体育和娱乐业	**Culture,Art,Sports and Recreation**	**121105**	**73186**	**27924**
新闻出版业	Publication	54438	46645	5076
广播、电视、电影和音像业	Radio,Television,Film,Audio Products,Video Products	19729	11727	5118
文化艺术业	Culture and Arts	23985	11562	8800
体育	Sports	8236	2636	3834
娱乐业	Recreation	14717	616	5096
公共管理和社会组织	**Public Manage and Social Organization**	**267143**	**68259**	**197722**
中国共产党机关	Chinese Communist Agencies	10395	5967	4428
国家机关	Government Agencies	234277	48880	185106
人民政协和民主党派	C.P.P.C. and Democratic Party	2108	984	1124
群众团体、社会团体和宗教组织	Masses, Social Organization and Religionary Body	20363	12428	7064
基层群众自治组织	Masses Autonomous Body			
国际组织	**International Organization**			
国际组织	International Organization			

4-6 续表 4 continued

(person)

国有经济 State-Owned	# 中 央 Central	# 地 方 Local	集体经济 Collective-Owned	其他经济 Others
44799	**44323**	**246**	**17**	**55878**
41468	41468			26071
486	486			7328
2302	1855	230		11576
543	514	16	17	10903
38471	**10237**	**26305**	**9476**	**143136**
198138	**93063**	**102457**	**23605**	**164239**
1500	491	944	1618	5306
196638	92572	101513	21987	158933
153646	**127207**	**24900**	**4400**	**86604**
83514	76061	7254	313	14035
51252	37276	13076	2545	51010
15315	11644	3335	1494	20545
3565	2226	1235	48	1014
44201	**936**	**41953**	**2259**	**17568**
6405	450	5943	171	606
18028	277	16639	385	7432
19768	209	19371	1703	9530
20258	**6950**	**12044**	**12680**	**59791**
5061	419	4340	3642	19706
15197	6531	7704	9038	40085
287993	**87979**	**198136**	**6775**	**34913**
124452	**35603**	**86321**	**10961**	**11022**
118156	35206	80483	9837	10105
2252	226	2009	157	238
4044	171	3829	967	679
89658	**67101**	**20845**	**1950**	**29497**
49926	44024	4666	386	4126
13612	8857	4577	126	5991
19012	11327	7626	202	4771
6040	2591	3288	111	2085
1068	302	688	1125	12524
262209	**65819**	**195732**	**1382**	**3552**
10395	5967	4428		
234277	48880	185106		
2108	984	1124		
15429	9988	5074	1382	3552

4-7 国民经济各行业在岗职工人数(按用工期限分)(2004年)
FULLY EMPLOYED STAFF AND WORKERS BY SECTOR (BY TYPE OF STAFF AND WORKERS)(2004)

单位：人 (person)

行业	Sector	全市 Total	# 长期职工 Permanent Workers
总计	**Total**	**4463777**	**3701455**
农、林、牧、渔业	**Farming,Forestry,Animal Husbandry and Fishery**	**28521**	**22697**
# 农、林、牧、渔服务业	FFAF Services	5384	4748
采矿业	**Mining**	**19138**	**17118**
煤炭开采和洗选业	Coal Mining and Dressing	12311	11327
石油和天然气开采业	Petroleum and Natural Gas Extraction	66	66
黑色金属矿采选业	Ferrous Metals Mining and Dressing	3240	2702
有色金属矿采选业	Nonferrous Metals Mining and Dressing	33	23
非金属矿采选业	Nonmetal Minerals Mining and Dressing	3421	2946
其他采矿业	Other Minerals Mining	67	54
制造业	**Manufacturing**	**980024**	**838921**
农副食品加工业	Farm and Sideline Prodncts Processing	20444	15975
食品制造业	Food Making	34705	29187
饮料制造业	Beverage Making	23154	20068
烟草制造业	Tobacco Processing	824	808
纺织业	Textile	34005	28373
纺织服装、鞋、帽制造业	Garments,shoes and chapeau	67672	52984
皮革、毛皮、羽毛(绒)及其制品业	Leather,Furs,Feather(Down) and Related Products	5275	3885
木材加工及竹、藤、棕、草制品业	Timber Processing,Bamboo,Cane, Palm Fiber and Straw Products	5383	3800
家具制造业	Furniture Manufacturing	13860	11265
造纸及纸制品业	Papermaking and Paper Products	11853	9138
印刷业和记录媒介的复制	Printing and Record Medium Reproduction	45585	39303
文教体育用品制造业	Stationery,Education and Sports Goods	8731	7643
石油加工、炼焦及核燃料加工业	Petroleum Processing,Coking and Nuclear Elding	11786	11400
化学原料及化学制品制造业	Raw Chemical Materials and Chemical Products	51726	46485
医药制造业	Medical and Pharmaceutical Products	32993	28692
化学纤维制造业	Chemical Fiber	596	388
橡胶制品业	Rubber Products	6866	4707
塑料制品业	Plastic Products	21476	16635
非金属矿物制品业	Nonmetal Mineral Products	66188	54437
黑色金属冶炼及压延加工业	Smelting and Processing of Ferrous Metals	61792	60981

4-7 续表 1 continued

单位：人 (person)

行业	Sector	全市国有经济 Total State-owned Economy	# 长期职工 Permanent Workers	# 地方国有经济 Local State-Owned Economy	# 长期职工 Permanent Workers
总计	**Total**	**1836559**	**1592557**	**954815**	**806364**
农、林、牧、渔业	**Farming,Forestry,Animal Husbandry and Fishery**	**9266**	**8058**	**8506**	**7399**
# 农、林、牧、渔服务业	FFAF Services	3477	3128	3300	2958
采矿业	**Mining**	**3662**	**2895**	**2825**	**2731**
煤炭开采和洗选业	Coal Mining and Dressing	880	162	51	6
石油和天然气开采业	Petroleum and Natural Gas Extraction				
黑色金属矿采选业	Ferrous Metals Mining and Dressing	2649	2646	2649	2646
有色金属矿采选业	Nonferrous Metals Mining and Dressing				
非金属矿采选业	Nonmetal Minerals Mining and Dressing	133	87	125	79
其他采矿业	Other Minerals Mining				
制造业	**Manufacturing**	**149912**	**140238**	**71822**	**67340**
农副食品加工业	Farm and Sideline Prodncts Processing	3042	2260	2292	2093
食品制造业	Food Making	1873	1527	1818	1481
饮料制造业	Beverage Making	8436	8302	8294	8231
烟草制造业	Tobacco Processing	814	798	16	
纺织业	Textile	3208	3141	3185	3121
纺织服装、鞋、帽制造业	Garments,shoes and chapeau	1950	1853	1763	1666
皮革、毛皮、羽毛(绒)及其制品业	Leather,Furs,Feather(Down) and Related Products	265	201	265	201
木材加工及竹、藤、棕、草制品业	Timber Processing,Bamboo,Cane, Palm Fiber and Straw Products	792	635	494	347
家具制造业	Furniture Manufacturing	341	266	234	201
造纸及纸制品业	Papermaking and Paper Products	823	803	772	758
印刷业和记录媒介的复制	Printing and Record Medium Reproduction	18891	17247	3711	3255
文教体育用品制造业	Stationery,Education and Sports Goods	377	373	352	348
石油加工、炼焦及核燃料加工业	Petroleum Processing,Coking and Nuclear Elding	5290	5220	4100	4047
化学原料及化学制品制造业	Raw Chemical Materials and Chemical Products	3897	3487	2938	2654
医药制造业	Medical and Pharmaceutical Products	4073	3224	2294	1798
化学纤维制造业	Chemical Fiber	42	30		
橡胶制品业	Rubber Products	872	872	245	245
塑料制品业	Plastic Products	1596	1107	906	854
非金属矿物制品业	Nonmetal Mineral Products	8662	7676	4967	4664
黑色金属冶炼及压延加工业	Smelting and Processing of Ferrous Metals	2528	2498	2524	2494

4-7 续表 2 continued

单位：人 (person)

行业	Sector	全市 Total	# 长期职工 Permanent Workers
有色金属冶炼及压延加工业	Smelting and Processing of Nonferrous Metals	5849	4693
金属制品业	Metal Products	46589	35805
通用设备制造业	Universal Equipment	60426	53567
专用设备制造业	Equipment for Special Purpose	55851	49979
交通运输设备制造业	Transportation Equipment	112724	94073
电气机械及器材制造业	Electric Equipment and Machinery	42931	36953
通信设备、计算机及其他电子设备制造业	Telecommunications Equipment,Computer and Others	89147	80592
仪器仪表及文化、办公用机械制造业	Instruments,Meters,Cultural and Office Machinery	26509	23966
工艺品及其他制造业	Art Products and Other Manufacturing	14221	12594
废弃资源和废旧材料回收加工业	Recovery and Processing of Reclaimed Materials	863	545
电力、燃气及水的生产和供应业	**Electricity,Gas,Water Production and Supply**	**61093**	**58819**
电力、热力的生产和供应业	Electricity and Hot Power Production and Supply	47649	45788
煤气生产和供应业	Gas Production and Supply	6960	6842
水的生产和供应业	Water Production and Supply	6484	6189
建筑业	**Construction**	**369972**	**249999**
房屋和土木工程建筑业	Building and Civil Engineering	283448	186554
建筑安装业	Construction	47411	38974
建筑装饰业	Fitting and Decoration	30506	17979
其他建筑业	Others	8607	6492
交通运输、仓储和邮政业	**Transportation,Storage and Post**	**313897**	**277484**
铁路运输业	Railway Transport	54528	54468
道路运输业	Road Transport	24037	18719
城市公共交通业	Urban Public Traffic	151732	131522
水上运输业	Waterway Transport		
航空运输业	Air Transport	32487	26115
管道运输业	Pipeline Transport	122	122
装卸搬运和其他运输服务业	Load and Unload,Other Transportation Services	15023	12804
仓储业	Storage	10199	9316
邮政业	Post	25769	24418
信息传输、计算机服务和软件业	**Information Transmission,Computer Servecis and Software**	**162713**	**145271**
电信和其他信息传输服务业	Telecommunications and Other Information Transmission	45544	40185
计算机服务业	Computer Servecis	49171	44938
软件业	Software	67998	60148
批发和零售业	**Wholesale Trade and Retail Trade**	**372022**	**309404**
批发业	Wholesale Trade	160387	134535
零售业	Retail Trade	211635	174869
住宿和餐饮业	**Stay Place and Catering**	**212867**	**151742**
住宿业	Stay Place	121201	92486
餐饮业	Catering	91666	59256

4-7 续表 3 continued

单位：人 (person)

行业	Sector	全市国有经济 Total State-owned Economy	# 长期职工 Permanent Workers	# 地方国有经济 Local State-Owned Economy	# 长期职工 Permanent Workers
有色金属冶炼及压延加工业	Smelting and Processing of Nonferrous Metals	1117	1018	865	774
金属制品业	Metal Products	2896	2332	1807	1506
通用设备制造业	Universal Equipment	12000	11511	8906	8671
专用设备制造业	Equipment for Special Purpose	15366	14852	4803	4515
交通运输设备制造业	Transportation Equipment	31647	31083	6038	5789
电气机械及器材制造业	Electric Equipment and Machinery	2861	2523	1937	1871
通信设备、计算机及其他电子设备制造业	Telecommunications Equipment,Computer and Others	5909	5566	1864	1681
仪器仪表及文化、办公用机械制造业	Instruments,Meters,Cultural and Office Machinery	5672	5298	3833	3506
工艺品及其他制造业	Art Products and Other Manufacturing	4526	4407	555	543
废弃资源和废旧材料回收加工业	Recovery and Processing of Reclaimed Materials	146	128	44	26
电力、燃气及水的生产和供应业	**Electricity,Gas,Water Production and Supply**	**17580**	**16141**	**7651**	**6642**
电力、热力的生产和供应业	Electricity and Hot Power Production and Supply	14116	12735	4204	3252
煤气生产和供应业	Gas Production and Supply	1853	1851	1853	1851
水的生产和供应业	Water Production and Supply	1611	1555	1594	1539
建筑业	**Construction**	**91251**	**67233**	**28659**	**24735**
房屋和土木工程建筑业	Building and Civil Engineering	72389	50730	23551	20587
建筑安装业	Construction	15306	13935	3749	3213
建筑装饰业	Fitting and Decoration	2535	1898	876	644
其他建筑业	Others	1021	670	483	291
交通运输、仓储和邮政业	**Transportation,Storage and Post**	**134288**	**127760**	**57522**	**52043**
铁路运输业	Railway Transport	51819	51809	21	21
道路运输业	Road Transport	3618	3062	1864	1673
城市公共交通业	Urban Public Traffic	52519	47116	50648	45551
水上运输业	Waterway Transport				
航空运输业	Air Transport	408	406		
管道运输业	Pipeline Transport				
装卸搬运和其他运输服务业	Load and Unload,Other Transportation Services	3485	3150	786	725
仓储业	Storage	5996	5774	4196	4066
邮政业	Post	16443	16443	7	7
信息传输、计算机服务和软件业	**Information Transmission,Computer Servecis and Software**	**27134**	**26263**	**1043**	**995**
电信和其他信息传输服务业	Telecommunications and Other Information Transmission	17628	17153	351	347
计算机服务业	Computer Servecis	6912	6696	422	385
软件业	Software	2594	2414	270	263
批发和零售业	**Wholesale Trade and Retail Trade**	**75088**	**68147**	**40500**	**36994**
批发业	Wholesale Trade	41175	37670	14858	13159
零售业	Retail Trade	33913	30477	25642	23835
住宿和餐饮业	**Stay Place and Catering**	**64553**	**46300**	**27348**	**19011**
住宿业	Stay Place	57374	41848	22319	15972
餐饮业	Catering	7179	4452	5029	3039

4-7 续表 4 continued

单位：人 (person)

行业	Sector	全市 Total	# 长期职工 Permanent Workers
金融业	**Finance**	**100694**	**95662**
银行业	Banking	67539	65931
证券业	Negotiable Securities	7814	7514
保险业	Insurance	13878	13482
其他金融活动	Other Finance	11463	8735
房地产业	**Real Estate Trade**	**191083**	**155039**
租赁和商务服务业	**Tenancy and Commercial Servecis**	**385982**	**243929**
租赁业	Tenancy	8424	6515
商务服务业	Commercial Servecis	377558	237414
科学研究、技术服务和地质勘察业	**Scientific Studies,Technical Servecis and Geological Prospecting**	**244650**	**219799**
研究与试验发展	Research and Experimental Development	97862	92286
专业技术服务业	Professional Technical Servecis	104807	93310
科技交流和推广服务业	Scientific and Technological Exchange and Popularizing	37354	30061
地质勘察业	Geological Prospecting	4627	4142
水利、环境和公共设施管理业	**Water，Environment and Municipal Engineering Conservancy**	**64028**	**52784**
水利管理业	Water Conservancy	7182	6325
环境管理业	Environment Conservancy	25845	19242
公共设施管理业	Municipal Engineering Conservancy	31001	27217
居民服务和其他服务业	**Resident Services and Other Services**	**92729**	**63054**
居民服务业	Resident Services	28409	19848
其他服务业	Other Services	64320	43206
教育	**Education**	**329681**	**301669**
卫生、社会保障和社会福利业	**Health Care,Social Security and Social Welfare**	**146435**	**135324**
卫生	Health	138098	128561
社会保障业	Social Security	2647	2271
社会福利业	Social Welfare	5690	4492
文化、体育和娱乐业	**Culture,Art,Sports and Recreation**	**121105**	**107226**
新闻出版业	Publication	54438	49919
广播、电视、电影和音像业	Radio,Television,Film,Audio Products,Video Products	19729	18298
文化艺术业	Culture and Arts	23985	21642
体　育	Sports	8236	6773
娱乐业	Recreation	14717	10594
公共管理和社会组织	**Public Manage and Social Organization**	**267143**	**255514**
中国共产党机关	Chinese Communist Agencies	10395	9548
国家机关	Government Agencies	234277	225849
人民政协和民主党派	C.P.P.C. and Democratic Party	2108	2096
群众团体、社会团体和宗教组织	Masses, Social Organization and Religionary Body	20363	18021
基层群众自治组织	Masses Autonomous Body		
国际组织	**International Organization**		
国际组织	International Organization		

4-7 续表 5 continued

单位：人 (person)

行业	Sector	全市国有经济 Total State-owned Economy	# 长期职工 Permanent Workers	# 地方国有经济 Local State-Owned Economy	# 长期职工 Permanent Workers
金融业	**Finance**	**44799**	**44389**	**246**	**246**
银行业	Banking	41468	41099		
证券业	Negotiable Securities	486	483		
保险业	Insurance	2302	2271	230	230
其他金融活动	Other Finance	543	536	16	16
房地产业	**Real Estate Trade**	**38471**	**32163**	**26305**	**21964**
租赁和商务服务业	**Tenancy and Commercial Servecis**	**198138**	**99065**	**102457**	**22864**
租赁业	Tenancy	1500	1230	944	813
商务服务业	Commercial Servecis	196638	97835	101513	22051
科学研究、技术服务和地质勘察业	**Scientific Studies,Technical Servecis and Geological Prospecting**	**153646**	**143625**	**24900**	**23241**
研究与试验发展	Research and Experimental Development	83514	79417	7254	6904
专业技术服务业	Professional Technical Servecis	51252	47354	13076	12169
科技交流和推广服务业	Scientific and Technological Exchange and Popularizing	15315	13596	3335	2933
地质勘察业	Geological Prospecting	3565	3258	1235	1235
水利、环境和公共设施管理业	**Water，Environment and Municipal Engineering Conservancy**	**44201**	**35547**	**41953**	**33646**
水利管理业	Water Conservancy	6405	5768	5943	5330
环境管理业	Environment Conservancy	18028	12267	16639	11179
公共设施管理业	Municipal Engineering Conservancy	19768	17512	19371	17137
居民服务和其他服务业	**Resident Services and Other Services**	**20258**	**15701**	**12044**	**8940**
居民服务业	Resident Services	5061	4023	4340	3526
其他服务业	Other Services	15197	11678	7704	5414
教育	**Education**	287993	267580	198136	188944
卫生、社会保障和社会福利业	**Health Care,Social Security and Social Welfare**	**124452**	**116598**	**86321**	**81503**
卫生	Health	118156	111316	80483	76654
社会保障业	Social Security	2252	1960	2009	1742
社会福利业	Social Welfare	4044	3322	3829	3107
文化、体育和娱乐业	**Culture,Art,Sports and Recreation**	**89658**	**82859**	**20845**	**18945**
新闻出版业	Publication	49926	45934	4666	4425
广播、电视、电影和音像业	Radio,Television,Film,Audio Products,Video Products	13612	12865	4577	4252
文化艺术业	Culture and Arts	19012	17896	7626	6917
体育	Sports	6040	5248	3288	2787
娱乐业	Recreation	1068	916	688	564
公共管理和社会组织	**Public Manage and Social Organization**	**262209**	**251995**	**195732**	**188181**
中国共产党机关	Chinese Communist Agencies	10395	9548	4428	4344
国家机关	Government Agencies	234277	225849	185106	178064
人民政协和民主党派	C.P.P.C. and Democratic Party	2108	2096	1124	1115
群众团体、社会团体和宗教组织	Masses, Social Organization and Religionary Body	15429	14502	5074	4658
基层群众自治组织	Masses Autonomous Body				
国际组织	**International Organization**				
国际组织	International Organization				

4-8 在岗职工工资总额
TOTAL WAGES OF FULLY EMPLOYED STAFF AND WORKERS

单位：万元 (10000 yuan)

项目	Item	2004	2003	2004年为2003年% 2004 as % of 2003
总计	**Total**	**13151038**	**10989365**	**119.7**
按登记注册类型分	**Grouped by Registration Status**			
内资经济	Domestic Investment Economy	10907056	9362860	116.5
国有经济	State-owned	6257203	5655244	110.6
集体经济	Collective-owned	340371	350209	97.2
股份合作企业	Share Holding	320520	182631	175.5
联营经济	Joint-owned	57120	55604	102.7
有限责任公司	Limited-Liability Corporations	2781604	1943728	143.1
股份有限公司	Share Holding Corporations Ltd.	1027092	648722	158.3
其他经济	Others	123146	526722	23.4
港、澳、台商投资经济	Hongkong,Macao and Taiwan Funded	537792	424581	126.7
外商投资经济	Foreign Funded	1706190	1201923	142.0
按隶属关系分	**Grouped by Administrative Relationship**			
# 中央	Central	4710080	3644848	129.2
地方	Local	5051130	5334190	94.7
按行业分	**Grouped by Sector**			
农、林、牧、渔业	Farming,Forestry,Animal Husbandry and Fishery	42511	41923	101.4
# 农业	Agriculture	9615	6370	150.9
采矿业	Mining	38728	46864	82.6
制造业	Manufacturing	2185157	1939358	112.7
电力、燃气及水的生产和供应业	Electricity,Gas,Water Production and Supply	257682	142836	180.4
建筑业	Construction	839485	984660	85.3
交通运输、仓储和邮政业	Transportation,Storage and Post	764689	563362	135.7
# 铁路运输业	Railway Transport	138550	103852	133.4
道路运输业	Road Transport	45468	39194	116.0
城市公共交通业	Urban Public Traffic	252090	224045	112.5
邮政业	Post	98688	59366	166.2
信息传输、计算机服务和软件业	Information Transmission,Computer Servecis and Software	972552	805443	120.7
# 计算机服务业	Computer Servecis	339562	256590	132.3
批发和零售业	Wholesale Trade and Retail Trade	1004269	739798	135.7
批发业	Wholesale Trade	617030	418942	147.3
零售业	Retail Trade	387239	320856	120.7
住宿和餐饮业	Stay Place and Catering	370896	290272	120.8
住宿业	Stay Place	249678	192009	130.0
餐饮业	Catering	121217	98263	123.4
金融业	Finance	793793	502577	157.9
房地产业	Real Estate Trade	511546	382079	133.9
租赁和商务服务业	Tenancy and Commercial Servecis	966851	833304	116.0
租赁业	Tenancy	15934	8757	182.0
商务服务业	Commercial Servecis	950917	824547	115.3
科学研究、技术服务和地质勘察业	Scientific Studies,Technical Servecis and Geological Prospecting	986124	1025961	96.1
水利、环境和公共设施管理业	Water，Environment and Municipal Engineering Conservancy	167432	133295	125.6
居民服务和其他服务业	Resident Services and Other Services	150052	126202	118.9
# 居民服务业	Resident Services	38888	34998	111.1
教育	Education	1065581	858145	124.2
卫生、社会保障和社会福利业	Health Care,Social Security and Social Welfare	567854	439920	129.1
# 卫生	Health	546111	423042	129.1
文化、体育和娱乐业	Culture,Art,Sports and Recreation	460319	366619	125.6
# 文化艺术业	Culture and Arts	79469	69585	114.2
体育	Sports	28829	24736	116.5
公共管理和社会组织	Public Manage and Social Organization	1005517	766748	131.1
国际组织	International Organization			

4-9 在岗职工平均工资

AVERAGE WAGE OF FULLY EMPLOYED STAFF AND WORKERS

单位：元 (yuan)

项目	Item	2004	2003	2004年为2003年% 2004 as % of 2003
总计	**Total**	**29674**	**25312**	**117.2**
按登记注册类型分	**Grouped by Registration Status**			
内资经济	Domestic Investment Economy	27911	23864	117.0
国有经济	State-owned	34009	28464	119.5
集体经济	Collective-owned	13422	13580	98.8
股份合作企业	Share Holding	13051	13282	98.3
联营经济	Joint-owned	18479	15642	118.1
有限责任公司	Limited-Liability Corporations	23823	22191	107.4
股份有限公司	Share Holding Corporations Ltd.	32936	24417	134.9
其他经济	Others	21078	14465	145.7
港、澳、台商投资经济	Hongkong,Macao and Taiwan Funded	34338	28517	120.4
外商投资经济	Foreign Funded	46442	44653	104.0
按隶属关系分	**Grouped by Administrative Relationship**			
# 中央	Central	41396	34139	121.3
地方	Local	25947	24194	107.2
按行业分	**Grouped by Sector**			
农、林、牧、渔业	Farming,Forestry,Animal Husbandry and Fishery	14677	14981	98.0
# 农　业	Agriculture	11118	11181	99.4
采矿业	Mining	20392	18858	108.1
制造业	Manufacturing	22338	20059	111.4
电力、燃气及水的生产和供应业	Electricity,Gas,Water Production and Supply	41854	37112	112.8
建筑业	Construction	20606	16730	123.2
交通运输、仓储和邮政业	Transportation,Storage and Post	24628	19977	123.3
# 铁路运输业	Railway Transport	25636	20636	124.2
道路运输业	Road Transport	18966	17431	108.8
城市公共交通业	Urban Public Traffic	16608	14923	111.3
邮政业	Post	39516	31288	126.3
信息传输、计算机服务和软件业	Information Transmission,Computer Servecis and Software	62200	53010	117.3
# 计算机服务业	Computer Servecis	71968	66254	108.6
批发和零售业	Wholesale Trade and Retail Trade	27264	23088	118.1
批发业	Wholesale Trade	39061	31392	124.4
零售业	Retail Trade	18406	17160	107.3
住宿和餐饮业	Stay Place and Catering	17965	16530	108.7
住宿业	Stay Placc	20902	18458	113.2
餐饮业	Catering	13933	13729	101.5
金融业	Finance	80785	61713	130.9
房地产业	Real Estate Trade	27675	26064	106.2
租赁和商务服务业	Tenancy and Commercial Servecis	26516	25742	103.0
租赁业	Tenancy	19044	15925	119.6
商务服务业	Commercial Servecis	26691	25912	103.0
科学研究、技术服务和地质勘察业	Scientific Studies,Technical Servecis and Geological Prospecting	41160	34898	117.9
水利、环境和公共设施管理业	Water，Environment and Municipal Engineering Conservancy	25609	22357	114.5
居民服务和其他服务业	Resident Services and Other Services	16735	17433	96.0
# 居民服务业	Resident Services	13927	15054	92.5
教育	Education	32625	28565	114.2
卫生、社会保障和社会福利业	Health Care,Social Security and Social Welfare	39678	34173	116.1
# 卫生	Health	40487	34725	116.6
文化、体育和娱乐业	Culture,Art,Sports and Recreation	38817	35006	110.9
# 文化艺术业	Culture and Arts	33824	28501	118.7
体育	Sports	35804	31367	114.1
公共管理和社会组织	Public Manage and Social Organization	38038	30279	125.6
国际组织	International Organization			

4-10 国民经济各行业在岗职工工资总额及平均工资(2004年)

行业	Sector	工资总额(万元) Total Wages (10000 yuan)	# 中央 Central	# 地方 Local	国有经济 State-owned
总　计	**Total**	**13151038**	**4710080**	**5051130**	**6257203**
农、林、牧、渔业	**Farming,Forestry,Animal Husbandry and Fishery**	**42511**	**2160**	**27017**	**19773**
# 农、林、牧、渔服务业	FFAF Services	10484	121	9098	7659
采矿业	**Mining**	**38728**	**2619**	**34242**	**6769**
煤炭开采和洗选业	Coal Mining and Dressing	29226	2567	26552	1724
石油和天然气开采业	Petroleum and Natural Gas Extraction	233			
黑色金属矿采选业	Ferrous Metals Mining and Dressing	5736		5711	4669
有色金属矿采选业	Nonferrous Metals Mining and Dressing	27		21	
非金属矿采选业	Nonmetal Minerals Mining and Dressing	3426	52	1890	376
其他采矿业	Other Minerals Mining	79		68	
制造业	**Manufacturing**	**2185157**	**399745**	**980812**	**373218**
农副食品加工业	Farm and Sideline Prodncts Processing	29805	256	17553	3977
食品制造业	Food Making	76751	6235	19114	3186
饮料制造业	Beverage Making	42391	228	31459	15747
烟草制造业	Tobacco Processing	5939	5786	108	5894
纺织业	Textile	46095	472	28993	4966
纺织服装、鞋、帽制造业	Garments,shoes and chapeau	76602	1357	31982	2546
皮革、毛皮、羽毛(绒)及其制品业	Leather,Furs,Feather(Down) and Related Products	6791	1	3177	463
木材加工及竹、藤、棕、草制品业	Timber Processing,Bamboo,Cane, Palm Fiber and Straw Products	7569	850	3027	1579
家具制造业	Furniture Manufacturing	18395	698	6729	821
造纸及纸制品业	Papermaking and Paper Products	17454	8	6757	1585
印刷业和记录媒介的复制	Printing and Record Medium Reproduction	88132	43092	20178	46692
文教体育用品制造业	Stationery,Education and Sports Goods	14185	59	8497	684
石油加工、炼焦及核燃料加工业	Petroleum Processing,Coking and Nuclear Elding	38953	24376	13081	18278
化学原料及化学制品制造业	Raw Chemical Materials and Chemical Products	132812	56539	41310	7258
医药制造业	Medical and Pharmaceutical Products	105142	7855	41099	11466
化学纤维制造业	Chemical Fiber	766	64	131	87
橡胶制品业	Rubber Products	9902	1485	4444	1820
塑料制品业	Plastic Products	28850	2339	9123	2752
非金属矿物制品业	Nonmetal Mineral Products	112100	9021	58618	17099
黑色金属冶炼及压延加工业	Smelting and Processing of Ferrous Metals	196406	32	194236	6085

TOTAL WAGES AND AVERAGE WAGE OF FULLY EMPLOYED STAFF AND WORKERS(2004)

# 中 央 Central	# 地 方 Local	集体经济 Collective-Owned	其他经济 Others	平均工资 (元) Average Wage (yuan)	国有经济 State-owned	集体经济 Collective-Owned	其他经济 Others
3344404	**2824437**	**340371**	**6553464**	**29674**	**34009**	**13422**	**28026**
301	**18237**	**3704**	**19035**	**14677**	**20979**	**9983**	**12025**
53	7304	1494	1332	19266	21808	14104	15292
1741	**5028**	**2984**	**28975**	**20392**	**18606**	**13328**	**22093**
1689	35	1096	26407	23888	19994	12908	25092
			233	35347			35347
	4669	1067		18043	18042	18047	
		21	7	8277		10277	5200
52	324	722	2328	10033	20003	10101	9268
		79		12324		12324	
205235	**155942**	**78431**	**1733508**	**22338**	**23977**	**11388**	**23000**
73	3249	444	25383	14982	14416	7957	15312
65	3086	1861	71704	21838	16019	12395	22651
93	15583	445	26198	18381	18845	8159	18500
5786	108		45	71899	72226		45200
7	4947	3359	37770	12485	13948	9265	12702
311	2156	5534	68522	11448	12300	8941	11682
	463	1395	4932	11952	17164	13354	11295
834	742	571	5419	13980	19094	8928	13728
309	466	834	16740	13612	20469	7781	13903
8	1533	2700	13169	14932	14140	12437	13683
38897	6887	8658	32782	19436	24358	16287	15715
45	610	747	12755	16005	16206	12530	16258
5633	12646	147	20528	33482	34976	12797	32620
1116	5414	3421	122133	25859	17334	11385	27652
3829	6664	1263	92412	32570	28035	13806	33879
64		50	629	14375	29003	9430	13982
138	319	579	7503	14246	19937	13466	13379
1093	1657	2856	23241	13180	15568	11170	13232
3800	9702	7196	87805	16015	17396	8943	16847
10	6075	692	189630	30763	26796	10415	31133

4-10 续表 1 continued

行业	Sector	工资总额(万元) Total Wages (10000 yuan)	# 中央 Central	# 地方 Local	国有经济 State-owned
有色金属冶炼及压延加工业	Smelting and Processing of Nonferrous Metals	10826	1673	3112	2193
金属制品业	Metal Products	61843	3641	24156	3901
通用设备制造业	Universal Equipment	121581	11269	52599	27246
专用设备制造业	Equipment for Special Purpose	137807	34811	49737	36569
交通运输设备制造业	Transportation Equipment	271697	113629	129418	96901
电气机械及器材制造业	Electric Equipment and Machinery	94242	2929	41558	5734
通信设备、计算机及其他电子设备制造业	Telecommunications Equipment,Computer and Others	326497	42427	114898	20275
仪器仪表及文化、办公用机械制造业	Instruments,Meters,Cultural and Office Machinery	72575	13293	20680	12190
工艺品及其他制造业	Art Products and Other Manufacturing	32143	15121	4776	14998
废弃资源和废旧材料回收加工业	Recovery and Processing of Reclaimed Materials	904	197	263	224
电力、燃气及水的生产和供应业	**Electricity,Gas,Water Production and Supply**	**257682**	**173816**	**75091**	**93168**
电力、热力的生产和供应业	Electricity and Hot Power Production and Supply	217707	173802	37226	84131
煤气生产和供应业	Gas Production and Supply	19363		18487	4215
水的生产和供应业	Water Production and Supply	20612	14	19379	4822
建筑业	**Construction**	**839485**	**266588**	**395769**	**265532**
房屋和土木工程建筑业	Building and Civil Engineering	622211	182632	334926	185596
建筑安装业	Construction	142443	75083	34292	72405
建筑装饰业	Fitting and Decoration	51700	5676	16412	5580
其他建筑业	Others	23132	3196	10140	1951
交通运输、仓储和邮政业	**Transportation,Storage and Post**	**764689**	**413161**	**254792**	**336877**
铁路运输业	Railway Transport	138550	138372	106	131450
道路运输业	Road Transport	45468	8182	18624	7320
城市公共交通业	Urban Public Traffic	252090	3950	215600	113485
水上运输业	Waterway Transport				
航空运输业	Air Transport	159721	146107	1152	1431
管道运输业	Pipeline Transport	847			
装卸搬运和其他运输服务业	Load and Unload,Other Transportation Services	46761	21434	7108	8785
仓储业	Storage	22564	5931	12104	14918
邮政业	Post	98688	89186	98	59487
信息传输、计算机服务和软件业	**Information Transmission,Computer Servecis and Software**	**972552**	**273876**	**73560**	**166891**
电信和其他信息传输服务业	Telecommunications and Other Information Transmission	276516	153309	16100	122645
计算机服务业	Computer Servecis	339562	93859	22938	32115
软件业	Software	356474	26709	34521	12131
批发和零售业	**Wholesale Trade and Retail Trade**	**1004269**	**288929**	**272248**	**279151**
批发业	Wholesale Trade	617030	244844	98367	206723
零售业	Retail Trade	387239	44085	173881	72428
住宿和餐饮业	**Stay Place and Catering**	**370896**	**96844**	**129587**	**122524**
住宿业	Stay Place	249678	88778	94363	112994
餐饮业	Catering	121217	8065	35224	9531

4-10 续表 2 continued

				平均工资 (元) Average Wage (yuan)			
# 中 央 Central	# 地 方 Local	集体经济 Collective-Owned	其他经济 Others		国有经济 State-owned	集体经济 Collective-Owned	其他经济 Others
376	1817	482	8151	18040	18874	11256	18478
1321	2344	7413	50529	13553	13439	9952	14323
4713	21411	8682	85653	20348	20656	11570	21930
23990	12146	2597	98641	24970	23334	12484	26349
76943	19020	6751	168045	24963	29958	14222	23422
1432	3967	4012	84496	22074	18192	11635	23410
15946	4323	1939	304284	37584	31211	13599	38541
4736	7404	2128	58257	27458	20675	18189	30084
13503	1141	1407	15737	22440	32598	10566	18755
161	63	266	414	12532	13646	10907	13215
74536	**18611**	**982**	**163532**	**41854**	**51723**	**14773**	**38129**
74536	9595	541	133035	45708	58122	12876	40640
	4215	12	15135	27820	22517	12000	29806
	4801	430	15361	29543	28941	18280	30262
188895	**74174**	**70469**	**503484**	**20606**	**26017**	**14160**	**19701**
124152	60694	48538	388077	20272	24656	13364	19866
61153	10744	14233	55806	25378	31546	19249	21645
2864	1665	5961	40159	16587	20469	12046	17093
727	1070	1737	19443	17583	17578	15738	17769
210582	**125674**	**10825**	**416988**	**24628**	**25125**	**13134**	**24795**
131435	15	226	6874	25636	25492	17400	29251
3472	3719	3880	34268	18966	18547	14124	19831
1928	111473	2412	136194	16608	21565	8942	14118
1431			158289	51045	35426		51250
			847	71780			71780
7163	1520	2588	35388	33542	31119	16751	36966
5680	8932	1719	5927	21761	24234	15307	19181
59473	14		39201	39516	35916		46606
160603	**3842**	**1988**	**803673**	**62200**	**64930**	**20643**	**61968**
120282	1937	879	152992	62207	74715	23438	55310
30362	1022	616	306832	71968	47683	15864	76595
9959	883	493	343849	55075	47518	24673	55485
175260	**91233**	**42729**	**682389**	**27264**	**36514**	**13603**	**26196**
159900	39147	17765	392542	39061	49384	15246	37580
15359	52085	24964	289847	18406	20939	12634	18575
60106	**48118**	**17553**	**230819**	**17965**	**19138**	**11726**	**18109**
58909	41022	10955	125730	20902	19831	13454	23142
1197	7096	6598	105089	13933	13528	9665	14370

4-10 续表 3 continued

行业	Sector	工资总额(万元) Total Wages (10000 yuan)	# 中央 Central	# 地方 Local	国有经济 State-owned
金融业	**Finance**	**793793**	**592117**	**65697**	**348046**
银行业	Banking	540728	439062	22867	325653
证券业	Negotiable Securities	78154	43984	26044	3764
保险业	Insurance	106164	46290	13700	11044
其他金融活动	Other Finance	68746	62781	3086	7587
房地产业	**Real Estate Trade**	**511546**	**61857**	**203479**	**113269**
租赁和商务服务业	**Tenancy and Commercial Servecis**	**966851**	**377076**	**246180**	**408133**
租赁业	Tenancy	15934	1992	5539	3900
商务服务业	Commercial Servecis	950917	375084	240641	404232
科学研究、技术服务和地质勘察业	**Scientific Studies,Technical Servecis and Geological Prospecting**	**986124**	**647381**	**165528**	**666390**
研究与试验发展	Research and Experimental Development	405074	346339	30691	354706
专业技术服务业	Professional Technical Servecis	425145	223913	112068	236122
科技交流和推广服务业	Scientific and Technological Exchange and Popularizing	134009	61238	18934	61808
地质勘察业	Geological Prospecting	21897	15891	3835	13754
水利、环境和公共设施管理业	**Water，Environment and Municipal Engineering Conservancy**	**167432**	**5913**	**148251**	**121035**
水利管理业	Water Conservancy	20745	2175	18181	19286
环境管理业	Environment Conservancy	62853	2446	52271	41921
公共设施管理业	Municipal Engineering Conservancy	83834	1292	77799	59828
居民服务和其他服务业	**Resident Services and Other Services**	**150052**	**32139**	**52819**	**49410**
居民服务业	Resident Services	38888	1378	20581	10698
其他服务业	Other Services	111165	30760	32237	38712
教育	**Education**	**1065581**	**314975**	**711226**	**979604**
卫生、社会保障和社会福利业	**Health Care,Social Security and Social Welfare**	**567854**	**181162**	**366002**	**520195**
卫生	Health	546111	179244	346849	501426
社会保障业	Social Security	8683	1317	7248	7935
社会福利业	Social Welfare	13060	602	11905	10833
文化、体育和娱乐业	**Culture,Art,Sports and Recreation**	**460319**	**320343**	**105151**	**394995**
新闻出版业	Publication	245150	211551	26379	231475
广播、电视、电影和音像业	Radio,Television,Film,Audio Products,Video Products	85560	48611	29882	65783
文化艺术业	Culture and Arts	79469	46265	28245	71085
体育	Sports	28829	12899	12053	23921
娱乐业	Recreation	21310	1017	8592	2731
公共管理和社会组织	**Public Manage and Social Organization**	**1005517**	**259379**	**743679**	**992224**
中国共产党机关	Chinese Communist Agencies	34285	17003	17282	34285
国家机关	Government Agencies	889819	189868	699149	889819
人民政协和民主党派	C.P.P.C. and Democratic Party	8545	3717	4828	8545
群众团体、社会团体和宗教组织	Masses, Social Organization and Religionary Body	72868	48791	22420	59574
基层群众自治组织	Masses Autonomous Body				
国际组织	**International Organization**				
国际组织	International Organization				

4-10 续表 4 continued

				平均工资（元） Average Wage (yuan)			
		集体经济 Collective-Owned	其他经济 Others		国有经济 State-owned	集体经济 Collective-Owned	其他经济 Others
# 中 央 Central	# 地 方 Local						
344340	**2198**	**118**	**445628**	**80785**	**78046**	**69694**	**83065**
325653			215076	81570	78698		86341
3764			74390	100044	78572		101446
7586	2129		95120	80433	49881		86591
7338	69	118	61041	62731	145336	69694	58581
33499	**75164**	**14369**	**383908**	**27675**	**29104**	**15489**	**28095**
267471	**132779**	**27330**	**531388**	**26516**	**21048**	**11737**	**36041**
1089	2659	1843	10190	19044	25493	11702	19366
266382	130121	25487	521198	26691	21012	11740	36659
554737	**107582**	**9432**	**310302**	**41160**	**43773**	**21040**	**37449**
328153	25896	648	49719	41720	42674	21041	36384
165273	68428	5296	183727	41531	46485	19666	37588
51431	9803	3456	68745	37609	41700	23654	35529
9881	3455	32	8110	48778	39274	15372	83959
4163	**114152**	**3377**	**43020**	**25609**	**26759**	**14650**	**24111**
2111	17150	296	1163	29181	30159	17713	21257
1535	38217	370	20563	24512	23473	9652	27787
517	58784	2711	21294	25694	28519	15449	21520
23454	**24027**	**14959**	**85683**	**16735**	**25203**	**11944**	**14892**
1142	9253	4041	24149	13927	22470	11243	12342
22312	14774	10919	61534	18004	26079	12225	16206
310816	**663440**	**11879**	**74097**	**32625**	**34280**	**17824**	**21680**
179711	**332595**	**24889**	**22770**	**39678**	**42571**	**22971**	**22576**
178038	315657	23653	21032	40487	43239	24277	22921
1317	6536	224	524	33370	35775	15338	22020
[illegible]	10101	1010	1314	33107	37003	10707	18070
298517	**91335**	**2329**	**62996**	**38817**	**44438**	**12118**	**22678**
202954	24166	724	12952	46014	46934	19769	36058
36730	28733	151	19627	43471	48295	11984	33069
45466	25474	419	7965	33824	37906	20833	17540
12718	10969	135	4773	35804	39769	10459	25017
649	1992	901	17679	15135	23181	8191	14979
250437	**740307**	**2023**	**11270**	**38038**	**38243**	**14080**	**32630**
17003	17282			32941	32941		
189868	699149			38423	38423		
3717	4828			40595	40595		
39849	19048	2023	11270	35998	38808	14080	32630

4-11 分地区从业人员人数、劳动报酬
NUMBER AND REMUNERATION OF EMPLOYED PERSONS BY REGION

地区	Region	人数(人) Number of Employed Persons (person)		劳动报酬(万元) Remuneration (10000yuan)	
		2004	2003	2004	2003
全市	**Total**	**5028295**	**4912329**	**14584583**	**12202989**
东城区	Dongcheng	407183	398566	1435958	1152924
西城区	Xicheng	551288	564176	2025350	1687999
崇文区	Chongwen	105121	138745	267287	284296
宣武区	Xuanwu	243294	263537	740569	614948
朝阳区	Chaoyang	864456	851602	3130579	2441746
丰台区	Fengtai	429509	446608	976268	883245
石景山区	Shijingshan	154466	164470	419221	387156
海淀区	Haidian	967737	954386	2925330	2767668
门头沟区	Mentougou	62300	64376	124841	115904
房山区	Fangshan	161210	144272	330934	275255
通州区	Tongzhou	177669	122300	290283	193646
顺义区	Shunyi	217711	154533	514267	253653
昌平区	Changping	210091	167877	403047	291871
大兴区	Daxing	194717	202267	478447	431585
平谷区	Pinggu	67972	70325	106970	99763
怀柔区	Huairou	75244	59195	152762	112969
密云县	Miyun	82858	74002	142742	111382
延庆县	Yanqing	42330	40746	88508	74695
外地	**Nonlocal**	**13139**	**30346**	**31220**	**22285**

4-12 分地区在岗职工人数、平均工资
NUMBER AND AVERAGE WAGE OF FULLY EMPLOYED STAFF AND WORKERS BY REGION

地　　区	region	在岗职工人数(人) Staff and Workers(person)		平均工资(元) Average Wage(yuan)	
		2004	2003	2004	2003
全　市	**Total**	**4463777**	**4363391**	**29674**	**25312**
东 城 区	Dongcheng	336364	349199	38215	30469
西 城 区	Xicheng	472416	477399	39836	31997
崇 文 区	Chongwen	92344	125257	27311	21139
宣 武 区	Xuanwu	197219	238049	34877	25042
朝 阳 区	Chaoyang	745271	727536	35738	28633
丰 台 区	Fengtai	377517	382350	23566	21087
石景山区	Shijingshan	141969	152389	28045	23631
海 淀 区	Haidian	865375	837174	31403	29985
门头沟区	Mentougou	56375	60877	21055	18217
房 山 区	Fangshan	154528	135957	19568	18317
通 州 区	Tongzhou	169461	116595	16179	15740
顺 义 区	Shunyi	203669	150195	23084	15275
昌 平 区	Changping	198522	159129	19436	17509
大 兴 区	Daxing	180320	185823	25096	21772
平 谷 区	Pinggu	66577	67983	15118	13879
怀 柔 区	Huairou	70369	58348	21256	17405
密 云 县	Miyun	80887	71442	16962	15377
延 庆 县	Yanqing	41512	40054	19029	16315
外　地	**Nonlocal**	**13082**	**27635**	**23839**	**7130**

主要统计指标解释

从业人员　指从事一定社会劳动并取得劳动报酬或经营收入的人员。包括：(1) 全部在岗职工 (2) 再就业的离退休人员 (3) 私营业主 (4) 个体户主 (5) 私营和个体从业人员 (6) 乡镇企业从业人员 (7) 农村从业人员 (8) 其他从业人员（包括民办教师、宗教职业者等人事档案关系保留在原单位的人员）本市从业从员不含现役军人。这一指标反映了一定时期内全部劳动力资源的实际利用情况，是研究我国基本国情国力的重要指标。

在岗职工　指在国有经济、城镇集体经济、联营经济、股份合作经济、股份有限公司、有限责任公司、外商和港、澳、台商投资经济、其他经济及其附属机构的某一岗位工作，并由其直接支付工资或生活费的各类人员，但不包括离退休再就业人员、港、澳、台和外籍人员。

在岗职工工资总额　指单位在一定时期内直接支付给本单位在岗职工的全部劳动报酬总额。

在岗职工平均工资　指企业、事业、机关单位的在岗职工在一定时期内平均每人所得的货币工资额。它表明一定时期在岗职工工资收入的高低程度，是反映在岗职工工资水平的主要指标。计算公式为：

$$\text{在岗职工平均工资}=\frac{\text{报告期实际支付的全部在岗职工工资总额}}{\text{报告期全部在岗职工平均人数}}$$

劳动报酬总额　指在报告期内直接支付给本单位使用的全部劳动力报酬总额。包括：在岗职工工资总额；聘用、留用的离退休人员劳动报酬；外籍及港澳台方人员劳动报酬以及人事档案关系保留在原单位人员的劳动报酬。

五、固定资产投资及房地产业

INVESTMENT IN FIXED ASSETS AND REAL ESTATE

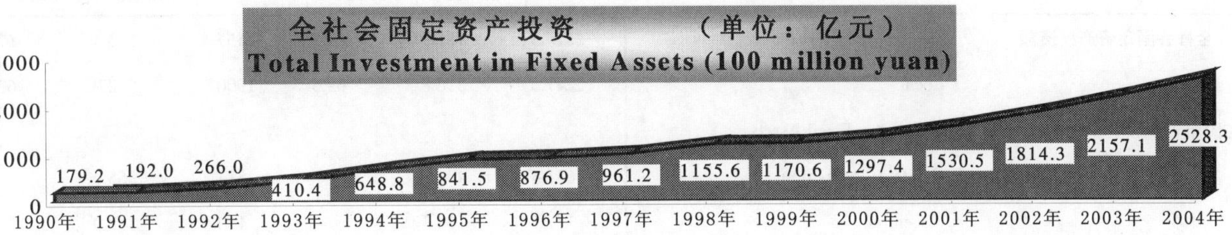
全社会固定资产投资 （单位：亿元）
Total Investment in Fixed Assets (100 million yuan)
3000
2000
1000
0
179.2
192.0
266.0
410.4
648.8
841.5
876.9
961.2
1155.6
1170.6
1297.4
1530.5
1814.3
2157.1
2528.3
1990年
1991年
1992年
1993年
1994年
1995年
1996年
1997年
1998年
1999年
2000年
2001年
2002年
2003年
2004年

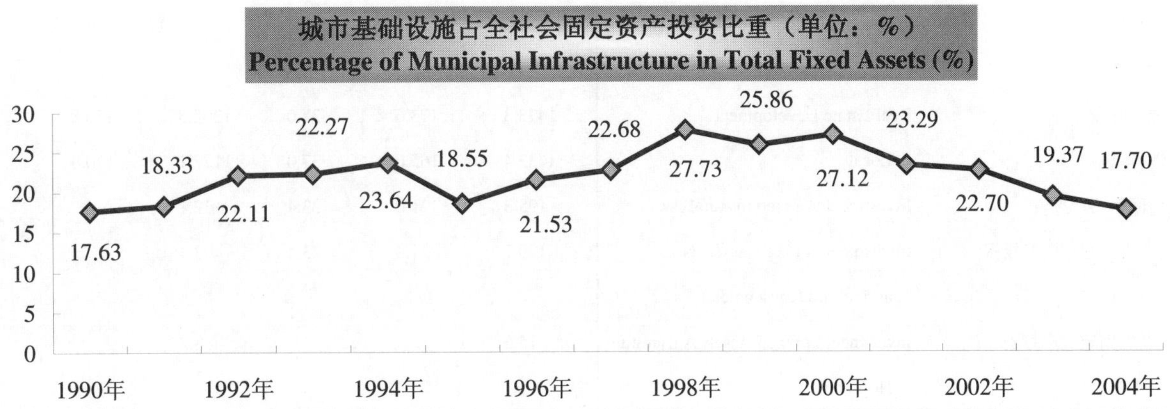
城市基础设施占全社会固定资产投资比重（单位：%）
Percentage of Municipal Infrastructure in Total Fixed Assets (%)
30
25
20
15
10
5
0
17.63
18.33
22.11
22.27
23.64
18.55
21.53
22.68
27.73
25.86
27.12
23.29
22.70
19.37
17.70
1990年
1992年
1994年
1996年
1998年
2000年
2002年
2004年

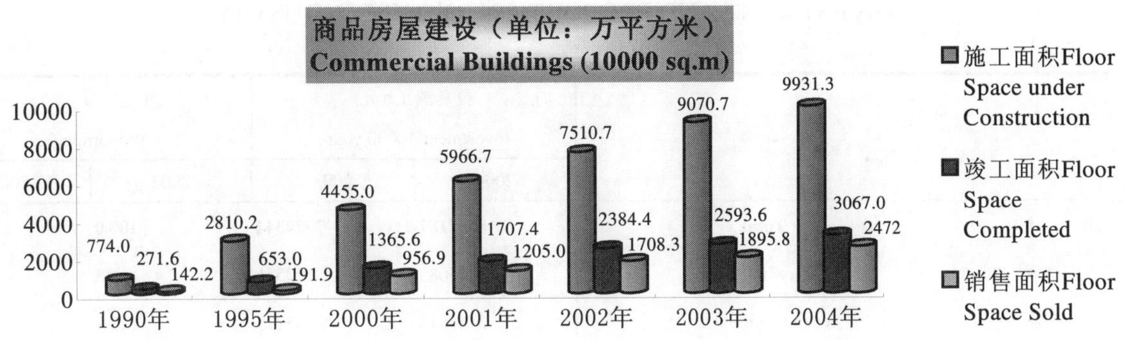
商品房屋建设（单位：万平方米）
Commercial Buildings (10000 sq.m)
10000
8000
6000
4000
2000
0
774.0
271.6
142.2
2810.2
653.0
191.9
4455.0
1365.6
956.9
5966.7
1707.4
1205.0
7510.7
2384.4
1708.3
9070.7
2593.6
1895.8
9931.3
3067.0
2472
1990年
1995年
2000年
2001年
2002年
2003年
2004年
施工面积Floor Space under Construction
竣工面积Floor Space Completed
销售面积Floor Space Sold

5-1 全社会固定资产投资额
TOTAL INVESTMENT IN FIXED ASSETS

单位：亿元 (100 million yuan)

项目	Item	2004 合计 Total	2004 #国有 State-owned	2004 #集体 Collective-owned	2003 合计 Total	2003 #国有 State-owned	2003 #集体 Collective-owned
全社会固定资产投资额	**Total**	**2528.3**	**755.5**	**69.5**	**2157.1**	**745.1**	**62.4**
# 地方	Local	2247.3	516.8	69.5	1900.7	522.9	62.4
在固定资产投资中	Investment in Fixed Assets						
基本建设投资	Capital Construction	631.4	401.8		514.7	365.9	
中央	Central	177.1	168.3		160.5	147.0	
地方	Local	454.3	233.5		354.2	218.9	
更新改造投资	Innovation	175.3	119.2		216.2	128.4	
中央	Central	62.8	61.8		68.4	67.0	
地方	Local	112.5	57.4		147.8	61.4	
国有其他	Others of the Whole People Ownership	39.9	39.9		56.0	56.0	
城镇集体	Urban Collective	9.1		9.1	7.2		7.2
私营个体	Private and Individuals	4.0					
房地产开发	Real Estate Development	1473.3	173.6	37.0	1202.5	178.8	27.4
# 地方	Local	1432.4	165.0	37.0	1177.1	170.6	27.4
农村固定资产投资	Investment in Fixed in Rural Assets	195.3	21.0	23.4	132.1		24.7
非农户固定资产投资	Investment in Fixed Assets Non-agriculture Households	179.7	21.0	23.4	93.4		24.7
农户固定资产投资	Investment in Fixed Assets Agriculture Households	15.6			38.7		

注：根据国家统计局有关规定，从2004年年报起，全社会固定资产投资中，不包括零星购置投资。

Note：National Bureau of statistics of China prescribed, From 2004,Total investment in fixed assets except building and purchase of odd fixed assets.

5-2 产业投资及比重
INVESTMENT AND PROPORTION BY TYPE INDUSTRY

项目	Item	投资额（万元）Investment(10000 yuan) 2004	2003	比重(%) Proportion(%) 2004	2003
总计	**Total**	**8597187**	**7974344**	**100.0**	**100.0**
第一产业	Primary Industry	25083	22571	0.3	0.3
第二产业	Secondary Industry	2764615	1785275	32.1	22.4
第三产业	Tertiary Industry	5807489	6166498	67.6	77.3

注：本表不含房地产开发投资及农村投资额。

Note：Data of this table exclude investment in real estate and investment in fixed in rural assets .

5-3 全市固定资产投资额（按报表种类分）

INVESTMENT IN FIXED ASSETS OF THE CITY（GROUP BY TYPES OF REPORT FORMS）

单位：万元 (10000 yuan)

项目	Item	2004 合计 Total	2004 # 基本建设 Capital Construction	2004 # 更新改造 Technical Updating and Trans-formation	2003 合计 Total	2003 # 基本建设 Capital Construction	2003 # 更新改造 Technical Updating and Trans-formation
投资额	**Total**	**8597187**	**6313815**	**1753528**	**7974344**	**5147017**	**2162741**
按构成分	**Grouped by Use of Funds**						
建筑安装工程	Construction and Installation	4529271	3494597	692803	4170277	3106804	703496
设备工器具购置	Purchases of Equipments and Instruments	2222018	1261422	914865	1716279	527300	1152660
其他	Others	1845898	1557796	145860	2087788	1512913	306585
按用途分	**Grouped by User**						
农林牧渔业用	Farming,Forestry,Animal Husbandry and Fishery	37904	33554	3300	22049	22049	
工业、建筑业用	Industry,Construction	2556498	2018343	448531	1660403	685366	925572
商业、运输邮电业用	Commerce,Transportation, Posts and Telecommunications	2213093	958856	887625	2148885	730630	859744
住宅	Residential Buildings	556576	525662	526	597101	560285	9514
其他	Others	3233116	2777400	413546	3545906	3148687	367911
更新改造投资按用途分	**Grouped by Purpose of Investment in Innovation**						
增产	Increasing Production	182135		182135	229092		229092
节约能源	Energy Saving	21420		21420	12403		12403
其他节约	Other Saving Measures	7575		7575	2710		2710
增加品种	Increasing Varieties	47945		47945	73321		73321
提高产品质量	Improving Quality of Products	30406		30406	22276		22276
三废治理	Environmental Protection	146999		146999	217968		217968
其他	Others	1317048		1317048	1604971		1604971
按建设性质分	**Grouped by Type of Construction**						
新建	New Construction	3529802	3106168	76139	2652504	2096297	41848
改建和扩建	Repconstruction and Expansion	4503827	2931636	1418507	4815894	2842647	1844937
单纯建造生活设施	Living Installation	231462	205544	526	175775	155706	9989
迁建和恢复	Movement and Recovery	147297	66290	80270	203590	40019	152288
单纯购置设备	Purchase of Equipment	184799	4177	178086	126581	12348	113679

注：本表及以下各表包括基本建设、更新改造和其他投资，不含房地产开发投资。

Note: This table and its followings include capital construction, innovation and other investment, exclude real estate development investment.

5-3 续表 continued

单位：万元 (10000 yuan)

项目 Item	2004 合计 Total	2004 # 基本建设 Capital Construction	2004 # 更新改造 Technical Updating and Transformation	2003 合计 Total	2003 # 基本建设 Capital Construction	2003 # 更新改造 Technical Updating and Transformation
按建设项目规模分 Grouped by Size of Construction Projects						
基本建设大中型项目 Large and Medium Projects of Capital Construction	1060553	1060553		557964	557964	
基本建设小型项目 Small Projects of Capital Construction	5249085	5249085		4576705	4576705	
更新改造限额以上项目 Projects of Innovation above the Limits	1324444		1324444	1854428		1854428
更新改造限额以下项目 Projects of Innovation below the Limits	250998		250998	194188		194188
其他 Others	712107	4177	178086	791059	12348	114125
按企业登记注册类型分 Grouped by Registration Status of Enterprises						
内资企业 Domestic Investment Enterprises	6985777	5060471	1395462	7067107	4820412	1582109
国有企业 State-owned	5607364	4017868	1192298	5501273	3658843	1283727
集体企业 Collective-owned	85426			71612		
联营企业 Joint Owned	11085	859	4674	9705	9698	7
股份合作企业 Share Holding	9608	7596	2012	23186	21386	1800
股份有限公司 Share Holding Corporations Ltd.	266697	173292	92103	439652	287847	150854
有限责任公司 Limited-Liability Corporations	905841	802099	103742	920788	775229	145559
其他企业 Others	99756	58757	633	100891	67409	162
港澳台商投资企业 Hongkong,Macao and Taiwan Funded Enterprises	592999	584726	8273	129867	122060	7807
港澳台合资经营 Joint Venture	530529	525523	5006	64818	63752	1066
港澳台合作经营 Cooperative	26817	26817		20285	20285	
港澳台商独资企业 Hongkong,Macao and Taiwan Enterprises	32509	30760	1749	17788	17363	425
港澳台商投资股份有限公司 Hongkong,Macao and Taiwan Share Holding Corporations Ltd.	3144	1626	1518	26976	20660	6316
外商投资企业 Foreign Funded Enterprises	1018411	668618	349793	777370	204545	572825
中外合资经营 Joint Venture	183151	92508	90643	338835	49308	289527
中外合作经营 Cooperative	32556	31253	1303	15500	15500	
外资(独资)企业 Foreign Enterprises	802704	544857	257847	108584	94304	14280
外商投资股份有限公司 Foreign Share Holding Corporation Ltd.				314451	45433	269018

5-4 地方固定资产投资额
LOCAL INVESTMENT IN FIXED ASSETS

单位：万元 (10000 yuan)

项目	Item	2004 合计 Total	2004 # 基本建设 Capital Construction	2004 # 更新改造 Technical Updating and Transformation	2003 合计 Total	2003 # 基本建设 Capital Construction	2003 # 更新改造 Technical Updating and Transformation
投资额	**Total**	**6195812**	**4543343**	**1125379**	**5684956**	**3542248**	**1478122**
按构成分	**Grouped by Use of Funds**						
建筑安装工程	Construction and Installation	3102671	2320591	440273	2924794	2125881	438936
设备工器具购置	Purchases of Equipments and Instruments	1746179	1119425	583705	1212586	380714	795553
其他	Others	1346962	1103327	101401	1547576	1035653	243633
按用途分	**Grouped by User**						
农林牧渔业用	Farming,Forestry,Animal Husbandry and Fishery	37604	33554	3000	22049	22049	
工业、建筑业用	Industry,Construction	2359834	1932759	340205	1495127	616749	828913
商业、运输邮电业用	Commerce,Transportation, Posts and Telecommunications	1207481	432727	408142	1331547	400176	372860
住宅	Residential Buildings	230176	199437	351	293848	257032	9514
其他	Others	2360717	1944866	373681	2542385	2246242	266835
更新改造投资按用途分	**Grouped by Purpose of Investment in Innovation**						
增产	Increasing Production	160355		160355	191928		191928
节约能源	Energy Saving	16996		16996	8494		8494
其他节约	Other Saving Measures	2001		2001	2480		2480
增加品种	Increasing Varieties	40132		40132	68789		68789
提高产品质量	Improving Quality of Products	8466		8466	12932		12932
三废治理	Environmental Protection	141329		141329	142360		142360
其他	Others	756100		756100	1051139		1051139
按建设性质分	**Grouped by Type of Construction**						
新建	New Construction	3250911	2831952	71464	2311972	1755915	41698
改建和扩建	Repconstruction and Expansion	2534814	1570298	813586	2996003	1687987	1179706
单纯建造生活设施	Living Installation	120743	95000	351	89363	69294	9989
迁建和恢复	Movement and Recovery	122392	42935	78720	178625	16704	150638
单纯购置设备	Purchase of Equipment	166952	3158	161258	108993	12348	96091

5-4 续表 continued

单位：万元 (10000 yuan)

项目	Item	2004 合计 Total	2004 # 基本建设 Capital Construction	2004 # 更新改造 Technical Updating and Trans-formation	2003 合计 Total	2003 # 基本建设 Capital Construction	2003 # 更新改造 Technical Updating and Trans-formation
按建设项目规模分	**Grouped by Size of Construction Projects**						
基本建设大中型项目	Large and Medium Projects of Capital Construction	557796	557796		501382	501382	
基本建设小型项目	Small Projects of Capital Construction	3982389	3982389		3028518	3028518	
更新改造限额以上项目	Projects of Innovation above the Limits	794183		794183	1252056		1252056
更新改造限额以下项目	Projects of Innovation below the Limits	169938		169938	129529		129529
其他	Others	691506	3158	161258	773471	12348	96537
按企业登记注册类型分	**Grouped by Registration Status of Enterprises**						
内资企业	Domestic Investment Enterprises	4645081	3347387	770604	4807072	3242779	899707
国有企业	State-owned	3305671	2334529	573944	3361740	2189151	613886
集体企业	Collective-owned	82672			71612		
联营企业	Joint Owned	11085	859	4674	9705	9698	7
股份合作企业	Share Holding	9608	7596	2012	23186	21386	1800
股份有限公司	Share Holding Corporations Ltd.	244487	154108	89077	331217	184665	145601
有限责任公司	Limited-Liability Corporations	891802	791538	100264	910166	771915	138251
其他企业	Others	99756	58757	633	99446	65964	162
港澳台商投资企业	Hongkong,Macao and Taiwan Funded Enterprises	567539	559266	8273	102731	94924	7807
港澳台合资经营	Joint Venture	530529	525523	5006	57965	56899	1066
港澳台合作经营	Cooperative	1357	1357		2	2	
港澳台商独资企业	Hongkong,Macao and Taiwan Enterprises	32509	30760	1749	17788	17363	425
港澳台商投资股份有限公司	Hongkong,Macao and Taiwan Share Holding Corporations Ltd.	3144	1626	1518	26976	20660	6316
外商投资企业	Foreign Funded Enterprises	983192	636690	346502	775153	204545	570608
中外合资经营	Joint Venture	178163	90811	87352	336618	49308	287310
中外合作经营	Cooperative	2325	1022	1303	15500	15500	
外资(独资)企业	Foreign Enterprises	802704	544857	257847	108584	94304	14280
外商投资股份有限公司	Foreign Share Holding Corporation Ltd.				314451	45433	269018

5-5 固定资产投资财务拨贷款额
FINANCIAL ALLOCATIONS AND LOANS FOR INVESTMENT IN FIXED ASSETS

单位：万元 (10000 yuan)

项目	Item	2004 合计 Total	2004 # 基本建设 Capital Construction	2004 # 更新改造 Technical Updating and Trans-formation	2003 合计 Total	2003 # 基本建设 Capital Construction	2003 # 更新改造 Technical Updating and Trans-formation
上年结余资金	**Balance of Last Year**	**1837478**	**1709321**	**113778**	**2048959**	**1719735**	**315986**
本年拨款贷款	**Allocations and Loans in this Year**	**9612522**	**7288557**	**1823050**	**8026073**	**5521187**	**2000611**
国家预算内资金	State Appropriations	1106185	1093920	12265	784074	755025	29049
国内贷款	Domestic Loans	2201588	1881826	65769	1683694	1269389	71478
债券	Bonds						
利用外资	Foreign Investment	680140	647469	13804	194025	160218	27136
自筹资金	Fundraising	5303895	3354302	1729394	5119465	3111201	1867519
# 股票	Stocks	1691	1400	291	55393	34541	20852
其他资金	Others	320714	311040	1818	244815	225354	5429

5-6 地方固定资产投资财务拨贷款额
FINANCIAL ALLOCATIONS AND LOANS FOR LOCAL INVESTMENT IN FIXED ASSETS

单位：万元 (10000 yuan)

项目	Item	2004 合计 Total	2004 # 基本建设 Capital Construction	2004 # 更新改造 Technical Updating and Trans-formation	2003 合计 Total	2003 # 基本建设 Capital Construction	2003 # 更新改造 Technical Updating and Trans-formation
上年结余资金	**Balance of Last Year**	**1254032**	**1135145**	**104508**	**1386495**	**1068112**	**305145**
本年拨款贷款	**Allocations and Loans in this Year**	**6610960**	**4955150**	**1157106**	**5435321**	**3622188**	**1308858**
国家预算内资金	State Appropriations	351560	345123	6437	335859	315999	19860
国内贷款	Domestic Loans	1649408	1332430	62985	1423179	1021055	59297
债券	Bonds						
利用外资	Foreign Investment	680140	647469	13804	187832	154025	27136
自筹资金	Fundraising	3748645	2458595	1072062	3291103	1951572	1198786
# 股票	Stocks	1691	1400	291	24352	3500	20852
其他资金	Others	181207	171533	1818	197348	179537	3779

5-7 城市基础设施投资额(2004年)
MUNICIPAL INFRASTRUCTURE INVESTMENT(2004)

项目	Item	投资额（万元） Investment(10000 yuan) 全市 Total	# 地方 Local	比重(%) Proportion(%) 全市 Total	# 地方 Local
全市总计	**Total**	**4474157**	**3473362**	**100.0**	**100.0**
能源	**Energy**	**721244**	**721044**	**16.1**	**20.8**
电力	Electricity	391771	391571	8.8	11.3
供热	Heat	147923	147923	3.3	4.3
供气	Gas	65467	65467	1.5	1.9
供水	Water	116083	116083	2.5	3.3
公共服务业	**Public Services**	**1343665**	**1336292**	**30.0**	**38.5**
园林绿化	Parks and Green Areas	50404	50404	1.1	1.5
环境卫生	Environmental Sanitation	154950	148552	3.5	4.3
市政工程管理	Municipal Construction	973149	972174	21.8	28.0
其他公共服务业	Others	165162	165162	3.6	4.7
交通运输	**Transportation**	**1488171**	**902037**	**33.3**	**26.0**
铁路	Railway	72481		1.6	
公路	Highway	381542	381542	8.5	11.0
城市公共交通业	Public Traffic	511175	511175	11.4	14.7
# 公交电汽车客运	Buses and Trolleys	110332	110332	2.5	3.2
出租汽车	Taxies	20974	20974	0.5	0.6
航空	Aviation	522973	9320	11.8	0.3
邮政电信	**Posts and Telecommunications**	**682706**	**282989**	**15.3**	**8.1**
邮政	Posts	9780		0.2	
电信	Telecommunications	672926	282989	15.1	8.1
其他	**Others**	**238371**	**231000**	**5.3**	**6.6**
# 水利	Water Conservancy	51847	50995	1.2	1.5

5-8 能源及交通投资额
INVESTMENT IN ENERGY AND TRANSPORTATION

单位：万元 (10000 yuan)

项目	Item	全市 Total 2004	全市 Total 2003	# 地方 Local 2004	# 地方 Local 2003
全市固定资产投资总额	**Investment in Fixed Assets of the City**	**8597187**	**7974344**	**6195812**	**5681115**
# 能源、交通投资额	Investment in Energy and Transportation	2334062	2019068	1292971	1206345
占全市投资额比重 (%)	Proportion (%)	27.1	25.3	20.9	21.2
能源投资额	Investment in Energy	657791	350754	615457	334459
占全市投资额比重 (%)	Proportion (%)	7.7	4.4	9.9	5.9
运输、邮电投资额	Investment in Transportation,Posts and Telecommunications	1676271	1668314	677514	871886
占全市投资额比重 (%)	Proportion (%)	19.5	20.9	10.9	15.3
在能源投资中	**Of the Investment in Energy**				
煤(国家统配煤矿)	Coal(State Collieries)	3238	1292	3238	1292
电(公用电厂及小水电)	Electricity(Public Power Plants and Hydropower Stations)	401541	108495	392471	107777
油品(炼油厂原油加工)	Oil Products(Crude Oil Processing of Refinery)	39484	13770	6220	
燃料气(液化石油气、焦炉煤气)	Fuel Gas(Liquefied Petroleum Gas,Gas)	65605	114113	65605	112688
热气(燃气集团)	Heat(Gas turbing group)	147923	113084	147923	112702
在运输投资中	**Of Investment in Transportation**				
铁路	Railway	74663	99211		
公路	Highway	296078	461302	296078	461302
航空	Aviation	16044	156676	9320	
邮政、电信	Posts and Telecommunications	682706	819954	282989	314731
交通运输辅助业	Transportation Subsidiary Services	606780	131171	89127	95853

5-9 施工及投入生产(或交付使用)的项目数
NUMBER OF PROJECTS UNDER CONSTRUCTION AND PUT INTO USE (OR PUT INTO OPERATION)

单位：个 (unit)

项目	Item	全市 Total 2004	全市 Total 2003	#地方 Local 2004	#地方 Local 2003
全市施工项目	**Total Projects under Construction**	**1609**	**1672**	**1169**	**1188**
# 本年新开工	Started this Year	784	938	578	678
全部竣工投产项目	Total Projects Completed and Put into Use	713	749	509	506
建设项目投产率 (%)	Rate of Projects Completed and Put into Use (%)	44.3	44.8	43.5	42.6
基本建设施工项目	**Capital Construction Projects under Construction**	**1038**	**1044**	**783**	**786**
# 本年新开工	Started this Year	402	488	339	414
全部竣工投产项目	Total Projects Completed and Put into Use	367	360	300	301
建设项目投产率 (%)	Rate of Projects Completed and Put into Use (%)	35.4	34.5	38.3	38.3
更新改造措施施工项目	**Innovation Projects under Construction**	**508**	**566**	**328**	**340**
# 本年新开工	Started this Year	347	406	209	220
全部竣工投产项目	Total Projects Completed and Put into Use	318	361	186	177
建设项目投产率 (%)	Rate of Projects Completed and Put into Use (%)	62.6	63.8	56.7	52.1
其他投资施工项目	**Other Projects under Construction**	**63**	**62**	**58**	**62**
# 本年新开工	Started this Year	35	44	30	44
全部竣工投产项目	Total Projects Completed and Put into Use	28	28	23	28
建设项目投产率 (%)	Rate of Projects Completed and Put into Use (%)	44.4	45.2	39.7	45.2

5-10 全市固定资产投资额及新增固定资产(按行业分)(2004年)
INVESTMENT IN FIXED ASSETS AND ITS INCREMENTAL FIXED ASSETS (BY SECTOR)(2004)

单位：万元 (10000 yuan)

行业	Sector	投资额 Investment 合计 Total	中央 Central	地方 Local	新增固定资产 Incremental Fixed Assets 合计 Total	中央 Central	地方 Local
总计	**Total**	**8597187**	**2401375**	**6195812**	**4628951**	**1890113**	**2738838**
农、林、牧、渔业	**Farming,Forestry,Animal Husbandry and Fishery**	**25083**		**25083**	**15369**		**15369**
农业	Agriculture	1844		1844	464		464
林业	Forestry	11261		11261	9284		9284
畜牧业	Animal Husbandry	3277		3277			
渔业	Fishery	1771		1771	670		670
农、林、牧、渔服务业	FFAF Services	6930		6930	4951		4951
采矿业	**Mining**	**40344**	**639**	**39705**	**24962**		**24962**
煤炭开采和洗选业	Coal Mining and Dressing	3238		3238	2508		2508
石油和天然气开采业	Petroleum and Natural Gas Extraction	639	639				
黑色金属矿采选业	Ferrous Metals Mining and Dressing	36467		36467	22454		22454
制造业	**Manufacturing**	**1895976**	**173037**	**1722939**	**763730**	**130533**	**633197**
农副食品加工业	Farm and Sideline Prodncts Processing	16201		16201	23210		23210
食品制造业	Food Making	40957		40957	33137		33137
饮料制造业	Beverage Making	29412		29412	61199		61199
烟草制造业	Tobacco Processing	7537	7537				
纺织业	Textile	8125		8125	3691		3691
纺织服装、鞋、帽制造业	Garments,shoes and chapeau	3235		3235	1456		1456
木材加工及木、竹藤、棕、草制品	Timber Processing,Bamboo,Cane,Palm Fiber and Straw Products	9270		9270	495		495
造纸及纸制品业	Papermaking and Paper Products	32549		32549	4895		4895
印刷业和记录媒介的复制	Printing and Record Medium Reproduction	81285	42585	38700	68718	27531	41187
石油加工、炼焦及核燃料加工业	Petroleum Processing,Coking and Nuclear Elding	41363	35143	6220	36988	36988	
化学原料及化学制品制造业	Raw Chemical Materials and Chemical Products	70623	22776	47847	68452	13413	55039
医药制造业	Medical and Pharmaceutical Products	65944	3428	62516	29801	2515	27286
橡胶制品业	Rubber Products	958		958	958		958
塑料制品业	Plastic Products	4866	162	4704	4993	162	4831
非金属矿物制品业	Nonmetal Mineral Products	26859	5222	21637	14180	6584	7596
黑色金属冶炼及压延加工业	Smelting and Processing of Ferrous Metals	41298		41298	38050		38050
有色金属冶炼及压延加工业	Smelting and Processing of Nonferrous Metals	16982	10441	6541	7812	1440	6372
金属制品业	Metal Products	20232		20232	9626		9626
通用设备制造业	Universal Equipment	40517		40517	37540		37540

5-10 续表 1 continued

单位：万元 (10000 yuan)

行业	Sector	投资额 Investment 合计 Total	中央 Central	地方 Local	新增固定资产 Incremental Fixed Assets 合计 Total	中央 Central	地方 Local
专用设备制造业	Equipment for Special Purpose	39994	13564	26430	64114	9940	54174
交通运输设备制造业	Transportation Equipment	232232	25116	207116	95943	28819	67124
电气机械及器材制造业	Electric Equipment and Machinery	43833		43833	23467		23467
通信设备、计算机及其他电子设备制造业	Telecommunications Equipment, Computer and Others	944472	3599	940873	72660	1904	70756
仪器仪表及文化、办公用机械制造业	Instruments,Meters,Cultural and Office Machinery	54492	3464	51028	59567	1237	58330
工艺品及其他制造业	Art Products and Other Manufacturing	22740		22740	2778		2778
电力、燃气及水的生产和供应业	**Electricity,Gas,Water Production and Supply**	**733069**	**9070**	**723999**	**381008**	**1360**	**379648**
电力、热力的生产和供应业	Electricity and Hot Power Production and Supply	549464	9070	540394	307098	1360	305738
煤气生产和供应业	Gas Production and Supply	65605		65605	14875		14875
水的生产和供应业	Water Production and Supply	118000		118000	59035		59035
建筑业	**Construction**	**95226**	**7537**	**87689**	**89996**	**18328**	**71668**
房屋和土木工程建筑业	Building and Civil Engineering	84133	4121	80012	81487	11907	69580
建筑安装业	Construction	11093	3416	7677	8509	6421	2088
交通运输、仓储和邮政业	**Transportation,Storage and Post**	**1540617**	**608820**	**931797**	**348833**	**95249**	**253584**
铁路运输业	Railway Transport	74663	74663		36165	36165	
道路运输业	Road Transport	382378		382378	78006		78006
城市公共交通业	Urban Public Traffic	511694		511694	159269		159269
航空运输业	Air Transport	533697	524377	9320	58668	58668	
装卸搬运和其他运输服务业	Loag and Unload,Other Tlanstorpation Services	2827		2827			
仓储业	Storage	25578		25578	16309		16309
邮政业	Post	9780	9780		416	416	
信息传输、计算机服务和软件业	**Information Transmission,Computer Services and Software**	**727404**	**407083**	**320321**	**505699**	**480326**	**25373**
电信和其他信息传输服务业	Telecommunications and Other Information Transmission	672926	389937	282989	450714	450714	
计算机服务业	Computer Servecis	2022		2022	6237		6237
软件业	Software	52456	17146	35310	48748	29612	19136
批发和零售业	**Wholesale Trade and Retail Trade**	**167552**	**39365**	**128187**	**119795**	**667**	**119128**
批发业	Wholesale Trade	97679	39365	58314	62921	667	62254
零售业	Retail Trade	69873		69873	56874		56874
住宿和餐饮业	**Stay Place and Catering**	**34241**	**10165**	**24076**	**7677**		**7677**
住宿业	Stay Place	29020	10165	18855	3942		3942
餐饮业	Catering	5221		5221	3735		3735
金融业	**Finance**	**36252**	**30700**	**5552**	**339585**	**339585**	
银行业	Banking	30700	30700		339585	339585	
其他金融活动	Other Finance	5552		5552			

5-10 续表 2 continued

单位：万元 (10000 yuan)

行业	Sector	投资额 Investment			新增固定资产 Incremental Fixed Assets		
		合计 Total	中央 Central	地方 Local	合计 Total	中央 Central	地方 Local
房地产业	**Real Estate Trade**	**43499**	**181**	**43318**	**35341**	**786**	**34555**
租赁和商务服务业	**Tenancy and Commercial Servecis**	**167734**	**12303**	**155431**	**73835**	**762**	**73073**
商务服务业	Commercial Servecis	167734	12303	155431	73835	762	73073
科学研究、技术服务和地质勘察业	**Scientific Studies,Technical Servecis and Geological Prospecting**	**343265**	**272140**	**71125**	**339284**	**313667**	**25617**
研究与试验发展	Research and Experimental Development	237775	219914	17861	238091	238091	
专业技术服务业	Professional Technical Servecis	64868	27431	37437	74501	59347	15154
科技交流和推广服务业	Scientific and Technological Exchange and Popularizing	30982	15722	15260	23477	14389	9088
地质勘察业	Geological Prospecting	9640	9073	567	3215	1840	1375
水利、环境和公共设施管理业	**Water，Environment and Municipal Engineering Conservancy**	**1175513**	**7610**	**1167903**	**592794**	**10598**	**582196**
水利管理业	Water Conservancy	52437	852	51585	11707	852	10855
环境管理业	Environment Conservancy	156862	6758	150104	116753	9746	107007
公共设施管理业	Municipal Engineering Conservancy	966214		966214	464334		464334
居民服务和其他服务业	**Resident Services and Other Services**	**11208**	**592**	**10616**	**2848**	**720**	**2128**
居民服务业	Resident Services	2583		2583	1528		1528
其他服务业	Other Services	8625	592	8033	1320	720	600
教育	**Education**	**565847**	**373778**	**192069**	**413140**	**278182**	**134958**
卫生、社会保障和社会福利业	**Health Care,Social Security and Social Welfare**	**108440**	**45203**	**63237**	**124116**	**1600**	**122516**
卫生	Health	104949	45203	59746	123546	1600	121946
社会福利业	Social Welfare	3491		3491	570		570
文化、体育和娱乐业	**Culture,Art,Sports and Recreation**	**314613**	**192905**	**121708**	**56797**	**49147**	**7650**
新闻出版业	Publication	16342	16342		78	78	
广播、电视、电影和音像业	Radio,Television,Film,Audio Products, Video Products	87483	19335	68148	14298	11158	3140
文化艺术业	Culture and Arts	122213	91706	30507	14136	9626	4510
体　育	Sports	87107	65522	21585	28285	28285	
娱乐业	Recreation	1468		1468			
公共管理和社会组织	**Public Manage and Social Organization**	**571304**	**210247**	**361057**	**394142**	**168603**	**225539**
中国共产党机关	Chinese Communist Agencies	64649	63660	989	37287	30115	7172
国家机关	Government Agencies	479959	139113	340846	346806	133826	212980
群众团体、社会团体和宗教组织	Masses, Social Organization and Religionary Body	24851	7474	17377	6114	4662	1452
基层群众自治组织	Masses Autonomous Body	1845		1845	3935		3935

5-11 全市基本建设投资额及新增固定资产(按行业分)(2004年)

INVESTMENT IN CAPITAL CONSTRUCTION AND ITS INCREMENTAL FIXED ASSETS (BY SECTOR)(2004)

单位：万元 (10000 yuan)

行业	Sector	投资额 Investment 合计 Total	中央 Central	地方 Local	新增固定资产 Incremental Fixed Assets 合计 Total	中央 Central	地方 Local
总计	**Total**	**6313815**	**1770472**	**4543343**	**3329466**	**1248065**	**2081401**
农、林、牧、渔业	**Farming,Forestry,Animal Husbandry and Fishery**	**20829**		**20829**	**12369**		**12369**
农业	Agriculture	764		764	464		464
林业	Forestry	11261		11261	9284		9284
畜牧业	Animal Husbandry	3103		3103			
渔业	Fishery	1771		1771	670		670
农、林、牧、渔服务业	FFAF Services	3930		3930	1951		1951
采矿业	**Mining**	**639**	**639**				
石油和天然气开采业	Petroleum and Natural Gas Extraction	639	639				
制造业	**Manufacturing**	**1415158**	**65818**	**1349340**	**502950**	**52230**	**450720**
农副食品加工业	Farm and Sideline Prodncts Processing	4023		4023	1032		1032
食品制造业	Food Making	23719		23719	33137		33137
饮料制造业	Beverage Making	10314		10314	35301		35301
烟草制造业	Tobacco Processing	7537	7537				
纺织业	Textile	7921		7921	3691		3691
纺织服装、鞋、帽制造业	Garments,shoes and chapeau	3035		3035	1456		1456
木材加工及木、竹藤、棕、草制品	Timber Processing,Bamboo,Cane,Palm Fiber and Straw Products	8850		8850	75		75
造纸及纸制品业	Papermaking and Paper Products	27630		27630	4895		4895
印刷业和记录媒介的复制	Printing and Record Medium Reproduction	37430	20709	16721	23830	5475	18355
石油加工、炼焦及核燃料加工业	Petroleum Processing,Coking and Nuclear Elding	6220		6220			
化学原料及化学制品制造业	Raw Chemical Materials and Chemical Products	30330	480	29850	52299	2267	50032
医药制造业	Medical and Pharmaceutical Products	41970	137	41833	25043	2515	22528
塑料制品业	Plastic Products	4178		4178	4305		4305
非金属矿物制品业	Nonmetal Mineral Products	10079	3000	7079	11162	6000	5162
黑色金属冶炼及压延加工业	Smelting and Processing of Ferrous Metals	24238		24238	14403		14403
有色金属冶炼及压延加工业	Smelting and Processing of Nonferrous Metals	16982	10441	6541	7812	1440	6372
金属制品业	Metal Products	11549		11549	2888		2888
通用设备制造业	Universal Equipment	15960		15960	33687		33687

5-11 续表 1 continued

单位：万元 (10000 yuan)

行业	Sector	投资额 Investment 合计 Total	中央 Central	地方 Local	新增固定资产 Incremental Fixed Assets 合计 Total	中央 Central	地方 Local
专用设备制造业	Equipment for Special Purpose	17343	3041	14302	63626	9504	54122
交通运输设备制造业	Transportation Equipment	117599	16867	100732	65898	23633	42265
电气机械及器材制造业	Electric Equipment and Machinery	31095		31095	23467		23467
通信设备、计算机及其他电子设备制造业	Telecommunications Equipment,Computer and Others	924785	1379	923406	45424	1396	44028
仪器仪表及文化、办公用机械制造业	Instruments,Meters,Cultural and Office Machinery	32061	2227	29834	49209		49209
工艺品及其他制造业	Art Products and Other Manufacturing	310		310	310		310
电力、燃气及水的生产和供应业	**Electricity,Gas,Water Production and Supply**	**626061**	**7401**	**618660**	**335727**		**335727**
电力、热力的生产和供应业	Electricity and Hot Power Production and Supply	521686	7401	514285	280599		280599
煤气生产和供应业	Gas Production and Supply	55476		55476	10434		10434
水的生产和供应业	Water Production and Supply	48899		48899	44694		44694
建筑业	**Construction**	**79041**	**5230**	**73811**	**79559**	**16837**	**62722**
房屋和土木工程建筑业	Building and Civil Engineering	70676	1814	68862	71050	10416	60634
建筑安装业	Construction	8365	3416	4949	8509	6421	2088
交通运输、仓储和邮政业	**Transportation,Storage and Post**	**894936**	**467318**	**427618**	**45946**	**121**	**45825**
铁路运输业	Railway Transport	7591	7591				
道路运输业	Road Transport	16299		16299	3654		3654
城市公共交通业	Urban Public Traffic	376561		376561	28829		28829
航空运输业	Air Transport	459562	450242	9320			
装卸搬运和其他运输服务业	Load and Unload,Other Transportation Services	2827		2827			
仓储业	Storage	22611		22611	13342		13342
邮政业	Post	9485	9485		121	121	
信息传输、计算机服务和软件业	**Information Transmission,Computer Servecis and Software**	**112717**	**45419**	**67298**	**59423**	**34190**	**25233**
电信和其他信息传输服务业	Telecommunications and Other Information Transmission	58379	28273	30106	4578	4578	
计算机服务业	Computer Servecis	1882		1882	6097		6097
软件业	Software	52456	17146	35310	48748	29612	19136
批发和零售业	**Wholesale Trade and Retail Trade**	**145600**	**39365**	**106235**	**106138**	**667**	**105471**
批发业	Wholesale Trade	85361	39365	45996	58902	667	58235
零售业	Retail Trade	60239		60239	47236		47236
住宿和餐饮业	**Stay Place and Catering**	**27470**	**10165**	**17305**	**4650**		**4650**
住宿业	Stay Place	23583	10165	13418	3000		3000
餐饮业	Catering	3887		3887	1650		1650
金融业	**Finance**	**30700**	**30700**		**339585**	**339585**	
银行业	Banking	30700	30700		339585	339585	

5-11 续表 2 continued

单位：万元 (10000 yuan)

行业	Sector	投资额 Investment			新增固定资产 Incremental Fixed Assets		
		合计 Total	中央 Central	地方 Local	合计 Total	中央 Central	地方 Local
房地产业	**Real Estate Trade**	**37954**	**61**	**37893**	**33876**	**666**	**33210**
租赁和商务服务业	**Tenancy and Commercial Servecis**	**142995**	**12021**	**130974**	**57106**	**480**	**56626**
商务服务业	Commercial Servecis	142995	12021	130974	57106	480	56626
科学研究、技术服务和地质勘察业	**Scientific Studies,Technical Servecis and Geological Prospecting**	**338840**	**268923**	**69917**	**330336**	**306087**	**24249**
研究与试验发展	Research and Experimental Development	235515	217654	17861	231468	231468	
专业技术服务业	Professional Technical Servecis	63711	26474	37237	73344	58390	14954
科技交流和推广服务业	Scientific and Technological Exchange and Popularizing	29974	15722	14252	22309	14389	7920
地质勘察业	Geological Prospecting	9640	9073	567	3215	1840	1375
水利、环境和公共设施管理业	**Water，Environment and Municipal Engineering Conservancy**	**913042**		**913042**	**458478**		**458478**
水利管理业	Water Conservancy	51137		51137	10855		10855
环境管理业	Environment Conservancy	34337		34337	40240		40240
公共设施管理业	Municipal Engineering Conservancy	827568		827568	407383		407383
居民服务和其他服务业	**Resident Services and Other Services**	**11208**	**592**	**10616**	**2848**	**720**	**2128**
居民服务业	Resident Services	2583		2583	1528		1528
其他服务业	Other Services	8625	592	8033	1320	720	600
教育	**Education**	**549539**	**369691**	**179848**	**413140**	**278182**	**134958**
卫生、社会保障和社会福利业	**Health Care,Social Security and Social Welfare**	**107665**	**45203**	**62462**	**123050**	**1600**	**121450**
卫生	Health	104417	45203	59214	123050	1600	121450
社会福利业	Social Welfare	3248		3248			
文化、体育和娱乐业	**Culture,Art,Sports and Recreation**	**314335**	**192827**	**121508**	**56399**	**49069**	**7330**
新闻出版业	Publication	16264	16264				
广播、电视、电影和音像业	Radio,Television,Film,Audio Products, Video Products	87483	19335	68148	14298	11158	3140
文化艺术业	Culture and Arts	122013	91706	30307	13816	9626	4190
体育	Sports	87107	65522	21585	28285	28285	
娱乐业	Recreation	1468		1468			
公共管理和社会组织	**Public Manage and Social Organization**	**545086**	**209099**	**335987**	**367886**	**167631**	**200255**
中国共产党机关	Chinese Communist Agencies	64649	63660	989	37287	30115	7172
国家机关	Government Agencies	454816	138065	316751	321625	132954	188671
群众团体、社会团体和宗教组织	Masses, Social Organization and Religionary Body	24388	7374	17014	5651	4562	1089
基层群众自治组织	Masses Autonomous Body	1233		1233	3323		3323

5-12 全市更新改造投资额及新增固定资产(按行业分)(2004年)
INVESTMENT IN INNOVATION AND ITS INCREMENTAL FIXED ASSETS (BY SECTOR)(2004)

单位：万元 (10000 yuan)

行业	Sector	投资额 Investment 合计 Total	中央 Central	地方 Local	新增固定资产 Incremental Fixed Assets 合计 Total	中央 Central	地方 Local
总计	**Total**	**1753528**	**628149**	**1125379**	**1143400**	**639294**	**504106**
农、林、牧、渔业	**Farming,Forestry,Animal Husbandry and Fishery**	**3174**		**3174**	**3000**		**3000**
畜牧业	Animal Husbandry	174		174			
农、林、牧、渔服务业	FFAF Services	3000		3000	3000		3000
采矿业	**Mining**	**7232**		**7232**	**6842**		**6842**
煤炭开采和洗选业	Coal Mining and Dressing	1936		1936	1936		1936
黑色金属矿采选业	Ferrous Metals Mining and Dressing	5296		5296	4906		4906
制造业	**Manufacturing**	**421986**	**104465**	**317521**	**247150**	**75549**	**171601**
农副食品加工业	Farm and Sideline Prodncts Processing	12178		12178	22178		22178
饮料制造业	Beverage Making	13634		13634	20434		20434
纺织业	Textile	204		204			
木材加工及木、竹藤、棕、草制品	Timber Processing,Bamboo,Cane,Palm Fiber and Straw Products	420		420	420		420
造纸及纸制品业	Papermaking and Paper Products	3819		3819			
印刷业和记录媒介的复制	Printing and Record Medium Reproduction	38616	19122	19494	40386	19302	21084
石油加工、炼焦及核燃料加工业	Petroleum Processing,Coking and Nuclear Elding	35143	35143		36988	36988	
化学原料及化学制品制造业	Raw Chemical Materials and Chemical Products	40293	22296	17997	16153	11146	5007
医药制造业	Medical and Pharmaceutical Products	19911	3291	16620	4058		4058
橡胶制品业	Rubber Products	958		958	958		958
塑料制品业	Plastic Products	688	162	526	688	162	526
非金属矿物制品业	Nonmetal Mineral Products	15609	2222	13387	1230	584	646
黑色金属冶炼及压延加工业	Smelting and Processing of Ferrous Metals	17060		17060	23647		23647
金属制品业	Metal Products	8683		8683	6738		6738
通用设备制造业	Universal Equipment	23177		23177	3853		3853

5-12 续表 1 continued

单位：万元 (10000 yuan)

行业	Sector	投资额 Investment 合计 Total	中央 Central	地方 Local	新增固定资产 Incremental Fixed Assets 合计 Total	中央 Central	地方 Local
专用设备制造业	Equipment for Special Purpose	22651	10523	12128	488	436	52
交通运输设备制造业	Transportation Equipment	114287	8249	106038	29245	5186	24059
电气机械及器材制造业	Electric Equipment and Machinery	11228		11228			
通信设备、计算机及其他电子设备制造业	Telecommunications Equipment, Computer and Others	17761	2220	15541	27236	508	26728
仪器仪表及文化、办公用机械制造业	Instruments,Meters,Cultural and Office Machinery	21731	1237	20494	10358	1237	9121
工艺品及其他制造业	Art Products and Other Manufacturing	3935		3935	2092		2092
电力、燃气及水的生产和供应业	**Electricity,Gas,Water Production and Supply**	**107008**	**1669**	**105339**	**45281**	**1360**	**43921**
电力、热力的生产和供应业	Electricity and Hot Power Production and Supply	27778	1669	26109	26499	1360	25139
煤气生产和供应业	Gas Production and Supply	10129		10129	4441		4441
水的生产和供应业	Water Production and Supply	69101		69101	14341		14341
建筑业	**Construction**	**12894**	**2307**	**10587**	**10437**	**1491**	**8946**
房屋和土木工程建筑业	Building and Civil Engineering	12894	2307	10587	10437	1491	8946
交通运输、仓储和邮政业	**Transportation,Storage and Post**	**279654**	**141502**	**138152**	**228587**	**95128**	**133459**
铁路运输业	Railway Transport	67072	67072		36165	36165	
道路运输业	Road Transport	52		52	52		52
城市公共交通业	Urban Public Traffic	135133		135133	130440		130440
航空运输业	Air Transport	74135	74135		58668	58668	
仓储业	Storage	2967		2967	2967		2967
邮政业	Post	295	295		295	295	
信息传输、计算机服务和软件业	**Information Transmission, Computer Servecis and Software**	**614687**	**361664**	**253023**	**446276**	**446136**	**140**
电信和其他信息传输服务业	Telecommunications and Other Information Transmission	614547	361664	252883	446136	446136	
计算机服务业	Computer Servecis	140		140	140		140
批发和零售业	**Wholesale Trade and Retail Trade**	**5360**		**5360**	**639**		**639**
批发业	Wholesale Trade	5126		5126	401		401
零售业	Retail Trade	234		234	238		238
住宿和餐饮业	**Stay Place and Catering**	**6771**		**6771**	**3027**		**3027**
住宿业	Stay Place	5437		5437	942		942
餐饮业	Catering	1334		13347	2085		2085

5-12 续表 2 continued

单位：万元 (10000 yuan)

行业	Sector	投资额 Investment			新增固定资产 Incremental Fixed Assets		
		合计 Total	中央 Central	地方 Local	合计 Total	中央 Central	地方 Local
房地产业	**Real Estate Trade**	**915**	**120**	**795**	**915**	**120**	**795**
租赁和商务服务业	**Tenancy and Commercial Servecis**	**4040**	**282**	**3758**	**1090**	**282**	**808**
商务服务业	Commercial Servecis	4040	282	3758	1090	282	808
科学研究、技术服务和地质勘察业	**Scientific Studies,Technical Servecis and Geological Prospecting**	**3485**	**3217**	**268**	**7848**	**7580**	**268**
研究与试验发展	Research and Experimental Development	2260	2260		6623	6623	
专业技术服务业	Professional Technical Servecis	1157	957	200	1157	957	200
科技交流和推广服务业	Scientific and Technological Exchange and Popularizing	68		68	68		68
水利、环境和公共设施管理业	**Water，Environment and Municipal Engineering Conservancy**	**262471**	**7610**	**254861**	**134316**	**10598**	**123718**
水利管理业	Water Conservancy	1300	852	448	852	852	
环境管理业	Environment Conservancy	122525	6758	115767	76513	9746	66767
公共设施管理业	Municipal Engineering Conservancy	138646		138646	56951		56951
教育	**Education**	**16308**	**4087**	**12221**			
卫生、社会保障和社会福利业	**Health Care,Social Security and Social Welfare**	**415**		**415**	**706**		**706**
卫生	Health	172		172	136		136
社会福利业	Social Welfare	243		243	570		570
文化、体育和娱乐业	**Culture,Art,Sports and Recreation**	**278**	**78**	**200**	**398**	**78**	**320**
广播、电视、电影和音像业	Radio,Television,Film,Audio Products, Video Products	78	78		78	78	
文化艺术业	Culture and Arts	200		200	320		320
公共管理和社会组织	**Public Manage and Social Organization**	**6850**	**1148**	**5702**	**6888**	**972**	**5916**
国家机关	Government Agencies	5775	1048	4727	5813	872	4941
群众团体、社会团体和宗教组织	Masses, Social Organization and Religionary Body	463	100	363	463	100	363
基层群众自治组织	Masses Autonomous Body	612		612	612		612

5-13 新增生产能力(或效益)(2004年)

INCREMENTAL PRODUCTION CAPACITY(OR EFFICIENCY)(2004)

能力名称 Production Capacity				合计 Total	# 国有 State-owned
输电线路长度	(11 万伏及以上)(公里)	Length of Transmit Electricity Line	(over 11,0000 volts,km)	816	816
变电设备能力	(11 万伏及以上)(万千伏安)	Capacity of Transformer Equipments	(over 11,0000 volts)	230	230
化学原料药	(吨／年)	Chemical Raw Medicine	(ton/year)	150	
中成药	(吨／年)	Patent Medicine	(ton/year)	915	
铁路货车制造	(辆／年)	Lorry	(unit/year)	1500	1500
其他乳制品	(吨／年)	Other Dairy Products	(ton/year)	20000	
移动通信基站设备	(信道／年)	The Equipment Stands in the Mobile Communication Base	(Channel/year)	972	
程控交换机	(万线／年)	Program Control Telephone Exchange	(10000 line/year)	83	83
新建公路	(公里)	Newly-built Highway	(km)	5	5
改建公路	(公里)	Reconstructed Highways	(km)	71	71
# 一级公路	(公里)	First-grade	(km)	30	30
新建独立公路桥梁	(延长米)	Newly-built Bridge of Independent	(overmeter)	40	40
	(座)	Highway	(unit)	1	1
候机楼	(座)	Airport Lounge	(unit)	1	1
	(平方米)		(sq.m)	78000	78000
粮食仓库	(万公斤)	Grain Storehouse	(10000kg)	2506	6
	(平方米)		(sq.m)	19334	13756

5-13 续表 continued

能力名称 Production Capacity				合计 Total	#国有 State-owned
高等院校：学生席位	(个)	Institutions of Higher Education:Student Seats	(unit)	13940	13940
建筑面积	(平方米)	Floor Space	(sq.m)	35639	35639
中等学校：学生席位	(个)	Secondary Schools:Student Seats	(unit)	4530	4530
建筑面积	(平方米)	Floor Space	(sq.m)	25970	25970
小　学　校：学生席位	(个)	Primary Schools:Student Seats	(unit)	1745	1745
建筑面积	(平方米)	Floor Space	(sq.m)	13558	13558
其他学校：学生席位	(个)	Other Schools:Student Seats	(unit)	1390	1390
建筑面积	(平方米)	Floor Space	(sq.m)	7809	7809
医院病床	(张)	Hospital Beds	(unit)	763	763
宾馆、旅馆、招待所客房数	(间)	Guest Rooms of Hotels	(room)	180	
	(平方米)		(sq.m)	22000	
城市自来水供水能力	(万吨／日)	Urban Tap Water Supplying Capacity	(10000 tons/day)	30	30
城市自来水管道长度	(公里)	Length of Tap Water Pipeline	(km)	82	82
城市公共交通车辆购置	(辆)	Purchase of Public Traffic Vehicles	(unit)	2345	866
城市道路扩建长度	(公里)	Expanded Length of Highways	(km)	66	44
城市道路扩建面积	(万平方米)	Expanded Area of Highways	(10000 sq.m)	271	242
城市污水处理能力	(万吨／日)	Disposal Capability	(10000 tons/day)	4	4

5-14 房屋建筑施工及竣工面积

FLOOR SPACE OF BUILDINGS UNDER CONSTRUCTION AND COMPLETED

单位：万平方米 (10000 sq.m)

项目	Item	2004	2003	占竣工面积(%) Proportion in Floor Space Completed(%) 2004	2003
施工总面积	**Floor Space of Buildings under Construction**	**12363.6**	**11262.2**		
竣工总面积	**Floor Space of Buildings Completed**	**3741.1**	**3222.8**	**100.0**	**100.0**
在竣工总面积中：	**Of the Floor Space Completed**				
按用途分	**Grouped by Use**				
# 厂房	Plant	131.2	114.5	3.5	3.6
仓库	Storehouse	10.7	9.3	0.3	0.3
办公室	Office	199.7	144.5	5.3	4.5
家属住宅	Families Residence	2009.7	1793.5	53.7	55.7
单身宿舍	Benchelor Quarters	91.3	38.3	2.4	1.2
教育用房	Education	68.9	76.3	1.8	2.4
科研用房	Scientific Research	46.2	20.2	1.2	0.6
医疗用房	Medical	26.0	13.2	0.7	0.4
商业营业用房	Commerce	260.4	143.8	7.0	4.5
礼堂、俱乐部	Assembly Hall and Club	2.7	0.8	0.1	
影剧院	Theater and Cinema		0.2		
托儿所、幼儿园	Nursery and Kindergarten	6.1	8.4	0.2	0.3
宾馆	Hotel	5.4	13.6	0.1	0.4
按隶属关系分	**Grouped by Administrative Relationship**				
中央	Central	266.3	219.1	7.1	6.8
地方	Local	407.8	410	10.9	12.7
# 国有	State-owned	198.7	222.8	5.3	6.9
集体	Collective-owned	23.1	13.6	0.6	0.4
房地产开发	Real Estate Development Enterprises	3067.0	2593.7	82.0	80.5
按地区分	**Grouped by Region**				
城　区	City Propers	502.6	499.1	13.4	15.5
近郊区	Near Suburbs	2742.7	2226	73.3	69.1
远郊区	Outer Suburbs	495.8	497.7	13.3	15.4

5-15 经济适用房

ECONOMIC AND SUITABLE HOUSES

项目 Item			合计 Total 2004	2003	# 住宅 Residence 2004	2003
完成投资	(万元) Investment Completed	(10000 yuan)	979503	922201	725690	686695
施工面积	(万平方米) Floor Space of Buildings under Construction	(10000 sq.m)	890	902.6	793.2	802.5
竣工面积	(万平方米) Floor Space of Buildings Completed	(10000 sq.m)	308.8	363.1	298.8	322.8
竣工套数	(套) Suites of Rooms Completed	(suite)	27399	27790.0	27399	27790.0
销售面积	(万平方米) Floor Space of Buildings Sold	(10000 sq.m)	306.3	320.0	306.3	320.0
销售套数	(套) Suites of Rooms Sold	(suite)	28054	27533.0	28054	27533.0
预售面积	(万平方米) Floors Space of Buildings Sold in advance	(10000 sq.m)	305.1	136.9	305.1	136.9

5-16 房屋建筑每平方米造价
COST PER SQ.M OF BUILDINGS

单位：元 (yuan)

项目	Item	2004	2003	2004年比2003年增、减 Increase or Decrease
平均造价	**Average Cost**	**1859**	**1832**	**27**
# 厂房	Plant	1872	1588	284
仓库	Storehouse	1657	1358	299
办公室	Office	2615	2978	-363
家属住宅	Families Residence	1675	1625	50
单身宿舍	Benchelor Quarters	1929	2114	-185
教育用房	Education	2103	2122	-19
科研用房	Scientific Research	2528	2752	-224
医疗用房	Medical	3566	2376	1190
商业营业用房	Commerce	1804	2113	-309
礼堂、俱乐部	Assembly Hall and Club	2943	2569	374
托儿所、幼儿园	Nursery and Kindergarten	1666	1683	-17
宾馆	Hotel	3570	4158	-588

5-17 1997-2004年新建住宅竣工面积
FLOOR SPACE OF NEW RESIDENTIAL BUILDINGS COMPLETED(1997-2004)

单位：万平方米 (10000 sq.m)

项目	Item	1997	1998	1999	2000	2001	2002	2003	2004
总计	**Total**	**996.8**	**1093.1**	**1519.9**	**1499.7**	**1804.9**	**2191.4**	**2322.3**	**2587**
低层住宅(1-3层)	Low-storied (1-3 Stories)	43.8	34.5	46.4	51.8	40.2	86.6	53.6	67.8
多层住宅(4-6层)	More-storied (4-6 Stories)	480.8	512.7	709.2	567.7	715.3	844.0	974.3	877.8
中高层住宅(7-9层)	Mid and High Storied (7-9 stories)	80.7	63.4	62.2	92.2	91.8	108.7	121.8	155.4
高层住宅(10层以上)	High-storied (10 stories and above)	391.5	482.5	702.1	788.0	957.6	1152.1	1172.6	1485.9
在总计中	**Of Total**								
城　区	City Proper	136.1	141.8	208.1	214.5	117.1	180.2	327.4	317.6
近郊区	Near Suburb	666.1	703.5	884.9	864.2	1083.5	1738.4	1679.5	1920.6
远郊区	Outer Suburb	194.6	247.8	426.9	421.0	604.3	272.8	315.4	348.9

5-18 农村集体及城乡私人建房面积
BUILDING CONSTRUCTION BY RURAL COLLECTED-OWNED UNITS,URBAN AND RURAL INDIVIDUALS

单位：万平方米、间 (10000 sq.m,room)

项目	Item	2004年 建成房屋面积 Floor Space of Buildings in 2004	#住宅面积 Floor Space of Residence	住宅间数 Rooms of Residence	2003年 建成房屋面积 Floor Space of Buildings in 2003	#住宅面积 Floor Space of Residence	住宅间数 Rooms of Residence
总计	**Total**	**748.7**	**271.7**	**182046**	**1089.8**	**380.6**	**317166**
农村集体建房	Rural Collective-owned Units	748.7	271.7	182046	1089.8	380.6	317166
非农户	Non-agriculture	518.0	67.4	11796	779.9	111.9	93250
农　户	Agriculture	230.7	204.3	170250	309.9	268.7	223916

5-19 房地产开发企业基本情况(2004年)

BASIC INFORMATION OF REAL ESTATE DEVELOPMENT ENTERPRISES(2004)

项目	Item	企业单位个数(个) Number of Enterprises (unit)	实收资本合计(万元) Contributed Capital (10000 yuan)	资产总计(万元) Total Assets (10000 yuan)	年末从业人数(人) Staff and Workers (year-end) (person)
总计	**Total**	**2704**	**14983366**	**87524068**	**82802**
按企业登记注册类型分	**Grouped by Registration Status**				
内资企业	Domestic Investment Enterprises	2375	10028294	63108273	67533
国有企业	State-owned	175	957432	11682383	9252
集体企业	Collective-owned	31	71601	633156	1126
联营企业	Joint Owned	3	5000	36615	43
股份合作企业	Share Holding	5	21800	179541	194
股份有限公司	Share Holding Corporations Ltd.	103	1491546	6220261	3726
有限责任公司	Limited Liability Corporations	1303	5604033	34975202	35214
其他企业	Others	755	1876882	9381115	17978
港澳台商投资企业	Hongkong,Macao and Taiwan Funded Enterprises	184	2769496	14027627	8542
港澳台合资经营	Joint Venture	76	863884	3650951	2499
港澳台合作经营	Cooperative	101	1811135	9545987	5649
港澳台商独资企业	Hongkong,Macao and Taiwan Enterprises	7	94477	830689	394
港澳台商投资股份有限公司	Hongkong,Macao and Taiwan Funded Share Holding Corporations Ltd.				
外商投资企业	Foreign Funded Enterprises	145	2185576	10388168	6727
中外合资经营	Joint Venture	56	671905	3288736	2943
中外合作经营	Cooperative	80	1143343	5414509	3040
外资(独资)企业	Foreign Enterprises	7	78998	346202	255
外商投资股份有限公司	Foreign Share Holding Corporation Ltd.	2	291330	1338721	489
按隶属关系分	**Grouped by Administrative Relationship**				
中央单位	Central	100	768999	3362920	2810
地方单位	Local	2604	14214367	84161148	79992
按资质等级分	**Grouped by Grade**				
一级	First-grade	65	1075757	11066158	7385
二级	Second-grade	108	1077078	8106938	5898
三级	Third-grade	104	577795	3962956	4610
四级	Fourth-grade	34	206227	788221	1217
暂定	Provisional	2393	12046509	63599795	63692
按营业状况分	**Grouped by Business Condition**				
营业	Going on	2201	13235296	82226928	
停业	Closed down	196	489910	1615009	
筹建	Preparing to Establish	231	812891	2080638	
当年撤消	Cancel in this Year				
其他	Others	76	445269	1601493	

注：本表数据为2004年经济普查数据。

Note：Data of this table are the first national economic censue.

5-20 房地产开发企业开发情况(2004年)
REAL ESTATE DEVELOPMENT(2004)

单位：万元、平方米 (10000 yuan,sq.m)

项目	Item	全市 合计 Total	#国有企业 State-Owned	#三资企业 Foreign Funded	按隶属关系分 Grouped by Administrative Relationship 中央单位 Central Unit	地方单位 Local Unit
计划总投资	Total Planned Investment	53932198	5734963	11523020	1547307	52384891
开始建设至本年度累计	Accumulative Investment Completed					
完成投资	from Beginning to the End of this Year	36145657	3587554	8616929	869919	35275738
本年完成投资合计	Investment Completed This Year	14732859	1736372	2294836	408394	14324465
# 商品房建设投资	Commercial House	7977593	867087	1275818	163902	7813691
土地开发投资	Land Development	365430	45583	9611	375	365055
土地购置费	Purchase of Land	2758426	365923	381871	93692	2664734
本年完成投资按用途分	Grouped by Purpose of Investment					
	Completed This Year					
住宅	Residential Buildings	7759890	851398	883316	130209	7629681
办公楼	Office	1878924	88001	677378	93130	1785794
商业营业用房	Commerce	947604	71216	106844	6487	941117
其他	Others	4146441	725757	627298	178568	3967873
本年土地开发	Land Development This Year					
完成开发土地面积	Land Space Developed	6341720	1694485	428555		6341720
购置土地面积	In Process of Land Space Purchased	15724588	2617230	759973	240636	15483952

5-21 商品房
COMMODITY BUILDINGS

项目 Item				2004	2003
施工面积	（平方米）	**Floor Space of Buildings under Construction**	(sq.m)	**99313115**	**90706560**
# 本年新开工面积		Construction of this Year		30542682	34337485
# 住宅		Residential Buildings		67594235	63528634
竣工面积	（平方米）	**Floor Space of Buildings Completed**	(sq.m)	**30669879**	**25936478**
# 住宅		Residential Buildings		23439521	20807480
销售面积	（平方米）	**Floor Space of Selling House**	(sq.m)	**24720323**	**18957685**
# 住宅		Residential Buildings		22858245	17710533
# 个人		to Individuals		22486317	17201448
销售额	（万元）	**Sales**	(10000 yuan)	**12491009**	**8979571**
# 住宅		Residential Buildings		10851129	7891587
# 个人		to Individuals		10618612	7532401
平均销售价格	（元）	**Selling Price**	(yuan)	**5053**	**4737**
# 住宅		Residential Buildings		4747	4456
空置面积	（平方米）	**Floor Spacre of Untapped Commodity Buildings**	(sq.m)	**10441082**	**11233981**

主要统计指标解释

全社会固定资产投资 固定资产投资是全社会固定资产再生产的主要手段。通过建造和购置固定资产的活动，国民经济不断采用先进技术装备，建立新兴部门，进一步调整经济结构和生产力的地区分布，增强经济实力，为改善人民物质文化生活创造物质条件,这对我国的社会主义现代化建设具有重要意义。全社会固定资产投资包括固定资产投资、零星固定资产投资、城镇私营、个体经济固定资产投资、城镇和工矿区私人建房和农村固定资产投资。

固定资产投资 包括计划总投资或实际需要的总投资50万元及以上的基本建设投资、更新改造投资、国有单位其他投资和城镇集体经济投资。

基本建设投资 是指经有权单位批准,包括在一个总体设计范围内进行建设,由一个或若干个设计文件规定的有内在联系的单项工程所组成的，经济上实行统一核算，行政上有独立组织形式,实行统一管理的基本建设单位建造和购置固定资产的投资。包括：（1）列入中央和各级地方本年基本建设计划的建设项目，以及虽未列入本年基本建设计划，但使用以前年度基本建设结转资金（包括基建库存设备和材料）在本年继续施工的建设项目；（2）本年基本建设计划内投资与更新改造计划内投资结合安排的新建项目和新增生产能力（或工程效益）达到大中型项目标准的扩建项目，以及为改变生产力布局而进行的全厂性迁建项目；（3）国有单位既未列入基本建设计划，也未列入更新改造计划的总投资在50万元及以上的新建、扩建、恢复项目和为改变生产力布局而进行的全厂性迁建项目，以及行政、事业单位增建业务用房和生活福利设施的项目。

更新改造投资 是指经有权单位批准，具有独立设计文件或项目建议书，能独立发挥效益的更新改造投资。包括：（1）列入中央和各级地方本年更新改造计划的建设项目，以及虽未列入本年更新改造计划，但使用以前年度更新改造结转资金（包括库存设备和材料）在本年继续施工的建设项目；（2）本年更新改造计划内投资与基本建设计划内投资结合安排的对企、事业单位原有设施进行技术改造或更新的项目，增建主要生产车间、分厂等其新增生产能力（或工程效益）未达到大中型项目标准的项目，以及由于城市环境保护和安全生产的需要而进行的迁建项目；（3）国有企事业单位既未列入基本建设计划也未列入更新改造计划的总投资在50万元及以上的属于改建或更新改造性质的建设项目，以及由于城市环境保护和安全生产的需要而进行的迁建项目。

国有单位其他投资 包括国有单位按规定不列入基本建设计划和更新改造计划管理的固定资产投资。包括（1）用油田维护费和石油开发基金进行的油田维护和开发工程；（2）煤炭、铁矿、森工等采掘采伐业用维简费进行的开拓延伸工程；（3）交通部门用公路养路费对原有公路、桥梁进行的改造工程；（4）商业部门用简易建筑费建造的仓库工程。

城镇集体经济投资 包括县及县以上人民政府所在地建制镇地域内的城镇集体经济单位建造和购置固定资产的投资。

房地产开发投资 包括各种经济类型的房地产开发公司及其他房地产开发单位统一开发的包括统建、代建、拆迁、还建的住宅、厂房、仓库、饭店、宾馆、度假村、写字楼、办公楼等房屋建筑物和配套的服务设施、土地开发工程（如道路、给水、排水、供电、供热、通讯、平整场地等基础设施工程）等开发投资。还包括非房地产开发企业实际从事房地产开发或经营活动的开发投资，不包括单纯的土地交易投资。

零星固定资产投资 是指总投资或实际需要的总投资在2万元以上50万元以下建设项目建造和购置固定资产的投资。

城镇私营、个体经济投资 是指县及县以上人民政府所在地建制镇地域内的全部城镇私营、个体经济的固定资产投资。城镇私营经济投资包括总投资2万元及以上建造和购置固定资产的投资；城镇个体经济投资包括总投资2000元及以上建造和购置固定资产的投资。

城镇和工矿区私人建房投资 是指包括市、县城、镇、工矿区所辖范围内的全部私人建房投资，不论其房主是否系本地常住户口均应包括。

农村投资 是指县及县以上人民政府所在地建制镇地域以外的全部农村固定资产投资。包括非农户投资和农户投资。非农户投资包括使用年限一年以上、单位价值200元以上的建造和购置固定资产的投资；农户投资包括使用年限一年以上、单位价值50元及以上建造和购置固定资产的投资。

固定资产投资的资金来源 根据固定资产投资建设资金来源的不同，分为上年末结余资金、本年资金来源和各项应付款。本年资金来源包括国家预算内资金、国内贷款、债券、利用外资、自筹资金和其他资金等6种分类。

国家预算内资金 分为财政拨款和财政安排的贷款两部分。包括中央财政的基本建设基金、专项支出、收回再贷、贴息资金，财政安排的挖潜革新改造和新产品试制支出、城建支出、商业部门简易建筑支出、不发达地区发展基金等基金中用于固定资产投资的资金，地方财政中由国家统筹安排的资金等。

国内贷款 是指报告期企事业单位向银行及非银行金融机构借入的用于固定资产投资的各种国内借款。国内贷款包括：银行利用自有资金及吸收的存款发放的贷款、上级主管部门拨入的国内贷款、国家专项贷款（包括煤代油贷款、劳改煤矿专项贷款等）、地方财政专项资金安排的贷款、国内储备贷款、周转贷款等。

债券 是指企业(公司)或金融机构通过发行各种债券，筹集用于固定资产投资的资金，包括由银行代理国家专业投资公司发行的重点企业债券和基本建设债券。

利用外资 是指报告期收到的用于固定资产建造和购置的境外资金。包括外商直接投资、对外借款（外国政府贷款、国际金融组织贷款、出口信贷、外国银行商业贷款、对外发行债券和股票）及外商其他投资（包括补偿贸易和加工装配中由外商提供的设备价款、国际租赁）。不包括我国自有外汇资金。国家统借统还的外资，是指由我国政府出面同外国政府、团体或金融组织签定贷款协议、并负责偿还本息的国外贷款。

自筹资金 是指建设单位报告期收到的，由各地区、各部门及企事业单位筹集用于固定资产投资的预算外资金。包括中央各部门、各级地方和企事业单位的自有资金。股票是指股份制企业通过发行股票筹集用于固定资产投资的资金。

其他资金 是指报告期收到的除以上各种资金之外其他用于固定资产投资的资金。包括社会集资、个人资金、无偿捐赠的资金及其他单位拨入的资金等。

固定资产投资按国民经济行业分 基本建设项目根据建成投产后的主要产品或主要用途划分国民经济行业；一般情况下，一个基本建设项目只能属于一种国民经济行业。更新改造、国有单位其他投资、城镇集体、私营、个体经济根据整个企事业单位的社会经济活动性质来划分国民经济行业；一个企事业单位只能属于一种国民经济行业。

固定资产投资按建设性质分 建设项目的建设性质一般分为新建、扩建、改建、单纯建造生活设施、迁建、恢复和单纯购置。基本建设投资按建设项目划分建设性质，更新改造投资、国有单位其他投资、城镇集体投资按整个企事业单位的建设情况确定建设性质。

新建 一般是指从无到有、“平地起家”开始建设的单位或独立工程。有的单位原有基础很小，经过建设后其新增加的固定资产价值超过原有固定资产价值（原值）三倍以上的也算新建。

扩建 是指为扩大原有产品的生产能力（或工程效益）或为增加新的产品生产能力，而增建主要生产车间（或主要工程）、独立的生产线、分厂的企业；行政事业单位在原单位增建业务用房（如学校增建教学用房、医院增建门诊部或病房、行政机关增建办公楼等）也作为扩建。

改建 是指现有企事业单位不增建主要生产车间、分厂等，而对原有设施进行技术改造或更新（包括相应配套的辅助性生产、生活福利设施）的作为改建；为适应市场变化的需要，而改变企业的主要产品种类，或原有产品生产作业线由于各工序之间能力不平衡，为填平补齐充分发挥原有生产能力而增建不增加本单位主要产品设计能力的车间，也作为改建。

单纯建造生活设施 是指在不扩建、改建生产性工程和业务用房的情况下，单纯建造职工住宅、托儿所、子弟学校、医务室、浴室、食堂等生活福利设施。

固定资产投资按用途分 固定资产投资按用途分为农林牧渔业用、工业建筑业用、商业运输邮电业用、住宅和其他五部分，是研究不同用途的固定资产投资之间比例关系的重要指标。基本建设项目、更新改造限额以上项目、国有单位其他投资、城镇集体投资按单项工程确定，更新改造限额以下项目按项目确定。

固定资产投资按构成分 固定资产投资活动按其工作内容和实现方式分为建筑安装工程，设备、工具、器具购置，其他费用三个部分。

建筑安装工程（建安工作量） 是指各种房屋、建筑物的建造工程和各种设备、装置的安装工程。包括各种房屋建造工程，各种设备基础和各种工业窑炉的砌筑工程；为施工而进行的各种准备工作和临时工程以及完工后的清理工作；铁路、道路的铺设，矿井的开凿及石油管道的架设等；水利工程；防空地下建筑等特殊工程；各种机械设备的安装工程；为测定安装工程质量，对设备进行的试行工作等。在安装工程中，不包括被安装设备本身的价值。

设备、工具、器具购置 是指购置或自制达到固定资产标准的设备、工具、器具的价值，固定资产的标准按财政部规定执行。新建及扩建单位的新建车间按照设计和计划要求购置或自制的全部设备、工具、器具，不论是否达到固定资产标准均计入“设备、工具、器具购置”中。

其他费用 是指在固定资产建造和购置过程中发生的，除上述几项以外的各种应摊入固定资产的费用。它包括两种性质的费用，一种是属于增加固定资产的费用，主要有：建设单位管理费，土地、青苗等补偿费，安置补助费，勘察设计费，研究试验费，农林单位牲畜购置费，各种经济林木的营造费，办公和生活家具，器具购置费，引进技术和进口设备项目的其他费用，联合试运转费等；一种是属于不增加固定资产的费用，主要有：土地出让金、施工机械转移费、生产职工培训费、农业开荒费用及报废工程损失费等。

施工项目 是指报告期内曾进行建筑或安装工程施工活动的建设项目。施工项目分为报告期正式施工项目、报告期收尾项目和以前年度全部停缓建项目。正式施工项目包括报告期内新开工项目、报告期以前开工跨入报告期继续施工的项目以及报告期施工过并在报告期内全部建成投产或停缓建的项目。

新增生产能力或工程效益 是指通过固定资产投资活动而增加的生产能力或工程效益，它是用实物形态表示的固定资产投资的成果。新增生产能力的计算，是以能独立发挥生产能力或工程效益的单项工程或建设项目为对象。当建设项目或单项工程建成，经有关部门鉴定合格，正式移交投入生产，即可计算新增生产能力或工程效益。计算新增生产能力或工程效益有以下几种表现形式：1. 以建设项目单位工程建成投产后的年产能力表示。如煤炭开采、石油开采等；2. 以建设项目单项工程建成投产后处理原料的能力表示。如选矿工程的处理矿石能力，洗煤厂年洗原煤能力等；3. 以新增的主要设备数量或容量表示。如棉纺锭数，发电机组容量等；4. 以建筑物容积、容量、面积或长度表示。如水库容量、铁路公路里程等。

新增生产能力或工程效益的数量按设计能力计算。设计能力是指设计文件中规定的在正常情况下能够达到的生产能力，而不论投产后的实际产量如何。以设备数量、建筑物容积、面积、长度等表示的新增生产能力或工程效益，则按建成的实际数量计算。

基础设施投资 基础设施投资包括第二产业中的电力、煤气及水的生产和供应业；第三产业中的水利业、铁路运输、公路运输、管道运输、航空运输、邮电通信、公共服务和环境保护等。

房屋施工面积 是指报告期内施工的全部房屋建筑面积。包括报告期新开工的面积、报告期施工过并在报告期竣工的面积，以及以前年度已停建在报告期继续施工的面积。房屋建筑面积是从房屋外墙线算起的各层平面面积的总和，包括房屋结构（如柱、墙）占用的面积和地下室面积。多层建筑按各自然层面积总和计算，包括房屋内的楼隔层，突出墙面的眺望间、门斗、有柱雨罩的面积。不包括突出墙面结构的构件、艺术装饰等所占的面积，如台阶等。凹阳台、挑阳台按其水平投影面积一半计算建筑面积。

房屋竣工面积 是指在报告期内房屋建筑按照设计要求已全部完工，达到住人和使用条件，经验收鉴定合格（或达到竣工验收标准），正式移交使用单位的建筑面积。

房屋面积竣工率 是指一定时期内房屋竣工面积占同期房屋施工面积的比率。它是从房屋建筑施工速度的角度反映投资效果和建筑业经济效益的指标。

新增固定资产 是指通过投资活动所形成的新的固定资产价值。包括已经建成投入生产或交付使用的工程价值和达到固定资产标准的设备、工具、器具的价值及有关应摊入的费用。它是以价值形式表示的固定资产投资成果的综合性指标，可以综合反映不同时期、不同部门、不同地区的固定资产投资成果。

建设项目投产率 是指一定时期内全部建成投产项目个数占同期正式施工项目个数的比率。它是从建设项目建设速度的角度反映投资效果的指标。

YEARBOOK

六、物价

PRICE INDEX

STATISTICAL

居民消费价格指数（上年=100）（单位：%）
Comsumer Price Index (preceding year=100) (%)

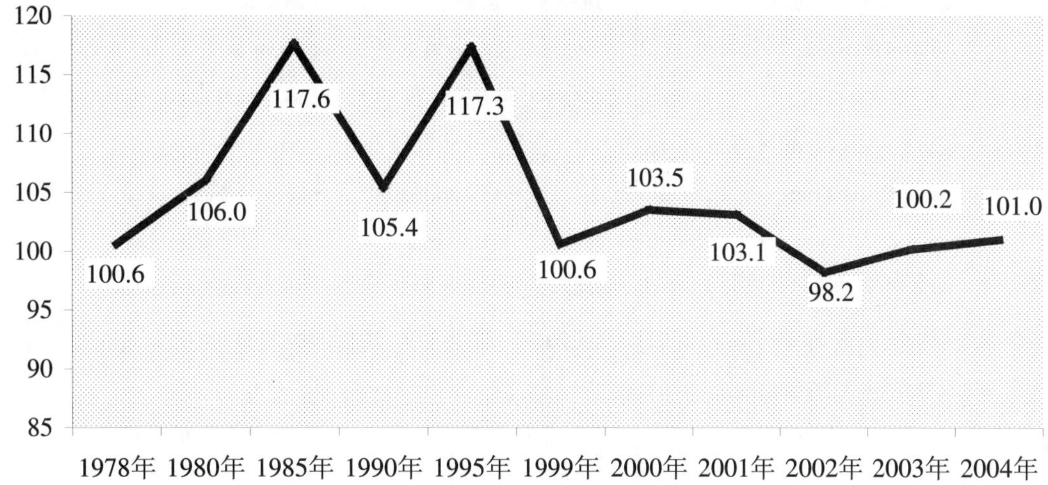

商品零售价格指数（上年=100）(单位：%)
Retail Price Index (preceding year=100) (%)

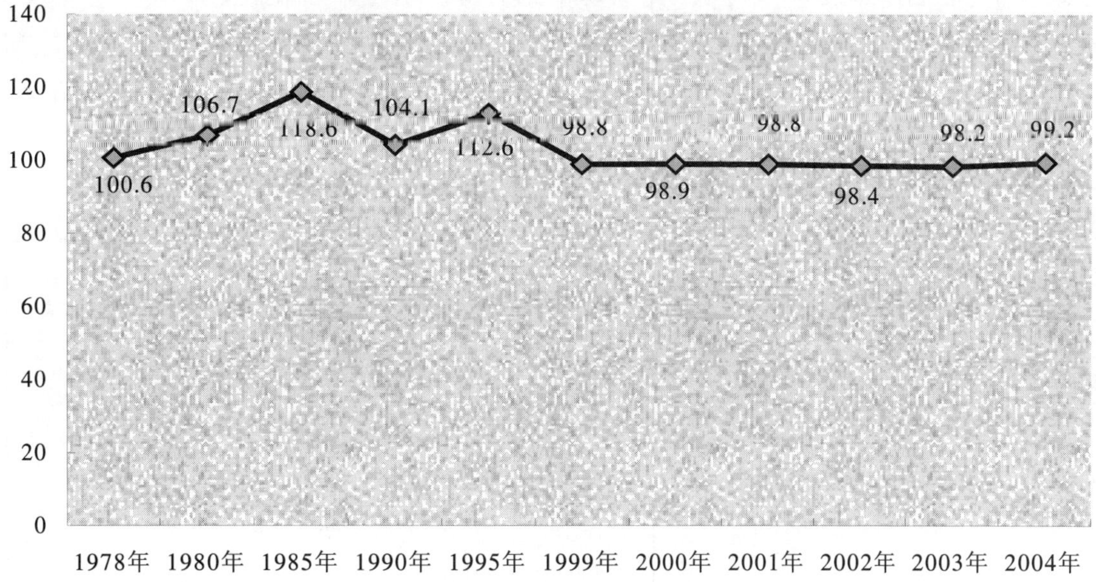

6-1 居民消费价格分类指数(上年=100) (2004年)

CONSUMER PRICE INDICES BY CATEGORIES(PRECEDING YEAR=100) (2004)

单位：% (%)

项目	Item	2003=100	项目	Item	2003=100
居民消费价格指数	**Consumer Price Index**	**101.0**	服装	Garments	98.0
非食品价格指数	**Non-food Price Index**	**99.2**	衣着材料	Clothing Materials	98.8
服务项目价格指数	**Price Index of Services**	**101.8**	鞋袜帽	Shoes, Socks and Hats	101.1
扣除鲜菜鲜果指数	**Aggregate Index exclude Fresh Vegetable and Fruit**	**101.0**	衣着加工服务	Clothing Processing Services	99.4
消费品价格指数	**Price Index of Consumer Goods**	**100.6**	**家庭设备用品及维修服务**	**Households Facilities, Articles and Repairing Services**	**96.9**
食品	**Food**	**104.8**	耐用消费品	Durable Consumer Goods	95.5
粮食	Grain	120.6	室内装饰品	Room Ornament	96.5
淀粉及薯类	Amylum and Potato	102.1	床上用品	Bedding	99.1
干豆类及豆制品	Dry Bean and Bean Products	117.2	家庭日用杂品	Groceries for Households Daily Use	96.9
油脂	Lipa	117.0	家庭服务及加工维修服务	Households Services, Processing and Repairing	103.1
肉禽及其制品	Meat, Pourtry and Raleted Products	110.1	**医疗保健和个人用品**	**Medical Health Care and Personal Articles**	**99.2**
蛋	Eggs	112.7	医疗保健	Medical Health Care	98.4
水产品	Aquatic Products	107.1	个人用品及服务	Personal Articles and Services	102.4
菜	Vegetable	95.2	**交通和通信**	**Transportation and Communication**	**95.7**
调味品	Flavoring	99.3	交通	Transportation	96.4
糖	Sugar	100.6	通信	Communication	94.9
茶及饮料	Tea and Beverage	99.0	**娱乐教育文化用品及服务**	**Recreation,Education,Cultural Articles and Related Services**	**101.5**
干鲜瓜果	Dry and Fresh Melon and Fruit	102.3	文娱用耐用消费品及服务	Durable Consumer Goods and Services for Culture and Recreation	95.0
糕点饼干面包	Cake, Cookie and Bread	101.8	教育	Education	99.9
奶及奶制品	Milk and Diary Products	98.8	文化娱乐用品	Recreation and Education Articles	103.7
在外用膳食品	Out-dining Food	105.0	旅游及外出	Tourism and Outgoing	114.2
其他食品及食品加工服务	Other Food and Food Processing Services	102.5	**居住**	**Residence**	**101.4**
烟酒及用品	**Tobacco, Liquor and Related Products**	**101.2**	建房及装修材料	Building and Fitment Materials	98.6
烟草	Tobacco	99.3	租房	Rent	100.0
酒	Liquor	103.5	自有住房	Own House	100.8
吸烟饮酒用品	Related Products	100.3	水、电、燃料	Water, Electricity and Fuel	104.7
衣着	**Clothing**	**98.9**			

6-2 商品零售价格分类指数(上年=100)(2004年)
RETAIL PRICE INDICES(PRECEDING YEAR=100)(2004)

单位：% (%)

项　目	Item	2003=100	项　目	Item	2003=100
商品零售价格指数	**Aggregate Index**	**99.2**	**家用电器及音像器材**	**Household Appliances and Hifi**	**94.3**
食品类	**Food**	**105.1**	家庭设备	Household Appliances	94.5
粮食	Grain	120.6	文娱用耐用	Culture and Recreat Durable	91.8
淀粉及薯类	Amylum and Potato	102.1	消费品	Consumable	
干豆类及豆制品	Dry Bean and Bean Products	117.2	音像器材类	Household Appliances and Hifi	97.1
油脂	Lipa	117.0	**文化办公用品**	**Culture and Office Articles**	**98.1**
肉禽及其制品	Meat, Pourtry and Raleted Products	110.1	**日用品**	**Daily Use Articles**	**99.6**
食用畜肉及副产品	Meat and Sideline Product	112.5	日用百货	Daily Use General Merchandise	98.7
禽	Pourtry	103.9	日用杂品	Daily Use Sundiries	99.9
肉禽加工制品	Meat and Pourty Products	108.4	洗涤用品	Washing	98.8
蛋	Eggs	112.7	其他日用品	Other Daily Use Articles	101.7
水产品	Aquatic Products	107.1	**体育娱乐用品**	**Sports and Recreat Articles**	**98.2**
鱼	Fish	115.1	体育用品	Sports Articles	99.0
其他水产品	Other Aquatic Products	99.2	娱乐用品	Recreat Articles	97.1
菜	Vegetable	95.2	**交通、通信用品**	**Transportation and Eommunication**	**90.8**
调味品	Flavoring	99.3		**Equipments**	
糖	Sugar	100.6	交通运输机械	Transportation Equipments	93.0
干鲜瓜果	Dry and Fresh Melon and Fruit	102.3	通讯器材类	Eommunication Equipments	75.8
糕点饼干面包	Cake, Cookie and Bread	101.8	**家具**	**Furnitures**	**98.3**
奶及奶制品	Milk and Diary Products	98.8	**化妆品类**	**Toiletry**	**98.6**
在外用膳食品	Out-dining Food	105.0	**金银珠宝类**	**Jewelry**	**111.5**
其他食品	Other Foods	102.5	**中西药品及**	**Chinese Traditional and Western**	
饮料、烟酒	**Beverage,Tobacco and Liquor**	**100.2**	**医疗保健用品类**	**Medicine,Medical Care Product**	**98.2**
茶及饮料	Tea and Beverage	99.0	医疗器具及用品	Medical Equipment and Products	105.5
茶叶	Tea	99.4	中药材及中成药	Chinese Traditional Medicine	97.8
饮料	Beverage	98.9	西药	Western Medicine	97.4
烟草	Tobacco	99.3	保健器具及用品	Health Carc Equipment and Products	98.4
酒	Liquor	103.5	**书报杂志及**	**Book,Magazines and Ejournal**	
服装、鞋帽类	**Garments,Shoes,Hats**	**98.9**	**电子出版物类**		**99.0**
服装	Garments	98.0	教材及参考书	Teaching Material and	97.4
男式服装	Clothing for Men	98.7		Reference Book	
女式服装	Clothing for Women	97.3	书报杂志	Books and Magazines	100.3
儿童服装	Clothing for Children	100.9	电子音像制品	E-journal	97.6
鞋袜帽	Shoes,Hose,Hats	101.1	**燃料类**	**Fuels**	**107.9**
鞋	Shoes	101.2	煤炭及制品类	Coal and Coal Products	119.7
袜子	Hose	98.8	石油及制品类	Petroleum and Related Products	107.2
帽子	Hats	102.2	**建筑材料及**	**Construction Material and**	
其他	Others	103.7	**五金电料类**	**Hardware**	**99.4**
纺织品类	**Textile**	**99.0**	建筑装璜材料	Construction Material	98.6
衣着材料	Cloth	98.8	五金电料类	Hardware	101.1
床上用品	Bedding	99.1			

6-3 各种价格指数(2004年)
OVERALL PRICE INDICES(2004)

单位：%　　(%)

项目	Item	1978=100	1980=100	1985=100	1990=100	2000=100	2003=100
居民消费价格指数	Consumer Price Index	638.2	591.3	474.7	275.1	102.4	101.0
商品零售价格指数	Retail Price Index	440.8	405.5	322.2	184.7	94.7	99.2
工业品出厂价格指数	Industrial Products Producer Price Index					100.3	103.0
原材料、燃料、动力购进价格指数	Raw Material,Fuels and Motive Power Purchasing Price Index					116.7	114.2
固定资产投资价格指数	Investment in Fixed Assets Price Index					107.6	104.3
建筑安装工程价格指数	Building Installation Price Index	558.9	399.8	323.1	119.1	115.3	107.7

6-4 农产品生产价格指数(上年=100)
PRICE INDICES OF AGRICULTURAL MEANS OF PRODUCTION BY CATEGORY (PRECEDING YEAR=100)

单位：%　　(%)

项目	Item	2004	2003
总指数	Aggregate Index	**106.2**	**102.5**
一、农业产品	Farm Products	104.2	101.9
# 粮食	Grain	116.6	100.5
蔬菜	Vegetable	102.8	99.9
二、林业产品	Forestry Products	101.5	100.9
三、牧业(畜产品)	Animals	107.9	102.4
# 肉牛	Beef Cattle	103.6	105.9
肉羊	Sheep and Goats	102.4	99.6
奶产品	Milk Products	100.7	99.0
猪	Hogs	117.6	104.1
肉禽(毛重)	Table Poultry(Gross Weight)	103.7	100.8
禽蛋	Poultry Eggs	109.7	103.3
四、渔业	Fishery	108.9	110.0

6-5 工业品出厂价格指数(上年=100)
INDUSTRIAL PRODUCTS PRODUCER PRICE INDICES(PRECEDING YEAR=100)

单位：%　　(%)

项目	Item	2004	2003
总指数	**Aggregate Index**	**103.0**	**101.5**
轻工业	Light Industry	100.2	98.0
以农产品为原料	Using Farm Products as Raw Materials	102.4	100.4
以非农产品为原料	Using Non-farm Products as Raw Materials	99.5	97.3
重工业	Heavy Industry	105.3	104.5
采掘	Excavation	127.7	103.5
原料	Raw Material	113.8	114.5
加工	Processing	100.6	100.1
生产资料	Capital Goods	103.7	102.2
采掘	Excavation	120.5	97.5
原料	Raw Material	113.8	115.5
加工	Processing	100.2	98.7
生活资料	Living Goods	100.6	99.1
食品	Food	103.4	99.7
衣着	Clothing	101.3	99.6
一般日用品	Articles for Daily Use	99.8	99.9
耐用消费品	Durable Consumer Goods	97.1	96.5

6-6 工业品出厂价格指数(按行业分) (上年=100)
INDUSTRIAL PRODUCTS PRODUCER PRICE INDICES(BY SECTOR) (PRECEDING YEAR=100)

单位：% (%)

项目	Item	2004	2003
煤炭开采和洗选业	Coal Mining and Dressing	116.9	95.7
黑色金属矿采选业	Ferrous Metals Mining and Dressing	212.4	153.7
非金属矿采选业	Nonmetal Minerals Mining and Dressing	93.3	95.4
农副食品加工业	Farm and Sideline Prodncts Processing	112.9	105.5
食品制造业	Food Making	99.5	97.1
饮料制造业	Beverage Making	98.2	99.9
烟草制品业	Tobacco Processing	99.8	99.6
纺织业	Textile	102.3	100.9
纺织服装、鞋、帽制造业	Garments,shoes and chapeau	101.3	99.4
皮革、毛皮、羽毛(绒)及其制品业	Leather,Furs,Feather(Down) and Related Products	98.2	100.9
木材加工及木、竹、藤、棕、草制品业	Timber Processing,Bamboo,Cane,Palm Fiber and Straw Products	102.0	101.5
家具制造业	Furniture Manufacturing	100.5	99.8
造纸及纸制品业	Papermaking and Paper Products	100.6	97.2
印刷业和记录媒介的复制	Printing and Record Medium Reproduction	98.5	99.6
文教体育用品制造业	Stationery,Education and Sports Goods	100.2	99.7
石油加工、炼焦及核燃料加工业	Petroleum Processing,Coking and Nuclear Elding	113.8	117.2
化学原料及化学制品制造业	Raw Chemical Materials and Chemical Products	120.8	117.1
医药制造业	Medical and Pharmaceutical Products	101.7	98.7
化学纤维制造业	Chemical Fiber	109.0	106.6
橡胶制品业	Rubber Products	101.5	100.7
塑料制品业	Plastic Products	106.8	100.2
非金属矿物制品业	Nonmetal Mineral Products	101.4	97.4
黑色金属冶炼及压延加工业	Smelting and Processing of Ferrous Metals	125.1	116.1
有色金属冶炼及压延加工业	Smelting and Processing of Nonferrous Metals	107.4	102.5
金属制品业	Metal Products	105.4	100.2
通用设备制造业	Universal Equipment	102.9	99.6
专用设备制造业	Equipment for Special Purpose	99.9	99.6
交通运输设备制造业	Transportation Equipment	98.4	98.7
电气机械及器材制造业	Electric Equipment and Machinery	100.1	96.6
通信设备、计算机及其他电子设备制造业	Telecommunications Equipment,Computer and Others	91.2	93.1
仪器仪表及文化、办公用机械制造业	Instruments,Meters,Cultural and Office Machinery	98.6	97.6
工艺品及其他制造业	Art Products and Other Manufacturing	108.6	104.0
电力、热力的生产和供应业	Electricity and Hot Power Production and Supply	100.1	102.8
燃气生产和供应业	Gas Production and Supply	102.6	106.8
水的生产和供应业	Water Production and Supply	129.0	103.6

6-7 原材料、燃料、动力购进价格指数(上年=100)
PRICE INDICES OF RAW MATERIAL,FUELS AND MOTIVE POWER PURCHASING (PRECEDING YEAR=100)

单位：%　　　　(%)

项目	Item	2004	2003
总指数	**Aggregate Index**	**114.2**	**104.7**
燃料、动力类	Fuel and Motive Power	120.0	109.6
黑色金属材料类	Ferrous Metal Materials	124.5	110.9
# 钢材	Steel Products	122.4	108.6
其他	Others	128.9	115.0
有色金属材料类	Nonferrous Metal Materials	120.9	101.4
化工原料类	Industrial Chemicals	111.1	107.3
木材及纸浆类	Timber and Paper Pulp	100.7	100.6
建筑材料及非金属类	Construction Materials and Nonmetals	105.8	99.0
其他工业原材料及半成品类	Other Industrial Materials and Semi-manufactured Goods	103.8	95.2
农副产品类	Farming and Sideline Products	122.3	114.3
纺织原料类	Textile Materials	102.8	98.1

6-8 固定资产投资价格指数(2004年)
PRICE INDICES OF INVESTMENT IN FIXED ASSETS(2004)

单位：%　　　　(%)

项目	Item	1992=100	1993=100	1994=100	2000=100	2003=100
总 指 数	**Aggregate Index**	**203.9**	**161.1**	**138.6**	**107.6**	**104.3**
建筑安装工程	Building Installation	247.4	188.7	157.6	115.3	107.7
设备、工器具购置	Purchase of Equipment, Tools and Instruments	121.3	105.6	103.5	82.9	95.3
其他费用	Others	164.1	134.4	108.7	102.9	101.3

注：按国家统计局的有关规定，固定资产投资价格指数从1992年开始计算。

Note: According to rules of State Statistical Bureau, price indices of investment in fixed assets are counted from 1992.

6-9 房地产价格指数(上年=100)

PRICE INDICES OF REAL ESTATE(PRECEDING YEAR=100)

单位：%　　　　(%)

项目	Item	2004	2003
土地交易价格指数	**Price Indices of Land Transaction**	**102.5**	**100.6**
居民住宅用地	Residential Building	102.2	101.0
工业用地	Industry	104.8	99.5
商业旅游娱乐用地	Commerce,Tourism and Recreation	103.5	99.3
其他用地	Others	101.3	101.7
房屋销售价格指数	**Price Indices of Real Estate Sales**	**103.7**	**100.3**
商品房	Commodity Building	103.9	100.4
住宅	Residence	104.3	100.6
非住宅	Non-residence	101.2	99.1
私有住房	Public	103.3	100.2
公房交易	Private		100.0
房屋租赁价格指数	**Price Indices of Real Estate Rent**	**103.4**	**108.5**
住宅	Residence	106.4	113.4
公房	Public	100.0	100.0
私房	Private	160.0	226.5
办公用房	Office	93.8	98.1
商业用房	Commerce	100.8	96.6
厂房仓库	Plant	102.6	100.0

6-10 36个大中城市价格指数(上年=100)

PRICE INDEX OF THE 36 LARGE AND MEDIUM CITIES(PRECEDING YEAR=100)

单位：%　　(%)

城市	City	2004		2003	
		居民消费价格指数 Consumer Price Index	商品零售价格指数 Retail Price Index	居民消费价格指数 Consumer Price Index	商品零售价格指数 Retail Price Index
平均指数	**Average Index**	**102.4**	**101.0**	**100.7**	**99.2**
北　京	Beijing	101.0	99.2	100.2	98.2
天　津	Tianjin	102.3	100.8	101.0	97.4
石家庄	Shijinazhuang	102.5	101.3	102.0	99.7
太　原	Taiyuan	103.9	102.0	101.9	100.9
呼和浩特	Huhehaote	102.4	101.7	101.7	100.1
沈　阳	Shenyang	102.2	100.7	100.9	99.7
大　连	Dalian	102.6	101.5	100.6	99.4
长　春	Changchun	104.1	102.7	101.0	100.7
哈尔滨	Haerbin	103.1	100.9	100.1	98.9
上　海	Shanghai	102.2	100.9	100.1	99.0
南　京	Nanjing	103.0	98.1	101.4	98.1
杭　州	Hangzhou	102.5	101.6	99.5	98.1
宁　波	Ningbo	102.7	102.0	101.2	101.6
合　肥	Hefei	102.2	100.8	101.2	101.4
福　州	Fuzhou	103.9	102.4	99.4	97.6
厦　门	Xiamen	103.1	100.8	101.0	99.0
南　昌	Nanchang	103.2	101.3	100.5	99.7
济　南	Jinan	102.5	100.6	99.9	98.0
青　岛	Qingdao	102.1	99.0	101.4	98.3
郑　州	Zhengzhou	105.7	105.6	102.0	101.5
武　汉	Wuhan	103.3	101.0	102.3	100.4
长　沙	Changsha	103.2	101.3	100.9	99.2
广　州	Guangzhou	101.7	102.1	100.1	99.1
深　圳	Shenzhen	101.3	100.7	100.7	100.0
南　宁	Nanning	104.2	102.7	100.8	99.5
海　口	Haikou	103.0	102.6	99.8	99.9
重　庆	Chongqing	103.7	101.4	100.6	99.5
成　都	Chengdu	103.9	101.4	102.1	100.2
贵　阳	Guiyang	102.1	100.4	100.8	97.6
昆　明	Kunming	106.5	104.6	101.6	100.7
拉　萨	Lasa	101.8	100.0	100.4	99.9
西　安	Xi'an	102.3	101.9	100.5	100.0
兰　州	Lanzhou	101.1	101.0	100.9	99.2
西　宁	Xining	102.6	103.2	101.8	101.9
银　川	Yinchuan	103.2	102.0	101.7	99.8
乌鲁木齐	Wulumuqi	100.9	101.1	100.6	100.2

主要统计指标解释

居民消费价格指数 是反映居民家庭所购买的生活消费品和支付的服务项目价格变动总趋势和程度的一种综合价格指数，分为城市居民消费价格指数和农村居民消费价格指数。通过编制居民消费价格指数，可以全面观察居民消费价格变动对居民生活的影响。居民消费价格指数还是反映通货膨胀的重要指标。按国家规定我市只编制上报城市居民消费价格指数。

商品零售价格指数 是反映工业、商业、餐饮业和其他零售业向城乡居民、机关团体出售生活消费品和办公用品价格变动总趋势和程度的一种综合价格指数。通过编制商品零售价格指数，可以全面掌握市场商品零售价格的变动情况。

工业品出厂价格指数 是反映全部工业产品出厂价格总水平的变动趋势和程度的相对数。其中包括工业企业售给商业、外贸、物资部门的产品，还包括售给工业和其他部门的生产资料以及直接售给居民的生活消费品。通过工业生产价格指数能观察工业产品出厂价格变动对工业总产值的影响。

原材料、燃料、动力购进价格指数 是反映全部工业原材料、燃料、动力购进价格总水平的变动趋势和程度的相对数。用其可以观察和研究工业企业原材料价格变动对生产的影响，以及企业对原材料涨价的消化能力和承受能力，为制订价格政策提供依据。

固定资产投资价格指数 是反映固定资产投资额价格变动趋势和程度的相对数。固定资产投资额由建筑安装工程投资完成额、设备、工器具购置投资完成额和其他费用投资完成额三部分组成。编制固定资产投资价格指数应首先分别编制上述三部分投资的价格指数，然后采用加权算术平均法求出固定资产投资价格总指数。编制固定资产投资价格指数可以准确地反映固定资产投资中涉及的各类商品和取费项目价格变动趋势和变动幅度，消除按现价计算的固定资产投资指标中的价格变动因素，真实地反映固定资产投资的规模、速度、结构和效益，为国家科学地制定、检查固定资产投资计划，提高宏观调控水平，为完善国民经济核算体系提供科学、可靠的依据。

房地产价格指数 是反映全部房地产价格总水平的变动趋势和程度的相对数。包括土地交易价格指数、房屋销售价格指数、房屋租赁价格指数。

土地交易价格指数 是指房地产开发商或其他建设单位在进行商品房开发前为取得土地使用权而实际支付的价格的变动趋势和程度的相对数。

房屋销售价格指数 是指房屋销售价格总水平变动趋势和程度的相对数。

房屋租赁价格指数 是指房地产租赁价格总水平变动趋势和程度的相对数。

七、人民生活

PEOPLES LIVELIHOOD

居民人均收入（单位：元）
Income Per Capita(yuan)

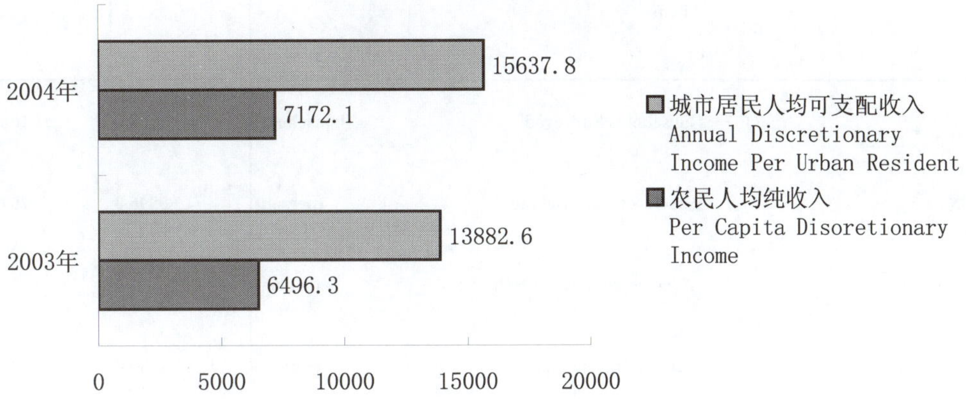

居民人均消费性支出（单位：元）
Annual Living Expenditures Per Capita (yuan)

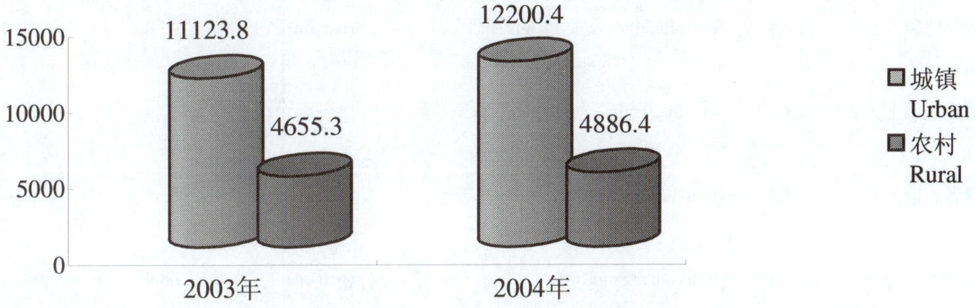

居民人均住房情况（单位：平方米）
Living Conditions Per Capita (sq.m)

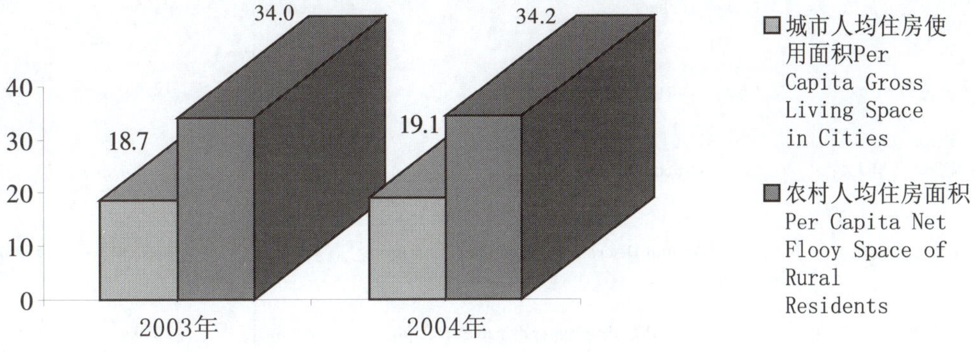

7-1 2000户城市居民家庭基本情况
BASIC STATISTICS OF 2000 SAMPLED URBAN HOUSEHOLDS

项目		Item		2004	2003	2004年为2003年% 2004 as % of 2003
一、调查户数	**(户)**	**Households Surveyed**	**(household)**	**2000.0**	**1000.0**	**200.0**
二、家庭人口数	**(人)**	**Persons of Households**	**(person)**	**5896.0**	**2970.0**	**198.5**
平均每户家庭人口	(人)	Average Persons Per Household	(person)	2.9	3.0	96.7
(一)有收入者人数	(人)	Persons Having Income	(person)	4650.0	2360.0	197.0
1. 就业人口数	(人)	Employees	(person)	3081.8	1680.0	183.4
平均每户就业人口数	(人)	Average Employees Per Household	(person)	1.5	1.7	88.2
(1)国有经济单位职工人数	(人)	in State-owned Units	(person)	1876.0	1020.0	183.9
(2)集体经济单位职工人数	(人)	in Collective-owned Units	(person)	125.8	50.0	251.6
(3)其他经济类型职工人数	(人)	in Other Units	(person)	430.4	200.0	215.2
(4)个体经营者人数	(人)	Individual Employer	(person)	53.2	60.0	88.7
(5)个体被雇者人数	(人)	Individual Employee	(person)	68.4	40.0	171.0
(6)离退休再就业者人数	(人)	Reemployees after retirement	(person)	363.4	240.0	151.4
(7)其他就业者人数	(人)	Others	(person)	164.6	70.0	235.1
2. 离退休人员数	(人)	Retirees	(person)	1462.8	630.0	232.2
3. 其他有收入者人员数	(人)	Others	(person)	105.4	50.0	210.8
(二)无收入者人数	(人)	Persons having no Income	(person)	1246.0	600.0	207.7
三、平均每一就业者负担人数	**(人)**	**Dependents Per Employee**	**(person)**	**1.4**	**1.4**	**100.0**
四、平均每人年可支配收入	**(元)**	**Annual Discretionary Income Per Capita**	**(yuan)**	**15637.8**	**13882.6**	**112.6**
五、平均每人年消费支出	**(元)**	**Annual Living Expenditure Per Capita**	**(yuan)**	**12200.4**	**11123.8**	**109.7**

7-2 2000户城市居民家庭基本情况(按收入水平分)(2004年)
BASIC STATISTICS OF 2000 SAMPLED URBAN HOUSEHOLDS(BY INCOME LEVEL)(2004)

项目 Item				全市平均 Total	低收入户20% Low Income	较低收入户20% Medium - Low Income	中间收入户20% Medium Income	较高收入户20% Medium - High Income	高收入户20% High Income
一、调查户数	(户)	**Households Surveyed**	**(household)**	**2000.0**	**400.0**	**400.0**	**400.0**	**400.0**	**400.0**
二、家庭人口数	(人)	**Persons of Households**	**(person)**	**5896.0**	**1283.5**	**1268.1**	**1165.4**	**1117.8**	**1061.2**
平均每户家庭人口	(人)	Average Persons Per Household	(person)	2.9	3.2	3.1	2.9	2.9	2.7
(一)有收入者人数	(人)	Persons Having Income	(person)	4650.0	857.3	964.0	950.1	947.6	931.0
1．就业人口数	(人)	Employees	(person)	3081.8	574.6	636.0	622.0	630.1	619.1
平均每户就业人口数	(人)	Average Employees Per Household	(person)	1.5	1.4	1.6	1.6	1.6	1.6
(1)国有经济单位职工人数	(人)	in State-owned Units	(person)	1876.0	316.9	387.4	391.8	386.4	393.5
(2)集体经济单位职工人数	(人)	in Collective-owned Units	(person)	125.8	35.7	41.7	23.8	14.4	10.2
(3)其他经济类型职工人数	(人)	in Other Units	(person)	430.4	78.3	74.1	87.6	88.8	101.6
(4)个体经营者人数	(人)	Individual Employer	(person)	53.2	17.0	13.6	6.0	10.8	5.8
(5)个体被雇者人数	(人)	Individual Employee	(person)	68.4	28.7	12.0	9.9	10.9	6.9
(6)离退休再就业者人数	(人)	Reemployees after retirement	(person)	363.4	36.8	63.9	79.2	96.1	87.4
(7)其他就业者人数	(人)	Others	(person)	164.6	61.2	43.3	23.7	22.7	13.7
2．离退休人员数	(人)	Retirees	(person)	1462.8	245.8	304.9	310.1	298.5	303.5
3．其他有收入者人员数	(人)	Others	(person)	105.4	36.9	23.1	18.0	19.0	8.4
(二)无收入者人数	(人)	Persons having no Income	(person)	1246.0	426.2	304.1	215.3	170.2	130.2
三、平均每一就业者负担人数	(人)	**Dependents Per Employee**	**(person)**	**1.4**	**1.8**	**1.5**	**1.4**	**1.3**	**1.2**
四、平均每人年可支配收入	(元)	**Annual Discretionary Income Per Capita**	**(yuan)**	**15637.8**	**7400.9**	**10960.8**	**14245.1**	**18454.5**	**29634.6**
五、平均每人年消费支出	(元)	**Annual Living Expenditure Per Capita**	**(yuan)**	**12200.4**	**7395.4**	**10009.4**	**11115.4**	**13907.0**	**19969.7**

7-3 2000户城市居民家庭每人每年现金收入(2004年)
ANNUAL CASH INCOME PER CAPITA OF THE 2000 URBAN HOUSEHOLDS(2004)

单位：元　　　　(yuan)

项目	Item	全市平均 Total	低收入户 20% Low Income	较低收入户 20% Medium-Low Income	中间收入户 20% Medium Income	较高收入户 20% Medium-High Income	高收入户 20% High Income	2004年为2003年% 2004 as% of 2003
一、家庭总收入	**Familial Gross Income**	**17116.5**	**8241.1**	**12139.6**	**15613.5**	**20022.1**	**32258.3**	**114.4**
# 可支配收入	Annual Discretionary Income	15637.8	7400.9	10960.8	14245.1	18454.5	29634.6	112.6
(一)工薪收入	Emolument	11590.4	5538.0	8302.5	10474.8	13609.2	21852.3	114.2
1．工资及补贴收入	Laborage and Allowance Income	11064.3	5315.2	8022.0	10159.7	13093.0	20442.3	113.1
2．其他劳动收入	Other Income from Work	526.1	222.8	280.5	315.1	516.2	1410.0	143.5
(二)经营性收入	Business Income	177.5	186.7	146.5	66.9	164.8	332.4	56.5
(三)财产性收入	Property Income	146.4	26.2	35.8	110.9	125.9	478.0	83.8
1．利息收入	Interest Income	36.5	5.2	8.7	15.1	40.9	124.4	50.5
2．股息与红利收入	Capital Bonus Income	35.7	7.0	8.8	26.6	27.2	119.8	63.6
3．保险收益	Insurance Proceeds	5.6	1.3	0.3	1.1	5.6	21.9	109.8
4．其他投资收入	Other Income from Yield	0.9	1.8	0.4	1.8		0.3	225.0
5．出租房屋收入	Lease House Income	65.3	10.9	12.3	64.1	51.4	207.4	160.4
6．知识产权收入	Sciential Property Right	0.3			1.3			
7．其他财产性收入	Other Income from Property	2.1		5.3	0.9	0.8	4.2	
(四)转移性收入	Transfer Income	5202.2	2490.2	3654.8	4960.9	6122.2	9595.6	120.5
# 养老金或离退休金	Annuities and Pension	4575.0	2185.5	3389.4	4541.5	5528.2	7907.8	122.7
社会救济收入	Receiving Special Reilief Income	8.8	26.4	7.8	0.5	5.2	0.9	131.3
辞退金	Resignation Allowances	15.3	3.1		10.3	12.4	56.2	215.5
保险收入	Insurance Income	26.4	31.6	26.3	19.3	24.3	29.6	180.8
# 失业保险金	Unemployment Income	21.1	30.9	22.4	19.1	15.5	15.4	175.8
赡养收入	Maintenance Income	180.6	74.5	54.4	111.8	211.2	496.7	135.4
赠送收入	Gift Income	178.4	64.4	69.8	120.8	145.9	535.6	66.9
亲友搭伙费	Poor Funds	6.7	1.1		4.9	20.4	9.1	93.1
提取住房公积金	Draw Money of Housing Accumulation Fund	84.6			37.9	53.1	365.8	497.7
记账补贴	Subsidies of Account	95.9	85.0	88.9	96.7	100.6	111.6	99.0
二、出售财物收入	**Proceeds from Sales of Belongings**	**65.1**	**5.9**	**3.2**	**152.7**	**12.7**	**168.1**	**27.6**
三、借贷收入	**Credit Income**	**4683.0**	**1809.0**	**2641.0**	**3762.8**	**4094.3**	**12082.9**	**145.7**

7-4 2000户城市居民家庭每人每年现金支出(2004年)
ANNUAL CASH EXPENDITURES PER CAPITA OF THE 2000 URBAN HOUSEHOLDS(2004)

单位：元 (yuan)

项目	Item	全市平均 Total	低收入户20% Low Income	较低收入户20% Medium-Low Income	中间收入户20% Medium Income	较高收入户20% Medium-High Income	高收入户20% High Income	2004年为2003年% 2004 as% of 2003
一、家庭总支出	**Familial Gross Expenditures**	**16162.3**	**8696.4**	**12069.0**	**15051.9**	**17942.4**	**29297.5**	**117.4**
(一)消费支出	Living Expenditures	12200.4	7395.4	10009.4	11115.4	13907.0	19969.7	109.7
# 服务性消费支出	Service Living Expenditures	3863.3	2195.1	3041.5	3405.5	4541.7	6630.9	114.5
(二)购房与建房支出	Expenditures on Purchasing and Builking Houses	1580.4	213.9	416.6	1655.2	1490.2	4588.1	205.2
1．购房	Purchasing	1540.1	212.7	388.7	1654.5	1327.1	4567.4	209.0
2．建房	Builking Houses	40.3	1.2	27.9	0.7	163.1	20.7	121.0
(三)转移性支出	Ambulant Expenditures	1212.8	355.7	639.3	1149.1	1318.4	2872.2	121.6
1．交纳的个人收入税	Individual Income-tax	227.8	31.5	91.1	145.6	256.0	681.5	188.1
2．捐赠支出	Gift Expenditures	539.4	135.4	280.5	535.2	618.3	1251.9	123.3
3．购买彩票	Buy Lottery Expenditures	17.6	8.9	18.3	13.6	16.0	33.0	144.3
4．赡养支出	Support Expenditures	308.5	139.6	161.9	355.6	324.3	616.1	93.0
5．各种非储蓄性保险支出	Non-saving-deposits Insurance	79.7	27.9	70.6	58.7	64.9	189.8	144.9
# 车辆保险支出	Automotive Insurance	18.6	0.1	4.0	14.0	15.7	65.7	147.6
6．其他转移性支出	Others	39.8	12.4	16.9	40.4	38.9	99.9	99.5
(四)财产性支出	Property Insurance	13.7	7.7	5.0	6.1	15.8	36.9	107.0
(五)社会保障支出	Social Security Insurance	1155.0	723.7	998.7	1126.1	1211.0	1830.6	134.5
1．个人交纳的养老基金	Annuities	415.2	314.3	405.4	433.9	397.6	546.1	131.4
2．个人交纳的住房公基金	Housing Accumulation Fund	534.0	223.6	408.5	497.1	614.8	1011.7	137.1
3．个人交纳的医疗基金	Iatrical Accumulation Fund	159.2	145.6	148.2	155.9	150.2	200.6	132.8
4．个人交纳的失业基金	Disemployed a Accumulation Fund	42.4	32.0	35.5	37.6	43.4	66.7	131.3
5．其他社会保障支出	Others	4.2	8.2	1.1	1.6	5.0	5.5	420.0
二、借贷支出	**Credit Expenditures**	**4854.3**	**926.5**	**1892.4**	**3653.0**	**5055.8**	**14092.7**	**117.1**
# 存入储蓄款	Saving Deposits	3747.3	704.7	1458.0	2959.0	4029.2	10620.0	110.7
归还借款	Returning Loans	240.0	51.6	130.5	232.3	170.0	672.8	172.5
储蓄性保险支出	Save up Premiums	292.7	62.0	134.2	200.2	335.2	809.5	119.6
购买有价证券	Purchase of Securities	161.4	19.3	22.5	47.3	92.1	684.2	138.1
归还住房贷款	Return the Housing Provide a Loan	175.8	34.8	32.9	64.3	156.2	649.1	244.2
归还汽车贷款	Return the Automotive Provide a Loan	48.8	2.1	23.2	35.8	90.9	106.1	244.0
归还教育贷款	Return the Educational Provide a Loan	0.9		1.0		3.6		

7-5 2000户城市居民家庭平均每人年消费支出(2004年)

ANNUAL LIVING EXPENDITURE PER CAPITA OF THE 2000 URBAN HOUSEHOLDS(2004)

单位：元 (yuan)

项目	Item	全市平均 Total	低收入户20% Low Income	较低收入户20% Medium-Low Income	中间收入户20% Medium Income	较高收入户20% Medium-High Income	高收入户20% High Income	2004年为2003年% 2004 as% of 2003
消费支出	**Living Expenditures**	**12200.4**	**7395.4**	**10009.4**	**11115.4**	**13907.0**	**19969.7**	**109.7**
1. 食　品	Food	3925.5	2866.9	3609.0	4023.1	4296.9	5093.3	111.4
2. 衣　着	Clothing	1062.5	504.9	849.1	1065.6	1297.0	1743.3	117.2
3. 家庭设备用品及服务	Household Facilities, Articles and Services	823.8	427.9	572.3	603.3	935.0	1714.7	117.0
4. 医疗保健	Medicine and Medical Services	1182.8	668.0	1084.4	1093.5	1587.3	1606.0	119.0
5. 交通和通信	Transportation and Communication	1562.2	827.5	1113.8	1203.5	1623.2	3286.8	92.5
# 汽车	Motor Vehicle	239.9	161.9	147.8	36.7	52.4	845.0	46.8
6. 教育文化娱乐服务	Education,Culture and Recreation Services	2115.9	1265.9	1724.3	1924.8	2467.9	3443.5	107.7
7. 居住	Residence	1065.7	639.8	742.2	811.1	1137.4	2151.6	111.5
8. 杂项商品与服务	Miscellaneous and Servings	462.0	194.5	314.3	390.5	562.3	930.5	118.9
# 服务	Servings	158.7	63.0	81.1	120.3	201.5	361.6	124.3

7-6 2000户城市居民家庭消费支出构成(2004年)

MAKE UP OF ANNUAL LIVING EXPENDITURE THE 2000 URBAN HOUSEHOLDS(2004)

单位：% (%)

项目	Item	全市平均 Total	低收入户20% Low Income	较低收入户20% Medium-Low Income	中间收入户20% Medium Income	较高收入户20% Medium-High Income	高收入户20% High Income	2004比2003年增、减 2004 Increase Or Decrease Than 2003
消费支出	**Living Expenditures**	**100.0**	**100.0**	**100.0**	**100.0**	**100.0**	**100.0**	**100.0**
1. 食品(即恩格尔系数)	Food(Engel Confficient)	32.2	38.8	36.1	36.2	30.9	25.5	0.5
2. 衣着	Clothing	8.7	6.8	8.5	9.6	9.3	8.7	0.5
3. 家庭设备用品及服务	Household Facilities,Articles and Services	6.8	5.8	5.7	5.4	6.7	8.6	0.5
4. 医疗保健	Medicine and Medical Services	9.7	9.0	10.8	9.8	11.4	8.0	0.8
5. 交通和通信	Transportation and Communication	12.8	11.2	11.1	10.8	11.7	16.5	-2.4
6. 教育文化娱乐服务	Education,Culture and Recreation Services	17.3	17.1	17.2	17.3	17.7	17.2	-0.4
7. 居住	Residence	8.7	8.7	7.4	7.3	8.2	10.8	0.1
8. 杂项商品与服务	Miscellaneous and servings	3.8	2.6	3.2	3.6	4.1	4.7	0.4

7-7 2000户城市居民家庭平均每人年购买食品支出(2004年)

ANNUAL EXPENDITURE OF FOOD PER CAPITA OF THE 2000 URBAN HOUSEHOLDS(2004)

单位：元 (yuan)

项 目	Item	全市平均 Total	低收入户20% Low Income	较低收入户20% Medium-Low Income	中间收入户20% Medium Income	较高收入户20% Medium-High Income	高收入户20% High Income	2004年为2003年% 2004 as% of 2003
一、食 品	**Food**	**3925.5**	**2866.9**	**3609.0**	**4023.1**	**4296.9**	**5093.3**	**111.4**
(一)粮油类	Grain and Oil	413.9	394.6	416.4	434.4	420.1	406.2	111.9
1、粮 食	Grain	255.0	248.0	252.7	265.6	258.0	251.6	113.8
2、淀粉及薯类	Starches and Tuber	24.5	21.3	24.7	27.4	24.0	25.8	93.9
3、干豆类及豆制品	Bean and Bean Products	42.4	33.8	45.1	44.2	43.3	46.9	111.0
4、油脂类	Oil	92.0	91.5	93.9	97.2	94.8	81.9	112.8
(二)肉禽蛋及水产品类	Meat,Poultry and Related Products	857.7	730.8	844.0	912.0	899.0	927.8	106.2
1、肉类	Meat Products	519.6	463.1	520.1	556.3	532.4	535.5	111.7
2、禽类	Poultry Products	94.3	78.0	91.6	100.5	104.5	100.4	85.8
3、蛋类	Eggs	78.6	68.1	75.0	84.4	82.7	85.3	109.5
4、水产品类	Aquatic Products	165.2	121.6	157.3	170.8	179.4	206.6	102.7
(三)蔬菜类	Vegetable	287.1	250.5	275.6	304.5	298.0	315.5	107.7
1、鲜菜	Fresh Vegetable	256.6	228.7	247.5	272.5	262.9	277.5	109.2
2、干菜	Dried Vegetable	17.9	12.9	18.1	18.1	21.0	20.5	100.0
3、菜制品	Vegetable Products	12.6	8.9	10.0	13.9	14.1	17.5	90.7
(四)调味品	Flavorings	72.1	65.2	66.6	75.5	76.8	78.2	107.5
(五)糖烟酒饮料类	Sugar,Tabacco and Beverage	426.2	321.6	406.7	446.1	473.2	506.9	109.0
1、糖类	Sugar	47.5	33.0	45.3	45.9	52.5	63.9	106.5
2、烟草类	Tabacco	115.1	90.2	112.7	125.4	125.7	126.2	115.1
3、酒类	Liquor	96.2	83.8	87.7	102.1	99.2	111.9	106.5
4、饮料	Beverage	167.4	114.6	161.0	172.7	195.8	204.9	107.0
(六)干鲜瓜果类	Dried and Fresh Melon and Fruits	329.8	224.8	310.5	346.9	365.4	424.8	105.4
1、鲜果	Fresh Fruits	189.4	128.8	177.1	202.7	207.2	244.8	107.6
2、鲜瓜	Fresh Melon	42.9	31.3	42.2	45.0	45.6	52.6	95.3
3、干果	Dried Fruit	16.0	10.9	13.5	16.9	17.4	22.4	131.2
4、瓜果制品	Melon and Fruits Products	13.7	8.4	13.8	14.1	14.9	18.4	89.0
5、坚果及果仁	Nuts and Kernel	67.8	45.4	63.9	68.2	80.3	86.6	105.3
(七)糕点、奶及奶制品	Cake,Milk and Dairy Products	396.8	300.1	380.7	410.4	425.1	489.5	103.9
(八)其他食品	Others	82.6	58.4	76.4	80.9	96.8	106.6	86.6
(九)饮食服务	Bite and sup servese	1059.3	520.9	832.1	1012.6	1242.6	1837.9	127.7
1、食品加工服务费	Food Processing service	0.7	0.5	0.3	1.8	0.8	0.7	350.0
2、在外饮食	Dinning Out	1058.6	520.4	831.8	1010.8	1241.8	1837.2	127.6

7-8 2000户城市居民家庭平均每人年购买衣着、家庭设备用品及服务、医疗保健支出(2004年)
ANNUAL PURCHASES OF CLOTHING,HOUSEHOLDS ARTICLES AND SERVICES, MEDICINE AND MEDICAL SERVICES PER CAPITA OF THE 2000 URBAN HOUSEHOLDS(2004)

单位：元 (yuan)

项目	Item	全市平均 Total	低收入户 20% Low Income	较低收入户 20% Medium-Low Income	中间收入户 20% Medium Income	较高收入户 20% Medium-High Income	高收入户 20% High Income	2004年为2003年% 2004 as% of 2003
二、衣着支出	**Clothing**	**1062.5**	**504.9**	**849.1**	**1065.6**	**1297.0**	**1743.3**	**117.2**
(一)服装	Garments	724.9	326.2	569.1	721.9	896.5	1216.9	118.3
1．男士服装	The dress of man	281.8	139.1	217.1	290.0	354.1	447.5	102.7
2．女士服装	The dress of woman	410.4	170.8	323.3	399.2	505.5	716.9	129.1
3．童装	Boy's suit	32.7	16.3	28.7	32.7	36.9	52.5	158.0
(二)衣着材料	Clothing Materials	17.0	12.4	14.8	13.2	18.5	27.9	85.0
(三)鞋类	Shoes	256.0	134.7	214.7	268.4	305.4	387.7	118.0
(四)其他衣着用品	Others	48.0	25.1	39.5	48.4	56.1	77.1	122.5
(五)衣着加工服务费	Clothing Processing and servings	16.6	6.5	11.0	13.7	20.5	33.7	97.1
三、家庭设备用品及服务	**Households Articles and Services**	**823.8**	**427.9**	**572.3**	**603.3**	**935.0**	**1714.7**	**117.0**
(一)耐用消费品	Durable Consumer Goods	410.6	169.4	265.9	256.2	450.8	992.6	115.9
1．家具	Furniture	186.5	46.3	86.9	79.4	189.9	580.8	137.9
2．家庭设备	Households Facility	224.2	123.1	178.9	176.8	261.0	411.9	102.3
(二)室内装饰品	Room Ornament	41.4	12.5	19.8	22.1	43.3	119.9	144.8
1．纺织装饰品	Weave Ornament	13.2	4.2	9.3	7.3	12.0	36.0	178.4
2．装饰灯具	Ornamental Lamps and Lanterns	9.6	3.0	3.9	4.6	10.0	28.9	131.5
3．其他装饰品	Others	18.6	5.3	6.6	10.2	21.3	55.0	133.8
(三)床上用品	Articles for Bed	59.2	28.5	37.0	51.1	82.7	107.0	130.1
(四)家庭日用杂品	Groceries for Households Daily Use	238.4	164.8	203.9	223.3	267.3	354.2	109.7
(五)家具材料	Furniture Materials	9.5	25.0	4.1	1.5	6.3	8.5	139.7
(六)家庭服务	Households Services	64.7	27.7	41.6	49.1	84.6	132.5	125.4
四、医疗保健	**Medicine and Medical Services**	**1182.8**	**668.0**	**1084.4**	**1093.5**	**1587.3**	**1606.0**	**119.0**
(一)医疗器具	Medical Implements	10.4	3.8	11.6	9.8	15.8	12.3	90.4
(二)保健器具	Health Appliance	43.4	23.5	32.7	29.7	56.2	81.1	152.3
(三)药品费	Medicine Expenses	559.5	373.5	543.8	562.7	682.9	674.6	105.2
(四)滋补保健品	Tonic	204.4	74.0	144.9	191.5	307.5	340.7	127.8
(五)医疗费	Medical Services	346.5	186.8	342.5	281.1	492.8	466.3	143.1
(六)其他	Others	18.6	6.4	8.9	18.7	32.1	31.0	92.1

7-9 2000户城市居民家庭平均每人年交通和通信、教育文化娱乐服务支出(2004年)

ANNUAL EXPENDITURE OF TRANSPORTATION,COMMUNICATION,RECREATION, SERVICES EDUCATION CULTURE AND PER CAPITA OF THE 2000 URBAN HOUSEHOLDS(2004)

单位：元 (yuan)

项目	Item	全市平均 Total	低收入户20% Low Income	较低收入户20% Medium-Low Income	中间收入户20% Medium Income	较高收入户20% Medium-High Income	高收入户20% High Income	2004年为2003年% 2004 as% of 2003
五、交通和通信	**Transportation and Communication**	**1562.2**	**827.5**	**1113.8**	**1203.5**	**1623.2**	**3286.8**	**92.5**
(一)交通	Transportation	808.7	387.3	482.6	449.1	689.4	2195.6	87.5
1．家庭交通工具	Means of Transport for Household	272.7	184.3	180.8	72.1	95.1	877.1	50.6
2．车辆用燃料及零配件	Fuel and Accessory by Voiture	108.2	33.8	49.9	56.4	95.0	333.4	190.8
3．交通工具服务支出	Means of Transport Services Expense	106.3	34.8	39.3	54.6	99.3	331.6	126.1
4．交通费	Transport Fare	321.5	134.4	212.6	266.0	400.0	653.5	131.7
(二)通信	Communication	753.5	440.2	631.2	754.4	933.8	1091.2	98.7
1．通信工具	Means	155.5	47.0	131.3	148.2	198.0	279.7	100.3
2．通信服务	Communication Servings	598.0	393.2	499.9	606.2	735.8	811.5	98.2
六、教育文化娱乐服务	**Education,Culture,Recreation Services**	**2115.9**	**1265.9**	**1724.3**	**1924.8**	**2467.9**	**3443.5**	**107.7**
(一)文化娱乐用品	Culture,Recreation and Article for Use	606.8	270.9	412.9	525.6	787.8	1140.6	104.3
(二)文化娱乐服务	Culture,Recreation Servings	534.6	190.7	360.1	433.7	589.4	1203.8	130.0
(三)教育	Education	974.5	804.3	951.3	965.5	1090.7	1099.1	100.4
1．教材	Teaching material	60.5	63.6	60.7	58.9	56.8	61.7	116.8
2．教育费用	Education Expense	914.0	740.7	890.6	906.6	1033.9	1037.4	99.4
# (1)非义务教育学杂费	Nonbligation Tuition	322.0	317.5	317.3	329.2	275.8	371.4	98.4
(2)义务教育学杂费	Tuition	114.8	126.1	122.7	118.0	123.1	80.6	79.7
(3)成人教育费	Tuition of Adult Education	178.7	63.8	156.4	161.5	266.8	273.1	156.2
(4)家教费	Family Education Expenses	32.4	17.7	33.6	34.6	47.9	30.6	196.4
(5)培训班	Educate	112.2	82.8	102.6	129.5	147.2	105.5	144.4
(6)学校住宿费	Put up School	23.8	25.7	19.1	17.1	26.5	31.4	104.4
(7)其他	Others	76.3	58.4	69.3	61.2	101.8	96.3	42.1

7-10 2000户城市居民家庭平均每人年居住、杂项商品和服务支出(2004年)
ANNUAL EXPENDITURE OF RESIDENCE,MISCELLANEOUS COMMODITIES AND SERVICES PER CAPITA OF THE 2000 URBAN HOUSEHOLDS(2004)

单位：元 (yuan)

项目	Item	全市平均 Total	低收入户20% Low Income	较低收入户20% Medium-Low Income	中间收入户20% Medium Income	较高收入户20% Medium-High Income	高收入户20% High Income	2004年为2003年% 2004 as% of 2003
七、居住	**Residence**	**1065.7**	**639.8**	**742.2**	**811.1**	**1137.4**	**2151.6**	**111.5**
(一)住房	House	501.2	196.0	237.7	283.6	523.5	1382.7	102.4
租赁房房租	Rent	96.5	112.8	64.9	87.0	79.0	141.1	75.2
住房装潢支出	Construction Materials	345.8	63.5	142.3	146.0	354.9	1124.3	107.3
维修用建筑材料	Repairs	52.0	17.4	24.8	31.6	85.8	112.7	151.6
其他	Others	6.9	2.3	5.7	19.0	3.8	4.6	150.0
(二)水电燃料及其他	Fare for Water,Electricity and Fuel	526.9	425.3	479.8	505.9	572.5	680.1	120.1
1．水费	Water	86.3	74.6	75.7	84.0	94.6	106.7	107.5
2．电费	Electricity	276.7	210.2	260.9	267.5	316.4	344.9	131.3
3．燃料	Fuel	130.8	122.6	125.2	132.8	126.5	149.1	99.9
(1)煤炭	Coal	16.5	22.4	21.5	17.9	10.0	8.5	87.3
(2)液化石油气	Liquefied Petroleum Gas	20.3	22.7	20.3	20.8	20.5	16.5	87.1
(3)管道煤气	Pipeline Gas	93.5	77.4	83.0	93.4	95.4	123.2	107.5
(4)其他	Others Fuel	0.5	0.1	0.4	0.7	0.6	0.9	27.8
4．其他	Others	33.1	17.9	18.0	21.6	35.0	79.4	199.4
(三)居住服务费	Habitation Service Charge	37.6	18.5	24.7	21.6	41.4	88.8	135.7
八、杂项商品和服务	**Miscellaneous Commodities and Services**	**462.0**	**194.5**	**314.3**	**390.5**	**562.3**	**930.5**	**118.9**
(一)杂项商品	Miscellaneous Commodities	303.3	131.5	233.2	270.2	360.8	568.9	116.2
(二)服务	Services	158.7	63.0	81.1	120.3	201.5	361.6	124.3

7-11 2000户城市居民家庭平均每百户耐用消费品拥有量(2004年)

PER 100 HOUSEHOLDS ANNUAL POSSESSION OF DURABLE CONSUMER GOODS OF THE 2000 URBAN HOUSEHOLDS(2004)

项目 Item				全市平均 Total	低收入户20% Low Income	较低收入户20% Medium-Low Income	中间收入户20% Medium Income	较高收入户20% Medium-High Income	高收入户20% High Income	2004年为2003年% 2004 as % of 2003
1．成套家具	(套/百户)	Combined Furniture	(set/100household)	89.3	78.0	88.1	88.3	92.0	99.9	100.8
2．洗衣机	(台/百户)	Washing Machines	(set/100household)	102.0	96.6	100.8	101.1	101.5	109.9	102.7
3．电风扇	(台/百户)	Electric Fans	(set/100household)	130.9	120.6	134.5	128.4	132.8	138.3	91.5
4．电冰箱	(台/百户)	Refrigerators	(set/100household)	102.6	100.4	102.6	100.5	104.6	105.0	102.2
5．冰　柜	(台/百户)	Freezers	(set/100household)	10.1	7.3	10.6	10.1	8.7	13.7	72.1
6．微波炉	(台/百户)	Microwave Stove	(set/100household)	86.9	78.5	86.6	83.2	89.7	96.4	109.7
7．空调器	(台/百户)	Air-Conditioners	(set/100household)	135.7	102.1	120.2	133.6	153.3	169.5	113.7
8．电炊具	(台/百户)	Electric Cooking Appliances	(set/100household)	120.4	87.0	116.2	108.4	130.0	160.5	111.7
9．淋浴热水器	(台/百户)	Showers	(set/100household)	94.1	84.8	91.2	95.6	95.0	103.7	110.2
10．脱排油烟机	(台/百户)	Range Hoods	(set/100household)	90.9	82.1	86.6	91.7	95.2	99.0	111.8
11．吸尘器	(台/百户)	Dust Catcher	(set/100household)	36.7	18.0	30.4	38.7	39.5	56.8	100.8
12．消毒碗柜	(台/百户)	Disinfector	(set/100household)	7.6	3.5	6.5	6.0	9.6	12.2	122.6
13．洗碗机	(台/百户)	Dishwasher	(set/100household)	1.1	0.8	0.9	0.4	1.9	1.5	137.5
14．饮水机	(台/百户)	Water Fountain	(set/100household)	52.9	41.4	50.9	51.7	58.4	62.3	125.1
15．取暖器	(台/百户)	Radiator	(set/100household)	31.9	18.0	30.8	29.2	39.0	42.8	97.0
16．自行车	(辆/百户)	Bicycles	(unit/100household)	191.8	184.6	195.9	201.2	196.2	181.9	94.9
17．摩托车	(辆/百户)	Motorcyles	(unit/100household)	5.7	5.0	4.9	5.7	7.5	5.3	101.8
18．助力车	(辆/百户)	Dynamical Bicycle	(unit/100household)	4.0	2.6	4.2	5.1	4.7	3.5	87.0
19．移动电话	(部/百户)	Mobile telephone	(unit/100household)	164.5	124.7	160.4	166.7	177.0	194.1	123.0
20．传真机	(部/百户)	Electrograph	(unit/100household)	2.4	1.8	0.8	0.7	2.4	6.0	133.3
21．彩色电视机	(台/百户)	Color TV Sets	(set/100household)	150.6	132.1	149.3	143.3	137.7	168.7	102.4
22．影碟机	(台/百户)	Video CD	(set/100household)	67.0	51.3	61.3	67.8	68.8	85.4	110.9
23．录放像机	(台/百户)	Videorecorders	(set/100household)	45.2	30.6	41.3	44.3	50.3	59.6	88.1
24．家用电脑	(台/百户)	Game-Computers	(set/100household)	79.4	62.7	75.9	76.6	86.0	96.1	116.3
25．组合音响	(套/百户)	Hi-Fi Systems	(set/100household)	36.0	21.9	30.7	34.5	39.8	52.9	95.7
26．录音机	(台/百户)	Recorders	(set/100household)	66.5	54.8	62.7	62.3	70.3	82.4	92.4
27．摄像机	(架/百户)	Pickup Camera	(set/100household)	13.6	3.2	10.6	9.0	17.5	27.9	120.4
28．照相机	(架/百户)	Camera	(set/100household)	100.4	73.9	94.6	96.2	107.0	130.5	97.2
29．钢　琴	(架/百户)	Piano	(set/100household)	4.2	1.7	2.3	3.4	4.8	8.7	113.5
30．其他中高档乐器	(件/百户)	Secondary and Top Grade Musical Instrument	(unit/100household)	9.8	4.0	11.2	8.8	13.6	11.7	71.0
31．健身器材	(套/百户)	Exercise Equipment	(set/100household)	11.9	3.7	8.3	11.0	14.0	22.5	109.2

7-12 2000户城市居民家庭居住情况
HOUSING CONDITIONS OF THE 2000 URBAN HOUSEHOLDS

项目 Item			2004	2003	2004年为2003年% 2004 as % of 2003
一、调查户数	**（户）Households Surveyed**	**(household)**	**2000**	**1000**	**200.0**
二、现住房建筑面积	**（平方米/人）Per capita UsingSpace of Residential Buildings**	**(sq.m/person)**	**21.5**	**19.7**	**109.1**
三、现住房使用面积	**（平方米/人）Per capita Existing Using Space of Residential Buildings**	**(sq.m/person)**	**16.1**	**14.8**	**108.8**
四、房屋产权	**（户）Building Property Right**	**(household)**	**2000**	**1000**	**200.0**
1．租赁公房	（户） Rent Public House	(household)	452	298	151.5
2．租赁私房	（户） Rent Private House	(household)	15	20	77.0
3．原有私房	（户） Intrinsic Private House	(household)	61	26	235.4
4．房改私房	（户） House reconstruct Private House	(household)	1359	635	214.1
5．商品房	（户） Commercial House	(household)	51	13	392.3
6．其他	（户） Others	(household)	62	8	768.8
五、住宅建筑式样	**（户）Style of House Construction**	**(household)**	**2000**	**1000**	**200.0**
家庭单栋住宅	（户） Individual Storied Building of a Family	(household)	22		
四居室	（户） Four-room	(household)	57	34	166.8
三居室	（户） Three-room	(household)	401	179	223.9
二居室	（户） Two-room	(household)	1132	540	209.7
一居室	（户） One-room	(household)	150	62	242.6
普通楼房	（户） Ordinary Storied Building	(household)	47	27	173.0
平房及其他	（户） Single-story Building and Others	(household)	191	158	121.0

注：为使北京市城市居民家庭抽样调查更具代表性，北京市城市住户调查样本量由2003年的1000户，增加为2004年的2000户，请使用数据时注意此口径问题。

Note: For make Beijing to be urbanite family sample investigation representative, the sample amount of urban household's investigation of Beijing is increased from 1000 in 2003 to 2000 in 2004, pay attention to this requirements question when please use the data.

7-12 续表 continued

项 目 Item			2004	2003	2004 年为 2003 年% 2004 as % of 2003
六、饮水情况	**(户) Using of Tap Water**	**(household)**	**2000**	**1000**	**200.0**
1. 自来水	(户) Tap Water	(household)	1471	799	184.1
2. 矿泉水	(户) Table-Water	(household)	320	102	313.2
3. 纯净水	(户) Pure-Water	(household)	209	99	211.4
4. 井、河水	(户) Well-Water and River-Water	(household)			
5. 其他	(户) Others	(household)			
七、用水情况	**(户) Using of Tap Water**	**(household)**	**2000**	**1000**	**200.0**
1. 独用自来水	(户) Using by oneself	(household)	1816	902	201.4
2. 公用自来水	(户) Public Tap Water	(household)	184	98	187.6
3. 井、河水	(户) Well-Water and River-Water	(household)			
4. 其他	(户) Others	(household)			
八、卫生设备拥有情况	**(户) Grouped by Possession of Sanitary Equipment**	**(household)**	**2000**	**1000**	**200.0**
1. 无卫生设备	(户) No Sanitary Equipment	(household)	73	110	66.6
2. 有厕所浴室	(户) Having Bathroom and Lavatory	(household)	1508	604	249.7
3. 有厕所无浴室	(户) Having Lavatory and No Bathroom	(household)	291	214	136.0
4. 公用卫生设备	(户) Public Sanitary Equipment	(household)	128	72	177.4
九、取暖设备拥有情况	**(户) Grouped by Possession of Heating Equipment**	**(household)**	**2000**	**1000**	**200.0**
1. 无取暖设备	(户) No Heating Equipment	(household)	3	1	290.0
2. 空调设备	(户) Air Conditioner	(household)	18	17	105.3
3. 暖气	(户) Central Heating	(household)	1813	841	215.6
4. 其他	(户) Others	(household)	166	141	117.8
十、燃料使用情况	**(户) Grouped by Using of Fuel**	**(household)**	**2000**	**1000**	**200.0**
1. 管道煤气	(户) Pipeline Gas	(household)	1554	729	213.1
2. 液化石油气	(户) Liquefied Petroleum Gas	(household)	427	263	162.5
3. 煤	(户) Coal	(household)	13	3	443.3
4. 其他	(户) Others	(household)	6	5	118.0

7-13 35个大中城市居民人均收支情况
CONTRAST ON PER CAPITA INCOME AND EXPENDITURE OF URBAN RESIDENTS OF 35 LARGE AND MEDIUM CITIES

单位：元 (yuan)

城市	City	人均可支配收入 Annual Discretionary Income Per Capita			人均消费支出 Annual Living Expenditure Per Capita		
		2004	2003	2004年为2003年% 2004 as % of 2003	2004	2003	2004年为2003年% 2004 as % of 2003
北　京	Beijing	15637.8	13882.6	112.6	12200.4	11123.8	109.7
天　津	Tianjin	11467.2	10312.9	111.2	8802.4	7867.5	111.9
石家庄	Shijiazhuang	8628.0	7740.5	111.5	6532.0	6094.0	107.2
太　原	Taiyuan	9352.7	8264.3	113.2	7110.4	6374.2	111.5
呼和浩特	Huhehaote	10165.9	8230.4	123.5	7481.2	6332.1	118.1
沈　阳	Shenyang	8924.0	7961.0	112.1	7212.9	6690.3	107.8
大　连	Dalian	10377.8	9101.4	114.0	8671.9	7759.9	111.8
长　春	Changchun	8901.2	7905.3	112.6	7538.7	6766.0	111.4
哈尔滨	Haerbin	8940.3	7907.0	113.1	7043.0	6228.9	113.1
上　海	Shanghai	16682.8	14867.5	112.2	12631.0	11040.3	114.4
南　京	Nanjing	11488.8	10194.2	112.7	8349.7	7723.1	108.1
杭　州	Hangzhou	14541.7	12892.0	112.8	11660.8	10071.0	115.8
宁　波	Ningbo	15881.3	14277.3	111.2	11281.9	10462.9	107.8
合　肥	Hefei	8610.3	7782.0	110.6	6998.2	6233.6	112.3
福　州	Fuzhou	11515.7	10183.0	113.1	8093.0	7380.4	109.7
厦　门	Xiamen	14445.3	12915.3	111.8	10742.6	9457.9	113.6
南　昌	Nanchang	8743.8	7793.2	112.2	5864.3	5078.9	115.5
济　南	Jinan	12005.0	11012.9	109.0	8580.5	8395.4	102.2
青　岛	Qingdao	11088.8	10073.9	110.1	9002.3	8055.0	111.8
郑　州	Zhengzhou	9522.6	8647.5	110.1	6524.2	6127.2	106.5
武　汉	Wuhan	9564.1	8520.2	112.3	7792.6	7251.6	107.5
长　沙	Changsha	11029.1	9942.5	110.9	9056.0	8557.6	105.8
广　州	Guangzhou	16884.2	15002.6	112.5	13120.8	11570.6	113.4
深　圳	Shenzhen	25864.7	23905.9	108.2	17810.4	17372.0	102.5
南　宁	Nanning	9531.4	9162.0	104.0	7329.4	7216.9	101.6
海　口	Haikou	8981.6	8351.9	107.5	6778.5	6608.7	102.6
重　庆	Chongqing	9221.0	8093.7	113.9	7973.1	7118.1	112.0
成　都	Chengdu	10394.1	8823.4	117.8	8997.0	7062.6	127.4
贵　阳	Guiyang	8988.5	7980.0	112.6	6912.3	6324.4	109.3
昆　明	Kunming	9125.7	7979.4	114.4	7130.1	6471.7	110.2
西　安	Xi'an	8544.0	7749.5	110.3	7427.8	6805.3	109.1
兰　州	Lanzhou	7683.2	7094.3	108.3	6483.1	5679.2	114.2
西　宁	Xining	7626.3	7040.2	108.3	5875.6	5519.6	106.4
银　川	Yinchuan	7984.3	7246.6	110.2	6728.9	6094.1	110.4
乌鲁木齐	Wulumuqi	8947.8	8370.2	106.9	6591.1	6335.2	104.0

7-14 2670户农民家庭基本情况(2004年)
SAMPLING STATISTICS FOR 2670 RURAL HOUSEHOLDS(2004)

项目 Item			按人均年纯收入水平分组 Grouped by Annual Discretionary Income Per Capita 总平均 Average	低收入户 Low Income	中低收入户 Medium-Low Income	中等收入户 Medium Income	中高收入户 Medium-High Income	高收入户 High Income	2004年为2003年% 2004 as % of 2003
调查户数	(户)	Households Surveyed (husehold)	2670	534	534	534	534	534	100.0
常住人口	(人)	Permanent Residents (person)	9126	1944	1913	1842	1753	1674	98.9
平均每户	(人)	Average Per Household (person)	3.42	3.64	3.58	3.45	3.28	3.13	99.1
整半劳动力	(个)	Full-time and Part-time Labors (person)	6233	1259	1245	1272	1250	1207	98.0
平均每户	(个)	Average Per Household (person)	2.33	2.36	2.33	2.38	2.34	2.26	97.9
平均每一劳动力负担人口	(人)	Dependents Per Labor Force (person)	1.46	1.54	1.54	1.45	1.40	1.39	100.7
学龄前儿童人数	(人)	Number of Preschool Children (person)	201	48	42	42	43	26	96.2
家庭经营耕地面积	(公顷)	Cultivated Land Area Runned by Households (hectare)	406.9	109.9	92.9	79.0	61.4	63.6	101.1
家庭经营山地面积	(公顷)	Mountain Land Area Runned by Households (hectare)	11.8	5.6	4.6	0.3	0.4	1.0	109.5
人均生产性固定资产原值	(元)	Original Value of Productive Fixed Assets Per Capita (yuan)	2110.63	2249.76	1809.86	1748.26	1408.28	3427.01	116.8
人均住房面积	(平方米)	Per Capita Living Space (sq.m)	34.21	26.59	29.91	33.87	38.37	43.99	100.8
人均总收入	(元)	Per Capita Total Revenue (yuan)	8283.08	3346.13	5326.71	6921.32	9282.63	17846.45	110.8
# 现金收入	(元)	Cash Income (yuan)	8115.38	3205.61	5183.29	6722.82	9103.65	17665.16	109.1
人均纯收入	(元)	Per Capita Net Income (yuan)	7172.10	2614.30	4515.36	6140.32	8366.37	15385.78	110.4
人均生活消费支出	(元)	Per Capita Annual Living Expenditures (yuan)	4886.38	2626.19	3680.24	4400.20	5681.48	8591.85	105.0
# 现金支出	(元)	Cash Expenditures (yuan)	6207.63	3351.61	4491.07	5313.54	6913.85	11730.21	106.9
平均每个劳动力创造纯收入	(元)	Average Net Income Per Labor Force (yuan)	10500.98	4039.69	6938.07	8891.88	11733.00	21338.69	111.3
农村居民家庭恩格尔系数	(%)	Engel Conflicient of Rural Households (%)	32.6	37.8	35.3	35.1	33.4	27.4	102.8

7-15 2670户农民家庭平均每人年纯收入(2004年)
ANNUAL NET INCOME PER CAPITA OF THE 2670 RURAL HOUSEHOLDS(2004)

单位：元 (yuan)

项目	Item	总平均 Average	低收入户 Low Income	中低收入户 Medium-Low Income	中等收入户 Medium Income	中高收入户 Medium-High Income	高收入户 High Income	2004年为2003年% 2004 as % of 2003
合计	**Total**	**7172.10**	**2614.30**	**4515.36**	**6140.32**	**8366.37**	**15385.78**	**110.4**
生产性收入	**Productbility Net Income**	**6140.98**	**2332.66**	**4073.44**	**5475.44**	**7310.98**	**12433.37**	**111.2**
工资性收入	Wage	4358.30	1612.37	2910.84	4076.57	5503.08	8312.42	111.5
在非企业组织中劳动的报酬	from Non-enterprise Organizations	1145.61	265.22	571.52	910.53	1455.65	2758.05	98.4
在企业劳动得到的报酬	from Enterprises	1956.34	741.31	1420.38	1916.57	2446.76	3510.03	111.6
在其他单位劳动得到的报酬	from Other Units	1256.35	605.84	918.94	1249.47	1600.67	2044.34	126.7
家庭经营纯收入	Net Income from Family Business	1782.68	720.29	1162.60	1398.87	1807.90	4120.95	110.7
从第一产业得到	from Primary Industry	771.97	454.10	746.38	704.18	772.37	1244.51	111.9
# 牧业收入	from Animal Husbandry	206.92	51.86	123.56	150.55	210.84	540.16	122.2
从第二产业得到	from Secondary Industry	191.84	56.03	40.79	74.89	91.84	755.59	113.4
从第三产业得到	from Tertiary Industry	818.87	210.16	375.43	619.80	943.69	2120.85	108.9
# 交通运输业收入	from Transportation	474.19	91.93	167.45	292.56	480.21	1462.19	113.6
非生产性收入	**Nonproductbility Income**	**1031.12**	**281.64**	**441.92**	**664.88**	**1055.39**	**2952.41**	**105.7**
# 转移性收入	Transfer Income	430.11	172.17	289.08	364.28	553.96	833.57	117.6
财产性收入	Property Income	601.01	109.47	152.84	300.60	501.43	2118.84	98.6

7-16 2670户农民家庭平均每人年生活费支出(2004年)

ANNUAL LIVING EXPENDITURES PER CAPITA OF THE 2670 RURAL HOUSEHOLDS(2004)

单位：元 (yuan)

项目	Item	总平均 Average	低收入户 Low Income	中低收入户 Medium-Low Income	中等收入户 Medium Income	中高收入户 Medium-High Income	高收入户 High Income	2004年为2003年% 2004 as % of 2003
合　　计	**Total**	**4886.38**	**2626.19**	**3680.24**	**4400.20**	**5681.48**	**8591.85**	**105.0**
食品支出	**Food Expenditure**	**1592.26**	**992.38**	**1300.19**	**1543.74**	**1896.01**	**2357.97**	**107.9**
# 主食	Staple Food	201.74	187.84	189.64	200.77	209.52	224.59	104.0
副食	Non-Staple Food	627.97	402.66	519.75	619.99	745.42	899.06	107.8
其他食品	Others	473.18	284.48	382.11	460.83	569.34	709.27	107.1
衣着支出	**Clothing Expenditure**	**363.69**	**146.17**	**235.02**	**331.37**	**435.98**	**723.16**	**109.9**
# 服装支出	Garments	216.26	73.49	127.24	195.08	259.03	462.32	110.8
居住支出	**Residence**	**835.90**	**368.06**	**489.20**	**737.47**	**1022.77**	**1688.02**	**90.7**
# 住房	Housing	106.13			45.01	106.67	417.33	22.8
燃料	Fuel	248.13	143.76	206.40	261.23	311.77	335.99	122.5
家庭设备用品及服务支出	**Household Facilities,Articles and Services**	**261.76**	**106.50**	**178.51**	**230.45**	**304.59**	**526.79**	**96.2**
# 耐用消费品	Durable Consumer Goods	148.28	42.96	93.65	126.03	174.55	330.03	97.1
家庭日用杂品	Daily Use Household Articles	99.97	55.42	74.18	91.17	114.72	175.45	94.9
医疗保健支出	**Medicines and Medical Services**	**427.48**	**297.53**	**314.50**	**381.82**	**501.24**	**680.50**	**110.6**
交通和通讯支出	**Transportation and Communications**	**546.62**	**229.41**	**477.07**	**435.92**	**543.13**	**1119.93**	**116.5**
# 交通工具	Transportation Means	127.78	58.96	202.37	66.60	45.15	276.29	115.1
交通费	Transportation	49.44	20.42	33.65	43.44	54.36	102.65	136.3
邮电费	Posts and Telecommunications	217.98	103.96	155.41	198.72	272.50	385.99	120.3
文教娱乐用品及服务支出	**Cultural,Education and Recreation Articles and Services**	**770.58**	**459.04**	**624.46**	**670.38**	**862.32**	**1313.55**	**107.3**
# 文娱用机电消费品	Mechanical and Electric Consumer Goods of Culture and Recreation	93.42	38.26	48.20	71.52	126.82	198.26	86.1
书报杂志	Books,Newspapers and Magazines	17.06	9.74	11.87	16.05	17.42	32.21	117.7
学杂费	Tuition and Incidentals	456.91	337.23	468.92	430.52	461.56	606.32	104.4
文娱费	Recreation	68.44	16.07	29.62	51.55	78.48	181.71	801.4
其他商品及服务支出	**Other Commodity and Services**	**88.09**	**27.10**	**61.29**	**69.05**	**115.44**	**181.93**	**108.4**
# 商品性支出	Commodity Expenditures	46.43	14.88	29.89	34.95	48.33	112.62	115.0

7-17 2670户农民家庭平均每人年粮食收支情况(2004年)

BROUGHT IN, SENT OUT OF GRAIN PER CAPITA OF THE 2670 HOUSEHOLDS(2004)

单位：公斤 (kg)

项目	Item	总平均 Average	低收入户 Low Income	中低收入户 Medium-Low Income	中等收入户 Medium Income	中高收入户 Medium-High Income	高收入户 High Income	2004年为2003年% 2004 as % of 2003
年内粮食收入	**Brought in within this Year**	**396.07**	**347.84**	**329.09**	**446.46**	**399.70**	**469.38**	**107.1**
家庭经营生产	Household Production	256.96	241.32	234.61	330.26	242.48	235.18	117.9
购入	Purchasing	136.33	103.21	91.54	113.44	155.28	231.34	92.6
其他	Others	2.78	3.31	2.94	2.76	1.94	2.86	57.8
年内粮食支出	**Sent out within this Year**	**317.38**	**277.58**	**277.98**	**332.47**	**324.59**	**384.49**	**87.2**
生活用粮	Living Consumption	123.14	124.42	121.39	121.95	123.26	124.82	82.3
# 稻谷	Rice	41.15	37.28	38.51	41.39	47.38	41.94	90.1
小麦	Wheat	62.08	68.65	63.99	60.53	57.93	58.30	85.3
出售粮食	Selling	142.59	127.99	141.50	179.80	139.12	123.45	89.9
其　他	Others	51.65	25.17	15.09	30.72	62.21	136.22	92.5

7-18 2670户农民家庭主要生活消费品平均每人消费量(2004年)
CONSUMPTION OF MAJOR LIVING CONSUMER GOODS PER CAPITA OF THE 2670 RURAL HOUSEHOLDS(2004)

项目 Item	总平均 Average	低收入户 Low Income	中低收入户 Medium-Low Income	中等收入户 Medium Income	中高收入户 Medium-High Income	高收入户 High Income	2004年为2003年% 2004 as % of 2003
粮食 (公斤) Grains (kg)	123.14	124.42	121.39	121.95	123.26	124.82	82.3
豆制品 (公斤) Bean Products (kg)	2.71	2.28	2.51	2.97	2.90	2.93	76.3
蔬菜 (公斤) Vegetables (kg)	88.70	68.61	82.11	89.33	100.51	106.50	92.1
植物油 (公斤) Vegetable Oil (kg)	8.17	7.03	7.47	8.55	8.81	9.22	76.5
动物油 (公斤) Animal Oil (kg)	0.13	0.11	0.17	0.13	0.11	0.13	72.2
猪牛羊肉 (公斤) Pork,Beef,Mutton (kg)	15.46	10.27	13.13	15.22	18.25	21.46	97.5
家禽 (公斤) Poultry (kg)	2.29	1.28	1.65	2.82	2.71	3.19	85.4
蛋类 (公斤) Eggs (kg)	9.36	7.66	8.46	9.81	10.28	10.89	91.0
奶及奶制品 (公斤) Milk and Diary Products (kg)	13.17	7.00	9.32	12.79	15.61	22.62	91.1
水产品 (公斤) Aquatic Products (kg)	4.09	2.49	3.39	4.15	4.91	5.85	84.0
食糖 (公斤) Sugar (kg)	0.93	0.81	0.88	1.03	0.97	0.97	35.9
糖果 (公斤) Candy (kg)	4.58	1.83	2.95	3.94	4.83	10.09	94.8
酒类 (公斤) Liquor (kg)	16.45	11.45	15.63	18.08	17.83	19.93	98.9
茶叶 (公斤) Tea (kg)	0.62	0.35	0.55	0.53	0.75	0.97	79.5
糕点 (公斤) Cake (kg)	22.54	10.10	14.73	22.78	29.94	37.87	105.3
瓜果 (公斤) Melons and Fruits (kg)	34.44	25.45	30.83	33.66	38.56	45.57	93.7
服装 (件) Cotton Cloth and Related Clothing (piece)	2.81	1.81	2.33	2.80	3.19	4.11	103.3

7-19 2670户农民家庭平均每百户耐用消费品拥有量(2004年)
DURABLE CONSUMER GOODS POSSESSION PER 100 HOUSEHOLDS OF THE 2670 HOUSEHOLDS(2004)

项目 Item	总平均 Average	低收入户 Low Income	中低收入户 Medium-Low Income	中等收入户 Medium Income	中高收入户 Medium-High Income	高收入户 High Income	2004年为2003年% 2004 as % of 2003
自行车 (辆) Bicycles (unit)	206	188	204	211	221	205	98.1
电风扇 (台) Electric Fans (set)	147	131	150	153	150	153	98.0
洗衣机 (台) Washing Machines (set)	96	82	92	99	103	103	102.1
电冰箱 (台) Refrigerators (set)	96	76	94	99	105	108	102.1
摩托车 (辆) Motorcycles (unit)	39	31	39	37	45	40	102.6
黑白电视机 (台) Black and White TV Sets (set)	8	12	10	7	7	6	66.7
彩色电视机 (台) Color TV Sets (set)	119	106	113	119	123	133	102.6
收录机 (台) Recorders (set)	29	22	25	28	36	34	93.5
照相机 (架) Cameras (set)	35	14	24	34	45	59	109.4
录相机 (台) Videorecorders (set)	16	11	9	13	20	26	114.3
抽油烟机 (台) Range Hoods (set)	42	16	28	41	53	70	116.7
吸尘器 (台) Vacuum Cleaners (set)	8	2	3	8	11	16	133.3
微波炉 (台) Microwave Oven (set)	26	9	17	22	35	49	130.0
热水器 (台) Showers (set)	41	21	33	39	49	64	113.9
电话机 (部) Telephone (unit)	104	98	100	105	108	111	103.0
移动电话 (部) Mobilphone (unit)	102	56	82	103	117	151	132.5
影碟机 (台) Video CD (set)	39	22	37	35	44	56	114.7
组合音响 (台) Hi-Fi (unit)	38	25	30	38	45	54	115.2
家用计算机 (台) Person Computer (unit)	27	12	19	24	36	47	122.7
空调机 (台) Air Conditioners (unit)	47	16	27	42	62	88	120.5

主要统计指标解释

家庭总收入 指调查户中生活在一起的所有家庭成员在调查期得到的工薪收入、经营净收入、财产性收入、转移性收入的总和，不包括出售财物和借贷收入。收入的统计标准以实际发生的数额为准，无论收入是补发还是预发，只要是调查期得到的都应如实计算，不作分摊。

可支配收入 指调查户可用于最终消费支出和其他非义务性支出以及储蓄的总和，即居民家庭可以用来自由支配的收入。它是家庭总收入扣除交纳的所得税、个人交纳的社会保障费以及调查户的记账补贴后的收入。计算公式为：

可支配收入＝家庭总收入－交纳所得税－个人交纳的社会保障支出－记账补贴

工薪收入 指就业人员通过各种途径得到的全部劳动报酬，包括所从事的主要职业的工资以及从事第二职业、其他兼职和零星劳动得到的其他劳动收入。

经营净收入 指家庭成员从事生产经营活动所获得的净收入。是全部生产经营收入中扣除生产成本和税金后所得的收入。如当期收入小于生产费用的开支，其差额记入“其他借贷支出”中。

财产性收入 指家庭拥有的动产(如银行存款、有价证券)、不动产(如房屋、车辆、土地、收藏品等)所获得的收入。包括出让财产使用权所获得的利息、租金、专利收入；财产营运所获得的红利收入、财产增值收益等。

转移性收入 指国家、单位、社会团体对居民家庭的各种转移支付和居民家庭间的收入转移。包括政府对个人收入转移的离退休金、失业救济金、赔偿等；单位对个人收入转移的辞退金、保险索赔、住房公积金、家庭间的赠送和赡养等。

出售财物收入 指调查户出售家庭财物所得到的收入。由于出售财物是家庭财产从实物形态转为货币形态，家庭财产总量不变，因此不计入可支配收入中。

家庭总支出 指家庭除借贷支出以外的全部实际支出。包括消费支出、购房建房支出、转移性支出、财产性支出、社会保障支出。支出统计是以实际购得的商品或服务的总价值填报，不论其付款方式是一次付清、分期付款、还是赊购，只要商品或服务已被消费就要按其总价值计算。如果采用分期付款或赊购形式，则要在借贷收入类相应的项目填入实付款与总的应付款的差额。

消费支出 指调查户用于本家庭日常生活的全部支出，包括食品、衣着、家庭设备用品及服务、医疗保健、交通和通信、娱乐教育文化服务、居住、杂项商品和服务八大类等。包括用于赠送的商品或服务的支出。消费支出按商品(服务)的用途分类，详细解释见消费支出表。

服务性消费支出 指调查户用于本家庭支付社会提供的各种文化和生活方面的非商品性服务费用。不包括为别人付款的服务。服务消费与商品消费不同，其特点在于其劳动过程和消费过程在时间与空间上的统一。

购房与建房支出 指包括居民家庭购买住房、建房时的全部支出。

转移性支出 指居民家庭对国家、单位、住户、个人的转移支付。包括交纳的税款、捐赠和赡养支出等。

财产性支出 指家庭购买或维护财产所支付的利息等有关费用。

社会保障支出 指调查户成员参加国家法律、法规规定的社会保障项目中由个人交纳的保障支出。不包括职工所在单位交纳的那部分社会保障金。

平均每一就业者负担系数=(家庭人口数-退休人口数)/就业人口数

农村居民家庭整半劳动力 指农村常住居民家庭成员中有劳动能力并经常参加实际劳动的人员。是生产的基本要素指标之一，是发展生产增加农民家庭收入的重要源泉。按规定，农村男18周岁至50周岁、女18周岁至45周岁为整劳动力；男16周岁至17周岁、51周岁到60周岁，女16周岁到17周岁、46周岁至55周岁为半劳动力。农民家庭整半劳动力既包括在上述规定劳动年龄内和在劳动年龄以外有劳动能力并经常参加实际劳动的男女整半劳动力；也包括农民家庭常住人员中属于职工的劳动力。但不包括在劳动年龄内已丧失劳动能力的人员。

农村居民家庭生活消费支出 指农村住户用于物质生活和精神生活方面的支出。包括食品、衣着、居住、家庭设备用品及服务、医疗保健、交通和通讯、文化教育娱乐用品及服务、其他商品和服务等消费支出。

八、城市公用事业

URBAN PUBLIC UTILITIES

城市公用事业
Urban Public Utilities

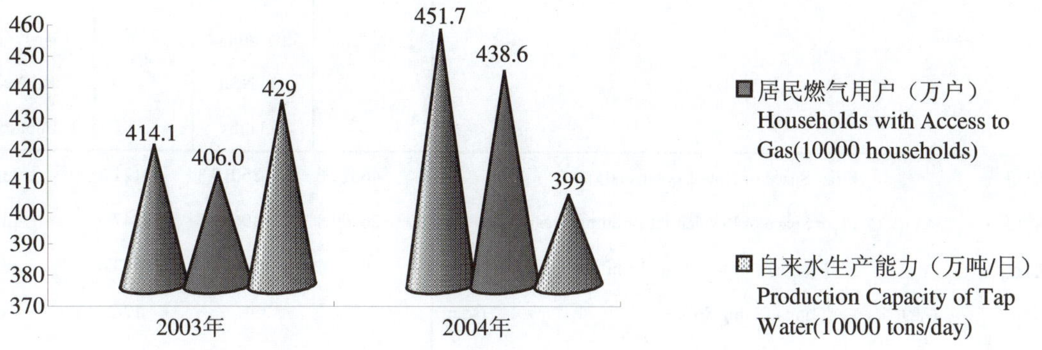

城市交通客运量（单位：亿人次）
City Passenger Traffic (100 million person.times)

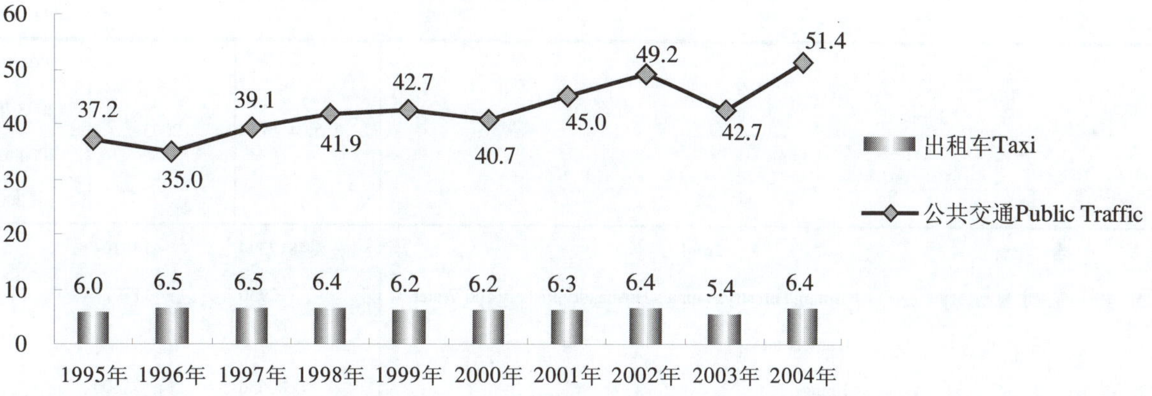

城市绿化覆盖率（%）
Coverage of City Green Areas (%)

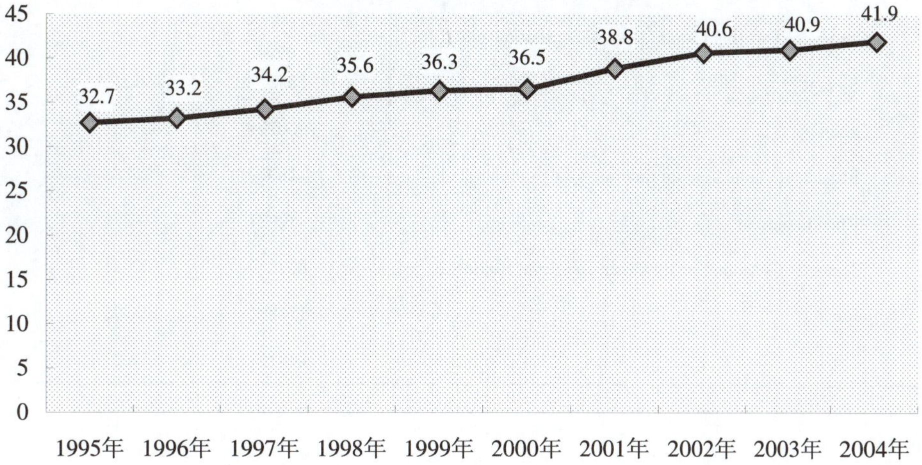

8-1 城市居民居住水平
RESIDENTIAL CONDITIONS OF URBAN RESIDENTS

单位：万平方米 (10000 sq.m)

项目	Item	2004	# 城近郊区 City Proper and Near Suburbs	2003	# 城近郊区 City Proper and Near Suburbs
年末实有房屋建筑面积	Floor Space of Houses(year-end)	46522.6	36017.3	43121.5	33802.7
年末实有住宅建筑面积	Floor Space of Residential Buildings(year-end)	26199.8	19659.5	23847.5	18236.8
年末实有住宅居住面积	Living Space of Residential Building(year-end)			10663.4	8218.7
平均每人居住面积 (平方米)	Per Capita Living Space (sq.m)			12.20	11.65
人均住宅使用面积 (平方米)	Per Capita Using Space (sq.m)	19.09	18.22	18.67	17.90
人均住宅建筑面积 (平方米)	Per Capita Floor Space (sq.m)	25.10	24.00	24.90	23.90

8-2 用 电 量 (北京地区)
ELECTRICITY CONSUMPTION(BEIJING AREA)

单位：万千瓦小时 (10000 kwh)

项目	Item	2004	2003	2004年为2003年% 2004 as % of 2003
合计	**Total**	**4517394**	**4140704**	**109.1**
农、林、牧、渔、水利业	Farming,Forestry,Animals Husbandry,Fishery and Water Conservancy	112930	117727	95.9
采矿业	Mining	80656	75306	107.1
制造业	Manufacturing	1672538	1615140	103.6
电力、蒸汽热水生产和供应业	Electricity,Steam and Hot Water Production and Supply	50532	94792	53.3
建筑业	Construction	203687	167893	121.3
地质普查和勘探业	Geological Survey and Prospecting	552	485	113.8
交通运输、邮电通信业	Transportations,Posts and Telecommunications	153025	140692	108.8
商业、公共饮食业、物资供销和仓储业	Commerce,Catering,Capital Goods Distribution and Storage	585277	491213	119.1
其他事业	Others	900994	823624	109.4
# 市内公共交通业	Municipal Public Transportation	28079	25885	108.5
# 路灯业	Road Lamps	12927	11373	113.7
城乡居民生活用电	Electricity Consumption by Urban and Rural Household	802059	702921	114.1
乡村	Rural	157892	128298	123.1
城市	Urban	644167	574623	112.1

资料来源：北京市电力公司。

Sources:Beijing Electric Power Corporation.

8-3 供　热
HEAT SUPPLY

项　目 Item				2004	2003	2004年为2003年% 2004 as % of 2003
全市集中采暖面积合计	**（万平方米）**	**Total Heating Area**	**(10000 sq.m)**	**28150**	**25108**	**112.1**
管网集中供热		**Central Heat Supply**				
热力供应能力	（兆瓦/小时）	Supply Capacity	(megawatt/hour)	4718	4718	100.0
采暖单位	（户）	Heat Users	(unit)	3634	3666	99.1
采暖面积	（万平方米）	Heating Area	(10000 sq.m)	8777	7651	114.7
管道长度	（公里）	Length of Pipeline	(km)	351	313	112.1
销售量	（万百万千焦）	Volume Supplied	(10^13 joule)	3141	3179	98.8
小区集中供热		**Central Heat Supply in Residential Districts**				
采暖面积	（万平方米）	Heating Area	(10000 sq.m)	19373	17457	111.0

注：小区集中供热统计范围为10万平米以上的供热面积。

资料来源：北京市市政管委供热办。

Note: Figures for central heat supply in residential districts and joint heat supply only include those who heating areas are more than 100000 sq.m.

Sources：Beijing Municipal Administration Commission Cheating Department.

8-4 煤气、液化石油气及天然气
GAS,LIQUEFIED PETROLEUM GAS AND NATURAL GAS

项　目 Item				2004	2003	2004年为2003年% 2004 as % of 2003
煤气		**Gas**				
管道长度	（公里）	Length of Pipeline	(km)	194.0	194.7	99.6
供应量	（万立方米）	Gas Supply	(10000 cu.m)	20617.0	27286.6	75.6
销售量	（万立方米）	Gas Sale	(10000 cu.m)	17714.0	23991.3	73.8
# 生产用	（万立方米）	for Industrial Use	(10000 cu.m)	4301.1	6207.2	69.3
生活用	（万立方米）	for Living Use	(10000 cu.m)	13412.9	17784.1	75.4
家庭用户	（万户）	Household	(10000 households)	11.6	11.0	105.5
液化石油气		**Liquefied Petroleum Gas**				
销售量	（吨）	Gas Sales	(ton)	431660	311657	138.5
# 生产用	（吨）	for Industrial Use	(ton)	29697	18936	156.8
生活用	（吨）	for Living Use	(ton)	401963	292721	137.3
家庭用户	（万户）	Household	(10000 households)	172.0	167.0	103.0
天然气		**Natural Gas**				
管道长度	（公里）	Length of Pipeline	(km)	7164	6773	105.8
供应量	（万立方米）	Gas Supply	(10000 cu.m)	270213	238487	113.3
销售量	（万立方米）	Gas Sales	(10000 cu.m)	250326	208837	119.9
# 生产用	（万立方米）	for Industrial Use	(10000 cu.m)	15115	19283	78.4
生活用	（万立方米）	for Living Use	(10000 cu.m)	235211	189554	124.1
家庭用户	（万户）	Household	(10000 households)	255	228	111.8
居民燃气用户	**（万户）**	**Household with Access to Gas**	**(10000 households)**	**438.6**	**406.0**	**108.0**

8-5 自来水及自备水源
TAP WATER AND SELF-PROVIDED SOURCE OF WATER

项目		Item		2004	# 城近郊区 City Propers and Near Suburbs	2003	# 城近郊区 City Propers and Near Suburbs
自来水		**Tap Water**					
生产能力	(万吨/日)	Production Capacity	(10000 tons/day)	399	247	429	289
管线长度	(公里)	Length of Pipelines	(km)	9981	7272	9278	6822
供水面积	(平方公里)	Area of Water Supply	(sq.km)	1073	575	968	564
售水量	(万吨)	Sales in Volume	(10000 tons)	82986	59628	71583	57219
# 生产运营用	(万吨)	for Production Use	(10000 tons)	14440	8855	13307	9474
公共服务用	(万吨)	for Public Service Use	(10000 tons)	27506	23723	26733	22991
居民生活用	(万吨)	for Living Use	(10000 tons)	40506	27050	31008	24638
自备水源		**Self-provided Source of Water**					
水源能力	(万吨/日)	Fountainhead Capacity	(10000 tons/day)	1105	764	836	575
用水量	(万吨)	Consumption	(10000 tons)	55563	33582	56373	38862
# 生产运营用	(万吨)	for Production Use	(10000 tons)	23912	13819	24832	17438
公共服务用	(万吨)	for Public Service Use	(10000 tons)	13921	11179	13990	10940
居民生活用	(万吨)	for Living Use	(10000 tons)	16319	8005	15422	9024

8-6 节　　水
WATER SAVING

项目		Item		2004	2003	2004 年为 2003 年% 2004 as % of 2003
节水量	(万吨)	Volume Saved	(10000 tons)	5171	5958	86.8
自来水	(万吨)	Tap Water	(10000 tons)	2971	3216	92.4
自备水井	(万吨)	Self-Provided Well	(10000 tons)	1862	1733	107.4
完成节水措施	(项)	Save Measures Completed	(item)	157	131	119.8

资料来源：北京市节约用水管理中心。

Sources: Beijing Municipal Water Conservation Office.

8-7 公 共 交 通
PUBLIC TRAFFIC

项 目 Item				2004	2003
年末营运车辆	**（辆）**	**Operating Vehicles (year-end)**	**(unit)**	**21711**	**19359**
公共汽车	（辆）	Buses	(unit)	18612	16170
小公共汽车	（辆）	Mini-Buses	(unit)	1652	1914
无轨电车	（辆）	Trolley Buses	(unit)	555	583
地铁机车	（辆）	Subways	(unit)	892	692
营运线路		**Operating Routes**			
条数	（条）	Number	(line)	621	620
公共汽车	（条）	Buses	(line)	539	530
小公共汽车	（条）	Mini-Buses	(line)	63	71
无轨电车	（条）	Trolley Buses	(line)	15	15
地铁	（条）	Subways	(line)	4	4
长度	（公里）	Length	(km)	19110	18022
公共汽车	（公里）	Buses	(km)	17116	15827
小公共汽车	（公里）	Mini-Buses	(km)	1690	1891
无轨电车	（公里）	Trolley Buses	(km)	190	190
地铁	（公里）	Subways	(km)	114	114
客运量	**（万人次）**	**Passengers Carried**	**(10000 person.times)**	**513876**	**426682**
按车种分		By Type of Vehicles			
公共汽车及无轨电车	（万人次）	Buses and Trolley Buses	(10000 person.times)	442691	371021
小公共汽车	（万人次）	Mini- Buses	(10000 person.times)	10532	8413
地铁	（万人次）	Subways	(10000 person.times)	60653	47248
按购票方式分		By Ways of Payment			
普票	（万人次）	Common	(10000 person.times)	216893	169546
月票	（万人次）	Monthly	(10000 person.times)	266839	242739
包车	（万人次）	Hire	(10000 person.times)	3357	2738
旅游	（万人次）	Tourism	(10000 person.times)	1032	829
免费	（万人次）	Free of Charge	(10000 person.times)	3955	3836
售出月票	**（万张）**	**Monthly Ticket Sales**	**(10000 pieces)**	**1862**	**1756**
客运收入	**（万元）**	**Revenue of Passengers Traffic**	**(10000 yuan)**	**466447**	**352787**

8-8 客运出租汽车
TAXIS SERVICE

项目 Item				2004	2003	2004年为2003年% 2004 as % of 2003
出租汽车营运单位	**（个）**	**Operating Units**	**(unit)**	**1542**	**1545**	**99.8**
国有单位	（个）	State-Owned	(unit)	103	108	95.4
集体单位	（个）	Collective-Owned	(unit)	72	72	100.0
个体户	（个）	Individuals	(unit)	1163	1163	100.0
外商投资企业	（个）	Foreign Funded Enterprises	(unit)	5	5	100.0
其他	（个）	Others	(unit)	199	197	101.0
营运车辆	**（辆）**	**Operating Vehicles**	**(unit)**	**55463**	**65984**	**84.1**
小轿车	（辆）	Cars	(unit)	51561	62283	82.8
旅行车	（辆）	Wagon Cars	(unit)	615	615	100.0
大客车	（辆）	Coaches	(unit)	3287	3085	106.5
客运量	**（万人次）**	**Passengers Carried**	**(10000 person.times)**	**64378**	**54468**	**118.2**
小轿车	（万人次）	Cars	(10000 person.times)	58758	51766	113.5
旅行车	（万人次）	Wagon Cars	(10000 person.times)	63	25	252.0
大轿车	（万人次）	Coaches	(10000 person.times)	5557	2676	207.7

资料来源：北京市交通委员会运输局。

Sources: Beijing Municipul Committee of Communication.

8-9 全市道路情况
STATISTICS FOR ROADS

项目 Item				2004	2003
全市道路总里程	**（公里）**	**Roads Length**	**(km)**	**19010**	**18942**
城区道路长度	（公里）	Length	(km)	4064	3727
城区道路面积	（万平方米）	Areas of Roads	(10000 sq.m)	7287	7344
# 铺装步道	（万平方米）	Paved Roads	(10000 sq.m)	857	1008

注：全市道路总里程中含公路长度。

资料来源：北京市交通委员会路政局。

Note: Lnclude the Length of the hingway in the Roads Length

Sources: Beijing Municipul Committee of Communication.

8-10 市政工程设施情况
BASIC STATISTICS ON MUNICIPAL ENGINEERING

项目 Item				2004	# 城近郊区 City Proper and Near Suburb	2003	# 城近郊区 City Proper and Near Suburb
路口电视监视器	**(个)**	**Surveillance Intersection by TV**	**(unit)**	**440**	**372**	**390**	**282**
城市桥梁	**(座)**	**City Bridges**	**(unit)**	**1299**	**1278**	**1332**	**1025**
# 大型道路立交桥	(座)	Large Flyovers	(unit)	271	271	368	283
行人过街天桥	(座)	Overpass	(unit)	330	329	330	321
地下通道	**(座)**	**Underpass**	**(unit)**	**176**	**175**	**227**	**223**
路灯盏数	**(盏)**	**Number of Road Lamps**	**(unit)**	**291014**	**187681**	**256032**	**178333**
照明线路长度	**(公里)**	**Length of Lines**	**(km)**	**7843**	**5065**	**6513**	**4425**

资料来源：北京市交通委员会路政局。

注：2004 年数据为北京市路政局提供，指标范围口径与往年不同。

Sources: Beijing Municipul Committee of Communication.

Note: Date of 2004 by Beijing Municipul Committee of Communication,adopted except last year.

8-11 城市园林绿化
GARDENS AND PLANTED AREAS

项目 Item				2004	# 城近郊区 City Proper and Near Suburb	2003	# 城近郊区 City Proper and Near Suburb
年末公共绿地面积	(公顷)	Public Green Areas(year-end)	(hectare)	10446.0	6647.0	9115.7	6256.7
平均每人占有公共绿地面积(包括水面)	(平方米)	Per Capita Public Green Areas (including water surface)	(sq.m)	11.45	10.03	11.40	9.60
城市绿化覆盖率	(%)	Coverage of City Green Areas	(%)	41.91	41.79	40.90	41.10
年末实有树木	(万株)	Trees (year-end)	(10000)	7373	4710	5536	4244
# 本年新植	(万株)	Newly Planted	(10000)	578	387	501	415
草坪面积	(万平方米)	Areas of Lawn	(10000 sq.m)	8337	5797	7007	5524
# 本年新植	(万平方米)	Newly Planted	(10000 sq.m)	473	313	525	415
公园个数	(个)	Parks	(unit)	281	118	222	117
公园面积	(公顷)	Areas of Parks	(hectare)	6060	4639	5662	4511
全年游园人数	(万人次)	Visitors to Parks and Zoos	(10000 person.times)	12248	10283	9971	7978

资料来源：北京市园林局。

Sources: Beijing Municipal Bureau of Parks.

8-12 城 市 排 水
DRAINAGE

项目		Item		2004	# 城近郊区 City Proper and Near Suburb	2003	# 城近郊区 City Proper and Near Suburb
下水道长度	(公里)	**Length of Sewer**	**(km)**	**6790.0**	**4822.0**	**6649.3**	**4784.3**
污水管	(公里)	Sewage Pipes	(km)	2909.0	2044.0	2902.7	1997.5
污水处理		**Dispose of Sewage**					
处理厂	(个)	Disposal Plants	(unit)	25	9	19	8
处理能力	(万吨/日)	Disposal Capability	(10000 tons/day)	255	190	215	161
年处理量	(万吨)	Disposed Volume	(10000 tons)	55019	46526	54443	47420
处理率	(%)	Disposal Rate	(%)	53.9	57.7	50.1	56.2
平均每日污水	(万吨)	Daily Sewage	(10000 tons)	280	221	297	230

注：污水处理能力为二级以上污水处理厂设计能力。

Note:Ability to Dispose of Sewage was second grade and better disposal plants design disposal capability.

8-13 城 市 环 境 卫 生
MUNICIPAL ENVIRONMENT AND SANITATION

项目		Item		2004	# 城近郊区 City Proper and Near Suburb	2003	# 城近郊区 City Proper and Near Suburb
工作量		**Work Load**					
清扫街道面积	(万平方米／日)	Area Cleaned	(10000 sq.m/day)	11002	6733	8753	6457
清运垃圾	(万吨)	Garbage Disposal	(10000 tons)	491	341	425.1	299.2
清运粪便	(万吨)	Night Soil Disposal	(10000 tons)	206	154	294.7	252.6
垃圾无害化处理能力	(吨/日)	Capacity of Harmless Disposal of Garbage	(ton/day)	9850	3500	9400	3500
环卫机械数量	**(辆)**	**Number of Environmental Sanitation**	**(unit)**	**5942**	**4322**	**4763**	**3778**
环卫设施		**Environmental Sanitation Facilities**					
公共厕所	(座)	Lavatories	(unit)	5598	4761	5654	4872
密闭式集装箱垃圾站	(座)	Airtight Container Caerbage Stations	(unit)	923	755	762	698

资料来源：北京市市政管理委员会。

Sources: Beijing Municipal Administration Commission.

8-14 北京市环境保护基本情况
BASIC STATISTICS FOR ENVIRONMENT PROTECTION

项 目 Item				2004	2003
环保投资	(亿元)	Environmental Protection Investment	(100 million yuan)	141.0	146.0
自然保护区数	(个)	Number of Nature Reserves	(unit)	18	18
自然保护区面积	(万公顷)	Are of Nature Reserves	(10000 hectares)	12.9	12.9
生态示范区数	(个)	Number of Ecological Demonstration Zones	(unit)		5
生态示范区面积	(万公顷)	Area of Ecological Demonstration Zone	(10000 hectares)		84.7
工业废水排放达标率	(%)	Compliance Rate of Industrial Wastewater Discharge	(%)	98.6	99.3
工业固体废物综合利用率	(%)	Industrial Solid Waste Comprehensively Utilization Rate	(%)	73.7	71.1
建成区区域环境噪声平均值	(分贝)	Average Nosies Value in Urban Area	[dB(A)]	53.9	53.6
建成区道路交通干线噪声平均值	(分贝)	Average Nosies Value Around Urban Traffic Trunks	[dB(A)]	69.6	69.7
可吸入颗粒物年日均值	(毫克/立方米)	Annual Average of Daily PM10 Concentration	(mg/m^3)	0.149	0.141
二氧化硫年日均值	(毫克/立方米)	Annual Average of Daily SO2 Concentration	(mg/m^3)	0.055	0.061
二氧化氮年日均值	(毫克/立方米)	Annual Average Daily No2 Concentration	(mg/m^3)	0.071	0.072
集中式饮用水源水质达标率	(%)	Compliance Rate of Water Quality at Central Drinking Water Sources	(%)		99.88
汽车尾气达标率	(%)	Vehicle Emission Compliance Rate	(%)		85.3

资料来源：北京市环保局。

Sources: State Environmental Protection Administration of Beijing.

8-15 空气污染指数监测情况(2004年)
MINITORING STATISTICS FOR AIR POLLUTION INDEX(2004)

单位：天 (day)

首要污染物 First Pollutant / 污染指数 Pollution Index		可吸入颗粒物 Pellet can be Breathe in	二氧化氮 Nitrogen Dioxide	二氧化硫 Sulphur Dioxide	合计 Total
合 计	**Total**	**325**	**6**	**35**	**366**
一 级	First Grade	20	6	6	32
二 级	Second Grade	173		24	197
三 级	Third Grade	115		5	120
四 级	Fourth Grade	9			9
五 级	Fifth Grade	8			8

注：上表反映全年被监测的三种主要污染物成为首要污染物的天数分布。

资料来源：北京市环保局。

Note: The top table indicates day-distribution of the three main pollutant supervised as first one in the whole year.

Sources:State Environmental Protection Administration of Beijing.

主要统计指标解释

输气管道长度 指报告期末从气源厂压缩机的出口或门站出口至各类用户引入管之间的全部已经通气投入使用的管道长度。不包括煤气生产厂、输配站、液化气储存站、灌瓶站、储配站、气化站、混气站、供应站等厂（站）内的管道。

自来水生产能力 指按供水设施取水、净化、送水、出厂输水干管等环节实际测定计算的综合生产能力。不包括供水高峰阶段，超负荷增加的生产能力。计算时，以四个环节中最薄弱的环节为主确定能力。

自来水管道长度 指供水设施的取水管道和供水管道长度之和。

取水管道长度指水源地至地表水水厂净化设施（或地下水水厂清水池）之间所有管道的长度，包括水源井之间的井群联络管道长度。

供水管道长度指从送水泵至用户水表之间所有管道的长度。不包括新安装尚未使用的管道。

生活用水量 指公共服务用水、居民用水和消防等特殊用水量之和。

公共服务用水指为城市社会公共生活服务的用水。包括行政事业单位、部队营区和公共设施服务、社会服务业、批发零售贸易业、旅馆饮食业以及社会服务业等单位的用水。

居民家庭用水指城市范围内所有居民家庭的日常生活用水。包括城市居民、农民家庭、公共供水站用水。

消防及其它特殊用水指城市灭火以及除居民家庭、公共服务、生产运营用水范围以外的各种特殊用水。包括消防用水、深井回灌用水、其他用水。

年末营运车数 指公交企业（单位）用于运营业务的全部车辆数。

运营线路总长度 指全部运营线路长度之和。计算公式：

运营线路长度=Σ各条运营线路长度
=Σ〔½（上行起点至终点里程+下行起点至终点里程+上下行终点掉头里程）〕

道路长度 指道路长度和与道路相通的桥梁、隧道的长度，按车行道中心线计算。城市道路由车行道和人行道两部分组成。在统计时只统计路面宽度在3.5米（含3.5米）以上的各种铺装道路，包括开放型工业区和住宅区道路在内。

城市桥梁 指为跨越天然或人工障碍物而修建的永久构筑物，其使用时间为50年以上，所采用的材料能保持规定的强度，在使用期间经过正常的使用与养护的桥梁。包括跨河桥、立交桥、人行天桥以及人行地下通道等。

公共绿地 指向公众开放的市级、区级、居住区级各类公园、街旁游园，包括其范围内的水域。其中居住区级公园应不小于1万平方米，街旁游园的宽度不小于8米，面积不小于400平方米。

绿化覆盖率 指报告期末区域内绿化覆盖面积与区域面积的比率。

计算公式：

$$绿化覆盖率=\frac{区域内绿化覆盖面积}{区域面积}\times100\%$$

下水道长度 指所有排水总管、干管、支管、检查井及连接井进出口等长度之和。计算时应按单管计算，即在同一条街道上如有两条或两条以上并排的排水管道时，应按每条排水管道的长度相加计算。

污水日处理能力 指污水处理厂（或处理装置）每昼夜处理污水量的设计能力。

按污水处理的程度，一般可分为一级处理、二级处理和三级处理。

一级处理是以沉淀为主体的处理工艺。指去除污水中的漂浮物和悬浮物的净化过程，主要为沉淀。

二级处理是以生物处理为主体的处理工艺。指污水经一级处理后，用生物处理方法继续除去污水中胶体和溶解性有机物的净化过程。

三级处理也称高级处理或深度处理。指进一步去除二级处理不能完全去除的污水中的污染物的处理工艺。

垃圾无害化处理能力 指垃圾无害化处理场（厂）按工艺设计每天所能处理生活垃圾的数量。垃圾无害化处理场（厂）必须是按照有关技术、环境、卫生标准和规范进行设计、建设、运行、维护和管理的各种生活垃圾处理设施，主要包括卫生填埋场、堆肥厂和焚烧厂等。

九、农业及农村经济

AGRICULTURE AND RURAL ECONOMY

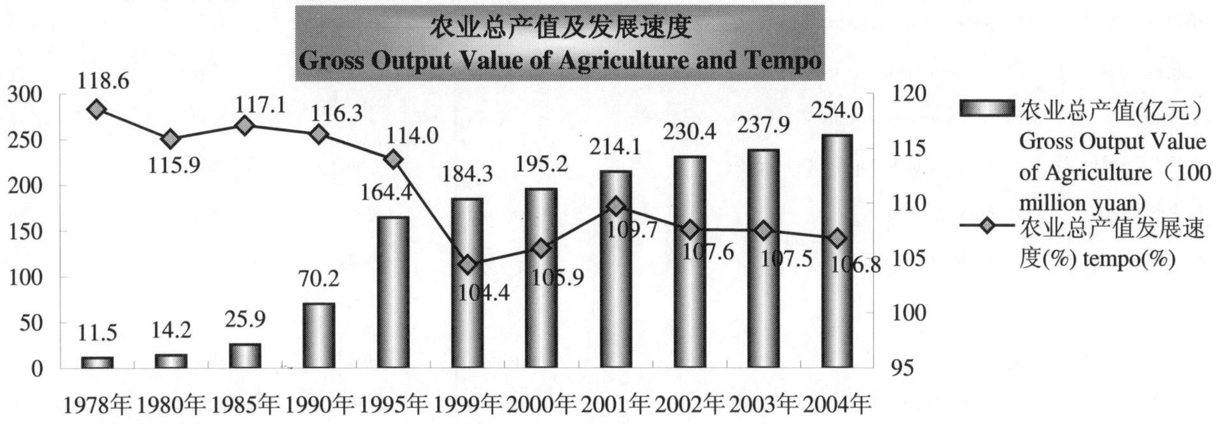

农业总产值及发展速度
Gross Output Value of Agriculture and Tempo
300
250
200
150
100
50
0
120
115
110
105
100
95
118.6
115.9
117.1
116.3
114.0
104.4
105.9
109.7
107.6
107.5
106.8
11.5
14.2
25.9
70.2
164.4
184.3
195.2
214.1
230.4
237.9
254.0
1978年 1980年 1985年 1990年 1995年 1999年 2000年 2001年 2002年 2003年 2004年
农业总产值(亿元) Gross Output Value of Agriculture（100 million yuan)
农业总产值发展速度(%) tempo(%)

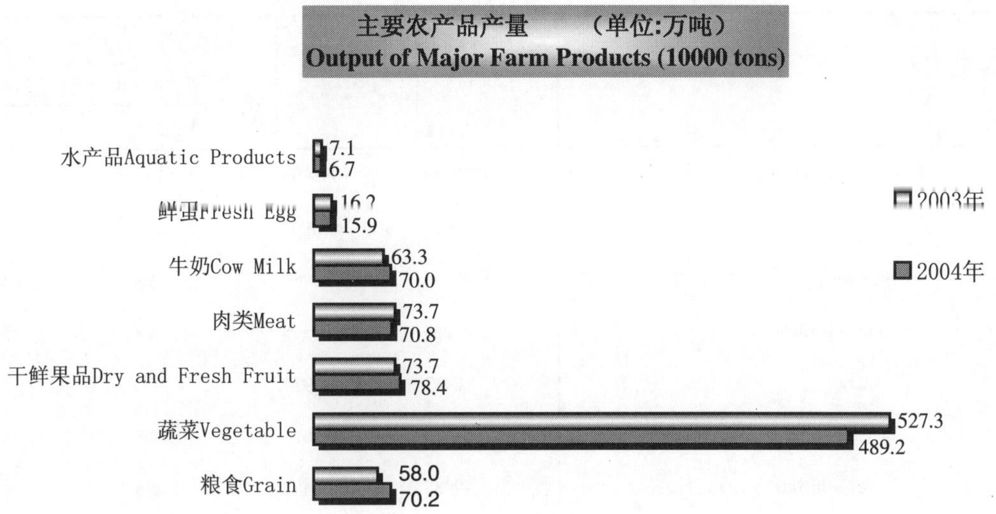

主要农产品产量 （单位:万吨）
Output of Major Farm Products (10000 tons)
水产品Aquatic Products
7.1
6.7
鲜蛋Fresh Egg
16.2
15.9
牛奶Cow Milk
63.3
70.0
肉类Meat
73.7
70.8
干鲜果品Dry and Fresh Fruit
73.7
78.4
蔬菜Vegetable
527.3
489.2
粮食Grain
58.0
70.2
2003年
2004年

9-1 农村基层组织情况
RURAL GRASSROOTS UNITS

项目 Item				2004	2003	2004年为2003年% 2004 as % of 2003
乡镇政府个数	（个）	**Number of Township and Town Governments**	**(unit)**	**185**	**190**	**97.4**
乡政府	（个）	Township Governments	(unit)	42	47	89.4
镇政府	（个）	Town Governments	(unit)	143	143	100.0
村民委员会个数	（个）	**Number of Villagers' Committees**	**(unit)**	**3978**	**4003**	**99.4**
乡村户数	（户）	**Households**	**(household)**	**1328821**	**1310533**	**101.4**
乡村人口	（人）	**Rural Population**	**(person)**	**3599396**	**3606033**	**99.8**
男	（人）	Male	(person)	1753020	1749612	100.2
女	（人）	Female	(person)	1846376	1856421	99.5
乡村从业人员	（人）	**Rural Employed Persons**	**(person)**	**1713918**	**1695993**	**101.1**
男	（人）	Male	(person)	892393	879059	101.5
女	（人）	Female	(person)	821525	816934	100.6

注：乡政府、镇政府个数含有农村的街道办事处和区县政府派出的管理机构。

Note：Township and town government contains rural subdistrict offices,district and county government agencies.

9-2 乡村从业人员
RURAL EMPLOYED PERSONS

单位：人 (person)

项目 Item		2004	2003	构成(%) Composition(%)	
				2004	2003
乡村从业人员	**Rural Employed Persons**	**1713918**	**1695993**	**100.0**	**100.0**
# 农业	Planting	396668	413205	23.1	24.4
林业	Forestry	91545	83859	5.3	4.9
牧业	Animal Husbandry	81900	88235	4.8	5.2
渔业	Fishery	8917	9974	0.5	0.6
农村工业	Industry	321619	325015	18.8	19.2
乡镇工业	Township and Town Industry	99985	105654	5.8	6.2
村及村以下工业	Industry at Village Level and below	221634	219361	12.9	12.9
农村建筑业	Construction	169121	164253	9.9	9.7
农村运输业	Transportation	162141	160505	9.5	9.5
农村商业、饮食业	Commerce and Catering	193029	188972	11.3	11.1

9-3 郊区县乡村从业人员
RURAL EMPLOYED PERSONS IN SUBURBS AND COUNTIES

单位：人 (person)

项目	Item	从业人员 Employed Persons 2004	2003	# 农林牧渔业从业人员 Employed Persons of Planting 2004	2003
全市	**Total**	**1713918**	**1695993**	**579030**	**595273**
朝阳区	Chaoyang	108206	108187	18772	20253
丰台区	Fengtai	73859	72552	17838	18339
海淀区	Haidian	74302	72992	17415	18216
门头沟区	Mentougou	39856	40141	10301	10050
房山区	Fangshan	225578	216714	63961	62756
通州区	Tongzhou	212490	221705	69444	70652
顺义区	Shunyi	196475	186030	52381	53333
昌平区	Changping	127296	123448	44515	44204
大兴区	Daxing	194009	193026	75425	82322
平谷区	Pinggu	141169	142794	63406	64090
怀柔区	Huairou	80386	78187	31636	32625
密云县	Miyun	144444	145108	67604	69500
延庆县	Yanqing	95848	95109	46332	48933

9-4 郊区增加值
ADDED VALUE OF SUBURBS

单位：万元 (10000 yuan)

项目	Item	2004	2003	2004年为2003年% 2004 as % of 2003	构成(%) Composition(%) 2004	2003
总计	**Total**	**9809456.6**	**8427059.2**	**116.4**	**100.0**	**100.0**
第一产业	**Primary Industry**	**1059357.8**	**982945.8**	**102.2**	**10.8**	**11.7**
第二产业	**Secondary Industry**	**4306963.8**	**3665824.7**	**117.5**	**43.9**	**43.5**
工业	Industry	3310184.1	2796718.5	118.4	33.7	33.2
采矿业	Mining	159132.6	136814.5	116.3	1.6	1.6
制造业	Manufacturing	3124424.8	2642465.9	118.2	31.9	31.4
电力、煤气及水的生产和供应业	Electricity,Gas,Water Production and Supply	26626.7	17438.1	152.7	0.3	0.2
建筑业	Construction	996779.7	869106.2	114.7	10.2	10.3
第三产业	**Tertiary Industry**	**4443135.0**	**3778288.7**	**117.6**	**45.3**	**44.8**
交通运输、仓储和邮政业	Transportation,Storage and Post	600821.6	527390.0	113.9	6.1	6.3
# 邮政业	Post	24621.3	23438.7	105.0	0.3	0.3
信息传输、计算机服务和软件业	Information Transmission,Computer Servecis and Software	175156.2	146913.8	119.2	1.8	1.7
# 电信	Telecommunications	104344.1	91902.5	113.5	1.1	1.1
批发和零售业	Wholesale Trade and Retail Trade	669110.6	609111.3	109.9	6.8	7.2
住宿和餐饮业	Stay Place and Catering	226398.9	182200.2	124.3	2.3	2.2
# 餐饮业	Catering	152934.9	129470.1	118.1	1.6	1.5
金融业	Finance	240702.0	250225.8	96.2	2.5	3.0
# 保险业	Underwriting	20948.0	22977.1	91.2	0.2	0.3
房地产业	Real Estate Trade	997713.4	797022.1	125.2	10.2	9.5
# 房地产开发经营	Develop	559457.7	411891.3	135.8	5.7	4.9
城镇居民自有住房	Urban Households have the House by Oneself	130417.3	105223.4	123.9	1.3	1.2
农村居民自有住房	Rural Households have the House by Oneself	263434.4	237712.5	110.8	2.7	2.8
租赁与商务服务业	Tenancy and Commercial Servecis	85802.1	83493.4	102.8	0.9	1.0
科学研究、技术服务业和地质勘察业	Scientific Studies,Technical Servecis and Geological Prospecting	65347.5	45970.1	142.2	0.7	0.5
水利、环境和公共设施管理业	Water，Environment and Municipal Engineering Conservancy	54713.4	59927.0	91.3	0.6	0.7
居民服务和其他服务业	Resident Services and Other Services	382432.2	352289.9	108.6	3.9	4.2
教育	Education	371044.5	301720.7	123.0	3.8	3.6
卫生、社会保障和社会福利业	Health Care,Social Security and Social Welfare	202686.6	119532.8	169.6	2.1	1.4
文化、体育和娱乐业	Culture,Art,Sports and Recreation	37948.7	23722.9	160.0	0.4	0.3
公共管理和社会组织	Public Manage and Social Organization	333257.3	278768.7	119.5	3.4	3.3
国际组织	International Organization					

注：1．2004年数据均执行国民经济新行业分类标准，第一产业增加值为农、林、牧、渔及农林牧渔服务业五个行业合计数，增长速度按可比价计算。

2．"郊区增加值"统计口径：近郊区为乡及乡以下农村部分；远郊区（县）为县及县以下所属部分。

Note:a) Data of this table adopted new industrial classification for national economic activities,the added value of primary industry totals and counts for five trades of agriculture,forest,animal husbandry,fishery and FFAF services, the related indices are calculated at comparable prices.

b) Added value of suburbs is that produced by units of rural area at township level and below,and that of outer suburbs and counties is produced by units at county level and below.

9-5 农业总产值
GROSS OUTPUT VALUE OF AGRICULTURE

单位：万元 (10000 yuan)

项目 Item		总产值（1990年不变价格） Gross Output Value (at 1990 constant prices) 2004	2003	2004年为2003年% 2004 as % of 2003	总产值（现价） Gross Output Value (at current prices) 2004	2003	2004为2003% 2004as % of 2003
总计	**Total**	**1403869.5**	**1394958.6**	**100.6**	**2539677.0**	**2379004.0**	**106.8**
农业	**Agriculture**	**554484.6**	**571999.6**	**96.9**	**926818.1**	**887547.8**	**104.4**
谷物	Cereal	39053.3	30961.6	126.1	98854.8	66711.2	148.2
豆类	Beans	4038.5	3961.2	102.0	11094.4	9081.1	122.2
经济作物	Cash Crops	12619.8	10896.1	115.8	33509.2	22724.7	147.5
蔬菜、瓜类	Vegetable and Melon	305927.6	347420.0	88.1	495538.7	523797.6	94.6
桑、水果	Mulberry and Fruit	123770.6	107704.7	114.9	178707.4	170681.7	104.7
其他	Others	69074.8	71056.0	97.2	109113.6	94551.5	115.4
林业	**Forestry**	**50802.1**	**62705.3**	**81.0**	**127351.4**	**134864.5**	**94.4**
牧业	**Animal Husbandry**	**731735.7**	**692203.6**	**105.7**	**1386894.9**	**1254896.7**	**110.5**
牲畜饲养	Animals Breeding	170324.7	160701.7	106.0	419503.2	391523.6	107.1
养猪	Hogs	175894.9	172588.3	101.9	440205.1	352390.2	124.9
家禽饲养	Poultry Raising	312169.6	293059.0	106.5	418265.7	438276.4	95.4
# 鲜蛋	Fresh Eggs	74787.7	74270.0	100.7	87436.0	72281.4	121.0
其他	Others	73346.5	65854.6	111.4	108920.9	72706.5	149.8
渔业	**Fishery**	**66847.1**	**68050.1**	**98.2**	**98612.6**	**101695.0**	**97.0**

注：农林牧渔业总产值执行新《国民经济行业分类标准》,其中现价总产值按生产者价格计算。

Note: Gross output value of agriculture adopted new industrial classification for national economic activities, the current prices is calculate at producer prices.

9-6 耕地面积(2004年)
CULTIVATED AREAS(2004)

单位：公倾 (hectare)

项目	Item	2004
年初耕地面积	**Cultivated Areas**	**259860.3**
年末耕地面积	**Cultivated Areas**	**236437.2**
灌溉水田	Irrigated farming	8041.2
旱地	Non-irrigated Farmland	44806.7
水浇地	Irrigated Land	163210.0
菜地	Vegatable Field	20379.3
耕地面积变动情况	**Increase and Decrease of Cultivated Area**	
当年增加	Increase in the Year	2008.2
当年减少	Decrease in the Year	25431.3
# 建设用地	Constructively	7689.3
人均年末实有耕地面积	**Year-end Cultivated Area Per Person**	
平均每个农村人口占有耕地	Cultivated Area Per Rural Person	0.07

资料来源：北京市国土资源局。

Sources:Territory Resources Bureau of Beijing.

9-7 主要农作物播种面积及产量
SOWN AREAS AND YIELD OF MAJOR FARM CROPS

项目	Item	2004 播种面积(公顷) Sown Areas (hectare)	2004 单产(公斤/公顷) Unit Yield (kg/hectare)	2004 总产量(吨) Total Yield (ton)	2003 播种面积(公顷) Sown Areas (hectare)	2003 单产(公斤/公顷) Unit Yield (kg/hectare)	2003 总产量(吨) Total Yield (ton)
粮食	**Grain**	**154491.0**	**4542.6**	**701789.0**	**141344.0**	**4105.4**	**580276.0**
按季节分	Grouped by Season						
夏粮	Summer Grain	39162.1	5173.9	202621.0	35883.0	5135.6	184281.0
秋粮	Autumn Grain	115328.9	4328.2	499168.0	105461.0	3754.9	395995.0
按品种分	Grouped by Variety						
稻谷	Rice	821.5	6126.6	5033.0	1615.3	6226.6	10058.0
冬小麦	Winter Wheat	39136.4	5175.8	202562.0	35789.3	5143.9	184097.0
玉米	Corn	93534.9	4652.0	435120.0	75206.5	4281.4	321990.0
薯类	Tubers	3702.0	5960.8	22067.0	5443.3	5286.7	28777.0
大豆	Soybean	13625.3	2187.5	29805.0	16441.8	1717.8	28243.0
棉花	**Cotton**	**6540.1**	**1187.7**	**7768.0**	**3173.3**	**1075.8**	**3414.0**
油料	**Oil-bearing Crops**	**10816.1**	**2676.2**	**28946.0**	**13759.1**	**2395.0**	**32953.0**
# 花生	Peanuts	10516.9	2717.0	28574.0	13324.0	2445.3	32581.0
药材	**Drug**	**1166.7**	**2373.4**	**2769.0**	**1775.0**	**3220.8**	**5717.0**
蔬菜	**Vegetable**	**100072.2**	**48880.0**	**4891525.0**	**116289.5**	**45347.3**	**5273417.0**
瓜类	**Melon**	**8415.9**	**46280.0**	**389488.0**	**8940.7**	**49254.3**	**440369.0**
# 西瓜	Watermelon	7622.9	47420.3	361480.0	8124.7	50899.7	413543.0
饲料	**Forage**	**27947.7**			**18588.5**		
# 牧草	Grazing	8768.6			10438.6		
花卉	**Flower**	**1251.3**			**2055.4**		

9-8 郊区县粮食占耕地面积及播种面积

GRAIN IN CULTIVATED AREA AND SOWN AREAS OF SUBURBS AND COUNTIES

单位：公顷 (hectare)

地区	Region	占耕地面积 Cultivated Areas 2004	2003	2004年为2003年% 2004 as % of 2003	播种面积 Sown Areas 2004	2003	2004年为2003年% 2004 as % of 2003
全　市	**Total**	**112362.1**	**98248.9**	**114.4**	**154491.0**	**141344.0**	**109.3**
朝阳区	Chaoyang	638.5	556.1	114.8	734.3	617.8	118.9
丰台区	Fengtai	753.6	471.5	159.8	785.1	513.5	152.9
海淀区	Haidian	1009.9	781.1	129.3	1436.1	1023.5	140.3
门头沟区	Mentougou	1205.6	1198.5	100.6	2141.4	1965.2	109.0
房山区	Fangshan	15832.3	13978.4	113.3	23354.3	20460.4	114.1
通州区	Tongzhou	18521.2	14375.5	128.8	26961.1	23569.1	114.4
顺义区	Shunyi	14614.5	13056.3	111.9	19894.0	18321.0	108.6
昌平区	Changping	7560.2	6545.2	115.5	9014.3	8392.6	107.4
大兴区	Daxing	14413.3	13565.8	106.2	23182.5	21053.0	110.1
平谷区	Pinggu	5884.2	5362.5	109.7	7901.5	8209.8	96.2
怀柔区	Huairou	6130.6	5419.7	113.1	9850.3	9277.6	106.2
密云县	Miyun	7515.4	4757.7	158.0	9820.5	8525.0	115.2
延庆县	Yanqing	18282.8	18180.6	100.6	19415.6	19415.5	100.0
农场局	Municipal Farm Bureau						

9-9 郊区县蔬菜占耕地面积及播种面积

VEGETABLE IN CULTIVATED AREA AND SOWN AREAS OF SUBURBS AND COUNTIES

单位：公顷 (hectare)

地区	Region	占耕地面积 Cultivated Areas 2004	2003	2004年为2003年% 2004 as % of 2003	播种面积 Sown Areas 2004	2003	2004年为2003年% 2004 as % of 2003
全　市	**Total**	**46360.1**	**51925.2**	**89.3**	**100072.2**	**116289.5**	**86.1**
朝阳区	Chaoyang	1894.3	1992.2	95.1	3800.1	4679.7	81.2
丰台区	Fengtai	685.5	1001.5	68.4	1604.3	1802.2	89.0
海淀区	Haidian	407.3	444.1	91.7	872.5	1016.3	85.9
门头沟区	Mentougou	306.7	362.7	84.6	623.9	700.7	89.0
房山区	Fangshan	2471.4	2609.8	94.7	5408.3	5377.9	100.6
通州区	Tongzhou	8665.9	9981.5	86.8	18414.1	21716.6	84.8
顺义区	Shunyi	8372.6	9761.3	85.8	17621.3	21223.7	83.0
昌平区	Changping	1130.9	1506.7	75.1	2662.9	3029.0	87.9
大兴区	Daxing	15392.2	12717.5	121.0	29451.1	31252.2	94.2
平谷区	Pinggu	3521.8	4126.6	85.3	9290.2	10002.2	92.9
怀柔区	Huairou	440.5	709.1	62.1	1259.5	1553.9	81.1
密云县	Miyun	1142.3	1590.5	71.8	5082.9	4245.1	119.7
延庆县	Yanqing	1902.0	5116.1	37.2	3943.8	9678.8	40.7
农场局	Municipal Farm Bureau	26.7	5.6	476.8	37.3	11.2	333.0

9-10 郊区县油料占耕地面积及播种面积

OIL-BEARING CROPS IN CULTIVATED AREA AND SOWN AREAS OF SUBURBS AND COUMTIES

单位：公顷 (hectare)

地区	Region	占耕地面积 Cultivated Areas			播种面积 Sown Areas		
		2004	2003	2004年为2003年% 2004 as % of 2003	2004	2003	2004年为2003年% 2004 as % of 2003
全 市	**Total**	**8150.3**	**11069.8**	**73.6**	**10816.1**	**13759.1**	**78.6**
朝阳区	Chaoyang		2.7		2.9	2.7	107.4
丰台区	Fengtai						
海淀区	Haidian	2.3			27.1		
门头沟区	Mentougou	1.7	9.5	17.9	12.3	12.8	96.1
房山区	Fangshan	793.7	954.9	83.1	1202.8	1098.9	109.5
通州区	Tongzhou	142.8	817.5	17.5	142.8	817.5	17.5
顺义区	Shunyi	360.1	452.2	79.6	365.3	452.2	80.8
昌平区	Changping	23.9	23.0	103.9	28.4	32.1	88.5
大兴区	Daxing	3203.5	4593.4	69.7	3573.8	4860.5	73.5
平谷区	Pinggu	86.4	206.3	41.9	90.8	216.1	42.0
怀柔区	Huairou	973.4	850.0	114.5	1219.0	1212.0	100.6
密云县	Miyun	2538.1	3099.8	81.9	4083.2	4981.8	82.0
延庆县	Yanqing	24.4	60.5	40.3	67.7	72.5	93.4
农场局	Municipal Farm Bureau						

9-11 郊区县饲料占耕地面积及播种面积

FORAGE IN CULTIVATED AREA AND SOWN AREAS OF SUBURBS AND COUNTIES

单位：公顷 (hectare)

地区	Region	占耕地面积 Cultivated Areas			播种面积 Sown Areas		
		2004	2003	2004年为2003年% 2004 as % of 2003	2004	2003	2004年为2003年% 2004 as % of 2003
全市	**Total**	**18019.7**	**13803.7**	**130.5**	**27947.7**	**18588.5**	**150.3**
朝阳区	Chaoyang	40.1	246.6	16.3	73.4	344.7	21.3
丰台区	Fengtai	411.3	391.0	105.2	428.0	431.0	99.3
海淀区	Haidian	301.6	66.7	452.2	360.7	66.7	540.8
门头沟区	Mentougou	75.1	164.3	45.7	347.9	299.1	116.3
房山区	Fangshan	1069.9	1122.8	95.3	1955.1	1122.8	174.1
通州区	Tongzhou	2214.7	1690.3	131.0	3261.0	1890.3	172.5
顺义区	Shunyi	5806.6	4802.0	120.9	7884.7	4927.8	160.0
昌平区	Changping	1978.5	2493.7	79.3	2464.6	2789.0	88.4
大兴区	Daxing	1205.4	1137.3	106.0	2081.0	1425.5	146.0
平谷区	Pinggu	208.7	95.0	219.7	255.3	414.0	61.7
怀柔区	Huairou	168.7	195.2	86.4	244.5	382.3	64.0
密云县	Miyun	572.2	851.6	67.2	3232.2	3313.8	97.5
延庆县	Yanqing	3148.6	265.4	1186.4	4101.2	283.5	1446.6
农场局	Municipal Farm Bureau	818.3	281.8	290.4	1258.1	898.0	140.1

9-12 郊区县粮食、蔬菜产量

YIELD OF GRAIN AND VEGETABLEIN CULTIVATED AREA IN SUBURBS AND COUNTIES

地区 Region		粮食 Grain				蔬菜 Vegetable			
		2004		2003		2004		2003	
		单产(公斤/公顷) Unit Yield (kg/hectare)	总产量(吨) Total Yield (ton)	单产(公斤/公顷) Unit Yield (kg/hectare)	总产量(吨) Total Yield (ton)	单产(公斤/公顷) Unit Yield (kg/hectare)	总产量(吨) Total Yield (ton)	单产(公斤/公顷) Unit Yield (kg/hectare)	总产量(吨) Total Yield (ton)
全市	**Total**	**6245.8**	**701789.0**	**5906.2**	**580276.0**	**105511.6**	**4891525.0**	**101558.0**	**5273417.0**
朝阳区	Chaoyang	5322.1	3398.0	3952.3	2198.0	39860.5	75509.0	55383.0	110334.0
丰台区	Fengtai	3174.1	2392.0	2623.5	1237.0	69309.0	47509.0	65578.4	56579.0
海淀区	Haidian	6188.5	6250.0	5598.3	4373.0	92089.5	37505.0	114307.2	50760.0
门头沟区	Mentougou	2431.2	2931.0	890.3	1067.0	56707.2	17394.0	55533.9	20144.0
房山区	Fangshan	6184.9	97921.0	5849.7	81769.0	112478.8	277980.0	96630.4	252186.0
通州区	Tongzhou	7732.4	143214.0	8543.6	122818.0	101429.7	878983.0	91609.7	914399.0
顺义区	Shunyi	6573.2	96064.0	6770.2	88394.0	128438.5	1075364.0	119848.1	1169869.0
昌平区	Changping	4187.6	31659.0	4367.8	28588.0	90082.2	101877.0	71676.1	107992.0
大兴区	Daxing	9030.9	130165.0	8508.5	115424.0	84425.8	1299499.0	103884.6	1321149.0
平谷区	Pinggu	5229.3	30770.0	5638.0	30234.0	139639.7	491783.0	9482.9	39132.0
怀柔区	Huairou	5598.1	34320.0	5587.0	30280.0	82274.1	36239.0	639452.4	453457.0
密云县	Miyun	4607.1	34624.0	2583.2	12290.0	307958.3	351791.0	217141.0	345370.0
延庆县	Yanqing	4817.7	88081.0	3388.4	61604.0	104721.3	199173.0	84403.0	431817.0
农场局	Municipal Farm Bureau					34462.5	919.0	40892.9	229.0

9-13 林业及干鲜果品生产

FORESTRY, DRY AND FRESH FRUIT PRODUCTION

项目		Item		2004	2003	2004年为2003年% 2004 as % of 2003
林业生产		**Forestry**				
本年造林面积	(公顷)	Afforestation Area this Year	(hectare)	31525.9	47168.9	66.8
育苗面积	(公顷)	Nursery Garden Area	(hectare)	19860.4	23787.1	83.5
# 本年新育	(公顷)	New Growing this Year	(hectare)	1496.8	3686.0	40.6
果类生产		**Fruit**				
干鲜果总产量	(吨)	Output of Dry and Fresh Fruit	(ton)	784011.0	736995.0	106.4
干果	(吨)	Dry Fruit	(ton)	39943.0	35755.0	111.7
# 核桃	(吨)	Walnut	(ton)	12442.0	10364.0	120.1
板栗	(吨)	Chinese Chestnut	(ton)	19474.0	17788.0	109.5
鲜果	(吨)	Fresh Fruit	(ton)	744069.0	701240.0	106.1
# 苹果	(吨)	Apple	(ton)	134753.0	134815.0	100.0
梨	(吨)	Pear	(ton)	137563.0	130766.0	105.2
葡萄	(吨)	Grape	(ton)	57700.0	63053.0	91.5
柿子	(吨)	Persimmon	(ton)	66579.0	60361.0	110.3
桃	(吨)	Peach	(ton)	296409.0	264585.0	112.0
年末实有果园面积	(公顷)	**Orchard Area(year-end)**	**(hectare)**	**81400.5**	**87539.1**	**93.0**

资料来源：林业生产资料由北京市林业局提供。

Sources: Data of forestry will be offered by Beijing Forestry Administration Bureau.

9-14 畜牧业生产
ANIMALS HUSBANDRY

项目		Item		2004	2003	2004年为2003年% 2004 as % of 2003
大牲畜		**Large Animals**				
年末总头数	(万头)	Total	(year-end,10000 heads)	31.7	33.0	96.1
# 役畜		Draught Animals		1.6	2.1	76.2
牛		Cattle and Buffaloes		29.2	29.8	98.0
马		Horses		0.3	0.5	60.0
骡		Mules		0.6	0.9	66.7
驴		Donkeys		1.5	1.8	83.3
乳牛		**Cows**				
年末总头数	(万头)	Total	(year-end,10000 heads)	18.5	18.1	102.2
# 成乳牛		Adult Cows		11.6	11.7	99.1
牛奶总产量	(万吨)	Cow Milk	(10000 tons)	70.0	63.3	110.6
肉牛		**Beef Cattle**				
全年出栏	(万头)	Slaughtered Cattle	(year-end,10000 heads)	29.0	29.8	97.3
折净肉	(万吨)	Converted into Beef	(10000 tons)	5.1	5.2	98.1
羊		**Sheep and Goats**				
全年出栏羊	(万只)	Slaughtered Sheep and Goats	(10000 heads)	315.9	301.0	105.0
折净肉	(万吨)	Converted into Mutton	(10000 tons)	4.9	4.7	104.3
年末存栏	(万只)	Livestock on Hand	(year-end,10000 heads)	158.5	183.0	86.6
山羊	(万只)	Goats	(10000 heads)	37.6	57.9	64.9
绵羊	(万只)	Sheep	(10000 heads)	120.9	125.1	96.6
猪		**Hogs**				
全年出栏猪	(万头)	Slaughtered Fattened Hogs	(10000 heads)	460.5	470.1	98.0
折带骨肉	(万吨)	Converted into Pork with Bone	(10000 tons)	31.8	32.8	97.0
年末存栏	(万头)	Livestock on Hand	(year-end,10000 heads)	243.2	252.2	96.4
家禽		**Poultry**				
年末存栏	(万只)	Livestock on Hand	(year-end,10000 heads)	3253.3	3762.6	86.5
鸭		Ducks		569.0	786.6	72.3
肉鸡		Chickens		1347.5	1549.8	86.9
产蛋鸡		Hens		1331.1	1418.5	93.8
产蛋量	(万吨)	Poultry Eggs	(10000 tons)	15.9	16.2	98.1
# 鸡蛋		Eggs		15.6	15.7	99.4
年末养兔	(万只)	**Rabbits**	**(year-end,10000 heads)**	**38.9**	**73.7**	**52.8**
养蜂		**Bees**				
年末养蜂	(万箱)	Bees	(year-end,10000 boxes)	10.4	11.1	93.7
蜂蜜产量	(吨)	Honey	(ton)	3036	3231.1	94.0

9-15 水 产 品 生 产
AQUATIC PRODUCTS

项目 Item				2004	2003	2004年为2003年% 2004 as % of 2003
现有水面面积	**(公顷)**	**Area of Water Surface**	**(hectare)**	**20352.4**	**21215.6**	**95.9**
# 已利用水面面积	(公顷)	Utilized Area	(hectare)	20049.5	20934.0	95.8
大水库	(公顷)	Large Reservoir	(hectare)	12320.0	12320.0	100.0
中、小水库	(公顷)	Medium and Small Reservoirs	(hectare)	1733.6	1712.3	101.2
坑塘	(公顷)	Puddle and Pond	(hectare)	5900.3	6802.4	86.7
# 鱼种池	(公顷)	Fish Fry Pond	(hectare)	635.5	696.5	91.2
鱼种生产量	**(万尾)**	**Output of Fish Fry**	**(10000 pieces)**	**12060.4**	**11400.4**	**105.8**
放养鱼种	**(万尾)**	**Fish Fry Breed**	**(10000 pieces)**	**17685.0**	**18344.0**	**96.4**
成鱼捕捞量	**(吨)**	**Adult Fish Catched**	**(ton)**	**66753.0**	**71249.4**	**93.7**
# 大水库	(吨)	in Large Reservoirs	(ton)	3280.0	3511.3	93.4
中、小水库	(吨)	in Medium and Small Reservoirs	(ton)	1431.0	1607.0	89.0
坑塘	(吨)	in Puddle and Pond	(ton)	57330.0	61592.1	93.1
# 鱼类商品量	(吨)	Commodity Fish	(ton)	60012.9	65064.3	92.2

9-16 主要农产品产量
OUTPUT OF MAJOR FARM PRODUCTS

单位：吨 (ton)

项目 Item		2004	2003	2004年为2003年% 2004 as % of 2003
蔬菜产量	**Yield of Vegetable**	**4891525.0**	**5273417.0**	**92.8**
# 特菜	Special Vegetable	311069.0	407163.0	76.4
干鲜果品产量	**Yield of Dry and Fresh Fruit**	**784011.0**	**736995.0**	**106.4**
# 干果产量	Dry Fruit	39943.0	35755.0	111.7
鲜果产量	Fresh Fruit	744069.0	701240.0	106.1
肉类总产量	**Output of Meat**	**708365.0**	**736500.0**	**96.2**
# 猪肉	Pork	318148.0	327857.0	97.0
牛肉	Beef	50894.0	51798.0	98.3
羊肉	Mutton	49077.0	46970.0	104.5
牛奶产量	**Output of Cow Milk**	**700410.0**	**632919.0**	**110.7**
鲜蛋产量	**Output of Fresh Eggs**	**158858.0**	**161755.0**	**98.2**
# 鸡蛋	Eggs	155621.0	157351.0	98.9
鸭蛋	Duck's Eggs	2794.0	3730.0	74.9
淡水鱼产量	**Output of Freshwater Fish**	**66753.0**	**71249.4**	**93.7**

9-17 郊区县副食品产量(2004年)
OUTPUT OF NON-STAPLE FOOD IN SUBURBS AND COUNTIES(2004)

地区 Region		蔬菜 (吨) Vegetable (ton)	鲜蛋 (吨) Fresh Eggs (ton)	牛奶 (吨) Cow Milk (ton)	干鲜果 (吨) Dry and Fresh Fruit (ton)	成鱼捕捞量 (吨) Adult Fish Catched (ton)	生猪出栏 (头) Slaughtered Fattened Hog (head)	蛋鸡存栏 (万只) Hens on Hand (10000 heads)
全市	**Total**	**4891525**	**158858**	**700410**	**784011**	**66753**	**4605222**	**1331.1**
朝阳区	Chaoyang	75509	27	19550	2660	2393	50655	0.9
丰台区	Fengtai	47509	342	3643	3067	716	22674	7.7
海淀区	Haidian	37505	1827	2525	6613	780	21373	3.4
门头沟区	Mentougou	17394	932	8398	5563	230	25824	10.2
房山区	Fangshan	277980	9618	26999	86673	2250	378298	150.0
通州区	Tongzhou	878983	12839	53621	57047	12589	529079	83.4
顺义区	Shunyi	1075364	15617	73893	68690	12139	1632912	161.5
昌平区	Changping	101877	4721	18369	54025	5477	115912	72.5
大兴区	Daxing	1299499	38566	124604	114685	3462	665033	241.0
平谷区	Pinggu	491783	27643	3599	228332	16565	425108	215.4
怀柔区	Huairou	36239	5662	34072	45338	3342	201432	70.7
密云县	Miyun	351791	22131	67456	65778	3510	330299	187.1
延庆县	Yanqing	199173	18847	118146	43949	3300	159313	127.3
农场局	Municipal Farm Bureau	919	86	145535	1591		47310	

9-18 设施农业面积及产量(2004年)
AREAS AND OUTPUT OF FACILITY-AGRICULTURE(2004)

项目	Item	设施农业面积（亩）Areas of Facility-agriculture (mu)	设施农业产量（吨）Output of Facility-agriculture (ton)
合计	**Total**	**250347**	
温室	Hothouse	57450	
蔬菜	Vegetable	45015	276427
花卉	Flowers	2920	
# 切花	Cut Flowers	178	98834
盆花	Potted Flowers	39	119987
瓜类	Melons	4440	13796
果类	Fruits	4286	4979
其它	Others	789	269681
大棚	Large Shed	88169	
蔬菜	Vegetable	51541	280602
花卉	Flowers	3147	
# 切花	Cut Flowers	10	93916
盆花	Potted Flowers	928	90237
瓜类	Melons	27966	89688
果类	Fruits	2267	4849
其它	Others	3248	1408
中小棚	Medium and Small Shed	104728	
蔬菜	Vegetable	68606	298355
花卉	Flowers	675	
# 切花	Cut Flowers		23754
盆花	Potted Flowers		24143
瓜类	Melons	32703	96094
果类	Fruits	627	1158
其它	Others	2117	434

注：切花产量的计量单位是百枝，盆花产量的计量单位是百盆。

Note: Unitage of Output of cut flowers was 100 branch, Unitage of Output of potted flowers was 100 basin.

9-19 农村劳动生产率
RURAL LABOR PRODUCTIVITY

项目		Item		2004	2003	2004年为2003年% 2004 as % of 2003
每一农村从业人员创造农村地区生产总值	**（元）**	**Gross Domestic Product Value Per Rural Employed Person**	**(yuan)**	**38198.0**	**33264.0**	**114.8**
（按各业从业人员分别计算）		**(calculated separately by sectors)**				
每一农村从业人员创造农业增加值	（元）	Added Value of Agriculture Per Person Employed	(yuan)	17866.0	16066.0	111.2
每一农村从业人员创造工业增加值	（元）	Added Value of Industry Per Person Employed	(yuan)	62154.0	51957.0	119.6
每一农村从业人员创造建筑业增加值	（元）	Added Value of Construction Per Person Employed	(yuan)	41552.0	38673.0	107.4
每一农村从业人员创造运输、仓储和邮政业增加值	（元）	Added Value of Transportation,Storage and Post Per Person Employed	(yuan)	31109.0	27991.0	111.1
每一农村从业人员创造批发、零售、住宿和餐饮业增加值	（元）	Added Value of Wholesale Trade,Retail Trade, Stay Place and Catering Per Person Employed	(yuan)	40820.0	34886.0	117.0
每一农业从业人员生产的农产品产量		**Yield of Farm Products Per Person Employed**				
（按农林牧渔从业人员合计计算）		**(calculated by total persons employed of farming, forestry,animal husbandry and fishery)**				
粮食	（公斤）	Grain	(kg)	1212.0	975.0	124.3
油料	（公斤）	Oil-bearing Crops	(kg)	30.0	33.0	90.9
蔬菜	（公斤）	Vegetable	(kg)	8448.0	8863.0	95.3
水果	（公斤）	Fruit	(kg)	1285.0	1239.0	103.7
猪牛羊肉	（公斤）	Pork,Beef and Mutton	(kg)	722.0	717.0	100.7
牛奶	（公斤）	Cow Milk	(kg)	1210.0	1064.0	113.7
鲜蛋	（公斤）	Fresh Eggs	(kg)	274.0	272.0	100.7
淡水鱼	（公斤）	Fresh-water Fish	(kg)	115.0	120.0	95.8

9-20 农 业 生 产 条 件
PRODUCTIVE CONDITIONS OF AGRICULTURE

项 目		Item		2004	2003	2004年为2003年% 2004 as % of 2003
主要农业机械拥有量		**Possession of Major Agricultural Machinery**				
农业机械总动力	(万千瓦)	Total Power of Agricultural Machinery	(10000 kw)	340.3	366.9	92.8
大中型拖拉机	(混合台)	Large and Medium Tractors	(unit)	8813.0	9216.0	95.6
小型拖拉机	(台)	Mini-Tractors	(unit)	19098.0	22638.0	84.4
机引农具	(台)	Towing Farm Machinery	(unit)	28702.0	29884.0	96.0
机动喷雾器	(部)	Motorized Sprayer	(unit)	11440.0	12222.0	93.6
机动插秧机	(台)	Motorized Rice Transplanter	(unit)	19.0	55.0	34.5
联合收割机	(台)	Combine Harvester	(unit)	3163.0	3766.0	84.0
机动脱粒机	(台)	Motorized Sheller	(unit)	6939.0	7858.0	88.3
米面加工机	(台)	Processing Machine of Rice and Flour	(unit)	7612.0	7787.0	97.8
机动挤奶器	(台)	Motorized Milker	(unit)	770.0	634.0	121.5
饲料粉碎机	(台)	Fodder Grinder	(unit)	4232.0	4698.0	90.1
载重汽车	(辆)	Truck	(unit)	12642.0	14502.0	87.2
农业机械作业面积		**Operation Area with Agricultural Machinery**				
机耕面积	(公顷)	Cultivated Area by Machine	(hectare)	149862.3	153107.0	97.9
占全部耕地面积比重	(%)	as Percentage of Total	(%)	61.0	61.8	98.7
机播面积	(公顷)	Sown Area by Machine	(hectare)	180310.7	86897.0	207.5
占播种面积比重	(%)	as Percentage of Sown Area	(%)	87.1	88.9	98.0
机收面积	(公顷)	Harvest Area by Machine	(hectare)	78063.0	66203.0	117.9
占收获面积比重	(%)	as Percentage of Harvest Area	(%)	45.0	64.7	69.6
农村用电量及小水电		**Rural Electricity Consumption and Small Hydropower Station**				
农村用电量	(万千瓦小时)	Rural Electricity Consumption	(10000 kwh)	479667.0	427266.0	112.3
农村小水电站	(处)	Rural Small Hydropower Station	(unit)	34.0	34.0	100.0
发电量	(万千瓦小时)	Generated Energy	(10000 kwh)	821.5	1011.0	81.3
农田水利		**Irrigation and Water Conservancy**				
排灌用动力机械	(台)	Power-driven Irrigation Machinery	(unit)	53405.0	67446.0	79.2
	(万千瓦)		(10000 kwh)	55.9	60.3	92.7
机(电)井	(眼)	Motor-pumped Well	(unit)	24654.0	41651.0	59.2
# 已配套	(眼)	Completed Set	(unit)			
扬水站(固定机电排灌站)	(处)	Pumping Station	(unit)			
有效灌溉面积	(公顷)	Irrigated Areas	(hectare)	186668.9	178901.0	104.3
化肥施用量(折纯)		**Consumption of Chemical Fertilizer (converted into pure)**				
化肥施用量	(吨)	Consumption of Chemical Fertilizers	(ton)	144626.0	143228.0	101.0
氮肥	(吨)	Nitrogenous Fertilizer	(ton)	78830.0	77442.0	101.8
磷肥	(吨)	Phosphate Fertilizer	(ton)	12327.0	12577.0	98.0
钾肥	(吨)	Potash Fertilizer	(ton)	6090.0	5743.0	106.0

注：农村小水电站是指乡村两级小水电实有数。农村用电量为市供电局提供。

Note：Data of rural small hydropower station refers to actual number of small hydropower at township and Village level.Data on consumption of electricity is provided by Beijing Municipal Power Supply Bureau.

9-21 乡镇企业各业基本情况(2004年)

BASIC STATISTICS ON SECTORS OF TOWN AND TOWNSHIP ENTERPRISES(2004)

行 业 Sector	企业个数 (个) Number of Enterprises (unit)		从业人员 (人) Persons Employed (person)		总收入 (万元) Total Revenue (10000 yuan)		利润总额 (万元) Total Profits (10000 yuan)		增加值 (万元) Add Value (10000 yuan)	
	数 量 Number	构成% Composition	数 量 Number	构成% Composition	数 量 Number	构成% Composition	数 量 Number	构成% Composition	数 量 Number	构成% Composition
合 计 Total	**158039**	**100**	**1355937**	**100**	**21039185**	**100**	**1473843**	**100**	**4507396**	**100**
农业 Agriculture	4050	2.6	27388	2.0	225083	1.1	34597	2.3	48361	1.1
工业 Industry	24541	15.5	679661	50.1	9853320	46.8	613610	41.6	2208061	49.0
施工建筑业 Construction	5113	3.2	190505	14.0	2663962	12.7	180835	12.3	592409	13.1
交通运输业 Transportation	49537	31.3	102218	7.5	1347677	6.4	152933	10.4	361559	8.0
批发零售贸易业 Wholesale	38951	24.6	136093	10.0	3564265	16.9	208834	14.2	530337	11.8
住宿及餐饮业 Retail and Catering	13032	8.2	66999	4.9	909244	4.3	62250	4.2	185148	4.1
社会服务业 Social Services	21003	13.3	131844	9.7	1439703	6.8	128181	8.7	392213	8.7
其他 Others	1812	1.1	21229	1.6	1035931	4.9	92603	6.3	189308	4.2

9-22 乡镇企业出口供货情况(2004年)

GOODS SUPPLIES FOR EXPORT OF TOWN AND TOWNSHIP ENTERPRISES(2004)

单位：万元 (10000 yuan)

行 业	Sector	出口产品交货总额 Total Amount on Delivery of Exports		# 直 接 出 口 Direct Export	
		2004	2003	2004	2003
合 计	**Total**	**1112979**	**959314**	**786556**	**647614**
化 工	Chemical Products	16511	12586	10116	6412
机 械	Machinery	75617	72117	60400	60801
矿 产	Mineral Products	45012	24151	35580	18078
轻 工	Light Industry	189878	147293	144428	120746
食 品	Food	139316	100005	113905	89957
土产畜产	Local Products	18782	32587	7332	7572
纺织服装	Garment	473417	452682	316895	278694
工 艺 品	Handicraft	28205	36545	24287	28208
其 他	Others	126241	81348	73613	37146

9-23 郊区县乡镇企业主要经济指标(2004年)
MAIN ECONOMIC INDICATORS FOR TOWN AND TOWNSHIP ENTERPRISES IN SUBURBS AND COUNTIES(2004)

地区	Region	企业个数(个) Number of Enterprises (unit)	从业人员(人) Persons Employed (person)	总收入(万元) Total Revenue (10000 yuan)	利润总额(万元) Total Profits (10000 yuan)	增加值(万元) Add Value (10000 yuan)	税金(万元) Taxes (10000 yuan)
全市	**Total**	**158039**	**1355937**	**21039185**	**1473843**	**4507396**	**704208**
朝阳区	Chaoyang	912	63795	1422496	52039	216819	45594
丰台区	Fengtai	970	67337	793389	52724	196127	25348
海淀区	Haidian	4000	61734	917019	66735	202607	34823
门头沟区	Mentougou	9936	34794	502056	44732	97758	14008
房山区	Fangshan	45415	255533	4322072	365925	885954	75580
通州区	Tongzhou	18750	182588	1865513	119964	505574	99448
顺义区	Shunyi	20280	180289	2414638	200304	560305	99817
昌平区	Changping	3491	81186	1353754	81047	333000	53789
大兴区	Daxing	22642	149525	2998710	206453	556671	132839
平谷区	Pinggu	5611	88004	1385365	76487	295085	38638
怀柔区	Huairou	6596	59699	1541384	126579	320008	42346
密云县	Miyun	12676	94423	853596	46654	211264	24429
延庆县	Yanqing	6760	37030	669193	34200	126224	17549

9-24 郊区县乡镇个体、私营企业主要经济指标(2004年)

MAIN ECONOMIC INDICATORS FOR RURAL INDIVIDUAL AND PRIVATE ENTERPRISES IN SUBURBS AND COUNTIES(2004)

地区 Region		企业个数 (个) Number of Enterprises (unit)	从业人员 (人) Persons Employed (person)	总收入 (万元) Total Revenue (10000 yuan)	利润总额 (万元) Total Profits (10000 yuan)	增加值 (万元) Add Value (10000 yuan)	税金 (万元) Taxes (10000 yuan)
全　市	**Total**	**147533**	**713929**	**10009533**	**821132**	**2166691**	**262101**
朝阳区	Chaoyang	181	5850	132370	2883	19917	3078
丰台区	Fengtai	126	7420	107581	7982	26096	3449
海淀区	Haidian	3405	32621	477180	20626	82036	12964
门头沟区	Mentougou	9476	18958	230765	27577	46899	3202
房山区	Fangshan	44749	192925	3257058	298564	676024	41955
通州区	Tongzhou	16194	85655	745051	66604	207694	39688
顺义区	Shunyi	19629	91161	810533	91366	237758	35716
昌平区	Changping	2574	22652	572532	36173	134853	16347
大兴区	Daxing	21512	94825	1570965	129180	298335	57096
平谷区	Pinggu	4337	29303	304467	16696	76267	6283
怀柔区	Huairou	6126	26452	697779	64070	116188	16232
密云县	Miyun	12646	81884	752161	41364	179824	18772
延庆县	Yanqing	6578	24223	351091	18047	64800	7319

9-25 农村固定资产投资情况(2004年)
INVESTMENT IN FIXED ASSETS PER CAPITA IN RURAL AREAS(2004)

单位：万元，万平方米 (10000 yuan,10000 sq.m)

项目	Item	合计 Total	非农户 Non-Agricultural	农户 Agricultural
本年固定资产投资完成额	**Investment in Fixed Assets Completed in this year**	**1952044**	**1796318**	**155726**
按资金来源分	Grouped by Source of Funds			
国家资金	State Funds	70736	70736	
国内贷款	Domestic Loan	176938	176938	
利用外资	Foreign Funds	20453	20453	
自筹资金	Self-raising Funds	1575273	1419546	155726
其他资金	Other Funds	108645	108645	
按投资方向分	Grouped by Use of Funds			
农、林、牧、渔业	Farming,Animal Husbandry and Fishery	65262	51530	13732
采矿业	Excavation	14846	14846	
制造业	Manufacturing	558928	558065	863
电力、煤气及水的生产和供应业	Electricity, Gas and Water Productionand Supply	19114	19114	
建筑业	Construction	55284	54290	994
交通运输、仓储和邮政业	Transportation, Storage, Posts and Telecommunications	53418	47205	6213
信息传输、计算机服务和软件业	Telecommunications,Computer Servecis and Software	6351	6351	
批发和零售业	Wholesale Trade and Retail Trade	112811	112811	
住宿和餐饮业	Wholesale and retail & catering	162232	162232	
金融业	Banking and Insurance	100	100	
房地产业	Real Estate	142015	8091	133924
租赁和商务服务业	Social Services	98289	98289	
科学研究、技术服务与地质勘探业	Scientific Rearch,Professional Technical Servecis and Geological Prospecting	11045	11045	
水利、环境和公共设施管理业	Water,Environment and Municipal Engineering Conservancy	130295	130295	
居民服务和其他服务业	Resident and Other Services	20290	20290	
教育	Education	76003	76003	
卫生、社会保障和社会福利业	Health,Social Security and Social Welfare	8606	8606	
文化、体育和娱乐业	Culture,Arts,Sports and Recreation	32497	32497	
公共管理和社会组织	Commonality Manage and Society Organization	384658	384658	
国际组织	International Organization			
本年施工房屋面积	**Floor Space of Buildings under Construction in this Year**	**1094**	**817**	**277.3**
# 住宅	Residential Buildings	373	129	244
本年竣工房屋面积	**Floor Space of Buildings Completed in this Year**	**749**	**518**	**231**
# 住宅	Residential Buildings	271	67	204
本年竣工房屋投资完成额	**Investment of Buildings Completed in this Year**	**761182**	**641816**	**119366**
# 住宅	Residential Buildings	181110	75316	105794
本年新增固定资产原值	**Original Value of Incremental Fixed Assets**	**1633853**	**1492786**	**141067**

注：本表非农户固定资产投资为全面调查；农户固定资产投资是在郊区2670户农村住户调查所在村抽样调查，再经过分区县推算汇总。

Note：It is investigated in an all-round way that this form Non-Agricultural household's investment in fixed assets; Agricultural household's investment in fixed assets is in the village sample investigation where one stays of 2670 Agricultural household's investigations of suburb, is it divide county calculate gather to undergo and then.

9-26 农村经济收入与分配
INCOME AND DISTRIBUTION OF RURAL ECONOMY

单位：万元 (10000 yuan)

项目	Item	2004	2003	2004 年为 2003 年% 2004 as % of 2003
营业收入	**Operation Income**	**24576390.5**	**20376147.8**	**120.6**
农业	Agriculture	723878.4	656398.6	110.3
# 粮食	Grain	175274.1	118046.2	148.5
林业	Forestry	92192.8	87777.5	105.0
牧业	Animal Husbandry	940725.6	902784.9	104.2
渔业	Fishery	75566.2	71141.9	106.2
工业	Industry	8179721.6	6442132.9	127.0
建筑业	Construction	3150488.4	2829842.2	111.3
交通运输业	Transportation	1917099.9	1670994.5	114.7
商业、饮食业	Commerce and Catering	4969731.5	3930253.3	126.4
服务业	Services	3449009.2	2951808.6	116.8
其他	Others	1077976.9	833013.4	129.4
营业成本	**Operation Cost**	**20070725.1**	**16385308.1**	**122.5**
农业	Agriculture	481481.5	430680.6	111.8
# 粮食	Grain	99697.0	70791.5	140.8
林业	Forestry	60075.7	57265.6	104.9
牧业	Animal Husbandry	725682.2	689575.2	105.2
渔业	Fishery	54288.1	51158.0	106.1
工业	Industry	6870127.7	5358549.8	128.2
建筑业	Construction	2653247.6	2360826.3	112.0
交通运输业	Transportation	1524575.5	1301891.4	117.1
商业、饮食业	Commerce and Catering	4384449.8	3433848.6	127.7
服务业	Services	2504936.5	2074102.4	120.8
其他	Others	811860.5	618410.2	131.3
营业利润	**Operation Profits**	**2780920.9**	**2500925.7**	**111.2**
利润总额	**Total Profits**	**2918542.8**	**2606082.8**	**112.0**
税后利润	**Net Profits**	**2811914**	**2514458.4**	**111.8**
可供分配的利润	**Profit to be Divided**	**2798776.8**	**2477540.0**	**113.0**
未分配利润	**Retained Profits**	**426724.5**	**294171.6**	**145.1**

9-27 郊区小城镇建设基本情况
BASIC STATISTICS FOR OUTSKIRT A WIDE PLACE IN THE ROAD

项目 Item			2004	2003	2004年为2003年% 2004 as % of 2003
乡镇常住人口	(人) Total Population of Villages and Town	(person)	4999575	4577825	109.2
乡镇从业人员数	(人) Employed Persons by Villages and Town	(person)	2061893	1826073	112.9
乡镇行政区域土地面积	(公顷) The Land Area of Administrative Divisions By Villages and Town	(hectare)	1324197	1324822	100.0
乡镇增加值	(万元) Gross Domestic Product by Villages and Town	(10000 yuan)	6030629	5265396	114.5
第一产业增加值	(万元) Primary Industry	(10000 yuan)	971110	954054	101.8
第二产业增加值	(万元) Secondary Industry	(10000 yuan)	2607982	2213558	117.8
第三产业增加值	(万元) Tertiary Industry	(10000 yuan)	2451537	2097785	116.9
农村经济总收入	(万元) The Gross Income of Rural Economics	(10000 yuan)	18370562	15334679	119.8
乡镇企业总收入	(万元) The Retail sales of Villages and Town	(10000 yuan)	17248432	13433936	128.4
乡镇企业年净利润总额	(万元) Net Profits of Villages and Town	(10000 yuan)	1118089	857541	130.4
乡镇企业实交税金总额	(万元) Taxes turned over Completed	(10000 yuan)	612472	514901	118.9
乡镇企业出口产品交货额	(万元) Delivery Value of Exports of Villages and Town	(10000 yuan)	1003486	889598	112.8
财政收入	(万元) Revenue	(10000 yuan)	349130	360358	96.9
# 预算内收入	(万元) General Budgetary Financial Revenue	(10000 yuan)	346566	276058	125.5
财政支出	(万元) Expenditures	(10000 yuan)	530431	409553	129.5
年末各项贷款余额	(万元) Loans Balance(year-end)	(10000 yuan)	2559373	2096886	122.1
电话安装机数量	(部) The Number of Build in Telephone	(unit)	1342030	1286333	104.3
乡镇公路里程	(公里) Calzada Mileage of Villages and Town	(km)	13254	11983	110.6
镇区常住人口	(人) Total Population of Township	(person)	1159120	937610	123.6
# 非农业人口	(人) Non-Agricultural	(person)	499078	381650	130.8
镇区从业人员数	(人) Employed Persons by Township	(person)	546992	380825	143.6
镇区占地面积	(公顷) The Land Area of Township	(hectare)	59877	60506	99.0

注："郊区小城镇"统计范围为郊区县全部建制镇。

Note: Outskirt a wide place in the road include total organic towns in suburbs and counties

主要统计指标解释

郊区增加值 指近郊区乡及乡以下三次产业增加值和远郊区县所属三次产业增加值之和。

农业总产值 是以货币表现的农、林、牧、渔业全部产品的总量，它反映一定时期内农业生产总规模和总成果。

农、林、牧、渔业的统计范围包括国有经济各种专业农（农、林、牧、渔）场以及国家各级机关、团体、学校、部队；集体所有制的乡、镇、村各级办农场；工矿企业经营的农、林、牧、渔业，农村各种经济组织和农户经营的农林牧渔业和农民家庭兼营的商品性工业等。

（1）农业 包括种植业和其他农业。

种植业 包括谷物、豆类、薯类、棉、油料、糖料、麻类、烟叶、蔬菜、药材、瓜类和其他农作物的种植，以及茶园、桑园、果园的生产经营。

其他农业 包括采集野生植物的果实、纤维、树胶、树脂、油料以及柴草、野生药材、菌类等及农民家庭兼营的商品性工业。

（2）林业 包括林木的栽培（不包括茶园、桑园和果园的栽培、管理和收获等活动）、林产品的采集和村及村以下合作经济组织和农户的竹木采伐。

（3）牧业 包括除渔业养殖以外的一切动物饲养和放牧以及野生动物的捕猎和饲养。

(4)渔业 包括水生动物和海藻类植物的养殖和捕捞。

农业总产值的计算方法通常是按农林牧渔业产品及其副产品的产量分别乘以各自单位产品价格求得，少数生产周期较长，当年没有产品或产品产量不易统计的，则采用间接方法匡算其产值，然后将四业产品产值相加即为农业总产值。

1957年以前的农业总产值中包括了厩肥和农民自给性手工业（如农民自制衣服、鞋、袜，自己从事粮食初步加工等）。1958年及以后的农业总产值、林业中增加了村及村以下竹木采伐产值；牧业中取消了厩肥产值；副业中取消了农民自给性手工业产值；渔业中增加了海洋捕捞水产品产值。1980年及以后的农业总产值，在副业中增加了农民家庭兼营工业商品部分的产值。从1984年起村及村以下办工业产值划归工业。从1993年起，取消副业。将野生动物的捕猎划入牧业，野生植物采集和农民家庭兼营商品性工业划归农业。

耕地总资源 指能够种植农作物的田地。包括当年实际耕种的熟地；新开荒且已种植的地；“沿海”、“沿湖”地区已围垦利用三年以上的“海涂”、“湖田”；弃耕、休闲不满三年，随时可以复耕的地；因灾害或其他因素，虽然当年内未种植农作物但仍可复耕的地；以种植农作物为主，附带种植桑树、果树和其他林的地；年年进行耕耘种草的地；南方小于1米、北方小于2米宽的沟、渠、路、田埂。不包括：因灾害或其他因素，已不能复耕的地；弃耕、休闲满三年的地，或者虽不满三年，但已经成为荒地的土地；不进行耕耘，种植牧草已成为永久性草地的土地；专业性的桑园、茶园、果园、果木苗圃地、芦苇地、天然草场等；以混凝土等铺设的温室、玻璃室，导致栽培的植物体与地面隔绝的基地。

农作物播种面积 指实际播种或移植有农作物的面积。凡是实际种植有农作物的面积，不论种植在耕地上还是种植在非耕地上，均包括在农作物播种面积中。在播种季节基本结束后，因遭灾而重新改种和补种的农作物面积，也包括在内。

有效灌溉面积 指具有一定的水源，地块比较平整，灌溉工程或设备已经配套，在一般年景下当年能够进行正常灌溉的耕地面积。

设施农业 指利用人造设施改变气候条件、改良生物特色，使生物在一般情况下不能生产的地域或季节，能够正常生产的农业。设施农业主要指种植业的种植。

农业机械总动力 指主要用于农、林、牧、渔业的各种动力机械的动力总和。包括耕作机械、排灌机械、收获机械、农用运输机械、植物保护机械、牧业机械、渔业机械和其他农用机械[内燃机按引擎马力折成瓦（特）计算，电动机按功率折成瓦（特）计算]。不包括专门用于乡、镇、村、组办工业、基本建设、非农业运输、科学实验和教学等非农业生产方面用的动力机械与作业机械。

乡村从业人员 指乡村人口中16岁以上实际参加生产经营活动并取得实物或货币收入的人员，既包括劳动年龄内经常参加劳动的人员，也包括超过劳动年龄但经常参加劳动的人员。但不包括户口在家的在外学生、现役军人和丧失劳动能力的人，也不包括待业人员和家务劳动者。从业人员年龄为16岁以上。从业人员按从事主业时间最长（时间相同按收入）分为农业从业人员、工业从业人员、建筑业从业人员、交运仓储及邮电通讯业从业人员、批零贸易及餐饮业从业人员、其它从业人员。

期初（末）畜禽存栏头（只）数 指本期期初（末）农村各种合作经济组织和国营农场、农民个人、机关、团体、学校、工矿企业、部队等单位以及城镇居民饲养的大牲畜、猪、羊、家禽等禽畜的存栏头（只）数。

乡镇企业 指农村集体经济组织或者农民投资为主在乡镇（包括所辖村）举办的承担支援农业义务的各类企业。

十、工业

INDUSTRY

限额以上工业企业总产值（亿元）
Gross Output Value of Above Designed Size Industry(100 million yuan)

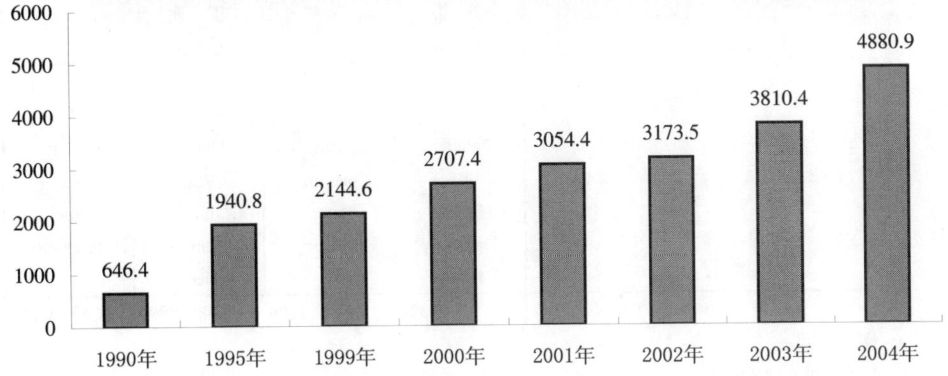

按登记注册类型分工业总产值　　（单位：亿元）
Grouped by Registration Status of Gross Output Value of Industry (100 million yuan)

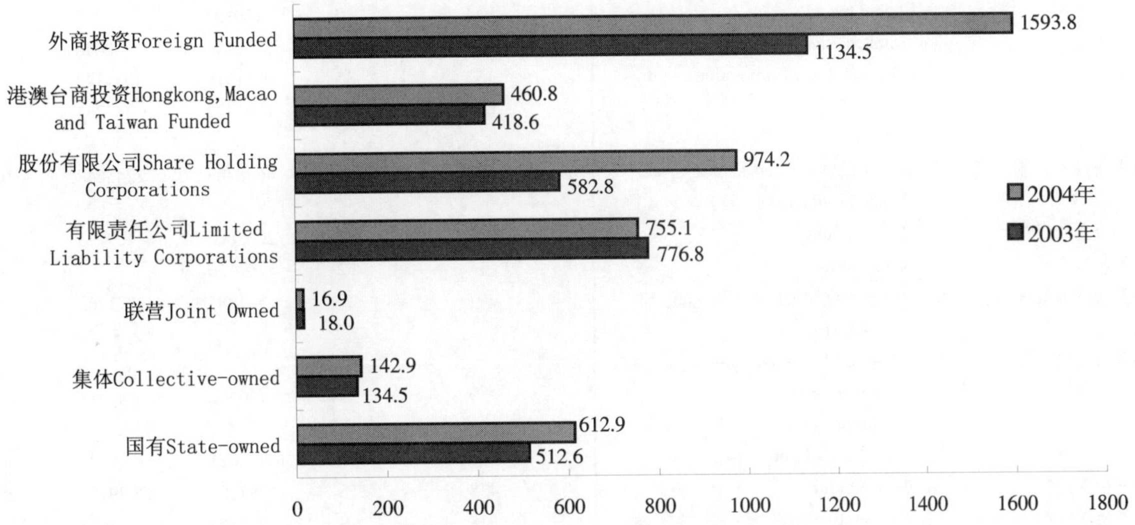

高新技术产业工业总产值构成（按领域分）
Composition of Gross Output Value for High-grade Technological Industry (by field)

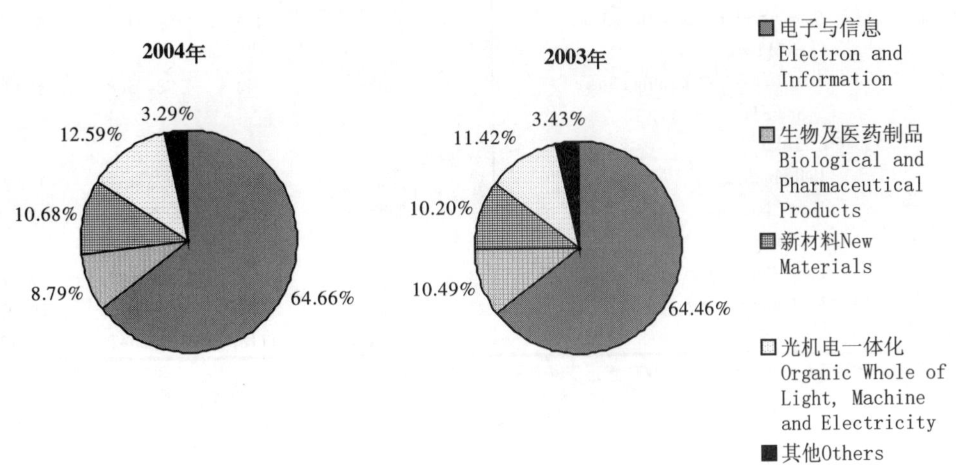

10-1 工业企业主要经济指标(2004年)

单位：万元

项目	Item	企业单位个数(个) Number of Enterprises (unit)	#亏损企业 Loss-making Enterprises	工业总产值(当年价格) Gross Output Value of Industry (at current prices)	#新产品产值 Value of New Products	工业增加值(生产法) Gross Output Value of of Industry (with production method)
总计	**Total**	**4324**	**1196**	**48808890**	**11957389**	**12595032**
在总计中：	**Of Total:**					
中央企业	Central Enterprises	418	140	13162564	3262111	3374803
地方企业	Local Enterprises	3906	1056	35646326	8695279	9220229
在总计中：	**Of Total:**					
内资企业	Domestic Investment Enterprises	3271	888	28262407	6125810	7847054
国有企业	State-Owned	849	372	6129325	295694	2016582
集体企业	Collective Owned	570	116	1429333	38193	402269
股份合作企业	Share Holding	205	44	1120328	43409	353741
联营企业	Joint Owned	44	10	169127	4959	52509
有限责任公司	Limited-Liability Corporations	772	161	7550613	2350046	2116516
股份有限公司	Share Holding Corporations	157	35	9741515	3051749	2342484
私营企业	Private Owned	669	150	2033322	341761	547517
其他企业	Others	5		88843		15437
港澳台商投资企业	Hongkong,Macao and Taiwan Funded Enterprises	357	114	4608463	2245648	1051064
港澳台合资经营	Joint Venture	246	82	2065006	409773	523861
港澳台合作经营	Cooperative	11	2	91110		30381
港澳台商独资企业	Hongkong,Macao and Taiwan Enterprises	91	27	2341885	1791263	459858
港澳台商投资股份有限公司	Hongkong,Macao and Taiwan Funded Share Holding Corporations	9	3	110462	44612	36965
外商投资企业	Foreign Funded Enterprises	696	194	15938021	3585932	3696913
中外合资经营	Joint Venture	438	116	11987561	2929186	2688929
中外合作经营	Cooperative	38	9	277764	20024	103125
外资(独资)企业	Foreign Enterprises	212	65	3406449	619921	805955
外商投资股份有限公司	Foreign Funded Share Holding Corporations	8	4	266247	16801	98904
在总计中：	**Of Total:**					
农村企业	Rural Enterprises	831	154	2495381	22645	737142
在总计中：	**Of Total:**					
国有绝对控股企业	State Absolute Controlling Share Hold Industry	1183	452	18368152	3723297	5001927
国有相对控股企业	State Relative Controlling Share Share Hold Industry	148	42	7840508	1509526	1527179
在总计中：	**Of Total:**					
轻工业	Light Industry	1869	593	9234454	1120933	3063439
重工业	Heavy Industry	2455	603	39574436	10836457	9531593
在总计中：	**Of Total:**					
大型企业	Large Enterprises	44	4	15882605	5725830	3518631
中型企业	Medium Enterprises	396	74	15610845	3940165	3982330
小型企业	Small Enterprises	3884	1118	17315441	2291395	5094071

注：本资料统计范围均为全部国有及年销售收入在500万元及以上非国有工业企业。

MAIN INDICATORS FOR INDUSTRIAL ENTERPRISES(2004)

(10000 yuan)

工业销售产值(当年价格) Sales Value of Industry (at current price)	#出口交货值 Delivery Value of Exports	全部从业人员年平均人数(人) Average Number of Persons Employed (person)	资产负债 Assets and Liabilities				
			资产总计 Total Assets	流动资产平均余额 Average Balance of Circulating Funds	固定资产原价合计 Original Value of Fixed Assets	固定资产净值年平均余额 Average Net Value of Fixed Assets	负债合计 Total Liabilities
47721881	**6026380**	**999259**	**60824400**	**28429076**	**30313652**	**17375860**	**31389298**
12878322	1589327	168266	14502495	5973728	10249604	5532418	7459559
34843560	4437053	830993	46321905	22455349	20064048	11843442	23929739
27784632	1044206	741398	44006413	18322361	23550925	13550086	22039273
6116974	119745	206357	14682250	5221049	9426654	5461464	8001189
1360914	89027	88323	1547427	873031	647319	404942	992522
1120582	51734	28612	606211	353804	233683	158411	355097
164113	13484	12097	477925	235781	234115	151501	290611
7438683	375466	210223	15993921	6558541	8462497	4796802	7455116
9567606	294021	114887	8487864	3782349	3815833	2066432	3642680
1944668	100730	78590	2109863	1232956	700635	491163	1221638
71093		2309	100954	64850	30190	19372	80420
4424038	710842	85097	4555603	2869830	1319632	805943	2999446
2023245	561963	52359	2092070	1372498	829804	503262	1327082
84743	29480	3298	79257	43816	40892	28127	36755
2202446	100675	23012	1855707	1148014	306380	197425	1362995
113604	18724	6428	528569	305502	142556	77130	272614
15513212	4271332	172764	12262384	7236885	5443096	3019831	6350579
11591253	3623663	112521	8519329	5126180	3677371	1869377	4397195
274843	41768	6620	264279	151717	137145	77859	120787
3392609	583407	44883	2894450	1852487	1141454	761125	1527508
254508	22495	8740	584327	106501	487126	311469	305089
2360037	270244	137905	2289268	1223207	1111478	747441	1363780
18121822	896784	404208	33387385	12471588	19972989	11176463	16692538
7581992	2590489	55169	4625253	2595245	2365715	1174410	2008209
8953851	1313986	368573	14165553	6329989	6396594	3960919	6921894
38768030	4712394	630686	46658847	22099087	23917058	13414942	24467404
15656264	1090988	246841	22774314	7836804	16522631	8965771	10829465
14984406	3548932	298426	20132557	10287237	7539529	4338803	10795332
17081211	1386460	453992	17917529	10305036	6251492	4071287	9764501

Note: Data of this chapter refers to all state-owned and non-state-owned Industrial enterprises above designed size (with annual sales revenue at and above 5 million yuan).

10-1 续表 1 continued

单位：万元

项目	Item	损益及分配 Profits,Loss and Distribution 主营业务收入（产品销售收入）Business income of the main products (Sales Revenue)	主营业务成本（产品销售成本）Core business cost (Cost of Sales)
总计	**Total**	**51108438**	**42885133**
在总计中：	**Of Total：**		
中央企业	Central Enterprises	15349813	13283610
地方企业	Local Enterprises	35758625	29601523
在总计中：	**Of Total：**		
内资企业	Domestic Investment Enterprises	29757381	25242666
国有企业	State-Owned	8512334	7621285
集体企业	Collective Owned	1378267	1173919
股份合作企业	Share Holding	1236104	1081343
联营企业	Joint Owned	165998	125992
有限责任公司	Limited-Liability Corporations	9049263	7565999
股份有限公司	Share Holding Corporations	7377395	5985994
私营企业	Private Owned	1963166	1620693
其他企业	Others	74855	67443
港澳台商投资企业	Hongkong,Macao and Taiwan Funded Enterprises	5010552	4247777
港澳台合资经营	Joint Venture	2064295	1775768
港澳台合作经营	Cooperative	78264	56701
港澳台商独资企业	Hongkong,Macao and Taiwan Enterprises	2624353	2198269
港澳台商投资股份有限公司	Hongkong,Macao and Taiwan Funded Share Holding Corporations	243639	217039
外商投资企业	Foreign Funded Enterprises	16340505	13394690
中外合资经营	Joint Venture	11880686	9829303
中外合作经营	Cooperative	277894	179333
外资(独资)企业	Foreign Enterprises	3937070	3210512
外商投资股份有限公司	Foreign Funded Share Holding Corporations	244854	175542
在总计中：	**Of Total:**		
农村企业	Rural Enterprises	2354495	1974655
在总计中：	**Of Total:**		
国有绝对控股企业	State Absolute Controlling Share Hold Industry	19945220	17139282
国有相对控股企业	State Relative Controlling Share Share Hold Industry	7624460	6469977
在总计中：	**Of Total:**		
轻工业	Light Industry	9098315	6746615
重工业	Heavy Industry	42010123	36138518
在总计中：	**Of Total:**		
大型企业	Large Enterprises	20330516	17897124
中型企业	Medium Enterprises	16104352	13070788
小型企业	Small Enterprises	14673569	11917221

10-1 续表 2 continued

(10000 yuan)

损 益 及 分 配 Profits,Loss and Distribution				工资、增值税 Wages and Added Value Tax	
营业费用（产品销售费用）Operation cost（Expenses of Sales）	主营业务税金及附加(产品销售税金及附加) Core Business Tax and Adding (Sales Tax and Extra Charges)	营业利润 Operating Profits	利润总额 Total Profits	本年应交增值税 Added Value Tax	本年应付工资 Total Wages Payable
2177173	**438082**	**2529319**	**3108485**	**1616225**	**2466747**
361812	175955	755367	887637	445144	629041
1815361	262127	1773952	2220848	1171081	1837707
1009105	311318	1126575	1630861	1056334	1659642
113123	184752	-22446	171772	232805	536559
49966	9721	53182	64049	47508	100460
48451	2932	65552	70364	31590	35692
12805	1042	2555	8702	8711	19876
331062	49472	407111	564307	404495	528040
330556	56083	536060	653476	270055	323866
122823	7026	83490	96879	60137	110126
318	292	1071	1312	1034	5023
331398	9682	195676	216274	141885	194351
106587	3823	62019	68457	46702	93871
8324	205	5697	5810	3256	4599
210340	2340	128654	140158	84326	82064
6147	3314	-694	1849	7601	13817
836670	117083	1207068	1261349	418007	612755
537815	116440	901737	919316	306074	403544
50954	55	19052	19600	14900	22181
225994	559	273997	279857	80632	164847
21908	29	12282	42576	16400	22183
106626	12560	116453	124857	70900	158185
487809	279031	569386	1019009	703311	1152195
254854	82761	560942	581233	193471	185801
940150	153480	405250	573289	429398	699961
1237023	284603	2124069	2535195	1186827	1766786
438806	196042	862771	1056285	597708	791498
955301	200755	811242	1044619	511831	816151
783066	41286	855305	1007581	506686	859098

10-2 工业企业主要经济指标(按行业分)(2004年)

单位：万元

项目	Item	企业单位个数(个) Number of Enterprises (unit)	#亏损企业 Loss-making Enterprises	工业总产值(当年价格) Gross Output Value Of Industry (at current prices)	#新产品产值 Value of New Products	工业增加值(生产法) Value of (with production method)
总计	**Total**	**4324**	**1196**	**48808890**	**11957389**	**12595032**
煤炭开采和洗选业	Coal Mining and Dressing	24	2	878274		288162
石油和天然气开采业	Petroleum and Natural Gas Extraction					
黑色金属矿采选业	Ferrous Metals Mining and Dressing	6		102380		22073
有色金属矿采选业	Nonferrous Metals Mining and Dressing					
非金属矿采选业	Nonmetal Minerals Mining and Dressing	13	2	19016		5448
其他采矿业	Other Minerals Mining					
农副食品加工业	Farm and Sideline Prodncts Processing	171	53	1151229	86898	215143
食品制造业	Food Making	153	59	962524	33674	295920
饮料制造业	Beverage Making	69	26	897997	11888	300035
烟草制造业	Tobacco Processing	1		145995	24838	96838
纺织业	Textile	145	44	538222	121486	174720
纺织服装、鞋、帽制造业	Garments,shoes and chapeau	218	65	630703	6374	195517
皮革、毛皮、羽毛(绒)及其制品业	Leather,Furs,Feather(Down) and Related Products	28	11	40781		11345
木材加工及竹、藤、棕、草制品业	Timber Processing,Bamboo,Cane, Palm Fiber and Straw Products	25	6	109928	7881	22729
家具制造业	Furniture Manufacturing	82	28	192602	3306	50683
造纸及纸制品业	Papermaking and Paper Products	93	30	316910	4746	100320
印刷业和记录媒介的复制	Printing and Record Medium Reproduction	300	106	673181	17241	158835
文教体育用品制造业	Stationery,Education and Sports Goods	41	11	110630	2931	39472
石油加工、炼焦及核燃料加工业	Petroleum Processing,Coking and Nuclear Elding	39	14	2750045	54093	478678
化学原料及化学制品制造业	Raw Chemical Materials and Chemical Products	266	72	3762770	352067	983661
医药制造业	Medical and Pharmaceutical Products	155	40	1252569	305733	598380
化学纤维制造业	Chemical Fiber	5		19594		
橡胶制品业	Rubber Products	22	6	121418	9456	31709
塑料制品业	Plastic Products	175	49	414137	5495	108848
非金属矿物制品业	Nonmetal Mineral Products	339	95	1507776	130016	527773
黑色金属冶炼及压延加工业	Smelting and Processing of Ferrous Metals	32	5	4765976	834168	954646
有色金属冶炼及压延加工业	Smelting and Processing of Nonferrous Metals	46	15	308901	186050	101144
金属制品业	Metal Products	287	70	883036	88681	282970
通用设备制造业	Universal Equipment	274	69	1603569	375125	516802
专用设备制造业	Equipment for Special Purpose	238	64	1645198	395924	722144
交通运输设备制造业	Transportation Equipment	263	58	7104535	1930967	1409430
电气机械及器材制造业	Electric Equipment and Machinery	238	45	1832013	327955	557998
通信设备、计算机及其他电子设备制造业	Telecommunications Equipment,Computer and Others	306	86	11277921	5979915	2016829
仪器仪表及文化、办公用机械制造业	Instruments,Meters,Cultural and Office Machinery	173	34	1098531	654999	319691
工艺品及其他制造业	Art Products and Other Manufacturing	48	17	66143	5484	31105
废弃资源和废旧材料回收加工业	Recovery and Processing of Reclaimed Materials					
电力、热力的生产和供应业	Electricity and Hot Power Production and Supply	30	10	1175024		742379
燃气生产和供应业	Gas Production and Supply	7	2	161416		138916
水的生产和供应业	Water Production and Supply	12	2	287946		94692

MAIN INDICATORS FOR INDUSTRIAL ENTERPRISES(BY SECTOR)(2004)

(10000 yuan)

工业销售产值(当年价格) Sales Value of Industry (at current price)	#出口交货值 Delivery Value of Exports	全部从业人员年平均人数(人) Average Number of Persons Employed (person)	资产负债 Assets and Liabilities: 资产总计 Total Assets	流动资产平均余额 Average Balance of Circulating Funds	固定资产原价合计 Original Value of Fixed Assets	固定资产净值年平均余额 Average Net Value of Fixed Assets	负债合计 Total Liabilities
47721881	**6026380**	**999259**	**60824400**	**28429076**	**30313652**	**17375860**	**31389298**
904873	64509	24292	594166	248388	177479	98132	188669
101001		2896	83182	42911	50463	23793	38665
18490	991	1125	19941	7257	19069	11312	6259
1115778	76028	31143	837311	439162	369439	222783	480113
949354	36040	33459	1050220	483983	604185	388292	616581
868177	10300	24178	1606630	585011	789460	514135	805069
151738	7282	800	123098	83996	55886	30034	33386
502667	125743	35652	900756	487786	387426	218192	545670
580490	291154	71049	570998	342308	224152	147583	368032
40452	17754	3938	64521	38457	26709	16546	48946
101640	12604	3821	201991	87257	101415	76761	92066
191018	61608	12240	242855	142639	104170	63225	158356
315523	15297	10237	358612	211053	143115	96782	232727
648857	8317	42323	1272799	511192	991583	565025	627674
108737	42026	7608	170549	99117	71322	43499	116389
2768885	43792	12723	1090082	527552	985395	442876	520853
3728708	111869	48822	3755284	1311180	3151278	1591579	1187083
1200129	35301	33761	2178509	1008578	714820	457696	832924
20395	1281	685	43813	15060	20404	17134	16532
119536	32904	5288	160178	70193	113776	58866	120302
417603	50167	18236	678651	298858	356044	228792	313661
1463872	58189	68885	3128330	1539125	1533662	966237	1795723
4764813	237135	57823	5348211	2081008	3345410	1526309	2929272
308911	22813	6220	545592	281107	93589	52227	224771
865060	108108	34452	1016665	608674	432473	273418	640431
1582702	222523	52491	2641520	1622163	928045	565397	1647555
1609580	174069	48490	3016509	1794541	797969	514661	1613847
6887272	69463	98515	5077578	2824099	1883680	1144092	3248177
1744906	218828	41201	2120395	1362558	612349	364918	1183285
10863721	3700649	88619	10762095	6513247	2502877	1330011	5848867
1086555	161586	25107	1512324	942050	349168	223111	870663
67174	8051	6761	124752	68264	63686	39799	85610
1173728		33076	6112946	1073498	6315753	3766530	2983614
161399		7699	1144627	222961	1008864	677428	114167
288140		5644	2268713	453848	988541	618687	853363

10-2 续表 1 continued

单位：万元

项目	Item	损益及分配 Profits,Loss and Distribution	
		主营业务收入（产品销售收入）Business income of the main products (Sales Revenue)	主营业务成本（产品销售成本）Core business cost (Cost of Sales)
总计	**Total**	**51108438**	**42885133**
煤炭开采和洗选业	Coal Mining and Dressing	1053871	866109
石油和天然气开采业	Petroleum and Natural Gas Extraction		
黑色金属矿采选业	Ferrous Metals Mining and Dressing	101291	59013
有色金属矿采选业	Nonferrous Metals Mining and Dressing		
非金属矿采选业	Nonmetal Minerals Mining and Dressing	9753	8517
其他采矿业	Other Minerals Mining		
农副食品加工业	Farm and Sideline Prodncts Processing	1168126	1020151
食品制造业	Food Making	957971	640183
饮料制造业	Beverage Making	881981	592901
烟草制造业	Tobacco Processing	150786	58802
纺织业	Textile	522472	458714
纺织服装、鞋、帽制造业	Garments,shoes and chapeau	562224	468719
皮革、毛皮、羽毛(绒)及其制品业	Leather,Furs,Feather(Down) and Related Products	40334	35906
木材加工及竹、藤、棕草制品业、	Timber Processing,Bamboo,Cane, Palm Fiber and Straw Products	101684	92066
家具制造业	Furniture Manufacturing	206987	167762
造纸及纸制品业	Papermaking and Paper Products	307878	246568
印刷业和记录媒介的复制	Printing and Record Medium Reproduction	658638	510763
文教体育用品制造业	Stationery,Education and Sports Goods	111880	91089
石油加工、炼焦及核燃料加工业	Petroleum Processing,Coking and Nuclear Elding	2874543	2658649
化学原料及化学制品制造业	Raw Chemical Materials and Chemical Products	3695183	2667558
医药制造业	Medical and Pharmaceutical Products	1181476	610115
化学纤维制造业	Chemical Fiber	19961	16959
橡胶制品业	Rubber Products	124097	101761
塑料制品业	Plastic Products	433547	364256
非金属矿物制品业	Nonmetal Mineral Products	1487980	1232075
黑色金属冶炼及压延加工业	Smelting and Processing of Ferrous Metals	3842747	3396274
有色金属冶炼及压延加工业	Smelting and Processing of Nonferrous Metals	311767	279960
金属制品业	Metal Products	906071	744406
通用设备制造业	Universal Equipment	1629720	1302824
专用设备制造业	Equipment for Special Purpose	1702253	1320716
交通运输设备制造业	Transportation Equipment	6920777	5865798
电气机械及器材制造业	Electric Equipment and Machinery	1798259	1410748
通信设备、计算机及其他电子设备制造业	Telecommunications Equipment,Computer and Others	11939516	10689048
仪器仪表及文化、办公用机械制造业	Instruments,Meters,Cultural and Office Machinery	1105965	909298
工艺品及其他制造业	Art Products and Other Manufacturing	73590	59124
废弃资源和废旧材料回收加工业	Recovery and Processing of Reclaimed Materials		
电力、热力的生产和供应业	Electricity and Hot Power Production and Supply	3570961	3340181
燃气生产和供应业	Gas Production and Supply	372834	340494
水的生产和供应业	Water Production and Supply	281316	257630

10-2 续表 2 continued

(10000 yuan)

损益及分配 Profits,Loss and Distribution				工资、增值税 Wages and Added Value Tax	
营业费用（产品销售费用） Operation cost (Expenses of Sales)	主营业务税金及附加（产品销售税金及附加） Core Business Tax and Adding (Sales Tax and Extra Charges)	营业利润 Operating Profits	利润总额 Total Profits	本年应交增值税 Added Value Tax	本年应付工资 Total Wages Payable
2177173	**438082**	**2529319**	**3108485**	**1616225**	**2466747**
45310	3185	89256	107546	27355	48529
3250	2122	27248	26720	7762	5568
256	145	-36	267	191	1133
62810	1188	33224	51787	13081	48883
225315	1709	-1157	-1278	64219	91161
117044	59562	40671	63533	58533	52180
5314	56958	14403	13270	15823	5737
30649	1070	-21063	2292	13642	51089
35070	1518	8801	8911	13871	76299
1363	31	-951	372	328	4168
3496	118	65	1414	2523	5780
20687	540	3138	3674	4607	15906
11877	370	32309	35534	14701	15609
15570	3521	35616	40417	39418	79213
6579	254	-200	1746	3437	13227
53886	79887	2135	12676	50735	38673
127262	32099	637151	642046	205420	133773
272161	6397	141011	172419	103783	122862
428	59	490	475	604	863
4745	1818	5473	6243	3271	8168
10171	1838	24597	30991	11669	26170
56533	4811	47023	79513	65631	111530
36043	18043	146050	153594	173020	179748
6124	285	13077	24177	4672	12836
36545	2682	51318	53857	19744	52334
85806	3531	71490	86158	57799	133778
68053	4943	103507	138170	59159	127464
236164	113833	391788	418499	153778	247213
93099	3787	161712	165808	70002	92381
446193	10214	311600	470256	180906	388119
49685	3014	72765	82008	31159	77878
4347	233	-1196	1277	2413	10368
3954	14903	87320	158827	107357	163032
77	2518	7911	32286	24288	13152
1309	866	-8126	22976	11317	11915

10-3 工业企业主要经济分析指标(2004年)

单位：%

项　　目	Item	企业亏损面 Loss-making Enterprises as%of Total	总资产贡献率 Ratio of Total Assets to Industrial Output Value
总　计	**Total(exclude individual industry)**	**27.66**	**9.85**
在总计中：	**Of Total：**		
中央企业	Central Enterprises	33.49	12.10
地方企业	Local Enterprises	27.04	9.20
在总计中：	**Of Total：**		
内资企业	Domestic Investment Enterprises	27.15	8.02
国有企业	State-Owned	43.82	4.99
集体企业	Collective Owned	20.35	8.20
股份合作企业	Share Holding	21.46	18.56
联营企业	Joint Owned	22.73	4.39
有限责任公司	Limited Liability Corporations	20.85	7.75
股份有限公司	Share Holding Corporations	22.29	12.65
私营企业	Private Owned	22.42	10.06
其他企业	Others	…	3.99
港澳台商投资企业	Hongkong,Macao and Taiwan Funded Enterprises	31.93	9.30
港澳台合资经营	Joint Venture	33.33	6.86
港澳台合作经营	Cooperative	18.18	12.03
港澳台商独资企业	Hongkong,Macao and Taiwan Enterprises	29.67	12.50
港澳台商投资股份有限公司	Hongkong,Macao and Taiwan Funded Share Holding Corporations	33.33	4.64
外商投资企业	Foreign Funded Enterprises	27.87	17.00
中外合资经营	Joint Venture	26.48	17.89
中外合作经营	Cooperative	23.68	14.48
外资(独资)企业	Foreign Enterprises	30.66	15.97
外商投资股份有限公司	Foreign Funded Share Holding Corporations	50.00	10.97
在总计中：	**Of Total:**		
农村企业	Rural Enterprises	18.53	10.39
在总计中：	**Of Total:**		
国有绝对控股企业	State Absolute Controlling Share Hold Industry	38.21	6.88
国有相对控股企业	State Relative Controlling Share Hold Industry	28.38	24.20
在总计中：	**Of Total:**		
轻工业	Light Industry	31.73	9.24
重工业	Heavy Industry	24.56	10.04
在总计中：	**Of Total:**		
大型企业	Large Enterprises	9.09	7.49
中型企业	Medium Enterprises	18.69	15.44
小型企业	Small Enterprises	28.78	9.57

MAIN INDICATORS ON ECONOMIC BENEFIT OF INDUSTRIAL ENTERPRISES(2004)

(%)

资产负债率 Assets-Liabilities Ratio	流动资产周转率(次) Turnover Rate of Circulating Assets (time)	成本费用利润率 Ratio of Profits to Industrial Cost	全员劳动生产率(元/人) Overall Labor Productivity (yuan/person)	产品销售率 Proportion of Products Sold	人均销售收入(元) Sales Revenue Per Capita (yuan)
51.61	**1.80**	**6.41**	**126044**	**97.77**	**511463**
51.44	2.57	6.13	200564	97.84	912235
51.66	1.59	6.52	110954	97.75	430312
50.08	1.62	5.70	105841	98.31	401369
54.50	1.63	2.03	97723	99.80	412505
64.14	1.58	4.83	45545	95.21	156048
58.58	3.49	6.00	123634	100.02	432023
60.81	0.70	5.16	43407	97.04	137222
46.61	1.38	6.49	100680	98.52	430460
42.92	1.95	9.61	203895	98.21	642144
57.90	1.59	5.15	69668	95.64	249798
79.66	1.15	1.78	66856	80.02	324188
65.84	1.75	4.49	123514	96.00	588805
63.43	1.50	3.41	100052	97.98	394258
46.37	1.79	8.02	92119	93.01	237307
73.45	2.29	5.62	199834	94.05	1140428
51.58	0.80	0.76	57506	102.84	379028
51.79	2.26	8.35	213986	97.33	945828
51.61	2.32	8.40	238971	96.69	1055864
45.70	1.83	7.52	155778	98.95	419779
52.77	2.13	7.63	179568	99.59	877185
52.21	2.30	18.07	113162	95.59	280153
59.57	1.92	5.59	53453	94.58	170733
50.00	1.60	5.27	123746	98.66	493440
43.42	2.94	8.30	276818	96.70	1382019
48.86	1.44	6.64	83116	96.96	246852
52.44	1.90	6.36	151131	97.96	666102
47.55	2.59	5.47	142546	98.57	823628
53.62	1.57	6.86	133444	95.99	539643
54.50	1.42	7.21	112206	98.65	323212

10-4 国有及国有控股工业企业主要经济指标(2004年)

单位：万元

项目 Item		企业单位个数(个) Number of Enterprises (unit)	# 亏损企业 Loss-making Enterprises	工业总产值(当年价格) Gross Output Value of Industry (at current prices)	# 新产品产值 Value of New Products	工业增加值(生产法) Gross Out-Value of of Industry (with production method)
总　计	**Total**	**1331**	**494**	**26208660**	**5232822**	**6529106**
在总计中：	**Of Total:**					
中央企业	Central Enterprises	344	124	10928608	1333612	2912699
地方企业	Local Enterprises	987	370	15280052	3899210	3616407
在总计中：	**Of Total:**					
轻工业	Light Industry	537	234	2865179	251323	1029446
重工业	Heavy Industry	794	260	23343481	4981500	5499660
在总计中：	**Of Total:**					
大型企业	Large Enterprises	34	4	10785316	2301665	2455959
中型企业	Medium Enterprises	193	32	9346945	2313824	2257479
小型企业	Small Enterprises	1104	458	6076400	617333	1815668

10-4 续表 1 continued

单位：万元

项目 Item		损益及分配 Profits,Loss and Distribution	
		主营业务收入(产品销售收入) Business income of the main products (Sales Revenue)	主营业务成本(产品销售成本) Core business cost (Cost of Sales)
总　计	**Total**	**27569679**	**23609259**
在总计中：	**Of Total:**		
中央企业	Central Enterprises	13244758	11496738
地方企业	Local Enterprises	14324921	12112521
在总计中：	**Of Total:**		
轻工业	Light Industry	2892862	2140736
重工业	Heavy Industry	24676817	21468523
在总计中：	**Of Total:**		
大型企业	Large Enterprises	15224342	13363946
中型企业	Medium Enterprises	9172005	7680895
小型企业	Small Enterprises	3173332	2564418

MAIN INDICATORS FORSTATE-OWNED AND STATE HOLOING INDUSTRIAL ENTERPRISES(2004)

(10000 yuan)

工业销售产值(当年价格) Sales Value of Industry (at current price)	# 出口交货值 Delivery Value of Exports	全部从业人员年平均人数(人) Average Number of Persons Employed (person)	资产负债 Assets and Liabilities				
			资产总计 Total Assets	流动资产平均余额 Average Balance of Circulating Funds	固定资产原价合计 Original Value of Fixed Assets	固定资产净值年平均余额 Average Net Value of Fixed Assets	负债合计 Total Liabilities
25703814	**3487273**	**459377**	**38012637**	**15066833**	**22338703**	**12350873**	**18700747**
10789084	1572583	151160	12799834	4830539	9878137	5326393	6475899
14914730	1914690	308217	25212803	10236294	12460567	7024480	12224848
2845415	178818	129705	7341799	2646249	3561050	2110364	3244421
22858399	3308455	329672	30670838	12420585	18777653	10240509	15456326
10704439	650299	187947	19596732	6112553	15309300	8260237	8884828
8953957	2401168	151442	12112211	5663211	4659505	2600141	6633114
6045418	435806	119988	6303694	3291070	2369899	1490495	3182805

10-4 续表 2 continued

(10000 yuan)

损益及分配 Profits,Loss and Distribution				工资、增值税 Wages and Added Value Tax	
营业费用(产品销售费用) Operation cost (Expenses of Sales)	主营业务税金及附加(产品销售税金及附加) Core Business Tax and Adding (Sales Tax and Extra Charges)	营业利润 Operating Profits	利润总额 Total Profits	本年应交增值税 Added Value Tax	本年应付工资 Total Wages Payable
742663	**361793**	**1130328**	**1600241**	**896782**	**1337996**
195220	173207	674587	792893	365941	545365
547443	188586	455740	807349	530841	792631
243839	113015	59659	189494	163550	296372
498824	248778	1070668	1410748	733232	1041624
171778	187409	709876	884156	508093	620061
391658	164708	311855	520032	262407	438220
179227	9676	108597	196053	126281	279714

10-5 国有及国有控股工业企业主要经济指标(按行业分)(2004年)

单位：万元

项目	Item	企业单位个数(个) Number of Enterprises (unit)	#亏损企业 Loss-making Enterprises	工业总产值(当年价格) Gross Output Value of Industry (at current prices)	#新产品产值 Value of New Products	工业增加值(生产法) Gross Output Value of Industry (with production method)
总计	**Total**	**1331**	**494**	**26208660**	**5232822**	**6529106**
煤炭开采和洗选业	Coal Mining and Dressing	2	1	19189		8186
石油和天然气开采业	Petroleum and Natural Gas Extraction					
黑色金属矿采选业	Ferrous Metals Mining and Dressing	3		73551		15858
有色金属矿采选业	Nonferrous Metals Mining and Dressing					
非金属矿采选业	Nonmetal Minerals Mining and Dressing	5	1	11927		3214
其他采矿业	Other Minerals Mining					
农副食品加工业	Farm and Sideline Prodncts Processing	38	14	379375	4361	75085
食品制造业	Food Making	45	19	188339	10098	67609
饮料制造业	Beverage Making	22	12	461102	8932	162468
烟草制造业	Tobacco Processing	1		145995	24838	96838
纺织业	Textile	31	10	159641	19987	46042
纺织服装、鞋、帽制造业	Garments,shoes and chapeau	20	8	36893	1348	11442
皮革、毛皮、羽毛(绒)及其制品业	Leather,Furs,Feather(Down) and Related Products	3	1	823		279
木材加工及竹、藤、棕、草制品业	Timber Processing,Bamboo,Cane, Palm Fiber and Straw Products	6	1	32923		6169
家具制造业	Furniture Manufacturing	13	5	39150	3287	10795
造纸及纸制品业	Papermaking and Paper Products	21	10	112216		37629
印刷业和记录媒介的复制	Printing and Record Medium Reproduction	154	79	361752	10545	84515
文教体育用品制造业	Stationery,Education and Sports Goods	10	3	42047	2600	15821
石油加工、炼焦及核燃料加工业	Petroleum Processing,Coking and Nuclear Elding	14	4	2528337	4745	439603
化学原料及化学制品制造业	Raw Chemical Materials and Chemical Products	80	28	2774461	222520	637314
医药制造业	Medical and Pharmaceutical Products	56	20	458523	107704	233018
化学纤维制造业	Chemical Fiber	1		2232		
橡胶制品业	Rubber Products	8	4	11304		2820
塑料制品业	Plastic Products	36	17	89089	3023	17101
非金属矿物制品业	Nonmetal Mineral Products	82	27	559696	81710	191042
黑色金属冶炼及压延加工业	Smelting and Processing of Ferrous Metals	12	2	4569853	817916	908483
有色金属冶炼及压延加工业	Smelting and Processing of Nonferrous Metals	10	4	98029	78322	35449
金属制品业	Metal Products	66	33	179226	55633	52881
通用设备制造业	Universal Equipment	77	29	568800	74304	187212
专用设备制造业	Equipment for Special Purpose	100	35	889251	229440	387458
交通运输设备制造业	Transportation Equipment	99	31	3263131	618223	650436
电气机械及器材制造业	Electric Equipment and Machinery	62	21	419108	56080	136957
通信设备、计算机及其他电子设备制造业	Telecommunications Equipment,Computer and Others	114	30	5856793	2641048	947596
仪器仪表及文化、办公用机械制造业	Instruments,Meters,Cultural and Office Machinery	81	24	333313	151737	115529
工艺品及其他制造业	Art Products and Other Manufacturing	21	11	18949	4424	11118
废弃资源和废旧材料回收加工业	Recovery and Processing of Reclaimed Materials					
电力、热力的生产和供应业	Electricity and Hot Power Production and Supply	27	9	1138540		723409
燃气生产和供应业	Gas Production and Supply	3		154940		133339
水的生产和供应业	Water Production and Supply	8	1	230165		76392

MAIN INDICATORS FOR STATE-OWNED AND STATE-HOLDING INDUSTRIAL ENTERPRISES (BY SECTOR) (2004)

(10000 yuan)

工业销售产值(当年价格) Sales Value of Industry (at current price)	#出口交货值 Delivery Value of Exports	全部从业人员年平均人数(人) Average Number of Persons Employed (person)	资产负债 Assets and Liabilities				
			资产总计 Total Assets	流动资产平均余额 Average Balance of Circulating Funds	固定资产原价合计 Original Value of Fixed Assets	固定资产净值年平均余额 Average Net Value of Fixed Assets	负债合计 Total Liabilities
25703814	**3487273**	**459377**	**38012637**	**15066833**	**22338703**	**12350873**	**18700747**
19238		3371	345626	98316	52556	30019	79789
73393		2066	65494	35587	41654	18744	30379
11927		654	14634	4028	16465	9084	3520
376816	53377	13217	255102	127381	166962	94239	160520
201370	2666	10381	303041	131337	192607	113103	140759
454917	2150	13300	932429	272002	467540	285875	343146
151738	7282	800	123098	83996	55886	30034	33386
163171	52700	17544	532351	243363	278051	152374	316898
35365	20816	5683	74806	41335	26657	18926	54577
1071	96	575	25392	7878	16145	9440	20267
27559		1123	46859	30405	18334	14016	26289
40018	6498	2263	73174	42243	34727	18616	44253
113536		2277	141195	86793	36734	22433	94290
348587	1507	25323	802059	311561	648252	348913	394812
40407	10473	2566	83407	38714	43256	24446	55691
2544194	43792	10316	988789	467834	963714	427351	468154
2757198	71525	28451	2623371	715824	2586763	1214973	653171
442073	3875	13797	1023532	380284	309252	195485	380507
3245		159	6476	3615	3858	2835	3340
11494	3578	1315	13468	8537	6789	3188	10452
90562	364	5149	312465	114910	142196	99354	122724
561637	26292	22623	1567427	687049	762708	484160	893091
4568788	216137	53296	5141386	1961909	3280349	1476602	2771895
98018	6746	1405	138364	54054	20900	13478	43460
175123	56234	7003	237661	125651	131523	79047	155948
560474	19310	22997	1329412	819100	416759	253169	1042036
861768	11798	30212	1560388	894479	492004	308830	931197
3076953	22843	49159	2957821	1645518	1201710	659176	1879875
400320	55567	10296	618541	376181	172959	104030	341376
5615059	2784563	41977	5532803	3087206	1324265	705317	2880892
337138	6953	12832	784114	436246	184654	106837	468683
18053	132	2800	58269	24111	35635	23933	45415
1137243		31998	6066893	1060993	6237172	3729744	2938874
154940		7307	1126888	219931	993317	665086	101329
230421		5142	2105905	428464	976352	608019	769755

10-5 续表 1 continued

单位：万元

项目	Item	损益及分配 Profits,Loss and Distribution 主营业务收入（产品销售收入）Business income of the main products (Sales Revenue)	主营业务成本（产品销售成本）Core business cost (Cost of Sales)
总计	**Total**	**27569679**	**23609259**
煤炭开采和洗选业	Coal Mining and Dressing	20683	15850
石油和天然气开采业	Petroleum and Natural Gas Extraction		
黑色金属矿采选业	Ferrous Metals Mining and Dressing	72994	39161
有色金属矿采选业	Nonferrous Metals Mining and Dressing		
非金属矿采选业	Nonmetal Minerals Mining and Dressing	2844	2301
其他采矿业	Other Minerals Mining		
农副食品加工业	Farm and Sideline Prodncts Processing	387385	347861
食品制造业	Food Making	206077	153137
饮料制造业	Beverage Making	457940	322772
烟草制造业	Tobacco Processing	150786	58802
纺织业	Textile	182158	177226
纺织服装、鞋、帽制造业	Garments,shoes and chapeau	37509	32833
皮革、毛皮、羽毛(绒)及其制品业	Leather,Furs,Feather(Down) and Related Products	531	503
木材加工及竹、藤、棕、草制品业	Timber Processing,Bamboo,Cane, Palm Fiber and Straw Products	28498	25679
家具制造业	Furniture Manufacturing	54284	43463
造纸及纸制品业	Papermaking and Paper Products	112771	76705
印刷业和记录媒介的复制	Printing and Record Medium Reproduction	350501	252064
文教体育用品制造业	Stationery,Education and Sports Goods	43121	34321
石油加工、炼焦及核燃料加工业	Petroleum Processing,Coking and Nuclear Elding	2647910	2482473
化学原料及化学制品制造业	Raw Chemical Materials and Chemical Products	2670263	1909232
医药制造业	Medical and Pharmaceutical Products	433254	219927
化学纤维制造业	Chemical Fiber	3214	2689
橡胶制品业	Rubber Products	11023	10096
塑料制品业	Plastic Products	89701	82484
非金属矿物制品业	Nonmetal Mineral Products	572788	472093
黑色金属冶炼及压延加工业	Smelting and Processing of Ferrous Metals	3654520	3227301
有色金属冶炼及压延加工业	Smelting and Processing of Nonferrous Metals	85255	70114
金属制品业	Metal Products	177395	145012
通用设备制造业	Universal Equipment	566939	473911
专用设备制造业	Equipment for Special Purpose	811866	657500
交通运输设备制造业	Transportation Equipment	3137067	2513285
电气机械及器材制造业	Electric Equipment and Machinery	416048	298214
通信设备、计算机及其他电子设备制造业	Telecommunications Equipment,Computer and Others	5693011	5299815
仪器仪表及文化、办公用机械制造业	Instruments,Meters,Cultural and Office Machinery	343641	271624
工艺品及其他制造业	Art Products and Other Manufacturing	22752	17570
废弃资源和废旧材料回收加工业	Recovery and Processing of Reclaimed Materials		
电力、热力的生产和供应业	Electricity and Hot Power Production and Supply	3534501	3308906
燃气生产和供应业	Gas Production and Supply	366391	335094
水的生产和供应业	Water Production and Supply	224059	229246

10-5 续表 2 continued

(10000 yuan)

损益及分配 Profits,Loss and Distribution				工资、增值税 Wages and Added Value Tax	
营业费用（产品销售费用） Operation cost（Expenses of Sales）	主营业务税金及附加（产品销售税金及附加） Core Business Tax and Adding (Sales Tax and Extra Charges)	营业利润 Operating Profits	利润总额 Total Profits	本年应交增值税 Added Value Tax	本年应付工资 Total Wages Payable
742663	**361793**	**1130328**	**1600241**	**896782**	**1337996**
29	44	-19277	3311	648	6704
2182	1556	21502	20973	5958	4176
101	28	-16	23	121	629
13739	368	7263	9619	5183	22689
37353	304	-5147	-6076	10900	35269
34224	46712	19715	38649	29764	33871
5314	56958	14403	13270	15823	5737
4684	493	-32702	-6845	6118	25924
2052	47	-1580	-754	814	7093
34	1	-1032	-65	14	758
656	72	445	459	710	1933
4635	172	2168	2307	1376	3511
6552	50	23734	25613	7483	5165
6057	2783	23323	26717	26382	52978
2310	169	-202	1496	2117	5987
27018	79791	-14223	-3576	42882	35476
42014	15510	545469	547939	155885	86205
102830	2344	43208	64028	37473	53334
49	29	42	42	257	334
269	29	-364	-216	341	1359
2756	223	-6400	-1945	1545	7927
22176	1758	10635	31258	25146	46004
33561	17851	138754	147744	169740	172437
2605	97	7948	14501	1219	3754
8139	335	5072	5890	3367	14769
21852	1276	-17868	-9959	13948	57903
31735	2807	20412	49885	27707	83074
129245	106377	204593	220262	89416	153590
33587	611	46472	49247	18559	24959
138911	4316	11296	141631	47256	162801
19698	776	17210	21373	11531	34873
1047	82	-897	243	869	4813
3951	14583	87063	158515	104077	158443
	2401	7868	32188	24246	12779
1296	840	-28558	2495	7908	10739

10-6 股份制工业企业主要经济指标(2004年)

单位：万元

项目 Item		企业单位个数(个) Number of Enterprises (unit)	#亏损企业 Loss-making Enterprises	工业总产值(当年价格) Gross Output Value of Industry (at current prices)	#新产品产值 Value of New Products	工业增加值(生产法) Gross Out-Value of of Industry (with production method)
总　计	**Total**	**929**	**196**	**17292128**	**5401795**	**4459000**
在总计中：	Of Total：					
中央企业	Central Enterprises	58	9	4179722	1258375	1011025
地方企业	Local Enterprises	871	187	13112406	4143420	3447976
在总计中：	Of Total:					
轻工业	Light Industry	383	90	2424330	555835	885704
重工业	Heavy Industry	546	106	14867798	4845960	3573296
在总计中：	Of Total:					
大型企业	Large Enterprises	17		8454705	2936541	1931860
中型企业	Medium Enterprises	113	16	3445732	1321472	1085453
小型企业	Small Enterprises	799	180	5391692	1143782	1441687

10-6 续表 1 continued

单位：万元

项目 Item		损益及分配 Profits,Loss and Distribution	
		主营业务收入(产品销售收入) Business income of the main products (Sales Revenue)	主营业务成本(产品销售成本) Core business cost (Cost of Sales)
总　计	**Total**	**16426658**	**13551993**
在总计中：	Of Total：		
中央企业	Central Enterprises	4008219	3089680
地方企业	Local Enterprises	12418439	10462313
在总计中：	Of Total:		
轻工业	Light Industry	2414012	1772123
重工业	Heavy Industry	14012646	11779869
在总计中：	Of Total:		
大型企业	Large Enterprises	10023574	8449468
中型企业	Medium Enterprises	3273241	2558794
小型企业	Small Enterprises	3129842	2543731

MAIN INDICATORS FOR SHARE-HOLDING INDUSTRIAL ENTERPRISES(2004)

(10000 yuan)

工业销售产值(当年价格) Sales Value of Industry (at current price)	#出口交货值 Delivery Value of Exports	全部从业人员年平均人数(人) Average Number of Persons Employed (person)	资产负债 Assets and Liabilities: 资产总计 Total Assets	流动资产平均余额 Average Balance of Circulating Funds	固定资产原价合计 Original Value of Fixed Assets	固定资产净值年平均余额 Average Net Value of Fixed Assets	负债合计 Total Liabilities
17006289	**669487**	**325110**	**24481784**	**10340890**	**12278330**	**6863234**	**11097796**
4099898	92221	38995	4746704	1992690	3086597	1456091	1804960
12906392	577266	286115	19735080	8348200	9191733	5407143	9292836
2365132	133363	89825	3547538	1677699	1207925	827262	1531159
14641157	536123	235285	20934246	8663191	11070405	6035972	9566637
8448919	378841	135859	12523286	4200641	8600168	4552799	5311773
3254498	168110	83549	6725475	3236949	2186389	1283488	3188817
5302872	122535	105702	5233023	2903300	1491774	1026947	2597206

10-6 续表 2 continued

(10000 yuan)

损益及分配 Profits,Loss and Distribution: 营业费用(产品销售费用) Operation cost (Expenses of Sales)	主营业务税金及附加(产品销售税金及附加) Core Business Tax and Adding (Sales Tax and Extra Charges)	营业利润 Operating Profits	利润总额 Total Profits	工资、增值税 Wages and Added Value Tax: 本年应交增值税 Added Value Tax	本年应付工资 Total Wages Payable
661618	**105554**	**943171**	**1217783**	**674550**	**851906**
135333	20101	475156	535972	201792	156029
526285	85453	468015	681811	472757	695877
251831	39638	143387	193092	110397	180299
409787	65916	799784	1024691	564153	671607
200135	50493	755419	835235	412327	390320
270209	40638	40380	186331	142532	243431
191274	14423	147372	196217	119690	218156

10-7 股份制工业企业主要经济指标(按行业分)(2004年)

单位：万元

项目	Item	企业单位个数(个) Number of Enterprises (unit)	#亏损企业 Loss-making Enterprises	工业总产值(当年价格) Gross Output Value of Industry (at current prices)	#新产品产值 Value of New Products	工业增加值(生产法) Gross Output-Value of of Industry (with production method)
总计	**Total**	**929**	**196**	**17292128**	**5401795**	**4459000**
煤炭开采和洗选业	Coal Mining and Dressing	3	1	169522		57180
石油和天然气开采业	Petroleum and Natural Gas Extraction					
黑色金属矿采选业	Ferrous Metals Mining and Dressing					
有色金属矿采选业	Nonferrous Metals Mining and Dressing					
非金属矿采选业	Nonmetal Minerals Mining and Dressing	1		1181		318
其他采矿业	Other Minerals Mining					
农副食品加工业	Farm and Sideline Prodncts Processing	40	5	454721	82130	84030
食品制造业	Food Making	37	16	224581	28341	89122
饮料制造业	Beverage Making	19	6	157157	1153	54564
烟草制造业	Tobacco Processing					
纺织业	Textile	33	6	224087	108849	79684
纺织服装、鞋、帽制造业	Garments, shoes and chapeau	40	8	113207	3508	35219
皮革、毛皮、羽毛(绒)及其制品业	Leather, Furs, Feather(Down) and Related Products	3	1	11519		2031
木材加工及竹、藤、棕、草制品业	Timber Processing, Bamboo, Cane, Palm Fiber and Straw Products	2		22886	419	3724
家具制造业	Furniture Manufacturing	8	2	41895	3287	11619
造纸及纸制品业	Papermaking and Paper Products	17	3	31964		9892
印刷业和记录媒介的复制	Printing and Record Medium Reproduction	51	15	106587	4160	27605
文教体育用品制造业	Stationery, Education and Sports Goods	4	1	3728		1346
石油加工、炼焦及核燃料加工业	Petroleum Processing, Coking and Nuclear Elding	3	2	176897		30603
化学原料及化学制品制造业	Raw Chemical Materials and Chemical Products	56	11	2958657	328087	709842
医药制造业	Medical and Pharmaceutical Products	52	12	617376	238649	298130
化学纤维制造业	Chemical Fiber	2		7440		
橡胶制品业	Rubber Products	2		63105		14722
塑料制品业	Plastic Products	26	4	89570	1497	22449
非金属矿物制品业	Nonmetal Mineral Products	74	19	565790	84900	190093
黑色金属冶炼及压延加工业	Smelting and Processing of Ferrous Metals	11	1	4494652	817349	894103
有色金属冶炼及压延加工业	Smelting and Processing of Nonferrous Metals	17	5	244330	179895	81452
金属制品业	Metal Products	55	14	157371	47988	52686
通用设备制造业	Universal Equipment	53	5	362387	175938	113060
专用设备制造业	Equipment for Special Purpose	60	11	527333	171073	201613
交通运输设备制造业	Transportation Equipment	52	11	2467890	1349240	529273
电气机械及器材制造业	Electric Equipment and Machinery	66	10	646274	258898	200097
通信设备、计算机及其他电子设备制造业	Telecommunications Equipment, Computer and Others	88	19	1763845	1416673	337596
仪器仪表及文化、办公用机械制造业	Instruments, Meters, Cultural and Office Machinery	35	3	173225	99761	67112
工艺品及其他制造业	Art Products and Other Manufacturing	7	2	14615		7820
废弃资源和废旧材料回收加工业	Recovery and Processing of Reclaimed Materials					
电力、热力的生产和供应业	Electricity and Hot Power Production and Supply	9	2	258186		134784
燃气生产和供应业	Gas Production and Supply	1		135442		116550
水的生产和供应业	Water Production and Supply	2	1	4706		685

MAIN INDICATORS FOR SHARE-HOLDING INDUSTRIAL ENTERPRISES(BY SECTOR)(2004)

(10000 yuan)

工　业 销售产值 (当年价格) Sales Value of Industry (at current price)	# 出　口 交货值 Delivery Value of Exports	全部从业人员年平均人数(人) Average Number of Persons Employed (person)	资　产　负　债 Assets and Liabilities				
			资　产 总　计 Total Assets	流动资产 平均余额 Average Balance of Circulating Funds	固定资产 原价合计 Original Value of Fixed Assets	固定资产 净　值 年平均余额 Average Net Value of Fixed Assets	负　债 合　计 Total Liabilities
17006289	**669487**	**325110**	**24481784**	**10340890**	**12278330**	**6863234**	**11097796**
170547	64509	14581	453253	153885	139539	68545	132462
1181		471	7617	1635	12208	6021	469
448208	984	9734	301843	158859	74619	47419	157014
215993	5142	8726	271760	123484	111073	94044	157399
151282	573	5283	193864	99293	92596	65771	104130
212639	25297	10044	315532	189878	86620	56489	167962
105468	34270	13069	115341	68680	51723	35430	78135
11671	7552	556	4913	4436	186	134	3418
18574		412	20381	9521	11971	10135	4193
41784	6522	2043	70389	51112	27481	13905	39862
31662	540	1627	36450	21026	13078	10107	22189
103804		6270	194130	69580	150294	98966	102076
3663	1494	837	3942	3476	468	412	3262
172820		1337	101102	52913	65767	37718	58818
2955954	56630	26400	2632447	762673	2694744	1298998	641656
595724	29062	17872	1379309	556415	400426	261128	453527
7326		259	24799	7236	10079	8334	6571
60399	24336	2083	107259	38801	82338	41657	92160
90956	2128	3651	104241	46845	43677	23888	55740
564309	17416	19543	1517671	686986	658881	415766	803390
4487754	212738	52017	5112095	1939050	3251371	1476400	2770616
244557	19678	3959	492267	246583	74409	41207	189838
159180	34075	7291	217625	141727	76040	52191	164175
356062	32739	11092	506792	310194	164848	109559	240869
498032	9677	10966	908690	553494	212011	147362	414809
2494160	23109	33843	1097767	562339	422226	303175	723876
607623	15677	16690	831107	575790	181042	101798	511556
1609518	39999	24426	4381026	2224692	540261	394406	2168869
173595	4846	6154	349248	205702	89359	47701	181058
13512	495	672	19949	14505	10078	3910	9306
258186		8234	1644341	263524	1605816	962302	545571
135442		4686	1049794	192063	911751	618383	91674
4706		282	14840	4493	11352	9876	1148

10-7 续表 1 continued

单位：万元

项目 Item		损益及分配 Profits,Loss and Distribution 主营业务收入（产品销售收入）Business income of the main products (Sales Revenue)	主营业务成本（产品销售成本）Core business cost (Cost of Sales)
总计	**Total**	**16426658**	**13551993**
煤炭开采和洗选业	Coal Mining and Dressing	190413	122290
石油和天然气开采业	Petroleum and Natural Gas Extraction		
黑色金属矿采选业	Ferrous Metals Mining and Dressing		
有色金属矿采选业	Nonferrous Metals Mining and Dressing		
非金属矿采选业	Nonmetal Minerals Mining and Dressing	1139	1057
其他采矿业	Other Minerals Mining		
农副食品加工业	Farm and Sideline Prodncts Processing	476194	408998
食品制造业	Food Making	217022	177168
饮料制造业	Beverage Making	139006	80377
烟草制造业	Tobacco Processing		
纺织业	Textile	220200	182116
纺织服装、鞋、帽制造业	Garments,shoes and chapeau	101353	84888
皮革、毛皮、羽毛(绒)及其制品业	Leather,Furs,Feather(Down) and Related Products	10412	9569
木材加工及竹、藤、棕、草制品业	Timber Processing,Bamboo,Cane, Palm Fiber and Straw Products	19644	17846
家具制造业	Furniture Manufacturing	57724	46052
造纸及纸制品业	Papermaking and Paper Products	32709	28761
印刷业和记录媒介的复制	Printing and Record Medium Reproduction	109465	91069
文教体育用品制造业	Stationery,Education and Sports Goods	3745	3431
石油加工、炼焦及核燃料加工业	Petroleum Processing,Coking and Nuclear Elding	176444	148006
化学原料及化学制品制造业	Raw Chemical Materials and Chemical Products	2901068	2094176
医药制造业	Medical and Pharmaceutical Products	595820	316446
化学纤维制造业	Chemical Fiber	7161	5475
橡胶制品业	Rubber Products	64372	54790
塑料制品业	Plastic Products	101751	92315
非金属矿物制品业	Nonmetal Mineral Products	581257	483260
黑色金属冶炼及压延加工业	Smelting and Processing of Ferrous Metals	3611608	3185807
有色金属冶炼及压延加工业	Smelting and Processing of Nonferrous Metals	249673	222966
金属制品业	Metal Products	154381	125556
通用设备制造业	Universal Equipment	381666	320340
专用设备制造业	Equipment for Special Purpose	453272	349795
交通运输设备制造业	Transportation Equipment	2439482	2218873
电气机械及器材制造业	Electric Equipment and Machinery	645241	535931
通信设备、计算机及其他电子设备制造业	Telecommunications Equipment,Computer and Others	1643264	1414935
仪器仪表及文化、办公用机械制造业	Instruments,Meters,Cultural and Office Machinery	157840	130175
工艺品及其他制造业	Art Products and Other Manufacturing	13736	11697
废弃资源和废旧材料回收加工业	Recovery and Processing of Reclaimed Materials		
电力、热力的生产和供应业	Electricity and Hot Power Production and Supply	330256	297350
燃气生产和供应业	Gas Production and Supply	334635	286385
水的生产和供应业	Water Production and Supply	4706	4092

10-7 续表 2 continued

(10000 yuan)

损益及分配 Profits,Loss and Distribution				工资、增值税 Wages and Added Value Tax	
营业费用（产品销售费用）Operation cost（Expenses of Sales）	主营业务税金及附加（产品销售税金及附加）Core Business Tax and Adding (Sales Tax and Extra Charges)	营业利润 Operating Profits	利润总额 Total Profits	本年应交增值税 Added Value Tax	本年应付工资 Total Wages Payable
661618	**105554**	**943171**	**1217783**	**674550**	**851906**
14493	1178	9755	29738	9064	32315
87	7	18	24	10	401
33414	511	16877	29515	3169	17714
24963	1146	1515	2113	7165	13676
15784	23335	5696	7395	10316	8548
14145	568	4992	8117	5513	14834
6393	304	1855	1050	3385	13533
176	1	457	499	19	482
627	21	172	159	257	752
5095	186	2183	2332	1339	2971
724	165	740	1165	1514	1758
3361	493	2133	3187	5279	10770
7	12	-32	-35	158	791
18259	409	91	206	4114	3865
48229	21516	575172	563835	167941	83783
111715	5363	81549	110608	51053	64588
157	31	220	220	278	420
2397	1737	73	696	309	3812
2559	207	1281	1341	1781	6419
22216	2293	16941	41841	23575	39257
34125	17863	138797	147809	169184	169399
5174	169	12154	23060	2842	9741
7578	537	5593	5621	2185	12042
21302	1529	18887	20405	24158	27251
24785	2699	27657	41608	20459	37347
79595	7790	46278	52350	24753	66170
35946	2801	21475	22592	25906	41729
119102	6775	-82481	33606	49062	108141
8483	831	7322	12299	8238	18004
655	69	-358	-145	532	1340
63	2643	-5773	22527	27089	27541
	2341	31885	31948	23618	11828
12	26	49	98	285	685

10-8 “三资”工业企业主要经济指标(2004年)

单位：万元

项目	Item	企业单位个数(个) Number of Enterprises (unit)	# 亏损企业 Loss-making Enterprises	工业总产值(当年价格) Gross Output Value of Industry (at current prices)	# 新产品产值 Value of New Products	工业增加值(生产法) Gross Output Value of Industry (with production method)
总计	**Total**	**1053**	**308**	**20546484**	**5831580**	**4747977**
在总计中：	Of Total:					
中央企业	Central Enterprises	60	13	4616822	1792538	877505
地方企业	Local Enterprises	993	295	15929661	4039042	3870473
在总计中：	Of Total:					
轻工业	Light Industry	505	170	4109669	450148	1307942
重工业	Heavy Industry	548	138	16436815	5381432	3440036
在总计中：	Of Total:					
大型企业	Large Enterprises	10	1	3878383	2709412	722957
中型企业	Medium Enterprises	132	36	9811405	2373091	2124128
小型企业	Small Enterprises	911	271	6856696	749076	1900892

10-8 续表 1 continued

单位：万元

项目	Item	损益及分配 Profits,Loss and Distribution	
		主营业务收入(产品销售收入) Business income of the main products (Sales Revenue)	主营业务成本(产品销售成本) Core business cost (Cost of Sales)
总计	**Total**	**21351056**	**17642467**
在总计中：	Of Total:		
中央企业	Central Enterprises	4514467	4017079
地方企业	Local Enterprises	16836589	13625389
在总计中：	Of Total:		
轻工业	Light Industry	4053050	2846124
重工业	Heavy Industry	17298007	14796343
在总计中：	Of Total:		
大型企业	Large Enterprises	3813286	3390694
中型企业	Medium Enterprises	10477305	8692772
小型企业	Small Enterprises	7060465	5559002

MAIN INDICATORS FOR FOREIGN FUNDED INDUSTRIAL ENTERPRISES(2004)

(10000 yuan)

工 业 销售产值 (当年价格) Sales Value of Industry (at current price)	# 出 口 交货值 Delivery Value of Exports	全部从业 人员年 平均人数 (人) Average Number of Persons Employed (person)	资产负债 Assets and Liabilities				
			资 产 总 计 Total Assets	流动资产 平均余额 Average Balance of Circulating Funds	固定资产 原价合计 Original Value of Fixed Assets	固定资产 净 值 年平均余额 Average Net Value of Fixed Assets	负 债 合 计 Total Liabilities
19937250	**4982174**	**257861**	**16817987**	**10106715**	**6762727**	**3825774**	**9350025**
4442355	1454244	22744	2241876	1372973	896759	511656	1355732
15494894	3527930	235117	14576110	8733743	5865968	3314118	7994293
3950143	967661	124503	4095209	2233660	2186791	1290125	2261742
15987107	4014512	133358	12722778	7873055	4575936	2535649	7088283
3642480	634874	37028	2706831	1598027	1008809	484189	1803782
9461258	3261874	105972	7747657	4438774	3411012	1879673	4086593
6833512	1085426	114861	6363499	4069915	2342906	1461912	3459650

10-8 续表 2 continued

(10000 yuan)

损益及分配 Profits,Loss and Distribution				工资、增值税 Wages and Added Value Tax	
营业费用 (产品销售费用) Operation cost (Expenses of Sales)	主营业务税金及附加 (产品销售税金及附加) Core Business Tax and Adding (Sales Tax and Extra Charges)	营 业 利 润 Operating Profits	利 润 总 额 Total Profits	本 年 应 交 增值税 Added Value Tax	本 年 应 付 工 资 Total Wages Payable
1168068	**126764**	**1402744**	**1477623**	**559891**	**807106**
165418	3893	197125	244362	92218	129635
1002650	122872	1205619	1233262	467673	677470
564132	21937	242954	254541	199285	290094
603936	104828	1159790	1223083	360606	517012
206801	27200	75935	89438	41592	144429
569018	90316	730570	771495	281377	348386
392249	9248	596239	616691	236922	314291

10-9 “三资”工业企业主要经济指标(按行业分)(2004年)

单位：万元

项目	Item	企业单位个数(个) Number of Enterprises (unit)	# 亏损企业 Loss-making Enterprises	工业总产值(当年价格) Gross Output Value of Industry (at current prices)	# 新产品产值 Value of New Products	工业增加值(生产法) Gross Output-Value of of Industry (with production method)
总　　计	**Total**	**1053**	**308**	**20546484**	**5831580**	**4747977**
煤炭开采和洗选业	Coal Mining and Dressing					
石油和天然气开采业	Petroleum and Natural Gas Extraction					
黑色金属矿采选业	Ferrous Metals Mining and Dressing					
有色金属矿采选业	Nonferrous Metals Mining and Dressing					
非金属矿采选业	Nonmetal Minerals Mining and Dressing	2	1	2637		1034
其他采矿业	Other Minerals Mining					
农副食品加工业	Farm and Sideline Prodncts Processing	34	10	347858	1727	71714
食品制造业	Food Making	53	19	609039	4282	168919
饮料制造业	Beverage Making	29	13	434779	2093	134362
烟草制造业	Tobacco Processing					
纺织业	Textile	50	21	179847	6298	56183
纺织服装、鞋、帽制造业	Garments, shoes and chapeau	75	28	281624	1212	87560
皮革、毛皮、羽毛(绒)及其制品业	Leather, Furs, Feather(Down) and Related Products	12	6	10573		3220
木材加工及竹、藤、棕、草制品业	Timber Processing, Bamboo, Cane, Palm Fiber and Straw Products	10	4	67125	7462	13973
家具制造业	Furniture Manufacturing	30	8	85412	19	21506
造纸及纸制品业	Papermaking and Paper Products	17	4	161832	3775	51120
印刷业和记录媒介的复制	Printing and Record Medium Reproduction	32	8	149695	533	36345
文教体育用品制造业	Stationery, Education and Sports Goods	20	5	58058		19739
石油加工、炼焦及核燃料加工业	Petroleum Processing, Coking and Nuclear Elding	6	4	7226	1804	2011
化学原料及化学制品制造业	Raw Chemical Materials and Chemical Products	63	16	460365	11013	179117
医药制造业	Medical and Pharmaceutical Products	33	9	435655	41423	203288
化学纤维制造业	Chemical Fiber					
橡胶制品业	Rubber Products	6		38642	9456	12059
塑料制品业	Plastic Products	49	18	162272	3555	48651
非金属矿物制品业	Nonmetal Mineral Products	65	23	372076	31656	142704
黑色金属冶炼及压延加工业	Smelting and Processing of Ferrous Metals	3	1	98281	414	22620
有色金属冶炼及压延加工业	Smelting and Processing of Nonferrous Metals	6	3	9776	6155	3818
金属制品业	Metal Products	52	13	442344	34662	136517
通用设备制造业	Universal Equipment	66	15	776245	50144	241168
专用设备制造业	Equipment for Special Purpose	48	12	512289	73330	240974
交通运输设备制造业	Transportation Equipment	52	7	3804818	538411	661845
电气机械及器材制造业	Electric Equipment and Machinery	48	9	899639	43935	268711
通信设备、计算机及其他电子设备制造业	Telecommunications Equipment, Computer and Others	126	40	9149569	4451518	1599324
仪器仪表及文化、办公用机械制造业	Instruments, Meters, Cultural and Office Machinery	53	9	721066	506703	192620
工艺品及其他制造业	Art Products and Other Manufacturing	8	1	18151		6286
废弃资源和废旧材料回收加工业	Recovery and Processing of Reclaimed Materials					
电力、热力的生产和供应业	Electricity and Hot Power Production and Supply	2		194428		100646
燃气生产和供应业	Gas Production and Supply	2	1	3091		2661
水的生产和供应业	Water Production and Supply	1		52074		17283

MAIN INDICATORS FOR FOREIGN FUNDED INDUSTRIAL ENTERPRISES(BY SECTOR)(2004)

(10000 yuan)

工业销售产值(当年价格) Sales Value of Industry (at current price)	#出口交货值 Delivery Value of Exports	全部从业人员年平均人数(人) Average Number of Persons Employed (person)	资产负债 Assets and Liabilities				
			资产总计 Total Assets	流动资产平均余额 Average Balance of Circulating Funds	固定资产原价合计 Original Value of Fixed Assets	固定资产净值年平均余额 Average Net Value of Fixed Assets	负债合计 Total Liabilities
19937250	**4982174**	**257861**	**16817987**	**10106715**	**6762727**	**3825774**	**9350025**
2405	991	160	2904	1682	1619	1519	1157
337335	67189	12415	244323	124996	171532	93008	135475
607934	26928	16008	598360	258336	424962	245439	323935
408690	5679	9975	662731	288484	387714	257264	464744
161181	59597	8788	173777	110140	97012	47078	114527
250316	149057	30793	247331	157602	95864	56952	153160
11460	4619	1809	14110	13353	5409	3026	10293
64678	12193	1895	145115	49433	80163	60060	59685
85769	52694	5126	62888	42000	34839	20014	41484
167143	13019	3501	147884	96347	70375	45536	69696
143356	6930	4739	248170	112129	195849	110449	91613
57118	28472	3086	56120	41916	15273	10067	39837
7756		288	11921	8051	3231	1558	6975
443497	29595	7841	449940	242518	268021	171997	195821
411684	3586	7569	440435	285385	195281	107445	213613
39061	7867	1539	33167	18230	23859	13304	12450
164647	44556	6033	217297	102926	161195	96693	104769
364357	37819	11279	624567	315128	374726	243285	322940
97107	12974	1582	108060	66810	24668	17140	82923
9549	2825	621	20034	14547	7084	3945	15839
438810	70523	9169	440920	261027	226265	135635	224318
772830	154544	12698	904630	619402	292682	163238	488871
505748	154320	8983	942983	619615	197705	117970	458928
3635618	26823	21564	2532949	1464350	849097	493629	1513207
869182	200795	11561	730554	516291	263957	158143	323120
8892736	3653468	48278	5559829	3830313	1697120	764208	3247096
718385	154708	6860	562403	380384	126349	92946	325359
19307	405	678	27793	19607	7253	4462	16124
194428		2702	450189	22933	457333	284519	202822
3091		141	9748	2145	6251	5227	6853
52074		180	146858	20634	42	19	82391

10-9 续表 1 continued

单位：万元

项目	Item	损益及分配 Profits,Loss and Distribution 主营业务收入（产品销售收入）Business income of the main products (Sales Revenue)	主营业务成本（产品销售成本）Core business cost (Cost of Sales)
总计	**Total**	**21351056**	**17642467**
煤炭开采和洗选业	Coal Mining and Dressing		
石油和天然气开采业	Petroleum and Natural Gas Extraction		
黑色金属矿采选业	Ferrous Metals Mining and Dressing		
有色金属矿采选业	Nonferrous Metals Mining and Dressing		
非金属矿采选业	Nonmetal Minerals Mining and Dressing	1847	1682
其他采矿业	Other Minerals Mining		
农副食品加工业	Farm and Sideline Prodncts Processing	347504	297449
食品制造业	Food Making	608025	359824
饮料制造业	Beverage Making	441968	289816
烟草制造业	Tobacco Processing		
纺织业	Textile	163655	142383
纺织服装、鞋、帽制造业	Garments,shoes and chapeau	249502	194860
皮革、毛皮、羽毛(绒)及其制品业	Leather,Furs,Feather(Down) and Related Products	11355	9978
木材加工及竹、藤、棕、草制品业	Timber Processing,Bamboo,Cane, Palm Fiber and Straw Products	63586	58037
家具制造业	Furniture Manufacturing	86155	73552
造纸及纸制品业	Papermaking and Paper Products	163399	116974
印刷业和记录媒介的复制	Printing and Record Medium Reproduction	146174	118624
文教体育用品制造业	Stationery,Education and Sports Goods	56538	46821
石油加工、炼焦及核燃料加工业	Petroleum Processing,Coking and Nuclear Elding	7998	6148
化学原料及化学制品制造业	Raw Chemical Materials and Chemical Products	488229	319633
医药制造业	Medical and Pharmaceutical Products	404584	173116
化学纤维制造业	Chemical Fiber		
橡胶制品业	Rubber Products	40594	29306
塑料制品业	Plastic Products	165387	121580
非金属矿物制品业	Nonmetal Mineral Products	368430	278230
黑色金属冶炼及压延加工业	Smelting and Processing of Ferrous Metals	97472	89150
有色金属冶炼及压延加工业	Smelting and Processing of Nonferrous Metals	10345	9561
金属制品业	Metal Products	469814	377053
通用设备制造业	Universal Equipment	788368	618088
专用设备制造业	Equipment for Special Purpose	645346	468887
交通运输设备制造业	Transportation Equipment	3679493	2988373
电气机械及器材制造业	Electric Equipment and Machinery	898257	658695
通信设备、计算机及其他电子设备制造业	Telecommunications Equipment,Computer and Others	9933834	8986602
仪器仪表及文化、办公用机械制造业	Instruments,Meters,Cultural and Office Machinery	741808	620736
工艺品及其他制造业	Art Products and Other Manufacturing	21780	16375
废弃资源和废旧材料回收加工业	Recovery and Processing of Reclaimed Materials		
电力、热力的生产和供应业	Electricity and Hot Power Production and Supply	194453	144978
燃气生产和供应业	Gas Production and Supply	3083	2072
水的生产和供应业	Water Production and Supply	52074	23886

10-9 续表 2 continued

(10000 yuan)

损益及分配 Profits,Loss and Distribution				工资、增值税 Wages and Added Value Tax	
营业费用（产品销售费用）Operation cost (Expenses of Sales)	主营业务税金及附加(产品销售税金及附加) Core Business Tax and Adding (Sales Tax and Extra Charges)	营业利润 Operating Profits	利润总额 Total Profits	本年应交增值税 Added Value Tax	本年应付工资 Total Wages Payable
1168068	**126764**	**1402744**	**1477623**	**559891**	**807106**
34		-155	1		253
15893	27	13173	13040	4696	21962
184419	177	-6220	-6952	52477	67056
84445	10811	16400	25822	30218	20812
9998	46	-367	-511	3366	12882
20127	113	7677	6975	4954	37138
361	7	-278	-275	131	1869
2673	20	-890	505	1631	3241
5908	131	1713	1737	1439	7387
7902	21	30565	31697	10123	7583
5106	2	7593	7927	6204	12235
3527	10	-20	229	804	5237
767		416	299	372	597
62624	9389	56721	56922	29102	28785
139565	10	49410	47197	41083	43765
1916		5787	5782	2376	2901
4748	1197	23663	25231	5781	9733
15530	52	32508	29111	21082	25158
393		2233	371	1434	2801
224		-330	-293	396	1172
19729	410	38907	39015	9617	18612
38419	52	76257	78188	15682	50446
22206	683	69258	74565	24175	28478
136464	99698	333169	337037	103026	78994
50409	26	132991	132483	34138	32413
306950	1783	393781	419285	118197	240700
25819	1012	64846	66123	13614	28354
1874	39	1008	1295	642	1595
	951	32206	64042	20010	14288
40	98	387	441		204
		20335	20335	3120	456

10-10 大中型工业企业主要经济指标(2004年)

单位：万元

项目	Item	企业单位个数(个) Number of Enterprises (unit)	#亏损企业 Loss-making Enterprises	工业总产值(当年价格) Gross Output Value of Industry (at current prices)	#新产品产值 Value of New Products	工业增加值(生产法) Gross Output Value of Industry (with production method)
总计	**Total**	**440**	**78**	**31493450**	**9665995**	**7500960**
在总计中：	**Of Total:**					
中央工业	Central Industry	82	9	11216188	2849287	2631673
地方工业	Local Industry	358	69	20277261	6816708	4869287
在总计中：	**Of Total:**					
内资企业	Domestic Investment Enterprises	298	41	17803662	4583492	4653875
国有企业	State-Owned	105	15	4805590	207176	1361586
集体企业	Collective Owned	23	3	400775	11647	101241
股份合作企业	Share Holding	9	1	126254	16252	39191
联营企业	Joint Owned	9	2	74618	2600	23994
有限责任公司	Limited Liability Corporations	75	10	4922552	1477828	1340026
股份有限公司	Share Holding Corporations	55	6	6977884	2780185	1677287
私营企业	Private Owned	21	4	426895	87803	99142
港澳台商投资企业	Hongkong,Macao and Taiwan Funded Enterprises	41	11	3261293	2067223	658200
港澳台合资经营	Joint Venture	24	9	1162171	248445	269307
港澳台合作经营	Cooperative	3		63248		19866
港澳台商独资企业	Hongkong,Macao and Taiwan Enterprises	12	1	1931113	1774167	333667
港澳台商投资股份有限公司	Hongkong,Macao and Taiwan Funded Share Holding Corporations	2	1	104761	44612	35360
外商投资企业	Foreign Funded Enterprises	101	26	10428495	3015280	2188885
中外合资经营	Joint Venture	67	16	8473127	2530120	1679429
中外合作经营	Cooperative	5	1	157461	11433	61413
外资(独资)企业	Foreign Enterprises	25	8	1555931	456926	354456
外商投资股份有限公司	Foreign Funded Share Holding Corporations	4	1	241975	16801	93588
在总计中：	**Of Total:**					
农村企业	Rural Enterprises	38	5	709366	16252	186567
在总计中：	**Of Total:**					
轻工业	Light Industry	171	38	4770510	685769	1577104
重工业	Heavy Industry	269	40	26722940	8980226	5923857
在总计中：	**Of Total:**					
大型企业	Large Enterprises	44	4	15882605	5725830	3518631
中型企业	Medium Enterprises	396	74	15610845	3940165	3982330

MAIN INDICATORS FOR LOCAL LARGE AND MEDIUM INDUSTRIAL ENTERPRISES(2004)

(10000 yuan)

工业销售产值(当年价格) Sales Value of Industry (at current price)	#出口交货值 Delivery Value of Exports	全部从业人员年平均人数(人) Average Number of Persons Employed (person)	资产负债 Assets and Liabilities: 资产总计 Total Assets	流动资产平均余额 Average Balance of Circulating Funds	固定资产原价合计 Original Value of Fixed Assets	固定资产净值年平均余额 Average Net Value of Fixed Assets	负债合计 Total Liabilities
30640670	**4639920**	**545267**	**42906871**	**18124041**	**24062160**	**13304573**	**21624797**
10915055	1260617	131547	12587130	4760105	9735817	5225670	6516941
19725615	3379303	413720	30319741	13363936	14326342	8078904	15107856
17536932	743173	402267	32452383	12087240	19642338	10940711	15734422
4797569	104850	138668	11788427	3901872	8298125	4746101	6322428
377383	35711	18337	483495	236760	194884	121618	329941
124753	35363	5933	119799	66264	51976	35283	78647
72808	9813	4845	338395	151671	171833	112890	186478
4880695	284967	123197	11877507	4280584	7243626	3958690	5292017
6822722	261985	96211	7371254	3157006	3542931	1877597	3208573
406648	10484	13550	394700	241121	113345	72904	250251
3076397	528624	46015	2845647	1839267	673627	394226	1993904
1135685	406295	24039	913525	611683	317438	181688	600810
58393	27105	1755	49234	29426	26479	18480	22155
1774604	76715	14335	1364112	898215	192826	120863	1104282
107716	18509	5886	518776	299943	136884	73195	266656
10027341	3368124	96985	7608842	4197534	3746195	1969636	3896471
8121852	2949883	64854	5460367	3017369	2607638	1233391	2820924
157823	19264	3465	120510	71531	66196	32766	49487
1516875	385516	20363	1469229	1013124	606329	404814	733573
230790	13461	8303	558735	95511	466032	298665	292488
655343	102459	29249	693956	333944	335717	228238	400825
4651577	698375	155354	7995493	3088791	3830709	2307802	3555580
25989093	3941546	389913	34911378	15035250	20231451	10996772	18069217
15656264	1090988	246841	22774314	7836804	16522631	8965771	10829465
14984406	3548932	298426	20132557	10287237	7539529	4338803	10795332

10-10 续表 1 continued

单位：万元

项目	Item	损益及分配 Profits,Loss and Distribution 主营业务收入（产品销售收入） Business income of the main products (Sales Revenue)	主营业务成本（产品销售成本） Core business cost (Cost of Sales)
总计	**Total**	**36434869**	**30967911**
在总计中：	**Of Total:**		
中央工业	Central Industry	13835763	11996179
地方工业	Local Industry	22599106	18971732
在总计中：	**Of Total:**		
内资企业	Domestic Investment Enterprises	22144277	18884446
国有企业	State-Owned	7809439	7041126
集体企业	Collective Owned	381494	312039
股份合作企业	Share Holding	109143	94779
联营企业	Joint Owned	79135	54622
有限责任公司	Limited Liability Corporations	6446051	5446107
股份有限公司	Share Holding Corporations	6850764	5562155
私营企业	Private Owned	411548	321689
港澳台商投资企业	Hongkong,Macao and Taiwan Funded Enterprises	3613383	3169647
港澳台合资经营	Joint Venture	1141343	1022833
港澳台合作经营	Cooperative	52180	38565
港澳台商独资企业	Hongkong,Macao and Taiwan Enterprises	2182208	1896096
港澳台商投资股份有限公司	Hongkong,Macao and Taiwan Funded Share Holding Corporations	237652	212153
外商投资企业	Foreign Funded Enterprises	10677208	8913818
中外合资经营	Joint Venture	8259074	7033951
中外合作经营	Cooperative	151539	83257
外资(独资)企业	Foreign Enterprises	2040764	1636639
外商投资股份有限公司	Foreign Funded Share Holding Corporations	225830	159971
在总计中：	**Of Total:**		
农村企业	Rural Enterprises	639492	506970
在总计中：	**Of Total:**		
轻工业	Light Industry	4666959	3344707
重工业	Heavy Industry	31767910	27623205
在总计中：	**Of Total:**		
大型企业	Large Enterprises	20330516	17897124
中型企业	Medium Enterprises	16104352	13070788

10-10 续表 2 continued

(10000 yuan)

损 益 及 分 配 Profits,Loss and Distribution				工资、增值税 Wages and Added Value Tax	
营业费用 (产品销售费用) Operation cost (Expenses of Sales)	主营业务税金及附加 (产品销售税金及附加) Core Business Tax and Adding (Sales Tax and Extra Charges)	营 业 利 润 Operating Profits	利 润 总 额 Total Profits	本 年 应 交 增值税 Added Value Tax	本 年 应 付 工 资 Total Wages Payable
1394107	**396797**	**1674013**	**2100904**	**1109540**	**1607649**
304946	172629	689957	792853	385648	523794
1089162	224167	984056	1308051	723891	1083855
618289	279280	867508	1239972	786571	1114834
71119	180436	30535	164491	196687	411506
20935	5150	19127	22517	10938	24125
3478	365	2362	4549	4642	7537
9399	717	522	4802	4391	10552
173063	38390	276602	387601	305652	350951
297282	52741	519197	633965	249208	282799
43013	1339	19285	21881	14090	23459
219501	4778	107164	116973	77291	117635
41781	441	32565	31821	15380	39573
4914		4566	4521	2154	2622
167098	1025	70772	78829	52403	62238
5708	3312	-738	1802	7353	13203
556317	112739	699341	743960	245678	375179
337601	112693	536515	548446	170421	244704
41714		8654	9015	10710	14916
157194	17	140957	143177	48507	95062
19808	29	13216	43321	16041	20497
52878	5418	36449	41836	18043	40576
577857	135890	187702	297338	248377	371151
816250	260906	1486312	1803566	861162	1236498
438806	196042	862771	1056285	597708	791498
955301	200755	811242	1044619	511831	816151

10-11 大中型工业企业主要经济指标(按行业分)(2004年)

单位：万元

项目	Item	企业单位个数(个) Number of Enterprises (unit)	#亏损企业 Loss-making Enterprises	工业总产值(当年价格) Gross Output Value of Industry (at current prices)	#新产品产值 Value of New Products	工业增加值(生产法) Gross Output Value of of Industry (with production method)
总计	**Total**	**440**	**78**	**31493450**	**9665995**	**7500960**
煤炭开采和洗选业	Coal Mining and Dressing	4		195477		65638
石油和天然气开采业	Petroleum and Natural Gas Extraction					
黑色金属矿采选业	Ferrous Metals Mining and Dressing	4		84951		18316
有色金属矿采选业	Nonferrous Metals Mining and Dressing					
非金属矿采选业	Nonmetal Minerals Mining and Dressing					
其他采矿业	Other Minerals Mining					
农副食品加工业	Farm and Sideline Prodncts Processing	11		538378		99580
食品制造业	Food Making	20	10	532342	33	137996
饮料制造业	Beverage Making	12	3	649039	8932	222323
烟草制造业	Tobacco Processing	1		145995	24838	96838
纺织业	Textile	16	7	254478	112502	87046
纺织服装、鞋、帽制造业	Garments, shoes and chapeau	24	4	256038	3643	79618
皮革、毛皮、羽毛(绒)及其制品业	Leather, Furs, Feather(Down) and Related Products					
木材加工及竹、藤、棕、草制品业	Timber Processing, Bamboo, Cane, Palm Fiber and Straw Products	1		22256		3561
家具制造业	Furniture Manufacturing	5	1	92882	3287	25300
造纸及纸制品业	Papermaking and Paper Products	8	3	81175	3775	25469
印刷业和记录媒介的复制	Printing and Record Medium Reproduction	19	1	274634		59149
文教体育用品制造业	Stationery, Education and Sports Goods	2		44333	2600	16644
石油加工、炼焦及核燃料加工业	Petroleum Processing, Coking and Nuclear Elding	4	1	2667386	47545	463617
化学原料及化学制品制造业	Raw Chemical Materials and Chemical Products	19	2	2994512	296092	744345
医药制造业	Medical and Pharmaceutical Products	21	3	791355	207850	372753
化学纤维制造业	Chemical Fiber					
橡胶制品业	Rubber Products	3	1	84598	9456	22965
塑料制品业	Plastic Products	8	2	84615	633	28215
非金属矿物制品业	Nonmetal Mineral Products	41	8	640523	89242	238909
黑色金属冶炼及压延加工业	Smelting and Processing of Ferrous Metals	6	1	2394411	834168	448467
有色金属冶炼及压延加工业	Smelting and Processing of Nonferrous Metals	2		53181	35684	14736
金属制品业	Metal Products	13		259753	45508	84432
通用设备制造业	Universal Equipment	24	7	711120	54301	230663
专用设备制造业	Equipment for Special Purpose	23	3	730340	193991	322317
交通运输设备制造业	Transportation Equipment	35	5	5671433	1889069	1161470
电气机械及器材制造业	Electric Equipment and Machinery	24	3	842121	260000	235123
通信设备、计算机及其他电子设备制造业	Telecommunications Equipment, Computer and Others	57	11	8918754	5148044	1520909
仪器仪表及文化、办公用机械制造业	Instruments, Meters, Cultural and Office Machinery	15	1	488295	390377	152541
工艺品及其他制造业	Art Products and Other Manufacturing	1		9884	4424	8102
废弃资源和废旧材料回收加工业	Recovery and Processing of Reclaimed Materials					
电力、热力的生产和供应业	Electricity and Hot Power Production and Supply	10	1	605009		310219
燃气生产和供应业	Gas Production and Supply	2		150398		129428
水的生产和供应业	Water Production and Supply	5		223785		74274

MAIN INDICATORS FOR LOCAL LARGE AND MEDIUM INDUSTRIAL ENTERPRISES (BY SECTOR)(2004)

(10000 yuan)

工业销售产值(当年价格) Sales Value of Industry (at current price)	#出口交货值 Delivery Value of Exports	全部从业人员年平均人数(人) Average Number of Persons Employed (person)	资产负债 Assets and Liabilities				
			资产总计 Total Assets	流动资产平均余额 Average Balance of Circulating Funds	固定资产原价合计 Original Value of Fixed Assets	固定资产净值年平均余额 Average Net Value of Fixed Assets	负债合计 Total Liabilities
30640670	**4639920**	**545267**	**42906871**	**18124041**	**24062160**	**13304573**	**21624797**
196730	64509	17088	479853	160082	155539	80553	135866
84793		2566	73856	36755	46246	20994	34721
520911	45471	13990	300288	136243	158447	84476	171322
539341	28853	16108	534597	219524	367509	235381	357272
637755	1888	17484	1172360	372549	594077	385054	494413
151738	7282	800	123098	83996	55886	30034	33386
244221	44327	16242	542173	275575	243574	136833	323497
226187	136686	24206	240800	141702	100849	68283	150065
18035		383	20129	9282	11931	10130	4070
93024	40077	4538	97134	62283	37276	19135	64658
75333	12943	3023	123801	64585	43757	33690	88372
268317	6462	13687	495806	158987	441197	230279	223483
43247	22367	2330	85660	37644	44123	25763	54497
2679571	42781	10837	1017058	478662	963343	428342	484088
2978816	78872	30582	2801236	840794	2785900	1351995	751005
769936	20411	17016	1356137	602062	435540	259082	429502
83557	25047	2830	131809	50454	105556	54000	102108
84823	23888	4166	225598	93118	123235	91388	71175
637978	33583	30406	1822570	773266	942368	568192	966770
2387111	220101	51768	5231656	2014352	3301329	1192029	2839261
52957	10393	1909	240823	122652	36944	15715	81220
257819	61972	10141	264363	160122	99655	62964	181339
704263	123938	21841	1371218	837685	492439	281702	988707
729685	31396	26147	1776345	1028699	466317	282588	1035874
5485437	51059	72961	3933366	2161123	1520763	909095	2547129
802221	183796	19035	983043	662826	334673	187847	554557
8411002	3257269	57202	7782240	4508020	1948426	959849	4431099
486281	64251	10386	658000	376824	180488	120166	372504
10666		947	22960	9928	14044	9296	15159
604003		29570	5798603	1002359	6068295	3618554	2780736
150398		7265	1123177	218635	990516	662735	99578
224183		4813	2077114	423256	948921	588431	757367

10-11 续表 1 continued

单位：万元

项目	Item	损益及分配 Profits,Loss and Distribution	
		主营业务收入（产品销售收入）Business income of the main products (Sales Revenue)	主营业务成本（产品销售成本）Core business cost (Cost of Sales)
总计	**Total**	**36434869**	**30967911**
煤炭开采和洗选业	Coal Mining and Dressing	216596	137890
石油和天然气开采业	Petroleum and Natural Gas Extraction		
黑色金属矿采选业	Ferrous Metals Mining and Dressing	84114	46341
有色金属矿采选业	Nonferrous Metals Mining and Dressing		
非金属矿采选业	Nonmetal Minerals Mining and Dressing		
其他采矿业	Other Minerals Mining		
农副食品加工业	Farm and Sideline Prodncts Processing	520854	463784
食品制造业	Food Making	523368	334952
饮料制造业	Beverage Making	631157	426799
烟草制造业	Tobacco Processing	150786	58802
纺织业	Textile	262616	242473
纺织服装、鞋、帽制造业	Garments,shoes and chapeau	205500	167638
皮革、毛皮、羽毛(绒)及其制品业	Leather,Furs,Feather(Down) and Related Products		
木材加工及竹、藤、棕、草制品业	Timber Processing,Bamboo,Cane, Palm Fiber and Straw Products	19105	17365
家具制造业	Furniture Manufacturing	107605	87278
造纸及纸制品业	Papermaking and Paper Products	70332	61306
印刷业和记录媒介的复制	Printing and Record Medium Reproduction	270052	187684
文教体育用品制造业	Stationery,Education and Sports Goods	46310	37532
石油加工、炼焦及核燃料加工业	Petroleum Processing,Coking and Nuclear Elding	2781815	2580790
化学原料及化学制品制造业	Raw Chemical Materials and Chemical Products	2934481	2044725
医药制造业	Medical and Pharmaceutical Products	767185	358877
化学纤维制造业	Chemical Fiber		
橡胶制品业	Rubber Products	87179	70258
塑料制品业	Plastic Products	95826	68328
非金属矿物制品业	Nonmetal Mineral Products	653832	530304
黑色金属冶炼及压延加工业	Smelting and Processing of Ferrous Metals	3750264	3312644
有色金属冶炼及压延加工业	Smelting and Processing of Nonferrous Metals	55730	46810
金属制品业	Metal Products	262196	201562
通用设备制造业	Universal Equipment	714935	576447
专用设备制造业	Equipment for Special Purpose	860991	723694
交通运输设备制造业	Transportation Equipment	5488873	4649760
电气机械及器材制造业	Electric Equipment and Machinery	827335	694941
通信设备、计算机及其他电子设备制造业	Telecommunications Equipment,Computer and Others	9447819	8582403
仪器仪表及文化、办公用机械制造业	Instruments,Meters,Cultural and Office Machinery	484018	400636
工艺品及其他制造业	Art Products and Other Manufacturing	10868	8381
废弃资源和废旧材料回收加工业	Recovery and Processing of Reclaimed Materials		
电力、热力的生产和供应业	Electricity and Hot Power Production and Supply	3523471	3291096
燃气生产和供应业	Gas Production and Supply	361849	331524
水的生产和供应业	Water Production and Supply	217808	224887

10-11 续表 2 continued

(10000 yuan)

损益及分配 Profits,Loss and Distribution				工资、增值税 Wages and Added Value Tax	
营业费用（产品销售费用）Operation cost (Expenses of Sales)	主营业务税金及附加（产品销售税金及附加）Core Business Tax and Adding (Sales Tax and Extra Charges)	营业利润 Operating Profits	利润总额 Total Profits	本年应交增值税 Added Value Tax	本年应付工资 Total Wages Payable
1394107	**396797**	**1674013**	**2100904**	**1109540**	**1607649**
12932	1339	19353	39267	9951	38146
2244	1836	24502	23973	6992	5176
21457	531	19119	25363	6149	23078
148971	456	-16220	-18304	32428	49234
73949	54036	30500	50039	42199	40833
5314	56958	14403	13270	15823	5737
11419	474	-20650	-2699	6096	25680
13471	253	5236	5308	4111	31619
617	20	157	145	249	710
11971	179	1800	2295	2033	6416
2900	46	1042	1751	2146	5100
3358	2065	27836	30502	19784	31090
2201	148	-85	1554	1673	5625
47128	79670	76	10712	48074	36234
87546	29741	597903	586473	180397	100196
205696	4577	105433	133185	77301	87184
3251	1739	4020	4621	2342	5401
2001	168	15330	17973	2969	6975
11043	1330	13604	47371	31413	37134
33910	17831	143043	150584	170900	174650
1880	41	6411	9535	1416	4708
10485	1126	21893	21829	2476	15176
27179	1216	22162	24523	14796	63431
29634	2009	14292	42945	21903	71567
214134	112114	270451	290417	111468	196836
34993	1692	38159	39372	22881	45697
348823	5966	194083	311019	123807	263796
10262	735	37649	41456	9866	32973
340	15	-38	886	90	1519
3030	14663	93992	161486	105089	153300
	2392	7623	31948	24132	12635
970	812	-29066	2107	7589	9793

10-12 规模以下工业企业主要指标(2004年)
MAJOR INDICATORS FOR INDUSTRIAL ENTERPRISES BELOW DESIGNED SIZE(2004)

项目	Item	企业个数（个）Number of Enterorises (unit)	从业人员（人）Employed Persons (person)	工业总产值（当年价格，万元）Gross Output Value (at current prices,10000 yuan)
总计	**Total**	**15972**	**310330**	**2188815**
法人工业企业	Corporation Unit	8902	247530	1663266
个体工业企业	Individual	7070	62801	525549

注：规模以下工业企业指年产品销售收入500万元以下的非国有工业企业和全部个体工业单位。

Note: Industrial enterprises below designed size refers to non-state-owned enterprises with annual sales below 5 million yuan and all individual units.

10-13 高新技术产业情况
STATISTICS ON HIGH-GRADE TECHNOLOGICAL INDUSTRY

单位：亿元 (100 million yuan)

项目	Item	工业总产值(现价) Gross Output Value of Industry (at constant prices) 2004	2003
合计	**Total**	**1750.1**	**1520.9**
按登记注册类型分	**Grouped by Registration Status**		
国有经济	State-owned	55.4	69.4
集体经济	Collective-owned	24.1	22.4
外资及港澳台经济	Chinese-foreign, Hongkong, Macao and Taiwan Enterprises	1122.9	940.8
股份制及其他经济	Share Holding and Others	547.6	488.2
按高新技术领域分	**Grouped by the Field of Highgrade Technology**		
电子与信息	Electron and Information	1131.5	980.4
生物及医药制品	Biological and Pharmaceutical Products	153.8	159.5
新材料	New Materials	186.9	155.1
光机电一体化	Organic Whole of Light, Machine and Electricity	220.3	173.7
新能源	New Energy	13.9	9.6
环保设备	Equipment for Environmental Protection	5.5	4.1
航空航天及地球空间技术	Technology on Aerospace and Earth Space	38.1	38.4

10-14 主要工业产品生产总量(2004年)
OUTPUT OF MAIN INDUSTRIAL PRODUCTS(2004)

单位 ：吨 (ton)

主要工业产品名称		Products		生产总量 Output
原煤		Coal		9084261
发电量	(万千瓦小时)	Electricity	(10000 kwh)	1506343
大米		Rice		8165
食用植物油		Edible Vegetable Oil		14631
配混合饲料		Mixed Feed		1218330
乳制品		Dairy Products		353323
白酒		Liquor		82645
啤酒		Beer		1384507
布	(万米)	Cloth	(10000 m)	3990
服装	(万件)	Garments	(10000 units)	14440
家具	(件)	Furniture	(unit)	3157937
人造板	(立方米)	Artificial Wooden Board	(cu.m)	135595

10-14 续表 1 continued

单位：吨 (ton)

主要工业产品名称		Products		生产总量 Output
原油加工量		Base Oil Products		7833538
汽油		Gasoline		1697713
柴油		Diesel Oil		1807241
焦炭		Coke		3612348
氢氧化钠(烧碱)(折 100%)		Caustic Soda(100%)		144603
农用氮、磷、钾化学肥料(折纯)		Chemical Fertilizer(pure)		36016
乙烯		Ethylene		981591
塑料树脂及共聚物		Plastic Resin and Copolymer		1361304
合成橡胶		Synthetic Rubber		241301
合成洗涤剂		Synthetic Detergents		174858
化学原料药		Chemical Raw Medicine		4763
轮胎外胎	(条)	Tires	(unit)	2778030
塑料制品		Plastic Products		144799
水泥	(万吨)	Cement	(10000 tons)	1127
平板玻璃	(重量箱)	Plate Glass	(wt.case)	6567264
生铁		Pig Iron		7929901
钢		Steel		8510419
十种有色金属		Ten genera of nonferrors metal		53
铝材		Aluminum Products		21095
金属切削机床	(台)	Metal-Cutting Machine Tools	(unit)	6834

10-14 续表 2 continued

主要工业产品名称 Products			生产总量 Output
汽车	(辆) Motor Vehicle	(unit)	538701
# 载货汽车	(辆) Trucks	(unit)	327003
轿车	(辆) Cars	(unit)	182166
家用洗衣机	(台) Household Washing Machines	(unit)	91201
家用电冰箱	(台) Household Refrigerators	(unit)	634962
程控交换机	(线) Program Control Telephone Exchange	(line)	32111498
移动通信设备	(信道) Mobile communications setting	(channel)	4228883
移动电话机	(部) Mobile telephone	(unit)	38519845
微型电子计算机	(部) Micro-computer	(unit)	5036276
彩色显象管	(只) Tricolor Tube	(unit)	10425250
半导体集成电路	(万块) Semiconductor Integrated Circuit	(10000 units)	72391
录相机	(部) Video Recorder	(unit)	3943297
自动化仪表及系统	(台) Automatic Meters and System	(unit)	2150312
照相机	(台) Camera	(unit)	865122

主要统计指标解释

工业 指从事自然资源的开采，对采掘品和农产品进行加工和再加工的物质生产部门。具体包括：(1) 对自然资源的开采，如采矿、晒盐、森林采伐等（但不包括禽兽捕猎和水产捕捞）；(2) 对农副产品的加工、再加工，如粮油加工、食品加工、扎花、纺织、制革等；(3) 对采掘品的加工、再加工，如炼铁、炼钢、化工生产、石油加工、机器制造、木材加工等，以及电力、自来水、煤气的生产和供应等；(4) 对工业品的修理、翻新，如机器设备的修理、交通运输工具（包括小卧车）的修理等。

1984 年以前农村的村及村以下办工业归属农业，1984 年以后划归工业。

轻工业 指主要提供生活消费品和制作手工工具的工业。按其所使用的原料不同，可分为两大类：(1) 以农业为原料的轻工业，是指直接或间接以农产品为基本原料的轻工业。主要包括食品制造、饮料制造、烟草加工、纺织、缝纫、皮革和毛皮制作、造纸以及印刷等工业；(2) 以非农产品为原料的轻工业，是指以工业品为原料的轻工业。主要包括文教体育用品、化学药品制造、合成纤维制造、日用化学制品、日用玻璃制品、日用金属制品、手工工具制造、医疗器械制造、文化和办公用机械制造等工业。

重工业 是指为国民经济各部门提供物质技术基础的主要生产资料的工业。按其生产性质和产品用途，可以分为下列三类：(1) 采掘（伐）工业，是指对自然资源的开采，包括石油开采、煤炭开采、金属矿开采、非金属矿开采和木材采伐等工业；(2) 原材料工业，指向国民经济各部门提供基本材料、动力和燃料的工业。包括金属冶炼及加工、炼焦及焦炭化学、化工原料、水泥、人造板以及电力、石油和煤炭加工等工业；(3) 加工工业，是指对工业原材料进行再加工制造的工业。包括装备国民经济各部门的机械设备制造工业、金属结构、水泥制品等工业，以及为农业提供的生产资料如化肥、农药等工业。

根据上述划分原则，修理业中以重工业产品为修理作业对象的划为重工业，反之划为轻工业。

工业总产值 是以货币表现的工业在一定时期内生产的已出售或可供出售工业产品总量，它反映一定时期内工业生产的总规模和总水平。它包括：在本企业内不再进行加工，经检验、包装入库（规定不需包装的产品除外）的成品价值，工业性作业价值，自制半成品、在产品期末初差额价值。工业总产值采用“工厂法”计算，即以工业作业为一个整体，按企业生产活动的最终成果来计算，企业内部不允许重复计算，不能把企业内部各个车间（分厂）生产的成果相加。但在企业之间、行业之间、地区之间存在着重复计算。

轻重工业总产值的划分也是按“工厂法”计算的，即一个工业企业在正常情况下生产的主要产品的性质属于轻工业，则该企业的全部总产值作为轻工业总产值；一个工业企业生产的主要产品的性质属于重工业，则该企业的全部总产值作为重工业总产值。

工业增加值 是指工业行业在报告期内以货币表现的工业生产活动的最终成果。

工业销售产值 是以货币表现的工业企业在一定时期内销售的本企业生产的工业产品产量。包括已销售的成品、半成品价值，对外提供的工业性作业价值和对本单位基本建设部门、生活福利部门等提供的产品和工业性作业及自制设备的价值。已销售的成品、半成品不论是本期生产的、还是上期生产的，只要是本期销售出去的均包括在内。对外提供的工业性作业是指企业按合同对外提供的工业性劳务。企业为本单位基本建设部门、生活福利部门等提供的产品和工业性作业及自制设备也应视同销售，这部分也应作为销售统计。

工业销售产值的计算范围、计算价格和计算方法与工业总产值一致，但两者计算的基础不同，工业销售产值计算的基础是产品销售总量，工业总产值计算的基础是工业产品生产总量。

国有及国有控股 国有即企业登记注册类型为国有的企业。国有控股是指在企业的全部资本中，国家资本(股本)占较多比例，并且由国家实际控制的企业。分为“国有绝对控股企业”和“国有相对控股企业(含协议控制)”。国有绝对控股：是指国家资本所占比例大于 50% (含 50%)的企业。国有相对控股企业(含协议控制)：是指国家资本比例不足 50%，但相对大于企业中的其他经济成分所占比例的企业(相对控股)，或者虽不大于其他经济成分、但根据协议规定由国家拥有实际控制权的企业(协议控制)。

资产合计 指企业拥有或控制的全部资产。包括流动资产、长期投资、固定资产、无形及递延资产、其他长期资产、递延税项等，即为企业资产负债表的资产总计项。

(1) 流动资产　指企业可以在一年内或者超过一年的一个生产周期内变现或耗用的资产合计。包括现金及各种存款、短期投资、应收及预付款项、存货等。

(2) 固定资产　指企业固定资产净值、固定资产清理、在建工程、待处理固定资产损失所占用的资金合计。

负债合计 指企业承担并需要偿还的全部债务。包括流动负债和长期负债、递延税项等，即为企业资产负债表的负债合计项。

(1) 流动负债　指企业在一年内或者超过一年的营业

周期内需要偿还的债务合计，其中包括短期借款、应付及预收款项、应付工资、应交税金和应交利润等。

（2）长期负债　指企业在一年以上或者超过一年的生产周期以上需要偿还的债务合计，其中包括长期借款、应付债务、长期应付款项等。

固定资产原价　指企业在建造、购置、安装、改建、扩建、技术改造某项固定资产时所支出的全部货币总额。它一般包括买价、包装费、运杂费和安装费。

固定资产净值　是指固定资产原价减去历年已提折旧额后的净值。

所有者权益　指企业投资人对企业净资产的所有权。企业净资产等于企业全部资产减去全部负债后余额，其中包括投资者对企业的最初投入，以及资本公积金、盈余公积金和未分配利润，对股份制企业即为股东权益。

实收资本　指企业实际收到的投资人投入的资本总额。

产品销售收入　指企业销售产品的销售收入和提供劳务等主要经营业务取得的业务总额。

产品销售成本　指企业销售产品和提供劳务等主要经营业务的实际成本。

产品销售税金及附加　指企业销售产品和提供工业性劳务等主要经营业务应负担的城市维护建设税、消费税、资源税和教育费附加。

产品销售利润　指企业销售产品和提供工业性劳务等主要经营业务收入扣除其成本、费用、税金后的利润。

利润总额　指企业实现的全部利润。反映企业最终的财务成果。

本年应交增值税　指当期销项税额抵扣当期进项税额后的余额。

工业产品销售率　指报告期工业销售产值与同期全部工业总产值之比。计算公式：

$$\text{工业产品销售率}(\%)=\frac{\text{报告期现价工业销售值}}{\text{报告期现价工业总产值}}\times 100\%$$

工业增加值率　指报告期工业增加值占工业总产值的比重，反映降低中间消耗的经济效益。计算公式：

$$\text{工业增加值率}(\%)=\frac{\text{报告期现价工业增加值}}{\text{报告期现价工业总产值}}\times 100\%$$

工业成本费用利润率　指在一定时期内实现的利润与成本费用之比，是反映工业生产成本及费用投入的经济效益指标，同时也是反映降低成本的经济效益的指标。计算公式：

$$\text{工业成本费用利润率}(\%)=\frac{\text{利润总额}}{\text{成本费用总额}}\times 100\%$$

工业全员劳动生产率　指根据产品的价值量指标计算的平均每一个职工在单位时间内创造的工业生产最终成果。是考核企业经济活动的重要指标，是企业生产技术水平、经济管理水平、职工技术熟练程度和劳动积极性的综合表现。目前我国的全员劳动生产率是将工业企业的工业增加值除以同一时期全部职工的平均人数来计算的。计算公式：

$$\text{工业全员劳动生产率}(\text{元/个})=\frac{\text{工业增加值(现价)}}{\text{全部职工平均人数}}$$

流动资产周转次数　指在一定时期内流动资产完成的周转次数，反映流动资产的周转速度。计算公式：

$$\text{流动资产周转次数(次)}=\frac{\text{产品销售收入}}{\text{流动资产平均余额}}$$

流动比率　是反映企业每百元流动负债中，有多少元流动资产作后盾。计算公式：

$$\text{流动比率(倍)}=\frac{\text{流动资产总额}}{\text{流动负债总额}}$$

速动比率　是衡量企业流动资产中可以立即用于偿付流动负债的能力。计算公式：

$$\text{速动比率(倍)}=\frac{\text{速动资产}}{\text{流动负债}}$$

注：流动资产是流动资产中流动性相对更强的部分，通常等于现金，短期有价证券与应收款之和。

资产负债率　是反映在企业资产总额中有多少资产是通过借债而得的，也可以用于衡量企业利用债权人提供资金进行经营活动的能力以及企业在清算时保护债权人利益的程度。计算公式：

$$\text{资产负债率}=\frac{\text{负债总额}}{\text{资产总额}}\times 100\%$$

总资产贡献率　反映企业全部资产的获利能力，是企业经营业绩和管理水平的集中体现，是评价和考核企业盈利能力的核心指标。计算公式为：

总资产贡献率＝（利润总额+税金总额+利息支出）÷平

平均资产总额×100%

其中：税金总额为产品销售税金及附加与应交增值税之和；平均资产总额为期初期末资产总计的算术平均值。

资本保值增值率 反映企业净资产的变动状况，是企业发展能力的集中体现。计算公式为：

资本保值增值率＝报告期期末所有者权益/上年同期期末所有者权益×100%

十一、建筑业

CONSTRUCTION

建筑施工企业总产值 （单位：亿元）
Gross Output Value of Construction by Enterprises (100 million yuan)

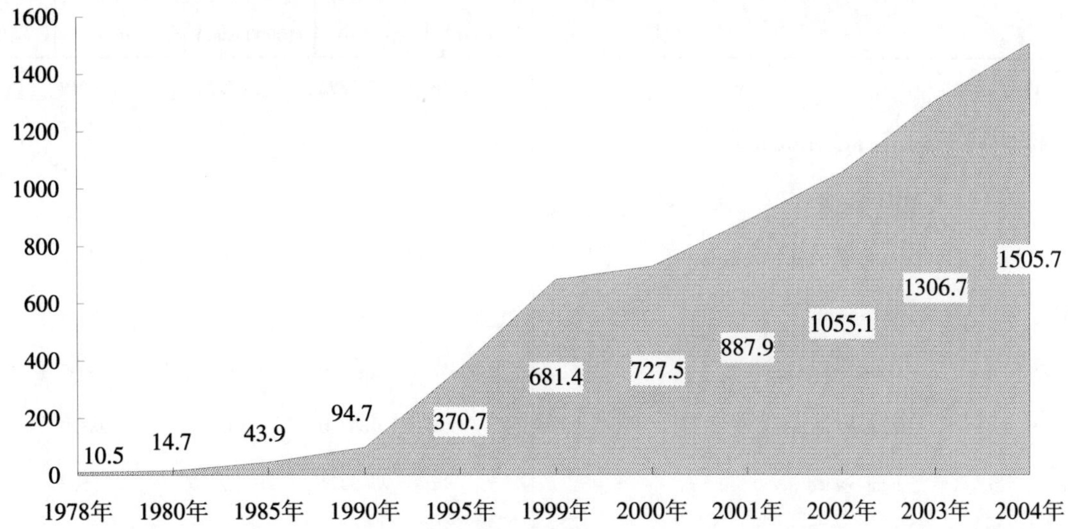

2004年独立核算建筑施工企业工程质量 （单位：%）
Project Quality of Enterprises (%)

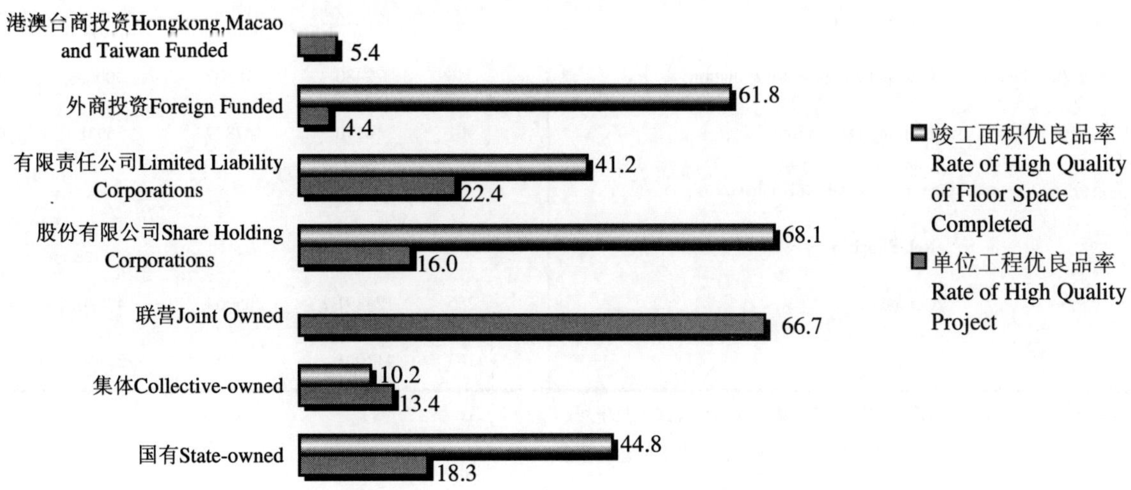

11-1 建筑业施工企业基本情况(2004年)
BASIC STATISTICS FOR CONSTRUCTION ENTERPRISES(2004)

项目	Item	企业单位数(个) Number of Enterprises (unit)	年末从业人员(人) Employment (year-end) (person)	年末自有机械设备 Machinery and Equipment Owned(year-end) 净值(万元) Net Value (10000 yuan)	总台数(台) Total Number (unit)	总功率(千瓦) Total Power (kw)
总计	**Total**	**2418**	**535892**	**876731**	**276969**	**5210132**
按企业登记注册类型分	**Grouped by Registration Status of Enterprises**					
内资企业	Domestic Investment Enterprises	2304	523482	860630	265408	5161534
国有企业	State-owned	303	147965	313550	50969	1429222
集体企业	Collective-owned	357	81249	79705	26087	545090
私营企业	Private Business	691	63740	101209	28820	521609
联营企业	Joint-owned	12	3474	2120	562	4997
股份有限公司	Share Holding Company	61	16272	33834	14033	211623
有限责任公司	Limited-Liability Company	769	186177	305912	132365	2317352
股份合作企业	Share Holding Cooperative	111	24605	24300	12572	131641
其他企业	Others					
港澳台投资企业	HongKong,Macao and Taiwan Funded	67	5647	5795	5037	21627
外商投资企业	Foreign Funded Enterprises	47	6763	10306	6524	26971
按行业类别分	**Grouped by Sector**					
# 土木工程	Civil Engineering	886	401676	716330	202755	3983975
线路、管道和设备安装	Line and equipment Installation	540	72480	78587	30053	426497
建筑物的装修装饰业	Building Decoration	901	54170	47879	35918	642949
按隶属关系分	**Grouped by Administrative Relationship**					
中央	Central	255	124891	205064	47520	1083652
地方	Local	2163	411001	671667	229449	4126480

注：本表数据口径为：1．具有新资质等级的总承包序列和专业承包序列；

2．没有新资质但原资质等级四级及以上的建筑业企业。

Note:Data of this table include a)general contracting arrays and array of responsibility contracts on specialities of new qualification grade.

b)There is no new human quality but four grades of original qualification grade and construction enterprise of the above.

11-2 建筑业施工企业总产值和劳动生产率
GROSS OUTPUT VALUE AND LABOR PRODUCTIVITY OF CONSTRUCTION ENTERPRISES

项目	Item	总产值(万元) Gross Output Value (10000 yuan)		劳动生产率(元/人) Overall Labor Productivity (yuan/person)	
		2004	2003	2004	2003
总计	**Total**	**15056630**	**13067143**	**148984**	**130075**
按企业登记注册类型分	**Grouped by Registration Status of Enterprises**				
内资企业	Domestic Investment Enterprises	14613702	12706130	148519	129483
国有企业	State-Owned	4453845	4193651	159442	143497
集体企业	Collective Owned	1288148	1181703	123760	111289
私营企业	Private	1171597	869757	133859	127422
联营企业	Joint Owned	30748	31014	273316	154915
股份有限公司	Share Holding Company	828510	723955	121836	122765
有限责任公司	Limited-Liability Company	6469455	5265946	160384	128189
股份合作企业	Share Holding Cooperative	371399	440104	91663	102720
其他企业	Others				
港、澳、台商投资企业	Hongkong,Macao and Taiwan Funded	180857	114791	174505	149526
外商投资企业	Foreign Funded	262071	246222	160908	157723
按行业类别分	**Grouped by Sector**				
# 土木工程	Civil Engineering	12217919	10615633	149337	127922
线路、管道和设备安装	Line and Equipment Installation	1921341	1472184	178069	160308
建筑物的装修装饰业	Building Decoration	1095645	864753	145280	116671
按隶属关系分	**Grouped by Administrative Relationship**				
中央	Central	4311836	3678430	174728	147704
地方	Local	10744794	9388713	140667	124264

11-3 建筑业施工企业竣工率
RATIO OF COMPLETED OF CONSTRUCTION ENTERPRISES

单位：%　　(%)

项目	Item	产值竣工率 Ratio of Output Value Completed to Total		面积竣工率 Ratio of Floor Space of Building Completed	
		2004	2003	2004	2003
总计	**Total**	**62.3**	**74.4**	**34.6**	**36.9**
按企业登记注册类型分	**Grouped by Registration Status of Enterprises**				
内资企业	Domestic Investment Enterprises	62.3	74.7	34.7	37.0
国有企业	State-Owned	56.9	69.2	33.0	34.8
集体企业	Collective Owned	79.6	83.9	47.4	44.2
私营企业	Private	49.1	82.5	17.6	41.5
联营企业	Joint Owned	24.0	25.2	0.0	16.0
股份有限公司	Share Holding Company	64.7	88.7	34.1	28.6
有限责任公司	Limited-Liability Company	63.6	73.5	33.6	37.5
股份合作企业	Share Holding Cooperative	85.0	81.4	59.3	48.1
其他企业	Others				
港、澳、台商投资企业	Hongkong,Macao and Taiwan Funded	55.5	88.4	23.3	33.0
外商投资企业	Foreign Funded	66.4	53.6	28.6	26.4
按行业类别分	**Grouped by Sector**				
# 土木工程	Civil Engineering	61.9	73.9	34.5	36.5
线路、管道和设备安装	Line and Equipment Installation	61.8	74.9	52.6	57.2
建筑物的装修装饰业	Building Decoration	52.4	78.6	13.1	66.4
按隶属关系分	**Grouped by Administrative Relationship**				
中央	Central	56.9	70.2	30.0	31.9
地方	Local	64.4	76.0	35.9	38.4

11-4 建筑业施工企业工程质量
PROJECTS QUALITY OF CONSTRUCTION ENTERPRISES

单位：% (%)

项目	Item	单位工程优良品率 Rate of High Quality Project		竣工面积优良品率 Rate of High Quality of Floor Space Completed	
		2004	2003	2004	2003
总计	**Total**	**15.7**	**19.6**	**38.0**	**43.2**
按企业登记注册类型分	**Grouped by Registration Status of Enterprises**				
内资企业	Domestic Investment Enterprises	15.8	19.8	37.9	43.4
国有企业	State-Owned	18.3	20.3	44.8	48.7
集体企业	Collective Owned	13.4	27.2	10.2	7.9
私营企业	Private	15.2	15.2	9.4	17.5
联营企业	Joint Owned	66.7			
股份有限公司	Share Holding Company	16.0	16.7	68.1	60.0
有限责任公司	Limited-Liability Company	22.4	23.6	41.2	52.8
股份合作企业	Share Holding Cooperative	0.4	1.8	1.7	3.1
其他企业	Others				
港、澳、台商投资企业	Hongkong,Macao and Taiwan Funded	5.4	3.9		
外商投资企业	Foreign Funded	4.4	18.8	61.8	42.2
按行业类别分	**Grouped by Sector**				
# 土木工程	Civil Engineering	17.8	22.0	38.1	43.7
线路、管道和设备安装	Line and Equipment Installation	12.3	16.8	28.5	29.6
建筑物的装修装饰业	Building Decoration				
按隶属关系分	**Grouped by Administrative Relationship**				
中央	Central	11.7	25.7	49.7	55.7
地方	Local	18.0	16.1	35.4	40.1

11-5 建筑业施工企业主要财务指标(2004年)

单位：万元

项目	Item	企业单位个数(个) Number of Enterprises(unit)	固定资产原价合计 Original Value of Fixed Assets
总计	**Total**	**2418**	**2953503**
按企业登记注册类型分	Grouped by Registration Status of Enterprises		
内资企业	Domestic Investment	2304	2888121
国有企业	State-Owned	303	1182832
集体企业	Collective Owned	357	272707
私营企业	Private	691	209019
联营企业	Joint Owned	12	3696
股份有限公司	Share Holding Company	61	106028
有限责任公司	Limited-Liability Company	769	1028861
股份合作企业	Share Holding Cooperative	111	84978
其他企业	Others		
港、澳、台商投资企业	Hongkong,Macao and Taiwan Funded	67	30209
外商投资企业	Foreign Funded	47	35173
按行业类别分	Grouped by Sector		
# 土木工程	Civil Engineering	886	2397052
线路、管道和设备安装	Line and Equipment Installation	540	327090
建筑物的装修装饰业	Building Decoration	901	180299
按隶属关系分	Grouped by Administrative Relationship		
中央	Central	255	995949
地方	Local	2163	1957555

MAIN FINANCIAL INDICATORS ON CONSTRUCTION ENTERPRISES(2004)

(10000 yuan)

主营业务收入（工程结算收入） Business income of the main products (Revenue of Settlement of Projects)	主营业务成本（工程结算成本） Core Business Cost (Cost of Settlement of Projects)	主营业务税金及附加（工程结算税金及附加） Core Business Tax and Adding(Tax and Extra Charges of Settlement of Projects)	主营业务利润（工程结算利润） Operating Profits(Profits of Settlement of Projects)	营业利润 Operating Profits	投资收益 Investment Income	利润总额 Total Profits	应交所得税 Income Tax Payable
14697683	**13091361**	**450266**	**1156056**	**194552**	**27837**	**223009**	**76042**
14271419	12705214	438897	1127308	202039	27804	232459	74847
4681363	4229143	136442	315778	4341	5356	11242	11423
1177359	1022433	38852	116075	49314	1846	52832	14858
946582	811566	30330	104685	26612	5434	32252	10654
20950	18090	947	1914	422	3	436	118
760588	675425	24658	60505	22565	27	22560	5138
6284284	5597634	194629	492021	82227	15005	96599	27667
400294	350924	13040	36330	16559	134	16538	4988
180046	164052	4622	11372	-3864	2	-5833	335
246218	222095	6747	17377	-3624	31	-3616	860
12017325	10782140	373821	861364	127301	24999	162530	56674
1655165	1425759	45835	183571	46530	2631	40210	12470
874512	759691	25313	89509	10213	52	9701	5597
4513212	4057758	133978	321476	34764	5962	35882	16435
10184471	9033603	316288	834581	159788	21875	187128	59607

主要统计指标解释

建筑业总产值 是指建筑业企业自行完成的以工程预(概)算为依据，按工程进度计算的建筑安装总价值。它包括建筑工程产值、设备安装工程产值、其他产值。

（1）建筑工程产值：是指列入建筑工程预算内的各种工程价值。

（2）安装工程产值：指需要安装设备的安装及与设备相联接的工作台、梯子、栏杆等工程。安装工程产值中不包括被安装设备本身的价值。

（3）其他产值：建筑业总产值中除建筑工程、安装工程以外的产值。包括房屋构筑物修理产值、非标准设备制造产值、总包企业向分包企业收取的管理费、以及不能明确划分的施工活动所完成的产值。

自有机械设备年末总台数 是指归本企业所有，属于本企业固定资产的生产性机械设备年末总台数。包括施工机械、生产设备、运输设备以及其他设备。

自有机械设备年末总功率 是指本企业自有施工机械、生产设备、运输设备以及其他设备等列为在册固定资产的生产性机械设备年末总功率，按设计能力或查定能力计算。包括机械本身的动力和为该机械服务的单独动力设备，如电动机等。计量单位用千瓦，动力换算可按1马力＝0.735千瓦折合成千瓦数。电焊机、变压器、锅炉不计算动力。

工程结算利润 是指已结算工程实现的工程结算收入扣除工程结算成本和工程结算税金及附加后的利润。根据“损益表”中的“工程结算利润”项填列。

工程结算利润＝工程结算收入－工程结算成本－工程结算税金及附加

本项根据“损益表”中“工程结算利润”项的本年累计数填列(亏损以“－”号表示)。

工程结算收入 是指本企业承包工程实现的工程价款结算收入，以及向发包单位收取的除工程价款以外按规定列作营业收入的各种款项。

根据“损益表”中的“工程结算收入”项填列。

企业总产值 是指建筑业企业全部生产经营活动最终成果的货币表现，在企业总产值中除包括建筑业总产值外，还包括建筑业企业从事其他经济活动所创造的价值。包括：

（1）工业总产值（2）交通运输产值（3）商业收入（4）其他经营收入

十二、批发零售贸易业和餐饮业

WHOLIESALE, RETAIL AND CATERING

社会消费品零售额 （单位：亿元）
Retail Sales of Consumer Goods (100 million yuan)

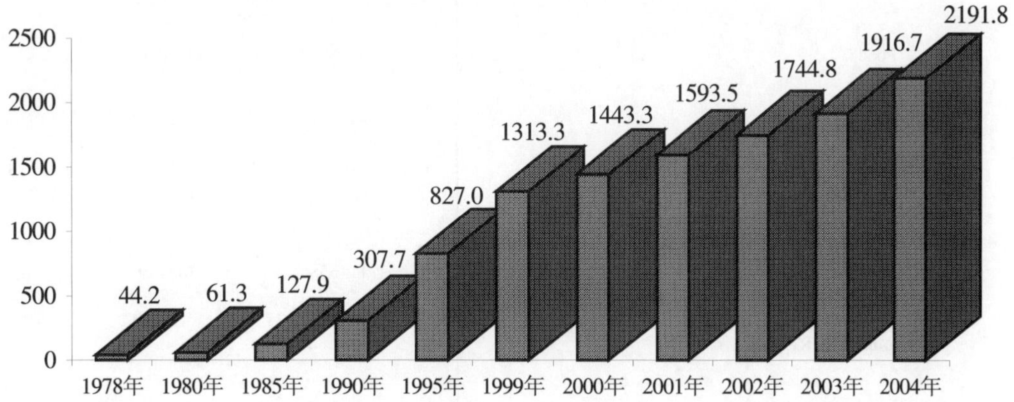

社会消费品零售额构成

Composition of Retail Sales of Consumer Goods

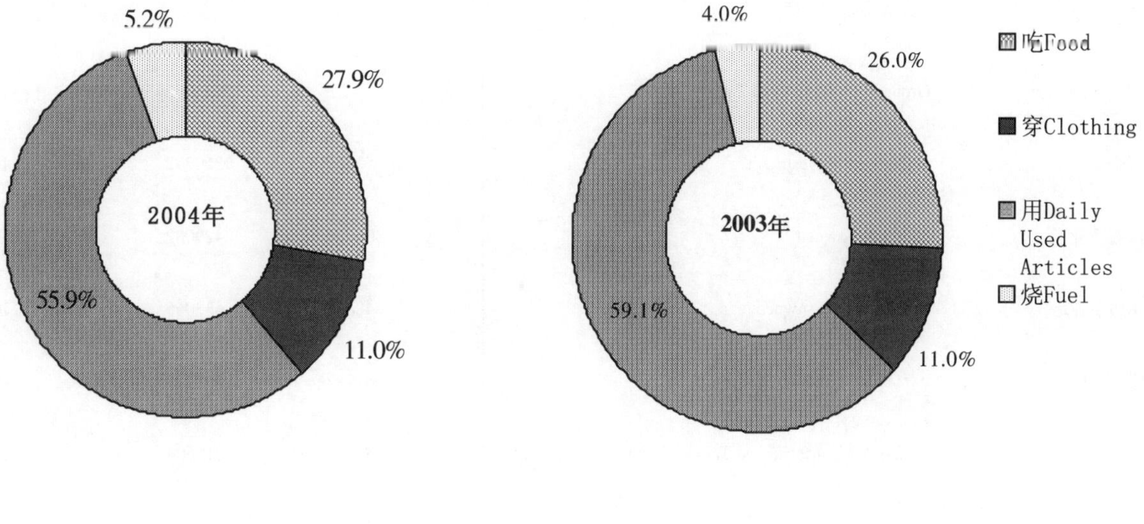

12-1 社会消费品零售额
TOTAL RETAIL SALES OF CONSUMER GOODS

单位：万元 (10000 yuan)

项目	Item	2004	2003	2004年为2003年% 2004 as % of 2003
总计	**Total**	**21918140**	**19167161**	**114.4**
按用途分	**Grouped by Purpose**			
吃的商品	Food	6108323	4977096	122.7
穿的商品	Clothing	2420650	2105681	115.0
用的商品	Daily Used Articles	12245581	11318605	108.2
烧的商品	Fuels	1143586	765779	149.3
按地区分	**Grouped by Region**			
城镇零售额	Town	18558621	16245515	114.2
农村零售额	Rural	3359519	2921646	115.0
按行业分	**Grouped by Sectors**			
批发零售贸易业	Wholesale and Retail Trade	17786571	16112226	110.4
餐饮业	Catering	1902097	1214396	156.6
其他	Others	2229472	1840539	121.1
在总计中：限额以上批发零售贸易业	**Of Total:Above Quota Wholesale and Retail Sales**	**11092536**	**10055157**	**110.3**
按登记注册类型分	Grouped by Registered Type			
内资企业	Domestic Investment	10050769	9260292	108.5
# 国有企业	State-owned	2306634	2429082	95.0
集体企业	Collective-owned	648851	633065	102.5
股份有限公司	Share Holding Company	2061187	1592173	129.5
港澳台商投资企业	Hongkong, Macao and Taiwan Funded Enterprises	252678	215604	117.2
外商投资企业	Foreign Funded Enterprises	789088	579261	136.2

12-2 社会商品购、销、存总额

TOTAL PURCHASES,SALES AND INVENTORY SALE TRADES

单位：万元　　(10000 yuan)

项　目	Item	2004	2003	2004 年为 2003 年% 2004 as % of 2003
商品购进总额	**Total Purchases of Goods**	**54459616**	**43783684**	**124.4**
市内纯购进	In the City	22509826	17591203	128.0
市外购进	From Outside	20194383	16590127	121.7
进口	Import	11755407	9602354	122.4
商品销售总额	**Total Sales**	**54288606**	**46269711**	**117.3**
市内纯销售	In the City	28598154	26497690	107.9
市外销售	To Outside	20202728	14712628	137.3
出口	Export	5487724	5059393	108.5
年末库存	**Inventory (year-end)**	**6078525**	**5672468**	**107.2**

12-3 批发零售贸易业商品购、销、存总额

PURCHASES,SALES AND INVENTORY OF WHOLESALE AND RETAIL SALE TRADES

单位：万元　　(10000 yuan)

项　目	Item	2004	2003	2004 年为 2003 年% 2004 as % of 2003
商品购进总额	**Total Purchases of Goods**	**45898639**	**37333310**	**122.9**
市内纯购进	In the City	13948849	11140829	125.2
市外购进	From Outside	20194383	16590127	121.7
进口	Import	11755407	9602354	122.4
商品销售总额	**Total Sales**	**48607171**	**39771863**	**122.2**
市内纯销售	In the City	22916719	19999842	114.6
市外销售	To Outside	20202728	14712628	137.3
出口	Export	5487724	5059393	108.5
年末库存	**Inventory (year-end)**	**6078525**	**5672468**	**107.2**

注：本表为全部批发零售业企业商品购、销、存总额。

Note:Data of this table refers to total purchases,sales and inventory of wholesale and retail sale trades.

12-4 批发零售贸易企业商品分类销售库存(2004年)

SALES AND INVENTORY BY CATEGORY OF ENTERPRISES IN WHOLESALE AND RETAIL TRADES(2004)

单位：万元 (10000 yuan)

项目	Item	合计 Total 商品总销售 Total Sales	# 零售额 Retail	年末库存 Inventory (year-end)	大型企业 Large Enterprises 商品总销售 Total Sales	# 零售额 Retail	年末库存 Inventory (year-end)
合计	**Total**	**60999298**	**13053607**	**6078525**	**20461928**	**4901003**	**1954194**
食品、饮料、烟酒类	Food,Beverage,Tobacco and Liquor	6489052	2068464	530804	2237216	1178219	160865
# 肉禽蛋类	Meat,Poultry and Eggs	346869	257940	24183	161782	159801	3106
其他食品类	Other Food	3582077	1294138	306680	948635	739441	63505
饮料类	Beverage	337841	228319	30627	159514	121697	8615
烟酒类	Tobacco and Liquor	2222265	288067	169314	967285	157280	85639
服装鞋帽、针、纺织品类	Garments,Shoes,Hats and Knitwear	2911839	1810775	236335	1251546	1066471	23263
# 服装类	Garments	1741155	1232790	117840	953010	775229	16570
鞋帽类	Shoes and Hats	455021	338434	33857	182047	181769	2082
针、纺织品类	Knitwear	715663	239551	84638	116489	109473	4611
化妆品类	Cosmetics	385745	276429	73189	226075	174115	20640
金银珠宝类	Jewelry	341440	277146	69004	94012	94012	7507
日用品类	Articles for Daily Use	1332780	788910	140290	794525	444947	49655
# 洗涤用品类	Detergents	285971	190682	27896	160146	106347	14089
儿童玩具类	Toys for Children	79862	76064	3697	18234	18100	519
五金、电料类	Hardware and Electrical Appliances	458117	188692	89127	74618	8914	18090
体育、娱乐用品类	Sports and Recreation Articles	251714	163879	23719	50982	50675	931
书报、杂志类	Book and Newspaper	752543	323796	319156	247369	144047	115190
电子出版物及音像制品类	Electronic Publication and Sound-video Products	102595	63133	25007	22566	20121	7571
家用电器和音像器材类	Household Appliances and Sound-video Equipments	1697096	1219947	157433	896712	896126	45005
中西药品类	Medicines	1968079	1022129	255569	573332	316147	70235
# 西药类	Western Medicines	1272113	648895	146472	478455	244999	60958
中草药及中成药类	Chinese Herbal and Patent Medicines	392824	270303	66021	90294	66920	9019
文化、办公用品类	Culture and Office Articles	1117969	316916	133654	47202	46949	2139
家具类	Furniture	139041	115558	12505	7475	7017	54
通讯器材类	Communication Equipments	1998809	398257	143615	604838	242447	30686
煤炭及制品类	Coal and Coal Products	4291438	31762	55194	2784120		12500
木材及制品类	Timber and Related Products	93230	22509	27787	2213	1546	
石油及制品类	Petroleum and Related Products	8000244	1096423	275445	1244102	128242	66698
化工材料及制品类	Chemical Materials and Products	3369178	74793	299915	103189	215	8440
# 化肥类	Chemical Fertilizer	1063198		145350			
金属材料类	Ferrous Metal Materials	11474175	148717	1121639	7801859		816286
建筑及装潢材料类	Construction and Decoration Materials	743670	382501	102356	12341	12341	1
机电设备及零件类	Mechanical and Electrical Instruments and Components	8396388	1899082	1206536	470889	12661	367460
# 农机类	Agricultural Machinery	111088		5456			
汽车类	Motor Vehicles	3813646	1524575	316186	18329	12471	2139
种子饲料类	Seeds and Forage	145049		36987			
棉麻类	Cotton and Flax	907741		258520	997		
其他类	Others	3631366	363789	484739	913750	55791	130978

12-4 续表 continued

单位：万元 (10000 yuan)

项目	Item	中型企业 Medium Enterprises 商品总销售 Total Sales	# 零售额 Retail	年末库存 Inventory (year-end)	小型企业 Small Enterprises 商品总销售 Total Sales	# 零售额 Retail	年末库存 Inventory (year-end)
合　计	**Total**	**1194517**	**594756**	**208607**	**39342853**	**7557849**	**3915724**
食品、饮料、烟酒类	Food,Beverage,Tobacco and Liquor	334713	144752	17793	3917123	745493	352146
# 肉禽蛋类	Meat,Poultry and Eggs	51940	28130	1652	133148	70009	19425
其他食品类	Other Food	107645	77940	6747	2525797	476757	236429
饮料类	Beverage	27327	17561	3130	150999	89061	18881
烟酒类	Tobacco and Liquor	147801	21121	6264	1107179	109666	77411
服装鞋帽、针、纺织品类	Garments,Shoes,Hats and Knitwear	177627	131623	26534	1482666	612681	186538
# 服装类	Garments	93745	58684	12148	694400	398877	89122
鞋帽类	Shoes and Hats	67964	59862	12931	205010	96803	18845
针、纺织品类	Knitwear	15918	13077	1455	583256	117001	78571
化妆品类	Cosmetics	11239	8996	777	148432	93319	51772
金银珠宝类	Jewelry	16217	16217	5079	231211	166917	56418
日用品类	Articles for Daily Use	60129	44869	7723	478126	299094	82912
# 洗涤用品类	Detergents	11094	11009	1063	114731	73325	12744
儿童玩具类	Toys for Children	1045	1010	53	60583	56954	3125
五金、电料类	Hardware and Electrical Appliances	23218	3627	2915	360281	176152	68122
体育、娱乐用品类	Sports and Recreation Articles	3657	3533	719	197074	109670	22070
书报、杂志类	Book and Newspaper	15198	15198	5623	489976	164552	198343
电子出版物及音像制品类	Electronic Publication and Sound-video Products	5716	3083	1971	74312	39930	15465
家用电器和音像器材类	Household Appliances and Sound-video Equipments	50451	20477	8567	749932	303345	103861
中西药品类	Medicines	127577	56172	19960	1267170	649810	165373
# 西药类	Western Medicines	70279	29189	9951	723379	374707	75563
中草药及中成药类	Chinese Herbal and Patent Medicines	52192	24070	9576	250338	179314	47425
文化、办公用品类	Culture and Office Articles	18350	13826	4534	1052417	256141	126981
家具类	Furniture	3067	3059	1276	128500	105482	11175
通讯器材类	Communication Equipments	30545	21788	6486	1363426	134022	106443
煤炭及制品类	Coal and Coal Products	37753	8013	1608	1469565	23750	41086
木材及制品类	Timber and Related Products	571		367	90446	20963	27420
石油及制品类	Petroleum and Related Products	4571	4426	23	6751570	963754	208724
化工材料及制品类	Chemical Materials and Products	11098	223	6587	3254891	74354	284888
# 化肥类	Chemical Fertilizer				1063198		145350
金属材料类	Ferrous Metal Materials	44057		14747	3628259	148717	290606
建筑及装潢材料类	Construction and Decoration Materials	5661	102	410	725668	370058	101945
机电设备及零件类	Mechanical and Electrical Instruments and Components	139192	49554	40036	7786307	1836866	799041
# 农机类	Agricultural Machinery	16032		1717	95056		3739
汽车类	Motor Vehicles	53219	40349	8196	3742098	1471755	305851
种子饲料类	Seeds and Forage	7743		4780	137307		32207
棉麻类	Cotton and Flax	1476			905268		258520
其他类	Others	64691	45218	30092	2652926	262779	323668

12-5 限额以上批发零售贸易企业商品购进、销售、库存数量(2004年)

'PURCHASES,SALES AND INVENTORY VOLUME OF ENTERPRISES ABOVE QUOTA IN WHOLESALE AND RETAIL SALE TRADES(2004)

项目 Item			商品总购进 Total Purchase	商品总销售 Total Sales	批发 Wholesale	零售 Retail	年末库存 Inventory (year-end)
粮食	(百公斤) Grain	(100 kg)	45171670	47198185	45992639	1205546	3443093
食用植物油	(百公斤) Edible Vegetable Oil	(100 kg)	17092265	16033246	15136445	896801	2074430
猪和猪肉	(百公斤) Hog and Pork	(100 kg)	1135223	1162102	585285	576817	84623
牛和牛肉	(百公斤) Cattle and Beef	(100 kg)	186638	195641	32395	163246	10112
羊和羊肉	(百公斤) Goat,Sheep and Mutton	(100 kg)	248677	200642	40785	159857	18316
家禽	(百公斤) Poultry	(100 kg)	233580	241232	73568	167664	5623
鲜蛋	(百公斤) Fresh Eggs	(100 kg)	188060	180710	8223	172487	7301
鲜菜	(百公斤) Fresh Vegetable	(100 kg)	585157	577567	59042	518525	7601
鲜瓜果	(百公斤) Fresh Melon and Fruit	(100 kg)	1438331	1448644	998362	450282	5856
水产品	(百公斤) Aquatic Product	(100 kg)	489447	503758	305749	198009	17763
食糖	(百公斤) Sugar	(100 kg)	4421910	4129135	3869030	260105	525090
卷烟	(箱) Cigarettes	(case)	6123430	6001880	5729337	272543	240972
酒	(百公斤) Alcoholic Beverage	(100 kg)	4561217	4496358	3785085	711273	229418
#白酒	(百公斤) Distilled Spirit	(100 kg)	691706	677078	397866	279212	145878
啤酒	(百公斤) Beer	(100 kg)	3604148	3575684	3289731	285953	35261
茶叶	(百公斤) Tea	(100 kg)	157014	158016	102592	55424	8327
棉花	(百公斤) Cotton	(100 kg)	5468501	5804998	5804188	810	1296057
布	(百米) Cloth	(100 m)	934993	912612	891767	20845	79700
各种服装	(百件) Garments	(100case)	1179964	1321025	707845	613180	90726
#童装	(百件) Clothing for Children	(100case)	59423	67526	2953	64573	1466

12-5 续表 continued

项目 Item			商品总购进 Total Purchase	商品总销售 Total Sales	批发 Wholesale	零售 Retail	年末库存 Inventory (year-end)
鞋	(百双) Shoe	(100 pairs)	321804	336576	99006	237570	54054
照相机	(台) Cameras	(unit)	708094	771857	561216	210641	94539
#数码照相机	(台) Digital Camera	(unit)	156683	146758	54495	92263	36244
自行车	(辆) Bicycle	(unit)	209929	221811	48464	173347	21737
彩色电视机	(台) Color TV Set	(unit)	1365353	1344939	511293	833646	116783
#74 厘米及以上	(台) 74 centimeter and above	(unit)	569638	558548	255752	302796	47541
组合音响	(台) Hi-Fi	(unit)	108079	104892	6810	98082	15263
摄像机	(架) Pickup Camera	(set)	89691	86716	12333	74383	8719
影碟机	(台) Video CD	(unit)	681497	667253	116651	550602	83953
家用电风扇	(台) Electrical Fans	(unit)	266445	278762	47147	231615	20102
家用电冰箱	(台) Refrigerators	(unit)	492320	477722	16974	460748	40264
家用洗衣机	(台) Washing Machine	(unit)	544011	541432	49246	492186	62386
房间空调器	(台) Air Conditioners	(unit)	1183955	1188446	376268	812178	57247
微波炉	(台) Microwave Oven	(unit)	492848	461853	93748	368105	94385
热水淋浴器	(台) Showers	(unit)	468436	476162	33255	442907	4009
冰柜	(台) Ice Cabinet	(unit)	49728	50669	3952	46717	4162
吸尘器	(台) Dust Catcher	(unit)	155737	144723	10314	134409	29741
抽油烟机	(台) Range Hoods	(unit)	360551	362281	69842	292439	4354
电饭锅	(个) Electric Rice Cooker	(unit)	540444	529374	40849	488525	84251
微型计算机	(台) Micro Computers	(unit)	130768	131705	52131	79574	5202
普通电话机	(部) Telephones	(unit)	1569976	1647498	1108542	538956	305651
移动电话机	(部) Mobilphone	(unit)	10967238	10687564	8504451	2183113	922273
化学肥料	(吨) Chemical Fertilizer	(ton)	6570044	6817960	6817960		981551
化学农药	(吨) Farm Chemical	(ton)	281	275	275		15
农用薄膜	(吨) Agricultural Plastic Film	(ton)	40600	33957	33957		2846
煤炭	(吨) Coal	(ton)	[illegible]	[illegible]	[illegible]	[illegible]	[illegible]
木材	(立方米) Timber	(cu.m)	151293	150600	149351	1249	33888
汽油	(吨) Gasoline	(ton)	7583771	7287295	5688914	1598381	202826
煤油	(吨) Kerosene	(ton)	1833748	1860357	1858024	2333	164554
柴油	(吨) Diesel Oil	(ton)	9248360	8816587	8080179	736408	74213
钢材	(吨) Steel Products	(ton)	22588442	21894535	21796977	97558	1930077
铜	(吨) Copper	(ton)	14663	42877	42877		92
铝	(吨) Aluminum	(ton)	20664	21456	21456		3173
水泥	(吨) Cement	(ton)	545863	490129	485311	4818	103314
汽车	(辆) Automobile	(unit)	233203	228163	119541	108622	19395
#轿车	(辆) Cars	(unit)	138105	141063	62841	78222	8388
摩托车	(辆) Motorcycle	(unit)	27917	28240	22122	6118	4611
拖拉机	(台) Tractors	(unit)	110	110	110		

12-6 限额以上批发零售贸易业财务状况(2004 年)

单位：万元

项　　目	Item	企业单位个数(个) Number of Enterprises (unit)	资　产总　计 Total Assets	流动资产合　计 Total Circulating Assets	固定资产原价合计 Original Value of Fixed Assets
合　　计	**Total**	**2018**	**39628827**	**29079589**	**4088938**
按企业登记注册类型分	**Grouped by Registration Status of Enterprises**				
内资企业	Domestic Investment	1965	38206303	28048131	3865144
国有企业	State-Owned	597	23003878	17071654	1895637
集体企业	Collective Owned	194	2615777	2156644	263083
股份合作企业	Share Holding Cooperative	107	435255	302558	99628
联营企业	Joint Owned	29	252352	158002	61738
有限责任公司	Limited-Liability Company	532	6655263	5241976	557087
股份有限公司	Share Holding Company	79	3960667	2060466	816967
私营企业	Private Owned	425	1281150	1055057	170845
其他企业	Others	2	1960	1774	159
港澳台商投资企业	Hongkong,Macao and Taiwan Funded Enterprises	22	93756	64511	34961
外商投资企业	Foreign Funded Enterprises	31	1328769	966948	188834
按国民经济行业分	**Grouped by Sectors**				
批发业	Wholesale	964	33306403	25155069	2298304
农畜产品批发	Agricultural and Animal Products	24	3815490	3056936	204048
食品、饮料及烟草制品批发	Food,Beverage and Tobacco Products	106	2229519	1574142	192602
米、面制品及食用油批发	Rice,Flour Products and Edible Vegetable Oil	24	774273	585376	32992
烟草制品批发	Tobacco Products	24	753103	485022	71693
纺织、服装及日用品批发	Textile Garments and Daily Use goods	92	1267155	889939	108548
服装批发	Garment	24	228225	180172	18775
文化、体育用品及器材批发	Products and Equipment of Culture or Sports	49	1429321	944963	203489
医药及医疗器材批发	Medicine and Medical Appliance	76	893204	697537	68757
矿产品、建材及化工产品批发	Mineral,Construction Material, Chemical Products	303	13536929	10189600	823603
煤炭及制品批发	Coal and Products	25	968075	740531	45137
石油及制品批发	Petroleum and Products	45	3193664	2058282	333241
金属及金属矿批发	Metal and Products	132	6931629	5681082	224904
建材批发	Construction material	39	851633	606128	125914
化肥批发	Chemical Fertilizer	5	466106	400655	18210
机械设备、五金交电及电子产品批发	Machinery,Hardware,Electrical Appliance and Electronic product	266	7275058	5715643	555198

FINANCIAL INDICATORS OF ENTERPRISES ABOVE QUOTA IN WHOLESALE AND RETAIL SALE TRADES(2004)

(10000 yuan)

负 债 合 计 Total Liabilities	流动负债 合 计 Total Circulating Liability	所 有 者 权益合计 Ownership Interest	# 实收资本 Proceeds of Capital	主营业务收入 (商品销售收入净额) Business income of the main(Net Value of Sales Revenue)	主营业务成本 (商品销售成本) Core business cost (Sales Cost)	营业费用 (经营费用) Operation cost (Running Expenses)
28771119	**24172698**	**10857708**	**6393413**	**50149129**	**45738904**	**2050785**
27669091	23140235	10537212	5937767	46781720	42764059	1744999
16887835	14119268	6116043	3610007	22781371	21102772	698167
2350958	1197947	264820	133774	1309158	1187024	61563
320055	304900	115200	115616	580605	547663	22365
177782	177036	74569	86860	304348	282664	10157
4379186	4208622	2276078	1082573	11622004	10205397	568693
2527537	2150589	1433130	639331	7340153	6756998	267924
1024220	980355	256930	269416	2837801	2675618	115951
1518	1518	442	191	6281	5922	179
78312	77308	15444	29143	254000	204714	21702
1023717	955155	305052	426502	3113409	2770132	284084
24463114	20144639	8843289	4933244	41132174	37809265	1309687
3221583	2105618	593907	356177	1237378	1203091	24493
1147490	1007623	1082029	368288	3365877	3101156	64976
476487	469083	297786	151512	1404392	1342262	21005
204346	201730	548757	90381	1336990	1176519	12361
946531	915767	320624	324255	1703274	1596064	58585
173814	172505	54111	16167	314148	279573	15331
1052889	1024472	376432	203561	729444	607601	42755
603719	534274	289485	220835	1274542	1174276	43693
9775622	8949583	3761307	2063401	25236592	23178374	710188
111778	-3305	856297	172009	3886190	3010237	239315
2429413	1999969	764251	341951	5800412	5462961	140722
5484332	5279742	1447297	1045592	11715644	11087999	213060
698280	649164	153352	130387	818024	749046	40621
361853	353916	104254	18225	1372996	1297206	48299
5689049	4389877	1586009	943885	6466438	5953046	324541

12-6 续表1 continued

单位：万元

项目	Item	企业单位个数(个) Number of Enterprises (unit)	资产总计 Total Assets	流动资产合计 Total Circulating Assets	固定资产原价合计 Original Value of Fixed Assets
汽车、摩托车及零配件批发	Spares and Fittings of Automobile and Motorcycle	35	653429	503505	45918
家用电器批发	Household Appliances	20	177159	117964	7089
计算机、软件及辅助设备批发	Computer,Software and Assistant Equipment	32	75895	73508	4733
贸易经纪与代理	Trade and Deputy	2	6786	6546	304
其他批发	Others	46	2852941	2079763	141758
零售业	Retail	1054	6322424	3924520	1790633
综合零售	Total Retail	177	3301180	1631552	1260041
百货零售	General Merchandise	122	2413620	1107832	978240
超级市场零售	Supermarket	30	797943	465460	266399
食品、饮料及烟草制品专门零售	Food,Beverage and Tobacco	77	205003	103428	73997
纺织、服装及日用品专门零售	Textile,Garments and Daily Use Goods	77	273594	212577	47264
服装零售	Garment	32	171858	134944	22623
文化、体育用品及器材专门零售	Products and Equipment of Culture or Sports	74	298566	209439	69165
体育用品零售	Sports	3	25119	13210	3059
图书零售	Books	36	209189	144196	52280
医药及医疗器材专门零售	Medicine and Medical Appliance	75	216841	160675	33580
药品零售	Materia Medica	50	194685	140225	32034
汽车、摩托车、燃料及零配件专门零售	Automobile,Motorcycle,Elding and Spares or Fittings	224	852597	626171	136882
汽车零售	Automobile	86	701879	520771	90128
机动车燃料零售	Elding of Motor Vehicle	98	80900	47501	36889
家用电器及电子产品专门零售	Household Appliances and Electronic product	208	881415	804007	48758
家用电器零售	Household Appliances	33	606569	563750	24410
计算机、软件及辅助设备零售	Computer,Software and Assistant Equipment	124	136952	111767	15743
通讯设备零售	Equipments	29	116664	100970	6288
五金、家具及室内装修材料专门零售	Hardware,Electrical Appliance Furniture and Interior Decoration Material	91	188410	122845	71630
无店铺及其他零售	No Shop of Area of Business and Others	51	104818	53826	49318
邮购及电子销售	Mail Order and Electronic-sale				

12-6 续表2 continued

(10000 yuan)

负债合计 Total Liabilities	流动负债合计 Total Circulating Liability	所有者权益合计 Ownership Interest	# 实收资本 Proceeds of Capital	主营业务收入(商品销售收入净额) Business income of the main(Net Value of Sales Revenue)	主营业务成本(商品销售成本) Core business cost (Sales Cost)	营业费用(经营费用) Operation cost (Running Expenses)
529931	511803	123498	130396	1946588	1854687	83096
112505	111261	64655	63415	325432	285193	41423
57643	56640	18252	16281	316347	300872	6334
6204	6204	582	916	15630	14878	630
2020027	1211220	832914	451927	1103001	980781	39827
4308005	4028060	2014419	1460169	9016956	7929639	741098
1944853	1817637	1356327	881255	4253342	3615758	440950
1323595	1223965	1090024	650441	2732960	2243387	271890
552522	525059	245422	203304	1453396	1311892	162983
134783	131712	70220	40943	291810	253869	32537
227590	208991	46004	46968	395032	281339	93522
148168	132875	23689	23939	253610	178537	65245
216549	188422	82017	31094	228286	176254	23961
24387	24519	731	1198	13076	10694	1220
158590	131153	50599	18526	146466	109239	14991
127752	122290	89089	77483	344427	301257	24386
109916	104455	84769	74241	290154	252119	21974
632178	600925	220419	187968	1606150	1526156	45892
541362	516979	160518	141051	1224740	1173644	32802
33533	30115	47367	33625	251303	229880	9957
805968	765657	75447	116681	1383757	1326886	46175
566166	565306	40403	52331	683744	662853	10812
135594	96243	1359	45923	368662	346243	23033
89253	89230	27411	14115	280517	270191	9008
138666	124590	49744	49049	396440	344458	25790
79666	67838	25152	28728	117711	103663	7884

12-6 续表 3 continued

单位：万元

项目	Item	主营业务税金及附加(商品销售税金及附加) Core Business Tax and Adding(Sales Tax and Extra Charges)	主营业务利润(商品销售利润) Profits of the main (Sales Profits)	营业利润 Operating Profits
合计	**Total**	**61252**	**2428337**	**1492381**
按企业登记注册类型分	**Grouped by Registration Status of Enterprises**			
内资企业	Domestic Investment	59833	2342563	1473425
国有企业	State-Owned	22929	1057975	541984
集体企业	Collective Owned	2972	57606	16223
股份合作企业	Share Holding Cooperative	524	10053	-5366
联营企业	Joint Owned	491	11035	1014
有限责任公司	Limited-Liability Company	18737	858406	760855
股份有限公司	Share Holding Company	11291	303965	178884
私营企业	Private Owned	2887	43346	-20233
其他企业	Others	2	178	63
港澳台商投资企业	Hongkong,Macao and Taiwan Funded Enterprises	436	27147	10879
外商投资企业	Foreign Funded Enterprises	982	58626	8077
按国民经济行业分	**Grouped by Sectors**			
批发业	Wholesale	37156	2105432	1457048
农畜产品批发	Agricultural and Animal Products	760	12367	-21168
食品、饮料及烟草制品批发	Food,Beverage and Tobacco Products	4711	213400	160653
米、面制品及食用油批发	Rice,Flour Products and Edible Vegetable Oil	80	41611	29167
烟草制品批发	Tobacco Products	3858	161773	135806
纺织、服装及日用品批发	Textile Garments and Daily Use goods	752	49838	-8860
服装批发	Garment	182	20082	6640
文化、体育用品及器材批发	Products and Equipment of Culture or Sports	3160	76883	23980
医药及医疗器材批发	Medicine and Medical Appliance	1309	55907	13148
矿产品、建材及化工产品批发	Mineral,Construction Material, Chemical Products	19984	1392543	1188188
煤炭及制品批发	Coal and Products	8015	631762	680819
石油及制品批发	Petroleum and Products	3753	230367	189286
金属及金属矿批发	Metal and Products	5910	424777	276685
建材批发	Construction material	865	27896	3411
化肥批发	Chemical Fertilizer	77	27630	19845
机械设备、五金交电及电子产品批发	Machinery,Hardware,Electrical Appliance and Electronic product	5861	212048	60437

12-6 续表4 continued

(10000 yuan)

利润总额 Total Profits	应交所得税 Income Tax Payable	本年应交增值税 Added Value Tax	本年应付工资总额 Total Wages Payable in the Year	本年应付福利费总额 Welfares Payable in the Year
1674317	**345469**	**427729**	**656770**	**92359**
1632075	332036	360518	564402	81876
651642	163336	84468	283129	41003
27102	8669	17160	26097	3195
-3540	1698	3412	9073	1004
2040	912	3961	3987	596
790436	105941	147460	129108	19035
175412	46555	87568	70522	11611
-11080	4896	16590	42437	5423
62	29	-100	50	9
10892	678	7113	10201	2653
31350	12754	60098	82168	7830
1586555	295709	264653	357846	48828
-6511	905	-2115	10860	1514
209929	48482	39065	54651	7089
37817	2394	1848	5708	533
168141	43986	30078	15055	2002
-5329	5095	374	23462	3466
7251	1929	1276	6191	865
29635	18388	5340	19312	2805
20090	6557	10242	21459	2751
1180163	172480	118752	104417	15689
682544	34149	78021	11926	1814
183862	68455	38866	18228	2614
265536	55324	-2769	53173	8894
7464	1620	2345	9390	1159
21437	6888	38	2391	96
107671	32396	91025	109235	13651

12-6 续表 5 continued

单位：万元

项目	Item	主营业务税金及附加(商品销售税金及附加) Core Business Tax and Adding(Sales Tax and Extra Charges)	主营业务利润(商品销售利润) Profits of the main (Sales Profits)	营业利润 Operating Profits
汽车、摩托车及	Spares and Fittings of Automobile			
零配件批发	and Motorcycle	285	8865	-18157
家用电器批发	Household Appliances	266	-1449	-2556
计算机、软件及	Computer,Software and Assistant			
辅助设备批发	Equipment	152	9017	4924
贸易经纪与代理	Trade and Deputy	3	211	-52
其他批发	Others	616	92235	40723
零售业	Retail	24096	322905	35333
综合零售	Total Retail	16099	180535	63878
百货零售	General Merchandise	14020	203663	68515
超级市场零售	Supermarket	1977	-23456	-2451
食品、饮料及烟草制品	Food,Beverage and Tobacoo			
专门零售		891	4514	252
纺织、服装及日用品	Textile,Garments and Daily Use Goods			
专门零售		1833	18338	-5931
服装零售	Garment	1361	8467	-7019
文化、体育用品及	Products and Equipment of Culture or Sports			
器材专门零售		741	27330	4453
体育用品零售	Sports	38	1125	-1013
图书零售	Books	480	21756	3806
医药及医疗器材专门零售	Medicine and Medical Appliance	770	18013	2408
药品零售	Materia Medica	680	15381	1866
汽车、摩托车、燃料及	Automobile,Motorcycle,Elding and			
零配件专门零售	Spares or Fittings	1358	33515	-7012
汽车零售	Automobile	961	18104	-11503
机动车燃料零售	Elding of Motor Vehicle	305	11161	4703
家用电器及电子产品	Household Appliances and Electronic product			
专门零售		1198	9510	-24137
家用电器零售	Household Appliances	421	9659	-14770
计算机、软件及	Computer,Software and Assistant			
辅助设备零售	Equipment	289	-904	-8750
通讯设备零售	Equipments	399	929	-296
五金、家具及室内装修	Hardware,Electrical Appliance Furniture and	708	25484	2071
材料专门零售	Interior Decoration Material			
无店铺及其他零售	No Shop of Area of Business and Others	498	5666	-650
邮购及电子销售	Mail Order and Electronic-sale			

12-6 续表6 continued1

(10000 yuan)

利润总额 Total Profits	应交所得税 Income Tax Payable	本年应交增值税 Added Value Tax	本年应付工资总额 Total Wages Payable in the Year	本年应付福利费总额 Welfares Payable in the Year
-6193	667	17551	8694	1603
2813	645	1705	7308	453
4944	188	2818	1991	157
-50		-139	154	19
50956	11407	2109	14297	1844
87762	49760	163076	298924	43531
90369	30594	98462	171241	26914
87775	23137	78375	121361	18978
3636	7153	19406	47101	7526
8099	3362	6477	16775	2182
-6398	2812	15577	22613	2553
-7845	1207	11064	12605	1391
7953	2814	6786	18551	2566
-738		376	991	139
6003	1864	4444	13059	1807
4014	1312	6566	13858	1839
3358	1192	5619	12974	1731
3822	1191	12331	17994	2329
-8308	2152	8734	11765	1557
4708	1571	2899	4029	470
-16918	2236	8121	25530	3002
-13877	880	2909	5039	498
-4477	867	3526	16391	2048
1076	295	1406	2846	342
5124	2030	6415	7224	1092
-660	410	2342	5138	1055

12-7 限额以上餐饮业财务状况(2004年)

单位：万元

项目	Item	合计 Total	按登记注册类型分 国有企业 State-Owned	集体企业 Collective Owned	股份合作企业 Share Holding Cooperative	联营企业 Joint-Owned	有限责任公司 Limited-liabilities
企业单位个数(个)	Number of Enterprises (unit)	377	53	36	29	3	89
资产总计	Total Assets	691105	107364	18783	11231	2545	103438
流动资产合计	Total Circulating Assets	253513	39222	9139	5558	775	43920
固定资产原价合计	Total Original Value of Fixed Assets	354636	73990	9115	7862	1783	44331
负债合计	Total Liabilities	476881	75122	10849	8956	778	68156
流动负债合计	Total Liquid Liabilities	396159	65149	9927	8508	778	58301
所有者权益合计	Total Ownership Interest	214224	32242	7934	2275	1768	35282
# 实收资本	Capital Stock	220229	21927	7392	3329	1341	37464
主营业务收入	Business Revenue	822631	46492	22484	20956	3260	151961
主营业务成本	Business Cost	365333	22385	10748	11624	1481	72842
营业费用	Business Expenses	296401	14711	7543	6717	1114	52902
主营业务税金及附加	Business Tax and Extra Charges	41859	2276	1227	1135	152	8327
利润总额	Total Profits	26182	2317	-436	82	275	3977
应交所得税	Income Tax Payable	12469	585	88	118	91	2198
本年应付工资总额	Total Wages Payable of this Year	99946	8014	3302	2211	554	19630
本年应付福利费总额	Total Welfares Payable of this Year	13169	985	340	209	77	2016

FINANCIAL INDICATORS OF BUSINESS REVENUE AT AND ABOVE TWO MILLION ENTERPRISES IN CATERING TRADE(2004)

(10000 yuan)

By Registration Status					按行业划分 By Sectors			
股份有限公司 Share Holding Company	私营企业 Private Owned	其他企业 Others	港澳台商投资企业 Hongkong,Macao, Taiwan Funded	外商投资企业 Foreign Funded	正餐 Dinner	快餐 Fast Food	饮料及冷饮 Beverage and Cold Drink	其他餐饮业 Others
6	90		32	39	330	35	4	8
52814	143100		93162	158669	523097	152645	8508	6855
16112	60685		41604	36499	209499	37459	3937	2619
40128	55243		28660	93523	259141	86362	4963	4170
32859	118757		76604	84801	369092	100543	1700	5545
27281	92616		50458	83143	293804	97114	1655	3586
19955	24342		16558	73868	154005	52102	6807	1310
12296	19259		56824	60398	165935	42457	9539	2298
49303	133549		88675	305953	525144	277899	11850	7738
21143	69118		41813	114178	244401	114178	2948	3806
14312	12555		26951	129397	174711	112527	6461	2702
2333	6954		4195	15261	27351	13697	541	270
4757	-4466		1829	17848	11898	13819	508	-42
1709	380		1045	6256	7376	5018		75
7142	15290		10380	33424	68164	29411	1087	1284
1012	1890		788	5852	8115	4244	672	138

12-8 连锁企业基本情况(2004年)
BASIC STATISTICS FOR CHAIN ENTERPRISES(2004)

项目	Item	连锁总店 (个) Number of Chain Headquaretrs (unit)	所属门店 (个) Number of Subbranches (unit)	从业人员 (人) Employed Persons (person)	营业面积 (平方米) Area for Business (sq.m)
总计	**Total**	**152**	**5159**	**138709**	**3489424**
按登记注册类型分	**Grouped by Registration Status of Enterprises**				
内资企业	Domestic Investment	128	4631	108290	3092206
国有企业	State-Owned	17	391	8293	230677
集体企业	Collective Owned	7	68	3383	103150
股份合作企业	Share Holding Cooperative	8	66	1689	56830
有限责任公司	Limited-Liability Company	57	1722	45630	1241008
股份有限公司	Share Holding Company	10	1194	36028	1105279
私营企业	Private Owned	29	1190	13267	355262
港澳台商投资企业	Hongkong,Macao and Taiwan Funded	10	81	4161	125533
外商投资企业	Foreign Funded	14	447	26258	271685
连锁零售业	**Chain Retail**	**103**	**4313**	**95764**	**3082209**
按零售业态分	Grouped by Business				
百货商店	Department Store	3	27	11417	413482
超级市场	Supermarket	26	1083	47969	1721798
专业店	Special Store	41	2607	24934	688163
专卖店	Monopolization Store	14	156	2046	31540
便利店	Convenient Store	13	414	5091	76499
仓储式商场	Storage Store	5	17	3665	139317
其他	Others	1	9	642	11410
连锁餐饮业	**Chain Catering Services**	**49**	**846**	**42945**	**407215**
按餐饮活动分	Grouped by Business				
正餐	Dinner	28	211	18633	212278
快餐	Fast Food	19	552	23597	186021
咖啡馆	Cafe	1	52	684	8347
其他	Others	1	31	31	569

12-9 连锁企业主要经济指标(2004年)
FINANCIAL INDICATORS CHAIN ENTERPRISES(2004)

单位：万元 (10000 yuan)

项目	Item	商品销售总额(营业收入) Total Sales	# 零售额 Retail	商品销售收入(营业收入) Sales Revenue	商品销售成本(营业成本) Sales Cost	利润总额 Total Profits	税金总额 Total Tax	资产总计 Total Assets	负债合计 Total Liabilities
总计	**Total**	**7058788**	**6352005**	**5973261**	**5100699**	**127835**	**225715**	**2046345**	**1939571**
按登记注册类型分	**Grouped by Registration Status of Enterprises**								
内资企业	Domestic Investment	6369274	5671717	5332410	4700901	118219	193649	1790871	1808582
国有企业	State-Owned	317585	288028	264831	221350	3826	6752	133005	124105
集体企业	Collective Owned	111080	104394	97953	82982	2222	5013	59710	36757
股份合作企业	Share Holding Cooperative	55123	48645	44093	40052	-2169	421	54235	36841
有限责任公司	Limited-Liability Company	1772665	1613509	1465951	1246135	15586	32855	651257	609875
股份有限公司	Share Holding Company	3167468	2715341	2651808	2354636	106636	139292	639746	539997
私营企业	Private Owned	945353	901799	807775	755746	-7882	9317	252918	461007
港澳台商投资企业	Hongkong,Macao and Taiwan Funded	167711	161952	155086	124284	-7755	4368	30642	31335
外商投资企业	Foreign Funded	521803	518336	485765	275515	17371	27697	224833	99654
连锁零售业	**Chain Retail**	**6558360**	**5864592**	**5510287**	**4906715**	**102309**	**194504**	**1806774**	**1792971**
按零售业态分	Grouped by Business								
百货商店	Department Store	602396	598088	498377	401434	21429	21630	151500	113713
超级市场	Supermarket	2944526	2860709	2513921	2262872	22609	42557	833718	833404
专业店	Special Store	2556559	1992054	2114327	1906305	68322	119702	620288	697092
专卖店	Monopolization Store	96508	72016	75344	61625	1174	2472	14009	11318
便利店	Convenient Store	137249	127606	117175	103378	-599	2640	23586	25703
仓储式商场	Storage Store	191641	186203	165457	150720	-12602	4507	149815	106857
其他	Others	29481	27917	25686	20380	1975	995	13858	4885
连锁餐饮业	**Chain Catering Services**	**500427**	**487413**	**462973**	**193985**	**25526**	**31212**	**239571**	**146600**
按餐饮活动分	Grouped by Business								
正餐	Dinner	221072	209956	189007	84447	10080	12207	113300	64904
快餐	Fast Food	267334	265435	261945	106141	14861	18457	120338	76776
咖啡馆	Tea shop	11035	11035	11035	2747	566	523	5933	4145
其他	Cafe	987	987	987	650	18	25		775

12-10 各类商品交易市场基本情况(2004年)
STATISTICS FOR COMMODITY TRANSACTION MARKETS(2004)

单位：个 (unit)

项目	Item	全市 Total	各区 District	各县 Counties
各类商品市场总数	**Total Number of Markets**	**795**	**757**	**38**
# 亿元市场	Million-yuan Markets	90	87	3
综合市场	**Complex Markets**	**449**	**418**	**31**
工业品综合市场	of Industrial Products	19	16	3
农产品综合市场	of Farm Products	324	311	13
其它综合市场	Others	106	91	15
专业市场	**Specialized Markets**	**339**	**332**	**7**
纺织品服装鞋帽市场	of Textiles, Garments, Shoes and Hats	71	71	
食品饮料烟酒市场	of Food, Beverage, Tobacco and Liquor	9	9	
药材药品及医疗器材市场	of Medicine and Medical Appliance			
家具市场	of Furniture	29	29	
小商品市场	of Small Commodities	28	28	
文化、音像、书报杂志市场	of Culture, Audio and Video, Books, Newspaper and Magazines	8	8	
旧货市场	of Old Commodities	7	6	1
机动车市场	of Motor Vehicles	9	9	
金属材料市场	of Metal Materials	3	3	
煤炭市场	of Coal	1	1	
木材市场	of Timber	9	9	
建材装饰材料市场	of Building Materials and Decoration Materials	67	63	4
粮油市场	of Grain and Edible Oil	7	7	
干鲜果品市场	of Dry and Fresh Fruits	2	2	
水产品市场	of Aquatic Products	4	3	1
蔬菜市场	of Vegetable	19	18	1
肉食禽蛋市场	of Meet, Poultry and Eggs	1	1	
土畜产品市场	of Autochthonism and Livestock Product			
农业生产资料市场	of Agricultural Capital Goods	1	1	
餐饮市场	of Catering Trade	2	2	
电子市场	of Computer	13	13	
通讯器材市场	of Communication Apparatus	5	5	
花卉市场	of Flowers	15	15	
其他专业市场	Other Specialized Markets	29	29	
其他市场	**Others**	**7**	**7**	
其他市场	Others	7	7	

12-11 各类商品交易市场成交额(2004年)
TRANSACTION VALUE OF COMMODITY TRANSACTION MARKETS(2004)

单位：万元 (10000 yuan)

项目	Item	全市 Total	各区 District	各县 Counties
各类商品市场总额	**Total of Markets**	**7732746**	**7587110**	**145636**
# 亿元市场	Million-yuan Markets	6604547	6511937	92610
综合市场	**Complex Markets**	**3798456**	**3691235**	**107221**
工业品综合市场	of Industrial Products	34606	25976	8630
农产品综合市场	of Farm Products	3400278	3361094	39184
其它综合市场	Others	363572	304165	59407
专业市场	**Specialized Markets**	**3918973**	**3880558**	**38415**
纺织品服装鞋帽市场	of Textiles, Garments, Shoes and Hats	354551	354551	
食品饮料烟酒市场	of Food, Beverage, Tobacco and Liquor	8577	8577	
药材药品及医疗器材市场	of Medicine and Medical Appliance			
家具市场	of Furniture	242058	242058	
小商品市场	of Small Commodities	229230	229230	
文化、音像、书报杂志市场	of Culture, Audio and Video, Books, Newspaper and Magazines	31232	31232	
旧货市场	of Old Commodities	22494	18958	3536
机动车市场	of Motor Vehicles	936034	936034	
金属材料市场	of Metal Materials	303001	303001	
煤炭市场	of Coal	461	461	
木材市场	of Timber	17624	17624	
建材装饰材料市场	of Building Materials and Decoration Materials	414321	403303	11018
粮油市场	of Grain and Edible Oil	127399	127399	
干鲜果品市场	of Dry and Fresh Fruits	13634	13634	
水产品市场	of Aquatic Products	149647	149544	103
蔬菜市场	of Vegetable	36079	12321	23758
肉食禽蛋市场	of Meet, Poultry and Eggs	4976	4976	
土畜产品市场	of Autochthonism and Livestock Product			
农业生产资料市场	of Agricultural Capital Goods	400	400	
餐饮市场	of Catering Trade	2682	2682	
电子市场	of Computer	829183	829183	
通讯器材市场	of Communication Apparatus	10180	10180	
花卉市场	of Flowers	34737	34737	
其他专业市场	Other Specialized Markets	150473	150473	
其他市场	**Others**	**15317**	**15317**	
其他市场	Others	15317	15317	

12-12 各类商品交易市场主要商品成交量
TRANSACTION VOLUME OF COMMODITY TRANSACTION MARKETS

项目 Item			2004	2003	2004年为2003年% 2004 as % of 2003
粮 食	(吨) Grain	(ton)	1280488	1030875	124.2
食用植物油	(吨) Edible Vegetable Oil	(ton)	367599	221705	165.8
猪和猪肉	(吨) Hog and Pork	(ton)	213192	168839	126.3
牛和牛肉	(吨) Oxes and Beef	(ton)	59047	38180	154.7
羊和羊肉	(吨) Goat, Sheep and Mutton	(ton)	82110	37730	217.6
家 禽	(吨) Poultry	(ton)	33119	40275	82.2
鲜 蛋	(吨) Fresh Eggs	(ton)	118886	102531	116.0
鲜 菜	(吨) Fresh Vegetable	(ton)	7942145	5617244	141.4
鲜瓜果	(吨) Fresh Melon and Fruit	(ton)	3844656	2818097	136.4
水产品	(吨) Aquatic Products	(ton)	320847	226321	141.8
新、旧汽车	(辆) New and Old Automobiles	(unit)	175774	163636	107.4
钢 材	(吨) Rolled Steel	(ton)	592996	307059	193.1
木 材	(立方米) Timber	(cu.m)	356626	416452	85.6
煤 炭	(吨) Coal	(ton)	105921	119013	89.0

12-13 消费者投诉与处理
CONSUMER'S LAWSUITS AND HANDLING

单位：件 (case)

项目	Item	2004 受理投诉件数 Cases Accepted	2004 构成(%) Composition(%)	2003 受理投诉件数 Cases Accepted	2003 构成(%) Composition(%)
总　计	**Total**	**21732**	**100.0**	**18246**	**100.0**
按行业分	**By Sector**				
家用电器类	Household Appliances	5759	26.5	4601	25.2
# 电视机	TV Sets	428	2.0	389	2.1
空调类	Air Conditioners	496	2.3	391	2.1
洗衣机类	Washing Machines	208	0.9	185	1.0
电冰箱（柜）	Refrigerators	214	1.0	169	0.9
厨房电器及设备	Cookroom Appliances	312	1.4	266	1.5
通讯类	Communication Product	2563	11.8	1770	9.7
计算机类	Computer	988	4.5	753	4.1
家用机械类	Household Machines	1132	5.2	977	5.4
# 汽车	Automobile	417	1.9	296	1.6
热水器	Showers	452	2.1	319	1.7
百货类	General Merchandise	5474	25.2	5063	27.8
# 家具类	Furniture	929	4.3	826	4.5
服装鞋帽	Garments,Shoes and Hats	2058	9.5	1725	9.5
日用杂品	Articles for Daily Use	325	1.5	347	1.9
食品	Food	906	4.2	791	4.3
房屋及装修建材	Tenement and Fitment	1420	6.5	1075	5.9
# 房屋	Tenement	561	2.6	468	2.6
装饰材料	Fitment	726	3.3	500	2.7
农用生产资料	Materials for Agricultural Use	100	0.5	59	0.3
服务类	Service	7260	33.4	6065	33.2
美容美发	Hairdressing	724	3.3	541	3.0
食宿娱乐庆典	Room,Board and	446	2.1	580	3.2
洗衣业	Wash Clothers	631	2.9	572	3.1
装修物业	Fitment and	615	2.8	622	3.4
教育或培训	Education and Training	295	1.4	186	1.0
咨询中介	Consultation Agency	2703	9.5	1990	10.9
其他商品类	Others	587	2.7	400	2.2
按内容分	**By Content**				
质　量	Quality	14708	67.7	12667	69.4
安　全	Safety	171	0.8	104	0.6
价　格	Price	664	3.1	754	4.1
计　量	Measure	58	0.3	104	0.6
广　告	False Advertisements	225	1.0	310	1.7
假　冒	Counterfeit Goods	128	0.6	254	1.4
虚假品质表示	Inveracious Quality	799	3.7	516	2.8
营销合同	Manage and Sell Contract	1613	7.4	1112	6.1
人格尊严	Personality and Dignity	27	0.1	28	0.2
其　他	Others	3339	15.3	2397	13.1

注：总解决率为99.6%。

资料来源：北京市工商行政管理局。

Note：Total rate of settlement is 99.6%.

Sources: Beijing Administration For Industry &Commerce.

主要统计指标解释

社会消费品零售额 指各种经济类型的批发零售贸易业、餐饮业及其他行业对城乡居民、社会集团的消费品零售额。这个指标反映通过各种商品流通渠道向居民和社会集团供应的生活消费品总额，是研究人民生活、社会消费品购买力、货币流通等问题的重要指标。社会消费品零售额包括：（1）售给城乡居民作为生活用的商品和修建房屋用的建筑材料；（2）售给机关、团体、学校、部队、企业、事业单位的职工食堂和旅店（招待所）附设专门供本店旅客食用、不对外营业的食堂的各种食品、饮料；企业、单位和国营农场直接售给本单位职工和职工食堂的自己生产的产品；（3）售给部队、战士生活用的粮食、副食品、衣着品、日用品、燃料；（4）售给来华的外国人、华侨、港澳台同胞的消费品；（5）居民自费购买的中、西药品、中药材及医疗用品；（6）报社、出版社直接售给居民和社会集团的报纸、图书、杂志，集邮公司出售的新、旧纪念邮票、特种邮票、首日封、集邮册、集邮工具等；（7）旧货寄售商店自购、自销部分的商品零售额；（8）煤气公司、液化石油气站售给居民和社会团体的煤气灶具和罐装液化石油气；（9）售给社会集团的办公用品、纸张、帐册、文印用品、计算工具、书报杂志和奖品；公共用品和纺织品、针织品；学校用的教学用品；文体用品；非专用的劳动保护用品；日用百货和杂品；家具、设备、日用电器、电讯设备、电影器材和照相器材等；取暖用的设备和燃料，防暑、降温的饮料；非生产经营用的交通工具；零星修理用的各种零配件、材料、工具、建筑材料等；举办各种招待会、茶话会、宴会用的烟酒茶和各种食品及馈赠的礼品；从公费医疗经费中开支的中、西药品、中药材和医疗器材以及其他非生产性设备和用品。不包括售给国民经济各部门企业、事业单位（包括国有经济的农场）生产经营用的各种原材料、燃料、设备、工具等和售给批发零售贸易业、餐饮业作为转卖用的商品、旧货寄售商店受托寄售卖出的商品、服务业的营业收入、邮局出售邮票的收入、自来水、电力、煤气生产（供应）单位的产品供应收入，也不包括农民之间的商品销售。

批发业、零售业、餐饮业“限额以上”的划分标准

批发业：年销售额在2000万元及以上的单位；

零售业：年销售额在500万元及以上的单位；

餐饮业：年营业额在200万元及以上的单位。

批发业、零售业、餐饮业大型、中型、小型企业的划分标准（本标准自2003年起执行）

批发业：

大型企业：年销售额30000万元及以上，从业人员200人及以上；

中型企业：年销售额3000—30000万元，从业人员100—200人；

小型企业：年销售额3000万元以下，从业人员100人以下。

零售业：

大型企业：指年销售额15000万元及以上，从业人员500人及以上；

中型企业：指年销售额1000—15000万元，从业人员100—500人；

小型企业：指年销售额1000万元以下，从业人员100人以下。

餐饮业：

大型企业：指年营业额15000万元及以上，从业人员800人及以上；

中型企业：指年营业额3000—15000万元，从业人员400—800人；

小型企业：指年营业额3000万元以下，从业人员400人以下。

商品购进总额 指从本企业（单位）以外的单位和个人购进（包括从国外直接进口）作为转卖或加工后转卖的商品金额。这个指标反映批发零售贸易企业从国内、国外市场上购进商品的总量。商品购进总额包括：（1）从工农业生产者购进的商品；（2）从出版社、报社的出版发行部门购进的图书、杂志和报纸；（3）从批发零售贸易企业购进的商品物资，（4）从其他单位购进的商品，如从机关、团体、企业等单位购进的剩余物资，从餐饮业、服务业购进的商品，从海关、市场管理部门购进的缉私和没收的商品，从居民收购的废旧商品等；（5）从国（境）外直接进口的商品。不包括：（1）企业为本单位自身经营用，不是作为转卖而购进的商品；（2）未通过买卖行为而收入的商品。如接收其他部门移交的商品、借入的商品、收入代其他单位保管的商品、其他单位赠送的样品、加工收回的成品等；（3）经本单位介绍，由买卖双方直接结算，本单位只收取手续费的业务；（4）销售退回和买方拒付货款的商品；（5）商品溢余。

商品销售总额 指对本企业以外的单位和个人出售（包括对国（境）外直接出口）的商品金额（包括售给本单位消费的商品）。这个指标反映批发零售贸易企业在国内市场上销售商品以及出口商品的总量。商品销售总额包括：（1）售给城乡居民和社会集团消费用的商品；(2)售给工业、农业、建筑业、运输邮电业、批发零售贸易业、餐饮业、服务业、公用事业等作为生产经营使用的商品；(3)售给批发零售贸易业作为转卖或加工后转卖的商品；(4)对国(境)外直接出口的商品。不包括：(1)出售本单位自用的废旧包装用品和其他废旧物资；(2)未通过买卖行为付出的商品，如随机构移交而交给其他单位的商品，借出的商品，交付代其他单位保管的商品，加工原料付出和赠送给其他单位的样品等；(3)经本单位介绍，由买卖双方直接结算，本单位只收取手续费的业务；(4)购货退出的商品；(5)商品损耗和损失等。

批发零售贸易业期末库存 指批发零售贸易企业已取得所有权的全部商品。这个指标反映批发零售贸易企业的商品库存情况及对市场商品供应的保证程度。期末库存包括：(1)存放在本单位(如门市部、批发站、经营处)的仓库、货场、货柜和货架中的商品；(2)挑选、整理、包装中的商品；(3)已计入购进而尚未运到本单位的商品，即发货单或银行承兑凭证已到而货未到的商品；(4)寄放他处的商品，如因购货方拒绝付款而暂时存放在购货方的商品；(5)委托其他单位代销(未作销售或调出)尚未售出的商品；(6)代其他单位购进尚未交付的商品。不包括：(1)所有权不属于本单位的商品，如商品已作销售但买方尚未取走的商品，代替他人保管、运输、加工的商品，代其他单位销售(未作购进或调入)而未售出的商品；(2)委托外单位加工的商品(包括本单位所属加工厂和其他生产单位加工生产尚未收回成品的商品)。(3)外贸企业代理其他单位从国外进口尚未付给订货单位的商品；(4)代国家物资储备部门保管的商品。

连锁企业(或称连锁店、连锁公司)：指在核心企业或总店的领导下，由分散的、经营同类商品或服务的企业或活动单位，采取共同方针，实行集中采购和分散销售的有机结合，通过规范化经营，实现规模效益的经济联合组织形式。一般连锁店应由若干个分店组成。其经营特征：(1)经营同类商品；(2)使用统一商号；(3)统一采购配送，采购与销售相分离(部分商品可根据物流合理和保质保鲜原则由供应商直接送货到门店，其余均由总部统一配送)。

连锁经营的本质是：采购与销售相分离，集中采购，分散销售，通过规范化经营，实现规模效益。

连锁门店包括下列两种形式：

(1)直营(控股)店：也叫正规连锁。连锁门店均由总部全资或控股(绝对控股和相对控股)开设，在总部的直接领导下统一经营。

(2)加盟店：也叫特许连锁。各连锁门店(被特许人)通过合同形式，取得使用总部(特许人)商标、商号、经营技术和销售总部开发的商品的特许权，各连锁门店均为独立法人，但无自主经营权，统一接受总部指导。

十三、对外经济贸易

FOREIGN ECONOMY AND TRADE

地方企业进出口总额（单位：亿美元）
Imports and Exports of Local Enterprises (USD 100 million)

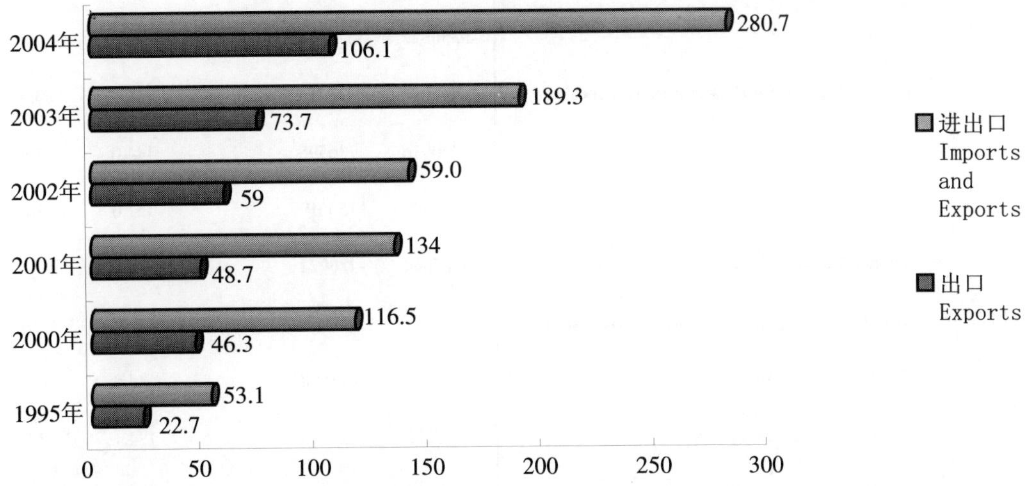

利用外资（单位：亿美元）
Foreign Capital Utilized (USD 100 million)

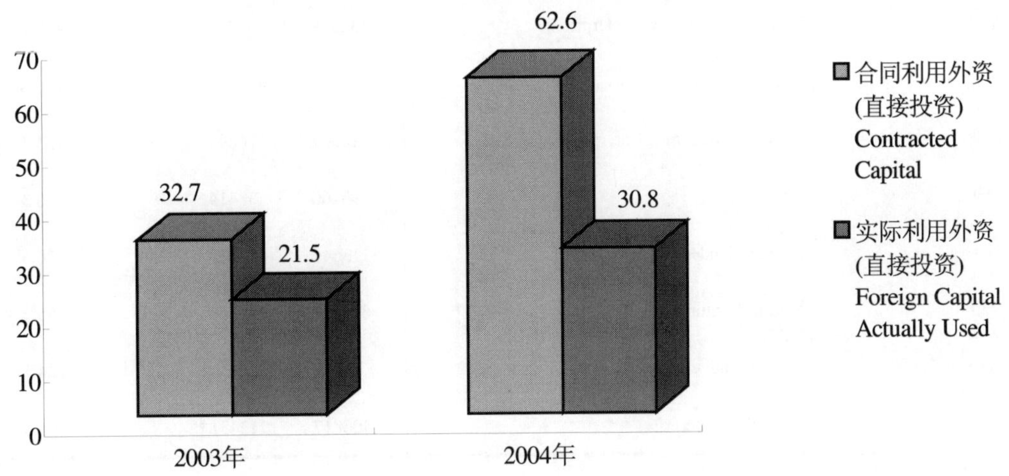

13-1 海关进出口贸易总额(按登记注册类型分)
TOTAL VALUE OF IMPORTS AND EXPORTS AT CUSTOMS (GROUPED BY REGISTRATION STATUS)

项目	Item	金额(万美元) Value (USD 10000) 2004	2003	2004年为2003年% 2004 as % of 2003	构成(%) Composition(%) 2004	2003
进出口总额	**Total Value of Imports and Exports**	**9465509**	**6846262**	**138.3**	**100.0**	**100.0**
出口总额	Exports	2057493	1685173	122.1	21.7	24.6
进口总额	Imports	7408016	5161089	143.5	78.3	75.4
进出口差额	**Balance**	**-5350523**	**-3475916**			
进出口总额(地方)	**Total Value of Imports and Exports(Local)**	**2806896**	**1893214**	**148.3**	**100.0**	**100.0**
出口总额	Exports	1060916	736595	144.0	37.8	38.9
进口总额	Imports	1745980	1156619	151.0	62.2	61.1
进出口差额(地方)	**Balance(Local)**	**-685064**	**-420024**			
地方出口按登记注册类型分	**Grouped by Registration Status(Local Exports)**					
内资企业	Domestic Investment Enterprises	323808	223558	144.8	30.5	30.4
国有企业	State-owned Enterprises	265383	197833	134.1	25.0	26.9
集体企业	Collective-owned Enterprises	10009	8305	120.5	0.9	1.1
其他	Others	48416	17420	277.9	4.6	2.4
外商投资企业	Foreign Funded Enterprises	737108	513037	143.7	69.5	69.6
中外合资	Joint Venture	513484	362874	141.5	48.4	49.2
中外合作	Cooperative	8758	7424	118.0	0.8	1.0
外商独资	Foreign Enterprises	214866	142739	150.5	20.3	19.4
地方进口按登记注册类型分	**Grouped by Registration Status(Local Imports)**					
内资企业	Domestic Investment Enterprises	632339	487734	129.6	36.2	42.2
国有企业	State-owned Enterprises	525612	442425	118.8	30.1	38.3
集体企业	Collective-owned Enterprises	10567	6895	153.3	0.6	0.6
其他	Others	96160	38414	250.3	5.5	3.3
外商投资企业	Foreign Funded Enterprises	1113641	668885	166.5	63.8	57.8
中外合资	Joint Venture	691791	444338	155.7	39.6	38.4
中外合作	Cooperative	15033	12116	124.1	0.9	1.0
外商独资	Foreign Enterprises	406817	212431	191.5	23.3	18.4

注：进出口差额负数为逆差。

资料来源：中华人民共和国北京海关。

Note: A negative balance indicates trade .deficit.

Sources: Customs General Administration People's Republic of China.

13-2 海关进出口贸易总额(按国别、地区分)
TOTAL VALUE OF IMPORTS AND EXPORTS AT CUSTOMS (GROUPED BY COUNTRY AND REGION)

项目	Item	金额(万美元) Value (USD 10000) 2004	2003	2004年为2003年% 2004 as % of 2003	构成(%) Composition(%) 2004	2003
地方出口按国别(地区)分	**Grouped by Country (Region)(Local Exports)**	**1060916**	**736595**	**144.0**	**100.0**	**100.0**
# 香港	Hongkong,China	94338	81736	115.4	8.9	11.1
澳门	Macao,China	403	176	229.0	…	…
日本	Japan	179234	132005	135.8	16.9	17.9
新加坡	Singapore	24380	11593	210.3	2.3	1.6
英国	United Kingdom	26050	10049	259.2	2.5	1.4
德国	Germany	54755	56594	96.8	5.2	7.7
法国	France	15848	8497	186.5	1.5	1.2
意大利	Italy	18388	8737	210.5	1.7	1.2
瑞士	Switzerland	5114	1474	346.9	0.5	0.2
波兰	Poland	1908	1952	97.7	0.2	0.3
俄罗斯联邦	Russia Union	11209	9259	121.1	1.1	1.3
埃及	Egypt	2568	1488	172.6	0.2	0.2
加拿大	Canada	13167	8493	155.0	1.2	1.2
美国	United States	150342	106531	141.1	14.2	14.5
澳大利亚	Australia	24236	10839	223.6	2.3	1.5
地方进口按国别(地区)分	**Grouped by Country (Region)(Local Imports)**	**1745980**	**1156619**	**151.0**	**100.0**	**100.0**
# 香港	Hongkong,China	48068	81222	59.2	2.8	7.0
日本	Japan	345514	204921	168.6	19.8	17.7
新加坡	Singapore	46239	28940	159.8	2.6	2.5
英国	United Kingdom	26560	20434	130.0	1.5	1.8
德国	Germany	130057	87020	149.5	7.4	7.5
法国	France	28559	18806	151.9	1.6	1.6
意大利	Italy	20713	20020	103.5	1.2	1.7
瑞士	Switzerland	18735	14395	130.1	1.1	1.2
比利时	Belgium	8386	8358	100.3	0.5	0.7
俄罗斯联邦	Russia Union	7548	7644	98.7	0.4	0.7
加拿大	Canada	14805	8653	171.1	0.8	0.7
美国	United States	184750	121540	152.0	10.6	10.5
澳大利亚	Australia	43099	27226	158.3	2.5	2.4

资料来源：中华人民共和国北京海关。

Sources: Customs General Administration People's Republic of China.

13-3 海关进出口商品类别及构成(地方企业)

VALUE AND COMPOSITION OF IMPORTS AND EXPORTS AT CUSTOMS BY CATEGORY OF COMMODITIES(LOCAL)

项目	Item	金额(万美元) Value (USD 10000) 2004	2003	构成(%) Composition(%) 2004	2003
出口总额	**Exports**	**1060916**	**736595**	**100.0**	**100.0**
初级产品	Primary Goods	75847	62602	7.2	8.5
食品及主要供食用的活动物	Food and Lively Animals Chiefly for Food	46661	44871	4.4	6.1
饮料及烟草	Beverage and Tabacco	540	664	0.1	0.1
非食用原料（燃料除外）	Non-edible Raw Materials(excluding Fuel)	11211	9066	1.1	1.2
矿物燃料、润滑油及有关原料	Mineral Fuels,Lubricants and Related Materials	17347	7959	1.6	1.1
动植物油、脂及蜡	Animal and Vegetable Oils,Fats and Waxes	88	42	…	…
工业制成品	Manufactured Goods	963408	669419	90.8	90.9
化学品及有关产品	Chemicals and Related Products	36686	24018	3.5	3.3
按原料分类的制成品	Finished Products Grouped by Materials	94882	57636	8.9	7.8
机械及运输设备	Machinery and Transport Equipment	652342	434475	61.5	59.0
杂项制品	Miscellaneous Products	179498	153290	16.9	20.8
未分类商品	Products Not Classified	21661	4574	2.0	0.6
进口总额	**Imports**	**1745980**	**1156619**	**100.0**	**100.0**
初级产品	Primary Goods	213726	106727	12.3	9.2
食品及主要供食用的活动物	Food and Lively Animals Chiefly for Food	33967	26112	1.9	2.3
饮料及烟草	Beverage and Tabacco	2031	1854	0.1	0.2
非食用原料（燃料除外）	Non-edible Raw Materials(excluding Fuel)	112843	61021	6.5	5.3
矿物燃料、润滑油及有关原料	Mineral Fuels,Lubricants and Related Materials	44954	7787	2.6	0.7
动植物油、脂及蜡	Animal and Vegetable Oils,Fats and Waxes	19931	9953	1.2	0.7
工业制成品	Manufactured Goods	1531623	1048222	87.7	90.6
化学品及有关产品	Chemicals and Related Products	117159	72752	6.7	6.3
按原料分类的制成品	Finished Products Grouped by Materials	167440	112390	9.6	9.7
机械及运输设备	Machinery and Transport Equipment	1053524	747200	60.3	64.6
杂项制品	Miscellaneous Products	193500	115880	11.1	10.0
未分类商品	Products Not Classified	631	1670	…	0.2

资料来源：中华人民共和国北京海关。
Sources: Customs General Administration People's Republic of China.

13-4 进出口商品检验

TEST OF IMPORTS AND EXPORTS COMMODITIES

项目		Item		2004	2003	2004年为2003年% 2004 as % of 2003
进口商品检验		**Imports Test**				
批数	(批)	Batches	(batch)	62776	50252	124.9
金额	(万美元)	Value	(USD 10000)	397138	275954	143.9
# 不合格商品		Substandard				
批数	(批)	Batches	(batch)	556	333	167.0
金额	(万美元)	Value	(USD 10000)	1467	2057	71.3
出口商品检验		**Exports Test**				
批数	(批)	Batches	(batch)	68547	58039	118.1
金额	(万美元)	Value	(USD 10000)	466104	329843	141.3
# 不合格商品		Substandard				
批数	(批)	Batches	(batch)	71	64	110.9
金额	(万美元)	Value	(USD 10000)	213	161	132.3

资料来源：北京出入境检验检疫局。
Sources: Beijing Entry-Exit Inspection and Quarantine.

13-5 海关主要商品出口量(地方)
MAJOR EXPORTS COMMODITIES IN VOLUME(CUSTOMS STATISTICS)(LOCAL)

品 名 Item	2004	2003	品 名 Item	2004	2003
冻鸡 (吨) Frozen Chicken (ton)	3294	14547	玻璃制品 (万美元) Glass Ware (USD 10000)	3231	2229
稻谷和大米 (万吨) Paddy and Rice (10000 tons)	38	66	机电产品 (万美元) Mechanical and Electronical Products (USD 10000)	712339	484970
食用植物油 (吨) Cooking Oil (ton)	997	447			
栗子 (吨) Chestnuts (ton)	2232	2179	金属制品 (万美元) Metal Products (USD 10000)	26969	16503
天然蜂蜜 (吨) Honey (ton)	120	815	机械及设备 (万美元) Machine and Equipment (USD 10000)	103113	62364
啤酒 (万升) Beer (10000 liters)	325	548			
中成药 (万美元) Chinese Medicines (USD 10000)	2151	1619	电器及电子产品 (万美元) Household Wiring and Electron Products (USD 10000)	506028	340083
服装及衣着附件 (万美元) Garments (USD 10000)	104741	85871	仪器仪表 (万美元) Aluminum Products (USD 10000)	41000	33073
皮鞋 (万双) Leather Shoes (10000 pairs)	328	261			
橡胶或塑料底布鞋 (万双) Cloth Shoes with Outer Soles of Rubber or Artificial Plastic Materials (10000 pairs)	1382	1178	高新技术产品 (万美元) High-Grade Technological Products (USD 10000)	517319	341071
			计算机与通信技术 (万美元) Technology Computer and Communications (USD 10000)	393567	257232
录音机及收录(放)音组合机 (万台) Recorders (10000)	225	226			
			电子技术 (万美元) Technology of Electron (USD 10000)	77720	48589
照相机 (万架) Cameras (10000)	67	158			
印刷电路 (吨) Printed Cuitry (ton)	31579	14123	生命科学技术 (万美元) Technology of Life Sciences (USD 10000)	21203	15107
首饰 (万美元) Jewelry (USD 10000)	331	408			

资料来源：中华人民共和国北京海关。

Sources: Customs General Administration People's Republic of China.

13-6 海关主要商品进口量(地方)
MAJOR IMPORTS COMMODITIES IN VOLUME(CUSTOMS STATISTICS) (LOCAL)

品名 Item	2004	2003	品名 Item	2004	2003
食糖 (万吨) Sugar (10000 tons)	1	1	复印机 (台) Duplicators (unit)	10103	1016
谷物及谷物粉 (万吨) Cereal and Cereal Powder (10000 tons)	20	5	聚乙烯 (吨) Polyethylene (ton)	64663	64755
			聚丙烯 (吨) Polypropylene (ton)	10211	19620
纺织用合成纤维 (万吨) Synthetic Fibers Suitable for Spinning (10000 tons)	3	4	聚苯乙烯及共聚物 (吨) Polystyrene and Copolymer (ton)	14204	11844
			机电产品 (万美元) Mechanical and Electronical Products (USD 10000)	1255589	869867
合成纤维纱线 (吨) Synthetic Fibers, Continuous Filament and Yarn (ton)	10225	12956	金属制品 (万美元) Metal Products (USD 10000)	28738	17487
			仪器仪表 (万美元) Aluminum Products (USD 10000)	154528	90907
羊毛及羊毛条 (吨) Wool and Wool Top (ton)	12589	9966	运输工具 (万美元) Conveyance (USD 10000)	100656	66402
			汽车 (辆) Motor Vehicle (unit)	7677	8614
纸及纸板 (万吨) Paper and Paperboard (10000 tons)	8	8	高新技术产品(万美元) High-Grade Technological ProductS (USD 10000)	773631	547754
空气调节器 (台) Air Conditioners (unit)	3170	3214	计算机集成制造技术 (万美元) Technology of Computer Integrated Manufacture (USD 10000)	112332	34915
彩色电视机 (台) Color TV Set (unit)	10368	3690			
电视摄像机 (万台) Television Camera (unit)	2163	821			

资料来源：中华人民共和国北京海关。
Sources: Customs General Administration People's Republic of China.

13-7 外商投资企业签约情况

STATISTICS ON CONTRACTS OF FOREIGN FUNDED ENTERPRISES

项目	Item	项目数（个） Number of Contracts (unit)		合同外资金额(万美元) Foreign Capital (USD 10000)	
		2004	2003	2004	2003
合计	**Total**	**1806**	**1360**	**625796**	**327132**
按登记注册类型分	**Grouped by Investment Manner**				
合资经营	Joint Venture	569	482	133700	115297
合作经营	Cooperative Operation	77	73	51639	51782
独资经营	Foreign Funded Enterprises	1160	801	433304	152105
其他	Others		4	7153	7948
按三次产业分	**Grouped by Three Industry**				
第一产业	Primary Industry	12	18	3818	5684
第二产业	Secondary Industry	572	495	234601	90470
第三产业	Tertiary Industry	1222	847	387377	230978
按行业分	**Grouped by Sector**				
农、林、牧、渔业	Farming, Forestry, Animal Husbandry and Fishery	12	18	3818	5684
制造业	Manufacturing	558	494	227835	90507
建筑业	Construction	15	21	6908	4306
信息传输、计算机服务和软件业	Information Transmission, Computer Services and Software	370	278	48337	42691
批发和零售业	Wholesale Trade and Retail Trade	19	17	6087	8057
住宿和餐饮业	Stay Place and Catering	61	40	3180	1217
房地产业	Real Estate Trade	69	45	46079	37478
租赁和商务服务业	Tenancy and Commercial Services	414	330	215393	86107
其他行业	Other Sectors	288	117	68159	51085
按客商国别(地区)分	**Grouped by Country(Region) of Foreign Partner**				
# 日　本	Japan	158	89	124420	39272
美　国	United States	269	244	54188	23440
香　港	Hongkong, China	373	280	114297	74403
澳大利亚	Australia	36	37	1245	2002
法　国	France	20	19	11778	2531
新加坡	Singapore	68	64	11110	8268
加拿大	Canada	63	57	3217	3135
德　国	Germany	53	32	20798	6444
西班牙	Spain	4	2	536	1163
中国台湾	Taiwan,China	76	51	7506	4264
瑞　典	Sweden	10	1	713	1218
泰　国	Thailand	5	3	5216	846
比利时	Belgium	4	6	2832	1589
丹　麦	Denmark	1	4	1030	375
韩　国	Korea	277	175	63974	26785
俄罗斯	Russia	3	6	177	28

资料来源：北京市商务局。

Sources: Beijing Municipal Bureau of Commerce

13-8 外商投资企业实际利用外资情况

ACTUALLY FOREIGN INVESTMENT OF FOREIGN FUNDED ENTERPRISES

单位：万美元 (USD 10000)

	Item	2004	2003	2004年为2003年% 2004 as % of 2003
实际利用外资	**Amount of Foreign Capital Actually Used**	**308354**	**214675**	**143.6**
按登记注册类型分	**Grouped by Investment Manner**			
合资经营	Joint Venture	79418	64824	122.5
合作经营	Cooperative Operation	27804	36417	76.3
独资经营	Foreign Funded Enterprises	201132	113434	177.3
按行业分	**Grouped by Sector**			
农、林、牧、渔业	Farming, Forestry, Animal Husbandry and Fishery	1022	196	521.4
制造业	Manufacturing	112681	72150	156.2
建筑业	Construction	1300	1830	71.0
信息传输、计算机服务和软件业	Information Transmission, Computer Services and Software	27166	17044	159.4
批发和零售业	Wholesale Trade and Retail Trade	6373	6864	92.8
住宿和餐饮业	Stay Place and Catering	1038	12734	8.2
房地产业	Real Estate Trade	36370	32827	110.8
租赁和商务服务业	Tenancy and Commercial Services	103005	51522	199.9
其他行业	Other Sectors	19399	19508	99.4
按客商国别(地区)分	**Grouped by Country(Region) of Foreign Partner**			
香　港	Hongkong, China	43606	51589	84.5
中国台湾	Taiwan, China	1780	2471	72.0
日　本	Japan	78666	24290	323.9
新加坡	Singapore	4826	14070	34.3
法　国	France	6433	1274	505.1
美　国	United States	11596	17865	64.9
德　国	Germany	8602	11021	78.0
韩　国	Korea	33583	22850	147.0
英　国	United Kingdom	1644	4978	33.0
奥地利	Austria	82	1213	6.8
加拿大	Canada	1197	986	121.5
其　他	Others	116339	62069	187.4

资料来源：北京市商务局。
Sources: Beijing Municipal Bureau of Commerce

13-9 外商投资企业投产开业情况
STATISTICS FOR OPENING OF FOREIGN FUNDED ENTERPRISES

项目	Item	企业单位数（个）Number of Enterprises (unit) 2004	2003	企业职工人数(人) Number of Staff and Workers (person) 2004	2003
合计	**Total**	**5755**	**5482**	**577697**	**523957**
按登记注册类型分	**Grouped by Registration Status**				
外商投资企业	Foreign Funded Enterprises	3497	3241	371188	310960
中外合资	Joint Venture	1782	1707	217563	184580
中外合作	Cooperative	264	230	23230	17566
外商独资	Foreign Enterprises	1444	1299	120227	101551
外商投资股份有限公司	Foreign Funded Share Holding Company	7	5	10168	7263
港澳台商投资企业	Hongkong,Macao and Taiwan Funded Enterprises	2258	2241	206509	212997
港澳台合资	Joint Venture	1344	1382	134965	146077
港澳台合作	Cooperative	251	257	16813	16212
港澳台商独资	Hongkong,Macao and Taiwan Enterprises	660	599	46318	42133
港澳台商投资股份有限公司	Hongkong,Macao and Taiwan Funded Share Holding Company	3	3	8413	8575
按行业分	**Grouped by Sector**				
农、林、牧、渔业	Farming, Forestry, Animal Husbandry and Fishery	49	54	2084	2824
制造业	Manufacturing	2699	2664	296460	283745
建筑业	Construction	157	150	9384	7755
信息传输、计算机服务和软件业	Information Transmission, Computer Services and Software	816	803	49374	43287
批发和零售业	Wholesale Trade and Retail Trade	168	125	20430	11930
住宿和餐饮业	Stay Place and Catering	220	220	65663	62220
房地产业	Real Estate Trade	423	397	40072	32568
租赁和商务服务业	Tenancy and Commercial Services	524	472	38114	31084
其他行业	Other Sectors	699	597	56116	48544
按客商国别(地区)分	**Grouped by Country (Region) of Foreign Partner**				
# 香港	Hongkong, China	1910	1823	187630	188162
澳门	Macao, China	20	22	1142	1191
中国台湾	Taiwan, China	393	396	21118	23644
日本	Japan	601	570	77510	68598
泰国	Thailand	33	31	2339	2704
新加坡	Singapore	221	210	26257	25254
法国	France	76	77	9285	6780
意大利	Italy	25	22	532	579
荷兰	Holland	53	48	6194	7579
瑞典	Sweden	31	27	8386	4176
西班牙	Spain	10	10	1368	1723
美国	United States	994	968	100535	81959
德国	Germany	153	140	20703	17591
丹麦	Denmark	13	11	1011	787
菲律宾	Philippines	5	5	998	988
澳大利亚	Australia	20	73	1142	4188
新西兰	New Zealand	12	10	321	347
韩国	Korea	256	229	24214	17500
英国	United Kingdom	156	154	15141	12620
瑞士	Switzerland	36	36	7197	6495
加拿大	Canada	126	124	7047	6075

13-10 外商投资企业生产经营情况
STATISTICS ON PRODUCTION AND BUSINESS OF FOREIGN ENTERPRISES

单位：万元 (10000 yuan)

项目	Item	销售(营业)收入 Business Revenue		利润总额 Total Profits		交纳税金总额 Taxes	
		2004	2003	2004	2003	2004	2003
合计	**Total**	**41282403**	**32618068**	**4328524**	**2565767**	**3185129**	**2591570**
按登记注册类型分	**Grouped by Registration Status**						
外商投资企业	Foreign Funded Enterprises	31680100	22794985	3004599	2438484	2413753	1850477
中外合资	Joint Venture	15250355	12393454	1202323	1014068	1107825	929133
中外合作	Cooperative	942656	684808	33657	5990	94512	61341
外商独资	Foreign Enterprises	15279880	9504583	1724221	1380187	1194274	842462
外商投资股份有限公司	Foreign Funded Share Holding Company	207209	212140	44398	38238	17142	17541
港澳台商投资企业	Hongkong, Macao and Taiwan Funded Enterprises	9602303	9823083	1323925	127283	771376	741093
港澳台合资	Joint Venture	4719180	4134410	239021	79155	305953	263978
港澳台合作	Cooperative	895174	967531	-61795	-41961	129849	142452
港澳台商独资	Hongkong, Macao and Taiwan Enterprises	3508760	4341308	1121167	56458	295920	279619
港澳台商投资股份有限公司	Hongkong, Macao and Taiwan Funded Share Holding Company	479189	379835	25532	33631	39656	55044
按行业分	**Grouped by Sector**						
农、林、牧、渔业	Farming, Forestry, Animal Husbandry and Fishery	35528	42452	-8269	-6710	625	761
制造业	Manufacturing	21888480	17356672	1337683	1094012	1217943	1019622
建筑业	Construction	369566	371880	-9541	1320	11656	12331
信息传输、计算机服务和软件业	Information Transmission, Computer Services and Software	3907908	3276643	657145	626889	600445	552105
批发和零售业	Wholesale Trade and Retail Trade	2561426	1296303	81639	52134	124202	72398
住宿和餐饮业	Stay Place and Catering	1054091	985092	99148	32137	115302	90115
房地产业	Real Estate Trade	2321843	1973847	79651	-35412	340297	267357
租赁和商务服务业	Tenancy and Commercial Services	6574141	5840457	1836205	-600969	578737	421988
其他行业	Other Sectors	2569422	1474722	254862	1402366	195922	154893
按客商国别(地区)分	**Grouped by Country(Region) of Foreign Partner**						
# 香港	Hongkong China	9385018	9356037	1338268	123806	762185	715142
澳门	Macao, China	29475	34358	-497	-1675	924	865
中国台湾	Taiwan, China	426160	432689	7918	5152	25544	25086
日本	Japan	6120399	4810784	273421	255238	278066	261895
泰国	Thailand	179223	156073	20409	14728	85250	16502
新加坡	Singapore	885010	570897	77456	31303	88076	51267
法国	France	987284	686881	97396	128123	50026	49268
意大利	Italy	21076	14962	-713	-793	920	798
荷兰	Holland	466012	672036	14818	56220	25977	47028
瑞典	Sweden	2080817	1089100	167086	75371	102489	55784
西班牙	Spain	36942	34210	324	-2938	1220	1800
美国	United States	5657251	4174486	252121	184371	407501	386233
德国	Germany	1652763	1317390	266777	285797	166237	133945
丹麦	Denmark	28721	51129	-8485	-2205	1085	3173
菲律宾	Philippines	8534	5677	-4639	-4390	2533	3341
澳大利亚	Australia	134159	121548	-5630	-4498	9716	8186
新西兰	New Zealand	4206	4842	60	172	139	144
韩国	Korea	3120371	1450455	272769	251595	285884	201710
英国	United Kingdom	493812	398240	33395	23422	39337	29459
瑞士	Switzerland	746021	643762	91671	60928	63100	54311
加拿大	Canada	401283	342657	34272	42538	38420	29939

13-11 对外承包工程和劳务合作
CONTRACTED PROJECTS AND LABOR SERVICES COOPERATION WITH FOREIGN COUNTRIES

地区	Region	签定合同份数(份) Number of Contracts (unit) 2004	2003	签定合同金额(万美元) Contracted Value (USD 10000) 2004	2003	营业额(万美元) Fulfilled Value (USD 10000) 2004	2003
合计	**Total**	**128**	**117**	**81185**	**48271**	**59630**	**34926**
对外承包工程	**Constructed Projects**	**109**	**94**	**50788**	**30642**	**29134**	**17171**
# 毛里求斯	Mauritius	5	13	3113	996	1447	1003
尼日利亚	Nigeria	12	12	8861	10579	6075	4206
巴基斯坦	Pakistan		3		302	244	729
马来西亚	Malaysia	4	3	3487	1046	576	908
坦桑尼亚	Tanzania	1		4922		13	
塞拉利昂	Sierra leone	14	4	108	118	418	443
泰国	Thailand	3		4607		2624	
伊朗	Iran	2	2	1630	612	200	252
刚果	Congo	4	4	1119	1993	482	590
古巴	Cuba	2		3002		2871	1925
以色列	Israeli	2		425		249	
新加坡	Singapore	1	2	3380	6610	3082	2933
对外劳务合作	**Labor Servics**	**12**	**18**	**30049**	**17510**	**30389**	**17592**
# 日本	Japan	3	10	13	168	280	241
中国台湾	Taiwan,China	2	2	140	149	192	112
美国	United States	6		26		26	
毛里求斯	Mauritius		2		3		13
挪威	Norway		1		80		67
设计咨询	**Consulting Services for Designing**	**7**	**5**	**348**	**119**	**107**	**163**

资料来源：北京市商务局。

Sources: Beijing Municipal Bureau of Commerce

13-12 海外企业审批情况
STATISTICS ON EXAMINING AND APPROVING OF CONTRACTS OF OVERSEAS ENTERPRISES

项目	Item	审批项目数(个) Number of Projects Examined and Approved (unit) 2004	2003	中方投资金额(万美元) Investment by Chinese Partner(USD 10000) 2004	2003
合计	**Total**	**51**	**38**	**21351**	**37337**
按登记注册类型分	**Grouped by Investment Manner**				
合资经营	Joint Venture	11	18	12111	17560
合作经营	Cooperative Operation				
独资经营	Foreign Enterprises	40	20	9240	19777
按生产性、非生产性分	**Grouped by Production and Non-production**				
生产性企业	Productive Enterprises	6	7	751	35021
非生产性企业	Non-productive Enterprises	45	31	20600	2316
按投资国别(地区)分	**Grouped by Country(Region) of Investment**				
# 美国	United States	4	9		956
澳大利亚	Australia	1	2	1470	1450
日本	Japan	5	2	479	33
蒙古	Mongolia	1			
俄罗斯	Russia	1	1	30	10
英国	United Kingdom	7	2	10423	749
罗马尼亚	Romania				
意大利	Italy		1		431
韩国	Korea	1	1		19000
香港	Hongkong, China	11	6	4066	13968
新加坡	Singapore	1	2		30
澳门	Macao, China		2		32

资料来源：北京市商务局。

Sources: Beijing Municipal Bureau of Commerce

13-13 外国企业及华侨、港澳地区企业驻京代表机构
REPRESENTATIVE OFFICES IN BEIJING OF FOREIGN,OVERSEAS CHINESE HONGKONG AND MACAO ENTERPRISES

项目	Item	数量(个) Number(unit) 2004	2003	构成(%) Composition(%) 2004	2003
总计	**Total**	**9180**	**8392**	**100.0**	**100.0**
#日本	Japan	736	695	8.0	8.3
香港澳门	Hongkong and Macao	2220	2110	24.2	25.1
美国	United States	1745	1616	19.0	19.3
德国	Germany	529	477	5.8	5.7
法国	France	235	217	2.6	2.6
英国	United Kingdom	274	233	3.0	2.8
意大利	Italy	199	178	2.2	2.1
瑞士	Switzerland	129	109	1.4	1.3
瑞典	Sweden	77	79	0.8	0.9
加拿大	Canada	301	279	3.3	3.3
澳大利亚	Australia	211	185	2.3	2.2
比利时	Belgium	46	46	0.5	0.5
新加坡	Singapore	343	327	3.7	3.9
荷兰	Holland	117	109	1.3	1.3
奥地利	Austria	64	58	0.7	0.7

资料来源：北京市工商管理局。
Sources: Beijing Administration For Industry & Commerce.

13-14 区县对外经济基本情况(2004年)
FOREIGN ECONOMY OF DISTRICTS AND COUNTIES(2004)

项目		Item		合计 Total	城区 City Proper	近郊区 Near Suburbs	远郊区 Outer Suburbs	各县 Counties
利用外资		**Utilization of Foreign Capital**						
签约项目	(个)	Projects Signed	(unit)	1806	222	1087	457	40
合同外资金额	(万美元)	Contracted Foreign Capital	(USD 10000)	625796	74139	330741	203014	17902
外商实际投资额	(万美元)	Foreign Actual Investment	(USD 10000)	308354	27360	176059	99436	5499
出口商品交货		**Export Delivery**						
交货总额	(万元)	Total Value	(10000 yuan)	1135057	3130	122053	895724	114150
直接交货	(万元)	Direct Delivery	(10000 yuan)	852958	3130	100613	672967	76248
# 交本市外贸收购	(万元)	Purchased by Local Foreign Trade	(10000 yuan)	242057	1215	53673	160565	26604
间接交货	(万元)	Indirect Delivery	(10000 yuan)	282099		21440	219807	40852

注：表中"各县"包括密云和延庆。
Note: Counties include Miyun and Yanqing.

主要统计指标解释

进出口总额 海关进出口总额指实际进、出我国关境并能引起我国境内物质资源增加或减少的进出口货物总金额。包括我国境内法人和其他组织以一般贸易、易货贸易、加工贸易、补偿贸易、寄售代销贸易等方式进出口的货物、租赁期一年及以上的租赁进出口货物、边境小额贸易货物、国际援助物资或捐赠品、保税区和保税仓库进出口货物等的金额合计。进出口总额用以观察一个国家在对外贸易方面的总规模。我国规定出口货物按离岸价格统计，进口货物按到岸价格统计。

利用外资 指我国各级政府、部门、企业和其他经济组织通过对外借款、吸收外商直接投资以及用其他方式筹措的境外现汇、设备、技术等。

对外借款 是我国利用外资的主要部分。包括我国通过外国政府贷款，国际金融组织贷款，外国银行商业贷款，出口信贷以及对外发行债券，股票等方式，从境外筹措的资金。

实际利用外资 为批准的合同外资金额的实际执行数。

外商直接投资 是指外国企业和经济组织或个人（包括华侨、港澳台同胞以及我国在境外注册的企业）按我国有关政策、法规，用现汇、实物、技术等在我国境内开办外商独资企业、与我国境内的企业或经济组织共同举办中外合资经营企业、合作经营企业或合作开发资源的投资（包括外商投资收益的再投资）以及经政府有关部门批准的项目投资总额内，企业从境外借入的资金。

对外承包工程 指企业按照国际通行做法，在国（境）外承揽和实施各类工程项目的经济活动。企业承揽的我国对外经济援助项目、我国驻外使（领）馆等建设项目视同对外承包工程项目。

对外劳务合作 指企业按照与国（境）外政府有关机构、团体、企业、私人雇主所签合同规定，向国（境）外派遣各类劳务人员的经济活动。企业自带设备以提供技术服务的形式在国（境）外承揽的项目视同对外劳务合作项目。

十四、旅 游

TOURISM

YEARBOOK

STATISTICAL

接待入境旅游人数（单位：万人）
Tourists (10000 persons)

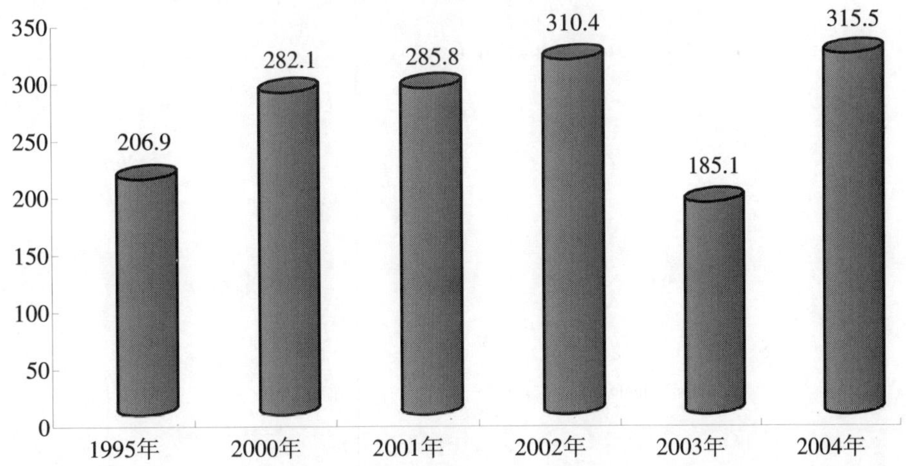

旅游外汇收入　　　（单位：亿美元）
Foreign Exchange Earning from Tourism (USD 100 million)

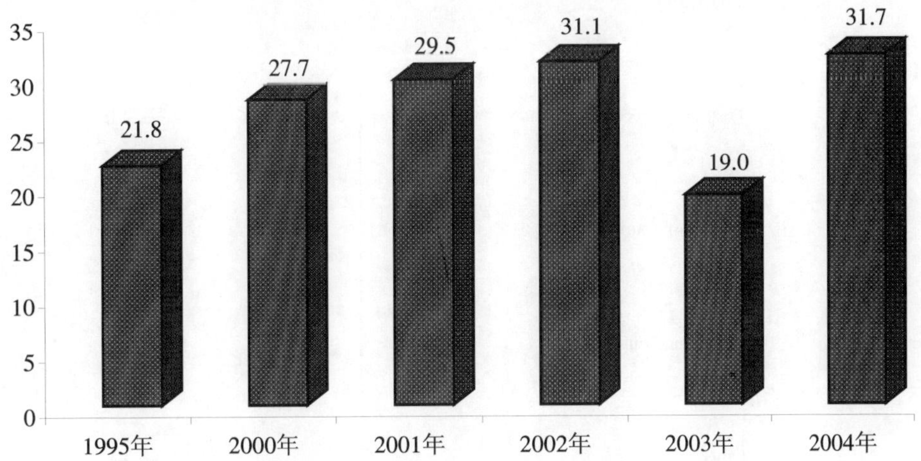

14-1 旅游外汇收入(2004年)
FOREIGN EXCHANGE EARNING FROM INTERNATIONAL TOURISM(2004)

单位：亿美元 (USD 100 million)

项目	Item	2004	构成（%） Composition(%)
合计	**Total**	**31.7**	**100.0**
长途交通费	Long-distance Transportation Expenses	10.0	31.6
# 民航	Civil Aviation	9.7	30.6
铁路	Railway	0.2	0.7
汽车	Motor Vehicles	0.1	0.3
市内交通费	Local Transportation Expenses	0.7	2.2
住宿	Accommodation	3.6	11.4
餐饮	Catering Service	1.2	3.9
商品	Commodity	9.0	28.2
邮政电讯	Posts and Telecommunications	1.0	3.3
景点门票	Tickets of Tourism Spots	0.9	2.9
文化娱乐	Culture and Entertainment	1.2	3.7
其他	Others	4.1	12.8

资料来源：北京市旅游局。

Sources: Beijing Municipal Bureau of Tourism.

14-2 接待海外旅游人数
FOREIGN TOURISTS

单位：人次,%　　　　(person.time,%)

项目	Item	2004 接待人数 Number of Tourists	2004 构成 Composition	2003 接待人数 Number of Tourists	2003 构成 Composition	2004年为2003年% 2004 as % of 2003
合计	**Total**	**3154950**	**100.0**	**1851245**	**100.0**	**170.4**
外国人	**Foreigner**	**2680990**	**85.0**	**1526601**	**82.5**	**175.6**
#日本	Japan	523059	16.6	292256	15.8	179.0
菲律宾	Philippines	11137	0.4	5522	0.3	201.7
新加坡	Singapore	68168	2.2	42891	2.3	158.9
泰国	Thailand	45010	1.4	23155	1.3	194.4
印度尼西亚	Indonesia	35721	1.1	15455	0.8	231.1
马来西亚	Malaysia	78346	2.5	43977	2.4	178.2
蒙古	Mongolia	24838	0.8	25731	1.4	96.5
韩国	Korea	423636	13.4	245317	13.3	172.7
印度	India	20697	0.7	10618	0.6	194.9
美国	United States	374458	11.9	194024	10.5	193.0
加拿大	Canada	63672	2.0	37764	2.0	168.6
英国	United Kingdom	118040	3.7	81028	4.4	145.7
法国	France	110542	3.5	54737	3.0	202.0
德国	Germany	114541	3.6	62968	3.4	181.9
意大利	Italy	33150	1.1	19074	1.0	173.8
瑞典	Sweden	45533	1.4	22563	1.2	201.8
瑞士	Switzerland	15019	0.5	19301	1.1	78.0
俄罗斯	Russia	81971	2.6	51525	2.8	159.1
澳大利亚	Australia	64237	2.0	34545	1.9	186.0
新西兰	New Zealand	7880	0.2	4620	0.2	170.6
西班牙	Spain	25434	0.8	11164	0.6	227.8
港澳台胞	**Hongkong,Macao and Taiwan Chinese**	**473960**	**15.0**	**324644**	**17.5**	**146.0**
香港	Hongkong,China	277463	8.8	217086	11.7	127.8
澳门	Macao,China	13037	0.4	10065	0.5	129.5
中国台湾	Taiwan,China	183460	5.8	97493	5.3	188.2

14-3 旅游饭店经营情况
STATISTICS FOR TOURIST HOTELS

项目 Item		企业个数（个） Number of Enterprises(unit)		出租率（%） Renting Rate(%)		平均房价（元/间天） Average Price(yuan/room.day)	
		2004	2003	2004	2003	2004	2003
总计	**Total**	**562**	**486**	**65**	**52**	**409**	**389**
四星、五星合计	**Hotels of 4 and 5 Star Grade**	**91**	**82**	**70**	**54**	**566**	**532**
五星	5 Star	29	26	69	52	758	691
四星	4 Star	62	56	71	56	436	425
一星至三星合计	**Hotels of 1 to 3 Star Grade**	**471**	**359**	**60**	**49**	**254**	**253**
三星	3 Star	159	157	62	52	279	280
二星	2 Star	184	167	59	46	206	204
一星	1 Star	30	35	44	33	167	175
其他	**Others**	**98**	**45**	**65**	**56**	**489**	**487**

单位：万元 (10000 yuan)

项目 Item		营业收入 Business Revenue		利润总额 Total Profits		年末从业人员（人） Staff and Workers(person)		工资总额 Total Wages	
		2004	2003	2004	2003	2004	2003	2004	2003
总计	**Total**	**1868736**	**1418256**	**185901**	**9463**	**115592**	**115898**	**424238**	**232402**
四星、五星合计	**Hotels of 4 and 5 Star Grade**	**1147797**	**792221**	**136395**	**14649**	**55734**	**51107**	**169846**	**125952**
五星	5 Star	573488	372230	85426	17076	23308	21081	83987	60490
四星	4 Star	574309	419991	50969	-2427	32426	30026	85859	65462
一星至三星合计	**Hotels of 1 to 3 Star Grade**	**506401**	**435735**	**-18854**	**-48120**	**51650**	**54887**	**160386**	**82859**
三星	3 Star	373537	327625	-13732	-35635	35749	38026	77920	60345
二星	2 Star	118731	99596	-3469	-11240	14222	15106	79913	20151
一星	1 Star	14133	8514	-1653	-1245	1679	1755	2553	2363
其他	**Others**	**214538**	**190300**	**68359**	**42934**	**8208**	**9904**	**94006**	**23591**

14-4 星级饭店接待住宿者情况（按住宿者类别分）
STATISTICS FOR RECEPTION OF STAR GRADE HOTELS (GROUP BY TOURISTS)

项目 Item		2004 接待量 Reception	2004 构成(%) Composition(%)	2003 接待量 Reception	2003 构成(%) Composition(%)	2004年为2003年% 2004 as % of 2003
接待住宿人次（人次）	**Tourists Received (person.time)**	**13645223**	**100.0**	**10073505**	**100.0**	**135.5**
国内住宿者	Internal Tourists	10724747	78.6	8222260	81.6	130.4
外 国 人	Foreigners	2485287	18.2	1526601	15.2	162.8
香港同胞	Hongkong Tourists	258678	1.9	217086	2.2	119.2
澳门同胞	Macao Tourists	9466	0.1	10065	0.1	94.0
台湾同胞	TaiwanTourists	167045	1.2	97493	1.0	171.3
接待住宿人天数（人天）	**Person-day Received (person.day)**	**30076449**	**100.0**	**24972088**	**100.0**	**120.4**
国内住宿者	Internal Tourists	22164589	73.7	17390802	69.6	127.5
外 国 人	Foreigners	6817913	22.7	6509883	26.1	104.7
香港同胞	Hongkong Tourists	660031	2.2	596489	2.4	110.7
澳门同胞	Macao Tourists	36528	0.1	33169	0.1	110.1
台湾同胞	TaiwanTourists	397388	1.3	441745	1.8	90.0

14-5 星级饭店接待住宿者情况（按饭店星级分）

STATISTICS FOR RECEPTION OF STAR GRADE HOTELS (GROUP BY STAR GRADE)

项　　目	Item	2004		2003		2004 年为 2003 年%
		接待量 Reception	构成(%) Composition(%)	接待量 Reception	构成(%) Composition(%)	2004 as % of 2003
接待住宿人次(人次)	**Tourists Received (person.time)**	**13645223**	**100.0**	**10073505**	**100.0**	**135.5**
五星级	5 Star	1797161	13.2	1175706	11.7	152.9
四星级	4 Star	3466287	25.4	2469464	24.5	140.4
三星级	3 Star	4810129	35.3	3647976	36.2	131.9
二星级	2 Star	2370341	17.4	1899768	18.9	124.8
一星级	1 Star	263718	1.9	230242	2.3	114.5
准星级	Quasi Star	937587	6.9	650349	6.5	144.2
接待入境住宿人数(人天)	**Person-day Received (person.day)**	**30076449**	**100.0**	**24972088**	**100.0**	**120.4**
五星级	5 Star	4282668	14.2	3050117	12.2	140.4
四星级	4 Star	7560446	25.1	5781865	23.2	130.8
三星级	3 Star	10546825	35.1	7905719	31.7	133.4
二星级	2 Star	4992379	16.6	3741436	15.0	133.4
一星级	1 Star	606351	2.0	470672	1.9	128.8
准星级	Quasi Star	2087780	6.9	4022279	16.1	51.9

14-6 国际旅行社外联、接待海外旅游者情况
STATISTICS FOR OVERSEAS GROUP AND RECEIVED BY INTERNATIONAL TRAVEL AGENCIES

单位：人次，人天 (person.time, person.day)

项目	Item	2004	2003	2004 年为 2003 年% 2004 as % of 2003
外联人数	Persons of Overseas Travel Groups	1618266	802108	201.8
外国人	Foreigners	1454502	674964	215.5
港澳	Hongkong and Macao Tourists	117134	103235	113.5
台湾	Taiwan Tourists	46630	23909	195.0
接待人数	Tourists Received	1564988	824090	189.9
外国人	Foreigners	1389645	692272	200.7
港澳	Hongkong and Macao Tourists	120839	103583	116.7
台湾	Taiwan Tourists	54504	28235	193.0
外联人天数	Person-day of Overseas Travel Groups	8184170	3829899	213.7
外国人	Foreigners	7418182	3249991	228.3
港澳	Hongkong and Macao Tourists	511909	454709	112.6
台湾	Taiwan Tourists	254079	125199	202.9
接待人天数	Person-day Received	6608954	3299114	200.3
外国人	Foreigners	5795765	2693958	215.1
港澳	Hongkong and Macao Tourists	547243	467210	117.1
台湾	Taiwan Tourists	265946	137946	192.8

注：国际旅行社组团、接待国内游客情况为：2004 年组团人数 1128296 人次，接待人数 959095 人次；2003 年组团人数 657690 人次，接待人数 533409 人次。

Note: There are 1128296 person.times of home groups organized and 959095 person.times received by international travel agencies in 2004, and 657690 person.times organized,533409 person.times received in 2003.

14-7 国际旅行社组织国内居民出境旅游情况
STATISTICS FOR HOME TOURISTS TRAVELLING OUT-BOUNDARY OR GANIZED BY INTERNATIONAL TRAVEL AGENCIES

项目		Item		2004	2003	2004年为2003年% 2004 as % of 2003
总人数	**（人）**	**Total Tourists**	**(person)**	**513766**	**318807**	**161.2**
出国游		Travel abroad		407172	225862	180.3
港澳游		to Hongkong and Macao		106594	92945	114.7
前往国别及地区	**（人次）**	**Country or Region Travel to**	**(person.time)**			
# 香　港		Hongkong		90811	99611	91.2
澳　门		Macao		15783	56019	28.2
泰　国		Thailand		90817	77328	117.4
新加坡		Singapore		70452	54127	130.2
马来西亚		Malaysia		60359	52753	114.4
菲律宾		the Philippines		2021	655	308.5
韩　国		Republic of Korea		65228	38222	170.7
日　本		Japan		33679	21719	155.1
澳大利亚		Australia		45665	34437	132.6
新西兰		New Zealand		20596	15472	133.1

注：目前有特许经营出境旅游业务权的国际旅行社有69家。
Note: Now, there are sixty-nine international services specially permitted to operate out-boundary traveling.

14-8 国际旅行社经营情况
BUSINESS OF INTERNATIONAL TRAVEL AGENCIES

单位：万元 (10000 yuan)

项目		Item		2004	2003	2004年为2003年% 2004 as % of 2003
企业个数	（个）	Number of Enterprises	(unit)	147	147	100.0
营业收入		Business Revenue		1059989	553787	191.4
营业成本		Business Cost		989620	511461	193.5
营业费用		Business Expense		34289	29914	114.6
营业税及附加		Business Tax and Extra Charges		3822	1348	283.6
经营利润		Operating Profits		32259	11064	291.6
管理费用		Overhead Expense		26830	24644	108.9
营业利润		Business Profits		4964	-10601	
利润总额		Total Profits		11444	-11829	
平均从业人员	（人）	Average Employed Persons	(person)	7760	8382	92.6
工资总额		Total Wages		21327	17835	119.6

主要统计指标解释

旅行社外联人数 指报告期内旅行社自组外联的海外游客人数，反映旅行社对外招徕的能力。旅行社按以下要求统计外联人数：（1）海外游客入境后不论其停留时间多少、旅游线路长短，只统计一次。（2）旅行社只统计本社自组外联团的实到人数，非本社外联，仅由本社接受委托办理签证的人数不包括在内。

海外旅游者 指来华入境的海外游客中，在我国旅游住宿设施内至少停留一夜的外国人、港澳台同胞。海外旅游者不包括以下人员：（1）应邀来华访问的政府部长以上官员及其随行人员；（2）外国驻华使领馆官员、外交人员以及随行的家庭服务人员和受赡养者；（3）常住我国一年以上的外国专家、留学生、记者、商务机构人员等；（4）乘坐国际航班过境不需要通过护照检查进入我国口岸的中转旅客；（5）边境地区往来的边民；（6）回大陆定居的港澳台同胞；（7）已在我国定居的外国人和原已出境又返回在我国定居的外国侨民；（8）归国的我国出国人员。

国际旅游（外汇）收入 指海外旅游者在中国（大陆）境内旅行、游览过程中用于交通、参观游览、住宿、餐饮、购物、娱乐等全部花费。

十五、金融、保险

BANKING AND INSURANCE

2005 STATISTICAL YEARBOOK

存款余额（单位：亿元）Deposits(100 million yuan)

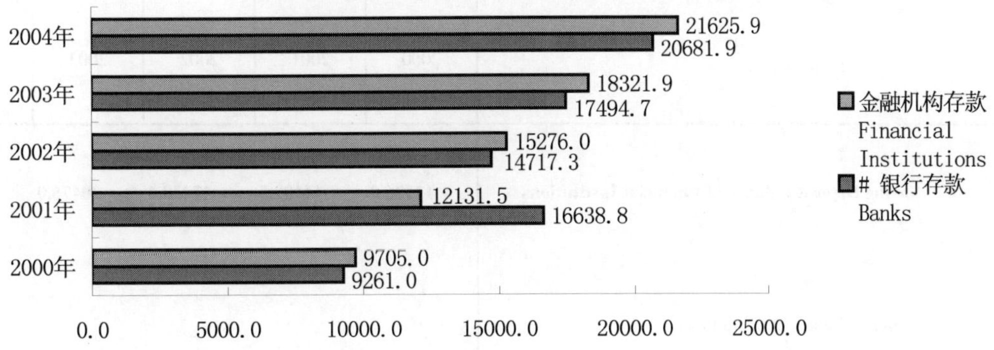

贷款余额（单位：亿元）Loans (100 million yuan)

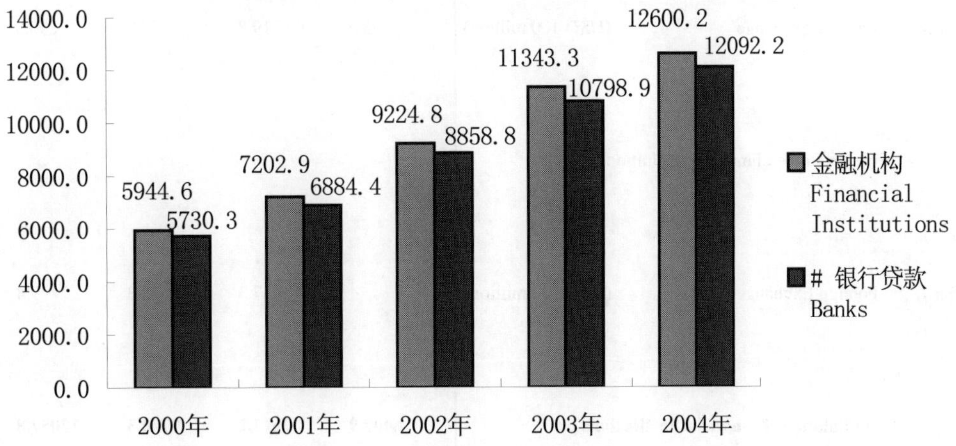

城乡居民储蓄存款余额及构成（单位：亿元）

Saving Deposits of Urban and Rural Residents and Composition(100 million yuan)

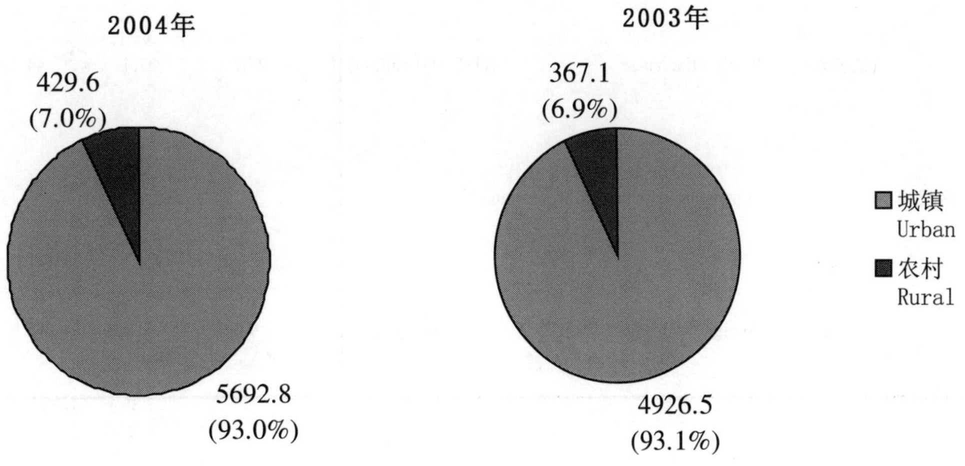

15-1 主要年份金融机构存贷款余额

SAVING DEPOSIT AND LOAN BALANCE OF FINANCIAL INSTITUTIONS IN MAIN YEARS

单位：亿元 (100 million yuan)

项目	Item	2000	2001	2002	2003	2004
金融机构存款余额	**Saving Deposit Balance of Financial Institutions**	**11526.0**	**14109.2**	**17438.4**	**20476.0**	**23781.3**
中资金融机构	Chinese Financial Institutions					
人民币	RMB	9759.8	12223.4	15392.7	18321.9	21625.9
外汇 (亿美元)	Foreign Exchange (USD 100 million)	205.6	219.8	238.9	250.9	248.1
外资金融机构	Foreign-funded Financial Institutions					
外汇 (亿美元)	Foreign Exchange (USD 100 million)	…	7.3	8.3	9.4	12.3
金融机构贷款余额	**Loan Balance of Financial Institutions**	**6407.9**	**7612.2**	**9704.3**	**12057.8**	**13577.7**
中资金融机构	Chinese Financial Institutions					
人民币	RMB	6013.2	7206.0	9230.8	11314.7	12600.2
外汇 (亿美元)	Foreign Exchange (USD 100 million)	27.7	37.4	44.9	68.8	86.0
外资金融机构	Foreign-funded Financial Institutions					
外汇 (亿美元)	Foreign Exchange (USD 100 million)	9.0	10.8	12.1	20.9	32.0

15-2 北京市金融机构(含外资)本外币信贷收支表

DEPOSITS AND LOANS(INCLUDE FOREIGN CURRENCY) OF FINANCIAL INSTITUTIONS(INCLUDE FOREIGN-FUNDEN FINANCIAL INSTITUTIONS)

单位：万元，汇率：8.2765 (10000 yuan ,exchange rate 8.2765)

项　　目	Item	余　额 Balance		2004 年为 2003 年% 2004 as % of 2003	比年初增、减额 Increase or Decrease than Year-beginning		2004 年为 2003 年% 2004 as % of 2003
		2004	2003		2004	2003	
各项存款	**Deposits**	**237813488**	**204759796**	**116.1**	**33286928**	**30378371**	**109.6**
企事业单位存款	Deposits of Enterprise and Institutions	132430979	108875535	121.6	21128051	15039587	140.5
活期存款	Fixed Deposits	73079610	60232539	121.3	10373650	8157260	127.2
定期存款	Current Deposits	59351369	48642996	122.0	10754401	6882328	156.3
储蓄存款	Urban and Rural Savings Deposits	71543045	64413910	111.1	7127705	8820213	80.8
活期存款	Fixed Deposits	23959292	20795378	115.2	3163200	4042805	78.2
定期存款	Current Deposits	47583753	43618532	109.1	3964505	4777408	83.0
信托存款	Trust Deposits	41432	25421	163.0	41432	-815	-5083.7
委托存款	Entrust Deposits	230652	-35309	-653.2	304843	8134	3747.8
其他存款	Other Deposits	33567380	31480240	106.6	4684898	6511252	72.0
各项贷款	**Loans**	**135774452**	**120430934**	**112.7**	**16909444**	**23808969**	**71.0**
短期贷款	Short-term Loans	50124010	45803070	109.4	4823654	8003564	60.3
中长期贷款	Mid-term and Long-term Loans	75064194	63373954	118.4	11461114	13309526	86.1
信托贷款	Trust Loans	95689	124078	77.1	17937	11135	161.1
委托贷款	Entrust Loans	128489	24413	526.3	116766	-1780	-6559.9
其他贷款	Other Loans	2449212	1770072	138.4	684126	880508	77.7
票据融资	Bill Financing	7861597	9172652	85.7	-82720	1676178	-4.9
各项垫款	Paid Back Later	51262	162695	31.5	-111434	-70163	158.8

15-3 银行人民币存款及贷款余额
DEPOSITS AND LOANS OF BANKS

项目	Item	绝对数(万元) Amount (10000 yuan) 2004	2003	2004年为2003年% 2004 as % of 2003	构成(%) Composition (%) 2004	2003
年末各项存款合计	**Deposits Balance(year-end)**	**204410875**	**173316300**	**117.9**	**100.0**	**100.0**
# 地方存款	Local Deposits					
# 地方工业企业存款	Industrial Enterprises					
地方商业企业存款	Commercial Enterprises					
# 企业存款	Deposits of Enterprises	122455948	99322029	123.3	59.9	57.3
# 工业活期存款	Current Deposits of Industry	6493890	7000886	92.8	3.2	4.0
商业活期存款	Current Deposits of Commerce	12702458	9114843	139.4	6.2	5.3
建筑业活期存款	Current Deposits of Construction	3617117	3397331	106.5	1.8	2.0
城镇储蓄存款	Urban Savings Deposits	56927966	49264668	115.6	27.8	28.4
农业存款	Agricultural Deposits	232147	254539	91.2	0.1	0.1
信托存款	Trust Deposits					
机关团体存款	Deposits of Government Organs and Bodies	6855809	6524346	105.1	3.4	3.8
年末各项贷款合计	**Loans Balance(year-end)**	**120922275**	**107989344**	**112.0**	**100.0**	**100.0**
# 地方贷款	Local Loans					
# 地方工业贷款	Industrial Enterprises					
地方商业贷款	Commercial Enterprises					
# 短期贷款	Short-term Loans	42741002	39794905	107.4	35.3	36.9
# 工业贷款	Industry	12167860	12345972	98.6	10.1	11.4
商业贷款	Commerce	7879271	7824318	100.7	6.5	7.2
建筑业企业贷款	Construction	3570627	3941399	90.6	3.0	3.6
农业贷款	Agriculture	336331	342006	98.3	0.3	0.3
中长期贷款	Mid-term and Long-term Loans	63767752	54579092	116.8	52.7	50.5
# 基本建设贷款	Capital Construction	26341769	26179099	100.6	21.8	24.2
技术改造贷款	Technical Updates and Transformation	2271849	2453880	92.6	1.9	2.3

15-4 城乡居民人民币储蓄存款余额
SAVINGS DEPOSIT BALANCE IN URBAN AND RURAL AREAS

项 目	Item	绝对数(万元) Amount (10000 yuan)		2004年为2003年% 2004 as % of 2003	构 成(%) Composition(%)	
		2004	2003		2004	2003
年末储蓄存款余额	**Savings Deposits Balance**	**61223488**	**52935333**	**115.7**	**100.0**	**100.0**
定期	Fixed Deposits	39661573	34130344	116.2	64.8	64.5
活期	Current Deposits	21561915	18804989	114.7	35.2	35.5
城镇居民存款	Urban Savings Deposits	56927966	49264668	115.6	93.0	93.1
农民存款	Rural Savings Deposits	4295522	3670665	117.0	7.0	6.9

15-5 金融机构人民币现金收支
CASH INCOME AND EXPENDITURES OF FINANCIAL INSTITUTIONS

单位：万元 (10000 yuan)

项 目	Item	2004	2003	2004年为2003年% 2004 as % of 2003
收入合计	**Total Income**	**190647055**	**144803653**	**131.7**
商品销售收入	Income form Commodity Sales	24864483	20276347	122.6
服务业收入	Income form Service Trade	9198567	7951420	115.7
税款收入	Income from Taxes	565541	176661	320.1
城乡个体经营收入	Income from Urban and Rural Individual Business	2366951	1614143	146.6
储蓄存款收入	Income from Savings Deposits	133669510	99574617	134.2
其他金融机构收入	Income from Other Financial Institutions	803947	597344	134.6
居民归还贷款收入	Income from Repayment of Loans by Residents	477852	313707	152.3
汇兑收入	Income from Remittances	2427769	2410552	100.7
有价证券收入	Income from Securities	1113038	1263892	88.1
其他收入	Other Income	15159397	10624970	142.7
# 兑换外币收入	from Exchange of Foreign Currencies	172432	156140	110.4
支出合计	**Total Expenditures**	**188608704**	**143898317**	**131.1**
工资性支出	Wages	11054551	9870427	112.0
农副产品采购支出	Purchases of Agricultural and Sideline Products	2036054	1289605	157.9
工矿及其他产品采购支出	Expenditure for Purchases of Industrial and Mineral Products	1414489	1329229	106.4
行政企事业管理费支出	Government and Enterprises Overhead	17838830	15625774	114.2
城乡个体经营支出	Expenditure for Individual Business	5210194	4311652	120.8
储蓄存款支出	Expenditure for Saving Deposits	133029229	97648999	136.2
其他金融机构支出	Expenditure for Other Financial Institutions	991784	832193	119.2
居民提取贷款支出	Expenditure for Loans by Residents	303191	179452	169.0
汇兑支出	Expenditure for Remittances	976518	1443702	67.6
有价证券支出	Expenditure for Securities	596166	679090	87.8
其他支出	Other Expenditures	15157700	10688194	141.8

15-6 保险业务情况
STATISTICS FOR INSURANCE

单位：亿元 (100 million yuan)

项目	Item	保费收入 Premiums Income		赔款支出 Indemnity		给付支出及退保金 Payment and Exit Premiums	
		2004	2003	2004	2003	2004	2003
总计	**Total**	**272.4**	**278.1**	**40.1**	**31.2**	**52.8**	**35.2**
人身险业务小计	**Personal Insurance**	**208.1**	**227.9**	**7.1**	**4.1**	**41.3**	**35.2**
人寿保险	Life Insurance	175.2	194.8			38.2	34.4
# 非分红产品	Not Melon-Cutting	32.4	36.6			15.6	22.4
分红、投资连接及万能产品	Melon-Cutting,Invest and Omnipotence	142.9	158.2			22.6	12.0
意外伤害保险	Accident Insurance	4.8	3.3	0.9	0.5		
健康保险	Health Insurance	28.1	29.8	6.3	3.6	3.1	0.8
财产险业务小计	**Property Insurance**	**64.2**	**50.1**	**33.0**	**27.1**		
# 财产损失保险	Property Loss Insurance	11.8	48.9	2.3	26.6		
# 企业财产保险	Enterprise Property	4.9	4.6	1.0	0.4		
家庭财产保险	Family Property	4.1	3.3	0.1	0.1		
机动车辆及第三者责任	Motor Vehicle and Third-party Liability	44.8	33.2	29.0	22.9		
货物运输保险	Freight Transport	4.4	2.7	1.3	2.0		
责任保险	Liability Insurance	1.4	1.2	0.2	0.2		

15-7 金融市场交易量
FINANCIAL MARKET TRANSACTIONS

单位：万元 (10000 yuan)

项目	Item	2004	2003	2004年为2003年% 2004 as % of 2003
合计	**Total**	**185129182**	**233698301**	**79.2**
国家债券	Treasury Bonds	6717030	11731904	57.3
股票交易	Stock Transactions	72477234	50414044	143.8
国债回购	Repurchase of Treasury Bonds	102572135	168751779	60.8
基金	Funds	789439	1104532	71.5
其他	Others	2573343	1696042	151.7

主要统计指标解释

信贷资金 国家银行用于发放贷款的资金叫信贷资金。中国人民银行信贷资金的来源有各项存款、对国际金融机构负债、流通中货币、银行自有资金及当年结益等。信贷资金的运用有各项贷款、黄金占款、外汇占款、财政借款及在国际金融机构中的资产等。

存款 企业、机关、团体或居民根据可以收回的原则，把货币资金存入银行或其他信用机构保管并取得一定利息的一种信用活动形式。根据存款对象的不同可划分为企业存款、财政存款、机关团体存款、城镇储蓄存款、农村存款等科目。它是银行信贷资金的主要来源。

贷款 银行或其他信用机构根据必须归还的原则，按一定利率，为企业、个人等提供资金的一种信用活动形式。我国银行贷款分为流动资金贷款、固定资产贷款、城乡个体工商户贷款以及农业贷款等科目。

保费 又叫保险费。是保险人根据保险合同的有关规定，为被保险人取得因约定危险事故发生所造成的经济损失补偿（或给付）权利，付给保险人的代价。包括财产险和人身险收入。

十六、教育、文化

EDUCATION AND CULTURE

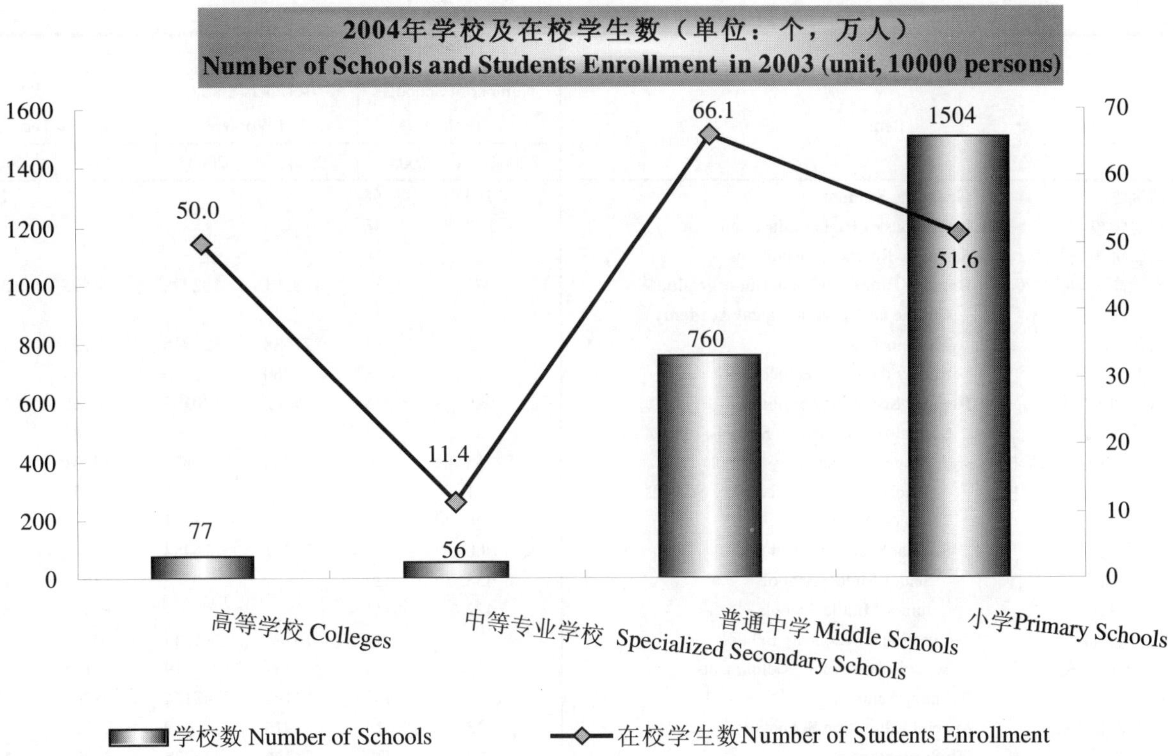
2004年学校及在校学生数（单位：个，万人）
Number of Schools and Students Enrollment in 2003 (unit, 10000 persons)
1600
1400
1200
1000
800
600
400
200
0
70
60
50
40
30
20
10
0
50.0
77
11.4
56
66.1
760
1504
51.6
高等学校 Colleges
中等专业学校 Specialized Secondary Schools
普通中学 Middle Schools
小学Primary Schools
学校数 Number of Schools
在校学生数Number of Students Enrollment

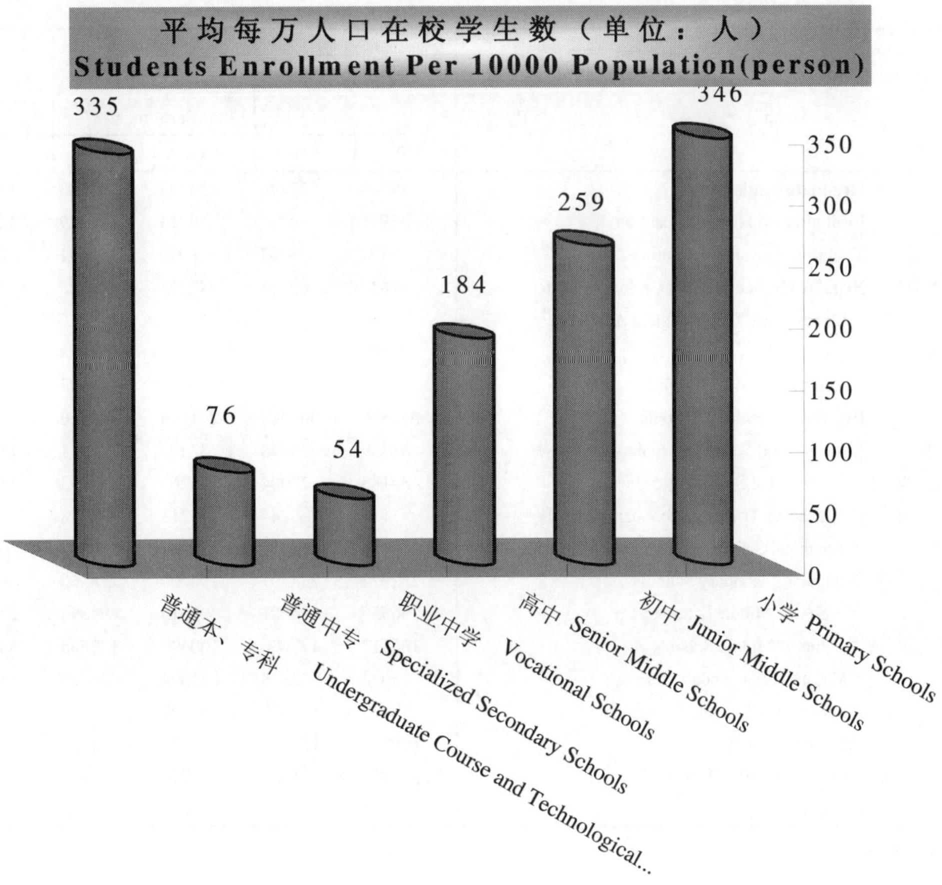
平均每万人口在校学生数（单位：人）
Students Enrollment Per 10000 Population(person)
335
76
54
184
259
346
350
300
250
200
150
100
50
0
普通本、专科 Undergraduate Course and Technological...
普通中专 Specialized Secondary Schools
职业中学 Vocational Schools
高中 Senior Middle Schools
初中 Junior Middle Schools
小学 Primary Schools

16-1 各类学校基本情况
BASIC STATISTICS FOR EDUCATION

单位：人 (person)

类别	Item	校数(所) Number of Schools (unit)		教职工数 Teachers Staff and Workers		# 专任教师 Full-time Teachers	
		2004	2003	2004	2003	2004	2003
一、研究生	**Graduate Student**	**163**	**164**				**24527**
高等学校	Institutions of Higher Education	48	46				17401
科研机构	Scientific Research Institutions	115	118				7126
二、普通高等学校本专科	**Regular Higher Schools Undergraduate Course and Technological Academy**	**77**	**73**	**108191**	**102778**	**44095**	**38296**
市属市管	Municipal	33	33	27688	26715	12728	11628
民办	Run by the Local People	11	8	5260	2835	2441	1543
三、普通中等学校	**Regular Secondary Schools**	**945**	**976**	**99562**	**100105**	**64265**	**64163**
1．中等专业学校	Specialized Secondary Schools	56	63	7940	8001	3785	3775
中等技术学校	Technical Secondary Schools	55	62	7823	7875	3731	3721
中等师范学校	Teacher Training Secondary Schools	1	1	117	126	54	54
2．技工学校	Technical Schools	46	47	3957	3957	2678	2086
3．普通中学	Regular Secondary Schools	760	763	76347	76484	51114	51448
高中	Senior Middle Schools	338	329			18672	17179
初中	Junior Middle Schools	422	434			32442	34269
4．职业高中	Vocational Secondary Schools	77	97	10981	11244	6523	6634
5．工读学校	Schools for Juvenile Delinquents	6	6	337	419	165	220
四、小学	**Primary Schools**	**1504**	**1652**	**62191**	**63174**	**48767**	**49843**
五、特殊教育学校	**Special Education Schools**	**23**	**25**	**975**	**929**	**720**	**667**
六、幼儿园	**Kindergartens**	**1422**	**1430**	**28326**	**26324**	**14208**	**13056**

注：研究生的专任教师数为研究生指导教师数。

Note: Full-time teachers of graduate student refers to graduate student mentor.

类别	Item	毕业生数 Graduates		招生数 New Students Enrollment		在校学生数 Students Enrollment	
		2004	2003	2004	2003	2004	2003
一、研究生	**Graduate Student**	**29549**	**22496**	**56103**	**47580**	**144185**	**120386**
高等学校	Institutions of Higher Education	25995	19434	48013	40989	123801	103757
科研机构	Scientific Research Institutions	3554	3062	8090	6591	20384	16629
二、普通高等学校本专科	**Regular Higher Schools Undergraduate Course and Technological Academy**	**99637**	**82324**	**147298**	**140225**	**500245**	**450789**
市属市管	Municipal	40694	30859	57200	54688	193415	172671
民办	Run by the Local People	4336	3339	16534	10597	32773	20931
三、普通中等学校	**Regular Secondary Schools**	**311859**	**302368**	**271396**	**309160**	**919178**	**977642**
1．中等专业学校	Specialized Secondary Schools	34339	29248	33475	35271	113689	116725
中等技术学校	Technical Secondary Schools	34188	29004	33262	34993	113039	116137
中等师范学校	Teacher Training Secondary Schools	151	244	213	278	650	588
2．技工学校	Technical Schools	19035	14952	18101	28817	62500	71187
3．普通中学	Regular Secondary Schools	232973	234207	194009	218560	661314	704405
高中	Senior Middle Schools	66556	56601	93519	94894	274803	250959
初中	Junior Middle Schools	166417	177606	100490	123666	386511	453446
4．职业高中	Vocational Secondary Schools	25092	23278	25604	26019	80824	84493
5．工读学校	Schools for Juvenile Delinquents	420	683	207	493	851	832
四、小学	**Primary Schools**	**100139**	**123580**	**73577**	**82631**	**516042**	**546530**
五、特殊教育学校	**Special Education Schools**	**1276**	**1007**	**796**	**647**	**6412**	**6177**
六、幼儿园	**Kindergartens**	**71677**	**76879**	**86672**	**86465**	**205532**	**199390**

资料来源：北京市教育委员会。

Scources: Beijing Municipal Commission of Education.

16-2 普通高等学校基本情况(2004年)
BASIC STATISTICS FOR INSTITUTION OF HIGHER EDUCATION(2004)

单位：人 (person)

类别	Item	校数(所) Number of Schools (unit)	毕业生数 Graduates	招生数 New Students Enrollment	在校学生数 Students Enrollment	教职工数 Teachers, Staff and Workers	# 专任教师 Full-time Teachers
总　计	**Total**	**77**	**97424**	**144859**	**493886**	**108191**	**44095**
# 女性	Female					52370	20215
综合大学	Comprehensive Universities	6	15943	24033	72409	16409	6988
理工院校	Science and Engineering	25	41197	57876	212831	41322	17709
农业院校	Agriculture	3	4916	7270	25650	4026	1880
林业院校	Forestry	1	2562	3502	13554	1580	906
医药院校	Medicine	3	1895	3589	13433	14112	2263
师范院校	Teacher Training	2	4209	4927	19312	5280	2440
语文院校	Literature	9	7505	11654	33313	6975	3347
财经院校	Finance and Economics	11	[illegible]	16679	52592	8038	3038
政法院校	Politics and Law	5	5205	6619	21174	4196	1836
体育院校	Physical Culture	2	1274	2111	7219	1285	582
艺术院校	Art Institute	9	2174	3867	12744	3401	1735
民族院校	Nationality Academy	1	1186	2832	9715	1547	751

资料来源：北京市教育委员会。
Sources: Beijing Municipal Commission of Education.

16-3 全市高等教育学生情况(2004年)

STATISTICS FOR STUDENTS OF HIGHER EDUCATION(2004)

单位：人 (person)

项目	Item	毕（结）业生人数 Graduates	招生数 New Students Enrollment	在校学生数 Students Enrollment
研究生	Postgraduate	29549	56103	144185
博士	Doctor Degree	6273	13010	40986
硕士	Master Degree	23276	43045	103108
研究生班研究生数	Postgraduate in Class		48	91
普通本科、专科生	Undergraduate and Graduate from Junior College	99637	147298	500245
本科	Undergraduate	72679	105136	387628
专科（高职）	Graduate for Junior College and Occupational of Higher Education and Occupational of Higher Education	26958	42162	112617
成人本科、专科生	Adult Education Undergraduate Course and Technological Academy	122540	124028	262871
本科	Undergraduate	44906	54610	114843
专科	College for Professional Training	77634	69418	148028
网络本科、专科生	Network of Undergraduate Course and Technological Academy	36683	90539	262454
本科	Undergraduate	31590	63047	192672
专科	College for Professional Training	5093	27492	69782
在职人员攻读博士、硕士学位	In-service Personnel Postgraduate for Doctor or Master Degree		11587	35254
学历文凭考试	Take an Diploma Examination	17733	33698	88960
电大注册试听生	Radio and TV Universities Register Audition Students	173		1794
自考助学班	Self-study Examination Tutorship Classes	36159	86461	173520
研究生课程进修班	The Curricula of Graduate Student	18698		27323
普通预科生	Preparatory			550
证书教育	Certificate Education			
岗位培训	Occupational Training			
进修及培训	Attend in a Advanced Studies and Training	296600		200871
外国留学生	Foreign Student Abroad	13614	19234	23215

资料来源：北京市教育委员会。

Sources: Beijing Municipal Commission of Education.

16-4 全市分学科研究生数(2004年)

NUMBER OF POSRGRADUATE BY FIELD OF STUDY (2004)

单位：人 (person)

学　科 Item		毕业生数 Graduates			招生数 New Students Enrollment			在校学生数 Postgraduate Enrollment		
		合计 Total	博士 Doctor Degree	硕士 Master Degree	合计 Total	博士 Doctor Degree	硕士 Master Degree	合计 Total	博士 Doctor Degree	硕士 Master Degree
总　计	**Total**	**29549**	**6273**	**23276**	**56103**	**13010**	**43093**	**144185**	**40986**	**103199**
# 女性	Female	11349	1852	9497	24672	4711	19961	59496	13241	46255
哲　学	Philosophy	347	131	216	612	210	402	1559	610	949
经济学	Economics	2337	382	1955	3455	680	2775	8659	2183	6476
法　学	Law	3479	554	2925	5515	884	4631	13532	2845	10687
教育学	Education	779	152	627	1572	293	1279	3805	845	2960
文　学	Literature	2229	314	1915	4885	714	4171	11549	2026	9523
历史学	History	404	118	286	627	194	433	1581	561	1020
理　学	Science	2824	1228	1596	6799	2709	4090	17412	7885	9527
工　学	Engineering	10562	2103	8459	21234	4782	16452	58646	17012	41634
农　学	Agriculture	618	212	406	1649	531	1118	3838	1417	2421
医　学	Medicine	1659	748	911	2849	1031	1818	7448	2711	4737
军事学	Strategics	22	7	15	31	9	22	114	40	74
管理学	Manage Science	4289	324	3965	6875	973	5902	16042	2851	13191

资料来源：北京市教育委员会。

Sources: Beijing Municipal Commission of Education.

16-5 外 国 留 学 生 情 况(2004年)

STATISTICS FOR FORREIGN STUDENT ABROAD (2004)

单位：人 (person)

项　目 Item		毕（结）业生数 Graduates	授予学位人数 Number award degree	招生数 New Students Enrollment	在校学生数 Students Enrollment
总　计	**Total**	**13614**	**1035**	**19234**	**23215**
# 女性	Female	7555	505	10729	12143
按学历划分	**Educational Background**				
博士	Doctor Degree	146	101	188	607
硕士	Master Degree	258	225	399	1055
本科	Undergraduate	884	709	2720	7200
专科	Graduate for Junior College	17		35	41
培训	Training	12300		15892	14312
按地区划分	**Area**				
亚洲	Asia	10347	940	14725	18508
非洲	Africa	155	31	291	558
欧洲	Europe	1641	36	2343	2175
北美洲	North America	1186	21	1497	1545
南美洲	South America	87	2	133	169
大洋洲	Oceania	198	5	245	260
按经费来源	**Sources of Funds**				
国际组织资助	International Organization	8	6	8	13
中国政府资助	Chinese Government	809	142	1130	1556
本国政府资助	Homeland Government	51	22	77	201
学校间交换	Interscholastic	342	2	452	426
自费	Commoner	12404	863	17567	21019

资料来源：北京市教育委员会。

Sources: Beijing Municipal Commission of Education.

16-6 中等专业学校分科学生数(2004年)

NUMBER OF STUDENTS IN SPECIALIZED SECONDARY SCHOOLS BY FIELD OF STUDY (2004)

单位：人 (person)

学科	Item	毕业生数 Graduates	招生数 New Students Enrollment	在校学生数 Students Enrollment
总计	**Total**	**65097**	**63031**	**208019**
农林类	Agriculture and Forestry	1898	1501	5906
资源与环境类	Source and Environment	343	466	1097
能源类	Energy	304	202	484
土木水利工程类	Civil Engineering and Water Conservancy	3230	2313	7037
加工制造类	Processing and Manufacturing	7055	7746	22535
交通运输类	Transportation	2772	4858	13358
信息技术类	Information Technology	14177	11594	43025
医药卫生类	Medicine and Health	4015	6068	16837
商贸与旅游类	Commerce and Tourism	14119	12164	42689
财经类	Finance and Economics	7275	4950	17484
文化艺术与体育类	Culture, Arts and Sports	5703	5737	22967
社会公共事物类	Social Public Affairs	3021	2410	7854
师范类	Teacher-Training	722	2028	4481
其他	Others	463	994	2265

资料来源: 北京市教育委员会。

Sources: Beijing Municipal Commission of Education.

16-7 职业高中分科情况(2004年)

NUMBER OF STUDENTS BY FIELD OF STUDY IN VOCATIONAL SCHOOLS (2004)

单位：人 (person)

学科	Item	毕业生数 Graduates	招生数 New Students Enrollment	在校学生数 Students Enrollment
总计	**Total**	**25092**	**25604**	**80824**
农林类	Agriculture and Forestry	721	571	2162
资源与环境类	Source and Environment	30	44	271
能源类	Energy		30	30
土木水利工程类	Civil Engineering and Water Conservancy	305	306	1039
加工制造类	Processing and Manufacturing	903	909	2509
交通运输类	Transportation	1543	2968	6990
信息技术类	Information Technology	6142	4903	16459
医药卫生类	Medicine and Health	396	927	2338
商贸与旅游类	Commerce and Tourism	8054	6799	24563
财经类	Finance and Economics	2440	2131	6911
文化艺术与体育类	Culture, Arts and Sports	2670	2983	9808
社会公共事物类	Social Public Affairs	1174	1054	3413
师范类	Teacher-Training	476	1423	3174
其他	Others	238	556	1157

资料来源: 北京市教育委员会。

Sources: Beijing Municipal Commission of Education.

16-8 中、小学校外教育(2004年)
AFTER-SCHOOL EDUCATION OF SECONDARY AND PRIMARY SCHOOLS(2004)

单位：人 (person)

项目 Item		单位数(个) Number of Units(unit)	活动小组数(个) Activities Groups(unit)	参加小组学生数 Students Join Groups	教职工人数 Teachers, Staff and Workers	# 辅导员 Counselors	兼职辅导员 Part-time Counselors
总计	**Total**	**1029**	**5896**	**143863**	**2291**	**1577**	**2664**
少年宫	Children's Palace	18	2759	46840	1049	582	187
少年科技馆(站)	Children's Scientific Museums(Centers)	7	505	13886	201	120	31
少年之家	Children's Home	37	701	21299	370	204	166
少年活动站	Children's Club	967	1931	61838	671	671	2280

资料来源：北京市教育委员会。

Sources: Beijing Municipal Commission of Education.

16-9 平均每万人口在校学生数
AVERAGE NUMBER OF STUDENT ENROLLMENT PER 10000 POPULATION

单位：人 (person)

类别	Item	2004	2003
普通本、专科	Undergraduate Course and Technological Academy	335	313
普通中专	Specialized Secondary Schools	76	81
职业中学	Vocational Schools	54	59
高中	Senior Middle Schools	184	174
初中	Junior Middle Schools	259	315
小学	Primary Schools	346	380

资料来源：北京市教育委员会。

Sources: Beijing Municipal Commission of Education.

16-10 幼 儿 园 基 本 情 况(2004年)
STATISTICS FOR KINDERGARTENS(2004)

单位：人 (person)

项目		Item		总计 Total	# 女 Female	城市 Urban	县镇 Towns	农村 Rural
园数	(所)	Number of Kindergartens	(unit)	1422		534	431	457
班数	(个)	Number of Classes	(unit)	8087		4454	2286	1347
# 学前班		Preschool Classes		1365		396	615	354
在园幼儿数		Children Enrollment		205532	95417	119167	59884	26481
# 学前班		Preschool Classes		35700	16062	11834	15764	8102
教职工数		Teachers,Staff and Workers		28326	26370	20185	6132	2009
# 园长		Headmaster		1606	1547	978	444	184
教师		Teachers		14208	14033	9668	3479	1061
保健员		Health Workers		1391	1371	922	395	74

资料来源: 北京市教育委员会。

Sources: Beijing Municipal Commission of Education.

16-11 高等教育自学考试情况(2004年)
STATISTICS FOR SELF-STUDY EXAMINATION OF HIGHER EDUCATION(2004)

项目		Item		高等职业技术教育 Higher Vocational Education	高等教育学历文凭 Higher Education Take an Diploma	高等教育自学考试 Higher Education Self-Study Examination
报考人数	(人)	Number of Persons Registered	(person)	34904	128340	517422
报考科次	(科次)	Number of Subject-times Registered	(subject.time)	96055	292835	1312355
单科合格	(人)	Number of Persons with Single Subject Qualified	(person)	43008	73621	410643
发出专科毕业证书	(个)	Number of Diploma of Junior College Sent out	(piece)	1566	2864	9330
发出本科毕业证书	(个)	Number of Diploma of Regular College Sent out	(piece)			4848
开考专业	(个)	Number of Fields Examed	(unit)	12	25	77

资料来源: 北京市教育委员会。

Sources: Beijing Municipal Commission of Education.

16-12 各级成人学校基本情况
BASIC STATISTICS FOR ADULT EDUCATION

单位：人 (person)

类别	Item	校数(所) Number of Schools (unit) 2004	2003	教职工数 Teachers,Staff and Workers 2004	2003	#专任教师 Full-time Teachers 2004	2003
成人高等学校	**Institutions of Higher Education for Adults**	**30**	**32**	**7445**	**8804**	**3261**	**3537**
成人中等学校	**Institutions of Secondary Education for Adults**	**3550**	**3377**	**43979**	**45968**	**17678**	**19883**
成人中等专业学校	Specialized Secondary Schools for Adults	15	17	1068	1005	461	414
职业技术培训学校	Occupational Training Schools	3535	3360	42911	44963	17217	19469

类别	Item	毕业生数 Graduates 2004	2003	招生数 New Students Enrollment 2004	2003	在校学生数 Students Enrollment 2004	2003
成人高等教育	**Adult Higher Education**	**122540**	**96174**	**124028**	**125455**	**262871**	**360628**
独立设置成人高等学校	**Institutions of Higher Education for Adults**						
普通高等学校举办：	Held by Regular Higher Schools	104688	81102	108461	108544	232246	309404
函授部	Correspondence Schools	47002	39034	45575	46768	112132	147924
业余	Spare Time Study	25946	18731	28359	27139	68039	82745
脱产	Day Release	31740	23337	34527	34637	52075	78735
成人中等学校	**Adult Secondary Education**	**2157939**	**2729481**	**3952**	**2620**	**1993547**	**1809696**
成人中等专业学校	Specialty Secondary Education for Adults	5666	4451	3952	2620	13506	12408
成人中学	Secondary Schools for Adults						
职业技术培训学校	Occupational Training Schools	2152273	2725030			1980041	1797288

资料来源:北京市教育委员会。

Sources: Beijing Municipal Commission of Education.

16-13 特殊教育情况(2004年)
STATISTICS FOR SPECIAL EDUCATION(2004)

单位：人 (person)

项目	Item	毕业生 Graduates	招生数 New students Enrollment	在校学生数 Students Enrollment	专任教师数 Full-time Teachers
总计	**Total**	**1276**	**796**	**6412**	**720**
#女性	Female	447	318	2480	591
特殊教育学校	Special Education Schools	367	406	2416	
小学附设特教班	Special Classes in Primary Schools	70	42	266	
小学随班就读	Following with Classes of Primary Schools	490	109	2643	
普通(职业)初中随班就读	Following with Classes of Regular Junior Middle Schools (Vocational)	349	239	1087	

资料来源:北京市教育委员会。

Sources: Beijing Municipal Commission of Education.

16-14 社会力量办学(2004年)

STATISTICS FOR SCHOOLS RUN BY SOCIETY(2004)

单位：人 (person)

类别	Item	校数(所) Number of Schools (unit)	毕(结)业生数 Graduates and Complete a Course	招生数 New Students Enrollment	在校学生数 Students Enrollment	教职工数 Teachers,Staff and Workers 合计 Total	# 专任教师 Full-time Teachers	代课,兼任教师 Supply and Part-time Teachers
高等教育机构	Institutions of Higher Education	79	35872	109018	221391	14014	5883	
学历文凭	Award Diploma		12635	26601	62535			
普通中学	Regular Secondary	93	9467	13284	36316	3452	2104	157
高中	Senior Middle Schools	78	3782	8964	21626			
城市	Urban		2769	5213	13457			
县镇	County and Township		582	3064	6146			
农村	Rural		431	687	2023			
初中	Junior Middle Schools	15	5685	4320	14690			
城市	Urban		4537	3373	11422			
县镇	County and Township		325	160	850			
农村	Rural		823	787	2418			
职业中学	Vocational Secondary Schools	13	964	1235	3966	1111	579	128
城市	Urban							
县镇	County and Township							
农村	Rural							
小学	Primary Schools	12	802	981	5472	1151	705	31
城市	Urban	5	573	771	4099	372	222	6
县镇	County and Township	7	217	205	1306	765	469	25
农村	Rural		12	5	67	14	14	
幼儿园	Kindergartens	302	8003	11526	29636	5882	2917	172
城市	Urban	82	3712	5947	15149	3985	1908	100
县镇	County and Township	133	3223	4588	11860	1730	912	67
农村	Rural	87	1068	991	2627	167	97	5

注：普通中学教职工数、专任教师及代课兼任教师数为初中高中合计数。

资料来源:北京市教育委员会。

Note: Number of teachers,staff and worders,full-time teachers,supply and part time teachers of regular secondary schools includes those of junior and senior middle schools

Sources: Beijing Municipal Commission of Education.

16-15 外省、外籍学生情况(2004年)

STATISTICS FOR STUDENTS OF OTHER PROVINCE AND FOREIGN NATIONALITY (2004)

单位：人 (person)

类别	Item	外省市借读生 Other Province temporarily Students 合计 Total	社会力量办学 Community Investment Run a Schools	外国籍学生 Foreign Nationality Students 合计 Total	社会力量办学 Community Investment Run a Schools
总计	**Total**	**268155**	**24535**	**4041**	**1155**
普通中学	Regular Secondary Schools	53922	7739	1660	528
初中	Junior Middle Schools	45813	4880	744	226
高中	Senior Middle Schools	8109	2859	916	302
职业中学	Vocational Schools				
小学	Primary Schools	181459	11991	1525	181
特教	Special Education	270	34	5	1
幼儿园	Kindergartens	31781	4715	817	411

资料来源: 北京市教育委员会。

Sources: Beijing Municipal Commission of Education.

16-16 高校办学条件(2004年)
INSTITUTIONS OF HIGHER EDUCATION RUN A SCHOOL CONDITION(2004)

项目 Item				总计 Total	# 中央 Central	# 市属市管 Municipal
普通高校		**Institutions of Regular Higher Education**				
校舍建筑面积	(平方米)	Floor Space of Schoolhouses	(sq.m)	24271734	16571081	6110405
占地面积	(平方米)	Areas of Schools	(sq.m)	35825291	22667869	9456048
图书	(万册)	Books	(10000 volumes)	5676	3988	1477
电子图书	(万册)	Electro-books	(10000 volumes)	301297		
拥有教学用计算机	(台)	Computer	(set)	159314		
语言实验室座位数	(个)	Language Laboratory Seating	(unit)	45258		
多媒体教室座位数	(个)	Multimedia Laboratory Seating	(unit)	411056		
网上教学课程数	(种)	Number of Network of Curricula	(kind)	4945		
成人高校		**Institutions of Adult Higher Education**				
校舍建筑面积	(平方米)	Floor Space of Schoolhouses	(sq.m)	1557047	230507	1326540
占地面积	(平方米)	Areas of Schools	(sq.m)	5788137	2888132	2900005
图书	(万册)	Books	(10000 volumes)	410	67	343
电子图书	(万册)	Electro-books	(10000 volumes)	496		
拥有教学用计算机	(台)	Computer	(set)	22233		
语言实验室座位数	(个)	Language Laboratory Seating	(unit)	4450		
多媒体教室座位数	(个)	Multimedia Laboratory Seating	(unit)	32119		
网上教学课程数	(种)	Number of Network of Curricula	(kind)	770		

资料来源: 北京市教育委员会。

Sources: Beijing Municipal Commission of Education.

16-17 基础教育办学条件(2004年)
BASE EDUCATION RUN A SCHOOL CONDITION(2004)

单位：平方米 (sq.m)

项目 Item				普通中学 Regular Secondary Schools	职业中学 Vocational Secondary Schools	小学 Primary Schools
学校占地面积		Areas of Schools		22832553	4087256	17448105
行政办公用房		Administrative Houses		1135153	143721	661690
校舍面积		Floor Space of Schoolhouses		8961232	1391413	5051184
当年新增		New adding In these Years		214321	39838	89202
危房面积		Areas of Dangerous Building		23438	3917	9869
教学及辅助用房		Teaching and Auxiliary Houses		3468512	542193	2540823
普通教室		Senior Room		1869654	327208	1860529
实验室		Laboratory		575764	140252	130916
图书室		Library		253110	29134	100672
微机室		Computer Room		145633		97383
语音室		Language Laboratory Seating		66153		25600
生活用房		Houses for Life		2043577		676457
体育运动场(馆)面积		Areas of Stadiums and Gymnasiums		7241155		6693460
计算机	(台)	Computers	(set)	91853	19073	63792
图书藏量	(册)	Books Collections	(volume)	24148425	3108165	22070160
电子图书藏量	(片)	Electronic Collections	(piece)	521567	481972	97429

资料来源: 北京市教育委员会。

Sources: Beijing Municipal Commission of Education.

16-18 教育及其他部门各级各类学校教育经费收入情况表(2004年)

单位：千元

学校类型	Type of Schools	合计 Total	预算内教育经费拨款 Budgetary Government Appropriation for Education	教育附加拨款 Appropriate Fouds of Education
总　计	**Total**	**44431770**	**25172427**	**1525686**
高等学校	Institutions of Higher Education	25361416	12824150	25974
普通高等学校	Regular Institutions of Higher Education	24684606	12652236	16000
成人高等学校	Institutions of Higher Education for Adults	676810	171914	9974
中等专业学校	Specialized Secondary Schools	1209520	818725	11527
中等技术学校	Technical Schools	1143775	777214	7500
中等师范学校	Teacher Training Schools	18429	13955	11
成人中专学校	Specialized Secondary Schools for Adults	47316	27556	4016
技工学校	Technical Schools	438374	297533	
中学	Secondary Schools	6651268	4079148	716876
普通中学	Regular Secondary Schools	6648685	4077736	716456
高级中学	Senior Secondary Schools	1372645	675594	262240
完全中学	Whole Secondary Schools	2743392	1657243	190789
初级中学	Junior Secondary Schools	2532648	1744899	263427
# 农村	Rural	802176	653036	93016
成人中学	Secondary Schools for Adults	2583	1412	420
职业中学	Vocational Schools	892969	517758	116510
小学	Primary Schools	4224863	3302308	264445
普通小学	Regular Primary Schools	4224863	3302308	264445
# 农村	Rural	1364906	1166792	105076
成人小学	Primary Schools for Adults			
特殊教育学校	Special Education Schools	112818	90141	10837
幼儿园	Kindergartens	479335	255094	22668
其他	Others	5061207	2987570	356849

资料来源:北京市教育委员会。

STATISTICS FOR EDUCATIONAL FUNDS SOURCES (2004)

(1000 yuan)

事业收入 Didactical and Scientific Research Income	校办产业和经营收益用于教育事业 Operating Income from Enterprises run by Schools	其他收入小计 Others Subtotal	# 捐赠收入 Donative Income	基建拨款 Appropriation for Capital Construction
11128962	**593931**	**3493084**	**600879**	**2517680**
8064007	505515	1914538	299858	2027232
7650530	497909	1842199	299858	2025732
413477	7606	72339		1500
318294	2767	48007		10200
304205	2580	43076		9200
2464		1999		
11625	187	2932		1000
129384	4140	5817		1500
1143864	35490	498150	166000	177740
1143864	35490	497399	166000	177740
283071	3531	89219	27671	58990
510004	25360	273996	72311	86000
350789	6599	134184	66018	32750
27614	518	13992	4189	14000
		751		
187739	5936	59526	3200	5500
338700	6712	230010	89795	82688
338700	6712	230010	89795	82688
54799	1087	23652	7535	13500
8476	276	2938	336	150
152161	89	40653	24755	8670
786337	33006	693445	16935	204000

Sources: Beijing Municipal Commission of Education.

16-19 教育经费支出明细表(2004年)

单位：千元

学校类型	Type of Schools	合计 Total	个人部分 Part of Person 工资 Wage	职工福利费及社会保障费 Welfares and Social Blanket Insurance	助学金 Stipend
总　　计	**Total**	**42829465**	**3029917**	**14211131**	**994177**
高等学校	Institutions of Higher Education	25251115	1088442	7092349	908032
普通高等学校	Regular Institutions of Higher Education	24767669	1051384	6918080	907747
成人高等学校	Institutions of Higher Education for Adults	483446	37058	174269	285
中等专业学校	Specialized Secondary Schools	1145585	115955	402811	56190
中等技术学校	Technical Schools	1081856	107750	370423	55838
中等师范学校	Teacher Training Schools	17643	1935	12559	
成人中专学校	Specialized Secondary Schools for Adults	46086	6270	19829	352
技工学校	Technical Schools	422869	56092	82031	7316
中学	Secondary Schools	6464825	810054	3020461	14796
普通中学	Regular Secondary Schools	6462251	809715	3019161	14796
高级中学	Senior Secondary Schools	1303044	113322	500497	1886
完全中学	Whole Secondary Schools	2791928	332532	1372945	6817
初级中学	Junior Secondary Schools	2367279	363861	1145719	6093
# 农村	Rural	784522	151895	367634	4311
成人中学	Secondary Schools for Adults	2574	339	1300	
职业中学	Vocational Schools	849065	99441	427436	1585
小学	Primary Schools	4165384	637249	2267929	5437
普通小学	Regular Primary Schools	4165384	637249	2267929	5437
# 农村	Rural	1345152	264760	711870	4011
成人小学	Primary Schools for Adults				
特殊教育学校	Special Education Schools	106912	13361	58815	821
幼儿园	Kindergartens	449768	60193	231244	
其他	Others	3973942	149130	628055	

资料来源:北京市教育委员会。

LIST OF EDUCATION EXPENDITURE(2004)

(1000 yuan)

公用部分 Part of Public				基建支出 Capital Construction
公务费及业务费 Fees of Line of Duty and Activity	设备购置费 Fees of Purchase of Equipment	修缮费 Fees of Remedy	其他费用 Others	
6532068	**3512951**	**3060322**	**6771296**	**4717603**
4293144	2125490	1364632	4449194	3929832
4185487	2101094	1345444	4330101	3928332
107657	24396	19188	119093	1500
203757	136518	82620	122486	25248
194871	133394	76921	118411	24248
2186	149	506	308	
6700	2975	5193	3767	1000
120424	69986	33230	26509	27281
725535	484426	797176	288689	323688
725021	484420	797176	288274	323688
127732	88059	218350	69013	184185
320319	217615	308509	128288	104903
276970	178746	270317	90973	34600
91553	45182	77878	32069	14000
514	6		415	
120756	67393	88701	38253	5500
405044	249637	342300	130327	127461
405044	249637	342300	130327	127461
111601	70613	121423	32044	28830
12836	8149	8798	3843	289
50334	25494	54614	19219	8670
600238	345858	288251	1692776	269634

Sources: Beijing Municipal Commission of Education.

16-20 公 共 图 书 馆(2004年)
PUBLIC LIBRARIES(2004)

项 目 Item			总 计 Total	中央属 Central	市 属 Municipal	区县属 District and County
个数	(个) Number	(unit)	26	1	2	23
从业人员	(人) Employment	(person)	2463	1342	344	777
总藏数	(万册、件) Total Collections	(10000 volumes,pieces)	3450.6	2455.6	422.2	572.8
# 图书	(万册、件) Books	(10000 volumes,pieces)	1807.1	897.4	374.1	535.6
建筑面积	(万平方米) Floor Space of Building	(10000 sq.m)	30.9	16.4	4.9	9.6
阅览座席	(个) Seats for Reading	(unit)	13541	3419	1849	8273
外借人次	(万人次) Person-times of Lending	(10000 person.times)	405	144.7	77.7	182.6
外借册次	(万册次) Volume-times Lending	(10000 volume.times)	998.9	455.6	183.4	359.9

资料来源:北京市文化局、中华人民共和国文化部。

Sources: Education Commission of Beijing，Ministry of Cultury of the People's Republic of China.

16-21 艺 术 剧 团(2004年)
ART TROUPES(2004)

项 目	Item	个数 (个) Number (unit)	从业人员 (人) Perons Employed (person)	国内演出场次 (场) Domestic Perfor-mances (time)	# 农村 In Rural Areas	国内观众人数 (万人次) Domestic Spectator (10000 person.times)	总收入 (万元) Total Revenue (10000 yuan)	# 演出收入 from Performances
总 计	**Total**	**36**	**6939**	**8731**	**433**	**846.4**	**78083.0**	**17757.5**
按隶属关系分组	**Grouped by Administrative Relationship**							
中央属	Central	16	4714	2324	107	571.9	51130.3	11739.1
市 属	Municipal	11	2046	3695	326	235.6	25735.8	5539.2
区县属	District and County	9	179	2712		38.9	1216.9	479.2
按剧种分	**Grouped by Art Troupes**							
话剧、儿童剧团	Drama,Children's Play	4	1044	867	32	69.0	11639.4	2356.8
歌剧、舞剧、歌舞剧团	Opera,Dance Drama and Song and Dance Troupe	3	823	303	10	54.1	10319.3	2952.1
歌舞团、轻音乐团	Song and Dance Ensembles and Light Music Troupes	4	1155	753	39	315.7	10965.4	4954.6
乐团、合唱团	Philharmonic Troupes and Glee Club	4	654	370	3	43.8	10396.7	2019.1
文工团、文宣队、乌兰牧骑	Cultural Troupes,Agitprop and Prairie Art Troupes	3	1125	690	55	96.3	7532.8	1127.9
戏曲剧团	Local Opera Troupes	11	1481	2152	250	148.8	15632.1	1989.0
# 京剧团	Local Beijing Opera Troupes	3	798	1401	26	84.7	9223.1	1359.0
曲、杂、木、皮影剧团	Recitation and Ballad Troupe,Acrobatics and Circus Troupe,Puppet Show Troupe and Shadow Puppet Troupe	6	351	3411	29	87.1	6284.4	1455.8
综合性艺术表演团体	Comprehensive Art Troupes	1	306	185	15	31.6	5312.9	902.2

资料来源: 北京市文化局、中华人民共和国文化部。

Sources: Education Commission of Beijing，Ministry of Cultury of the People's Republic of China.

16-22 电影摄制情况(2004年)
STATISTICS FOR FILM PRODUCTION(2004)

类别 Item		合计 Total		#长片 Long Film		#短片 Short Film	
		部 Film	本 Reel	部 Film	本 Reel	部 Film	本 Reel
合计	**Total**	**59**	**233**	**39**	**199**	**20**	**34**
故事片	Feature Film	43	195	38	190	5	5
纪录片	Documentary Film	2	11	1	9	1	2
科教片	Popular Science Film	13	26			13	26
译制片	Dubbed Film						
舞台艺术片	Mise en Scene						
美术片	Puppet Film	1	1			1	1

16-23 报纸出版情况(2004年)
NEWSPAPER PUBLICATION(2004)

门类 Item		种数 (种) Number of Publications (kind)	平均期印数 (万份) Average Printed Copies Per Issue (10000 pieces)	总印数 (万份) Total Printed Copies (10000 pieces)	总印张 (万印张) Total Signature (10000 units)
总计	**Total**	**253**	**3405**	**703991**	**2065337**
综合报	Comprehensive	49	1541	397800	1195327
专业报	Professional	204	1864	306191	870010

资料来源：中华人民共和国新闻出版总署。
Sources: The General Administration of Press and Publication of the P.R.China.

16-24 杂志出版情况(2004年)
MAGAZINES PUBLICATION(2004)

门类 Item		种数 (种) Number of Publications (kind)	平均期印数 (万册) Average Copies Per Issue (10000 volumes)	总印数 (万册) Total Copies (10000 volumes)	总印张 (万印张) Total Signatures (10000 units)
总计	**Total**	**2470**	**5233**	**79718**	**355350**
综合	Comprehensive	62	280	3357	22216
哲学、社会科学	Philosophy and Social Sciences	746	2856	47043	178081
自然科学技术	Natural Sciences and Technology	1271	1285	15840	97654
文化、教育	Culture and Education	235	416	6231	27009
文学、艺术	Literature and Art	110	155	2062	13054
少年儿童读物	Juvenile and Children's Books	17	196	4633	13652
画刊	Pictorial	29	45	552	3684

资料来源：中华人民共和国新闻出版总署。
Sources: The General Administration of Press and Publication of the P.R.China.

16-25 图书出版情况(2004年)
BOOKS PUBLICATION(2004)

门类 Item		出版图书种数合计(种) Number of Publications (kind)	#新书 New Publications	总印数(万册、张) Total Copies (10000 volumes,pieces)	总印张(万印张) Total Signatures (10000 units)
总计	**Total**	**98312**	**58890**	**152181**	**1565671**
书籍合计	**Books**	**97740**	**58753**	**150713**	**1562953**
马列主义、毛泽东思想	Maxism-Leninism-Mao Zedong Thought	350	243	1158	14778
哲学	Philosophy	1854	1471	1664	20417
社会科学总论	General Social Sciences	1399	1083	1064	14955
政治、法律	Politics and Law	6848	5089	8690	97653
军事	Military	435	379	269	3604
经济	Economics	10927	8026	8551	140997
文化、科学、教育、体育	Culture,Science,Education and Sports	24935	11828	74068	523129
语言、文字	Languages	5466	3030	9562	148879
文学	Literature	4910	3670	5873	76312
艺术	Art	2900	1899	2524	23329
历史、地理	History and Geography	3287	2491	9971	51309
自然科学总论	General Natural Sciences	259	214	192	2347
数理科学、化学	Mathematics and Chemistry	2431	1069	3259	51200
天文学、地球科学	Astronomy and Geoscience	669	490	246	2744
生物科学	Biology	676	388	406	8324
医药、卫生	Medicine and Health Care	4999	3001	4711	78180
农业科学	Agricultural Science	1617	948	1241	11155
工业技术	Industrial Technology	20556	11475	14495	257653
交通运输	Transportation	1401	622	1148	14749
航空、航天	Aeronautics and Aerospace	71	69	20	361
环境科学	Environmental Science	841	596	557	7099
综合性图书	General Books	909	672	1044	13779
图片合计	**Pictures**	**572**	**137**	**1468**	**2718**

资料来源: 中华人民共和国新闻出版总署。
Sources: The General Administration of Press and Publication of the P.R.China.

16-26 录音制品出版情况(2004年)
PUBLICATION OF AUDIO PRODUCTS(2004)

项目 Item	录音带 Audio-tapes		激光唱盘 CDs		高密度激光唱盘 DVD-A	
	种数（种） Kind (kind)	数量（万盒） Volume (10000 cassettes)	种数（种） Kind (kind)	数量（万张） Volume (10000 pieces)	种数（种） Kind (kind)	数量（万张） Volume (10000 pieces)
总计 Total	**2401**	**7266.2**	**1937**	**1820.9**	**142**	**85.2**
# 市属 Municipal	146	342.5	46	50.2	2	8.0

资料来源：中华人民共和国新闻出版总署。

Sources: The General Administration of Press and Publication of the P.R.China.

16-27 录像制品出版情况(2004年)
PUBLICATION OF VIDEO PRODUCTS(2004)

项目 Item	录像带 Videotapes		激光视盘 VCD		高密度激光视盘 DVD-V	
	种数（种） Kind (kind)	数量（万盒） Volume (10000 cassettes)	种数（种） Kind (kind)	数量（万张） Volume (10000 pieces)	种数（种） Kind (kind)	数量（万张） Volume (10000 pieces)
总计 Total	**212**	**5.6**	**6247**	**11654.7**	**1264**	**2300.3**
# 市属 Municipal	3	2.5	157	372.3	46	49.6

资料来源：中华人民共和国新闻出版总署。

Sources: The General Administration of Press and Publication of the P.R.China.

16-28 电视台情况
BASIC STATISTICS ON TELEVISION STATIONS

项目 Item	2004 中央 Central	2004 地方 Local	2003 中央 Central	2003 地方 Local
电视台 （座） Television Stations (unit)	1	1	1	1
公共节目套数 （套） Commonality Programs (set)	19	24	14	19
全年公共节目播出时间 （时：分） Commonality Programs Hours (hour:minute)	126952:18	89123:04		
1．新闻资讯类节目 （时：分） News Programs (hour:minute)	35552:24	10599:15		
2．专题服务类节目 （时：分） Special Topic Programs (hour:minute)	36877:08	39611:58		
3．综艺益智类节目 （时：分） Synthetical Programs of Entertainment (hour:minute)	21479:22	7886:30		
4．影视剧类节目 （时：分） Film and Teleplay (hour:minute)	27479:49	16424:16		
5．广告类节目 （时：分） Advertising Programs (hour:minute)	5563:35	8998:14		
6．其他类节目 （时：分） Others (hour:minute)		5602:51		

注：电视台数不包括区县电视台。

资料来源:北京市广播电视局、国家广播电影电视总局。

Note: Number of television stations excludes those of districts and counties.

Sources:Beijing Municipal Bureau of Radio & Television,The State Administr Ation of Radio Film and Televison.

16-29 广播电台情况

BASIC STATISTICS ON BROADCASTING STATIONS

项目 Item				2004		2003	
				中央 Central	地方 Local	中央 Central	地方 Local
电台	(座)	Television Stations	(unit)	2	1	2	1
公共节目套数	(套)	Commonality Programs	(set)	60	16	9	16
全年公共节目播出时间	(时：分)	Commonality Programs Hours	(hour:minute)	327055:07	83784:20		
1．新闻资讯类节目	(时：分)	News Programs	(hour:minute)	88258:39	10289:40		
2．专题服务类节目	(时：分)	Special Topic Programs	(hour:minute)	102627:55	40639:51		
3．综艺类节目	(时：分)	Synthetical Programs of Entertainment	(hour:minute)	117417:22	18066:35		
4．广播剧类节目	(时：分)	Broadcast	(hour:minute)	439:05	982:30		
5．广告类节目	(时：分)	Advertising Programs	(hour:minute)	11954:53	8815:57		
6．其他类节目	(时：分)	Others	(hour:minute)	6357:13	4989:47		

注：广播电台数不包括区县电台。

资料来源:北京市广播电视局、国家广播电影电视总局。

Note: Number of broadcasting stations excludes those of districts and counties.

Sources:Beijing Municipal Bureau of Radio & Television,The State Administr Ation of Radio Film and Televison.

主要统计指标解释

研究生培养机构 是指经国家批准设立的具有培养博士研究生、硕士研究生资格的普通高等学校和科研机构。

普通高等学校 是指按国家规定的设置标准和审批程序批准举办的，通过全国普通高等教育统一招生考试，招收高中毕业生为主要培养对象，实施高等学历教育的全日制大学、独立设置的学院和高等专科学校、高等职业学校和其他机构。

成人高等学校 是指按国家规定的设置标准和审批程序批准举办的，通过全国成人高等教育统一招生考试，招收具有高中毕业或同等学历的人员为主要培养对象，利用函授、业余、脱产的多种形式对其实施高等学历教育的学校。包括：职工高等学校、农民高等学校、管理干部学院、教育学院、独立函授学院、广播电视大学、其他机构。

高等教育机构 是指经省、自治区、直辖市教育行政部门审批并颁发办学许可证，不具有颁发学历文凭资格的实施高等教育的单位。

社会力量办即民办学校 是指经有关主管部门批准，公民个人、社会团体及其他社会组织等利用非国家财政性教育经费，面向社会举办的学校及其他教育机构。

学历文凭考试机构 是经教育行政部门专门批准，进行全日制高等教育的民办的其他高等教育机构。

专科教育 应当使学生掌握本专业必备的基础理论、专门应用技术知识，具有从事本专业实际工作的基本技能和技术应用能力。全日制专科教育的基本修业年限为二至三年。

本科教育 应当使学生比较系统地掌握本学科、专业必需的基础理论、基本知识，掌握本专业必要的基本技能、方法和相关知识，具有从事本专业实际工作和研究工作的初步能力。全日制本科教育的基本修业年限为四至五年。

硕士研究生教育 应当使学生掌握本学科坚实的基础理论、系统的专业知识，掌握相应的技能，方法和相关知识，具有从事本专业实际工作和科学研究工作的能力。硕士研究生教育的基本修业年限为二至三年。

博士研究生教育 应当使学生掌握本学科坚实宽广的基础理论、系统深入的专业知识、相应的技能和方法，具有独立从事本学科创造性科学研究工作和实际工作的能力。博士研究生教育的基本修业年限为三至四年。

函授学生 是指通过全国成人高等教育统一招生考试，招收具有高中毕业文化程度的人员，按照国家成人高等学历教育计划，以函授为主要教学方式培养的学生。本科学制五或六年，专科学制三或四年。

业余学生 是指通过全国成人高等教育统一招生考试招收具有高中毕业文化程度的人员，按照国家成人高等学历教育计划，以业余时间授课为主要教学方式培养的学生，业余学生包括夜大学学生。本科学制五或六年，专科学制三或四年。

脱产学生 是指通过全国成人高等教育统一招生考试，招收具有高中毕业文化程度的人员，按照国家成人高等学历教育计划，以全日制授课为主要教学方式培养的学生。本科学制四或五年，专科学制二或三年。

网络学生 是指经教育部批准的现代远程教育试点学校设立的网络教育学院，基于互联网上实施高等学历教育所招收的普通和成人本科、专科学生。

在职人员攻读博士、硕士学位学生 是指经国务院学位委员会批准的，为提高在职人员业务水平，通过攻读博士、硕士学位入学全国联考所招收的学生。培养的学生只有学位没有学历。

自考助学班学生 是指为参加高等教育自学考试的学生举办的全日制教学班。

学历文凭考试学生 是指民办的其他高等教育机构中学历文凭考试机构所招收参加高等教育学历文凭考试的全日制专科学生。

普通预科生 是指经教育部和国家民委批准下达预科招生计划，招收的少数民族和港澳、华侨、台籍学生，经过一年的文化补习，合格者升入普通高等学校有关专业学习。

证书教育 是指由各类高等教育机构举办的，招收具有高中毕业文化程度，从事专业技术工作或专业性较强的管理工作人员，经过学校学习及考试合格，取得达到岗位要求的专业知识水平证明的非学历教育。证书教育形式包括单科班和专业证书班。

单科班是指学生在学校只学一个科目中的一门或几门课程，考试合格可获得单科结业证书。

专业证书班是指学生在学校学习 8 至 10 门课程，考试合格可获得岗位要求的大专层次专业知识水平的证书。

岗位培训 是指由各类高等教育机构举办的，以提高本职工作能力为目的的非学历教育和培训活动。接受培训的各类人员按要求经考核合格，颁发岗位合格证书和上岗任职聘任书。岗位培训形式包括资格性培训和适应性培训。

资格性培训是指学生按照岗位规范要求取得上岗(在

岗)、转岗、晋升等资格的培训。

适应性培训是指学生根据本岗位工作的发展需要而进行各种适应性的培训。

进修及培训 是指对具有大学专科以上学历和中级以上职称的专业人员和管理人员进行扩展知识，提高技能的非学历教育。

外国留学生 是指接受来中国学习的外籍学生。

毕业生数 是指上学年，具有学籍的学生学完教学计划规定的全部课程，考试及格，取得毕业证书，实际毕业的学生数

招生数 是指通过国家统一招生考试，按照国家招生计划实际招收入学的新生数。包括春、秋两季招收的学生。

在校学生数 是指本学年初，具有学籍的注册学生数。

结业生数 是指具有学籍的学生学习期满，有一门以上主要课程(包括毕业论文或毕业设计)不及格或其他方面不合格，未予毕业而发给结业证书的学生数。不包括短训班和单科结业学生。

教职工数 是指在学校(机构)工作并由学校(机构)支付工资的教职工人数。教职工数包括校本部教职工、科研机构人员、校办企业职工、其他附设机构人员。

教师 是指专职从事教学工作的人员，包括临时调去帮助做其他工作的人员，不包括调离教学岗位担负行政领导工作的原教学人员。

专任教师 是指具有教师资格，专门从事教学工作的人员。

校舍建筑面积 是指产权归学校所有，已经使用的各种用房的建筑面积。不包括尚未竣工的在建工程和借用、租用的房舍或临时搭用的棚舍。

危房面积 是指年久失修、结构构件受到严重损坏，有倒塌危险，经房管部门鉴定属于危房的面积。

学校占地面积 是指学校校园内的土地面积，不包括校园外学校拥有的农场、林场及校办工厂等的土地面积。

教育事业费拨款 是指学校从中央和地方财政取得的教育事业费，即列入国家预算支出科目第13类的“教育事业费”拨款数(包括经常性经费、专项经费、科研经费拨款)。

科研经费拨款 是指高等学校从中央和地方取得的属于财政性拨款的科学研究经费，通常指纵向科研经费，包括国家（地方）教委、国家（地方）计委、国家（地方）科委和各行业主管部门（如纺织工业总会、省工业厅等）下达的科学事业费和科技三项费用等。属于财政教育事业费安排的科研经费拨款，应在教育经费拨款中填列。

其他经费拨款 是指除教育经费拨款、科研经费拨款以外的其他属于财政性的经费拨款，包括专项拨款和非专项拨款，如:公费医疗经费、 住房改革经费等。

教育附加费 是指学校从中央和地方取得的教育附加费拨款。

事业收入 是指学校开展教学、科研及其辅助活动取得的收入，包括教学收入和科研收入。其中学费填列学校核准留用和财政专户已核拨数，不包括上缴财政专户但尚未返还的部分。

校办产业和经营收益用于教育事业 是指学校兴办校办产业取得收益用于补充教育经费的部分和在教学、科研及其辅助活动之外，开展非独立核算经营活动取得的收益用于补充教育经费的部分，即经营收入的结余和其他收入中对校办产业投资收益之和。

其他收入 指除上述各项收入以外的其他各项收入，即附属单位交款和其他收入中扣除对校办产业投资收益之和。

捐赠收入 指城镇、农村、厂矿、 企事业单位和个人根据自愿、量力的原则捐(集)资助学，以及海外侨胞、港澳台胞、外籍团体、友好人士等对教育的资助和捐赠。捐赠收入中港、澳、台及海外捐集资经费指海外侨胞、港澳台胞、外籍团体、友好人士等对教育的资助和捐赠。

基建拨款 是指学校从中央和地方取得的列国家预算支出科目第一类“基本建设支出”中第147款的“教育基建支出”拨款和各部门基建支出中用于高校的基建拨款。

学校经费支出 分为事业性支出和基建支出两部分。

事业性支出 分为人员经费支出和公用部分支出。

人员经费支出 指一般预算支出科目中人员支出、对个人和家庭的补助支出两部分。由基本工资、补助工资、其他工资、职工福利费、社会保障费、奖贷助学金六部分构成。

公用部分支出 按照国家一般预算支出科目中公用支出部分填列。有以下五部分组成：公务费、业务费、设备购置费、修缮费、其他费用。

基建支出中自筹基建支出 指基本建设支出用自筹资金安排的部分。

艺术剧团 指从事戏曲、音乐、舞蹈、杂技等专业艺术表演，有独立帐户、实行独立核算的团体。不包括半工半艺和民间职业剧团。

艺术表演观众人数（人次） 指售票、包场演出或民族地区免费演出的艺术表演观众人次数。不包括彩排审查和内部观摩演出的观众人次数。

十七、科 技

SCIENCE AND TECHNOLOGY

专业技术人员人数（单位：万人）
Number of Professional Technical Personnel(10000 persons)

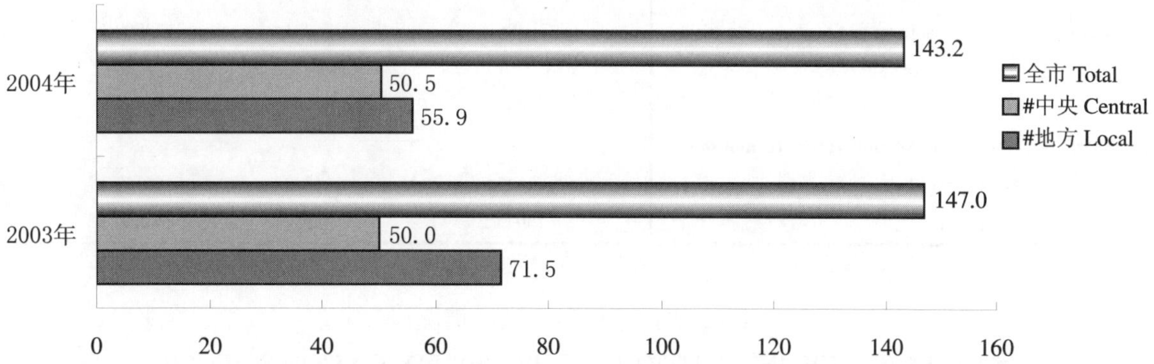

每万从业人员拥有专业技术人员（单位：人）
Number of Professional Technical Personnel Per 10000 Employed Persons (perosn)

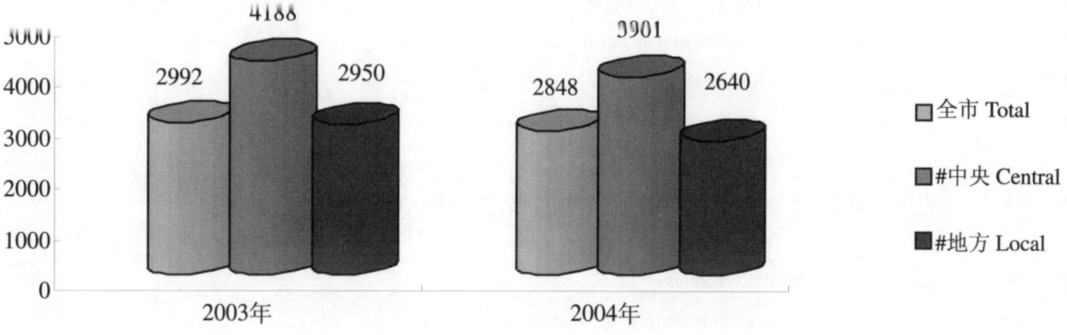

17-1 科技活动人员情况(2004年)

STATISTICS FOR PERSONNEL ENGAGED IN SCIENCE AND TECHNOLOGYP(2004)

项 目	Item	单位数 (个) Number of Enterprises (unit)	# 有科技活动的单位数 Number of Science and Technology-oriented Activities Enterprises	科技活动人员 (人) Personnel Engaged in Science and Technology(person)	# 科学家和工程师 Scientist and Engineer
总 计	**Total**	**15690**	**6590**	**301202**	**234764**
按执行部门分组	**Group by Administer Department**				
科研机构	Scientific Research Institutions	353	353	78527	58612
高等院校	Institutions of Higher Education	100	98	45093	37617
企 业	Enterprise	14743	5942	165823	129186
# 大中型工业企业	Local Large and Medium Industrial Enterprises	496	231	33800	24479
其他	Others	494	197	11759	9349
按隶属关系分组	**Group by Administrative Relationship**				
中央	Central	1717	1008	156352	121746
地方	Local	13973	5582	144850	113018

17-2 高等学校科技活动情况

STATISTICS FOR INSTITUTIONS OF HIGHER EDUCATION SCIENCE AND TECHNOLOGY-ORIENTED ACTIVITIES

项 目 Item				2004	2003
科技活动人员	(人)	Personnel Engaged in Science and Technology	(person)	45093	53507
# 科学家和工程师		Scientist and Engineer		37617	50691
研究与试验发展机构	(个)	Scientific Research Institutions	(unit)	394	659
研究与试验发展全时人员	(人年)	Full-time Scientific Research Persons	(person.year)	23603	20192
# 科学家和工程师		Scientist and Engineer		23005	19545
# 基础研究		Basic Research		8485	6699
应用研究		Applied Research		11647	10078
试验发展		Experimental Development		3471	2768
科技经费筹集额	(万元)	Scientific Research-oriented Expenditure Financing	(10000 yuan)	612870	500369
# 政府拨款		Government Appropriate Funds		360240	304849
企业资金		Corporation		199111	170492
银行贷款		Loads of Banks			4507
科技经费内部支出	(万元)	Appropriation Intramural Expenditure for Science and Technology	(10000 yuan)	419142	400772
# 劳务费		Work Expenditure		74402	80748
固定资产购建费		Purchase of Investment in Fixed Assents		73655	56411
# 研究与试验发展经费支出	(万元)	The Approprlation Expendlture for Research and Experimental Development	(10000 yuan)	282867	284929
基础研究		Basic Research		87642	73050
应用研究		Applied Research		144357	157131
试验发展		Experimental Development		44947	54748

17-3 科技活动经费筹集情况(2004年)

STATISTICS FOR SCIENTIFIC RESEARCH-ORIENTED EXPENDITURE FINANCING(2004)

单位:万元 (10000 yuan)

项目 Item		科技经费筹集额合计 Total on Scientific Research-oriented Expenditure Financing	政府资金 Government Contributive	企业资金 Corporation	事业单位资金 Institutions	金融机构贷款 Loads of Financial Institutions	国外资金 Foreign Fund	其他资金 Others
总　计	**Total**	**6020625.0**	**2723463.9**	**2354526.3**	**272485.5**	**110046.7**	**274315.8**	**285787.0**
按执行部门分组	**Group by Administer Department**							
科研机构	Scientific Research Institutions	2584592.0	2058865.0	141950.0	210898.0	10500.0	8393.0	153986.0
高等院校	Institutions of Higher Education	612869.8	360239.9	199110.9	26740.4		13862.5	12916.3
企　业	Enterprise	2670465.4	215411.6	1996152.4	20330.1	99526.7	242822.7	96221.9
# 大中型工业企业	Local Large and Medium Industrial Enterprises	697365.8	34122.7	610578.9	1474.0	33933.7	7113.3	10143.2
其他	Others	152697.8	88947.4	17313.0	14517.0	20.0	9237.6	22662.8
按隶属关系分组	**Group by Administrative Relationship**							
中央	Central	3958300.8	2522909.3	866874.4	234928.0	46986.2	31039.9	255565.1
地方	Local	2062323.2	200553.6	1487651.9	37558.5	63060.5	243275.9	30221.8

17-4 科技活动经费支出情况(2004年)

STATISTICS FOR APPROPRIATION EXPENDITURE FOR SCIENCE AND TECHNOLOGY(2004)

单位：万元 (10000 yuan)

项目 Item		科技活动经费支出 Appropriation Expenditure for Science And Technology	内部支出 Intra-Mural Expenditure	经常费支出 Frequently Expenditure	# 人员劳务费 Work Expenditure	科研基建支出 Scientific Research and Infrastructure Investment	# 固定资产购建 Investment in Fixed Assents	# 设备购置 Purchase of Equipment	外部支出 Exterior Expenditure
总　计	**Total**	**5529698.6**	**5173393.0**	**4721372.0**	**1372368.9**	**452021.0**	**911401.7**	**733849.0**	**356307.6**
按执行部门分组	**Group by Administer Department**								
科研机构	Scientific Research Institutions	2443188.0	2346724.0	2052726.0	489699.0	293998.0	449646.0	339140.0	96465.0
高等院校	Institutions of Higher Education	481194.0	419142.7	405959.8	74402.2	13182.9	73655.4	69743.9	62051.3
企　业	Enterprise	2469910.7	2281587.9	2166434.4	778289.3	115153.5	338913.9	285905.7	188323.8
# 大中型工业企业	Local Large and Medium Industrial Enterprises	641969.7	563867.8	533862.9	118870.1	30004.9	108966.6	87392.0	78101.9
其他	Others	135404.9	125938.4	96251.8	29978.4	29686.6	49186.4	39059.4	9467.5
按隶属关系分组	**Group by Administrative Relationship**								
中央	Central	3653186.5	3422570.4	3049896.1	763086.0	372674.3	629005.4	495335.5	230616.1
地方	Local	1876511.2	1750822.7	1671476.0	609281.9	79346.7	282396.3	238514.5	125690.5

17-5 产品质量监督检验情况(2004年)
SUPERVISE AND CHECK UP PRODUCT QUALITY(2004)

产品名称	Name of Product	监督检验企业数(个) Supervise and Check up Enterprises (unit)	查出不合格产品企业数(个) Unqualified Product Enterprises (unit)	不合格产品企业所占比例(%) Unqualified Product Enterprises as % of Total (%)	检验批次(批次) Check Batch (batch.time)	合格批次(批次) Regular Batch (batch.time)	批次合格率(%) Ratio of regular by Batch (%)
总 计	**Total**	**622**	**145**	**23.3**	**764**	**586**	**76.7**
农用产品	Make use of Agriculture Product						
# 农用化肥	Fertilizer for Farm Use						
加工食品和饮料	Processible Food and Beverage	356	64	18.0	495	396	80.0
# 小麦粉、大米	Wheaten and Rice	45			25	24	96.0
肉制品	Cooked Food	45	14	31.3	102	56	55.0
调味品	Flavorings	44	5	11.4	46	41	89.1
啤酒	Beer	19			34	34	100.0
糕点、糖果	Pastry and Candy						
非酒精液体饮料	Noalcohol and Liquid Beverage	43	12	41.0	58	46	79.3
冷冻饮料	Refrigerant	63	19	30.1	73	55	75.3
方便主食品	Expediently Staple Food	3	1	33.3	5	4	80.0
乳制品	Dairy Produce	24			31	31	100.0
家用电器	Daily Use Electrical Appliances	17	4	23.5	17	13	76.5
轻工产品	Light Industry Product	54	9	16.7	71	64	90.1
纺织、鞋类产品	Textile Industry and Leather Making						63.2
化工产品	Chemical Materials	92	35	38.0	95	60	63.1
建材产品	Building Materials	68	25	36.8	68	43	63.2
机电产品	Machine and Electron Product	3			3	3	100.0
冶金产品、金属制品	Metallurgy and Medical Product						
能源产品	Energy Product						
医疗器械	Medical Machines	11	5	45.5	11	6	54.5
其他	Others	23	4	17.4	23	19	82.6

17-6 研究与试验发展(R&D)情况(2004年)
RESEARCH AND EXPERIMENTAL DEVELOPMENT(2004)

		有R&D活动的单位数(个) Number of (R&D) Enterprises (unit)	R&D人员折合全时人员(人年) R&D Person Amount to Full-time Person(person.year)					
				# 科学家和工程师 Scientist and Engineer	# 全时人员 Full-time Persons	# 基础研究 Basic Research	# 应用研究 Applied Research	# 实验发展 Experimental Development
总 计	**Total**	**4334**	**3293870.9**	**109079.2**	**91092.6**	**21235.4**	**36911.1**	**66661.9**
按执行部门分组	**Group by Administer Department**							
科研机构	Scientific Research Institutions	314	51339	44258	45785	11830	19511	19998
高等院校	Institutions of Higher Education	98	23602.9	23004.6	8560	8485.1	11647.2	3470.6
企 业	Enterprise	3782	1341834.2	38818.5	34332	608.2	4203	41597.6
# 大中型工业企业	Local Large and Medium Industrial Enterprises	204	17727	15177	15680	596	5200	11931
其他	Others	140	42445.3	2998.1	2415.6	312.1	1549.9	1595.7
按隶属关系分组	**Group by Administrative Relationship**							
中央	Central	786	2188704	70983.1	60696.3	19218	28418	33026.1
地方	Local	3548	1105167.8	38096.1	30396.3	2017.4	8493	33635.8

17-6 续表 continued

单位：万元 (10000 yuan)

项目	Item	R&D 经费内部支出 The Appropriation Expenditure for the Research and Experimental Development	经常费支出 Frequently Expenditure	# 人员劳务费 Work Expenditure	# 基础研究 Basic Research	# 应用研究 Applied Research	# 试验发展 Expenditure Development
总计	Total	**3169063.5**	**2882880.7**	**761406.5**	**401181.0**	**899870.3**	**1581829.4**
按执行部门分组	**Group by Administer Department**						
科研机构	Scientific Research Institutions	1551783.0	1325695.0	276211.0	208062.0	373332.0	744301.0
高等院校	Institutions of Higher Education	282866.5	276945.1	56061.2	87642.0	144356.6	44946.5
企业	Enterprise	1295425.4	1248192.2	420530.9	101742.4	371160.9	775288.9
# 大中型工业企业	Local Large and Medium Industrial Enterprises	412198.6	409773.5	90840.5	40324.9	162407.6	207040.6
其他	Others	38987.6	32048.4	8603.4	3734.6	11020.8	17293.0
按隶属关系分组	**Group by Administrative Relationship**						
中央	Central	2108042.9	1856799.0	411819.6	301929.3	571059.9	983809.8
地方	Local	1061021.6	1026083.7	349586.9	99252.7	328810.4	598020.6
按资金来源分	**Group by Bankroll Source**						
政府资金	Governmental	1591734.9					
企业资金	Enterprises	1154207.9					
国外资金	Foreign	153976.3					
其他资金	Others	232498.9					

项目	Item	R&D 经费内部支出 The Appropriation Expenditure for the Research and Experimental Development	# 科研基建支出 Expenditure for Science, Technology and Infrastructure	# 固定资产购建 Purchase of Investment in Fixed Assents	# 设备购置 Purchase of Inqupment	R&D 经费外部支出 Exterior Expenditure for R&D
总计	Total	**3169063.5**	**286182.9**	**590455.0**	**498361.1**	**207801.7**
按执行部门分组	**Group by Administer Department**					
科研机构	Scientific Research Institutions	1551783.0	226089.0	337253.0	263334.0	49703.0
高等院校	Institutions of Higher Education	282866.5	5921.4	44273.7	40362.2	43730.0
企业	Enterprise	1295425.4	47233.3	196950.0	183674.2	112363.9
# 大中型工业企业	Local Large and Medium Industrial Enterprises	412198.6	2425.1	65461.9	63555.7	49111.5
其他	Others	38987.6	6939.2	11978.3	10990.7	2004.9
按隶属关系分组	**Group by Administrative Relationship**					
中央	Central	2108042.9	251243.8	423135.6	342547.2	116235.0
地方	Local	1061021.6	34940.1	167319.4	155815.9	91565.8
按资金来源分	**Group by Bankroll Source**					
政府资金	Governmental	1591734.9				
企业资金	Enterprises	1154207.9				
国外资金	Foreign	153976.3				
其他资金	Others	232498.9				

17-7 国民经济各行业专业技术人员(2004年)
NUMBER OF PROFESSIONAL TECHNICAL PERSONNEL BY SECTORS OF NATIONAL ECONOMY(2004)

单位：人 (person)

项目	Item	2004 全市 Total	2004 #中央 Central	2004 #地方 Local	2003
合计	**Total**	**1431852**	**505087**	**559462**	**1469909**
农、林、牧、渔业	Farming,Forestry,Animals Husbandry and Fishery	6270	305	3935	6919
采矿业	Mining	1534	66	1268	3611
制造业	Manufacturing	195935	36535	80248	206732
电力、燃气及水的生产和供应业	Electricity,Gas,Water Production and Supply	16199	9836	5603	9526
建筑业	Construction	125710	37379	56356	149560
交通运输、仓储和邮电业	Transportation,Storage and Posts	34698	20619	7402	27824
信息传输、计算机服务和软件业	Telecommunications and Other Information Transmission	95105	26030	8955	96086
批发和零售业	Wholesale Trade and Retail Trade	92142	23739	23622	79497
住宿和餐饮业	Stay Place and Catering	30902	6317	9992	26093
金融业	Finance	65282	47772	5439	64195
房地产业	Real Estate Trade	52215	6609	18278	43292
租赁和商务服务业	Tenancy and Commercial Servecis	74796	31003	17036	88426
科学研究、技术服务和地质勘查业	Scientific Studies,Technical Servecis and Geological Prospecting	159421	107245	23918	183847
水利、环境和公共设施管理业	Water，Environment and Municipal Engineering Conservancy	10292	890	8010	7899
居民服务和其他服务业	Resident Services and Other Services	20398	4531	5094	17617
教育	Education	234774	56112	169669	225510
学前教育	Preschool Education	9287	1164	6859	7727
高等教育	Higher Education	52205	342	51152	74397
中等教育	Secondary Education	82542	2197	78771	79465
初等教育	Primary Education	73376	48739	23464	54733
其他教育	Other Education	17364	3670	9423	9188
卫生、社会保障和社会福利业	Health Care,Social Security and Social Welfare	109692	29112	74270	100209
卫生	Health Care	107728	28915	72582	98389
社会保障业	Social Security	581	77	497	492
社会福利业	Social Welfare	1383	120	1191	1328
文化、体育和娱乐业	Culture,Art,Sports and Recreation	62014	46145	11102	58121
公共管理和社会组织	Public Manage and Social Organization	44473	14842	29265	74945

注：按劳动工资年报口径，专业技术人员调整为在岗职工的其中项（下表同）。

Note: Professional technical personnel has been adjusted to one of staff and workers at their posts according to the caliber of annual report on labor force and wages.(the following is the same).

17-8 国民经济各行业每万从业人员拥有专业技术人员
NUMBER OF SCIENTIFIC AND TECHNICAL PERSONNEL PER 10000 EMPLOYMENT BY SECTORS OF NATIONAL ECONOMY

单位：人 (person)

项目	Item	2004 全市 Total	2004 #中央 Central	2004 #地方 Local	2003
合计	**Total**	**2848**	**3901**	**2640**	**2992**
农、林、牧、渔业	Farming,Forestry,Animals Husbandry and Fishery	2106	4088	2445	2377
采矿业	Mining	710	752	673	1468
制造业	Manufacturing	1865	2675	1718	2023
电力、燃气及水的生产和供应业	Electricity,Gas,Water Production and Supply	2579	3101	2019	2523
建筑业	Construction	3047	3632	2979	2298
交通运输、仓储和邮电业	Transportation,Storage and Posts	961	1348	536	907
信息传输、计算机服务和软件业	Telecommunications and Other Information Transmission	5268	5899	4667	5411
批发和零售业	Wholesale Trade and Retail Trade	2183	4157	1707	2114
住宿和餐饮业	Stay Place and Catering	1218	1243	1272	1230
金融业	Finance	4228	5381	1987	4579
房地产业	Real Estate Trade	2285	2403	2233	2287
租赁和商务服务业	Tenancy and Commercial Servecis	1753	2520	951	2349
科学研究、技术服务和地质勘查业	Scientific Studies,Technical Servecis and Geological Prospecting	5400	6084	5094	5062
水利、环境和公共设施管理业	Water，Environment and Municipal Engineering Conservancy	1505	5165	1354	1300
居民服务和其他服务业	Resident Services and Other Services	1865	4050	1296	1921
教育	Education	6331	5827	6978	6860
学前教育	Preschool Education	4836	4947	5127	5739
高等教育	Higher Education	8576	9396	8710	6316
中等教育	Secondary Education	7397	6913	7599	7383
初等教育	Primary Education	5947	6098	5867	8745
其他教育	Other Education	3112	3502	3443	3372
卫生、社会保障和社会福利业	Health Care,Social Security and Social Welfare	7061	7614	7147	7353
卫生	Health Care	7355	7659	7555	7633
社会保障业	Social Security	2044	3249	1942	3338
社会福利业	Social Welfare	2293	4918	2257	2246
文化、体育和娱乐业	Culture,Art,Sports and Recreation	4595	5796	3478	4877
公共管理和社会组织	Public Manage and Social Organization	1535	1997	1371	2780

17-9 市属国有企事业单位专业技术人员(2004年)
NUMBER OF SCIENTIFIC AND TECHNICAL PERSONNEL IN LOCAL STATE-OWNED ENTERPRISES AND INSTITUTIONS(2004)

单位：人 (person)

项目	Item	总计 Total	# 高级 Senior	# 中级 Middle	# 初级 Junior
总计	**Total**	**438223**	**45147**	**152087**	**206780**
# 工程技术人员	Engineering	92707	9425	27008	45428
农业技术人员	Agriculture	5198	352	1340	3074
科研实验人员	Scientific Research and Experimentation	4331	1302	1959	737
卫生技术人员	Health Care	72914	6740	22235	40537
教学人员	Teaching	158771	20821	71250	60251

17-10 专利申请及授权情况
PATENT APPLICATIONS EXAMINED AND CERTIFIED

单位：项 (item)

项目	Item	申请量 Total Applications Examined		批准量 Total Applications Certified	
		2004	2003	2004	2003
合计	**Total**	**18402**	**17003**	**9005**	**8248**
按种类分	**Grouped by Type**				
发明	Creations and Inventions	8608	7833	3216	2261
实用新型	Utility Models	6321	6665	3956	4244
外观设计	Designs	3473	2505	1833	1743
按对象分	**Grouped by Applicator**				
工矿企业	Industrial and Mineral Enterprises	6153	5253	3135	2778
大专院校	Universities and Colleges	1847	1699	938	634
科研单位	Scientific Research Institution	1917	1952	1058	864
机关团体	Government Organs and Associations	196	154	59	36
个人	Individuals	8289	7945	3815	3936

17-11 科学研究机构及人员(2004年)
SCIENTIFIC RESEARCH INSTITUTIONS AND PERSONNEL(2004)

项目	Item	机构 (个) Institution (unit)	职工人数 (人) Staffand Workers (person)	从事科技活动人员 (人) Personnel Engaged in Scientific and Technological Activity (person)	科技经费筹集 (万元) Scientific Research-oriented Expenditure Financing (10000 yuan)	科技经费支出 (万元) Appropriation Expenditure for Science and Technology (10000 yuan)
合计	**Total**	**270**	**57158**	**40111**	**1276430.2**	**1283383.4**
自然科学	**Natural Science**	**182**	**46906**	**32580**	**1108669.0**	**1124575.5**
中央	Central	144	41563	29118	1034992.3	1045337.3
地方	Local	38	5343	3462	73676.7	79238.2
在自然科学研究机构中：	**Of Natural Scientific Research Institutions**					
农、林、牧、渔业	Farming,Forestry,Animals Hus-bandry	21	3795	2711	95246.1	96092.5
制造业	and Fishery Manufacturing	14	2773	2258	65375.2	54643.1
电力、燃气及水的生产和供应业	Electricity,Gas and Water Production and Supply	2	1223	830	25262.4	21943.7
建筑业	Construction	3	223	157	7047.3	6258.6
交通运输、仓储和邮政业	Transportation,Stock,Posts	5	1244	1076	32302.1	29348.7
信息传输、计算机服务和软件业	Information Transmission,Computer Servecis and Software	5	777	700	48808.7	28107.9
金融业	Finance					
租赁与商务服务业	Tenancy and Commercial Servecis					
科学研究、技术服务与地质勘查业	Scientific Studies,Technical Servecis and Geological Prospecting	69	18770	13955	656657.1	621456.2
水利、环境和公共设施管理业	Water，Environment and Municipal Engineering Conservancy	10	1977	1501	48043.3	38900.9
居民服务和其他服务业	Resident Services and Other Services	1	22	17	495.5	472.7
教育	Education	1	89	87	689.4	685.5
卫生、社会保障和社会福利业	Health Care,Social Security and Social Welfare	32	13512	7442	80899.5	181421.6
文化、体育与娱乐业	Culture,Art,Sports and Recreation	8	492	415	15152.1	12228.9
公共管理与社会组织	Public Manage and Social Organization	10	1973	1397	30630.3	29219.4
社会科学	**Social Science**	**69**	**6049**	**5204**	**84981.6**	**74955.1**
中央	Central	62	5328	4647	75371.2	65205.2
地方	Local	7	721	557	9610.4	9749.9
在社会科学研究机构中：	**Of Social Scientific Research Institutions**					
管理学	Administration	2	137	129	4992.6	4626.0
马克思主义	Marxism	1	53	51	505.1	402.0
哲学	Philosophy	1	137	126	1548.0	1228.2
宗教学	Religion	1	81	81	934.7	786.2
语言学	Language	1	89	83	936.9	754.1
文学	Literature	3	280	271	2763.3	2575.5
艺术学	Art	2	638	539	8320.5	5602.6
历史学	History	6	505	443	6739.8	6299.1
考古学	Archeology	3	221	204	3419.4	2757.3
经济学	Economics	24	1843	1557	26011.9	23509.1
政治学	Politics	6	356	327	4071.1	3167.7
法学	Law	4	207	192	2144.1	2018.4
社会学	Sociology	7	451	382	5860.8	5886.1
民族学	Ethnology	1	172	168	1690.1	1462.5
新闻学与传播学	News and Propagation	2	118	87	4516.2	3799.9
教育学	Education	4	725	528	10299.3	9814.2
统计学	Statistics	1	36	36	227.8	266.2
情报科学	**Intelligence Science**	**19**	**4203**	**2327**	**82779.6**	**83852.8**

17-12 大中型工业企业科技活动基本情况
STATISTICS FOR LOCAL LARGE AND MEDIUM INDUSTRIAL ENTRPRISES SCIENCE AND TECHNOLOGY-ORIENTED ACTIVITIES

项目		Item		2004	2003
有科技机构的企业	(个)	Science and Technology-oriented Activities Enterprises	(unit)	110	72
有科技机构的企业占全部企业的比重	(%)	Science and Technology-oriented Activities Enterprises as % of Total	(%)	29.2	16.7
科技机构数	(个)	Scientific Research Institutions	(unit)	145	100
科技活动人员	(人)	Personnel Engaged in Science and Technology	(person)	33800	29502
# 科学家和工程师		Scientist and Engineer		24479	21433
研究与试验发展人员	(人)	Scientific Research Persons	(person)	21922	19499
科技机构科技活动人员数	(人)	Personnel Engaged in Science and Technology	(person)	10291	7148
# 科学家和工程师		Scientist and Engineer		7961	4916
科技经费筹集额	(万元)	Scientific Research-oriented Expenditure Financing	(10000 yuan)	697365.8	498249.2
# 政府资金		Government Appropriate Fouds		34122.7	20421.1
# 企业资金		Corporation		610578.9	447484.5
# 银行贷款		Loads of Banks		33933.7	24702
科技经费支出额	(万元)	Appropriation Expenditure for Science and Technology	(10000 yuan)	641969.7	478872.1
# 开发新产品用款		Appropriation for New product		277784.6	154875.7
科技经费支出占产品销售收入比重	(%)	Appropriation Expenditure for Science and Technologyas % of Sales Revenue	(%)	1.49	1.98
研究与试验发展经费支出	(万元)	The Appropriation Expenditure for Experimental Development	(10000 yuan)	412198.6	358217.4
科技项目数	(项)	Scientific Research Programs	(item)	1739	2661
# 新产品项目		New Product		749	1511
技术引进经费支出	(万元)	Appropriation Expenditure for Fetch in Technic	(10000 yuan)	314286.6	29141.2
消化吸收经费支出	(万元)	Appropriation Expenditure for Application of new Scientific	(10000 yuan)	2872.4	238.7
购买国内技术支出	(万元)	Appropriation Expenditure for Purchase Inland Technic	(10000 yuan)	2864.8	933.1

17-13 技术合同签定情况
CONCLUSION OF TECHNICAL CONTRACTS

项目	Item	签定合同数(项) Contracts Concluded (item) 2004	2003	合同金额(万元) Amount of Contracts (10000 yuan) 2004	2003
合计	**Total**	**35549**	**32173**	**4251773.3**	**2653572.6**
按合同类别分类	**Grouped by Type**				
技术开发合同	Technological Development	7738	7944	896834.5	744638.7
技术转让合同	Technology Transfer	2392	2122	1250130.5	402370.5
技术咨询合同	Technical Consultation	5046	4202	215178.1	130735.5
技术服务合同	Technical Service	20373	17905	1889630.2	1375827.9
按合同卖方类别分类	**Grouped by Type of Seller**				
科研机构	Scientific Research Institutions	10414	10987	454400.0	492217.8
高等院校	Institutions of Higher Education	2451	2510	95467.2	81047.5
企业	Enterprises	21573	17054	3382872.6	1968969.6
技术贸易机构	Technology Trade Institutions	653	1054	59747.3	53151.8
个体经营	Individual	10	57	275.9	3229.8
其他	Others	448	511	259010.3	54956.1
按合同买方类别分类	**Grouped by Type of Buyer**				
企业	Enterprises	27353	24135	3231452.9	2022120.2
科研机构	Scientific Research Institutions	2852	3155	171844.3	148771.0
各级管理部门	Management Departments	2915	2860	473310.5	292252.4
技术贸易机构	Technology Trade Institutions	73	138	3145.4	7000.9
个体经营	Individual and Individual Partnership	107	88	99462.4	1967.9
其他	Others	2249	1797	272557.8	181460.3
按服务社会经济目标分类	**Grouped by Social and Economic Service Objection**				
陆地、海洋和大气的开发与估价	Development and Appraisal of Lands,Seas and Atmosphere	465	244	26257.0	23541.2
民用宇宙空间	Civil Universal Space	336	241	24595.9	17948.0
农业、林业和渔业的发展	Development of Agriculture, Forestry and Fishery	521	556	27323.5	25232.8
促进工业的发展	Promoting Industrial Development	7233	6962	778452.2	634477.8
能源的生产、储存和分配	Production,Stockpile and Distribution of Energy	3924	3655	521887.8	306902.9
交通、通讯事业的发展	Development of Transportation and Telecommunication	5823	6145	744161.3	580638.8
教育事业的发展	Development of Education	703	601	57563.9	41873.0
卫生事业的发展	Development of Health Care	2113	2173	388300.1	123379.1
社会发展和社会经济服务	Social Development and Economic Service	6456	4193	1081458.6	440249.6
环境保护	Environmental Protextion	2114	2127	118220.1	51058.4
知识的全面发展	All-round Development of Knowledge	338	238	29629.0	14090.2
其他目标	Others	4015	3677	328249.6	286228.4
国防	National Defence	1508	1361	125674.3	107952.6
按技术流向分类	**Grouped by Spread Area**				
北京	Beijing	16706	15976	2202775.4	1199981.6
外地	Outside Beijing	18843	16197	2048997.9	1453591.0

17-14 科学技术协会及所属学会工作情况(2004年)
BASIC STATISTICS OF SCIENCE AND TECHNOLOGY ASSOCIATION AND SUBORDINATE INSTITUTES(2004年)

项目		Item		合计 Total	市科协 Municipal Science and Technology Association	市级学会 Institutes at Municipal Level
机构与人员		**Institutions and Personnel**				
机构	(个)	Institutions	(unit)	139	1	138
人员	(人)	Personnel	(person)	215220	43	215177
学术交流		**Academic Exchange**				
国内学术会议	(次)	Domestic Academic Meeting	(time)	1413	3	1410
参加人数	(人次)	Participants	(person.time)	226024	95	225929
交流论文	(篇)	Papers Presented	(article)	13111	43	13068
中外学术会议	(次)	China and Foreign Countries Learned Meeting	(time)	188	7	181
参加人次	(人次)	Participants	(person.time)	32470	660	31810
交流论文	(篇)	Papers Presented	(article)	2847	76	2771
港澳台学术会议	(次)	International Academic Meeting	(time)	18	4	14
参加人数	(人次)	Participants	(person.time)	2273	620	1653
交流论文	(篇)	Papers Presented	(article)	303	33	270
民间科技交流		**Non-governmental Scientific and Technological Exchange**				
派往国外科技团组	(个)	Technological Group of Accredit Overseas	(unit)	41	16	25
派出人数	(人次)	Accredit person.time	(person.time)	296	87	209
派往港澳台地区科技团组	(个)	Technological Group of Hongkong,Macao and Taiwan Enterprises Accredit	(unit)	16	7	9
派出人次	(人次)	Accredit person.time	(person.time)	165	48	117
接待国外科技团组	(个)	Technological Group of overseas Reception	(unit)	122	33	89
接待人次	(人次)	Accredit person.time	(person.time)	581	131	450
接待港澳台地区科技团组	(个)	Technological Group of Hongking,Macao and Taiwan Enterprises Reception	(unit)	19	8	11
接待人次	(人次)	Accredit person.time	(person.time)	179	52	127
科学普及		**Scientific Promoting**				
科普讲座	(次)	Lectures	(time)	830	54	776
参加人次	(人次)	Participants	(person.time)	222079	28830	193249
科普展览	(次)	Exhibitions	(time)	189	25	164
参观人次	(人次)	Participants	(person.time)	936898	270300	666598
科技培训		**Training Program**				
培训班数	(个)	Classes	(time)	517	121	396
培训人数	(人次)	Participants	(person.time)	130458	4200	126258
科技咨询服务		**Consultative Services**				
完成咨询合同	(项)	Contracts Completed	(item)	598	462	136
咨询合同实现金额	(万元)	Contracts Revenue	(10000 yuan)	31838	31360	478
科技出版物		**Technological Publication**				
科技期刊	(种)	Magazine	(kind)	42	1	41
科技图书	(种)	Books	(kind)	53	15	38
科技论文集	(种)	Collected of Disquisition	(kind)	111	7	104

主要统计指标解释

科技活动人员　指直接从事科技活动、以及专门从事科技活动管理和为科技活动提供直接服务的人员。累计从事科技活动的实际工作时间占全年制度工作时间 10%及以上的人员中(1)直接从事科技活动的人员包括:在独立核算的科学研究与技术开发机构、高等学校、各类企业及其他事业单位内设的研究室、实验室、技术开发中心及中试车间(基地)等机构中从事科技活动的研究人员、工程技术人员、技术工人及其它人员;虽不在上述机构工作,但编入科技活动项目(课题)组的人员;科技信息与文献机构中的专业技术人员;从事论文设计的研究生等。(2)专门从事科技活动管理和为科技活动提供直接服务的人员包括:独立核算的科学研究与技术开发机构、科技信息与文献机构、高等学校、各类企业及其他事业单位主管科技工作的负责人,专门从事科技活动的计划、行政、人事、财务、物资供应、设备维护、图书资料管理等工作的各类人员,但不包括保卫、医疗保健人员、司机、食堂人员、茶炉工、水暖工、清洁工等为科技活动提供间接服务的人员。

科学家和工程师　指科技活动人员中具有高、中级技术职称(职务)的人员和不具有高、中级技术职称(职务)的大学本科及以上学历人员。

专业技术人员　指从事专业技术工作和专业技术管理工作的人员,即企事业单位中已经聘任专业技术职务从事专业技术工作和专业技术管理工作的人员,以及未聘任专业技术职务,现在专业技术岗位上工作的人员。包括工程技术人员,农业技术人员,科学研究人员,卫生技术人员,教学人员,经济人员,会计人员,统计人员,翻译人员,图书资料、档案、文博人员,新闻出版人员,律师、公证人员,广播电视播音人员,工艺美术人员,体育人员,艺术人员及企业政治思想工作人员,共十七个专业技术职务类别。

研究与试验发展(R&D)　指在科学技术领域,为增加知识总量、以及运用这些知识去创造新的应用而进行的系统的创造性的活动,包括基础研究、应用研究、试验发展三类活动。

科技活动经费筹集　指从各种渠道筹集到的计划用于科技活动的经费,包括政府资金、企业资金、事业单位资金、金融机构贷款、国外资金和其他资金等。

专利　是专利权的简称,是对发明人的发明创造经审查合格后,由专利局依据专利法授予发明人和设计人对该项发明创造享有的专有权。包括发明、实用新型和外观设计。

发明　指专利法及其实施细则所称的发明,指对产品、方法或者改进所提出的新的技术方案。

实用新型　指专利法及其实施细则所称的实用新型,指对产品的形状、构造或者其结合所提出的适于实用的新的技术方案。

外观设计　指专利法及其实施细则所称的外观设计,指对产品的形状、图案、色彩或者其结合所作出的富有美感并适于工业上应用的新设计。

十八、卫生、体育

HEALTH AND SPORTS

YEARBOOK

STATISTICAL

卫生机构、床位及卫生技术人员数（单位：个，张，人）
Number of Health Care Institutions,Beds and Medical Technical Personnel (unit, unit,person)

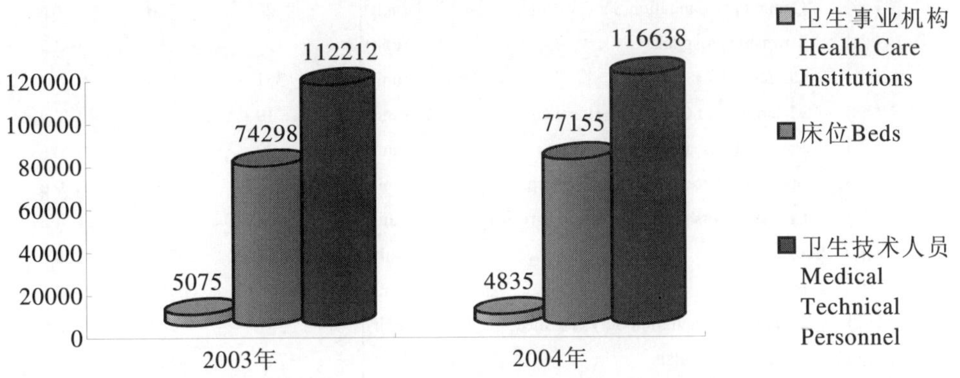

平均每千人拥有床位及医生数（单位：张，人）
Number of Beds and Doctors Per 1000 Persons (unit, person)

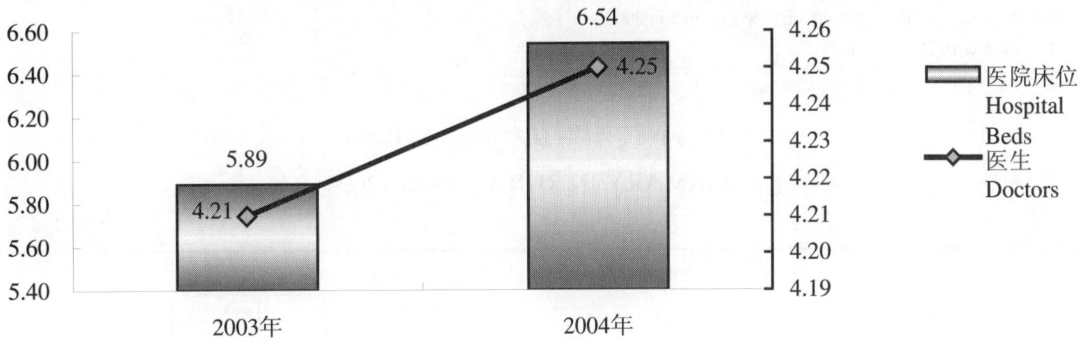

2004年运动员获奖牌情况（单位：块）
Medals Won in 2004 (piece)

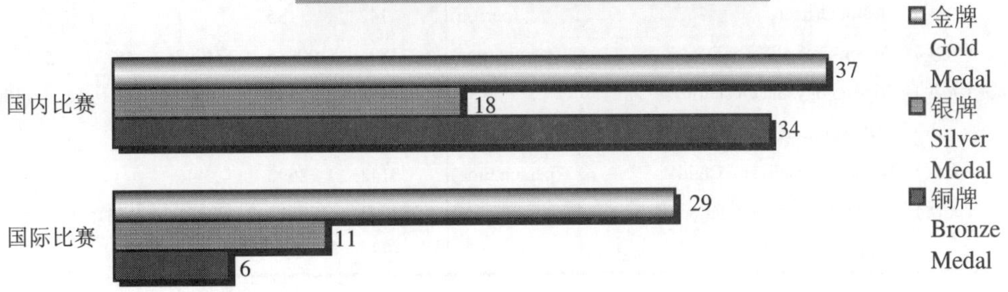

18-1 医疗卫生机构基本情况
BASIC STATISTICS FOR INSTITUTIONS OF PUBLIC HEALTH

项目		Item		2004	2003	构成(%) Composition(%) 2004	2003
卫生机构	(个)	**Health Care Institutions**	**(unit)**	**4835**	**5075**	**100.0**	**100.0**
# 医院	(个)	Hospitals	(unit)	503	459	10.4	9.0
社区卫生服务中心	(个)	Community Sanitation Services Sites	(unit)	29	30	0.6	0.6
卫生院	(个)	Township Hospitals	(unit)	154	187	3.2	3.7
门诊部	(个)	Clinics	(unit)	351	273	7.3	5.4
妇幼保健院	(个)	Maternity and Child Care Hospitals	(unit)	19	19	0.4	0.4
疾病预防控制中心	(个)	Prevent a Disease Control Center	(unit)	29	29	0.6	0.6
专科疾病防治院	(个)	Specialized Prevent a Disease Hospitals	(unit)	28	30	0.6	0.6
诊所、卫生所、医务室	(个)	Clinics,Township Hospitals and Infirmary	(unit)	3604	3939	74.5	77.6
床　　位	(张)	**Beds**	**(unit)**	**77155**	**74298**	**100.0**	**100.0**
# 医院	(张)	Hospitals	(unit)	69850	66990	90.5	90.2
社区卫生服务中心	(张)	Community Sanitation Services Sites	(unit)	351	282	0.5	0.4
卫生院	(张)	Township Hospitals	(unit)	3743	4183	4.9	5.6
妇幼保健院	(张)	Maternity and Child Care Hospitals	(unit)	1161	1058	1.5	1.4
专科疾病防治院	(张)	Specialized Prevent a Disease Hospitals	(unit)	732	687	0.9	0.9
卫生技术人员	(人)	**Medical Technical Personnel**	**(person)**	**116638**	**112212**	**100.0**	**100.0**
# 执业医师	(人)	Certified Doctors	(person)	49091	47887	42.1	42.7
注册护士	(人)	Registered Nurses	(person)	41557	39912	35.6	35.6

注：1．从2003年起医院数中不包括疗养院。
2．2003年新增社区卫生服务中心统计分组。
资料来源：北京市卫生局。
Note: a)From 2003,hospitals excluded sanatoriums and tend and protect hospitals.
b)"Health services sites of community" is new grouping in 2003.
Sources: Beijing Municipal Health Bureau

18-2 村卫生室基本情况(2004年)
INFIRMARY IN RURAL AREA(2004)

项目		Item		总计 Total	村办 Country Infirmary	乡卫生院设点 Township Hospitals	联合办 united	私人办 personal	其他 others
机构数	(个)	Number of Infirmary	(unit)	2401	2048	27	7	295	24
执业医师	(人)	Certified Doctors	(person)	295	273	19	2	1	
乡村医生	(人)	Country Doctors	(person)	3708	3160	149	19	342	38
卫生员	(人)	Health Officer	(person)	142	135	1	4		2
诊疗人次数	(人次)	Person-time of See a Doctor	(person.time)	6271896	5190835	371007	46737	583467	79850
孕产妇检查人次数	(人次)	Gynecology and Obstetrics Person-time of See a Doctor	(person.time)	7495	5398	997		1100	
接生人数	(人次)	Number of Deliver a Child	(person.time)	3142	2696	446			
儿童疫苗接种人次数	(人次)	Person-time of Incoulation of Enfant Vaccine	(person.time)	285033	185317	93921	5345		450

资料来源：北京市卫生局。
Sources: Beijing Municipal Health Bureau

18-3 全市医院基本情况(2004年)
BASIC STATISTICS FOR HOSPITALS(2004)

项目	Item	医院数（个）Hospitals (unit)	床位数（张）Beds (unit)	职工人数（人）Staff and Workers (person)	# 卫生技术人员 Medical Technical Personnel	# 执业医师 Certified Doctors	# 中医 Doctors of Chinese Medicine
总计	**Total**	**503**	**69850**	**118156**	**90656**	**33082**	**4548**
# 市	District	490	68270	115317	88307	32294	4393
县	County	13	1580	2839	2349	788	155
# 综合医院	Comprehensive Hospitals	352	49794	88059	68350	24946	1729
中医医院	Hospitals of Chinese Medicine	60	6478	11798	9155	3956	2541
中西医结合医院	Hospitals Which Integrate Traditional Chinese Therapeutics with Western Therapeutics in Practice	2	288	535	427	178	95
民族医院	Ethnologic Hospitals	3	115	172	130	44	28
口腔医院	Stomatologital Hospitals	6	203	1581	1181	601	
眼科医院	Eye Hospitals	7	243	277	187	51	8
肿瘤医院	Tumor Hospitals	7	2113	2614	1810	592	10
心血管病医院	Heart and Blood Vessel Disease	2	605	1546	1137	391	4
胸科医院	Thorax Dipatment Hospitals						
妇(产)科医院	Hospitals for Gynecology and Obstetrics	3	543	1187	893	307	7
儿童医院	Children's Hospitals	2	957	2459	1775	515	27
精神病医院	Mental Hospitals	17	5353	3631	2601	650	36
传染病医院	Infectious Disease Hospitals	3	981	1578	1170	289	14
骨科医院	Hospitals of Orthopedics	6	377	430	287	97	9
康复医院	Recovery Hospitals	3	104	83	59	27	24
整形外科医院	Plastically Hospitals	1	328	464	303	98	
美容医院	Beauty(Plastically) Hospitals	5	50	98	60	28	1
其他专科医院	Other Specialized Hospitals	19	674	855	555	186	15
护理院	Tend and Protect Hospitals	2	20	6	4	1	

资料来源：北京市卫生局。
Sources: Beijing Municipal Health Bureau

18-3 续表 continued

项目	Item	执业助理医师 Certified Assistant Doctors	# 中医 Doctors of Chinese Medicine	注册护士 Registered Nurses	药剂人员 Druggist	# 药师 Pharmacists	# 中药师 Pharmacists of Chinese	检验人员 Laboratory Technicians
总计	**Total**	**1513**	**182**	**36540**	**6319**	**1761**	**785**	**3824**
# 市	District	1314	165	35665	6084	1702	771	3718
县	County	199	17	875	235	59	14	106
# 综合医院	Comprehensive Hospitals	1214	97	27926	4593	1373	509	2978
中医医院	Hospitals of Chinese Medicine	148	56	2755	1066	161	202	374
中西医结合医院	Hospitals Which Integrate Traditional Chinese Therapeutics with Western Therapeutics in Practice	2	1	185	31	16	15	15
民族医院	Ethnologic Hospitals	3		44	12	2	1	2
口腔医院	Stomatologital Hospitals	12		317	22	14		15
眼科医院	Eye Hospitals	2		89	10	4	1	6
肿瘤医院	Tumor Hospitals	9	3	739	94	38	7	57
心血管病医院	Heart and Blood Vessel Disease			449	37	8	2	29
胸科医院	Thorax Dipatment Hospitals							
妇(产)科医院	Hospitals for Gynecology and Obstetrics	1		441	37	28	9	39
儿童医院	Children's Hospitals	2		827	130	1	3	90
精神病医院	Mental Hospitals	82	17	1431	120	42	17	69
传染病医院	Infectious Disease Hospitals	3	1	543	64	30	6	66
骨科医院	Hospitals of Orthopedics	11	3	93	23	1	2	8
康复医院	Recovery Hospitals	6		11	7	4	1	3
整形外科医院	Plastically Hospitals			156	7	7		4
美容医院	Beauty(Plastically) Hospitals	1		22	2	2	1	3
其他专科医院	Other Specialized Hospitals	16	4	189	36	22	9	36
护理院	Tend and Protect Hospitals	1		1				

18-4 全市医疗机构运营情况(2004年)
WORKS OF MEDICAL TREATMENT(2004)

项目	Item	诊疗人次数（人次） Patients Treated (person.time)	#门诊 Out-patients	健康检查人数（人） Health Check (person)	平均开放病床数（张） Beds in Use (unit)	入院人数（人） In-patients (person)	出院人数（人） Leaving Hospital (person)
总计	**Total**	**69049739**	**59363810**	**3471601**	**71105**	**1101319**	**1100324**
# 医院	**Hospitals**	**55829881**	**47367262**	**2180674**	**64982**	**984363**	**981579**
# 综合医院	Comprehensive Hospitals	43099408	35472092	1771830	45963	749424	747372
中医医院	Hospitals of Chinese Medicine	7407751	6942350	188909	6087	88519	88202
中西医结合医院	Hospitals Which Integrate Traditional Chinese Therapeutics with Western Therapeutics in Practice	241805	227262	12907	266	4813	4814
民族医院	Ethnologic Hospitals	116085	49620	1020	65	228	223
口腔医院	Stomatologital Hospitals	1320338	1222698	43623	196	3476	3488
眼科医院	Eye Hospitals	62391	62237		213	3782	3859
肿瘤医院	Tumor Hospitals	548488	540674	6672	2059	28176	28021
心血管病医院	Heart and Blood Vessel Disease	286239	245170		600	15957	16016
胸科医院	Thorax Dipatment Hospitals						
妇(产)科医院	Hospitals for Gynecology and Obstetrics	612268	572120	5560	495	18149	18086
儿童医院	Children's Hospitals	977303	896848	1469	960	32265	32653
精神病医院	Mental Hospitals	600556	592733	85115	5282	9226	9761
传染病医院	Infectious Disease Hospitals	263995	259218		961	12137	12044
骨科医院	Hospitals of Orthopedics	79599	76166	309	343	2425	2397
康复医院	Recovery Hospitals	34521	32588		103	223	234
整形外科医院	Plastically Hospitals	49183	48909	174	329	6722	6740
美容医院	Beauty(Plastically) Hospitals	2361	1653		24	723	743
其他专科医院	Other Specialized Hospitals	49688	48238	60546	393	2580	2504
护理院	Tend and Protect Hospitals	10	10	2540	20	26	8
# 卫生院	**Township Hospitals**	**5448848**	**4902875**	**538264**	**3167**	**57006**	**58324**

资料来源：北京市卫生局。
Sources: Beijing Municipal Health Bureau

18-4 续表 continued

项目 Item		治愈率 (%) Recovering Rate (%)	好转率 (%) Mending Rate (%)	病死率 (%) Rate of Death of Illness (%)	病床周转次数 (次) Turnover Beds (times)	病床使用率 (%) Utilization Rate (%)	出院者平均住院日 (日) Average Hospitalization Period (day)
总计	**Total**	**60.13**	**34.26**	**2.10**	**15.47**	**74.18**	**15.95**
# 医院	**Hospitals**	**57.43**	**36.49**	**2.33**	**15.11**	**76.92**	**17.04**
# 综合医院	Comprehensive Hospitals	58.57	35.40	2.41	16.26	74.57	15.82
中医医院	Hospitals of Chinese Medicine	39.47	53.56	2.82	14.49	78.98	19.89
中西医结合医院	Hospitals Which Integrate Traditional Chinese Therapeutics with Western Therapeutics in Practice	51.12	44.83	2.51	18.08	84.18	16.88
民族医院	Ethnologic Hospitals	41.26	52.91	0.90	3.42	13.60	12.39
口腔医院	Stomatologital Hospitals	96.99	2.52	0.03	17.84	62.05	12.75
眼科医院	Eye Hospitals	99.82	0.16		18.08	34.26	5.38
肿瘤医院	Tumor Hospitals	64.98	28.00	2.13	13.61	89.49	24.67
心血管病医院	Heart and Blood Vessel Disease	42.76	53.77	1.27	26.70	92.04	12.73
胸科医院	Thorax Dipatment Hospitals						
妇(产)科医院	Hospitals for Gynecology and Obstetrics	89.83	8.86	0.09	36.52	89.04	8.59
儿童医院	Children's Hospitals	56.21	37.25	0.47	34.03	105.62	11.95
精神病医院	Mental Hospitals	37.52	57.15	1.51	1.66	89.41	119.62
传染病医院	Infectious Disease Hospitals	56.52	33.00	3.96	12.54	75.27	10.00
骨科医院	Hospitals of Orthopedics	76.14	22.57	0.21	7.00	36.91	18.95
康复医院	Recovery Hospitals	52.99	47.01		2.27	40.50	61.90
整形外科医院	Plastically Hospitals	95.04	4.90		20.49	75.99	11.97
美容医院	Beauty(Plastically) Hospitals	100.00			30.82	24.93	2.94
其他专科医院	Other Specialized Hospitals	43.45	39.70	13.78	6.37	55.15	19.77
护理院	Tend and Protect Hospitals		75.00	25.00	0.40	75.00	149.63
# 卫生院	**Township Hospitals**	**76.20**	**22.20**	**0.27**	**18.42**	**38.41**	**6.66**

18-5 全市居民前十位死因顺位、死亡率及构成(2004年)
DEATH RATE AND COMPOSITION OF 10 MAJOR DISEASE(2004)

顺 位 No.	死因名称 Cause of Death		死亡率（1/10万） Death Rate (1/100 thousand)	构 成（%） Composition(%)
	全 市	**Total**		
1	脑血管病	Cerebrovasular Disease	114.96	24.93
2	心脏病	Heart Trouble	108.81	23.60
3	恶性肿瘤	Malignant Tumour	95.61	20.74
4	呼吸系病	Respiratory Disease	43.07	9.34
5	损伤和中毒	Trauma and Toxicosis	23.55	5.11
6	内分泌、营养、代谢及免疫疾病	Internal System, Nutrition, Metabolite and Immunity Disease	15.04	3.26
7	消化系病	Gigestive Disease	11.07	2.40
8	泌尿生殖系病	Urinary Disease	6.79	1.47
9	传染病	Infection Disease	3.21	0.70
10	神经系统病	Neuropathy	3.04	0.66
	市	**District**		
1	恶性肿瘤	Malignant Tumour	99.24	24.52
2	心脏病	Heart Trouble	96.91	23.94
3	脑血管病	Cerebrovasular Disease	83.32	20.59
4	呼吸系病	Respiratory Disease	40.27	9.95
5	内分泌、营养、代谢及免疫病	Internal System, Nutrition, Metabolite and Immunity Disease	16.20	4.00
6	损伤和中毒	Trauma and Toxicosis	15.12	3.73
7	消化系病	Gigestive Disease	11.75	2.90
8	泌尿生殖系病	Urinary Disease	5.84	1.44
9	传染病	Infection Disease	3.23	0.80
10	神经系病	Neuropathy	3.21	0.79
	县	**County**		
1	脑血管病	Cerebrovasular Disease	186.61	31.71
2	心脏病	Heart Trouble	130.49	22.17
3	恶性肿瘤	Malignant Tumour	92.67	15.75
4	呼吸系病	Respiratory Disease	49.40	8.39
5	损伤和中毒	Trauma and Toxicosis	42.65	7.25
6	内分泌、营养、代谢及免疫病	Internal System, Nutrition, Metabolite and Immunity Disease	12.40	2.11
7	消化系病	Gigestive Disease	9.55	1.62
8	泌尿生殖系病	Urinary Disease	8.95	1.52
9	传染病	Infection Disease	3.22	0.55
10	神经系病	Neuropathy	2.60	0.44

资料来源：北京市卫生局。
Sources: Beijing Municipal Health Bureau

18-6 全市婴儿、新生儿死亡率
DEATH RATE OF INFANT AND NEWBORN BABY

单位：‰ (‰)

地区 Region		婴儿死亡率 Death Rate of Infant		新生儿死亡率 Death Rate of Newborn Baby	
		2004	2003	2004	2003
全　市	**Total**	**4.61**	**5.89**	**3.49**	**3.83**
区	District	4.51	5.91	3.42	3.56
县	County	4.79	5.83	3.62	4.33

资料来源：北京市卫生局。
Sources: Beijing Municipal Health Bureau

18-7 全市7岁以下儿童系统管理情况
STATISTICS FOR SYSTEMATIC CARE OF CHILDREN AT 7 AND BELOW

项目		Item		2004	2003
7 岁以下儿童数	（人）	Children at 7 and below	(person)	422043	359302
系统管理人数	（人）	Children under Systematic Care	(person)	407626	349144
体检人数	（人）	Children Having Health Check	(person)	395406	313494
0-2 岁儿童佝偻病患病率	（%）	Suffering Rate from Rickets of Children at Age 0-2	(%)	0.19	0.30
0-2 岁儿童贫血患病率	（%）	Suffering Rate from Amenia of Children at Age 0-2	(%)	4.12	4.34
3-6 岁儿童贫血患病率	（%）	Suffering Rate from Amenia of Children at Age 3-6	(%)	1.15	1.25
7 岁以下儿童系统管理覆盖率	（%）	Covering Rate of Systematic Care of Children at Age 7 and Below	(%)	96.58	97.17

资料来源：北京市卫生局。
Sources: Beijing Municipal Health Bureau

18-8 全市食品卫生监督检查合格情况
STATISTICS FOR FOOD SANITATION BACK-CHECK QUALIFIED RATE

单位：% (%)

项目	Item	2004	2003
合计	**Total**	**91.2**	**87.2**
# 生产加工业	Processing	90.9	89.2
批发零售业	Wholesale and Retail	93.0	90.8
饮食服务业	Catering Services	87.5	81.3
集体食堂	Canteen	92.0	90.9
食品摊贩	Food Street Pedlar	93.0	88.7

资料来源：北京市卫生局。
Sources: Beijing Municipal Health Bureau

18-9 农村改水情况
STATISTICS FOR WATER-CHANG IN RURAL AREA

项目		Item		2004	2003
农村总人口	(万人)	Total Rural Population	(10000 persons)	346.8	346.8
已改水累计受益人口	(万人)	Accumulative Population Benefited from Water-changing	(10000 persons)	346.8	346.8
饮用自来水		Using Tap Water			
现有水厂	(座)	Water Plants	(unit)	3661	3713
累计受益人口	(万人)	Accumulative Benefited Population	(10000 persons)	338.6	338.2
饮用水压机井水		Using Motor-pumped Water			
现有机井	(万台)	Motor-pumped Wells	(10000 units)	1.9	1.9
累计受益人口	(万人)	Accumulative Benefited Population	(10000 persons)	5.8	5.9
其他形式		Others			
累计受益人口	(万人)	Accumulative Benefited Population	(10000 persons)	2.5	2.7

资料来源：北京市卫生局。
Sources: Beijing Municipal Health Bureau

18-10 主要年份体育场馆情况
SITUATION OF THE GYMNASIUMS AND STADIUMS IN MAIN YEAR

单位：个 (unit)

年份 Year	总计 Total	体育场 Palaestra	体育馆 Gymnasium	游泳场馆 Natatorium	# 室内 Swimming Bath	各种训练房 Exercise Room
1950	19	1				2
1955	61	1			2	10
1960	124	2		4	3	19
1970	188	2	2	8	3	24
1975	234	3	2	11	4	28
1980	293	3	2	12	4	32
1985	405	4	2	20	8	54
1990	780	12	12	49	26	153
1995	1381	18	18	88	56	291
2000	2815	35	24	214	161	863
2001	3500	42	27	283	216	1101
2002	4176	57	33	334	263	1358
2003	6100	93	36	443	371	1729
2004	6104	93	36	443	371	1729

资料来源：北京市体育局。
Sources: Beijing Municipal Sports Bureau

18-11 群众体育活动情况
ACTIVITIES OF MASS SPORTS

单位：个 (unit)

项目 Item				2004	2003
晨晚练辅导站	(个)	Number of Morning and Evening Exercise Places	(unit)	4447	3811
晨晚练活动人次	(万人次)	Number of Persons Exercising Morning and Evening	(10000 person.times)	14600	10950
青少年体育俱乐部数	(个)	Number of Teen-age Gymnastic Club	(unit)	98	87
社会体育指导员	(人)	Gymnastic Coach Voluntarily	(person)	21861	17410
全民健身工程	(个)	Civil Exercise Projects	(unit)	1229	1234
# 万米工程	(个)	Large-scale Projects	(unit)		3
标准工程	(个)	Normal Projects	(unit)	25	31
居家工程	(个)	Contrapose Familial Projects	(unit)	1200	1200
全民健身工程面积	(万平方米)	Area of Civil Exercise Projects	(10000 sq.m)	82.6	94.5
万米工程	(万平方米)	Large-scale Projects	(10000 sq.m)		3.0
标准工程	(万平方米)	Normal Projects	(10000 sq.m)	5.0	12.4
居家工程	(万平方米)	Contrapose Familial Projects	(10000 sq.m)	76.8	79.1
其他	(万平方米)	Others	(10000 sq.m)	0.8	

资料来源：北京市体育局。
Sources: Beijing Municipal Sports Bureau

18-12 运动员、教练员、裁判员情况
ATHLETES,TRAINERS AND UMPIRE

单位：人 (person)

项　目	Item	2004	# 女性 Female	2003	# 女性 Female
分等级运动员发展人数情况	Number of Certified Athletes Admitted	3035	1178	1463	611
国家级健将	National Master	17	13	4	1
运动健将	Master Athletes	106	52	69	39
一　级	First Grade Athletes	343	140	250	106
二　级	Second Grade Athletes	2569	973	1140	465
专职教练员获职称人数情况	Number of Professional Trainers Gained Title	666		618	
高级职称	Senior	124		133	
中级职称	Middle	248		224	
初级职称	Junior	294		261	
分等级裁判员发展人数情况	Number of Certified Referees Admitted	1128	340	509	146
国家级	National Referees	66	22	28	6
一　级	First Grade Referees	338	112	275	98
二　级	Second Grade Referees	724	206	206	42

资料来源：北京市体育局。
Sources: Beijing Municipal Sports Bureau

18-13 运动员获奖牌情况(2004年)
STATISTICS ON MEDALS WON(2004)

单位：块 (piece)

项　目	Item	金　牌 Gold	银　牌 Silver	铜　牌 Bronze
合　计	**Total**	**66**	**29**	**40**
国际比赛	International Competitions	29	11	6
国内比赛	Domestic Competitions	37	18	34

资料来源：北京市体育局。
Sources: Beijing Municipal Sports Bureau

18-14 北京市运动员获全国冠军名单(2004年)
LIST OF NATIONAL CHAMPIONSHIPS BY ATHLETES OF BEIJING(2004)

比赛名称	Matches	大项名称	Item	小项名称 Item	姓名 Name
全国锦标赛	The National Championships	体操	Gymnastics	女子跳马	杨亚红
全国锦标赛	The National Championships	田径	Track and Field	女子跳高	景雪竹
全国锦标赛	The National Championships	乒乓球	Table Tennis	女子团体赛	张怡宁、郭焱 朱虹、丁宁、贾贝贝
全国锦标赛	The National Championships	乒乓球	Table Tennis	女子单打	郭焱
全国锦标赛	The National Championships	乒乓球	Table Tennis	女子团体赛	张怡宁、郭焱 朱虹、丁宁、贾贝贝
全国锦标赛	The National Championships	乒乓球	Table Tennis	女子单打	郭焱
全国锦标赛	The National Championships	游泳	Swimming	男子 100 米自游泳	陈祚
全国锦标赛	The National Championships	游泳	Swimming	男子 200 米自游泳	张琳
全国锦标赛	The National Championships	游泳	Swimming	男子 400 米自游泳	张琳
全国锦标赛	The National Championships	花样游泳	Figure Swimming	集体自由自选组合	
全国锦标赛	The National Championships	花样游泳	Figure Swimming	双人	张晓欢、顾贝贝
全国锦标赛	The National Championships	女子跤	Wrestling	72KG	王旭
全国锦标赛	The National Championships	女子跤	Wrestling	59KG	焦媛媛
全国冠军赛	The National Tournament	男子手球	Hardball	集体	
全国冠军赛	The National Tournament	古典跤	GraecoRoman	60KG	张洋
全国锦标赛	The National Championships	跆拳道	Teekwondo	女子-72kg	罗微
全国锦标赛	The National Championships	跆拳道	Teekwondo	男子 62 kg	段锐波
全国男子套路锦标赛	The National Championships of Wushu	武术套路	Wushu	男子刀术	赵庆建
全国冠军赛	The National Tournament	拳击	Puglilism	男子-91 KG	曹恒祥
全国冠军赛	The National Tournament	武术散打	Wushu	男子 85KG	薛凤强
全国赛艇锦标赛	The National Championships of Rowing	赛艇	Rowing	女子公开级双人单桨 2000 米	闫娜、王秋
全国赛艇锦标赛	The National Championships of Rowing	赛艇	Rowing	女子轻量级单人双桨 2000 米	余华
全国赛艇锦标赛	The National Championships of Rowing	赛艇	Rowing	女子轻量级双人双桨 2000 米	余华、付凤君
全国赛艇锦标赛	The National Championships of Rowing	赛艇	Rowing	男子轻量级双人单桨 2000 米	罗艳冶、邱超
全国皮划艇锦标赛	The National Championships of Boat	皮艇	Boat	男子皮艇双人 2000 米	栾吉厚、姚希超
全国皮划艇锦标赛	The National Championships of Boat	皮艇	Boat	男子皮艇双人 1000 米	栾吉厚、姚希超
全国皮划艇锦标赛	The National Championships of Boat	皮艇	Boat	男子划艇单人 2000 米	杨森
中国联赛	The National League Matches	棒球	Baseball	男子棒球	李晨浩、臧东伟、 王楠、李韦良、王伟 孙炜、张伟、贾昱冰 李清华、江晓宇、 杨硕、陈伟、张建旺 周静、徐峥、李斌 陈哲、马克、李磊 李庆庆、孙岭峰、 孙博、谢静、李秉彦
全国山地锦标赛	The National Championships of Hilly	自行车	Cycling	女子团体越野赛	尚晨红 王慧敏 王飞 孟佳 张伟光
全国系列赛（第三站）	The National Series Tounament	射击	Shooting	男子 10 米气手枪 60 发	王彪
锦标赛	Championships	围棋	Weiqi	女子团体	徐莹、华学明
锦标赛	Championships	围棋	Weiqi	女子个人	徐莹
全国锦标赛	The National Championships	跳伞	Parachute Jump	男子个人特技	何继怀
全国锦标赛	The National Championships	跳伞	Parachute Jump	男子个人全能	何继怀
全国锦标赛	The National Championships	跳伞	Parachute Jump	女子个人特技	曹彦
锦标赛	Championships	中国象棋	Chinese Chess	男子个人乙组	张强
全国冠军赛	The National Tournament	跳伞	Parachute Jump	男子集体定点	何继怀、王建明 曹彦、张杨、潘蕊

资料来源：北京市体育局。
Sources: Beijing Municipal Sports Bureau

18-15 体育彩票及体育报刊
GYMNASTIC LOTTERY AND GYMNASTIC NEWSPAPERS AMD PERIODICALS

项　　目 Item				2004	2003
体育彩票发行额	(万元)	Circulation of Gymnastic Lottery	(10000 yuan)	73326	111701
# 足彩	(万元)	Football Lottery	(10000 yuan)	42766	67289
体育彩票公益金提取额	(万元)	Commonweal Feedback of Gymnastic Lottery	(10000 yuan)	25664	39095
# 足彩	(万元)	Football Lottery	(10000 yuan)	14968	23551
电脑体育彩票销售个数	(个)	Number of Gymnastic Lottery Outlets	(unit)	1874	1889
体育报刊发行种类和数量		Number and Category of Gymnastic Newspapers and Periodicals			
报	(种/万份)	Newspaper	(kind/10000 pieces)		
刊	(种/万册)	Books and Periodicals	(kind/10000 volumes)	5/738000	5/1020000
职业俱乐部个数	(个)	Number of Occupational Club	(unit)	2	3

资料来源：北京市体育局。
Sources: Beijing Municipal Sports Bureau

主要统计指标解释

卫生机构 指从卫生行政部门取得《医疗机构执业许可证》，或从民政、工商行政、机构编制管理部门取得法人单位登记证书，为社会提供医疗保健、疾病控制、卫生监督服务或从事医学科研和教育等工作的单位。

卫生技术人员 指由卫生机构支付工资的全部固定职工和合同制职工中现任职务为卫生技术工作的专业人员，不包括从事管理工作的卫生技术人员。

执业医师和注册护士 指领取医师执业证书和注册护士证书的人员，不包括从事管理工作的医师和护士。与2002年以前年鉴中的医生和护（师）士口径基本相同。

等级运动员人数 指经考核正式批准授予等级运动员称号的人数。运动员等级分为国际级运动健将、运动健将、一级运动员、二级运动员、三级运动员、少年级运动员。

等级裁判员人数 指经考核正式批准授予等级裁判员称号的人数。裁判员等级分为国际级裁判、国家级裁判、一级裁判、二级裁判、三级裁判。

本章资料来源 本章资料取自北京市卫生局及北京市体育局。

十九、社会福利、政法及其他

SOCIAL WELFARE, POLITICS AND LAW AND OTHERS

社会福利事业（单位：个）
Social Welfare (unit)

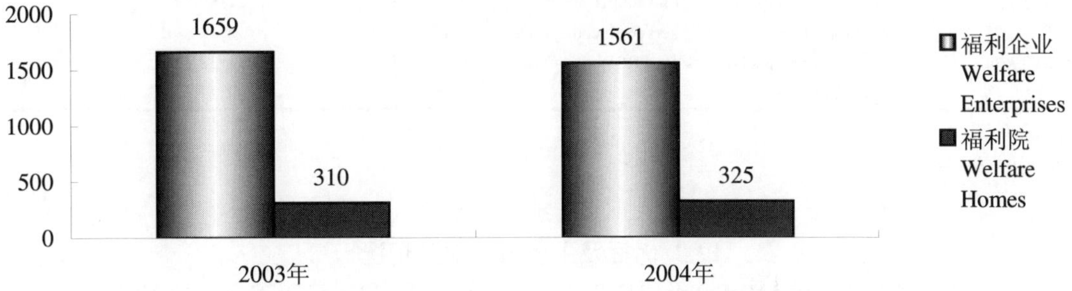

登记结婚、离婚情况 （单位：对）
Statistics for Registered Marriages and Divorces （Couple）

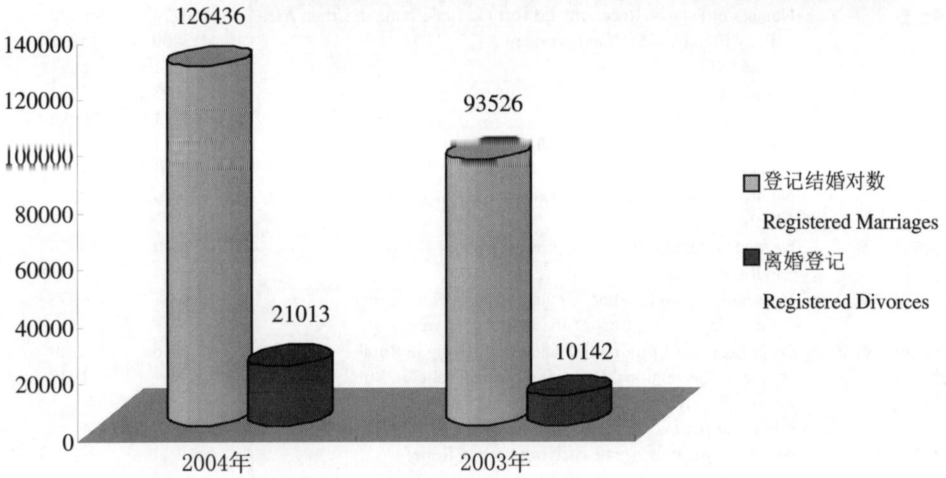

19-1 优抚、救济对象得到抚恤、补助、救济情况(2004年)
STATISTICS FOR SPECIAL PENSIONS,ALLOWANCES AND RELIEF FUNDS(2004)

项目	Item	人数(人) Number of Persons (person)	抚恤、补助、救济金额(千元) Amount of Pensions, Subsidies and Relief Funds (1000 yuan)
烈属牺牲病故军人家属抚恤	Pensions for Members of Revolutionary Martyr's Family, Armymen Sacrificed and Died of Illness	2324	82081
革命伤残人员抚恤	Pensions for Disabled Veterans	10756	18011
复退军人生活补助	Living Allowances for Demobilized Soldiers	10727	63204
农村五保户定期救济补助	Register Relief for Rural Households with Five-guarantees		
农村低保对象救济	Low Relief for Rural Poor Households	74914	45872
城镇低保对象救济	Low Relief for Urban Poor Households	160774	437576
精简退职老职工救济	Relief for Old Staff and Workers Reduced and Discharged		11727
军队离退休退职人员	Legionary Personnel of VCSR , PRSW and Quit Working	38196	1211627
# 离退休(含地方)	VCSR and PRSW	27258	606785

资料来源：北京市民政局。
Sources:Beijing Civil Affairs Bureau.

19-2 优抚及主要救济对象情况
STATISTICS FOR PERSONS RECEIVING SPECIAL PENSIONS AND RELIEF

单位：人，户 (person, household)

项目	Item	人(户)数 Number of Persons(Households) 2004	2003	2004年为2003年% 2004 as % of 2003
优抚对象合计	**Persons Receiving Special Pensions**	**23138**	**24263**	**95.4**
烈　属	Members of A Revolutionary Martyr's Family	1371	1705	80.4
牺牲、病故军人家属	Families of Soldiers Sacrificed or Died of Illness	953	760	125.4
革命伤残人员	Revolutionary Disabled	10756	11077	97.1
在乡复员军人	Demobilized Soldiers in Hometown	9608	10263	93.6
在乡退伍军人	Veterans in Hometown	446	454	98.2
在乡退伍红军老战士	Demobilized Old Red Army Men in Hometown	4	4	100.0
社会救济对象总人数	**Total Persons Receiving Special Relief**	**235688**	**229675**	**102.6**
城镇居民最低生活保障人数	Number of Persons Receiving Lowest Cost-of-Living in Urban Area	160774	160732	100.0
# 在职人员	Fully Employed Staffand Workers	13409	15991	83.9
下岗人员	Laid Off	5211	6081	85.7
退休人员	Retired	3098	3383	91.6
失业人员	Unemployed	29341	30686	95.6
“三无”人员	Urban Households With No Three-Guarantee	4554	4814	94.6
其他人员	Others	105161	99777	105.4
农村居民最低生活保障人数	Number of Persons Receiving Lowest Cost-of-Living in Rural Area	74914	67005	111.8
农村居民最低生活保障困难户数	Needy Households Receiving Lowest Cost-of-living in Rural Area	27974	24428	114.5
农村居民最低生活保障五保户数	Households With Livelihood Guaranteed in Five Aspects Receiving Lowest Cost-of-living in Rural Area.	4382	4990	87.8
其他农村居民最低生活保障户数	Other Ensuring a Minimum Standard of Living in Rural	7086	5220	135.7
农村传统救济对象人数	People of Conventional Receiving Special Relief in Rural		1938	
农村传统救济对象困难户数	Persons Receiving Conventional Special Relief in Rural Area			
农村传统救济对象五保户数	Needy Households Area Receiving Special Relief in Rural Area			
其他农村传统救济对象户数	Persons Receiving Other Special Relief in Rural Area		1938	
救济精简退职老职工人数	Number of Relief for Old Staff and Workers Reduced and Discharged			
居家集体供养人数	Number of Dependent Households			

资料来源：北京市民政局。
Sources: Beijing Civil Affairs Bureau.

19-3 社会福利事业情况
BASIC STATISTICS FOR SOCIAL WELFARE PROJECTS

项目 Item			2004	2003	2004年为2003年% 2004 as % of 2003
城镇社区服务设施数	(个) Service Engineering of Urban Community	(unit)	1970	1787	110.2
# 星光老年之家	(个) to Agedness	(unit)	1524	1481	102.9
从业人员数	(人) Employed Persons	(person)	34165	12247	279.0
# 安置下岗人员数	(人) Laid Off	(person)	8751	5053	173.2
社区服务志愿者组织数	(个) Number of Fold Person in Community	(unit)	8578	7002	122.5
社区服务志愿者人数	(人) Number of Fold Organization in Community	(person)	253001	301768	83.8
城镇便民利民服务网点数	(个) Number of Urban Service Branches	(unit)	6500	6230	104.3
社会福利企业单位数	(个) Social Welfare Enterprises	(unit)	1561	1659	94.1
年末职工人数	(人) Number of Staff and Workers	(person)	42018	42830	98.1
# 残疾职工	(人) Disabled Persons	(person)	18430	18623	99.0

资料来源：北京市民政局。
Sources :Beijing Civil Affairs Bureau.

19-4 收养性社会福利单位情况(2004年)
STATISTICS FOR ADOPTING SOCIAL WELFARE UNIT(2004)

项目 Item			合计 Total	光荣院 Homes for Disabled Veterans	社会福利院 Social Welfare Homes	儿童福利院 Baby Welfare Homes	社会福利医院 Social Welfare Hospital	城镇老年福利机构 Urban Elderly Welfare Units	农村老年福利机构 Rural Elderly Welfare Units	其他收养性福利机构 Other Adopting Social Welfare Units
收养性社会福利单位数	(个) Number of Adopting Social Welfare Units	(unit)	325	10	8	3	2	163	138	1
职工人数	(人) Staff and Workers	(person)	5527	247	981	337	113	2082	1742	25
床位数	(张) Beds	(bed)	28253	776	2499	727	250	11692	12164	145
收养人数	(人) Persons Adopted	(person)	17405	421	2038	1493	158	6479	6788	28
# 自费	(人) at One's Own Expense	(person)	11629	53	1393	38	103	5250	4779	13
国家拨款	(万元) Financial Allocation	(10000 yuan)	12290.2	1573.2	5299.4	2822.1	557.8	665.9	1371.8	

资料来源：北京市民政局。
Sources: Beijing Civil Affairs Bureau.

19-5 婚姻登记情况
BASIC STATISTICS FOR MARRIAGE REGISTRATIONS

项目		Item		2004	2003	2004年为2003年% 2004 as % of 2003
登记结婚对数	**（对）**	**Registered Marriages**	**(couple)**	**126436**	**93526**	**135.2**
内地居民登记结婚		Mainland		125462	92765	135.2
初婚人数	（人）	First Marriages	(person)	214443	158729	135.1
再婚人数	（人）	Remarriages	(person)	36481	26801	136.1
# 男性	（人）	Male	(person)	18091	13483	134.2
# 恢复结婚	（人）	Resume Marriage	(person)	2359	2227	105.9
涉外及华侨、港澳台居民登记结婚	（对）	Married with Foreigner and the Citizen of Hongkong,Macao,Taiwan	(couple)	974	761	128.0
内地居民	（人）	Mainland	(person)	958	714	134.2
# 男性	（人）	Male	(person)	256	188	136.2
香港居民	（人）	Hongkong	(person)	71	54	131.5
澳门居民	（人）	Macao	(person)	4	4	100.0
台湾居民	（人）	Taiwan	(person)	81	75	108.0
华　侨	（人）	Overseas Chinese	(person)	238	161	147.8
外国人	（人）	Foreigner	(person)	596	514	116.0
离婚登记	**（对）**	**Registered Divorces**	(couple)	**21013**	**10142**	**207.2**
内地居民登记离婚	（对）	Mainland	(couple)	20973	10130	207.0
华侨、港澳台居民登记离婚	（对）	Overseas Chinese,Hongkong,Macao, and Taiwan	(couple)	40	12	333.3

资料来源：北京市民政局。
Sources: Beijing Civil Affairs Bureau.

19-6 残疾人事业基本情况
BASIC INFORMATION OF PEOPLE WITH DISABILITIES

项目		Item		2004	2003
康复		**Rehabilitation**			
白内障复明手术		Sight-Restoring Cataract Surgery			
白内障复明手术	(例)	Sight-Restoring Cataract Surgeries	(case)	17028	12518
人工晶体植入率	(%)	Artificial Intra-ocular Lens Implantation Rate	(%)	72	78.9
低视力配用助视器	(人)	Vision-aids Provided for Individuals with Low-vision	(person)	456	411
聋儿康复		Rehabilitation of Children with Hearing Disability			
年收训聋儿	(人)	Hearing and Speech Training	(person)	184	150
聋儿入普幼普小率	(%)	Enrollment Rate of Trained Children to Ordinary Kindergartens and Primary Schools	(%)	67	53.3
培训家长	(人)	Parents Trained	(person)	200	303
精神病防治康复		Prevention and Treatment of Psychiatric Diseases			
开展精神病防治康复工作市县数	(个)	Counties Carried on the Works of Prevention and Treatment of Psychiatric Diseases	(unit)	18	18
综合防治康复精神病人数	(人)	Prevention and Treatment Provided for Patients with Severe Psychiatric Diseases	(person)	66694	65580
监护率	(%)	Guardianship Rate	(%)	96.54	96.06
显好率	(%)	Significant Improvement Rate	(%)	77.58	77.03
社会参与率	(%)	Social Involvement Rate	(%)	69.58	69.34
肇事率	(%)	Violent Events Rate	(%)	0.037	0.021
康复训练与服务	(人)	Rehabilitation Training and Service	(person)		
肢体残疾康复训练数		Function Training Provided to Persons with Physical Disabiligy		3212	2489
智残儿童康复训练数		Rehabilitation Training Provided to Children with Intellectual Disability		406	270
脑瘫儿童康复训练数		Rehabilitation Training Provided to Children with Cerebral Palsy		213	173
教育		**Education**			
未入学适龄残疾儿童少年	(人)	School-age Disabled Children Without Schooling	(person)	180	169
职业教育与培训机构数	(个)	Vocational Education and Training Facilities	(unit)	80	154
教育与培训人数	(人)	Number of Educated and Trained	(person)	5734	5593
就业		**Employment**			
城镇残疾人就业状况		Employment of Urban Handicappeds			
当年安排就业	(人)	Persons Employed in the Year	(person)	3515	1347
# 按比例就业		Employed by Quota Scheme		1413	903
集中就业		Employed at Welfare Enterprises		414	279
个体就业		Self-employed		239	165
未安排就业		Unemployed		9532	9146
农村残疾人就业状况		Employment of Rural Handicapped			
就业	(人)	Employed	(person)	52444	50650
未就业	(人)	Unemployed	(person)	6638	7375
残疾人就业服务机构	(个)	Employment Placement Service Facilities for Disabled Jobseekers	(unit)	19	19
盲人按摩		**Massage by Persons with Visual Disability**			
保健按摩员培训	(人)	Massage Therapists Training	(person)	215	164
医疗按摩员培训	(人)	Keep-fit Massager Training	(person)	35	55
扶贫		**Poverty Alleviation**			
享受城乡低保的残疾人数	(人)	Enjoy the Urban Lowest Cost-of-living Subsidizes of Handicapped	(person)	36241	28925
享受生活补助的重残人数	(人)	Enjoy the Heavy Incomplete Number of People of the Subsistence Allowance		1891	1198
享受专项补助的残疾人数	(人)	Enjoy the Special Number Subsidizes of Handicapped	(person)	11228	10989
享受城镇廉租住房的残疾人户数	(户)	Enjoy the Disabled Person of the Urban low Rented House Amount	(person)	568	
农村可扶持残疾人数	(人)	Can Support the Number of People of the Deformity in the Countryside	(person)	3561	4525
残联组织建设		**Organization Building of Disabled Persons'Federation**			
残疾人工作者数	(人)	Workers for Handicappeds	(person)	1072	939

资料来源：北京市残疾人联合会。

Sources: Beijing Disabled Persons Federation.

19-7 北京市历年社会保障相关待遇标准
SOCIAL WELFARE TREATMENT STANDARD OF BEIJING

单位：元/月 (yuan/month)

年份 Year \ 标准 Standard		职工最低工资 Lowest Wage of Staff and Workers	失业保险金最低标准 Lowest Cost of Unemployment Insurance	城镇居民最低生活保障标准 Urban Lowest Cost-of-living
1997		290	203-247	190
1998		310	217-264	200
1999年第一次	First-time in 1999	320	224-272	210
1999年第二次	Second-time in 1999	400	291-374	273
2000		412	300-385	280
2001		435	305-392	285
2002		465	326-419	290
2003		465	326-420	290
2004		545	347-446	290

年份 Year \ 标准 Standard		基本养老金平均水平 Average Standard of Basic Old-age Pension	最低退休金 Lowest Pensions of Retired Persons	最低退职金 Lowest Resignation Allowances	最低退养金 Lowest Pensions of Persons Withdraw
1997		55	293	232	200
1998		50	336	265	233
1999年第一次	First-time in 1999	40			
1999年第二次	Second-time in 1999	80	396	335	288
2000		30	421	360	308
2001		40	441	380	317
2002		70	466	405	367
2003		62	466	405	367
2004		70	510	443	402

资料来源：城镇居民最低生活保障标准由北京市民政局提供，本表其他资料由北京市劳动和社会保障局提供。

Sources: Data of Urban Lowest Cost-of-living was provided by Beijing Civil Affairs Bureau,others were provided by Beijing Labour and Social Security Bureau.

19-8 社会保险基金统筹情况
SOCIAL BLANKET INSURANCE FUNDS

项目	Item	退休(养老)基金统筹 Retirement(Endowment) Funds			失业保险基金统筹 Unemployment Insurance Funds		
		单位个数(个) Number of Units (unit)	人数(人) Number of Persons (person)	应缴金额(万元) Amount Drawn (10000 yuan)	单位个数(个) Number of Units (unit)	人数(人) Number of Persons (person)	应缴金额(万元) Amount Drawn (10000 yuan)
合　计	**Total**	**59457**	**3111220**	**1670128**	**57772**	**3082145**	**152887**
按登记注册类型分	**Grouped by Registration Status**						
国　有	State-Owned	6976	1650440	953852	6770	928230	52323
集　体	Collective-Owned	3741	131446	54229	3598	128452	4009
其　他	Others	48740	1329334	662047	47404	2025463	96555
按隶属关系划分	**Grouped by Administrative Relationship**						
中央单位	Central Units	4386	358816	264912	5465	853276	47010
地方单位	Local Units	55071	2752404	1405216	52307	2228869	105877

资料来源：北京市劳动和社会保障局。

Sources:Beijing Labour and Social Security Bureau.

19-9 律师工作
STATISTICS FOR LAWYERS

项目 Item			2004	2003	2004年为2003年% 2004 as % of 2003
律师事务所	(个) Law Offices	(unit)	778	670	116.1
律师人数	(人) Number of Lawyers	(person)	9355	7889	118.6
专职律师	(人) Full-time Lawyers	(person)	8694	7286	119.3
兼职律师	(人) Part-time Lawyers	(person)	661	603	109.6
聘请常年法律顾问的单位	(个) Units with Permanent Legal Advisers	(unit)	12299	13202	93.2
民事代理	(件) Civil Case	(case)	26736	24755	108.0
经济案件	(件) Economic Case	(case)	16558	31491	52.6
行政案件	(件) Administrative Case	(case)	2666	465	573.3
刑事辩护	(件) Criminal Defense	(case)	10849	8900	121.9
非诉讼法律事务	(件) Off-court Case	(case)	82756	30531	271.1

资料来源：北京市司法局。
Sources: Beijing Justice Bureau.

19-10 历届律师资格考试情况
STATISTICS FOR LAWYER QUALIFICATION EXAMINATION

单位：人 (person)

年份 Year	报考人数 Number of Persons Registered	实考人数 Number of Persons Scattered	录取人数 Number of Persons Passed	录取人数占实考人数比例(%) Percentage of Passed in Persons Attended (%)
1988	4280	2782	1329	47.8
1990	3735	2549	46	1.8
1992	2732	1882	510	27.1
1993	4769	3400	1068	31.4
1994	5653	4480	533	11.9
1995	5842	4661	1204	25.8
1996	5873	4445	317	7.1
1997	6350	4760	1126	23.7
1998	7946	6188	1436	23.2
1999	9736	7911	1727	21.8
2000	10649	8594	1637	19.0
2001				
2002	17488	15162	2130	14.0
2003	15367	12828	2087	16.3
2004	16229	14417	2490	17.3

资料来源：北京市司法局。
Sources: Beijing Justice Bureau.

19-11 乡镇(街道)法律服务情况
STATISTICS FOR TOWNSHIP(URBAN SUBDISTRICT) LAW SERVICES

项目 Item			2004	2003	2004年为2003年% 2004 as % of 2003
法律服务所	(个) Law Service Offices	(unit)	232	234	99.1
法律工作者	(人) Law Personnel	(person)	1223	1256	97.4
调解纠纷	(件) Disputes Mediated	(case)	3432	4979	68.9
协办公证	(件) Deal Notarization Jointly	(case)	335	1590	21.1
担任法律顾问	(家) Act as Legal Advisers	(unit)	4592	3383	135.7
民事代理	(件) Civil Cases	(case)	6928	8510	81.4

资料来源：北京市司法局。
Sources: Beijing Justice Bureau.

19-12 调 解 工 作
MEDIATION

项目 Item			2004	2003	2004年为2003年% 2004 as % of 2003
专职司法助理员	(人) Full-time Judicial Assistants	(person)	911	792	115.0
人民调解委员会	(个) People's Mediation Committees	(unit)	7229	7163	100.9
调解委员	(万人) Members of the Mediation Institution	(10000 persons)	4.1	3.71	110.5
调解各类纠纷	(万件) Disputes Mediated	(10000 cases)	6.2	9.2	67.4
防止民间纠纷激化	(件) Prevent Intensification of Civil Disputes	(case)	894	867	103.1

资料来源：北京市司法局。
Sources: Beijing Justice Bureau.

19-13 公 证 工 作
NOTARIZATIONS

项目 Item			2004	2003	2004年为2003年% 2004 as % of 2003
公证处	(个) Notary Offices	(unit)	24	24	100.0
公证人员	(人) Notary Personnel	(person)	373	274	136.1
办理国内民事公证	(件) Notarized Domestic Civil Affairs	(case)	206346	100577	205.2
办理国内经济公证	(件) Notarized Domestic Economic Affairs	(case)	20070	18033	111.3
办理涉外公证	(件) Notarized Foreign Affairs	(case)	165795	155998	106.3

资料来源：北京市司法局。
Sources: Beijing Justice Bureau.

19-14 国内公证文书分类(2004年)
DOMESTIC NOTARIAL DOCUMENTS BY TYPE (2004)

单位：件 (case)

项目	Item	民事公证数 Civil Notarization	项目	Item	经济公证数 Economic Notarization
收养	Child Adoption	542	购销	Purchases and Sales of Products	88
解除收养	Adoption Renoucements	4	联营	Joint Business	5
继承权	Rights of Inheritance	9172	拍卖	Actions	5
遗嘱	Testaments	5150	贷款	Loans	230
产权	Property Rights	256	担保	Guarantees	116
亲属关系	Kinship Confirmation	2021	招标投标	Bidding	427
死亡	Death Certificates	58	科技协作	Scientific and Technological Cooperats	
房屋买卖	Purchases and Salesof Houses	142	供用电	Supply and Use of Electric Power	
房屋租赁	House Leases	10	劳务合同	Labor Contracts	150
留学协议	Foreign Study Contracts	267	建筑工程承包	Construction Projects Contracts	
遗赠扶养协议	Donations and Family Fostering	79	工商服务业承包	Industrial and Commerce Service Contracts	
委托书	Trust Deeds	44734	农林牧副渔业承包	Contract of Farming,Forestry, Animal Husbandry,Sideline and Fishery	10
赠与书	Presentation Documents	2264			
声明书	Declarations	7116	乡镇企业承包	Contracts of Township Enterprises	2
现场监督	Field Supervision	3370	财产租赁	Property Leases	19
签名印鉴属实	Confirmation of Signatures and Seals	820	企业租赁	Enterprise Leases	5
文本相符	Confirmation of Copies and Photo-offset Copies to Originals	8175	资产经营责任制	Asset Business Contracts	
			还款协议	Payment Contracts	47
宅基地使用权	Rights to Housing Site		土地使用权出让转让	Selling and Transfer of Right of Land Utilization	41
证据保全	Evidence Preservation	19119			
拆迁协议	Housing Demolition,Agreements	4406	其他经济合同	Other Economic Contracts	1245
计划生育	Family Planning	7	法人(代表人)资格	Legal Person (agent)Identification	101
赡养协议	Agreements on Supporting Parents	179			
合伙协议	Partnership Agreements	62	法人委托书	Legal Person Trust Deeds	5957
夫妻财产协议	Property Agreements Between Spouses	726	公司章程	Corporation Constitutions	72
			执行许可证明	Operating Permits	59
其他民事协议	Other Civil Agreements	7811	提存	Consignation	151
捐献遗体	Donate the Reliquiae	45	抵押登记	Mortgage Registration	181
交通事故赔偿协议	Agreement of Compensation for Accident of the Traffic	39	公司会议记录	Minutes of Corporation Meetings	31
其他	Others	89772	其他	Others	11128
合　计	**Total**	**206346**	**合　计**	**Total**	**20070**

资料来源：北京市司法局。
Sources: Beijing Justice Bureau.

19-15 法律援助工作
STATISTICS FOR LEGAL AID

项目 Item				2004	2003	2004年为2003年% 2004 as % of 2003
法律援助机构	(个)	Number of Legal Aid Machine	(unit)	19	19	100.0
法律援助人员	(人)	Number of Legal Aid Person	(person)	79	79	100.0
民事案件	(件)	Civil Cases	(unit)	1718	1440	119.3
刑事案件	(件)	Criminal Cases	(unit)	2181	1771	123.2
行政案件	(件)	Administrative Cases	(unit)	10	7	142.9
法律咨询	(万件)	Lagal Consultation	(10000 units)	18.3	12.2	150.0

资料来源：北京市司法局。

Sources: Beijing Justice Bureau.

19-16 司法鉴定工作情况
STATISTICS FOR JUDICIAL APPRAISAL

项目 Item				2004	2003	2004年为2003年% 2004 as % of 2003
司法鉴定机构	(个)	Judicial Appraisal Organization	(unit)	103	85	121.2
司法鉴定人员	(人)	Judicial Appraisal Personnel	(person)	1527	1744	87.6
司法鉴定业务量	(件)	Judicial Appraisal Proceeding	(unit)	23780		

资料来源：北京市司法局。

Sources: Beijing Justice Bureau.

19-17 社区矫正工作情况
STATISTICS FOR COMMUNITY CORRECTS

项目 Item				2004	2003	2004年为2003年% 2004 as % of 2003
社区矫正专职工作人员	(个)	The Community Corrects Full-time Staff Members	(unit)	1083	603	179.6
社区矫正志愿者	(人)	The Community Corrects Volunteers	(person)	1527	1072	142.4
接收矫正对象	(人)	Receive the Target of Correcting	(person)	4621		
解除矫正对象	(人)	Unchain the Target of Correcting	(person)	973		

资料来源：北京市司法局。

Sources: Beijing Justice Bureau.

19-18 法院行政案件收、结案情况(2004年)

STATISTICS FOR ADMINISTRATIVE CASES ACCEPTED AND CLOSED BY COURT(2004)

单位：件 (case)

项目	Item	收案 Cases Accepted	结案 Cases Closed	判决 Judgment	裁定 Mediation
合计	**Total**	**2517**	**2489**	**1352**	**1137**
公安	Security	209	212	104	108
资源	Resource	127	120	58	62
城建	Urban Construction	835	822	428	394
工商	Industry and Commerce	100	103	39	64
专利	Patent	312	343	302	41
劳动和社会保障	Labor and Social Security	165	167	76	91
教育	Education	46	46	21	25
其他	Others	723	676	324	352

资料来源：北京市高级人民法院。

Sources: The Supreme Court of the People's Republic of Beijing.

19-19 法院刑事案件收、结案情况(2004年)

STATISTICS FOR CRIMINAL CASES ACCEPTED AND CLOSED BY COURT(2004)

项目	Item	收案(件) Cases Accepted (case)	结案(件) Cases Closed (case)	判决发生法律效力 Judgment with Legal Force	
				件数(件) Number of Cases (case)	人数(人) Number of Persons (person)
合计	**Total**	**16387**	**16210**	**14843**	**20834**
危害国家安全罪	Offense against State Security	5	7	7	9
危害公共安全罪	Offense against Public Security	1054	1032	956	1050
破坏社会主义市场经济秩序罪	Offense against the Socialist Market Economic Order	582	571	502	763
侵犯公民人身权利、民主权利罪	Infringement of Civil Personal Rights and Democratic Rights	3942	3906	3466	4250
侵犯财产罪	Infringement Property	7154	7084	6590	9869
妨害社会管理秩序罪	Interference with Public Function	3416	3386	3140	4655
危害国防利益罪	Offense against National Defense Interest	12	12	10	17
贪污贿赂罪	Corruption and Bribery Crime	212	203	165	211
渎职罪	Malpraetice Duty	8	8	5	8
其他	Others	2	1	2	2

资料来源：北京市高级人民法院。

Sources: The Supreme Court of the People's Republic of Beijing.

19-20 法院婚姻家庭、继承纠纷案件收、结案情况(2004年)

STATISTICS FOR MARRIAGE AND FAMILY AND INHERITABLE DISPUTE CASE(2004)

单位：件 (case)

项目 Item			收案 Cases Accepted	结案 Cases Closed	#判决 Judgment	#调解 Mediation
合计		**Total**	**28405**	**28101**	**8068**	**11450**
婚姻家庭纠纷 Marriage and Family Dispute	离婚	Divorce	21148	20984	5250	9255
	解除非法同居关系	Free from Concubinage Relation	143	146	63	18
	抚养、扶养关系纠纷	Foster and Foster relations Dispute	1175	1172	277	630
	抚育费纠纷	Dispute for Alimony	1129	1126	462	366
	赡养纠纷	Dispute for Support	1578	1571	664	471
	分家析产		609	576	281	100
	其他	Others	1323	1287	512	363
继承纠纷 Inheritable Dispute	法定继承	Legal Inherit	747	710	316	153
	遗嘱继承	Testamentary Inherit	90	84	39	12
	继承权确认纠纷	inherited Dispute	68	68	34	9
	其他	Others	395	377	170	73

资料来源：北京市高级人民法院。

Sources: The Supreme Court of the People's Republic of Beijing.

19-21 法院合同纠纷案件收、结案情况(2004年)

STATISTICS FOR CONTRACT CASES ACCEPTED AND CLOSED BY COURT(2004)

单位：件 (case)

项目	Item	收案 Cases Accepted	结案 Cases Closed	#判决 Judgment	#调解 Mediation
合计	**Total**	**111495**	**108797**	**40694**	**23128**
买卖合同纠纷	Business Contracts	26694	26038	8370	7244
房地产开发经营合同纠纷	Development Real Estate Contracts	5141	4899	3031	377
供用电、水、气、热力合同纠纷	Electricity,Steam,Water and Hot Water Supplying and Using Contracts	20146	19864	3913	5128
借款合同纠纷	Debt Contracts	12750	12532	5760	2875
租赁合同纠纷	Lease Contracts	11030	10886	4273	1860
建设工程合同纠纷	Construction Project Contracts	3347	3155	1361	632
承揽合同纠纷	Carry on Contracts	4706	4608	1657	1036
运输合同纠纷	Transportation Contracts	869	854	295	253
经营合同纠纷	Management Contracts	1391	1338	564	204
农村承包合同纠纷	Contract with Rural	908	882	341	125
劳动争议	Labor Dispute	5496	5196	3340	454
其他	Others	19017	18545	7789	2940

资料来源：北京市高级人民法院。
Sources:The Supreme court of the People's Republic of Beijing.

19-22 法院权属、侵权纠纷及其他民事案件收、结案情况(2004年)

STATISTICS FOR AUTHORITYED AND TORTIOUS DISPUTE CASE ACCEPTED AND CLOSED BY COURT(2004)

单位：件 (case)

项目	Item	收案 Cases Accepted	结案 Cases Closed	#判决 Judgment	#调解 Mediation
合计	**Total**	**36463**	**35484**	**15806**	**5461**
所有权及与所有权相关权利纠纷	Ownership and About Ownership	15031	14671	6221	2097
票据、证券权益纠纷	Bill and Negotiable Securities	305	301	101	70
股东权纠纷	Partner Potence	571	560	240	34
不正当竞争纠纷	Unfair Competition	108	117	58	10
人身权纠纷	Habeas Corpus	14966	14396	7650	3073
特殊侵权纠纷	Especial Tortious	474	459	251	56
适用特别程序案件	Make Use of Especial Handle a Case Program	3484	3460	662	
其他	Others	1524	1520	623	121

资料来源：北京市高级人民法院。
Sources: The Supreme court of the People's Republic of Beijing.

19-23 检察机关办理各类案件情况(2004年)
STATISTICS FOR CASES HANDLED BY PROCURATORIAL ORGAN(2004)

项目	Item	受案(受理) Cases Accepted 件 Case	人 Person	审结案合计 Cases Closed 件 Case	人 Person
审查批捕	**Examine for Arrest**	**16928**	**24395**	**15514**	**21980**
# 批准逮捕	Approve			14670	20569
不批准逮捕	Disapprove			844	1411
审查起诉	**Examine Suit**	**19505**	**28270**	**17052**	**24084**
# 起诉	Sue			16742	23641
不起诉	Immunity from Suit			310	443
举报案件	**Throw Daylight**	**4150**		**4120**	
控告申诉案件	**Appel Case**	**5764**		**5694**	
民事、行政检察	**Civil and Administrative Procuratorial Work**	**2624**		**2342**	
民事案件	Civil Cases	2375		2129	
行政案件	Administrative Cases	249		213	

资料来源：北京市人民检察院。
Sources:The People's Procurtorate of Beijing.

19-24 反贪污贿赂、渎职侵权案件情况(2004年)
STATISTICS FOR CASE THAT COMBAT CORRUPTION TO BRIBE AND MALFEASANCE ENCROACHES RIGHT(2004)

项目	Item	反贪污贿赂案件 Case that Combat Corruption to Bribe 合计 Total	# 贪污案 Corruption	# 贿赂案 Bribe	# 挪用公款案 Misappropriate Public Funds	# 其他 Others	渎职侵权案件 Case that Malfeasance Encroaches Right
受案 (件)	**Cases Accepted** (case)	**1185**	**640**	**360**	**149**	**36**	**258**
立案	**Cases Registered**						
件数 (件)	Number of Cases (case)	357	142	131	71	13	46
人数 (人)	Number of Persons (case)	408	173	139	80	16	63
重特大案件	**Heavy and Extraordinarily Serious Case**						
5至不满10万元 (件)	50000-100000 Yuan (case)	55	24	26	5		
10至不满50万元 (件)	100000-500000 Yuan (case)	116	49	35	27	5	
50至不满100万元 (件)	500000-1000000 Yuan (case)	31	9	13	6	3	
100万元以上 (件)	Over a million Yuan (case)	67	15	17	30	5	
侦结	**End a Case** (case)						
件数 (件)	Number of Cases (case)	351	160	94	86	11	31
人数 (人)	Number of Persons (person)	394	191	101	90	12	40
# 移送起诉	Hand over to Suit						
件数 (件)	Number of Cases (case)	295	142	78	69	6	28
人数 (人)	Number of Persons (person)	331	171	81	73	6	35
# 移送不起诉	Hand over yet Immunity from Suit						
件数 (件)	Number of Cases (case)	14	3	4	3	4	
人数 (人)	Number of Persons (person)	16	3	5	3	5	
挽回经济损失 (万元)	**Economic Retrieved Losses** (10000 yuan)	**45509**	**9382**	**2445**	**31525**	**2157**	**705**

资料来源：北京市人民检察院。
Sources: The People's Procurtorate of Beijing.

19-25 刑事案件情况
STATISTICS FOR CRIMINAL CASES

单位：起 (case)

项目	Item	2004	2003	2004年为2003年% 2004 as % of 2003
刑事案件	**Criminal Cases**			
立案	Cases Registered	93394	70989	131.6
破案	Cases Solved	44785	36467	122.8

资料来源：北京市公安局。

Sources:Beijing Municipal Public Security Bureau.

19-26 主要年份消防建设情况
STATISTICS FOR FIRE FIGHTING IN MAIN YEARS

项目	Item		2004	2003	2002	2001	2000	1999	1998	1997	1996
公安消防队数 (队)	Number of Polic Fire Brigades	(unit)	57	56	52	50	47	77	41	38	36
公安消防车辆 (辆)	Number of Polic Fire Engines	(unit)	335	303	296	266	259	236	210	190	180
企业专职消防队	Full-time Fire Brigade of Enterprises										
队数 (个)	Fire Bridges	(unit)	112	112	112						
人数 (人)	Persons	(person)	2733	2147	2228						

资料来源：北京市公安局。

Sources: Beijing Municipal Public Security Bureau.

19-27 火 灾 及 损 失
FIRE AND LOSSES

项　目 Item		数　量 Amount		直接经济损失(万元) Direct Economic Losses (10000 yuan)	
		2004	2003	2004	2003
总计　(起)	**Total　(unit)**	**4718**	**5243**	**1226**	**1002.6**
# 特大火灾	Extraordinarily Serious	1		81.9	
重大火灾	Heavy	1	1	0.2	10.0
起火原因	**Cause of Fire**				
# 电器	Electric Appliances	1318	1449	353	307.0
违反安全规定	Violate Safety Regulation	177	194	136.5	116.4
吸烟	Smoking	422	498	23.8	16.1
生活用火不慎	Careless	1112	1283	110.9	109.5
玩火	Play with Fire	351	367	17.5	32.6
伤 人　(人)	**Injuries　(person)**	**127**	**112**		
死 人　(人)	**Deaths　(person)**	**59**	**42**		

资料来源：北京市公安局。

Sources: Beijing Municipal Public Security Bureau.

19-28 交 通 事 故 及 损 失
STATISTICS FOR TRAFFIC ACCIDENTS AND LOSSES

项　目 Item		2004	2003	2004 年为 2003 年% 2004 as % of 2003
总计　(起)	**Total　(case)**	**8536**	**10842**	**78.7**
伤人　(人)	Injuries　(person)	8284	9877	83.9
死亡　(人)	Deaths　(person)	1744	1853	94.1
在总计中：机动车事故　(起)	**Of Total:Motor Vehicle Accident　(case)**	**7008**	**8683**	**80.7**
伤人　(人)	Injuries　(person)	6914	7961	86.8
死亡　(人)	Deaths　(person)	1332	1230	108.3
直接经济损失　(万元)	**Direct Economic Losses　(10000 yuan)**	**4057.9**	**4361.1**	**93.0**
每万辆机动车死亡　(人)	Deaths Per 10000 Motor Vehicles　(person)	7.59	7.73	98.2

资料来源：北京市公安局。

Sources: Beijing Municipal Public Security Bureau.

19-29 查处治安案件情况(2004年)

STATISTICS FOR INVESTIGATING AND HANDLING PUBLIC ORDER CASES(2004)

项目	Item	查处(起) Investigating and Handling (case)	构成(%) Composition (%)
合计	**Total**	**647901**	**100.00**
扰乱工作、公共秩序	Disturb Working or Public Order	166862	25.75
结伙斗殴、寻衅滋事	Gang Fighting	9325	1.44
侮辱妇女及其他流氓活动	Insult Woman and Other Immoral Behavior	765	0.12
阻碍国家工作人员执行公务	Interference with Government Function	1475	0.23
违反枪支管理规定	Violate Regulatory Regime for Firearms	127	0.02
违反爆炸物品管理规定	Violate Regulatory Regime for Explosive Goods	444	0.07
殴打他人	Beat up Others	93684	14.46
偷窃财物	Steal	37783	5.83
骗取、抢夺、敲诈勒索财物	Cheat,Rob and Extort Property	4837	0.75
哄抢公私财物	Rob Public Property	173	0.03
故意损坏公私财物	Damage Public and Private Properties Intentionally	4447	0.69
伪造倒卖票券、证件	Forge,Resell Bill,Ticket and Credentials	1356	0.21
利用迷信扰乱秩序或骗财	Disturb Public Order or Defraud sb.of His Belongings by Superstitions	241	0.04
卖淫、嫖娼	Prostitution,Visit Prostitution	3897	0.60
赌博	Gambling	5638	0.87
违反户口、居民身份证管理	Violate Regulations for Residence Cards or ID	50604	7.81
其他	Others	266243	41.08

资料来源：北京市公安局。

Sources:Beijing Municipal Public Security Bureau.

19-30 妇联组织状况

STATISTICS FOR WOMAN FEDERATION ORGANIZATIONS

单位：个，人 (unit,person)

项目	Item	2004	2003	2004年为2003年% 2004 as % of 2003
区妇联数	Number of District Women Organizations	16	16	100.0
区妇联干部数	Cadres in District Women Organization Cadres	171	176	97.2
县妇联数	Number of County Women Organizations	2	2	100.0
县妇联干部数	Cadres in County Women Organization Cadres	19	19	100.0
乡妇联组织数	Number of Township Women Organizations	189	197	95.9
街妇联组织数	Number of Street Women Organizations	129	125	103.2
乡、街妇联干部数	Cadres of Township and Street Women Organization	344	374	92.0
城市基层妇代会组织数	Number of Urban Basic Women Congress	2307	2176	106.0
农村基层妇代会组织数	Number of Rural Basic Women Congress	3943	4001	98.6
各类妇女联谊组织数	Women Connection Organizations	16	16	100.0

资料来源：北京市妇女联合会。

Sources: Beijing Women's Federation.

19-31 工会组织建设情况(2004年)
BASIC STATISTICS ON TRADE UNIONS(2004)

项目	Item	基层工会组织(个) Number of Grassroots Unions (unit)	职工人数(人) Number of Staff and Workers (person)	会员人数(人) Number of Members (person)
总计	**Total**	**14570**	**3253934**	**2844289**
按单位类别划分	Grouped by Registration Status of Enterprises			
国有企业	State-owned	2049	761559	728871
集体企业	Collective-owned	1906	175953	159559
股份合作企业	Share Holding Cooperative	1008	77015	69236
联营企业	Joint-owned	38	2279	2000
国有独资公司	Enterprises with exclusively State Investment	107	53150	45082
其他有限责任公司	Limited-Liability Company	1457	206553	185949
国有控股公司	State-owned Holding Company	260	175520	159062
其他股份有限公司	Other Share Holding Coporations	321	96721	87245
私营企业	Private Owned	2685	962429	696718
其他内资企业	Other Domestic Investment Enterprises	37	3510	3016
港澳台商投资企业	Hongkong,Macao and Taiwan Funded	138	23830	21190
外商投资企业	Foreign Funded Enterprises	299	92568	79701
事业单位	Institutions	3186	457213	443681
机关	Agencies and Organizations	1079	165634	162979
按产业划分	Grouped by Type of Unit			
工交系统	Industry and Transportation	858	517641	495024
城建系统	Construction	1197	1136896	860920
商贸系统	Wholesale and Retail	519	136695	120267
区县系统	Districts and Counties	11342	1184085	1095210
农林系统	Agricalture and Forestry	183	34038	29501
卫文系统	Health and Culture	282	93343	92734
产业工会系统	Labour Union	84	113606	114269
其他系统	Others	105	37630	36364

资料来源：北京市总工会。

Sources: Beijing Federation of Trade Unions.

19-32 北京市妇女发展规划监测统计资料

SUPERVISORY STATISTICS FOR WOMEN DEVELOPMENT PROGRAM OF BEIJING

项目		Item		2004	2003
育龄妇女人口（15-49 岁）数	（万人）	Women of Child-bearing Age	(10000 persons)	451.5	442.6
# 非农业户口人数	（万人）	Non-Agricultural	(10000 persons)		350.1
农业户口人数	（万人）	Agricultural	(10000 persons)		92.5
城镇单位就业人员数	（万人）	Employed Persons in Urban Units	(10000 persons)	502.8	491.2
# 女性	（万人）	Female	(10000 persons)	194.9	177.8
乡村从业人员数	（万人）	Rural Employed Persons	(10000 persons)	171.4	169.6
# 女性	（万人）	Female	(10000 persons)	82.2	81.7
不在岗职工人数	（万人）	Incomplete Employed staff and Workers	(10000 persons)	29	32.4
# 女性	（万人）	Female	(10000 persons)	11.7	11.7
城镇登记失业人员数	（万人）	Urban Registeration Unemployment	(10000 persons)	25.39	26.3
# 女性	（万人）	Female	(10000 persons)	10.59	11.4
城镇登记失业人员就业人数	（万人）	Unemployed people's Employment volume (Urban Registeration)	(10000 persons)	17.43	17.92
# 女性	（万人）	Female	(10000 persons)	7.19	7.48
女性接受再就业技能培训后就业率	（%）	Employed Rate of Women with Skill	(%)	67.91	70.86
各类专业技术人员数	（万人）	Number of Scientific and Technical Personnel	(10000 persons)	143.2	
# 女性	（万人）	Female	(10000 persons)	64.7	
参加基本养老保险人数	（万人）	Contributors of Basic Pension Insurance	(10000 persons)	460	448.5
# 女性	（万人）	Female	(10000 persons)	207	201.8
参加基本医疗保险人数	（万人）	Contributors of Basic Medical Insurance	(10000 persons)	484	436.1
# 女性	（万人）	Female	(10000 persons)	218	196.2
参加失业保险人数	（万人）	Contributors of Unemployment Insurance	(10000 persons)	308	306.6
# 女性	（万人）	Female	(10000 persons)	139	138
参加工伤保险人数	（万人）	Contributors of Work Injury Insurance	(10000 persons)	259	242.9
# 女性	（万人）	Female	(10000 persons)	117	109.3
农村社会养老保险参保人数	（万人）	Contributors of Society Pension in Rural Areas	(10000 persons)	36.8	33.7
# 女性	（万人）	Female	(10000 persons)	18.6	16.8

19-32 续表1 continued

项目	Item		2004	2003
有关女职工劳动保护信访电案件数	(件) Number of The Telephone and Letters Cases by Female Employee's Labour Protection	(unit)	127	89
市人大女代表领衔提出的议案数	(件) Number of Heads the Proposal to Put Forward with The Women Deputy of Beijing Municipal People's Congress(BMPC)	(unit)	26	15
市政协女委员提出的提案数	(件) Number of Heads the Porposal to Put Forward with the Women Deputy of Beijing Committee, Chinese People's Political Consultative Conference	(unit)	461	425
人大、政协、市委、政府领导班子女性比例	(%) Proportion of Woman Among Beijing Municipal People's Congress(BMPC),Beijing Committee, Chinese People's Political Consultative Conference,Beijingmunicipal Committee and People's Government of Beijing Municipal	(%)	14.89	10.87
市委委员、候补委员中女性比例	(%) Proportions of Women Among the Member of CPC Beijing Municipal Committee Alternate Committee Member	(%)	16.9	16
局级女干部比例	(%) Proportion of Woman Cadre in Bureau Level	(%)	20	18.81
处级女干部比例	(%) Proportion of Woman Cadre in Department Level	(%)	20	
各级后备干部中女性比例	(%) Proportions of Women Among the Reserve Cadres at All Levels	(%)	33.74	
干部人员中女性比例	(%) Proportions of Women Among the Cadre	(%)	48.67	48.36
街道、乡镇党委领导班子中女性比例	(%) Proportions of Women in Urban Subdistrict Office, Townshipand Town leading group of Party Committee	(%)	18.43	18.63
街道、乡镇政府领导班子中女性比例	(%) Proportions of Women in Urban Subdistrict Office,Townshipand Town Government's Leading Group	(%)	19.95	18.88
村民委员会成员中女性比例	(%) Proportions of Women Among the Members of Village Committee	(%)	23.23	25.2
居民委员会成员中女性比例	(%) Proportions of Women Among the Members of Residents Committee	(%)	77	76.3
普通高校在校学生人数	(万人) Number of Institutions of Higher Education	(10000 persons)	50.02	45.89
# 女生	(万人) Female	(10000 persons)	23.7	21.84
在读研究生人数	(万人) Number of People that Pursueing the Master Degree	(10000 persons)	14.42	12
# 女生	(万人) Female	(10000 persons)	5.95	4.7
成人高等学校在校生人数	(万人) Students Enrollment of Adult Higher Education	(10000 persons)	26.29	36.06
# 女生	(万人) Female	(10000 persons)	13.62	18.79
成人中等学校在校生人数	(万人) Students Enrollment of Adult Middling Education	(10000 persons)	1.35	1.6
# 女生	(万人) Female	(10000 persons)	0.76	0.8
参加职业技能培训的女性比例	(%) Participate in the Proportions of Women of Skills Training of the Job	(%)	35.55	
平均受教育年限	(年) Average Service Life of Receiving an Education	(year)	10.5	
# 男性	(年) Male	(year)	10.8	
女性	(年) Female	(year)	10.2	
妇科病普查率	(%) Gynaopathy General Survey Rate	(%)	77.17	75.25
妇科病检出率	(%) Examining Out Rate of Gynaopathy	(%)	40.76	38.87
妇科病治疗率	(%) Treating Rate of Gynaopathy	(%)	87.19	
患妇科病人数	(人) Suffer From the Number of People of Gynaopathy	(person)	149852	90291
# 农村妇女患妇科病人数	(人) Rural Women	(person)	66030	47734
高危孕产妇住院分娩率*	(%) Endanger Pregnant and Lying-in Women's Rate of Giving Birth in Hospital High	(%)	99.98	99.99
已婚育龄妇女综合避孕率	(%) Practising Contraception Rate Synthetically of Married Women of ChildBearing Age	(%)	87.46	88.14
刑事犯罪人中女性所占比重	(%) Women's Proportion Among Crime People	(%)	13.2	13.6
得到法律援助机构援助的妇女人数	(人) Get the Number of Woman of Aid of Law Aid Institution	(person)	32101	27436
吸食、注射毒品人员中女性比例	(%) Suck, Inject the Proportions of Women Among Drugs Personnel	(%)	28.53	21.06

19-33 北京市儿童发展规划监测统计资料
SUPERVISORY STATISTICS FOR CHILDREN DEVELOPMENT PROGRAM OF BEIJING

项目	Item		2004	2003
婚前医学检查率	(%) Rate of Medical Premarital Check	(%)	5.03	99.80
婚前卫生指导率	(%) Rate of Medical Premarital Direction	(%)	82.14	97.00
对影响婚育疾病人群咨询率	(%) Rate of Patients of Illness on Marriage and Bearing Received Advisory	(%)		100.0
出生缺陷监测率	(%) Monitoring Rate of Birth Deficiency	(%)	100.0	100.0
新生儿疾病筛查率	(%) Screen Check Rate of Illness for Neonayus	(%)	96.56	98.11
出生缺陷发生率	(‰) Outbreak Rate of Birth Deficiency	(‰)	13.49	10.73
新生儿破伤风发病率	(‰) Rate of Outbreak of Tetanus on Neonatus	(‰)	0	0
围产儿死亡率	(‰) Death Rate of Neonatus in Wardship	(‰)	6.95	7.28
婴儿死亡率	(‰) Death Rate of Infant	(‰)	4.61	5.89
5岁以下儿童死亡率	(‰) Death Rate of Children below 5-year-old	(‰)	5.20	6.24
四苗全程接种率	(%) Rate of Inoculation of Four Vaccines	(%)	95.95	99.71
卡介苗疫苗接种率	(%) Rate of Inoculation of BCG Vaccine	(%)	98.50	97.49
脊灰疫苗接种率	(%) Rate of Inoculation of Poliomyelities Polio Vaccine	(%)	98.59	99.98
百白破疫苗接种率	(%) Rate of Inoculation of Pertussis,Diphtheria and Tetanus Vaccine	(%)	99.97	99.98
麻疹疫苗接种率	(%) Rate of Inoculation of Measles Vaccine	(%)	99.92	99.97
脊髓灰质炎野毒株病例发生数	(例) Outbreak Case of Poliomyelities Polio from Wild Poison Vert	(case)	0	0
托幼机构甲、乙类传染病爆发疫情次数	(次) Outbraek Rate of Epidemic A and B in Kidergarden	(case)	0	0
孕产妇系统管理率	(%) Rate of Gravida and Puerpera in System-management	(%)	90.12	88.94
城市	Urban		90.14	88.72
农村	Rural		90.07	89.28
孕产妇健康教育普及率	(%) Widespreading Rate of Health Education for Gravida and Puerpera	(%)	98.57	98.34
孕产妇住院分娩率	(%) Rate of Parturition in Hospital	(%)	99.95	99.93
孕产妇死亡率	(1/10万) Death Rate of Gravida and Puerpera	(1/100000)	15.19	15.60
儿童系统管理率	(%) Rate of Children in System-management	(%)	96.58	97.17
儿童系统管理合格率	(%) Qualified Rate of Children in System-management	(%)	97.03	92.16
5岁以下儿童中重度营养不良患病率	(%) Rate of Outbreak of Serious Innutrition on Children below 5-year-old	(%)	0.30	0.35
0-4个月婴儿母乳喂养率	(%) Rate of Breast-feeding to Infant of 0-4-month-old	(%)	91.6	92.1
城镇地区3岁以下儿童入园率	(%) Rate of Children below 3-year-old Received Early Stage Education in Urban Area	(%)		20.3
山区儿童学前一年受教育率	(%) Rate of Children in Mountain Area Received One-year Preschool Education	(%)	96.0	95.0
3岁及以上儿童入园率	(%) Enrollment Rate of Children over 3- years-old to Kidergarten	(%)	87.9	85.7

19-33 续表 1 continued

项目 Item			2004	2003
市级示范幼儿园数	(个) Number of Demonstration Kindergarden on Municipal Level	(unit)	24	24
一级一类幼儿园数	(个) Number of Kindergarden of First Grade, First Class	(unit)	206	185
学龄儿童净入学率	(%) Net Enrollment Rate of Children at School-age	(%)	99.92	99.95
小学在校生年辍学率	(%) Rate of Leaving of One's Study of Students Enrollment in Primary Schools	(%)	0	0
初中在校生年辍学率	(%) Rate of Leaving of One's Study of Students Enrollment in Junior Milldle Schools	(%)	0	0
中小学特殊教育示范学校数	(个) Number of Demonstration Schools of Special Education in Primary and Middle Schools	(unit)		0
普通中小学残疾儿童在校学生数	(人) Number of Students Enrollment of Disable Children in Regular Primary Schools and Junior Middle Schools	(person)	6412	6177
农村自来水普及率	(%) Widespreading Rate of Tap Water in Rural Areas	(%)	97.6	97.5
农村卫生厕所普及率	(%) Widespreading Rate of Lavatories in Rural Areas	(%)	76.25	72.98
农村粪便无害化处理率	(%) Rate of Harmless Disposal of Night Soil	(%)	85.69	82.65
城市污水处理率	(%) Rate of Disposal of Sewage	(%)	53.9	50.0
城市生活垃圾无害化处理率	(%) Rate of Harmless Disposal of Garbage	(%)	93.8	91.3
林木覆盖率	(%) Coverage of Forest	(%)	49.5	47.5
城市绿化面积	(万公顷) Green Areas in City	(10000hectare)	4.4	3.7
城市绿化覆盖率	(%) Coverage of City Green Areas	(%)	41.9	41
城市人均公共绿地面积	(平方米) Per Capita City Green Areas	(sq.m)	11.45	11.43

19-34 北京市历届人代会代表人数性别构成及议案、批评建议数

SEX STRUCTURE OF DELEGACY, NUMBER OF PROPOSAL AND SUGGEST BY DEMOTIC CONGRESS

单位：人、%、件 (person,%,unit)

项 目 Item		代表人数 Number of Delegate			性别比例 Sex Proportion		议案立案数 Number of Cases Registered Of Proposal	批评建议数 Give Criticism Advice
		总计 Total	女性 Female	男性 Male	女性 Female	男性 Male		
第 一 届	First Congress	564	104	460	18.4	81.6		
第 二 届	Second Congress	619	141	478	22.8	77.2		
第 三 届	Third Congress	618	161	457	26.1	73.9		
第 四 届	Fouth Congress	745	201	544	27.0	73.0		
第 五 届	Fifth Congress	751	203	548	27.0	73.0		
第 七 届	Seventh Congress	1195	330	865	27.6	72.4		
第 八 届	Eighth Congress	972	221	751	22.7	77.3	55	6644
第 九 届	Ninth Congress	880	217	663	24.7	75.3	86	7921
第 十 届	Tenth Congress	885	224	661	25.3	74.7	156	7281
第十一届	Eleventh Congress	763	197	566	25.8	74.2	166	9717
第十二届	Twelveth Congress	770	235	535	30.5	69.5	175	5947

注：1．北京市人大常委会是经北京市七届三次人民代表大会选举成立的，故一至六届人代会无议案及建议数。
2．第十二届议案及建议数是截止到 2005 年 7 月的数据。
3．其他各届议案及建议数均是本届五年会上及平时议案及建议数。
资料来源：北京市人民代表大会常务委员会。
Note:a) Seventh demotic congress proposal thirdly conference election Beijing municipal administrative council, therefore the data of suggest from the first till sixth conference was empty.
b) Data of Proposal and Advice of 12th Congress was that up to July of 2005.
c) Number of the Other demotic congress proposal was five year conference and peacetime suggest.
Sources: Beijing Municipal People's Congress(BMPC).

19-35 北京市历届政协会委员人数及提案立案数

NUMBER OF DELEGACY AND PROPOSAL AND PUT ON RECORD BY POLITICS CONFERENCE

单位：人、件 (person,unit)

届 别 Mark Fall Due		起止年月 The Time of Inaugural and Concluding	委员人数 Number of Commissary			提案立案数 Number of Resolution put on Record
			总计 Total	女性 Female	男性 Male	
第一届	First Congress	1955.4-1959.9	235	32	203	
第二届	Second Congress	1959.9-1962.12	463	84	379	
第三届	Third Congress	1962.12-1965.9	519	92	427	
第四届	Fouth Congress	1965.9-1977.11	529	88	441	
第五届	Fifth Congress	1977.11-1983.3	648	135	513	1393
第六届	Sixth Congress	1983.3-1988.1	676	142	534	3012
第七届	Seventh Congress	1988.1-1993.1	686	177	509	4295
第八届	Eighth Congress	1993.1-1998.1	686	175	511	5017
第九届	Ninth Congress	1998.1-2003.1	745	198	547	6212
第十届	Tenth Congress	2003.1-2004.12	718	202	516	2751

注：以上统计数据截止到 2004 年年底。
资料来源：中国人民政治协商会议北京市委员会。
Note:The deadline of data was 2004.
Sources:The Chinese People's Political Consultative Conference Beijing Committe.

主要统计指标解释

优抚对象 依照法律和政策的规定，享受国家、社会和群众抚恤优待的人员，包括中国人民解放军（包括中国人民武装警察部队）现役军人、革命伤残人员、复员退伍军人、革命烈士家属、因公牺牲军人家属、病故军人家属、现役军人家属。

城镇居民最低生活保障人数 指在开展居民最低生活保障制度的地区，领取最低生活保障费的城镇居民人数。包括“三无”对象、失业人员和在职、下岗、退休人员等。

农村居民最低生活保障人数 指报告期末在建立农村最低生活保障制度的地区，得到当地政府或集体给予最低生活保障的农业人口。

农村传统救济的人数 指未开展最低生活保障制度的农村地区，仍沿用传统救济制度救济贫困人口数。

社会救济对象总人数 指在报告期末生活在当地规定的最低生活保障线以下的家庭数及国家规定由民政部门救济的特殊人员和60年代精简退职老职工救济人员等。

内地居民结婚登记 指报告期内经民政部门的婚姻登记机关审查，确认当事人符合结婚条件，批准登记结婚的案件总数。

初婚人数 指报告期内经民政部门的婚姻登记机关批准登记结婚的当事人中，属第一次结婚人数的总和。

再婚人数 指报告期内经婚姻登记机关批准登记结婚的当事人中，属第二次(或者二次以上)结婚人数的总和。再婚包含恢复结婚。

恢复结婚 指报告期内，原为夫妻，离婚后又要求恢复原来婚姻关系，经民政部门的婚姻登记机关审查，确认当事双方符合恢复婚姻关系条件，批准登记复婚的案件总数。

涉外及华侨、港澳台结婚登记 指在县级(或县级以上)民政部门办理的，夫妻双方或一方是外国人、华侨、港澳台同胞的婚姻案件总数。

港澳居民人数 指报告期内经民政部门的婚姻登记机关批准登记结婚的当事人的一方或双方居住在香港、澳门特别行政区的人员。

台湾居民人数 指报告期内经民政部门的婚姻登记机关批准登记结婚的当事人的一方或双方居住在台湾的人员。

华侨人数 指报告期内经民政部门婚姻登记机关批准登记结婚的当事人的一方或双方居住在国外，但仍保留中国籍的人员(含留学人员)。

外国人数 指报告期内经民政部门婚姻登记机关批准登记结婚的当事人的一方或双方是居住在国外或中国的外国人(含外籍华人)。

内地居民离婚登记 指报告期内经民政部门的婚姻登记机关审查，确认当事人具备离婚条件，批准登记离婚的案件总数。

港、澳居民离婚登记 指报告期内经民政部门的婚姻登记机关批准登记结婚的当事人的一方或双方居住在香港、澳门特别行政区的人员。

台湾居民离婚登记 指报告期内经民政部门的婚姻登记机关批准登记结婚的当事人的一方或双方居住在台湾的人员。

华侨离婚登记 指报告期内经民政部门的婚姻登记机关批准登记结婚的当事人的一方或双方居住在国外，但仍保留中国籍的人员。

律师 指受聘参加律师事务所工作，提任法律顾问、刑（民）事代理人、刑事辩护人，办理非诉讼事件、解答法律询问，代写法律事务文书等主要从事律师业务的专职法律工作者和兼职律师。

公证人员 指在国家公证机关依法办理公证事务的司法人员。包括公证员、助理公证员和在公证处工作的其他人员。

办理公证文书 指公证处在一定时期内办结的公证文书件数。公证文书系按司法部规定或批准的格式制作。包括国内公证和涉外公证两部分。其中国内公证分为经济公证和民事法律关系公证两大类。

调解人员 指人民调解委员会担负调解民间一般民事纠纷和轻微违法行为所引起的纠纷的工作人员。包括调解委员会的委员和调解小组调解员。

调解民间纠纷 指调解委员会依照法律规定，根据自愿原则，用说服教育的方法调解民间发生的有关民事权利和义务的争执，促成当事双方达到协议和谅解，解决纠纷。包括婚姻家庭纠纷，财产权益纠纷等。不包括法院受理调解的民事案件数。

保险福利费用 指企业、事业、机关单位再工作以外实际支付给职工和离休、退休、退职人员个人以及用于集体的劳动保险和福利费用。

1．职工保险福利费用具体包括：

（1）医疗卫生费 指实行公费医疗企业的职工及其供养的直系亲属的医疗费、医务经费、职工因工伤就医路费以及住院伙食补助费等；卫生部门开支的事业及机关单位职工的公费医疗经费；未参加公费医疗的企业、事业和机关单位职工的医疗费。

（2）丧葬抚恤救济费　指因职工死亡而支付的丧葬费、丧葬补助费和所遗供养直系亲属的抚恤费、救济费、生活补助费以及职工供养直系亲属死亡时的丧葬补助费等。

（3）生活困难补助　指对生活困难的职工实际支付的定期补助和临时性补助。

（4）文体宣传费　指企业、事业和机关单位实际支付的文体宣传费。不包括学习费。

（5）集体福利事业补贴费　指对职工浴室、理发室、洗衣房、哺乳室、托儿所等集体福利设施各项支出与收入相抵后的差额补助费。

（6）集体福利设施费　指按照国家规定开支的集体福利设施费用。如职工食堂炊事用具的购置费、修理费、职工宿舍的修缮费用。不包括由企业、事业和机关单位自筹经费开支的职工福利设施的基本建设费用。

（7）计划生育补贴　指发给职工独生子女的补贴费和保健营养费。

（8）其他　指上述费用以外，单位支付给职工的保险福利费。

2．离休、退休、退职人员保险福利费用具体包括：

（1）离休金　指发给离休人员的工资和按1982年国务院发布的“关于老干部离职休养制度的几项规定”发给符合规定的离休干部相当于1—2个月标准工资的生活补贴和按有关文件规定提高离休人员的待遇所增加的费用及粮油价格补贴等。

（2）退休金　指按照国家有关规定发给退休人员的退休费和按有关文件规定提高退休人员的待遇所增加的费用及粮油价格补贴等。

（3）职工生活费　指按照1978年国务院《关于工人退休、退职的暂行办法》规定定期发给退职人员的生活费用和按有关文件规定提高退职人员的待遇所增加的费用及粮油价格补贴等。

（4）医疗卫生费　指离休、退休、退职人员的医疗费、住院费以及住院伙食补助等费用。

（5）护理费　指因工致残、饮食起居需人扶助的离休、退休人员的护理费以及因病不能自理的离休人员的护理费。

（6）生活补贴　指按照1985年国务院《关于发给离退休人员生活补贴费的通知》规定，发给离休、退休人员的生活补贴费。

（7）交通费补贴　指按月发给离休人员的交通费补贴。

（8）丧葬抚恤救济费　指离休、退休、退职人员死亡的丧葬费、丧葬补助费和所遗供养直系亲属的抚养费、救济费、生活补助费以及供养直系亲属死亡时的丧葬补助费等。

（9）其他　包括易地安置的离休、退休、退职人员的安家补助费；离休、退休、退职人员的生活困难补助费、书报费、洗理费、副食品价格补贴、房租价格补贴、水电补贴、少数民族补贴以及老干部活动经费开支的旅游费用等。

婴儿死亡率　指某地区一年内每1000名活产婴儿中未满1岁的婴儿死亡人数之比。婴儿死亡率可以衡量一个国家或地区经济文化、居民健康状况和卫生保健事业发展情况，同时也是人口平均期望寿命研究的重要内容。

5岁以下儿童死亡率　指某地区一年内每1000名活产婴儿与未满5岁儿童死亡人数之比。5岁以下儿童死亡率是目前国际上公认的反映儿童生存状况的重要指标。

孕产妇死亡率　指一年内每10万名活产儿中孕产妇死亡数。同婴儿死亡率一样，孕产妇死亡率是评价某一地区社会发展状况的重要指标，它的高低与社会经济状况、孕产妇社会环境及卫生保健服务有直接的联系。

农村卫生厕所普及率　使用各种类型卫生厕所的农户数（使用卫生公厕，每所不超过10户居民）占农村总户数的比例。

农村粪便无害化处理率　指农村使用粪便无害化处理设施（卫生户厕、卫生公厕，不包括高温堆肥）的农户数占农村总户数的比例。

YEARBOOK

二十、服务业

SERVICE

2005 STATISTICAL

2004年服务业企业利润总额（单位：亿元）
Total Profits of Services in 2004(100 million yuan)

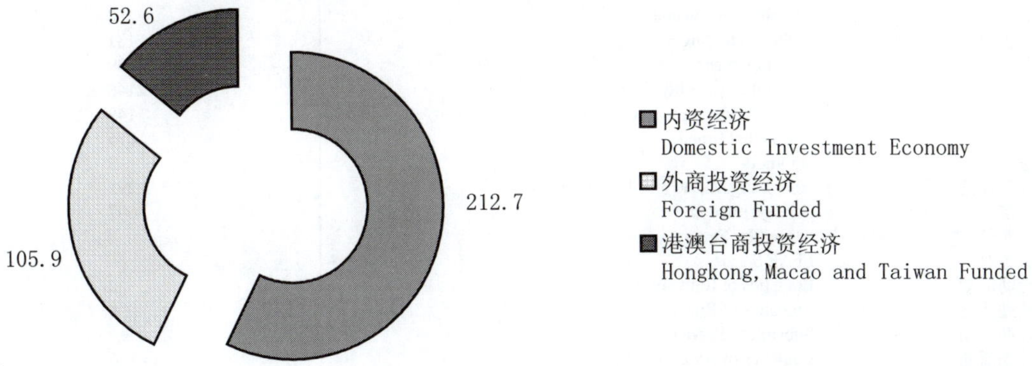

2004年服务业企业主营业务收入状况（单位：亿元）
Operating Income of Services in 2004

20-1 服务业企业财务状况(2004年)

单位：万元

项目	Item	单位个数(个) Number of Units (unit)	主营业务收入 Operating Income
合计	**Total**	**5979**	**37855346**
按登记注册类型分	**Grouped by Registation Status of Enterprises**		
内资企业	Domestic Investment Enterprises	5077	25509268
国有企业	State-Owned	1275	10180201
集体企业	Collective Owned	260	429189
股份合作企业	Share Holding	131	499506
联营企业	Joint Owned	39	62302
有限责任公司	Limited-Liability Corporations	2145	9544626
股份有限公司	Share Holding Corporations	149	2035712
私营企业	Private Owned	1075	2754845
其他企业	Others	3	2887
港澳台商投资经济	Hongkong,Macao and Taiwan Funded	295	2009191
外商投资经济	Foreign Funded	607	10336887
按国民经济行业分	**Grouped by Sector**		
农林牧渔服务业	FFAF Services		
铁路运输辅助活动	Logistics of Railway	2	15479
道路运输辅助活动	Logistics of Roads	6	125469
水上运输辅助活动	Subsidiary Services		
航空运输辅助活动	Logistics of Aviation	6	49062
装卸搬运及其他运输服务业	Load and Unload,Other Transportation Services	83	546365
仓储业	Storage	56	179675
互联网信息服务	Internet Information Servecis	104	506141
广播电视传播服务	Radio,Television Transmission Servecis	7	68490
卫星传输服务	Satellite Transmission Servecis	9	86480
计算机服务业	Computer Servecis	429	4257336
软件业	Software	560	2185935
贸易经济与代理	Trade and Deputize for Trade	46	1308229
住宿业	Stay Place	392	1381172
银行业	Banking	1	3467
证券业	Negotiable Securities	1	1630
保险业	Insurance	1	937
其他金融活动	Other Finance	6	42388
物业管理	Estate management	448	1051555
房地产中介服务	Intermediary Sevices of the Real Estate	36	94347
其他房地产活动	Other Real Estates Activity	22	21078
租赁业	Tenancy	29	48118
商务服务业	Commercial Servecis	1130	11498588
研究与试验发展	Research and Experimental Development	54	388375
专业技术服务业	Professional Technical Servecis	1564	7626055
科技交流和推广服务业	Scientific and Technological Exchange and Popularizing	376	3058409
地质勘察业	Geological Prospecting	14	111566
水利管理业	Water Conservancy	2	3605
环境管理业	Environment Conservancy	23	41541
公共设施管理业	Municipal Engineering Conservancy	34	82167
居民服务业	Resident Services	56	74045
其他服务业	Other Services	131	1237721
教育	Education	29	59163
卫生	Health	20	76094
社会保障业	Social Security		
社会福利业	Social Welfare	2	7301
新闻出版业	Publication	189	1271877
广播、电视、电影和音像业	Radio,Television,Film,Audio Products, Video Products	26	147822
文化艺术业	Culture and Arts	33	93813
体育	Sports	7	15203
娱乐业	Recreation	45	88646

注：表中按国民经济行业分组中，教育、卫生、社会保障业、社会福利业、新闻出版业、广播、电视、电影和音像业、文化艺术业、体育为企业化管理的事业单位数据。

FINANCIAL INDICATORS FOR SERVICES ENTERPRISES(2004)

(10000 yuan)

营业成本 Operating Cost	营业费用 Operating Expenses	营业税金及附加 Operating Tax and Extra Charges	利润总额 Total Profits	应交所得税 Income Tax Payable	本年应付工资总额 Total Wages Payable in the Year	本年应付福利费总额 Welfares Payable in the Year
26820054	**3354634**	**660129**	**3711642**	**603832**	**3094600**	**390657**
19167289	1744815	446136	2127026	379554	1818214	240495
7865061	595607	172290	1058120	189315	752744	108072
234763	70572	13080	36254	10420	46042	5845
394222	31001	6695	33020	4465	22217	2723
32984	13419	2584	-4686	910	10140	1233
7450309	598197	145749	390154	98028	631275	84189
1445446	113888	44369	305386	40865	138043	14384
1743141	321531	61291	308701	35550	217102	24000
1363	600	78	77		652	51
991478	313280	60979	526144	46191	239152	34204
6661287	1296539	153014	1058472	178086	1037235	115959
9060	3710	374	1207	435	2103	81
75834	338	597	-11576	44	10266	1383
10616	19285	1662	9765	1880	8389	2155
444923	33323	6394	13698	5000	30779	5528
154624	16411	1787	-931	876	13944	1730
321590	65674	15489	42754	5868	45107	6171
35190	3581	2215	22039	3214	2520	107
60143	1305	2657	12918	1672	5474	657
3454617	308851	50612	191557	20614	353185	42764
1169025	347395	36755	250770	21134	374524	44499
1166864	49155	4812	96266	26183	19000	2308
233863	428497	72426	44352	28248	217631	42069
2098	1018	61	404	93	196	17
		90	193	26	78	11
	939	51	-53		166	
32853	20817	1644	-35863	4625	7034	2044
434273	175761	45636	112704	27624	169279	27791
18216	29084	4887	27543	1311	11429	1042
9285	2851	1045	727	289	3820	393
29885	5819	1956	205	879	4191	597
8331735	1000217	156668	1844909	215708	775032	67837
302009	9436	6142	2303	1029	72737	[illegible]
5864536	373445	143153	465896	[illegible]	550132	72315
2592733	171770	[illegible]	54022	16331	142728	22398
19136	18954	668	50335	71	2559	183
2404	234	16	14		1540	215
22653	7962	961	-12144	152	12796	1899
35704	11785	3722	43886	2203	11571	1670
28206	25196	2733	3184	1959	14758	1555
978624	20572	9380	189389	58978	32705	3051
28692	9707	2288	3397	970	11698	2102
36500	9538	1008	4823	774	13873	3605
767	1939	179	-1084		2445	164
741916	121259	36067	241550	60590	134516	17642
84653	14516	5381	33558	8842	12490	1709
54596	13510	4002	11471	2596	7747	959
9584	4275	628	-155	58	1491	86
22647	26497	9089	-2389	1238	14650	1796

Note: Data of education, health, social security, social welfare, publication, radio, television, film, audio products, video products, culture, arts and sports were public institution of commercialized management.

二十一、企业及企业集团资料

STATISTICS FOR ENTERPRISE AND ENTERPRISES GROUP

21-1 企业集团主要经济指标(2004年)

单位:万元

项　目	Item	集团个数(个) Number of Groups (unit)	资　产 总　计 Total Assets	固定资产 原　价 Original Value of Fixed Assets	累计折旧 Accumulative Depreciation in this Year	流动资产 平均余额 Average Balance of Circulating Funds
总　计	**Total**	**146**	**77626463**	**26239027**	**8610868**	**41713296**
按控股情况划分	**By Share Holding**					
国有绝对控股	State-owned Absolute Holding Enterprises	81	65335550	24104596	8061657	33678960
国有相对控股	State-owned Relative Holding Enterprises	11	2428120	697132	213586	1361942
集体绝对控股	Collective-owned Absolute Holding Enterprises	11	2635809	175183	52158	2104206
集体相对控股	Collective-owned Relative Holding Enterprises	4	878829	226621	52441	359153
其他	Others	39	6348155	1035495	231026	4209035
按行业划分	**By Sector**					
农、林、牧、渔业	Farming,Forestry,Animal Husbandry and Fishery	1	149171	56278	23329	93255
采矿业	Mining	1	703649	343423	111985	326793
制造业	Manufacturing	43	25982262	11419003	4199424	11737149
电力、煤气及水的生产和供应业	Electricity,Gas,Water Production and Supply	5	7946068	4825799	1391889	2659311
建筑业	Construction	20	8848050	1118584	379141	6625707
交通运输、仓储和邮政业	Transportation,Storage and Post	3	5698228	3351380	945842	1545994
信息传输、计算机服务和软件业	Information Transmission,Computer Servecis and Software	3	159898	27866	14624	107806
批发和零售业	Wholesale Trade and Retail Trade	27	8395436	1680629	491507	5595317
住宿和餐饮业	Stay Place and Catering	2	1773676	1333691	542413	565535
金融保险业	Banking and Insurance					
房地产业	Real Estate	21	10458127	890923	183499	7988538
租赁和商务服务业	Tenancy and Commercial Servecis	11	6328326	808201	216923	3781614
水利、环境和公共设施管理业	Water，Environment and Municipal Engineering Conservancy	4	141102	106081	42770	55084
文化体育和娱乐业	Culture,Art,Sports and Recreation	5	1042470	277169	67522	631193
按登记注册类型划分	**By Registration Status**					
国有企业	State-owned	32	9799159	2719333	915948	5424458
国有独资公司	Exclusive State-owned	45	54853893	21238469	7119775	27874565
其他有限责任公司	Other Limited-liability Corporations Ltd.	54	11170046	1780608	429003	7589348
股份有限公司	Share Holding Corporations Ltd.	5	784154	264049	75432	264588
港澳台合资企业	Hongkong,Macao ang Taiwan Venture	1	25718	15671	7346	14406
其他	Others	9	993493	220897	63364	545931

注：企业集团统计范围包括：(1) 国务院主管部门批准的企业集团 (2) 北京市政府及主管部门批准的企业集团 (3) 年营业收入和年末资产总额均在1亿元及以上的其他各类企业集团。不包括由中央管理的企业集团。

MAIN ECONOMIC INDICATORS OF BUSINESS GROUP(2004)

(10000 yuan)

负债合计 Total Liabilities	所有者权益 Ownership Interest	主营业务收入 Major Business Revenue	出口额 Total Exports	主营业务成本 Major Business Cost	利润总额 Total Profits	累计对外投资 Accumulative External Investment	投资收益 Investment Income	研究开发费用 Research and Exploit Expenses	从业人员(人) Number of Employed Persons (person)	从业人员报酬 Remuneration for Employed Persons
50087864	**21647383**	**38776270**	**1435364**	**32184331**	**1857095**	**7400035**	**466236**	**218694**	**844833**	**2037516**
41254172	18660762	30043517	1338801	24710797	1485346	6569999	406393	184758	703116	1748783
1548065	791811	2452994	38899	2126900	79246	198461	14158	6564	38875	93494
2368866	263371	867576	36103	819240	13325	36230	2988	1848	23449	27967
535856	320371	499340	824	402185	33665	13937	-376	2	23413	30616
4380905	1611068	4912843	20737	4125209	245513	581408	43073	25522	55980	136656
114493	29542	130232	14319	109931	398	8342	936	210	5330	7610
369487	292234	339840	64509	234673	23236	43679	329	1782	26494	60630
15168937	7731442	17864209	1149013	14842426	779859	2640097	237736	181240	342992	803903
3266528	4171235	1590357		1264313	265146	1352683	36344	1435	31923	94351
7212361	1411655	5792046		5069894	115363	367492	9299	18642	127718	338563
3233002	2052508	1081435	138899	855760	66158	609781	5558	33	122240	225877
28861	129763	74085		6591	6759	13170	-1141	11454	2574	22334
6040334	2065131	6123123	36986	5441758	171377	391414	46161	1908	75549	155994
1028041	597461	1319255		848644	73418	245402	11796			
8394423	1607442	2633299	12459	2065591	218622	450627	64304	35	33247	94043
4603461	1011597	1403519		1107780	113321	1239787	43890	1254	20929	80678
51278	89317	17172		35928	952	66	4	14	5742	16402
576658	458056	407698	19179	301033	22486	37495	11020	687	12322	37707
5775157	3016709	4005382	74078	3233079	206597	480232	57664	17627	128878	277458
34915729	15535636	25456871	1264649	20963878	1273828	6040084	347617	167131	568617	1455294
8385552	2319649	7707528	72117	6688554	329177	774949	59420	19998	104159	202587
390937	380667	1060555		854433	31848	49058	-1179	11403	18930	56366
23419	2299	16187		14923	-1420				1570	1658
597070	392423	529747	24520	429464	17065	55712	2714	2535	22679	44153

Note:Business group include:(1) Enterprise group which the responsible institution of the State Council sanctions (2) Enterprise group which Beijing Municipal Government and responsible institution sanction (3) Annual business income and assets in 100 million and the above-mentioned other kinds enterprise groups total value, do not include it by the enterprise group of central management .

21-2 重点企业主要经济指标(2004年)

单位：万元

项目	Item	单位数(个) Number of Enterprises (unit)	资产总计 Total Assets	固定资产原价 Original Value of Fixed Assets	累计折旧 Accumulative Depreciation in this Year	流动资产年平均余额 Average Balance of Circulating Funds
总计	**Total**	**266**	**405098799**	**70441418**	**23429664**	**70129449**
按控股情况划分	**By Share Holding**					
国有绝对控股	State-owned Absolute Holding Enterprises	239	403448351	70173371	23324315	69625683
国有相对控股	State-owned Relative Holding Enterprises	12	1325734	135220	45185	366013
集体绝对控股	Collective-owned Absolute Holding Enterprises	3	38822	10838	2655	26162
集体相对控股	Collective-owned Relative Holding Enterprises	3	90430	15326	7584	60210
其他	Others	9	195462	106663	49925	51381
按企业规模划分	**By Size**					
大型	Large-sized	155	373307452	67467151	22764179	63119055
中型	Medium-sized	69	6572313	1891242	365260	2611884
小型	Small-sized	21	728234	128730	36080	290599
其他	Others	21	24490800	954295	264145	4107911
按行业划分	**By Sector**					
农、林、牧、渔业	Farming,Forestry,Animal Husbandry and Fishery	3	322009	69741	26773	199246
采矿业	Mining	5	89897943	117061	35254	446927
制造业	Manufacturing	74	72268734	7933694	2342545	18001510
电力、煤气及水的生产和供应业	Electricity,Gas,Water Production and Supply	10	97851688	46394978	17320867	7162801
建筑业	Construction	17	13251358	730479	322600	4883107
交通运输、仓储和邮政业	ransportation,Storage and Post	10	12756634	5803031	757910	2766309
信息传输、计算机服务和软件业	Information Transmission,Computer Servecis and Software	7	53596715	4438207	1230653	13804954
批发和零售业	Wholesale Trade and Retail Trade	66	19042293	2264148	624321	10713731
住宿和餐饮业	Stay Place and Catering	1	12253	682	375	2595
金融保险业	Banking and Insurance	2	8441854	94525	11293	1341443
房地产业	Real Estate	5	3110475	95202	15854	1969372
租赁和商务服务业	Tenancy and Commercial Servecis	41	32445611	2196343	627601	8149615
科学研究、技术服务和地质勘查业	Scientific Studies,Technical Servecis and Geological Prospecting	23	1737980	295372	111151	663485
水利、环境和公共设施管理业	Water,Environment and Municipal Engineering Conservancy	1	318107	5621	728	15744
文化体育和娱乐业	Culture,Art,Sports and Recreation	1	45145	2334	1739	8610
按登记注册类型划分	**By Registration Status**					
国有企业	State-owned	160	272482537	29780455	11552548	45742986
国有独资公司	Exclusive State-owned	45	111225446	32872706	10394174	18826631
其他有限责任公司	Other Limited-liability Corporations Ltd.	32	11358899	1602628	594099	3325620
股份有限公司	Share Holding Corporations Ltd.	25	9907668	6092452	845344	2180310
中外合资企业	Joint Venture	1	77247	64138	32169	28901
港澳台合资企业	Hongkong,Macao ang Taiwan Venture	1	36094	20669	8002	21393
其他	Others	2	10908	8370	3328	3608

MAIN ECONOMIC INDICATORS OF ENTERPRISES WITH MODERN ENTERPRISE SYSTEM(2004)

(10000 yuan)

年末负债合计 Total Liabilities	年末股东权益合计 Ownership Interest	主营业务收入 Major Business Revenue	出口额 Total Exports	主营业务成本 Major Business Cost	利润总额 Total Profits	累计对外投资 Accumulative External Investment	投资收益 Investment Income	研究开发费用 Research and Exploit Expenses	从业人员年末人数（人） Employed Persons (person)	从业人员劳动报酬 Remuneration of Employed Persons
155317336	**249781463**	**58282775**	**2020821**	**50525860**	**5045414**	**70239984**	**5108009**	**861841**	**1036355**	**3401469**
154493762	248954589	57765261	1998059	50093873	5009871	69758443	5062033	857718	1015082	3361434
616529	709205	279002	3758	233018	32108	467296	42404	2428	7795	17903
21840	16982	39140		33990	1530	286			773	1116
61458	28972	52935	11940	40376	601	11069	3570	1369	4213	6473
123747	71715	146437	7064	124603	1304	2890	2	326	8492	14543
143372086	229935366	56359016	1885909	48964253	4742810	63556312	4198926	838704	958435	3193162
3833635	2738678	1173986	111246	1015869	15937	1765299	154085	17627	47777	114139
394304	333930	185472	3326	162624	4513	250522	11303	20	3174	8179
7717311	16773489	564301	20340	383114	282154	4667851	743695	5490	26969	85989
249504	72505	138286	16518	116472	-4029	16883	356	458	5517	8894
25760452	64137491	122549	3741	119036	101302	411785	127451		1213	10436
34906900	37361834	15676228	345332	13368742	1952031	27188867	2483860	795639	300091	866250
37852804	59998884	17523317		15947856	1357087	502082	872159	7693	342720	1306693
6934734	6316624	3790326	125438	3452143	187115	1806695	166308	3480	54709	131683
7178054	5578580	5784575		4870952	173187	1219582	-15300	2637	71674	250116
6839939	46756776	1354547	8325	1160699	-203154	26401372	41043	15146	77758	215126
13726923	5315370	8511063	1308624	7471618	256350	3087910	231368	13689	81713	247561
1047	11206				978	10587	1241		7	81
3546606	4895248	62955			170993		408076		409	4843
2009572	1100903	188126		158660	3891	230245	15901		1334	6626
15491759	16953852	4794465	204116	3619721	939420	8393573	673869	2568	82926	287842
656747	1081233	332862	8727	238368	109958	637690	100257	20531	16141	64592
149723	168384	1565		286	574	297460	566		49	436
12572	32573	1911		1307	-289	35253	-46		94	290
101214912	171267625	26860756	1477764	23529411	2795516	61206195	3719446	693533	477514	1644881
44068536	67156910	19607646	424431	16994839	1883580	8373399	1265193	20824	420399	1305259
3659145	7699754	5306284	71276	4725840	-37760	98208	44645	118648	40726	204988
6307016	3600652	6414347	45006	5197036	403439	562182	78725	28618	93738	239291
37246	40001	32689	2344	23014	33			163	1983	4571
26395	9699	46653		42930	798			55	1086	1429
4086	6822	14400		12790	-192				909	1050

21-3 企业景气指数(2004年)

项目	Item	一季度 本期实际 Index	First Quarter 比上年同期增减 Increase or Decrease Compared to Last Same Period
全市企业综合生产经营景气指数	**Prosperity Index on General Production and Operation of Enterprises**	**132.70**	**7.94**
按登记注册类型分	**Grouped by Registration Status**	130.34	4.38
国有企业	State-owned	93.92	21.40
集体企业	Collective-owned	128.78	28.78
股份合作企业	Share Holding	147.29	18.81
有限责任公司	Limited-Liability Corporations	160.14	13.96
股份有限公司	Share Holding Corporations Ltd.	132.65	14.58
外商及港澳台投资企业	Foreign,Hogkong,Macao and Taiwan Funded		
按行业分	**Grouped by Sector**		
工业	Industry	131.79	-3.01
建筑业	Construction	140.08	36.89
交通运输、仓储和邮政业	Transportation,Storage,Posts	129.73	37.41
批发和零售业	Wholesale and Retail	148.84	16.71
房地产业	Real Estate	128.33	10.03
社会服务业	Social Services	104.70	-11.40
信息传输、计算机服务和软件业	Information Transmission, Computer Services and Software	130.52	9.27
住宿和餐饮业	Stay Place	163.69	31.52
按企业规模分	**Grouped by Size of Enterprises**		
特大型及大型	Megacorporations and Large Enterprises	161.10	13.50
中小型	Medium and Small Enterprises	110.87	8.95
中型	Medium	116.29	5.56
小型	Small	104.17	13.73
按特殊群体分	**Grouped by Special Group**		
国家重点企业	State-point	167.04	13.16
国家试点企业集团成员	Member of State-test Enterprise-groups	160.39	20.64
乡镇企业	Town and Township Enterprises	136.36	23.86
上市公司	List Company	161.11	10.58
按观察指标分	**Grouped by Indicator Observed**		
生产（经营）情况	Production(Operation)	105.06	-2.31
盈利（亏损）变化	Changes of Profit(Loss)	102.81	-9.62
资金情况	Funds	97.79	5.08
货款拖欠情况	Paymeny for Goods in Arrears	111.21	6.37
劳动力需求	Demond on Labors	101.54	8.78
投资情况	Investment	93.30	-5.36
产品定货情况	Products Order Goods	111.61	
企业融资情况	External financing	92.64	

PROSPERITY INDEX ON ENTERPRISES(2004)

二季度	Second Quarter	三季度	Third Quarter	四季度	Fourth Quarter
本期实际 Index	比上年同期增减 Increase or Decrease Compared to Last Same Period	本期实际 Index	比上年同期增减 Increase or Decrease Compared to Last Same Period	本期实际 Index	比上年同期增减 Increase or Decrease Compared to Last Same Period
135.09	**34.20**	**134.00**	**-0.52**	**138.02**	**0.44**
137.76	29.35	144.76	5.50	148.20	-0.38
90.47	48.54	101.78	21.81	105.19	29.66
112.12	36.53	95.45	-9.01	103.78	10.43
139.72	38.10	138.60	-3.78	140.75	-5.53
168.01	46.16	152.14	-3.17	161.40	4.70
134.59	49.14	130.00	-1.90	126.35	0.91
132.25	15.22	134.24	-7.03	140.31	-6.23
140.40	44.11	133.53	-1.65	134.61	-4.78
133.85	67.45	136.81	13.36	128.06	8.21
150.46	33.56	150.90	14.86	152.72	5.41
135.85	53.13	127.25	2.97	128.91	20.46
106.16	51.43	108.30	7.24	118.07	16.03
139.42	40.12	130.54	-5.15	138.53	4.83
167.51	153.65	168.99	34.14	163.31	23.86
169.36	39.24	168.00	1.11	169.50	0.02
108.31	35.70	108.14	4.82	113.86	4.74
114.71	46.11	119.05	12.65	120.48	4.41
100.70	22.84	94.96	-4.26	105.84	5.01
172.94	33.16	173.39	-13.77	176.90	-9.32
167.38	38.27	171.94	0.11	172.09	0.31
136.36	73.86	127.27	27.27	109.09	21.59
177.37	55.30	159.30	1.98	168.01	6.63
128.05	35.21	120.88	-18.06	121.32	-6.34
116.28	33.12	114.98	-13.81	109.41	-19.61
92.98	12.34	88.78	-2.51	92.37	-0.05
103.29	18.92	96.06	7.01	102.94	4.74
102.14	14.82	97.81	-7.71	94.17	-0.27
107.39	1.79	104.36	-4.57	109.44	-4.05
110.64		105.32		111.23	
91.44		84.05		88.61	

21-4 企业家信心指数(2004年)

项目 Item		一季度 First Quarter 本期实际 Index	比上年同期增减 Increase or Decrease Compared to Last Same Period	二季度 Second Quarter 本期实际 Index	比上年同期增减 Increase or Decrease Compared to Last Same Period
企业家对宏观经济的信心指数	**Index of Confidence on Macro Economy by Enterprisers**	**136.67**	**4.20**	**127.20**	**19.16**
按登记注册类型分	**Grouped by Registration Status**				
国有企业	State-owned	141.81	12.09	129.05	16.95
集体企业	Collective-owned	97.37	5.24	105.16	25.02
股份合作企业	Share Holding	91.67	-8.33	91.67	13.89
有限责任公司	Limited-Liability Corporations	147.62	5.52	123.01	6.33
股份有限公司	Share Holding Corporations Ltd.	163.41	18.96	151.63	32.17
外商及港澳台投资企业	Foreign,Hogkong,Macao and Taiwan Funded	129.97	9.25	118.43	23.56
按行业分	**Grouped by Sector**				
工业	Industry	140.91	4.74	125.33	-0.01
建筑业	Construction	141.51	-3.12	133.96	19.97
交通运输、仓储和邮政业	Transportation,Storage,Posts	114.87	18.66	97.55	25.28
批发和零售业	Wholesale,Retail	154.29	28.01	149.28	38.92
房地产业	Real Estate	117.08	-14.10	112.13	26.03
社会服务业	Social Services	107.51	-9.06	110.99	43.72
信息传输、计算机服务和软件业	Information Transmission,Computer Servecis and Software	149.38	16.18	145.02	45.09
住宿和餐饮业	Stay Place and Catering	130.20	-25.54	128.09	88.86
按特殊群体分	**Grouped by Special Group**				
国家重点企业	State-point	167.50	5.74	143.37	10.16
国家试点企业集团成员	Member of State-test Enterprise-groups	164.36	19.35	140.94	25.93
乡镇企业	Town and Township Enterprises	127.27	14.77	127.27	52.27
上市公司	List Company	166.59	14.00	158.90	41.20
按企业规模分	**Grouped by Size of Enterprises**				
特大型及大型	Megacorporations and Large Enterprises	164.23	13.88	143.89	21.59
中小型	Medium and Small Enterprises	119.50	8.32	112.46	16.75
中型	Medium	124.72	3.25	115.88	14.72
小型	Small	113.10	15.31	108.39	19.84

INDEX OF CONFIDENCE ON MACRO ECONOMY OF ENTERPRISERS(2004)

项目	Item	三季度 Third Quarter 本期实际 Index	三季度 Third Quarter 比上年同期增减 Increase or Decrease Compared to Last Same Period	四季度 Fourth Quarter 本期实际 Index	四季度 Fourth Quarter 比上年同期增减 Increase or Decrease Compared to Last Same Period
企业家对宏观经济的信心指数	**Index of Confidence on Macro Economy by Enterprisers**	**130.04**	**-6.68**	**129.45**	**-6.60**
按登记注册类型分	**Grouped by Registration Status**				
国有企业	State-owned	128.40	-14.77	130.36	-18.76
集体企业	Collective-owned	105.35	9.92	96.98	-1.43
股份合作企业	Share Holding	95.45	2.10	128.78	46.54
有限责任公司	Limited-Liability Corporations	119.28	-32.24	123.80	-27.56
股份有限公司	Share Holding Corporations Ltd.	160.85	19.18	150.89	24.28
外商及港澳台投资企业	Foreign,Hogkong,Macao and Taiwan Funded	131.48	10.30	121.35	-5.74
按行业分	**Grouped by Sector**				
工业	Industry	130.73	-16.96	124.62	-24.70
建筑业	Construction	134.68	-24.04	142.57	-0.02
交通运输、仓储和邮政业	Transportation,Storage,Posts	102.25	-18.18	102.06	-7.88
批发和零售业	Wholesale,Retail	139.17	27.21	150.19	40.17
房地产业	Real Estate	107.50	11.12	113.96	-8.70
社会服务业	Social Services	116.90	8.21	122.78	20.36
信息传输、计算机服务和软件业	Information Transmission,Computer Servecis and Software	149.49	7.59	139.58	-4.63
住宿和餐饮业	Stay Place and Catering	150.03	8.33	145.21	8.51
按特殊群体分	**Grouped by Special Group**				
国家重点企业	State-point	148.02	-38.60	148.98	-45.33
国家试点企业集团成员	Member of State-test Enterprise-groups	141.11	-32.19	144.07	-33.17
乡镇企业	Town and Township Enterprises	136.36	23.86	127.27	27.27
上市公司	List Company	167.24	18.79	159.13	21.94
按企业规模分	**Grouped by Size of Enterprises**				
特大型及大型	Megacorporations and Large Enterprises	143.30	-17.54	141.74	-19.74
中小型	Medium and Small Enterprises	117.59	1.64	119.47	4.94
中型	Medium	126.19	-0.55	125.90	-0.29
小型	Small	107.19	5.64	111.68	12.46

主要统计指标解释

企业景气调查 也称为经济周期调查或短期经济观测调查，是以企业家为调查对象，采用问卷方式，定期收集有关宏观经济和企业生产经营景气状况变动判断的一种统计调查。简言之，企业景气调查就是调查企业家对宏观经济态势，对企业生产经营状况所做出的判断和预期。调查采用重点调查和抽样调查相结合的方法，调查范围覆盖国民经济六个主要行业，即：工业，建筑业，交通运输、仓储及邮电通信业，批发和零售贸易、餐饮业，房地产业和社会服务业等。

景气指数 又称景气度，是对企业景气调查中定性经济指标的定量描述，以直观地反映经济所处的状态。指数的数值介于0和200之间，100为临界值。指数大于100时，表明经济状况趋于上升或改善，处于景气状态；指数小于100时，表明经济状况趋于下降或恶化，处于不景气状态。

企业家信心指数 亦称宏观经济景气指数，是指根据企业决策者对本行业发展状况的判断及其未来走势的预期（选择"乐观"、"一般"、"不乐观"）而编制的指数，反映企业决策者对国家宏观经济发展的信心和预期，是企业决策者对当前宏观经济状况及未来走势的一种感受、体验和期望。

企业景气指数 亦称企业综合生产经营景气指数，是根据企业决策者对本企业当前生产经营状况的判断及未来企业生产经营状况的预期（选择"好"、"一般"、"不佳"）而编制的指数，是企业决策者对企业生产经营现状及未来景气动向的一种综合评价和判断。

二十二、各类开发区资料

STATISTICS FOR VARIOUS DEVELOPMENT ZONES

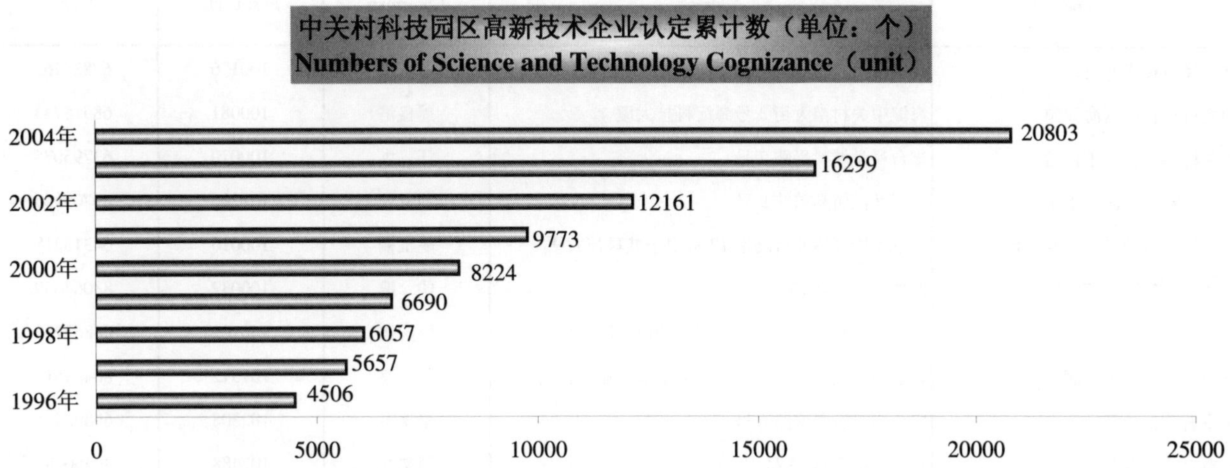
中关村科技园区高新技术企业认定累计数（单位：个）
Numbers of Science and Technology Cognizance（unit）
2004年
2002年
2000年
1998年
1996年
20803
16299
12161
9773
8224
6690
6057
5657
4506
0
5000
10000
15000
20000
25000

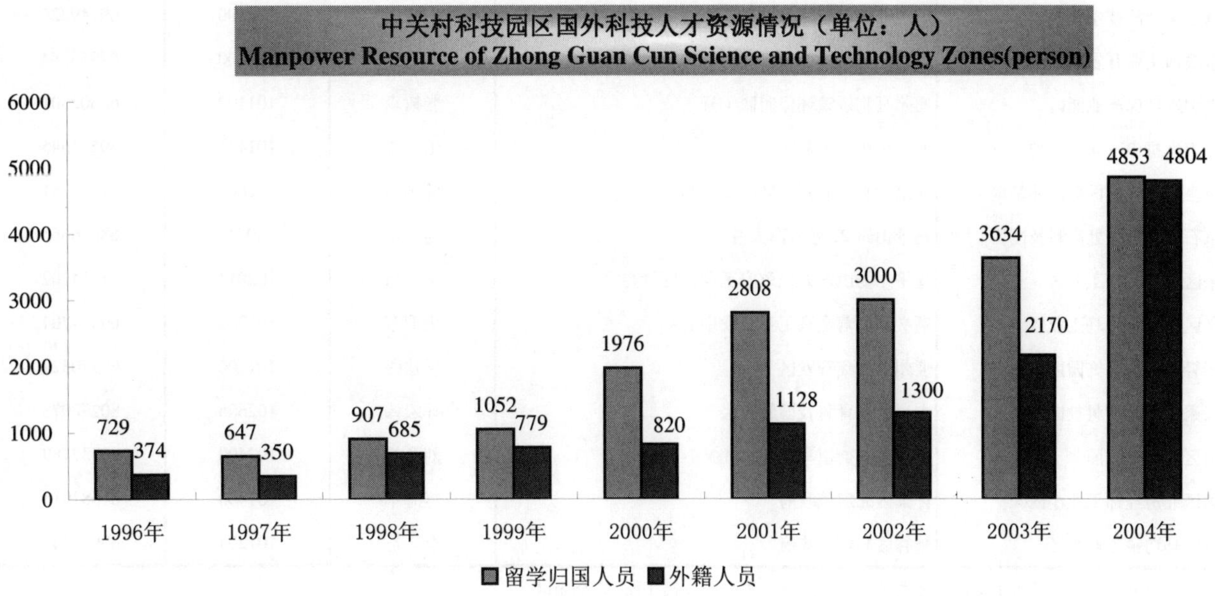
中关村科技园区国外科技人才资源情况（单位：人）
Manpower Resource of Zhong Guan Cun Science and Technology Zones(person)
6000
5000
4000
3000
2000
1000
0
729
374
647
350
907
685
1052
779
1976
820
2808
1128
3000
1300
3634
2170
4853
4804
1996年
1997年
1998年
1999年
2000年
2001年
2002年
2003年
2004年
留学归国人员
外籍人员

22-1 各类开发区一览表(2004年)
DEVELOPMENT ZONES LIST(2004)

名　　称 Name	通讯地址 Address	主要负责人 Chairman	邮　编 Post Code	电　话 Telephone
北京经济技术开发区	北京经济技术开发区万源街 4 号	鲁　勇	100176	67880163
中关村科技园区海淀园	海淀中关村南大街 3 号海淀科技大厦	周良洛	100081	68915743
中关村科技园区丰台园	丰台科学城科兴路 7 号	汪　洪	100070	63795075
中关村科技园区昌平园	昌平城区镇超前路 9 号	苏贵光	102200	69709140
中关村科技园区电子城科技园	北京朝阳区酒仙桥路甲 12 号电子城科技大厦	鲍玉桐	100016	64313218
中关村科技园区德胜园	西城区二龙路 27 号	侯　博	100032	88064659
中关村科技园区健翔园	朝阳区安翔北里甲 11 号创业大厦 C 座 232 室	姚庆筱	100101	64862732
北京天竺出口加工区	首都国际机场西侧一公里天竺空港工业区蓝天大厦	杭金亮	101312	80489510
北京石龙工业开发区	门头沟区石龙南路 6 号	李建军	102308	69803444
北京良乡工业开发区	良乡长虹西路 73 号	刘文礼	102488	89360794
北京大兴工业开发区	北京大兴工业开发区广茂大街 9 号	邱国占	102600	61271751
北京通州工业开发区	通州区张家湾镇光华路西	王　安	101113	61501700
北京怀柔雁栖工业开发区	怀柔区雁栖工业开发区	孟昭霞	101407	61667108
北京兴谷工业开发区	兴谷工业开发区平谷北街 15 号	王建忠	101200	69967690
北京密云工业开发区	密云工业开发区	李永军	101500	89098415
北京林河工业开发区	顺义双河大街 18 号	张东生	101300	89495653
北京天竺空港工业开发区	首都国际机场西侧一公里天竺空港工业区蓝天大厦	杭金亮	101312	80489358
北京八达岭工业开发区	延庆县康庄镇紫光东路 1 号	闫　广	102100	61164935
北京凤翔科技开发区	怀柔区杨宋镇	雷　杰	101400	61679488
北京永乐经济开发区	通州区永乐经济开发区	杨志国	101115	80511597
北京延庆经济技术开发区	延庆县湖南东路 1 号	唐富臣	102100	69149224
北京滨河工业开发区	平谷区府前西街 22 号	刘兆江	101200	69963284
北京国家环保产业园区	通州马驹桥镇环保园区 1 号	张树森	101102	60502501
北京市光机电一体化基地	通州区次渠工业区	王　晨	101111	69501545
北京生物工程与医药产业基地	北京大兴工业开发区广茂大街 9 号	邱国占	102600	61271751
北京石景山八大处高科技园区	石景山路 22 号万商大厦	赵　琦	100043	68686665
昌平区小汤山镇工业区	昌平小汤山镇人民政府工业园区管委会	李　勇	102211	61714202
顺义区高丽营金马工业区	顺义高丽营金马工业开发中心	史卫东	101302	69457704
通州轻纺服装服饰园区	通州区西集开发区	杨建路	101106	69570522
大兴采育京津塘科技园	大兴区采育科技园管委会	孙宏伟	102606	80278078
房山区科技工业园	房山城关街道马各庄村北	刘金禄	102400	89337189
怀柔区北房经纬工业小区	怀柔区北房镇政府	赵海军	101400	61681913
平谷区马坊镇工业小区	平谷区马坊镇政府	李　正	101204	60995445

注：全市28个开发区，其中中关村科技园区包括海淀园、丰台园、昌平园等7个园区。

Note：There are 28 development zones in Beijing，Zhongguancun Science Park include 7 parks , such as HaiDian science park，Fengtai science park，Changping science park and so on.

22-2 各类开发区基本情况(2004年)

BASIC STATISTICS FOR DEVELOPMENT ZONES(2004)

项目 Item				合计 Total	国家级 Of State	市级 Of City	其他 Others
开发区个数	(个)	Number of Development Zones	(unit)	28	3	18	7
累计完成征用土地面积	(平方公里)	Accumulative Area of Requisitions Realized	(sq.km)	90.1	41.3	38.1	10.7
累计"七通一平"土地开发面积	(平方公里)	Accumulative Area of Began Seven-through-One-Flat	(sq.km)	85.3	41.3	36.6	7.4
累计完成"七通一平"土地开发面积	(平方公里)	Accumulative Area of Seventhrough-One-Flat Realized	(sq.km)	80.3	37.9	35.1	7.3
累计招商占用土地面积	(平方公里)	Accumulative Area Spared for Business	(sq.km)	46.5	18.4	25.4	2.7
# 三资企业占用	(平方公里)	Foreign Funded Enterprises	(sq.km)	13.3	6.6	6.6	0.1
累计建成区土地面积	(平方公里)	Accumulative Completed Area	(sq.km)	87.9	44.1	38.8	5.0
# 工业用地	(平方公里)	For Industrial Use	(sq.km)	43.1	17.7	22.1	3.3
累计招商个数	(个)	Accumulative Number of Hirer Leaseholder	(unit)	29359	21012	8148	199
累计项目总投资	(亿元)	Accumulative Investment	(100 million yuan)	3973.8	2879.0	1042.7	52.1
累计注册资本	(亿元)	Accumulative Registered Capital	(100 million yuan)	3125.1	2492.2	622.2	10.7
# 外方	(亿元)	Foreign Partner	(100 million yuan)	913.5	731.2	181.1	1.2
累计协议外资金额	(亿美元)	Accumulative Contracted Foreign Capital	(USD 100 million)	90.5	67.0	23.3	0.2
外商累计入资	(亿美元)	Accumulative Foreign Capital Inflow	(USD 100 million)	67.6	47.3	20.1	0.2

注：1．累计完成征用土地面积中包括原建成区面积。
2．表内“七通”指：上水、下水、煤气、热力、电力、通讯和道路通；“一平”指：场地自然平整。
3．表内“累计”指自开始至2004年末的累计数。

Note：a) Accumulative requisition area of included original completed area.
b) Seven-through refers to water,drainage,gas,heat,electricity,communications and transportation,and one-flat refers to flat ground.
c) Accumulative data of this table refers to that from the beginning to the end of 2004.

22-3 各类开发区主要指标完成情况

STATISTICS FOR FULFILLMENT OF MAJOR INDICATORS OF DEVELOPMENT ZONES

项目 Item				2004	2003	2004年为2003年% 2004 as % of 2003
完成固定资产投资	(亿元)	Investment in Fixed Assets Completed	(100 million yuan)	229.0	195.4	117.2
新增固定资产	(亿元)	Incremental Fixed Assets	(100 million yuan)	103.4	111.6	92.7
房屋建筑施工面积	(万平方米)	Floor Space of Buildings under Construction	(10000 sq.m)	771.7	830.3	92.9
房屋建筑竣工面积	(万平方米)	Floor Space of Buildings Completed	(10000 sq.m)	295.8	286.5	103.2
完成增加值	(亿元)	Value Added Completed	(100 million yuan)	1060.5	805.4	131.7
实现总收入	(亿元)	Total Revenue Completed	(100 million yuan)	5073.4	3900.4	130.1
实现利润总额	(亿元)	Total Profits Completed	(100 million yuan)	324.5	237.8	136.5
应缴税金总额	(亿元)	Total Taxes Turned over	(100 million yuan)	225.8	184.6	122.3

注：2004年统计口径为清理整顿后的28个开发区。

Note：Data of 2004 refers to that of 28 zones after straightened.

22-4 各类开发区招商、入资情况(2004年)
STATISTICS ON HIRER LEASEHOLDER AND CAPITAL INFLOW OF DEVELOPMENT ZONES(2004)

名　　称 Name	自开始至报告期累计 Accumulative Number from Beginning					
	招商个数 (个) Number of Hirer Leaseholder (unit)	项目总投资 (万元) Total Investment (10000 yuan)	注册资本 (万元) Registered Capital (10000 yuan)	#外方 Foreign Partner	协议外资金额 (万美元) Contracted Foreign Capital (USD 10000)	外商实际投资 (万美元) Foreign Actual Investment (USD 10000)
北京经济技术开发区	1596	7314690	4736636	2889197	258485	194608
中关村科技园区	19783	41846735	23182738	6378055	539154	379483
中关村科技园区海淀数字园	14280	15730400	14662680	3324980	317200	188773
中关村科技园区丰台园	2714	2443800	2443800	228025	19675	24308
中关村科技园区昌平园	1396	1492500	1422131	187980	17994	13000
中关村科技园区电子城科技园	693	1320800	1320800	594563	46053	43873
中关村科技园区亦庄科技园	376	20542790	3043863	2002024	133619	105148
中关村科技园区德胜园	239	201658	174677	11406	1097	864
中关村科技园区健翔园	85	114787	114787	29077	3516	3516
北京天竺出口加工区	9	171148	46899	46899	5598	4160
北京石龙工业开发区	1296	509927	482093	95986	7887	6313
北京良乡工业开发区	687	344000	271000	19000	1154	1154
北京大兴工业开发区	706	400863	339115	134337	9734	8600
北京通州工业开发区	178	637089	241696	80977	37724	24021
北京怀柔雁栖工业开发区	155	623338	315285	212482	25600	44342
北京兴谷工业开发区	605	623302	266272	132987	29863	21351
北京密云工业开发区	119	886014	207619	47223	12604	12851
北京林河工业开发区	63	844674	371392	260649	17935	17227
北京天竺空港工业开发区	348	2604141	2086904	576439	43667	36942
北京八达岭工业开发区	585	279326	198719	931	37	37
北京凤翔科技开发区	472	124580	82430	17535	2930	2355
北京市永乐经济开发区	758	58352	153205	14647	3922	1857
北京延庆经济技术开发区	436	352648	231172	30930	3742	3062
北京滨河工业开发区	635	379722	369271	23858	1839	1839
北京国家环保产业园区	11	278000	29951	8812	12479	6878
北京市光机电一体化产业基地	29	710653	71986	54914	11452	5648
北京生物工程与医药产业基地	49	339108	81608	15428	1331	1331
北京石景山八大处高科技园区	1016	431593	421830	84180	9283	5622
昌平区小汤山工业区	30	79000	8135	2400	300	
顺义区高丽营金马工业区	46	147155	21093	1668	1000	1000
通州轻纺服装服饰园区						
大兴采育京津塘科技园	22	61326	19226	1660	80	80
房山区科技工业园区	7	14932	11346			
怀柔区北房经纬工业小区	68	92870	28000	5777	850	850
平谷区马坊工业区	26	125900	19240		250	

22-5 各类开发区投资、生产情况(2004年)
INVESTMENT AND PRODUCTION OF DEVELOPMENT ZONES(2004)

单位：平方米、万元 (sq.m,10000 yuan)

名称 Name	自年初累计 Accumulative Number from Year-beginning					
	完成固定资产投资 Investment in Fixed Assets	新增固定资产 Incremental Fixed Assets	房屋建筑施工面积 Floor Space of Buildings under Construction	房屋建筑竣工面积 Floor Space of Buildings Completed	完成产值 Gross Output Value Completed	完成总收入 Sales Revenue Completed
北京经济技术开发区	1354541	257313	3098851	868161	5480180	7306434
中关村科技园区	207548	147825	1904030	813796	22954118	37211114
中关村科技园区海淀数字园	55562	111547	687128	202794	10817997	20883386
中关村科技园区丰台园	77288	11972	821436	483718	2232649	4537290
中关村科技园区昌平园	44271	24306	276825	127284	2396115	3115514
中关村科技园区电子城科技园	15167		118641		2908555	3464479
中关村科技园区亦庄科技园					4476487	4897154
中关村科技园区德胜园	15260				88240	238755
中关村科技园区健翔园					34075	74536
北京天竺出口加工区	2672		41725		7701	7187
北京石龙工业开发区	9426		58187	20020	340422	606395
北京良乡工业开发区	7400		21900	18100	413000	640000
北京大兴工业开发区	20377	20377	115363	87213	217054	440080
北京通州工业开发区	39190	8965	38200	30500	126047	247307
北京怀柔雁栖工业开发区	73003	62302	139228	39432	600410	605616
北京兴谷工业开发区	62798	54263	200068	125630	421720	415725
北京密云工业开发区	51838	42831	86116	65562	369567	455209
北京林河工业开发区	73165	217562	296056	42979	2043365	1989438
北京天竺空港工业开发区	82958	9057	393329	87051	2445504	3087266
北京八达岭工业开发区	17002		7700		99304	486927
北京凤翔科技开发区	23000	23000	96550	96550	86516	92186
北京市永乐经济开发区	5341	7038	64949	29784	7710	13400
北京[illegible]经济技术开发区	20607	20351	51425	54000	231603	555027
北京滨河工业开发区	9000		76500	28600	37453	45319
北京国家环保产业园区	53294	33202	216723	25746	64412	58070
北京市光机电一体化产业基地	53039	51882	280004	262851	149553	123105
北京生物工程与医药产业基地	34624	12443	184896	17553	25425	28531
北京石景山八大处高科技园区	586	1149	7600	7600	166031	994427
昌平区小汤山工业区	6000	6000	35200	23000	23000	20000
顺义区高丽营金马工业区						
通州轻纺服装服饰园区	7465		39298	39298	32078	30302
大兴采育京津塘科技园	9635	5625	85932	39535	51470	51552
房山区科技工业园区	8334	5441	30596	27140	6129	4627
怀柔区北房经纬工业小区	30520	30520	101850	96850	83314	76351
平谷区马坊工业区	26569	16500	44311	11500	39709	37250

22-6 北京经济技术开发区主要经济指标
MAIN ECONOMIC INDICATORS FOR BEIJING ECONOMIC-TECHNOLOGICAL DEVELOPMENT AREA

项目 Item			2004	2003	2004年为2003年% 2004 as % of 2003
规划面积	(公顷) Area Planned	(hectare)	4680.0	4720.3	99.1
累计征用土地面积	(公顷) Accumulative Land Area Requisitioned	(hectare)	3007.9	2516.2	119.5
开发区生产总值	(亿元) Gross Output Value of Development Area	(100 million yuan)	150.2	90.5	166.0
工业总产值（现价）	(亿元) Gross Output Value of Industry	(100 million yuan)	544.2	417.8	130.3
# 高新技术产业	High-grade Technological Industry		447.6	367.1	121.9
销售（营业）收入	(亿元) Sales(Business) Revenue	(100 million yuan)	730.6	566.0	129.1
# 产品销售收入	of Products		546.7	433.8	126.0
利润总额	(亿元) Total Profits	(100 million yuan)	66.0	39.5	167.3
进出口总值	(亿美元) Total Imports and Exports Value	(USD 100 million)	61.9	36.1	171.5
出口	(亿美元) Exports	(USD 100 million)	23.3	15.9	146.3
进口	(亿美元) Imports	(USD 100 million)	38.6	20.2	191.1
财政收入(含免抵)	(亿元) Financial Revenue(Include Exemption and Counteract)	(100 million yuan)	41.4	36.2	114.4
# 税收(含免抵)	(亿元) Tax(Include Exemption and Counteract)	(100 million yuan)	30.4	28.6	106.4
土地收入	(亿元) from Land	(100 million yuan)	11.0	7.7	143.8
财政支出	(亿元) Financial Expenditure	(100 million yuan)	14.7	17.9	82.2
批准企业个数	(个) Number of Enterprises Ratified	(unit)	521	385	135.3
入区企业投资额	(亿美元) Investment of Enterprises Entered	(USD 100 million)	32.2	23.7	136.2
注册资本	(亿美元) Registered Capital	(USD 100 million)	21.1	14.6	144.5
合同外资金额	(亿美元) Contracted Foreign Capital	(USD 100 million)	11.4	4.2	272.7
实际利用外资	(亿美元) Foreign Capital Actually Used	(USD 100 million)	5.7	2.6	215.9
固定资产投资	(亿元) Investment in Fixed Assets	(USD 100 million)	135.5	62.9	215.4
从业人员	(人) Number of Employed Persons	(person)	89889	57521	156.3
劳动者报酬	(万元) Laborer Remuneration	(10000 yuan)	235537	208265	113.1

资料来源：北京经济技术开发区。

Sources: Beijing Economic-technological Development Area.

22-7 中关村科技园区企业经营活动情况
MANAGEMENT OF ZHONGGUANCUN SCIENCE PARK

单位：亿元 (100 million yuan)

项目	Item	2004	2003
工业总产值(现价)	Gross Output Value of Industry (at current prices)	1915.0	1607.8
新产品产值	Value of New Products	1179.1	892.6
工业总产值(不变价)	Gross Output Value of Industry (at 1990 constant prices)		2029.8
出口产值	Gross Output Value of Export Products		314.8
工业销售产值(现价)	Sales Value of Industry(at current price)	1767.9	1511.9
出口交货值	Delivery Value of Exports	320.1	202.9
中间投入	Intermediate Input	1898.8	1612.8
工业中间投入	Intermediate Input of Industry	1510.9	1252.8
总收入	Total Revenue	3721.1	2886.4
产品销售收入	Sales Revenue of Products	2188.5	1802.3
# 产品自销零售收入	Sales by Oneself Revenue	427.0	254.5
出口收入	Export Revenue	295.2	192.3
新产品销售收入	Sales Revenue of New Products	1361.7	727.6
# 出口	Exports	163.3	69.1
商品销售收入	Sales Revenue of Commality	726.9	559.9
其他收入	Other Revenue	227.9	105.0
上缴税费总额	Taxex and Fees Turned in	146.9	120.1
增值税	Added Value Tax	76.0	71.7
营业税	Sales Tax	23.9	17.1
消费税	Excise	0.6	0.6
企业所得税	Income Tax of Enterprise	32.3	17.2
企业代缴个人所得税	Personal Income Tax Payed by Enterprise	23.9	22.5
关税	Tariff	13.9	6.0
减免税总额	Total Tax Slash and Free	31.8	21.0
# 免税	Exemption	9.3	7.9
# 增值税	Added Value Tax	9.3	6.5
营业税	Sales Tax	0.9	0.5
所得税	Income Tax	20.3	11.2
本年应交增值税	Tax include in Sales Cost	68.2	65.2
本年销项税额	Tax include in Revenue	383.1	308.1
本年进项税额	Refunded Tax on Exports	342.4	276.4
出口退税	Export of Drawback	15.3	4.0
用汇总额 (亿美元)	Use Foreign Exchange (USD100 million)	39.8	25.7
出口创汇总额 (亿美元)	The Foreign Exchange by Export (USD100 million)	54.9	32.9
新增贷款总额	Incremental Provide a Loan	303.6	461.5
本年完成固定资产投资额	Investment Completed in Fixed Assets	20.8	
本年竣工建筑面积 (亿平方米)	Floor Space of Buildings Completed (100 million sq.m)	81.4	
房屋使用面积 (亿平方米)	Using Space of Buildings (100 million sq.m)		215.2
# 租用 (亿平方米)	Hire (100 million sq.m)		79.6

22-8 中关村科技园区企业活动情况
STATISTICSON SCIENTIFIC AND TECHNDLOGICAL ACTIVITIES OF ZHONG GUAN CUN SCIENCE PARK

项　目	Item	2004	2003
科技活动情况	**Scientific and Technological Activities**		
科技活动人员合计　(人)	Total of Personnel Engaged in Science and Technology (person)	178907	144265
全时人员	Full-time	154344	123745
非全时人员	Part-time	24563	20511
# 研究与试验发展人员	Personnel in Research and Experimental Development	111621	119512
科技活动经费支出总额　(亿元)	Total Expenditure for Science and Technology (100 million yuan)	228.9	223.4
内部支出合计	Internal Expenditure	210.4	163.6
按用途分组	Grouped by Purpose		
# 劳务费(含工资)	Service Fees(Include Wages)	70.9	52.4
原材料费	Raw and Processed Materials Expenditure	42.7	37.2
非基建项目资金购买和自制设备的支出	Non-investment Construction Purchase and Self-regulating Equipment	9.0	5.1
其他	Others	65.2	51.7
按活动类型分组	Divid in Terms of Patterns of Activitiy		
# 研究与试验发展经费支出	The Appropriation Expenditure for the City-wide Research and Experimental Development	173.4	130.8
基础研究支出	Expenditure of Basic Research	21.3	16.5
应用研究支出	Expenditure for Applied Research	94.0	76.8
试验发展支出	Expenditure Development	58.1	37.4
研究与试验发展成果应用经费支出	The Appropriation Expenditure for the City-wide Research and Experimental Development	14.5	15.6
# 新产品开发经费支出	Expenditure of New Products Empolder	60.4	53.4
外部支出合计	Exterior Expenditure	18.5	14.9
# 对国内独立研究院所支出	Domestic Academe	1.5	4.1
对国内高等学校支出	Domestic College	1.5	1.5
对国内其他企业支出	Other Enterprises Domestic	7.2	5.5
对国外机构支出	Foreign Institutions	3.7	1.5
科研基建情况	**Capital Construction for Scientific Research**		
用于科研的基建经费支出　(亿元)	Expenditures (100 million yuan)	6.2	5.6

22-8 续表 continued

项 目	Item	2004	2003
新产品工程准备和支出 (亿元)	**Preparation and Expenditure of New Products (100 million yuan)**		
新产品工程准备和试生产费用支出	Increase Product Preparative Expenditure	11.7	10.6
本年度全部科技项目情况	**Scientific and Technological Programs**		
全部科技项目数 (项)	Number of Scientific and Technological Programs (Item)	25389	21018
全部科技项目参加人员合计 (人)	Total of Be Concerned with Persons (person)	98844	96169
全部科技项目经费内部支出合计 (亿元)	Internal Expenditure (100 million yuan)	113.5	139.7
# 研究与试验发展项目支出	R&D Expenditure	67.7	124.4
企业科技活动产出情况	**Output of Scientific and Technological Activities**		
获奖成果情况	Achievements		
获奖成果数 (个)	Number of Achievements Won the Prize (unit)	927	1217
# 国家级	National Grade	407	285
省部级	Province Grade	303	411
地、市级	Area Grade	170	221
专利情况 (件)	Statistics for Patent (case)		
专利申请数	Number of Apply Patent	5469	4258
拥有发明专利数	Ceations and Inventions	3120	1969
专利授权数	Certified	2608	2081
论文、著作情况	Statistics for Discourse and Composing		
发表科技论文 (篇)	Discourse (piece)	3947	1276
出版科技著作 (种)	Literature (kind)	482	336
技术改造和技术获取情况 (亿元)	**Technic Reformation Profit (100 million yuan)**		
技术改造经费支出	Expenditures for Techmical Renovation	6.5	8.9
技术引进经费支出	Expenditures for Indraught of Technology	8.2	3.7
消化吸收经费支出	Expenditures for Absorb and Digest	1.1	0.1
购买国内技术经费支出	Expenditures for Interior Technology	4.6	3.1
享受技术开发减免税情况 (亿元)	**Statistics for Shelter Tex by Technic Exploitation (100 million yuan)**		
享受各级政府对技术开发的减免税	Shelter Tex by All Levels Government	3.3	0.9

22-9 中关村科技园区企业人力资源情况
HUMAN RESOURCE OF ZHONGGUANCUN SCIENCE PARK

单位：人 (person)

项　目	Item	2004	2003
企业人力资源情况	**Statistics for Human Resource**		
从业人员年末数	Employed Persons(year=end)	583517	488561
# 女性	Female	197758	166694
# 留学归国人员	Returned Students	4853	3634
# 中高级管理人员	Secondary and Senior Manager	81924	76537
# 大学及以上学历	Undergraduate and Above	66348	61892
# 中级及以上职称	Secondary Title of a Technical Post and Above	40311	40050
按文化程度分	**Group by Literacy Degree**		
博士及以上学历	Doctor Degree and Level above	7496	6856
# 留学归国人员	Returned Students	1162	1125
硕士	Master Degree	40371	34830
# 留学归国人员	Returned Students	1718	1485
大学	Undergraduate	208229	182723
大专	Junior College	115786	95464
# 大本及以上学历人员中非本市户籍人员	Non-townee of the Undergraduate and the Level above	63184	80136
按技术职称分	**Grouped by Title of a Technical Post and Qualification**		
高级	Senior	45194	42474
中级	Middle	86263	83422
初级	Junior	86504	79673
高级技术工人	Senior Skilled-workers	23229	20671
# 中级及以上职称人员中非本市户籍人员	Non-townee of Intermediate Level above	21665	21189
按来源分	**Group by Source**		
在岗职工	Fully Employed Staff and Workers	512340	416622
# 女性	Female	157481	136192
聘用、留用的离退休人员	Appoint VCSR and RRSW	20186	20793
外籍及港澳台方人员	Foreign Nationality,Hongkong,Macao and Taiwan Personnel	4804	2170
其他从业人员	Other Employed Persons	46187	48976
按岗位分	**Group by Station**		
科技活动	Science and Technology	186827	136522
生产活动	Production	160881	146208
经营管理	Management	154847	75541
销售服务	Sale Service	79121	63154
咨询服务	Consultation Service	21796	22826

22-9 续表 continued

单位：人 (person)

项　目	Item	2004	2003
按年龄分：	**Group by Age**		
29 岁及以下	Age 29 and below	288628	229988
30 岁—39 岁	30-39	173006	148304
40 岁—49 岁	40-49	81244	73385
50 岁及以上	Age 50 and above	40639	36884
从业人员年平均人数	Average Number of Empolyed Persons	565545	470771
# 工程技术人员	Engineering Technician	101883	64885
# 在岗职工	Fully Employed Staff and Workers	506624	388671
从业人员劳动报酬 （亿元）	**Remuneration of Employed Persons (100 million yuan)**	**214.0**	**167.6**
在岗职工报酬	Remuneration of Fully Employed Staff and Workers	189.7	144.0
聘用、留用的离退休人员报酬	Remuneration of Appoint VCSR and RRSW	5.3	4.5
外籍及港澳台方人员报酬	Remuneration of Foreign Nationality, Hongkong,Macao and Taiwan Personnel	7.6	5.9
其他从业人员	Other Employed Persons	11.4	13.2
在岗职工参加社会保险情况	**Contributors of Social Insurance(Full Employed Staff and Workers)**		
参加养老保险人数	Contributors of Basic Pension	364257	306619
参加医疗保险人数	Contributors of Medical	329148	284370
参加失业保险人数	Contributors of Unemployment Insurance	314686	291243
新增和调入的从业人员	**Increase and Prepare enter Employed Persons**	**116845**	**85537**
减少和调出的从业人员	**To Abdicate the Office and Prepare Come Out Employed Persons**	**83313**	**62734**
不在岗职工年末人数	**Number of Non-Fully Employed Staff and Workers(year-end)**		
不在岗职工生活费	**Basic Cost-of-living of Non-Fully Employed Staff and Worker**		

22-10 中关村科技园区企业财务状况
MAIN INDICATORS OF ZHONGGUANCUN SCIENCE PARK

单位：亿元 (100 million yuan)

项　目	Item	2004	2003
资产总计	Total Assets	6424.2	5235.0
流动资产合计	Total Circulating Assets	3602.8	2871.6
流动资产年平均余额	Annual Average Balance of Circulating Funds	3550.6	2526.5
固定资产合计	Fixed Assets	1064.7	863.8
固定资产原价	Original Value of Fixed Assets	1200.4	990.0
累计折旧	Accumulative Depreciation	351.1	284.2
固定资产净值年平均余额	Annual Average Balance of net Value of Fixed Assets	632.8	756.5
负债合计	Total Liabilities	3092.2	2470.3
流动负债合计	Liquid Liabilities	2593.0	2089.4
长期负债合计	Longterm Liabilities	484.8	356.2
所有者权益	Creditors Equity	3332.0	2764.7
实收资本	Paid-up Capital	2184.8	2102.8
产品销售收入	Sales Revenue	2188.5	1802.3
主营业务成本	Major Business Cost	2833.2	2191.0
主营业务税金及附加	Tax and Extra Changes of Major Business	31.4	22.2
主营业务利润	Major Business Profits	522.9	403.5
利润总额	Total Profits	256.1	180.1

附 录

APPENDIX

附录：历史资料
APPENDIX：HISTORICAL STATISTICS
附1 地区收入总值
GROSS NATIONAL INCOME

单位：亿元　　(100 million yuan)

年份 Year	地区收入总值 Gross National Income	地区生产总值 Gross Domestic Product	第一产业 Primary Industry	第二产业 Secondary Industry	#工业 Industry	#建筑业 Construction	第三产业 Tertiary Industry	#运输邮电业 Transportation, Post and Telecommunication	#商业 Commerce	人均地区生产总值（元）Per Capita Gross Domestic Product (yuan)
1978	108.84	108.84	5.63	77.43	70.22	7.21	25.78	7.00	8.28	1290
1979	120.11	120.11	5.17	85.18	77.37	7.81	29.76	6.55	8.79	1396
1980	139.07	139.07	6.07	95.79	86.94	8.85	37.21	6.96	11.01	1584
1981—1985	**950.95**	**950.95**	**62.46**	**589.30**	**515.41**	**73.89**	**299.19**	**48.08**	**80.80**	
1986—1990	**1978.48**	**1978.68**	**162.93**	**1084.23**	**917.29**	**166.94**	**731.52**	**94.39**	**172.89**	
1986	284.86	284.86	19.14	165.75	141.17	24.58	99.97	14.98	27.99	2953
1987	326.82	326.82	24.31	182.59	154.54	28.05	119.92	17.70	27.21	3336
1988	410.22	410.22	37.07	221.27	189.48	31.79	151.88	19.03	39.07	4124
1989	455.86	455.96	38.53	252.23	212.83	39.40	165.20	18.72	34.77	4509
1990	500.72	500.82	43.88	262.39	219.27	43.12	194.55	23.96	43.85	4878
1991—1995	**4650.47**	**4650.44**	**303.97**	**2167.24**	**1791.38**	**375.86**	**2179.23**	**247.74**	**586.26**	
1991	598.79	598.89	45.52	291.53	255.59	35.94	261.84	29.61	65.65	5782
1992	709.00	709.10	48.67	345.91	292.97	52.94	314.52	35.49	85.41	6804
1993	863.23	863.53	53.57	414.79	334.00	80.79	395.17	37.58	113.88	8239
1994	1084.33	1084.03	74.77	499.84	405.11	94.73	509.42	61.51	146.62	10261
1995	1395.12	1394.89	81.44	615.17	503.71	111.46	698.28	83.55	174.70	13085
1996—2000	**10092.58**	**10090.35**	**432.32**	**3992.29**	**3135.09**	**857.20**	**5665.74**	**761.68**	**1026.34**	
1996	1616.03	1615.73	83.46	683.14	541.41	141.73	849.13	113.78	187.59	15044
1997	1810.49	1810.09	84.85	738.56	588.36	150.20	986.68	135.79	202.45	16735
1998	2011.77	2011.31	86.56	786.85	610.66	176.19	1137.90	154.45	207.33	18478
1999	2174.97	2174.46	87.48	840.23	649.34	190.89	1246.75	167.54	210.43	19846
2000	2479.32	2478.76	89.97	943.51	745.32	198.19	1445.28	190.12	218.54	22460
2001	2846.29	2845.65	93.08	1030.60	816.24	214.36	1721.97	218.53	237.83	25523
2002	3213.44	3212.71	98.05	1116.53	874.15	242.38	1998.13	235.56	256.32	28449
2003	3663.93	3663.10	95.64	1311.86	1032.03	279.83	2255.60	253.80	279.69	32061
2004		4283.31	102.90	1610.37	1290.16	320.21	2570.04	283.09	305.03	37058

注：1．本表按当年价格计算。
2．2004 年为初步统计数据。

Note：a)Data of this table was calculated at current prices.
b)Data of 2004 was the preliminary statistics.

附2 地区收入总值指数(1978=100)
INDEX OF GROSS NATIONAL INCOME

单位：% (%)

年 份 Year	地区收入总值 Gross National Income	地区生产总值 Gross Domestic Product	第一产业 Primary Industry	第二产业 Secondary Industry	# 工 业 Industry	# 建筑业 Construction	第三产业 Tertiary Industry	# 运输邮电业 Transportation, Post and Telecommunication	# 商 业 Commerce	人均地区生产总值 Per Capita Gross Domestic Product
1978	100.0	100.0	100.0	100.0	100.0	100.0	100.0	100.0	100.0	100.0
1979	109.7	109.7	105.0	109.2	110.1	108.4	113.2	93.5	104.3	107.6
1980	122.6	122.6	114.8	120.2	121.2	119.6	134.1	96.7	124.5	117.8
1985	191.9	191.7	192.2	174.6	173.4	277.0	252.8	149.2	249.7	171.4
1986	209.0	208.8	192.4	178.9	178.2	278.1	320.3	152.1	255.4	184.3
1987	229.0	228.8	217.9	187.5	186.3	295.6	379.6	168.2	227.8	198.8
1988	258.3	258.1	242.3	213.0	210.5	314.9	424.0	166.7	268.9	220.9
1989	269.7	269.5	245.0	228.8	228.2	353.3	421.9	227.2	204.6	226.9
1990	284.3	284.0	253.3	231.1	232.5	337.7	480.9	241.3	244.9	235.5
1991	311.3	311.0	262.5	248.8	261.8	275.6	543.5	313.4	239.0	257.8
1992	347.4	347.1	270.3	279.0	288.8	346.4	611.4	344.4	283.5	286.0
1993	389.4	389.1	278.7	314.9	319.1	445.1	689.1	379.2	328.0	318.8
1994	442.0	441.6	286.0	360.9	362.2	537.7	783.5	471.0	359.5	359.0
1995	497.2	496.4	262.2	388.4	390.0	578.6	947.2	658.9	422.0	399.9
1996	543.0	542.0	254.4	417.1	413.8	659.0	1063.7	783.4	444.8	433.5
1997	595.1	594.1	256.9	450.9	449.8	692.6	1189.2	883.7	468.0	471.7
1998	653.4	652.3	260.8	494.2	489.0	791.0	1317.7	972.1	486.7	514.6
1999	720.0	718.8	267.3	553.5	551.6	854.3	1437.6	1058.6	499.8	563.5
2000	799.3	797.9	278.0	616.6	624.4	872.2	1597.1	1174.0	524.8	621.0
2001	888.8	887.2	290.5	674.5	688.1	929.8	1801.6	1259.7	576.8	683.7
2002	981.2	979.5	305.0	731.8	741.7	1031.1	2017.7	1325.2	617.7	745.2
2003	1086.2	1084.3	315.1	818.9	832.2	1141.4	2225.6	1423.2	674.5	815.3
2004		1227.5	321.1	955.7	992.8	1212.2	2483.8	1574.1	740.0	912.3

注：1．本表按可比价格计算。
2．2004 年为初步统计数据。

Note：a)Data of this table was calculated at comparable prices.
b)Data of 2004 was the preliminary statistics.

附3 地区收入总值指数(上年=100)

INDEX OF GROSS NATIONAL INCOME(PRECEDING YEAR=100)

单位：%　　(%)

年份 Year	地区收入总值 Gross National Income	地区生产总值 Gross Domestic Product	第一产业 Primary Industry	第二产业 Secondary Industry	#工业 Industry	#建筑业 Construction	第三产业 Tertiary Industry	#运输邮电业 Transportation, Post and Telecommunication	#商业 Commerce	人均地区生产总值 Per Capita Gross Domestic Product
1979	109.7	109.7	105.0	109.2	110.1	108.4	113.2	93.5	104.3	107.6
1980	111.8	111.8	109.3	110.1	110.1	110.3	118.5	103.4	119.4	109.5
1985	108.6	108.6	106.2	110.6	109.3	124.7	104.3	114.7	118.6	107.2
1986	108.9	108.9	100.1	102.5	102.8	100.4	126.7	101.9	102.3	107.5
1987	109.6	109.6	113.3	104.8	104.5	106.3	118.5	110.6	89.2	107.9
1988	112.8	112.8	111.2	113.6	113.0	106.5	111.7	99.1	118.0	111.1
1989	104.4	104.4	101.1	107.4	108.4	112.2	99.5	136.3	76.1	102.7
1990	105.4	105.4	103.4	101.0	101.9	95.6	114.0	106.2	119.7	103.8
1991	109.5	109.5	103.6	107.7	112.6	81.6	113.0	129.9	97.6	109.5
1992	111.6	111.6	103.0	112.1	110.3	125.7	112.5	109.9	118.6	110.9
1993	112.1	112.1	103.1	112.9	110.5	128.5	112.7	110.1	115.7	111.5
1994	113.5	113.5	102.6	114.6	113.5	120.8	113.7	124.2	109.6	112.6
1995	112.5	112.4	91.7	107.6	107.7	107.6	120.9	139.9	117.4	111.4
1996	109.2	109.2	97.0	107.4	106.1	113.9	112.3	118.9	105.4	108.4
1997	109.6	109.6	101.0	108.1	108.7	105.1	111.8	112.8	105.2	108.8
1998	109.8	109.8	101.5	109.6	108.7	114.2	110.8	110.0	104.0	109.1
1999	110.2	110.2	102.5	112.0	112.8	108.0	109.1	108.9	102.7	109.5
2000	111.0	111.0	104.0	111.4	113.2	102.1	111.1	110.9	105.0	110.2
2001	111.2	111.2	104.5	109.4	110.2	106.6	112.8	107.3	109.9	110.1
2002	110.4	110.4	105.0	108.5	107.8	110.9	112.0	105.2	107.1	109.0
2003	110.7	110.7	103.3	111.9	112.2	110.7	110.3	107.4	109.2	109.4
2004		113.2	101.9	116.7	119.3	106.2	111.6	110.6	109.7	111.9

注：1．本表按可比价格计算。

2．2004 年为初步统计数据。

Note：a) Data of this table was calculated at comparable prices.

b) Data of 2004 was the preliminary statistics.

附4 地区生产总值(按支出法计算)
GROSS DOMESTIC PRODUCT(BY EXPENDITURE APPROACH)

单位：亿元 (100 million yuan)

年 份 Year	地区生产总值 Gross Domestic Product	最终消费 Final Consumption	居民消费 Residential Consumption	农业居民 Agricultural	非农业居民 Non-Agricultural	政府消费 Government Consumption	资本形成总额 Total Capital Formation	固定资产形成 Fixed Assets	存货增加 Stock
1978	108.84	40.98	30.47	7.32	23.15	10.51	31.67	24.84	6.83
1979	102.11	49.34	36.24	8.63	27.61	13.10	37.40	29.76	7.64
1980	139.07	57.44	44.35	10.53	33.82	13.09	43.69	35.63	8.06
1981—1985	**950.95**	**424.69**	**306.14**	**87.83**	**218.31**	**118.55**	**343.04**	**271.97**	**71.07**
1986—1990	**1978.68**	**880.15**	**640.93**	**188.47**	**452.46**	**239.22**	**1218.96**	**925.87**	**293.09**
1986	284.86	125.16	92.40	26.10	66.30	32.76	156.33	129.75	26.58
1987	326.82	147.87	107.73	29.12	78.61	40.14	208.33	170.12	38.21
1988	410.22	178.49	131.98	37.25	94.73	46.51	250.01	197.79	52.22
1989	455.96	197.67	138.99	46.78	92.21	58.68	297.00	200.26	96.74
1990	500.82	230.96	169.83	49.22	120.61	61.13	307.29	227.95	79.34
1991—1995	**4650.44**	**1701.59**	**1177.92**	**276.13**	**901.79**	**523.67**	**3350.54**	**2119.49**	**1231.05**
1991	598.89	225.47	153.62	37.59	116.03	71.85	322.77	184.37	138.40
1992	709.10	262.97	177.08	40.11	136.97	85.89	423.71	200.98	222.73
1993	863.53	310.28	207.21	52.95	154.26	103.07	595.15	326.82	268.33
1994	1084.03	396.29	264.55	66.95	197.60	131.74	842.63	519.01	323.62
1995	1394.89	506.58	375.46	78.53	296.93	131.12	1166.28	888.31	277.97
1996—2000	**10090.35**	**4306.50**	**2950.75**	**537.84**	**2412.91**	**1355.75**	**6775.65**	**5706.55**	**1069.10**
1996	1615.73	617.85	451.96	92.89	359.07	165.89	1107.06	922.48	184.58
1997	1810.09	703.36	492.88	97.25	395.63	210.48	1228.65	1001.73	226.92
1998	2011.31	809.82	563.62	109.26	454.36	246.20	1396.40	1171.90	224.50
1999	2174.46	954.14	633.76	112.52	521.24	320.38	1526.16	1233.46	292.70
2000	2478.76	1221.33	808.53	125.92	682.61	412.80	1517.38	1376.98	140.40
2001	2845.65	1467.71	913.95	131.99	781.96	553.76	1775.30	1631.83	143.47
2002	3212.71	1699.81	1049.21	147.41	901.80	650.60	2010.02	1913.12	96.90
2003	3663.10	1967.87	1209.27	163.18	1046.09	758.60	2293.93	2211.56	82.37
2004	4283.31	2264.55	1354.23	172.15	1182.08	910.32	2707.87	2600.80	107.07

注：1．本表按当年价格计算。
2．2004 年为初步统计数据。

Note：a)Data of this table was calculated at current prices.
b)Data of 2004 was the preliminary statistics.

附5 地方财政收支
LOCAL FINANCIAL REVENUE AND EXPENDITURE

单位：亿元 (100 million yuan)

年份 Year	地方财政收入 Local Financial Revenue	# 各项税收 Taxes	地方财政支出 Local Financial Expenditure	# 基本建设 Capital Construction	# 农业生产和农业事业费 Agricultural Production and Operating Expenses	# 文教科卫事业费 Culture,Education, Science and Health Expenses	# 教育事业费 Education	# 科学事业费 Scientific Research
1978	50.46	18.25	20.38	10.89	0.84	2.43	1.46	0.22
1979	47.75	19.41	20.06	10.07	0.86	2.94	1.77	0.24
1980	51.29	21.22	14.87	5.65	0.75	3.22	1.93	0.26
1981—1985	**234.27**	**149.21**	**111.40**	**39.75**	**4.69**	**24.82**	**14.04**	**1.64**
1986—1990	**337.13**	**335.42**	**272.89**	**55.78**	**12.72**	**59.36**	**30.48**	**2.99**
1986	60.34	49.82	44.27	11.22	1.57	8.20	4.45	0.49
1987	63.62	55.16	49.67	10.47	1.91	9.21	4.79	0.58
1988	68.11	67.27	52.93	10.53	2.88	11.46	6.04	0.58
1989	71.05	79.30	59.50	11.70	3.15	13.67	7.00	0.57
1990	74.01	83.87	66.52	11.86	3.21	16.82	8.20	0.76
1991—1995	**456.48**	**586.35**	**473.64**	**51.07**	**22.74**	**131.86**	**73.30**	**7.36**
1991	77.02	92.02	67.98	9.35	3.67	17.58	9.41	1.01
1992	80.25	104.14	71.74	8.57	3.98	19.72	10.56	1.10
1993	84.10	136.77	80.99	10.35	4.33	24.08	13.10	1.30
1994	99.85	107.48	98.53	9.37	4.93	29.81	17.22	1.62
1995	115.26	145.94	154.40	13.43	5.83	40.67	23.01	2.34
1996—2000	**1345.25**	**1402.32**	**1655.37**	**182.00**	**57.35**	**376.87**	**216.14**	**21.91**
1996	150.90	203.07	187.45	21.66	7.42	51.66	29.57	2.94
1997	209.91	239.13	262.20	24.89	9.85	63.83	35.97	3.74
1998	265.61	272.23	316.84	32.50	10.70	72.79	41.31	4.11
1999	320.44	315.10	398.53	45.46	13.13	84.52	49.22	4.91
2000	398.39	372.79	490.34	57.49	16.25	104.07	60.07	6.21
2001	507.68	475.00	614.92	92.96	19.58		72.26	7.27
2002	600.96	539.87	683.98	64.31	23.50	146.72	85.82	8.78
2003	665.94	588.96	809.39	71.99	26.18	175.64	98.82	10.76
2004	830.03	726.50	974.17	73.94	33.33	208.96	121.39	13.26

注：1. 地方财政收支数为决算数。

2. 1996-2004 年各项税收中含企业所得税。

资料来源：北京市财政局。

Note:a) Data was final accounting

b) Taxes from 1996 to 2004 include those from enterprise income.

Sources: Beijing Bureau Finance.

附6 人 口 状 况
POPULATION

年 份 Year	常住人口(万人) Total Population (10000 persons)	按性别分 By Sex		按城乡分 By Urban District and Rural District		人口出生率(‰) Birth Rate (‰)	人口死亡率(‰) Death Rate (‰)	人口自然增长率(‰) Natural Growth Rate (‰)	户籍人口(万人) Permanent Residents (10000 persons)
		男 Male	女 Female	城镇人口 Urban District	乡村人口 Rural District				
1978	872	443	429	479	393	12.93	6.12	6.81	850
1979	897	455	442	510	387	13.67	5.92	7.75	871
1980	904	458	446	521	383	15.56	6.30	9.26	886
1985	981	500	481	586	395	15.45	5.75	9.70	958
1986	1028	524	504	621	407	15.82	4.47	11.35	971
1987	1047	525	522	637	410	17.29	5.40	11.89	988
1988	1061	534	527	650	411	14.43	5.08	9.35	1001
1989	1075	538	537	664	411	12.84	5.35	7.49	1021
1990	1086	545	541	673	413	13.04	5.81	7.23	1032
1991	1094	547	547	683	411	8.03	5.82	2.21	1040
1992	1102	554	548	692	410	9.22	6.11	3.11	1045
1993	1112	559	553	707	405	9.35	6.16	3.19	1051
1994	1125	564	561	725	400	8.96	5.76	3.20	1062
1995	1251	627	624	815	436	7.92	5.12	2.80	1070
1996	1259	639	620	829	430	8.02	5.34	2.68	1078
1997	1240	629	611	826	414	7.91	6.02	1.89	1086
1998	1246	631	615	838	408	6.00	5.30	0.70	1092
1999	1257	636	621	854	403	6.50	5.60	0.90	1100
2000	1364	711	653	1058	306	6.20	5.30	0.90	1108
2001	1383	721	662	1080	303	6.10	5.30	0.80	1122
2002	1423	743	680	1118	305	6.60	5.73	0.87	1136
2003	1456	761	695	1151	305	5.06	5.15	-0.09	1149
2004	1493	780	713	1187	306	6.13	5.39	0.74	1163

注：1．1982-1989 年数据是根据 1982、1990 年两次人口普查数据调整的，1990 年以后数据是人口变动抽样调查数,其余年份数据为户籍统计数。

2．2000 年数为 2000 年北京市第五次全国人口普查快速汇总推算数。

3．"按城乡分"栏包括的"城镇人口"和"乡村人口"中，1978-1999 年数据为户籍管理统计中的"非农业人口"和"农业人口"口径；2000 年数据为国家统计局"关于统计上划分城乡的规定(试行)"中的"城镇人口"和"乡村人口"口径，2000 年以后数据为该口径的推算数.

Note:a)Datas from 1982 to 1989 were obtained from adjustment of cencus of 1982 and 1990,datas after 1990 were those from sample survey of population changes,and data of other years are those of registered permanent population.

b)Data of 2000 was estimated through the quick collections of 2000 Beijing Population Census.

c)Dividing into"urban distrct"that the column includes according to the urban and rural areas, and in"rural people", non-agricul tural population in the data are counted for the management of the household register in 1978-1999 and "agricultural population's"requir ements; 2000 for State Statistics Bureau " urban population " and "rural population "requirements of "provision that it is in urban and rural are as to divide data on counting (try) ", the data were counted for the calculation of this requirements after 2000.

附7 按城乡分从业人员(年末数)

EMPLOYE PERSONS BY URBAN AND RURAL AREA(YEAR-END)

单位：万人　　(10000 persons)

年份 Year	合 计 Total	城 市 Urban								农 村 Rural
			# 国有经济单位 State-Owned	# 集体经济单位 Collective-Owned	# 联营经济单位 Joint Owned	# 股份制经济单位 Share Holding	# 外商投资经济单位 Foreign Funded	# 港澳台投资经济单位 Hongkong, Macao and Taiwan Funded	# 城镇个体 Urban Individuals	
1978	291.6	291.6	240.9	50.7						
1979	312.0	312.0	254.2	57.8						
1980	484.2	326.8	269.4	57.1					0.3	157.4
1985	558.7	384.8	308.1	72.6			1.6		2.5	173.9
1986	572.7	400.5	324.4	71.1			2.4		2.6	172.2
1987	580.3	408.4	331.8	70.7			2.8		3.1	171.9
1988	603.1	413.9	336.4	69.9	0.2		3.4		3.5	189.2
1989	593.9	424.0	343.8	67.4	3.4		3.7		5.6	169.9
1990	627.1	461.2	357.9	86.8	5.1		4.6		6.3	165.9
1991	634.0	477.2	367.8	89.0	0.5		7.7	0.2	7.2	156.8
1992	649.3	490.6	371.5	90.5	0.4		11.4	0.2	14.0	158.7
1993	627.8	481.4	362.3	79.7	2.8		11.0	6.4	14.0	146.4
1994	664.3	492.7	363.5	73.3	3.5	6.3	15.0	9.4	20.9	171.6
1995	665.3	492.7	358.1	72.1	3.7	8.0	17.4	10.4	21.9	172.6
1996	660.2	495.7	355.1	68.6	3.4	14.8	20.7	10.1	22.9	164.5
1997	655.8	498.8	354.7	68.5	3.2	19.3	21.2	10.2	21.2	157.1
1998	622.2	463.2	308.1	51.0	5.2	44.5	21.2	13.1	20.1	158.9
1999	618.6	456.1	287.6	49.7	4.8	24.9	20.6	13.5	23.7	162.5
2000	619.3	456.3	266.2	48.3	4.0	14.0	23.8	14.2	24.4	163.0
2001	628.9	464.2	246.3	45.8	4.1	15.1	22.4	12.9	24.8	164.7
2002	679.2	513.6	224.8	36.8	4.1	27.1	29.2	17.0	33.1	165.6
2003	703.3	533.7	212.8	30.1	3.8	33.4	31.5	17.3	37.2	169.6
2004	854.1	682.7	199.5	28.2	3.5	37.9	45.0	18.3	45.7	171.4

附8 从业人员和职工人数(年末数)

NUMBER OF EMPLOYED PERSONS,STAFF AND WORKERS(YEAR-END)

单位：万人 (10000 persons)

年份 Year	从业人员 Employed Persons	第一产业 Primary Industry	第二产业 Secondary Industry	第三产业 Tertiary Industry	职工人数 Staff and Workers	国有经济单位 State-Owned	城镇集体经济单位 Urban Collective Owned	其他经济单位 Others
1978	444.1	125.9	177.9	140.3	291.6	240.9	50.7	
1979	470.5	121.4	195.2	153.9	311.9	254.2	57.7	
1980	484.2	118.0	207.3	158.9	326.5	269.4	57.1	
1985	574.8	97.1	254.3	223.4	382.3	308.1	72.6	1.6
1986	590.0	93.3	260.8	235.9	397.9	324.4	71.1	2.4
1987	598.2	91.8	264.1	242.3	405.2	331.8	70.7	2.7
1988	584.1	88.4	267.6	228.1	410.4	336.4	69.9	4.1
1989	593.9	91.0	266.3	236.6	418.4	343.8	67.4	7.2
1990	627.1	90.7	281.6	254.8	454.9	357.9	86.8	10.2
1991	634.0	90.8	279.7	263.5	470.0	367.8	89.0	13.2
1992	649.3	84.5	281.6	283.2	476.6	371.5	90.5	14.6
1993	627.8	65.1	279.4	283.3	467.3	362.3	79.6	25.4
1994	664.3	73.2	272.2	318.9	471.8	363.5	73.4	34.9
1995	665.3	70.6	271.0	323.7	470.9	358.2	72.1	40.6
1996	660.2	72.5	260.1	327.6	460.6	349.0	64.8	46.8
1997	655.8	71.0	257.6	328.1	465.3	348.7	65.0	51.6
1998	622.2	71.5	226.0	324.7	450.1	321.7	50.8	77.6
1999	618.6	74.5	216.2	327.9	438.0	303.0	49.6	85.4
2000	619.3	72.9	208.2	338.2	434.2	283.0	46.0	105.2
2001	628.9	71.2	215.9	341.8	400.3	235.9	40.0	124.4
2002	679.2	67.6	235.3	376.3	434.2	212.6	32.7	188.9
2003	703.3	62.7	225.8	414.8	436.3	197.6	26.1	212.6
2004	854.1	61.5	232.8	559.8	446.4	183.7	24.8	237.9

注：从2001年开始，有关职工的指标调整为在岗职工的指标。
Note: From 2001,related Indicators of “staff and workers” have been changed to those of “fully employed staff and workers”.

附9 职工工资总额和保险福利费
TOTAL WAGES,INSURANCE AND WELFARES OF STAFF AND WORKERS

年份 Year	职工工资总额(亿元) Total Wages (100 million yuan)	国有经济单位 State-Owned	城镇集体经济单位 Urban Collective Owned	其他经济单位 Others	职工保险福利费用总额(亿元) Total Insurance and Welfares (100 million yuan)	国有经济单位 State-Owned	城镇集体经济单位 Urban Collective Owned	其他经济单位 Others
1978	18.7	16.2	2.5		2.6	2.6		
1979	22.4	19.4	3.0		3.1	3.1		
1980	26.9	23.3	3.6		4.3	4.3		
1981－1985	**183.7**	**153.7**	**29.6**	**0.4**	**39.5**	**39.5**		
1986－1990	**421.1**	**349.7**	**64.4**	**7.0**	**95.7**	**91.5**	**3.6**	**0.6**
1986	58.0	48.5	9.1	0.4	13.9	13.9		
1987	66.7	56.0	10.1	0.6	17.0	17.0		
1988	81.2	68.1	12.1	1.0	24.3	24.3		
1989	96.3	81.0	13.4	1.9	19.5	17.4	1.8	0.3
1990	118.9	96.1	19.7	3.1	21.0	18.9	1.8	0.3
1991－1995	**1198.1**	**950.3**	**156.6**	**91.2**	**156.0**	**138.9**	**10.9**	**6.2**
1991	132.2	106.1	21.5	4.6	25.3	22.6	2.1	0.6
1992	158.5	128.6	23.9	6.0	30.6	27.4	2.4	0.8
1993	218.9	176.6	28.5	13.8	36.0	32.2	2.5	1.3
1994	306.5	243.4	36.2	26.9	30.4	27.0	1.9	1.5
1995	382.0	295.6	46.5	39.9	33.7	29.7	2.0	2.0
1996－2000	**2825.4**	**1988.5**	**236.5**	**600.4**				
1996	442.4	339.4	46.2	56.8	37.3	31.7	2.8	2.8
1997	514.8	383.6	53.8	77.4	48.1	41.6	2.8	3.7
1998	558.2	391.9	45.0	121.3	54.5	47.5	3.0	4.0
1999	614.5	420.0	44.8	149.7	60.2	50.1	4.0	6.2
2000	695.5	453.6	46.7	195.2				
2001	777.3	477.8	44.8	254.7				
2002	950.9	508.8	40.0	402.1				
2003	1098.9	565.5	35.0	498.4				
2004	1315.1	625.7	34.0	655.4				

注：从2001年开始，有关职工的指标调整为在岗职工的指标。

Note: From 2001,related Indicators of "staff and workers" have been changed to those of "fully employed staff and workers".

附10 职工平均工资及指数
AVERAGE WAGE AND INDEX OF STAFF AND WORKERS

年 份 Year	职 工 平均工资 (元) Average Wage (yuan)	国有经济单位 State-Owned	城镇集体经济单位 Urban Collective Owned	其他经济单位 Others	职工实际工资指数 (1978=100) Index of Actual Wage	国有经济单位 State-Owned	城镇集体经济单位 Urban Collective Owned	其他经济单位 Others
1978	673	703	471		100	100	100	100
1979	742	778	556		108.3	108.7	116.0	
1980	848	889	635		116.8	117.3	125.0	
1985	1343	1367	1231	1768	148.5	144.7	194.5	112.5
1986	1488	1530	1287	2080	154.1	151.7	190.4	123.9
1987	1670	1712	1449	2267	159.3	156.3	197.5	124.4
1988	2000	2048	1738	2661	158.4	155.3	196.7	121.2
1989	2312	2366	1992	2761	156.2	153.1	192.3	107.3
1990	2653	2713	2334	3243	170.1	166.5	213.8	119.6
1991	2877	2937	2504	3713	164.8	161.1	205.0	122.3
1992	3402	3500	2828	4289	177.3	174.6	210.6	128.6
1993	4780	4920	3834	5469	209.3	206.3	239.9	137.8
1994	6540	6695	5009	8179	229.3	224.7	250.9	165.0
1995	8144	8237	6516	10278	243.4	235.7	278.3	176.7
1996	9579	9645	7133	13851	256.5	247.3	273.0	213.4
1997	11019	10917	8259	15370	280.2	265.6	300.2	224.9
1998	12285	11971	8800	15989	306.1	285.5	313.3	229.1
1999	13778	13483	8928	17748	335.2	314.0	310.3	248.4
2000	15726	15483	9844	19165	375.1	353.6	335.5	263
2001	19155	19776	11063	20594				
2002	21852	23754	11997	21432				
2003	25312	28464	13580	23769				
2004	29674	34009	13422	28026				

注：从 2001 年开始，有关职工的指标调整为在岗职工的指标。
Note: From 2001,related Indicators of "staff and workers" have been changed to those of "fully employed staff and workers".

附11 全社会固定资产投资
TOTAL INVESTMENT IN FIXED ASSETS

单位：亿元 (100 million yuan)

年份 Year	合计 Total	国有经济单位 State-Owned	# 基本建设 Capital Construction	# 更新改造 Innovation	集体经济单位 Collective Owned	# 农村 Rural	其他经济单位 Others	私营个体经济 Private and Individuals	# 农村 Rural
1985	94.0	73.6	50.7	21.7	16.2	10.8		4.2	3.8
1986－1990	**724.1**	**609.6**	**378.2**	**201.3**	**83.1**	**49.1**		**31.4**	**27.5**
1986	106.2	88.7	54.2	33.4	13.3	6.4		4.2	4.0
1987	136.2	115.8	71.7	43.1	15.2	8.3		5.2	4.5
1988	163.0	133.2	87.7	43.6	21.4	13.7		8.4	7.6
1989	139.5	117.7	79.8	36.5	15.1	9.0		6.7	5.7
1990	179.2	154.2	84.8	44.7	18.1	11.7		6.9	5.7
1991－1995	**2358.7**	**1764.2**	**808.7**	**567.9**	**188.7**	**134.8**	**381.0**	**24.8**	**19.3**
1991	192.0	165.0	86.8	52.4	20.2	14.6		6.8	6.4
1992	266.0	230.1	114.9	79.2	27.3	19.8		8.6	7.4
1993	410.4	340.1	157.1	116.1	37.4	28.8	30.9	2.0	1.2
1994	648.8	514.8	229.2	179.2	44.6	33.7	86.3	3.1	2.0
1995	841.5	514.2	220.7	141.0	59.2	37.9	263.8	4.3	2.3
1996－2000	**5461.7**	**3380.8**	**1699.2**	**865.2**	**261.8**	**156.1**	**1663.8**	**155.3**	**74.6**
1996	876.9	545.7	241.8	156.4	57.6	41.1	268.8	4.8	2.5
1997	961.2	605.7	294.1	174.4	54.7	38.5	296.8	4.0	2.1
1998	1155.6	727.9	369.1	196.5	48.7	24.3	348.1	30.9	17.5
1999	1170.6	735.7	389.0	164.6	55.8	25.7	343.0	36.1	23.4
2000	1297.4	765.8	405.2	173.3	45.0	26.5	407.1	79.5	29.1
2001	1530.5	752.6	326.8	169.2	45.8	14.8	621.2	110.9	31.0
2002	1814.3	771.5	316.9	110.5	53.9	19.2	838.3	150.6	30.0
2003	2157.1	745.1	365.9	128.4	62.4	24.7	1148.3	201.3	68.7
2004	2528.3	755.5	401.8	119.2	69.5	23.4	1396.3	307.0	156.3

附 11 续表 continued

单位：亿元 (100 million yuan)

年 份 Year	固定资产投资资金来源 Source of Investment in Fixed Assets: 国家预算内投资 State Budgetary Investment	国内贷款 Domestic Loan	利用外资 Foreign Capital	自筹投资 Selfraised investment	其他投资 Other Investment	固定资产投资 Investment in Fixed Assets: 第一产业 Primary Industry	第二产业 Secondary Industry	# 工业 Industry	# 能源工业 Energy	第三产业 Tertiary Industry	# 运输邮电业 Transportation, Post and Telecommunications
1985	30.4	11.5	5.1	26.4	4.4	1.6	32.4	28.8	4.4	43.8	5.3
1986－1990	**184.9**	**90.3**	**69.1**	**245.6**	**39.5**	**9.4**	**218.8**	**209.1**	**43.1**	**384.2**	**47.7**
1986	33.0	17.0	4.6	37.4	2.5	1.5	41.4	38.8	5.5	51.6	6.6
1987	43.1	19.5	8.8	49.1	5.7	1.6	46.9	44.3	10.0	72.9	9.7
1988	37.4	18.2	22.3	62.3	9.2	2.0	48.8	47.2	9.9	87.9	7.8
1989	35.6	12.8	18.2	44.5	12.0	1.9	38.4	37.0	8.5	81.9	10.0
1990	35.8	22.8	15.2	52.3	10.1	2.4	43.3	41.8	9.2	89.9	13.6
1991－1995	**254.5**	**274.8**	**189.6**	**888.4**	**127.3**	**15.5**	**624.1**	**585.1**	**154.8**	**973.5**	**256.2**
1991	35.5	28.2	13.9	65.5	8.0	2.7	51.3	49.3	11.8	90.4	13.0
1992	42.2	40.1	14.9	109.9	9.6	3.9	82.9	80.2	22.0	114.2	28.4
1993	46.4	71.0	28.0	168.9	35.9	2.1	150.4	134.6	28.2	165.7	51.7
1994	62.5	70.9	87.8	283.7	44.8	3.7	185.8	175.9	40.2	318.4	81.2
1995	67.9	64.6	45.0	260.4	29.0	3.1	153.7	145.1	52.6	284.8	81.9
1996－2000	**492.2**	**501.1**	**195.2**	**1705.0**	**182.4**	**9.9**	**914.3**	**866.6**	**402.2**	**2160.2**	**615.3**
1996	73.1	71.1	53.8	265.7	39.8	2.8	174.9	167.3	69.8	319.7	99.5
1997	82.8	89.7	51.3	322.4	41.3	0.9	201.1	192.1	93.3	380.1	113.4
1998	93.9	108.4	41.2	382.9	43.0	1.5	201.7	192.6	96.2	479.7	169.8
1999	135.7	96.9	34.5	359.1	31.4	1.7	179.4	166.6	85.1	470.4	108.2
2000	106.7	135.0	14.4	374.9	26.9	3.0	157.2	148.0	57.8	510.3	124.4
2001	135.0	89.0	15.4	372.5	33.5	1.8	130.7	124.9	42.1	500.8	148.3
2002	108.5	161.1	24.7	386.0	26.6	1.9	155.4	148.5	51.8	541.5	194.1
2003	78.4	168.4	19.4	511.9	24.5	2.3	178.5	172.3	35.3	616.6	215.7
2004	110.6	220.2	68.0	530.4	32.1	2.5	276.5	266.9	66.0	580.7	218.8

注：1．全社会固定资产投资来源中,1985 和 1986 年为固定资产投资完成额资金来源分组。

2．按资金来源和三次产业划分的固定资产投资不含房地产开发投资及农村投资。

3．根据国家统计局有关规定，从 2004 年年报起，全社会固定资产投资中，不包括零星购置投资。

Note: a) In source of total investment of fixed assets,data of 1985 and 1986 were grouped by source of investment completed.

b) Data of investment grouped by source of funds and three industry excluded real estate development.

c) According to the rules of National Bureau of Statistics of China, from 2004,Total investment in fixed assets exclude building and purchase of odd fixed assets.

附12 基本建设投资额
INVESTMENT IN CAPITAL CONSTRUCTION

年份 Year	基本建设投资额(万元) Investment (10000 yuan)	按隶属关系分 Grouped by Administrative Relationship		按建设性质分 Grouped by Type of Construction			新增固定资产(万元) Incremental Fixed Assets (10000 yuan)	固定资产交付使用率(%) Rate of Fixed Assets Put into Operation (%)
		中央 Central	地方 Local	新建 Newly-built	扩建、改建 Expanding, Replacement	其他 Others		
1978	198908	90498	108410				169148	85.0
1979	234741	124132	110609	107611	105561	21569	212111	90.4
1980	265185	139843	125342	123520	135064	6601	231715	87.4
1981－1985	**1672352**	**926161**	**746191**	**670739**	**827830**	**173783**	**1421535**	**85.0**
1986－1990	**4000931**	**2506444**	**1494487**	**1888490**	**1641503**	**470938**	**2662712**	**66.6**
1986	587030	358562	228468	249512	254774	82744	354264	60.3
1987	763286	494817	268469	297042	359192	107052	463887	60.8
1988	926549	590549	336000	454766	365721	106062	455230	49.1
1989	835661	521340	314321	419002	323336	93323	512484	61.3
1990	888405	541176	347229	468168	338480	81757	876847	98.7
1991－1995	**9314619**	**5081070**	**4233549**	**3940498**	**4651510**	**722611**	**5263959**	**56.5**
1991	902052	481844	420208	390091	412787	99174	779764	86.4
1992	1185313	646031	539282	458089	618029	109195	726984	61.3
1993	1726260	934439	791821	640690	962772	122798	805405	46.7
1994	2851219	1329286	1521933	1340373	1306164	204682	1386866	48.6
1995	2649775	1689470	960305	1111255	1351758	186762	1564940	59.1
1996－2000	**19974274**	**10874857**	**9099417**	**6454909**	**11602297**	**1917068**	**16793905**	**84.1**
1996	3138456	1892321	1246135	1213019	1675846	249591	2625211	83.6
1997	3743212	2233708	1509504	1250778	2124370	368064	2639688	70.5
1998	4295514	2506556	1788958	1337033	2559533	398948	3000077	69.8
1999	4327251	2420060	1907191	1294950	2481402	550899	3569318	82.5
2000	4469841	1822212	2647629	1359129	2761146	349566	4959611	111.0
2001	3872781	1618171	2254610	969217	2579672	323892	3541435	91.4
2002	4146951	1539874	2607077	1470922	2498431	177598	3719622	89.7
2003	5147017	1604769	3542248	2096297	2842647	208073	3585392	69.7
2004	6313815	1770472	4543343	3106168	2931636	276011	3329466	52.7

附13 更新改造投资额
INVESTMENT IN INNOVATIONS

年 份 Year	更新改造投资额(万元) Investment (10000 yuan)	按隶属关系分 Grouped by Administrative Relationship		按建设性质分 Grouped by Type of Construction			新增固定资产(万元) Incremental Fixed Assets (10000 yuan)	固定资产交付使用率(%) Rate of Fixed Assets Put into Operation (%)
		中央 Central	地方 Local	新建 Newly-built	扩建、改建 Expanding, Replacement	其他 Others		
1980	66542						48089	72.3
1981－1985	**671784**						**479560**	**71.4**
1986－1990	**2123897**	**331964**	**1791933**	**133715**	**1710681**	**279501**	**1511075**	**71.1**
1986	358357	57582	300775	26619	289075	42663	230940	64.4
1987	450629	79105	371524	11550	386744	52335	335159	74.4
1988	460025	66340	393685	29480	366311	64234	317796	69.1
1989	386827	58418	328409	26969	307067	52791	283194	73.2
1990	468059	70519	397540	39097	361484	67478	343986	73.5
1991－1995	**6178916**	**1888982**	**4289934**	**237180**	**5256320**	**685416**	**4378783**	**70.9**
1991	541624	86149	455475	11578	460759	69287	448861	82.9
1992	824518	169979	654539	17901	731095	75522	600487	72.8
1993	1218170	367869	850301	33269	1092674	92227	687026	56.4
1994	2022193	669408	1352785	36723	1855312	130158	1625303	80.4
1995	1572441	595577	976834	137709	1283375	151327	1017106	64.7
1996－2000	**9318081**	**4140784**	**5177297**	**453518**	**7807172**	**1057391**	**7646213**	**82.1**
1996	1680479	636918	1043561	222645	1318904	138930	1553521	92.4
1997	1911525	894052	1017473	180134	1550027	181364	1301241	68.1
1998	2114549	1003398	1111151	27792	1822482	264275	1412362	66.8
1999	1752093	646454	1105639	10618	1536248	205227	1990395	113.6
2000	1859435	959962	899473	12329	1579511	267595	1388694	74.7
2001	1865058	1028650	836408	5912	1594544	264602	1935361	103.8
2002	1696309	536310	1159999	9773	1330925	355611	1308483	77.1
2003	2162741	684619	1478122	41848	1844937	275956	1129394	52.2
2004	1753528	628149	1125379	76139	1418507	258882	1143400	65.2

附14 房地产开发情况
REAL ESTATE DEVELOPMENT

年 份 Year	投资总额(亿元) Total Investment (100 million yuan)	商品房施工面积(万平方米) Floor Space of Commodity Buildings under Construction (10000 sq.m)	# 本年新开工面积 Construction of this Year	商品房竣工面积(万平方米) Floor Space of Commodity Buildings Completed (10000 sq.m)	商品房销售面积(万平方米) Space of Commodity Buildings Sales (10000 sq.m)	商品房销售额(亿元) Sales of Commodity Buildings (100 million yuan)
1990	22.5	774.0	249.1	271.6	142.2	20.3
1991－1995	**568.4**	**7501.6**	**3022.6**	**2061.7**	**855.6**	**218.7**
1991	24.0	815.1	317.6	275.2	154.0	22.0
1992	33.7	1021.1	508.6	331.4	159.1	25.5
1993	58.4	1262.0	524.8	356.4	182.0	41.0
1994	99.5	1593.2	659.4	445.7	168.6	60.4
1995	352.8	2810.2	1012.2	653.0	191.9	69.8
1996－2000	**1979.5**	**17432.3**	**5359.2**	**4762.6**	**2416.7**	**1251.4**
1996	328.2	2824.6	578.7	663.4	215.3	94.7
1997	330.3	2869.6	848.4	682.3	290.9	164.1
1998	377.4	3499.1	1193.4	842.8	409.2	214.4
1999	421.5	3784.0	1061.8	1208.5	544.4	307.5
2000	522.1	4455.0	1676.9	1365.6	956.9	407.7
2001	783.8	5966.7	2789.8	1707.4	1205.0	609.9
2002	989.4	7510.7	3206.0	2384.4	1708.3	813.8
2003	1202.5	9070.7	3433.8	2593.7	1895.8	898.0
2004	1473.3	9931.3	3054.3	3067.0	2472.0	1249.1

附15 各种价格指数(上年=100)
PRICE INDICES(PRECEDING YEAR=100)

年 份 Year	商品零售价格指数 Aggregate Retail Price Index	居民消费价格指数 Aggregate Consumer Price Index	农副产品收购价格总指数 Purchasing Price Index of Farm and Sideline Products	农业生产资料价格指数 Price Index of Agricultural Capital Goods	工业品出厂价格指数 Industrial Products Producer Price Index	原材料、燃料动力购进价格指数 Raw Material, Fuels and Motive Power Purchasing Price Index	固定资产投资价格指数 Investment in Fixed Assets Price Index	房屋销售价格指数 Price Indices of Teal Estate
1978	100.6	100.6						
1979	101.8	101.8	109.5	100.0				
1980	106.7	106.0	105.5	100.2				
1985	118.6	117.6	117.6	100.9				
1986	106.7	106.8	108.1	102.7				
1987	108.7	108.6	116.1	110.8				
1988	121.9	120.4	123.2	117.6				
1989	118.5	117.2	106.8	121.5				
1990	104.1	105.4	101.9	102.1	107.9	114.8		
1991	108.5	111.9	101.7	102.5	105.8	111.7	107.3	
1992	108.3	109.9	102.4	103.6	100.9	103.3	112.2	
1993	116.9	119.0	107.0	109.1	121.8	133.2	126.6	
1994	117.9	124.9	133.4	120.1	112.9	118.7	116.2	
1995	112.6	117.3	130.6	133.2	107.3	106.7	113.9	
1996	107.3	111.6	101.5	106.8	100.7	100.3	108.2	
1997	103.8	105.3	92.8	100.4	101.1	103.4	102.7	
1998	98.3	102.4	93.6	102.6	95.1	98.1	100.8	100.9
1999	98.8	100.6	97.5	94.2	97.7	95.8	99.9	100.1
2000	98.9	103.5	95.0	101.7	102.5	100.0	101.0	99.5
2001	98.8	103.1	102	100.2	99.4	100.5	100.6	101.3
2002	98.4	98.2	92.4	102.9	96.6	97.1	100.4	100.3
2003	98.2	100.2	102.5	98.5	101.5	104.7	102.2	100.3
2004	99.2	101.0	106.2	114.3	103.0	114.2	104.3	103.7

附16 各种价格指数(1978=100)
AGGREGATE PRICE INDICES

年份 Year	商品零售价格指数 Aggregate Retail Price Index	居民消费价格指数 Aggregate Consumer Price Index	农副产品收购价格总指数 Purchasing Price Index of Farm and Sideline Products	农业生产资料价格指数 Price Index of Agricultural Capital Goods
1978	100.0	100.0	100.0	100.0
1979	101.5	101.4	109.5	100.0
1980	108.6	107.9	115.5	100.3
1985	136.8	134.4	157.5	112.9
1986	145.9	143.5	170.3	115.9
1987	158.6	155.8	197.6	128.4
1988	193.3	187.6	243.4	151.0
1989	229.1	219.9	260.0	183.5
1990	238.5	231.8	264.9	187.4
1991	258.8	259.4	269.4	192.1
1992	280.3	285.1	275.9	199.0
1993	327.7	339.3	295.2	217.1
1994	386.4	423.8	393.8	260.7
1995	435.1	497.1	514.3	347.3
1996	466.9	554.8	522.0	370.9
1997	484.6	584.2	484.4	372.2
1998	476.4	598.2	453.0	381.9
1999	470.7	601.8	442.1	359.7
2000	465.5	622.9	420.0	365.8
2001	459.9	642.2	428.4	366.5
2002	452.5	630.6	395.8	377.1
2003	444.4	631.9	405.7	371.4
2004	440.8	638.2	430.8	424.5

附17 居 民 生 活
PEOPLE'S LIVELIHOOD

年 份 Year	城市居民家庭平均每人每年(元) Annual Per Capita of Urban Households(yuan)						农村居民家庭平均每人每年(元) Annual Per Capita of Rural Households(yuan)					
	全部收入 Total Income	可支配收入 Discretionary Income	可支配收入指数(1978=100) Index of Discretionary Income (1978=100)	消费支出 Expenditures	# 食品 Food	城市居民家庭恩格尔系数(%) Engel Cofficient of Urban Households (%)	纯收入 Net Income	纯收入指数(1978=100) Index of Net Income (1978=100)	总支出 Total Expenditures	生活消费支出 Living Expenditures	# 食品 Food	农村居民家庭恩格尔系数(%) Engel Cofficient of Rural Households (%)
1978	450.2	365.4	100.0	359.9	211.2	58.7	224.8	100.0	219.0	185.4	116.7	63.2
1979	491.5	415.0	112.0	408.7	236.7	57.9	250.0	110.9	235.0	204.7	131.1	63.9
1980	599.4	501.4	127.2	490.4	271.0	55.3	308.1	135.4	290.0	256.8	140.2	54.1
1985	1158.8	907.7	184.8	923.3	466.9	50.6	775.1	324.0	726.0	510.0	240.5	47.1
1986	1317.3	1067.5	203.6	1067.4	543.4	50.9	823.1	335.6	857.0	645.3	292.4	45.3
1987	1413.2	1181.9	207.6	1147.6	605.0	52.7	916.4	357.4	943.0	705.5	340.9	48.3
1988	1767.7	1437.0	209.6	1455.6	743.4	51.1	1062.6	368.8	1246.0	883.3	407.9	46.2
1989	1899.6	1597.1	198.8	1520.4	841.3	55.3	1230.7	376.8	1356.0	976.3	484.3	49.6
1990	2067.3	1787.1	211.0	1646.1	892.2	54.2	1297.1	384.8	1372.0	980.7	496.8	50.7
1991	2359.9	2040.4	215.3	1860.2	1016.8	54.7	1422.3	391.3	1585.0	1100.1	537.0	48.8
1992	2813.1	2363.7	226.9	2134.7	1126.3	52.8	1568.8	399.4	1684.0	1179.0	573.8	48.7
1993	3935.4	3296.0	265.9	2939.6	1404.7	47.8	1854.8	419.8	1714.0	1308.9	611.7	46.8
1994	5585.9	4731.2	305.5	4134.1	1919.0	46.4	2422.1	457.8	2175.0	1676.5	824.8	49.2
1995	6748.7	5868.4	323.1	5019.8	2436.5	48.5	3208.5	486.3	3080.0	2433.0	1206.0	49.6
1996	7945.8	6885.5	339.6	5729.5	2671.5	46.6	3562.7	509.8	3272.0	2655.5	1233.1	46.4
1997	8741.7	7813.1	366.0	6531.8	2854.4	43.7	3762.4	535.8	3379.0	2795.4	1248.4	44.7
1998	10098.2	8472.0	387.6	6970.8	2865.7	41.1	4028.9	571.7	3617.0	2945.5	1241.9	42.2
1999	10654.8	9182.8	417.6	7498.5	2959.2	39.5	4316.4	612.9	3938.0	3132.5	1253.5	40.0
2000	12560.3	10349.7	454.7	8493.5	3083.4	36.3	4687.0	657.6	4517.9	3441.4	1263.6	36.7
2001	13768.8	11577.8	493.4	8922.7	3229.3	36.2	5274.3	714.8	5098.8	3871.5	1353.2	34.9
2002	13253.3	12463.9	540.9	10285.8	3472.5	33.8	5880.1	802.7	5548.7	4206.0	1386.6	33.0
2003	14959.3	13882.6	601.2	11123.8	3522.7	31.7	6496.3	895.0	5886.6	4655.3	1475.6	31.7
2004	17116.5	15637.8	670.6	12200.4	3925.5	32.2	7172.1	977.3	6275.2	4886.4	1592.3	32.6

附 17 续表 continued

年 份 Year	每一城市就业者负担人数(人) Dependents Per Urban Employee (person)	每一农村劳动力负担人数(人) Dependents Per Rural Labor Force (person)	城市人均居住面积(平方米) Urban Per Capita Living Space (sq.m)	农村人均住房面积(平方米) Rural Per Capita Living Space (sq.m)	城乡储蓄存款余额(亿元) Balance of Saving Deposits (100 million yuan)	城镇储蓄 Urban	农户储蓄 Rural	人均储蓄(元) Per Capita Saving Deposits (yuan)
1978	1.86	2.15	4.55	9.25	9.33	8.90	0.43	107.09
1979	1.83	2.16	4.57	9.67	11.07	10.44	0.63	123.04
1980	1.80	2.13	4.79	10.09	14.39	13.33	1.06	159.20
1985	1.66	1.64	6.17	16.37	51.70	42.24	9.45	522.70
1986	1.66	1.66	6.46	17.17	68.58	55.62	12.95	664.52
1987	1.65	1.64	6.82	18.38	92.98	75.19	17.79	871.38
1988	1.71	1.63	7.17	19.23	111.64	90.55	21.09	1032.98
1989	1.52	1.62	7.45	20.09	162.01	133.75	28.26	1597.76
1990	1.52	1.61	7.72	20.62	226.62	188.03	38.59	2208.73
1991	1.47	1.59	8.01	21.92	298.18	249.88	48.30	2878.21
1992	1.43	1.58	8.31	22.67	387.82	328.21	59.61	3721.93
1993	1.42	1.51	8.51	23.7	560.66	482.48	78.18	5349.78
1994	1.41	1.49	8.73	24.42	853.21	745.88	107.33	8079.62
1995	1.41	1.47	9.03	24.74	1253.95	1111.50	142.46	11757.61
1996	1.41	1.45	9.33	25.74	1706.98	1528.41	178.56	15839.09
1997	1.43	1.48	9.66	27.39	1975.23	1770.90	204.36	18196.80
1998	1.40	1.44	10.03	27.64	2287.19	2063.19	224.00	20954.54
1999	1.41	1.43	10.63	28.65	2680.67	2429.03	251.63	24374.11
2000	1.41	1.51	11.15	28.91	2923.21	2663.30	259.91	26394.64
2001	1.39	1.52	11.64	31.01	3536.32	3253.87	282.45	31509.61
2002	1.41	1.48	11.93	32.58	4389.69	4073.06	316.63	38631.43
2003	1.39	1.45	14.78	33.95	5293.53	4926.47	367.07	46078.81
2004	1.44	1.46	16.13	34.21	6122.35	5692.80	429.55	52647.25

附18 城市居民家庭平均每百户主要耐用消费品拥有量
POSSESSION OF MAIN DURABLE CONSUMER GOODS OF PER 100 URBAN HOUSEHOLDS

年 份 Year	自行车 (辆) Bicycles (unit)	录放像机 (台) Videocorders (set)	淋 浴 热水器 (台) Showers (unit)	洗衣机 (台) Washing Machines (unit)	彩 色 电视机 (台) Color TV Sets (set)	电冰箱 (台) Refrige-rators (unit)	照像机 (架) Cameras (set)
1978	135.8						7.5
1979	145.7			0.1			9.8
1980	150.9			1.9		0.3	11.4
1985	177.0			57.5	32.2	41.9	34.6
1986	193.9			75.9	50.9	61.5	47.4
1987	210.2			82.6	57.5	71.9	55.5
1988	193.7			86.0	69.7	81.2	59.6
1989	223.0	10.1		89.7	80.5	89.4	62.2
1990	228.3	19.9		93.2	90.9	96.4	66.5
1991	233.8	28.4		93.0	97.1	101.7	72.7
1992	229.2	41.7	17.6	96.1	101.4	101.3	77.2
1993	243.2	45.6	23.2	99.8	107.2	100.8	82.4
1994	246.8	49.8	38.8	102.8	111.8	104.4	85.4
1995	243.6	54.2	45.4	100.4	113.6	104.4	86.8
1996	249.0	57.8	52.0	101.4	119.2	105.4	87.2
1997	209.4	56.0	58.4	100.6	123.8	104.2	88.2
1998	221.0	59.8	65.4	102.2	133.2	105.4	95.2
1999	220.1	54.1	67.1	99.6	141.4	102.8	95.0
2000	230.7	56.9	74.4	102.8	145.5	107.4	95.7
2001	230.6	57.7	78.1	102.2	148.9	106.6	100.7
2002	201.1	49.4	83.5	98.6	148.4	101.6	99.6
2003	202.1	51.3	85.4	99.3	147.0	100.4	103.3
2004	191.8	45.2	94.1	102.0	150.6	102.6	100.4

附19 农民家庭平均每百户主要耐用消费品拥有量
POSSESSION OF MAIN DURABLE CONSUMER GOODS OF PER 100 RURAL HOUSEHOLDS

年份 Year	自行车 (辆) Bicycles (unit)	移动电话 (部) Mobile telephone (unit)	空调机 (台) house air conditioner (set)	影碟机 (台) Video CD (set)	彩色电视机 (台) Color TV Sets (set)	家用计算机 (台) person computer (set)	照相机 (架) Cameras (set)	电风扇 (台) Electric Fans (unit)	洗衣机 (台) Washing Machines (unit)	电冰箱 (台) Refrige-rators (unit)
1978	109									
1979	98									
1980	123									
1985	182				7		2	32	23	2
1986	191				12		4	42	39	5
1987	204				15		5	52	48	9
1988	218				20		7	61	56	14
1989	224				25		8	67	61	19
1990	235				29		8	73	63	23
1991	232				42		11	84	69	36
1992	245				46		14	92	73	40
1993	249				56		15	98	76	47
1994	254		1		65		17	109	80	53
1995	251		2		74		21	115	81	63
1996	250		2		79		21	117	83	67
1997	248		3		85		25	127	84	72
1998	249		5		92		26	133	85	75
1999	241		9		101		29	143	86	81
2000	220	14	20	23	107	7	26	143	85	84
2001	220	30	27	27	112	12	29	150	91	86
2002	214	52	35	30	116	16	32	152	94	91
2003	210	77	39	34	116	22	32	150	94	94
2004	206	102	47	39	119	27	35	147	96	96

附20 农业基本情况
BASIC STATISTICS FOR AGRICULTURE

年 份 Year	农林牧渔业从业人员 (万人) Labors Force of Farming,Freostry Animal Husbandry and Fishery (10000 persons)	年末实有耕地面积 (万公顷) Cultivated Area year-end (10000 hectare)	当年减少耕地面积 (万公顷) Decresae of Cultivated Area of this Year (10000 hectare)	播种面积 (万公顷) Sown Area (10000 hectare)	# 粮食作物 Grain Crops	# 经济作物 Cash Crops	造林面积 (万公顷) Afforestation Area (10000 hectare)
1978	117.7	42.9	0.3	69.1	56.1	4.9	1.4
1979	115.5	42.7	0.2	67.7	56.0	3.7	1.6
1980	113.3	42.6	0.1	65.7	54.9	3.3	2.4
1985	90.3	42.1	0.1	61.8	51.1	2.9	3.0
1986	86.1	41.9	0.2	60.5	49.9	2.4	1.4
1987	84.6	41.8	0.1	59.8	49.5	2.0	2.0
1988	80.9	41.6	0.2	59.5	48.8	1.9	1.6
1989	83.4	41.4	0.2	58.9	48.3	1.6	0.8
1990	82.5	41.3	0.1	59.0	48.4	1.6	4.1
1991	80.3	41.1	0.2	59.0	48.3	1.7	1.5
1992	74.6	40.9	0.2	58.6	47.7	1.7	1.5
1993	72.5	40.6	0.3	56.5	45.6	1.8	4.8
1994	68.7	40.2	0.4	55.1	43.0	1.7	5.5
1995	65.5	39.9	0.3	55.3	43.4	1.5	4.7
1996	66.9	39.9	0.3	53.8	42.7	1.4	4.0
1997	65.3	34.2	0.3	53.6	42.5	1.2	3.8
1998	67.7	34.1	0.3	53.5	42.3	1.2	3.7
1999	71.1	33.8	0.3	52.7	41.0	1.3	3.0
2000	69.7	32.9	1.1	45.6	30.8	1.9	2.6
2001	67.9	30.1	3.0	37.9	21.4	2.0	3.2
2002	64.1	24.9	3.4	34.2	16.9	2.1	4.8
2003	59.5	26.0	1.9	30.1	14.1	1.9	4.7
2004	57.9	23.6	2.5	31.3	15.4	1.9	3.2

注：1995、1996、1997、2003 年耕地面积由北京市国土资源和房屋管理局提供。

Note：Data of cultivated area of 1995-1997 and 2003 were provided by Beijing Land and Resource Bureau.

附21 农业生产条件
PRODUCTIVE CONDITIONS OF AGRICULTURE

年份 Year	农业机械总动力(万千瓦) Total Power of Agricultural Machinery (10000 kw)	农用大中型拖拉机(台) Large Medium Tractors (unit)	小型拖拉机 Mini-Tractors (unit)	灌溉面积(千公顷) Irrigated Area (1000 hectare)	化肥施用量(万吨) Consumption of Chemical Fertilizers (10000 tons)	农村用电量(万千瓦小时) Rural Electricity Consumption (10000 kwh)	农村居民家庭每户生产性固定资产(元) Productive Fixed Assets Per Rural Households (yuan)	每公顷面积产量(公斤) Yield Per Hectare(kg) 粮食 Grain	 棉花 Cotton	 油料 Oilbearing Crops
1978	189.4	5568	23412	341.7	1.2	58802	5.0	3315	255	788
1979	212.2	6496	24724	340.8	1.1	59531	6.5	3090	278	855
1980	234.6	7705	24952	340.3	1.2	76753	8.0	3390	443	1118
1985	320.4	11319	35051	338.4	8.2	126830	394.3	4298	848	1928
1986	345.5	11664	37023	337.9	9.1	180640	419.2	4335	735	1530
1987	388.4	12170	37319	337.9	10.0	159450	444.0	4590	908	2085
1988	399.7	12596	45013	338.1	10.6	163986	549.7	4800	810	2055
1989	423.9	12344	47546	338.4	11.8	128414	543.3	4950	960	2220
1990	416.2	12844	47020	335.1	14.4	122711	595.6	5460	1035	2565
1991	384.8	12906	44610	328.7	14.4	111347	700.4	5787	885	2685
1992	399.8	12752	44525	331.1	14.4	143963	844.9	5907	1051	2760
1993	450.5	12701	44200	314.7	14.9	169911	951.6	6236	1043	3009
1994	459.2	12475	44500	323.4	19.8	172042	2194.6	6420	910	3051
1995	468.1	12228	42100	292.4	18.8	201731	2776.5	5985	825	2794
1996	468.4	12272	30200	301.9	18.9	275871	2394.2	5659	924	2741
1997	433.2	12088	30000	323.3	19.7	301655	2818.9	5594	1040	2736
1998	415.5	12032	30000	323.7	19.3	290859	3411.8	5661	854	2941
1999	410.4	11852	27295	322.1	19.0	330069	3814.0	4905	1016	2647
2000	399.2	11781	25004	322.7	17.9	572257	5191.1	4677	983	2461
2001	394.9	11299	23606	322.7	15.7	619806	6015.3	4908	1168	3038
2002	381.8	10784	20040	219.7	14.9	414248	6031.8	4872	1125	2952
2003	366.9	9216	22638	178.9	14.3	427266	6198.2	4105	1076	2395
2004	340.3	9652	25346	186.7	14.5	479667	7214.1	4543	1188	2676

注：1．化肥施用量为折纯量。

2．农村居民家庭每户生产性固定资产为抽样调查数。

Note:a) Consumption of chemical fertilizers are those converted into pure.

b) Data of productive fixed assets per rural household refers to those from sample survey.

附22 农林牧渔业总产值和指数

GROSS OUTPUT VALUE OF FARMING,FORESTRY,ANIMAL HUSBANDRY FISHERY AND THEIR INDEX

年份 Year	农林牧渔业总产值(亿元) Gross Output Value of Farming, Forestry,Animal Husbandry and Fishery (100 million yuan)	农业 Farming	林业 Forestry	牧业 Animal Husbandry	渔业 Fishery	农林牧渔业总产值指数(1978=100) Index of Gross Output Value of FFAF (1978=100)	农业 Farming	林业 Forestry	牧业 Animal Husbandry	渔业 Fishery
1978	11.5	8.9	0.2	2.4	0.01	100.0	100.0	100.0	100.0	100.0
1979	12.3	8.8	0.2	3.3	0.02	99.1	95.8	87.5	108.5	200.0
1980	14.2	9.7	0.5	3.9	0.05	101.2	92.9	137.5	122.0	200.0
1981－1985	**98.2**	**63.0**	**4.2**	**30.1**	**0.80**					
1986－1990	**245.7**	**142.1**	**4.1**	**91.6**	**7.9**					
1986	28.1	17.2	0.8	9.4	0.7	147.0	125.0	125.0	202.4	1464.4
1987	34.4	20.3	0.8	12.3	1.0	160.0	134.2	137.5	224.4	2185.4
1988	52.6	31.4	0.9	18.6	1.7	179.4	140.8	125.0	278.0	2907.4
1989	60.4	34.2	0.7	23.3	2.2	198.2	151.3	112.5	324.4	3236.8
1990	70.2	39.0	0.9	28.0	2.3	210.3	154.2	125.0	348.8	3622.8
1991－1995	**570.0**	**293.1**	**11.2**	**244.6**	**21.1**					
1991	76.4	39.5	1.5	32.8	2.6	229.1	164.6	162.5	395.1	4211.4
1992	84.5	43.2	1.6	36.3	3.4	244.5	172.5	150.0	431.7	5092.8
1993	100.4	51.1	2.3	42.7	4.3	257.3	183.3	162.5	443.9	5887.7
1994	144.3	72.5	3.1	64.0	4.7	276.7	193.8	187.5	487.8	6131.4
1995	164.4	86.8	2.7	68.8	6.1	273.9	195.4	200.0	462.2	7500.8
1996－2000	**895.9**	**447.7**	**18.5**	**394.2**	**35.5**					
1996	168.9	89.2	2.8	71.1	5.8	271.5	190.0	212.5	473.2	7000.0
1997	170.9	87.0	2.9	74.8	6.2	273.8	199.7	226.9	466.2	6522.4
1998	176.6	89.2	3.2	76.6	7.6	283.0	201.5	202.3	484.4	7374.0
1999	184.3	91.2	4.2	81.1	7.8	301.8	204.6	225.0	529.3	9502.0
2000	195.2	91.1	5.4	90.6	8.1	340.8	225.9	282.9	617.5	10599.0
2001	214.1	89.7	9.5	105.2	9.7	366.7	225.7	634.6	674.4	12700.0
2002	230.4	90.1	12.8	117.2	10.3	407.6	237.3	875.0	778.1	13000.0
2003	237.9	88.8	13.5	125.5	10.2	424.7	233.1	1015.9	844.5	13595.4
2004	254.0	92.7	12.7	138.7	9.9	428.1	224.0	933.6	869.8	12072.7

注：绝对数按现价计算，其中 2003 年执行新《国民经济行业分类标准》及按生产者价格计算，指数按可比价计算。

Note：Value are calculated at current prices and that of 2003 refered to the new industrial classification for national economic activities and calculate at producer prices; index was calculated at constant prices.

附23 主要农业产品产量
OUTPUT OF MAJOR AGRICULTURAL PRODUCTS

年 份 Year	粮 食 (万吨) Grain (10000 tons)	# 谷物 Cereal	棉 花 (万吨) Cotton (10000 tons)	油 料 (万吨) Oilbearing Crops (10000 tons)	猪牛羊肉 (万吨) Pork,Beef and Mutton (10000 tons)	禽 蛋 (万吨) Poultry Eggs (10000 tons)	水产品 (万吨) Aquatic Products (10000 tons)	大牲畜 年底头数 (万头) Large Animals year-end (10000 heads)	# 役畜 Draught Animals	猪 年底头数 (万头) Hogs year-end (10000 heads)
1978	186.0	180.4	0.3	2.6	11.9	0.5	0.2	30.4	21.5	248.3
1979	172.8	168.4	0.1	2.6	13.2	1.0	0.3	29.2	20.4	246.7
1980	186.0	182.2	0.1	3.1	15.1	3.4	0.4	27.9	19.3	232.5
1981－1985	**1004.8**	**984.1**	**1.4**	**13.1**	**70.7**	**44.3**	**4.0**			
1986－1990	**1181.9**	**1154.1**	**1.4**	**15.2**	**77.3**	**103.8**	**18.8**			
1986	216.5	211.2	0.2	3.0	13.3	14.7	2.2	21.9	16.6	145.6
1987	227.0	220.9	0.3	3.3	13.0	16.8	3.0	23.1	16.9	120.4
1988	234.6	229.2	0.3	3.0	13.4	21.8	3.9	23.1	16.3	145.3
1989	239.2	233.7	0.3	2.8	17.2	24.7	4.6	23.8	16.6	187.7
1990	264.6	259.1	0.3	3.1	20.4	25.8	5.1	23.3	16.3	206.0
1991－1995	**1354.7**	**1349.3**	**1.9**	**17.6**	**138.0**	**139.3**	**34.7**			
1991	279.7	274.7	0.3	3.3	24.8	25.0	5.6	27.9	15.0	241.7
1992	281.9	276.7	0.5	3.4	27.3	26.5	6.4	26.9	13.6	269.1
1993	284.0	278.2	0.4	3.8	28.2	28.1	7.0	26.2	12.8	252.2
1994	249.2	267.0	0.4	3.8	30.7	31.2	7.6	26.7	10.9	260.1
1995	259.8	252.7	0.3	3.3	27.0	28.5	8.1	22.9	9.0	253.4
1996－2000	**1059.3**	**1030.3**	**1.1**	**15.1**	**153.0**	**98.2**	**38.2**			
1996	237.4	231.8	0.3	3.0	27.6	24.7	7.8	20.5	7.4	240.0
1997	237.5	232.3	0.2	2.7	27.9	23.8	7.7	19.7	6.0	241.0
1998	239.3	234.0	0.2	2.8	31.2	17.9	7.6	18.5	5.3	254.5
1999	201.0	196.1	0.2	2.8	32.3	15.8	7.6	19.0	4.1	248.3
2000	144.2	136.1	0.2	3.8	34.0	16.0	7.5	23.6	3.5	250.0
2001	104.9	96.3	0.3	4.3	38.2	15.6	7.4	27.6	3	248.1
2002	82.3	74.6	0.4	4.7	42.6	15.2	7.4	31	2.9	259.7
2003	58.0	52.0	0.3	3.3	42.7	16.2	7.1	33.0	2.1	252.2
2004	70.2	64.8	0.8	2.9	41.8	15.9	6.7	31.7	1.6	243.2

附24 每一农林牧渔业从业者农业生产量
PRODUCTION VOLUME PER EMPLOYEE OF FARMING,FORESTRY, ANIMAL HUSBANDRY AND FISHERY

年份 Year	农林牧渔业总产值(元) Gross Output Value of Farming, Forestry,Animal Husbandry and Fishery(yuan)	粮食(公斤) Grain (kg)	#谷物 Cereal	棉花(公斤) Cotton (kg)	油料(公斤) Oilbearing Crops (kg)	猪牛羊肉(公斤) Pork,Beef and Mutton (kg)	禽蛋(公斤) Poultry Eggs (kg)	水产品(公斤) Aquatic Products (kg)
1978	977.9	1580.1	1529.3	2.9	22.2	101.1	4.6	1.5
1979	1066.7	1496.2	1458.3	0.6	22.2	114.0	8.5	2.4
1980	1248.9	1641.7	1608.1	0.8	27.3	133.2	29.6	3.6
1985	2823.9	2432.5	2370.5	4.8	43.6	149.3	156.1	17.6
1986	3228.8	2514.2	2453.3	2.5	35.4	155.0	170.6	25.6
1987	3995.3	2683.3	2610.9	3.1	38.7	153.1	198.4	35.5
1988	6415.3	2900.0	2833.6	3.4	37.0	166.0	269.1	48.2
1989	7146.3	2868.5	2801.6	3.1	34.1	205.8	296.3	55.2
1990	8400.0	3207.5	3140.5	4.2	37.5	247.0	312.4	61.9
1991	9402.2	3483.3	3421.0	4.3	40.9	309.1	311.5	69.4
1992	11166.2	3779.2	3708.9	6.5	45.6	366.5	355.1	86.0
1993	13848.3	3917.4	3837.8	5.9	52.2	389.1	387.7	96.9
1994	21004.4	4019.6	3886.2	5.4	55.2	447.4	453.8	111.1
1995	25099.2	3965.8	3858.3	4.2	50.2	412.0	435.7	122.9
1996	25232.6	3545.7	3465.4	3.8	44.0	411.6	368.8	117.0
1997	26152.0	3634.8	3556.1	3.4	41.8	426.8	363.9	117.3
1998	26076.0	3532.4	3454.0	2.7	41.9	460.8	264.0	129.1
1999	23904.0	2827.0	2758.1	2.6	39.4	454.3	222.2	106.9
2000	28015.7	2069.2	1952.7	2.2	54.5	488.0	229.9	107.7
2001	31538.9	1545.8	1418.6	5.1	62.9	563.2	229.2	109.5
2002	35938.9	1283.9	1163.7	5.5	72.5	664.6	237.3	114.9
2003	39964.9	975.3	874.2	5.7	55.4	716.7	271.7	119.7
2004	43860.0	1212.0	1119.0	13.4	50.0	722.1	274.4	115.3

注：农林牧渔业总产值执行新《国民经济行业分类标准》,现价总产值按生产者价格计算。

Note: Gross output value of agriculture adopted new “industrial classification for national economic activities”, and was calculate at producer prices.

附25 工业总产值
GROSS OUTPUT VALUE OF INDUSTRY

单位：亿元 (100 million yuan)

年份 Year	工业总产值 Gross Output Value	限额以上工业 above Designed Size Refers to Non-state-owned Enterprises	轻工业 Light Industry	重工业 Heavy Industry	# 大中型工业 Large and Medium Industry
1984	276.20	276.20	117.99	158.22	178.66
1985	324.19	324.19	135.75	188.44	213.73
1986－1990	**2618.45**	**2521.45**	**1070.73**	**1450.73**	**1741.65**
1986	344.95	344.95	144.34	200.61	237.43
1987	399.09	399.09	164.80	234.29	280.16
1988	508.69	508.69	218.16	290.53	354.45
1989	622.37	622.37	272.66	349.71	421.68
1990	743.35	646.35	270.77	375.59	447.93
1991－1995	**6866.31**	**5862.75**	**1952.32**	**3910.41**	**3799.15**
1991	880.79	757.05	309.08	447.96	526.02
1992	1085.37	915.50	326.31	589.19	625.27
1993	1513.59	1242.56	385.44	857.12	796.27
1994	1721.13	1456.85	460.06	996.79	915.45
1995	1665.43	1490.79	471.43	1019.35	936.14
1996－2000	**10808.67**	**10221.13**	**2984.43**	**7236.7**	**5676.57**
1996	1853.34	1632.17	522.43	1109.74	987.48
1997	1963.83	1744.98	554.07	1190.91	958.61
1998	2027.02	1991.96	612.02	1379.94	1084.25
1999	2190.26	2144.61	610.68	1533.93	1071.44
2000	2774.22	2707.41	685.23	2022.18	1574.79
2001	3096.40	3054.40	786.88	2267.53	2146.81
2002	3383.10	3173.48	773.49	2399.98	2134.22
2003	3976.8	3810.4	809.2	3001.2	2750.4
2004	5099.8	4880.9	923.4	3957.4	3149.3

注：工业总产值按现价计算（包括个体工业），限额以上工业一栏，1999 年以前各年为乡及乡以上工业口径，1999 年起调整为全部国有及年销售收入在 500 万元以上非国有工业口径。

Note：Gross output value was calculated at current prices(include individual), and value of above designed size refered to that of state-owned enterprises and non-state-owned enterprises with an ammal sales income of over 5 million yuan from 1999.

附26 独立核算工业企业主要指标
MAIN INDICATORS FOR INDUSTRIAL ENTERPRISES WITH INDEPENDENT ACCOUNTING SYSTEM

年份 Year	职工平均人数(万人) Average Number of Staff and Workers (10000 persons)	工业总产值(万元) Gross Output Value (10000 yuan)	固定资产原值(万元) Original Value of Fixed Assets (10000 yuan)	产品销售收入(万元) Sales Revenue (10000 yuan)	利税总额(万元) Total Pre-tax Profits (10000 yuan)	国有工业 State-owned Industry				
						职工平均人数(万人) Average Number of Staff and Workers (10000 persons)	工业总产值(万元) Gross Output Value (10000 yuan)	固定资产原价(万元) Original Value of Fixed Assets (10000 yuan)	产品销售收入(万元) Sales Revenue (10000 yuan)	利税总额(万元) Total Pre-tax Profits (10000 yuan)
1978	114.79	1654593	1305271	1098279		89.0	1397086	1211739	919313	435095
1979	116.79	1843056	1371335	1186497		92.3	1543621	1262408	984888	
1980	140.91	2061664	1495083	1987967	604241	95.3	1694298	1366890	1647908	520978
1981－1985		**12511777**	**9642045**	**12561630**	**3383077**		**9940322**	**8614039**	**10117128**	**2852798**
1986－1990		**24483553**	**17321757**	**24054442**	**4825016**		**18108076**	**14798805**	**18384654**	**3925489**
1986	169.85	3365481	2627346	3385055	813979	111.5	2601751	2281006	2659067	676895
1987	170.52	3875977	3008917	3935004	885303	112.6	2970928	2604582	3065446	732447
1988	170.54	4956478	3412765	5032042	1081370	112.8	3695388	2949027	3835082	882479
1989		6026646	3890267	5597829	1087017		4352862	3294245	4258859	885038
1990	173.46	625897.1	4382462	6104512	957347	115.4	4487147	3669945	4566200	748630
1991－1995		**57607603**	**44341698**	**57731437**	**8051832**		**35547109**	**35600600**	**37861701**	**5876833**
1991	172.39	7302060	5052285	7271529	1106009	112.2	5080426	4210383	5274088	837566
1992	175.48	8600195	5754181	8526860	1347058	116.3	5834134	4757957	6054470	1027279
1993	167.90	11666047	9986886	12822058	1811556	114.6	7598865	8471018	8977254	1379167
1994	179.50	15536585	9648050	13207344	1857476	109.9	8599364	7493956	7815491	1224709
1995	176.16	14502716	13900296	15903646	1929733	107.3	8434320	10667286	9740398	1408112
1996－2000		**100791594**	**105474337**	**103617473**	**8655552**		**40144235**	**66553723**	**46027770**	**4130797**
1996	166.63	15222854	16319878	15801389	1225314	97.7	8366714	12273744	9303959	762024
1997	157.52	17161951	18503218	17070867	1405499	91.2	9355501	14106270	9570024	878170
1998	167.11	19886587	22213387	20345380	1617338	70.3	8615543	13621321	9532486	823114
1999	161.10	21446119	23121446	22186280	1846310	62.4	5920611	13276604	8423097	873620
2000	145.60	27074083	25316408	28213557	2561091	56.8	7885866	13275784	9198204	793869
2001	108.02	29088152	25036546	30068965	2795203	42.5	8122238	12830279	7669005	610688
2002	107.56	31734762	26554117	31827790	3219863	29.8	5990453	10123398	6291856	668559
2003	100.81	38103630	27559571	38856527	4189859	23.7	5126087	8803903	5848154	538880
2004	99.93	48808890	30313652	51108438	5225010	20.6	6129325	9426654	8512334	604754

注：从 2001 年开始，独立核算工业企业指标调整为规模以上工业企业指标（下表同）。

Note：From 2001, indicators of industrial enterprises with independent accounting system have been changed to those of enterprises above designed site (the following is the same).

附27 独立核算工业企业效益指标

BENEFICIAL INDICATORS FOR INDUSTRIAL ENTERPRISES WITH INDEPENDENT ACCOUNTING SYSTEM

年 份 Year	百元固定资产实现利税(元) Pre-tax Profits/ Fixed Assets (yuan)	资金利税率(%) Pre-tax Profits/ Total Assets (%)	产值利税率(%) Pre-tax Profits/ Gross Output Value (%)	百元销售收入实现利润(元) After-tax Profits/ Sales Revenue (yuan)	增加值劳动生产率(元/人) Labor Productivity at Value Added (yuan/person)	国有工业 State-owned Industry 百元固定资产实现利税(元) Pre-tax Profits/ Fixed Assets (yuan)	资金利税率(%) Pre-tax Profits/ Total Assets (%)	产值利税率(%) Pre-tax Profits/ Gross Output Value(%)	百元销售收入实现利润(元) After-tax Profits/ Sales Revenue (yuan)	增加值劳动生产率(元/人) Labor Productivity at Value Added (yuan/person)
1978				33.76		35.91		31.14	34.71	
1979				34.92					36.24	
1980	40.42	38.50	29.31	22.79		38.11	38.00	20.75	23.65	
1985	35.49	35.47	26.68	17.30		33.05	35.34	28.31	17.68	
1986	30.98	28.13	24.19	15.48		29.68	30.79	26.02	16.11	
1987	29.42	29.98	22.84	14.50		28.12	28.85	24.65	15.21	
1988	31.69		21.82	13.94		29.92	30.38	23.88	14.64	
1989	27.94	25.03	18.04	11.40		26.87	25.95	20.33	11.79	
1990	21.84	19.21	15.30	8.02		20.40	19.33	16.68	7.72	
1991	21.89	19.50	15.15	8.02		19.89	19.07	16.49	7.70	
1992	23.41	16.46	15.66	8.77		21.59	16.98	17.61	8.92	
1993	18.14	12.37	15.53	8.54	24364	16.28	12.10	18.15	9.26	20197
1994	19.25	13.05	11.96	7.28	31294	16.34	12.78	14.24	7.73	25144
1995	13.89	9.92	13.31	5.36	26068	13.20	10.95	16.70	6.32	27241
1996	9.30	5.41	8.05	2.09	23415	7.88	5.19	9.11	1.82	19571
1997	9.36	5.44	8.19	2.37	28220	7.80	5.39	9.39	2.40	27534
1998	9.15	4.99	8.13	2.38	35033	7.69	5.10	9.55	2.31	36926
1999	10.15	5.65	8.61	3.15	36347	8.49	5.57	11.35	3.11	33567
2000	13.29	7.03	9.46	4.50	51469	8.04	5.02	10.06	2.25	44223
2001	15.20	7.77	9.61	4.56	71204	6.62	4.47	7.52	1.28	53782
2002	17.00	8.69	10.15	5.20	78134	9.33	6.10	11.16	3.17	63083
2003	21.60	10.67	10.99	6.06	100439	8.43	5.38	10.51	2.16	67491
2004	17.20	11.08	11.40	6.08	126044	6.42	5.66	9.87	2.01	97723

注：1．增加值劳动生产率按工业增加值计算。

2．本表为初步统计数据。

Note：a)Labor productivity at value added is calculated by value added of industry.

b)Data of this table was the preliminary statistics.

附28 工业产品产量
OUTPUT OF INDUSTRIAL PRODUCTS

年 份 Year	布 (万米) Cloth (10000 m)	纱 (万吨) Yarn (10000 tons)	机制纸及纸板 (万吨) Machine-made Paper and Paperboard (10000 tons)	合成洗涤剂 (万吨) Synthetic Detergents (10000 tons)	饮料酒 (万吨) Soft Drinking (10000 tons)	家用电冰箱 (万台) Household Refrigerators (10000 sites)	家用洗衣机 (万台) Household Washing Machines (10000 sites)	照相机 (万台) Camera (10000 sites)	家具 (万件) Furniture (10000 units)
1978	25436	5.4	12.1	2.1	8.4			0.5	137.8
1979	27297	5.8	13.9	2.2	9.9	2.0	0.7	0.7	171.3
1980	28940	6.5	14.0	2.4	11.6	2.6	5.8	1.0	200.2
1981－1985	**142080**	**34.5**	**86.9**	**18.9**	**87.3**	**41.6**	**211.7**	**25.7**	**1348.4**
1986－1990	**153032**	**38.8**	**120.5**	**29.6**	**131.4**	**96.4**	**237.4**	**74.6**	**2096.6**
1986	27503	7.4	21.9	5.8	21.5	18.1	70.0	15.9	303.8
1987	29738	7.7	24.1	5.4	22.7	19.4	57.7	16.5	283.0
1988	32262	8.1	23.3	5.7	23.9	23.6	58.0	15.8	347.1
1989	32271	7.9	25.8	6.4	28.7	24.7	31.9	13.5	572.1
1990	31258	7.7	25.4	6.4	34.6	10.7	19.7	12.9	590.6
1991－1995	**133994**	**38.6**	**116.5**	**38.1**	**347.3**	**27.0**	**81.7**	**450.8**	**3261.0**
1991	31497	7.7	27.2	5.7	43.8	7.1	21.9	5.4	602.0
1992	29717	8.0	22.6	6.6	56.6	9.1	14.7	4.2	570.0
1993	26816	8.7	19.1	7.9	72.6	4.2	14.1	39.3	729.0
1994	21440	6.9	21.0	7.3	83.1	6.6	20.0	158.8	605.0
1995	24524	7.4	26.6	10.7	91.2		11.0	243.1	755.0
1996－2000	**96005**	**28.1**	**70.0**	**34.5**	**436.6**	**15.9**	**72.5**	**706.5**	**1986.8**
1996	22585	6.8	15.3	9.3	102.2	6.3	13.1	234.3	510.6
1997	25185	6.4	18.1	9.5	…	…	12.0	157.7	469.4
1998	21299	6.1	13.1	6.3		0.3	6.4	177.7	348.5
1999	14753	4.7	13.0	5.8	148.8	5.8	20.0	81.6	386.2
2000	12183	4.1	10.6	3.7	185.6	3.6	21.0	55.2	272.1
2001	11353	4.3	8.8	6.4	135.8	5.9	10.0	61.3	370.6
2002	10314	4.2	6.2	2.5	138.7	16.2	8.5	220.7	368.3
2003	8393	3.5	7.9	2.9	132.8	22.8	23.1	238.3	323.8
2004	3990	2.4	14.2	17.5	148.5	63.5	9.1	86.5	315.8

注：本表为初步统计数据。

Note:Data of this table was the preliminary statistics.

附28 续表 continued

年 份 Year	原 煤 (万吨) Coal (10000 tons)	发电量 (万千瓦时) Electricity (10000 kwh)	钢 (万吨) Steel (10000 tons)	成品钢材 (万吨) Rolled-steel (10000 tons)	水 泥 (万吨) Cement (10000 tons)	交流电动机 (万千瓦) Alternator (10000 kw)	汽车 (万辆) Motor Vehicle (10000 units)	移动电话机 (万部) mobile telephone (10000 units)	微型电子计算机(万部) Micro-computer (10000 units)
1978	818.7	990750	191.0	116.8	191.5	152.5	1.8		
1979	711.1	1042870	196.5	137.5	196.9	179.7	2.4		
1980	791.0	1065060	200.9	152.1	217.4	142.7	2.8		
1981－1985	**4269.1**	**5101356**	**1114.2**	**907.9**	**1355.7**	**713.0**	**17.2**		**2.0**
198－1990	**4745.3**	**5656282**	**1837.8**	**1556.7**	**1649.3**	**889.7**	**39.5**		**6.9**
1986	917.2	1043208	303.6	255.5	310.5	178.4	5.8		0.5
1987	899.8	1057493	335.5	283.4	319.6	196.4	7.4		0.9
1988	906.0	1110758	369.0	314.9	334.3	199.5	9.0		3.0
1989	1016.8	1191269	386.0	327.9	345.9	163.8	8.5		1.3
1990	1005.5	1253554	443.7	375.0	339.0	151.6	8.8		1.2
1991－1995	**4851.0**	**6772732**	**3411.0**	**2613.9**	**2364.7**	**824.3**	**70.8**		**32.3**
1991	996.5	1318000	499.7	402.9	377.6	156.7	11.0		1.7
1992	1015.2	1423000	575.0	438.3	403.0	174.9	13.8		3.0
1993	835.4	1410900	702.7	525.3	477.9	162.3	13.4		4.1
1994	1008.5	1298718	828.7	617.6	531.7	165.0	14.7		4.3
1995	995.4	1322114	804.9	629.8	574.2	165.4	17.9		19.2
1996－2000	**4360.0**	**7330814**	**3937.5**	**3343.3**	**3758.9**	**753.3**	**57.7**		**686.6**
1996	1013.7	1415555	794.7	654.3	666.0	151.9	13.4		28.1
1997	1011.7	1464302	801.7	652.4	700.9	148.7	11.0		59.8
1998	989.5	1566621	803.2	676.1	762.0	149.7	8.5		160.9
1999	792.1	1431772	734.5	663.8	803.0	142.0	12.3		180.0
2000	553.0	1452564	803.4	696.7	827.0	161.0	12.5	1549.6	257.8
2001	690.2	1326588	824.9	727.3	809.0	175.1	14.3	2163.4	339.7
2002	880.9	1419754	816.9	750.0	884.0	199.3	18.1	2280.1	415.7
2003	822.6	1451197	816.4	785.0	882.0	253.1	34.7	3334.5	469.3
2004	908.4	1506343	826.1	851.0	1127.0	268.1	53.9	3852.0	503.6

附29 建筑业企业基本情况
BASIC STATISTICS FOR CONSTRUCTION ENTERPRISES WITH INDEPENDENT ACCOUNTING SYSTEM

年份 Year	建筑施工企业单位数（个） Construction Enterprises (unit)	建筑施工企业从业人员（万人） Employed Persons (10000 persons)	建筑施工企业总产值（亿元） Gross Output Value (100 million yuan)	建筑施工企业全员劳动生产率（元/人） Overall Labor Productivity (yuan/person)	建筑施工企业工程优良品率（%） Rate of High Quality Projects (%)	建筑施工企业利润总额（万元） Total Profits (10000 yuan)
1978	64	25.4	10.5	4397	72.9	7017
1979	70	26.4	12.7	4680	67.9	9256
1980	71	27.8	14.7	5249	65.5	14543
1981－1985		**42.1**	**131.7**	**7823**	**57.6**	**29137**
1986	2361	61.3	51.3	8702	56.3	33084
1987	2292	64.4	67.0	10832	61.3	41202
1988	1659	64.2	81.6	12992	58.2	38679
1989	1545	60.0	89.0	14539	53.8	38189
1990	994	60.2	94.7	16340	54.5	33762
1991	922	60.3	99.6	17031	47.7	27690
1992	976	62.7	122.6	19786	25.0	30984
1993	1098	75.9	210.7	27739	21.9	61432
1994	1259	73.4	301.5	41099	26.7	94385
1995	1332	82.6	370.7	44852	23.3	77857
1996	1292	82.5	468.1	56750	17.5	88896
1997	1297	80.3	519.2	64633	19.8	104320
1998	1482	75.6	624.7	73644	21.4	123744
1999	1588	82.6	681.4	82465	18.7	135595
2000	1697	82.5	727.5	88132	25.6	163561
2001	1811	83.8	887.9	105924	26.4	187424
2002	2122	89.8	1055.1	117482	23.3	246599
2003	2419	100.5	1306.7	130075	19.6	314555
2004	2418	101.1	1505.7	148984	15.7	223009

注：1．1994 年以后从业人员为计算劳产率的年平均人数；

2．1996 年—2001 年全部指标为四级及四级以上的法人建筑施工企业；

2002 年以后为具有新资质等级的法人建筑施工企业及没有新资质等级但原资质等级四级及以上的法人建筑施工企业。

3．工程优良品率按单位工程个数计算。

Note：a) Data of number of employment after 1994 refers to annual average number for calculating labor productivity.

b) Data from 1996 to 2001 exclude construction units and enterprises below fourth grade.

Data of this table after 2002 include:1.general contracting arrays and array of responsibility contracts on specialties of new qualification grade.

2.There is no new human quality but four grades of original qualification grade and construction enterprise of the above.

c) Rate of high quality projects is calculated by number of unit project.

附30 社会消费品零售额

TOTAL RETAIL SALES OF CONSUMER GOODS

单位：亿元 (100 million yuan)

年 份 Year	社会消费品零售额 Retail Sales of Consumer Goods	按地区分 By Region			按经济类型分 By Ownership				
		市 City	县 County	县以下 Below County Level	国有经济 State-Owned	集体经济 Collective Owned	合营经济 Joint Owned	个体经济 Individuals	其他经济 Others
1978	44.2	34.5	5.3	4.4	37.2	7.0			
1979	52.2	41.6	5.8	4.8	44.2	7.9		0.1	
1980	61.3	49.3	6.6	5.4	49.1	11.8		0.4	
1981－1985	**455.3**	**364.0**	**48.3**	**43.0**	**301.7**	**143.5**	**1.0**	**9.1**	
1986－1990	**1131.8**	**943.0**	**103.4**	**85.5**	**617.7**	**401.0**	**6.4**	**106.7**	
1986	146.5	121.7	12.1	12.7	84.5	51.0	0.4	10.6	
1987	176.6	145.8	16.2	14.7	97.1	64.5	0.6	14.5	
1988	234.3	195.0	21.2	18.1	129.4	84.5	0.6	19.7	
1989	266.7	221.5	25.0	20.2	143.8	92.2	2.6	28.2	
1990	307.7	259.1	28.9	19.7	162.9	108.9	2.2	33.7	
1991－1995	**2813.6**	**2215.9**	**373.6**	**224.1**	**1332.7**	**792.6**	**76.3**	**530.3**	**81.7**
1991	357.8	301.2	33.4	23.2	191.8	122.9	2.6	40.5	
1992	430.0	360.2	41.1	28.7	230.6	139.6	3.3	56.5	
1993	531.8	431.0	60.6	40.3	273.0	162.5	8.1	88.2	
1994	667.0	525.1	90.6	51.3	299.3	171.2	23.0	152.3	21.1
1995	827.0	598.5	147.9	80.6	338.0	196.4	39.2	192.8	60.6
1996－2000	**5927.0**	**4601.5**	**437.5**	**888.0**	**1920.6**	**1111.5**	**488.7**	**1265.0**	**1141.2**
1996	923.7	664.5	95.6	163.6	314.8	217.3	70.5	241.8	79.3
1997	1051.5	808.3	88.2	155.0	368.8	247.9	83.5	236.5	114.9
1998	1195.2	952.5	77.0	165.6	344.8	231.5	114.4	243.0	261.6
1999	1313.3	1037.7	84.0	191.6	436.1	200.8	105.7	258.0	312.7
2000	1443.3	1138.5	92.6	212.2	456.1	214.1	114.6	285.8	372.7
2001	1593.5	1251.9	102.0	239.6	449.9	165.3	170.1	335.4	472.8
2002	1744.8	1361.5	111.0	272.3	427.6	156.4	181.7	345.7	633.4
2003	1916.7	1535.7	88.8	292.2	449.6	202.1	166.3	340.4	758.3
2004	2191.8	1746.5	109.3	336.0	440.1	201.2	218.4	449.6	882.5

附30 续表 continued

单位：亿元 (100 million yuan)

年 份 Year	按行业分 By Sector 批发零售贸易业 Wholesale and Retail Sales	餐饮业 Catering	制造业 Manufacturing	其他行业 Others	按类别分 By Category 食品类 Food	衣着类 Clothing	用品类 Daily Use Articles	燃料类 Fuels
1978	40.7	1.7	1.2	0.6	18.0	8.9	16	1.3
1979	47.3	2.1	2.1	0.7	20.4	11.1	19.2	1.5
1980	53.5	2.7	3.5	1.6	24.4	12.9	22.4	1.6
1981－1985	**381.7**	**21.9**	**34.0**	**17.7**	**174.3**	**82.0**	**188.7**	**10.3**
1986－1990	**906.7**	**70.7**	**64.6**	**89.9**	**451.8**	**152.4**	**503.5**	**24.1**
1986	119.3	8.1	8.9	10.2	57.4	21.6	64.2	3.3
1987	140.2	10.7	12.0	13.7	72.4	25.6	74.9	3.7
1988	186.4	16.1	14.0	17.9	92.0	33.0	105.2	4.1
1989	213.1	16.5	15.4	21.7	108.0	31.6	121.2	5.8
1990	247.7	19.3	14.3	26.4	122.0	40.6	137.9	7.2
1991－1995	**2079.3**	**215.5**	**119.8**	**399.0**	**1095.5**	**418.2**	**1235.1**	**64.9**
1991	286.2	22.9	16.8	31.9	138.6	47.1	164.5	7.7
1992	333.7	30.8	19.4	46.1	165.5	57.2	197.0	10.3
1993	393.0	44.6	28.7	65.5	192.0	84.0	241.5	14.3
1994	481.5	54.2	25.3	106.0	246.4	109.0	294.6	17.0
1995	584.9	63.0	29.6	149.5	353.0	120.9	337.5	15.6
1996－2000	**4183.9**	**390.4**	**324.9**	**1027.8**	**1894.3**	**747.3**	**3111.9**	**173.5**
1996	657.1	68.4	38.2	160.1	372.0	132.7	401.9	17.2
1997	709.4	72.5	56.2	213.3	389.7	140.6	492.2	29.1
1998	865.7	81.8	63.8	183.9	347.9	145.5	664.9	36.9
1999	926.2	81.3	79.8	226.0	374.5	155.6	742.1	41.1
2000	1025.5	86.4	86.9	244.5	410.2	173.0	810.9	49.2
2001	1128.3	96.6	96.5	272.1	460.0	193.1	884.8	55.6
2002	1258.9	112.4	112.0	261.5	470.0	191.3	1015.9	67.6
2003	1611.2	121.4		184.1	497.7	210.5	1131.9	76.6
2004	1778.7	190.2		222.9	610.8	242.1	1224.6	114.3

注：1．1993年以前是社会商品零售额，自1993年起是社会消费品零售额。

2．自2003年起社会消费品零售额中不再包括制造业及农民对非农民的销售情况。

Note：a)Data before 1993 refers to total retail sales of commodity and data from 1993 refers to total retail sales of consumer goods.

b)From 2003,total retail sales of consumer goods not include manufacturing and peasant to non-peasant.

附31 北京市对外经济贸易和国际旅游
FOREIGN ECONOMY,TRADE AND TOURISM

年 份 Year	进出口总额(万美元) Total Value of Imports and Exports (USD10000)	进出口总额(地方)(万美元) Total Value of Imports and Exports (local) (USD10000)	# 出口 Exports	签订利用外资协议项目(个) Contracts Signed of Foreign Capital Utilization (unit)	# 对外借款 Foreign Loans	# 外商直接投资 Direct Foreign Investment	签订利用外资协议金额(万美元) Contracted Foreign Capital (USD10000)	对外借款 Foreign Loans	外商直接投资 Direct Foreign Investment	外商其他投资 Other Foreign Investment
1978		29751	28524							
1979		45036	41757							
1980		66280	59277							
1981－1985		**382296**	**308276**							
1986－1990		**940420**	**457112**	**853**	**58**	**709**	**171047**	**26952**	**138628**	**5467**
1986		166847	65252	85	2	63	55888	9700	41952	4236
1987		154470	78239	97	6	72	66515	3322	62414	779
1988		198846	99121	193	21	148	18533	4144	14202	187
1989		205162	102336	209	10	185	14252	5731	8372	149
1990		215095	112164	269	19	241	15859	4055	11688	116
1991－1995	**3703378**	**1999096**	**836561**	**10987**	**67**	**10911**	**1699801**	**168840**	**1530412**	**549**
1991		258632	123987	735	8	724	47995	19431	28488	76
1992		320171	152555	2231	23	2208	177274	30079	147195	
1993		420029	137056	3765	13	3752	664911	36987	627924	
1994		469339	195936	2688	13	2675	505300	52000	453300	
1995	3703378	530925	227027	1568	10	1552	304321	30343	273505	473
1996－2000	**17418627**	**3756584**	**1526807**	**4118**	**18**	**4100**	**1377471**	**5893**	**1371578**	
1996	2933018	539201	208624	868		868	179029		179029	
1997	3037848	557576	246503	798	8	790	171532	3429	168103	
1998	3051739	650536	282896	656	5	651	410567	890	409677	
1999	3433845	844212	326101	647	2	645	182649	964	181685	
2000	4962177	1165059	462683	1149	3	1146	433694	610	433084	
2001	5154131	1340274	487262	1149	2	1147	331169	43875	287294	
2002	5250870	1404171	589901	1377	7	1370	553353	272530	280823	
2003	6846262	1893214	736595	1360		1360	327132		327132	
2004	9465509	2806896	1060916	1806		1806	625796		625796	

注：1. 进出口总额 1986 年以前为外贸部门口径，从 1986 年开始为海关口径。

2. 自 2003 年起签订利用外资协议金额和实际利用外资金额均不包括对外借款。

Note：a) Data of total value of imports and exports refered to customs from 1986, while that before 1986 was provided from foreign trade department.

b) From 2003, contracted foreign capital and foreign capital actually used excluded foreign loans.

附 31 续表 continued

年 份 Year	实际利用外资金额(万美元) Foreign Capital Actually Used (USD10000)				对外承包工程和劳务合作 Constructed Projects and Labor Services Cooperation with Foreign Countries			海外旅游者人数(万人次) Foreign Tourists (10000 person.times)	旅游外汇收入总额(万美元) Tourism Foreign Exchange Earnings (USD 10000)
		对外借款 Foreign Loans	外商直接投资 Direct Foreign Investment	外商其他投资 Other Foreign Investment	合同数(份) Contracts (unit)	合同金额(万美元) ContractedValue (USD 10000)	完成营业额(万美元) Fulfilled Value (USD 10000)		
1978								19	10000
1979								25	9000
1980								29	12000
1981－1985								**295**	**94000**
1986－1990	**169817**	**48906**	**119353**	**1559**	**331**	**7734**	**5109**	**492**	**280901**
1986					30	445	1536	99	46000
1987	17725	7147	9534	1045	37	549	698	108	55000
1988	61944	11524	50278	142	46	885	802	120	67000
1989	49507	17491	31846	170	113	2099	1018	65	47195
1990	40641	12744	27696	202	105	3756	1056	100	65706
1991－1995	**579524**	**168401**	**410896**	**227**	**586**	**80078**	**48099**	**920**	**735519**
1991	36798	12304	24482	13	114	3202	1897	132	85001
1992	52712	17711	34984	17	130	8888	3300	175	107286
1993	97620	30729	66693	198	117	36854	11442	203	124128
1994	194740	50280	144460		109	15521	18671	203	200904
1995	197654	57377	140277		116	15613	12789	207	218200
1996－2000	**1366754**	**266219**	**989964**	**110571**	**601**	**173362**	**164461**	**1203**	**1214800**
1996	225842	70552	155290		116	67688	43057	219	225200
1997	259162	73330	159286	26545	107	35640	29629	230	224800
1998	286973	57195	206415	23364	184	28520	45812	220	238400
1999	293682	43946	223124	26612	90	25229	26165	252	249600
2000	301095	21196	245849	34050	104	16285	19798	282	276800
2001	400997	160803	176816	63379	105	21439	18628	286	295000
2002	509912	330655	179257		73	27949	23160	310	311000
2003	214675		214675		117	48271	34926	185	190000
2004	308354		308354		128	81185	59630	316	317000

附32 北京市中资金融机构人民币各项存款年末余额

YEAR-END BALANCE OF DEPOSITS OF FINANCIAL INSTITUTIONS IN BEIJING

单位：万元 (10000 yuan)

年 份 Year	金融机构各项存款余额 Deposts of Balance of Financial Institutions	全市各银行各项存款余额 Deposts of Balance of Loans of Banks	企业存款 Enterprises	财政存款 Financial	机关团体、部队存款 Government Organs Bodies and Army	城镇储蓄存款 Urban Savings Deposits	农村存款 Rural Savings Deposits
1978		1146580	527922	40273	389409	88991	46749
1979		1390517	649013	49342	463723	104400	57357
1980		1679891	834102	71486	566547	133310	67679
1985		4109535	2454797	182064	890667	422447	137390
1986		5087562	3116297	165906	1027730	556249	179889
1987		6107619	3555956	150093	1335385	751854	205995
1988		6099142	3328559	97147	1180338	905519	295712
1989		7176132	3709770	259761	1218831	1337629	317000
1990		8689227	4293690	290365	1503878	1879081	297212
1991		11060952	5484293	333025	1879611	2498786	367665
1992		13095965	7005468	112779	1422621	3282099	534536
1993		16492164	8351199	142235	1551093	4824810	804791
1994		23111169	10377956	227561	2004247	7414350	932779
1995		30541198	16074288	359667	2116841	11034549	184283
1996	43788712	37818707	19705705	483317	2304532	15060889	199136
1997	52280001	51036605	29211539	381652	3303945	17709062	252358
1998	66668368	63691737	36289291	970772	5134092	20631876	266550
1999	82671615	79068543	44475637	1968641	7252845	24290306	271969
2000	97049590	92610099	54252792	2023219	8354037	26632980	304646
2001	121314687	116388337	66979805	3408241	9841879	32538708	246594
2002	152760305	147172631	85221491	4004917	11399245	40730632	280976
2003	183219128	174947358	99322029	4259649	12554274	49264668	254539
2004	216258698	206819466	122455948	2408591	14260742	56927966	232147

注：1997-2004 年存款合计中含代理财政存款。

Note: Deposits from 1997 to 2004 Include Agent Financial Deposits.

附33 北京市中资金融机构人民币各项贷款年末余额
YEAR-END BALANCE OF LOANS OF FINANCIAL INSTITUTIONS IN BEIJING

单位：万元 (10000 yuan)

年份 Year	金融机构各项贷款余额 Loans of Balance of Financial Institutions	全市各银行各项贷款余额 Loans of Balance of Loans of Banks	工业生产企业贷款 Industrial Production	商业企业贷款 Commerce	建筑企业贷款 Construction	农业贷款 Agriculture	固定资产贷款 Fixed Assets	短期贷款 Short-term	中长期贷款 Mid,Long-term
1978		539078	214352	319239		5484	3		
1979		742332	216791	475507		6133	43901		
1980		873420	252528	495423	2198	7442	110685		
1985		2534647	926420	697008	90789	61870	428020		
1986		3127010	1126873	814253	109423	96030	528287		
1987		3623937	1237457	896170	120812	126462	608207		
1988		4157237	1401628	1133718	162539	72292	753177	2777141	
1989		4870606	1740436	1407018	175324	99980	776477		
1990		5526782	2113813	1613340	187509	147878	946906	4159282	946906
1991		6326887	2407065	1810436	201089	193636	1159300	4724335	1159300
1992		7304636	2662278	2091350	218154	232829	1473004	5325684	1473004
1993		9715379	3372431	2519224	262157	271067	2344437	6713712	2344437
1994		10703251	3887403	1954192	284100	274209	3124624	7155394	3124624
1995		15605875	4643921	3592487	358327	339788	3563697	10159790	3563697
1996	20828250	18096848	5747916	4327060	483578	386784	3918864	12463119	3918864
1997	27206832	25444738	7412815	5632541	1000396	477519	5524730	18353500	5524730
1998	33265705	31269744	8919232	5892568	1383505	530789	7281840	20993880	7281840
1999	40077590	37612521	9917578	6722679	1967942	505578	8229492	25601364	8229492
2000	59446110	57303378	10382307	6546045	2217508	368199	25763095	28554616	25763095
2001	72029099	68844213	10812005	6716517	2493052	381178	32435549	29897095	32435549
2002	92248166	88588027	10695594	6739769	3538982	336689	42971190	33244769	42971190
2003	113432823	107989344	12345972	7824318	3941399	342006	54579092	39794905	54579092
2004	126002366	120922275	12167860	7879271	3570627	336331	63767752	42741002	63767752

附34 教育基本情况
BASIC STATISTICS FOR EDUCATION

年 份 Year	在校学生数(人) Students Enrollment (person)				升学率(%) Rate of Entering Higher Grade Schools(%)		学龄儿童入学率(%) Enrollment Rate of Children at School-Age (%)	平均每一专任教师负担学生数(人) Average Number of Students Instructed by a Professional Teacher(person)		
	合 计 Total	高等学校 Institutions of Higher Education	普通中学 Regular Secondary Schools	小 学 Primary Schools	初中毕业生 Graduates of Junior Middle Schools	小学毕业生 Graduates of Primary Schools		高等学校 Institutions of Higher Education	普通中学 Regular Secondary Schools	小 学 Primary Schools
1978	2080675	48618	1094721	937336	79.70	102.60	99.00	2.4	19.9	20.7
1979	1860942	55073	837146	968723	63.00	99.60	98.40	2.3	16.1	21.3
1980	1753561	83032	718766	951763	80.30	99.50	98.70	2.6	14.5	21.7
1985	1398728	122791	542332	733605	72.60	98.30	99.10	3.6	13.9	17.4
1986	1443928	129647	565180	749101	77.10	97.80	99.49	3.6	13.9	17.4
1987	1437404	136694	522728	777982	65.10	98.60	99.46	3.7	12.8	16.8
1988	1465008	145134	469297	850577	64.30	98.50	99.50	4.0	11.4	17.6
1989	1509656	141625	433335	934696	80.50	99.10	98.97	3.8	11.0	19.1
1990	1544569	139646	409092	995831	81.80	99.30	99.47	3.9	10.1	18.6
1991	1582416	136940	432208	1013268	86.40	98.80	99.72	3.1	10.2	18.0
1992	1618283	139978	476543	1001762	88.50	99.60	99.65	4.0	11.3	17.4
1993	1713267	158906	532195	1022166	93.50	98.70	99.88	4.6	12.1	17.4
1994	1783464	175203	583758	1024503	86.70	99.40	99.92	4.9	13.1	16.9
1995	1817720	182173	628246	1007301	87.30	99.50	99.93	5.0	13.6	16.5
1996	1839023	189953	649330	999740	88.10	99.30	99.93	5.2	13.7	16.1
1997	1799373	195842	626208	977323	92.30	98.60	99.95	5.4	13.2	15.7
1998	1742418	212984	609903	919531	92.20	98.70	99.96	5.8	12.8	14.9
1999	1705583	234033	634895	836655	94.70	98.30	99.95	6.7	13.2	13.7
2000	1717047	282585	691353	743109	93.92	98.99	99.95			12.8
2001	1724854	340284	720127	664443	97.84	99.46	99.62			12.1
2002	1715958	390995	730722	594241	98.90	99.60	99.63	19.0	14.2	12.0
2003	1701724	450789	704405	546530	99.79	100.00	99.95	19.0	13.7	11.0
2004	1677601	500245	661314	516042	99.80	100.35	99.92	17.1	12.9	10.6

注：高等学校专任教师负担学生数 2002 年开始按当量折算。

Note: From 2002 average number of students instructed by a full-time teacher of was corrected by virtual number institutions of higher education.

附35 卫生情况
STATISTICS ON HEALTH

年 份 Year	医 院 个 数 (个) Hospitals (unit)	执业医师 (人) Certified Doctors (person)	床位数 (张) Beds (unit)	每千人拥有执业医师数(人) Certified Doctors Per 1000 Persons (person)	每千人拥有医院床位数(张) Beds Per 1000 Persons (bed)	每千人拥有注册护士(人) Registered Nurses per 1000 Persons (person)
1978	389	28435	29767	3.35	3.11	1.89
1979	387	31842	30231	3.66	3.08	1.87
1980	393	34365	32453	3.88	3.22	1.97
1981—1985	2027	201437	184410	4.33	3.96	1.85
1986	371	43403	43786	4.47	4.21	3.72
1987	398	46007	47538	4.66	4.49	2.81
1988	445	48216	53078	4.82	4.87	3.02
1989	470	49361	55623	4.83	5.08	3.14
1990	512	50934	59036	4.93	5.37	3.35
1991	525	52309	61744	5.03	5.65	3.44
1992	535	53254	63230	5.10	5.73	3.52
1993	548	53906	65621	5.13	5.93	3.49
1994	629	53865	67112	5.07	6.07	3.45
1995	629	54114	66925	5.06	6.00	3.43
1996	645	54091	66760	5.02	6.02	3.50
1997	673	54909	67946	5.06	6.06	3.56
1998	676	51902	69095	4.76	6.13	3.56
1999	686	52646	69465	4.79	6.15	3.60
2000	674	51570	71245	4.66	6.25	3.60
2001	673	52100	73053	4.64	6.31	3.61
2002	652	47236	75188	4.18	6.46	3.44
2003	646	47887	74298	4.21	5.89	3.51
2004	657	49091	77155	4.25	6.54	3.60

注：本表医院数包括县及县以上医院、其他医院和乡镇卫生院。

Note: Data of hospitals in this table refers to that of hospitals at county level and above,other hospitals and township hospitals.